Olivia Spiridon

Untersuchungen zur rumäniendeutschen Erzählliteratur

Meinen Eltern

Veröffentlichung des Titelbildes „Verlassende Gruppe vor der Stadt"
mit freundlicher Genehmigung des Künstlers Mehrdad Zaeri,
Heidelberg

Olivia Spiridon
Untersuchungen zur rumäniendeutschen Erzählliteratur
1. Auflage 2002 | 2. Auflage 2009 | 3. Auflage 2010
ISBN: 978-3-89621-150-7
Satz: Malena Brandl
© IGEL Verlag Literatur & Wissenschaft, Hamburg, www.igelverlag.com
Alle Rechte vorbehalten.
Igel Verlag Literatur & Wissenschaft ist ein Imprint der Diplomica Verlagsgruppe
Herrmanstal 119 k, 22119 Hamburg
Printed in Germany

Die Deutsche Bibliothek verzeichnet diesen Titel in der Deutschen Nationalbibliografie.
Bibliografische Daten sind unter http://dnb.d-nb.de verfügbar.

Olivia Spiridon

Untersuchungen zur rumäniendeutschen Erzählliteratur der Nachkriegszeit

Vorbemerkung

Diese Arbeit wurde 2001 von der Philosophischen Fakultät der Universität Passau als Dissertation angenommen.

Zu allererst geht mein Dank an Prof. Dr. Hartmut Laufhütte für das nie erlahmende Interesse, die hilfreiche Betreuung meiner Arbeit und die stetige Unterstützung meines Studiums. Besonders verpflichtet bin ich Dr. Peter Motzan und Dr. Stefan Sienerth vom Südostdeutschen Kulturwerk in München für die freundliche Bereitstellung von Dokumentationsmaterial und für ihre fördernde Anteilnahme während der Entstehung dieser Arbeit. Vom Siebenbürgen Institut (Gundelsheim) wurden mir seltene Bücher- und Zeitschriftenausgaben zugestellt. Ich bedanke mich dafür.

Dr. Herbert Bockel danke ich, der mir so oft ein kritischer Gesprächspartner gewesen ist, und Paul Schuster für die interessanten Anregungen, die leider nicht alle im Rahmen dieser Arbeit verwertet werden konnten.

Besonderer Dank gebührt der Universität Passau und dem Lions Club (Passau) für die insgesamt dreijährige Unterstützung der Promotion mit Stipendien. Sie gaben mir die Möglichkeit, ohne finanzielle Sorgen diese Arbeit fertigzustellen. Dem Bibliothekspersonal der Universität Passau möchte ich für seine Freundlichkeit und Zuverlässigkeit danken.

Gar nicht abzutragen ist die Dankesschuld gegenüber meinem Mann: für die Geduld und Hilfe, für die Ausdauer, mit der er mich über Jahre hinweg ermutigt hat.

Olivia Spiridon

Heidelberg, den 15. 04. 2002

Inhaltsverzeichnis

1. **Einleitung** 8
   - 1.1. Zur Anwendung des Diskurs-Begriffs 10
   - 1.2. Kapitelübersicht 13
   - 1.3. Problematisierung des Begriffs „rumäniendeutsche Literatur" 14
   - 1.4. Inseldasein und sprachliche Implikationen 18
   - 1.5. Weitere begriffliche Festlegungen und methodische Hinweise 20
2. **Kurze Bestandsaufnahme der siebenbürgisch-sächsischen und banatdeutschen Erzählung in der Zwischenkriegszeit** 21
3. **Der kulturpolitische Kontext nach dem Zweiten Weltkrieg** 26
4. **Die Einbürgerung des Sozialistischen Realismus** 28
   - 4.1. Merkmale der sozialistischen Literatur 30
   - 4.2. Merkmale der Literaturkritik 33
   - 4.3. Der Überzeugungsdiskurs 33
5. **Die traditionellen ästhetischen Positionen in den fünfziger Jahren** 38
   - 5.1. Das „kleine Tauwetter" 38
   - 5.2. Die „neue Eiszeit" 41
   - 5.3. Fördernde Umstände für die Wiederaufnahme der traditionellen Erzählweise 45
6. **Die traditionelle siebenbürgisch-sächsische und banatschwäbische Erzählung der Nachkriegszeit** 48
   - 6.1. Erwin Wittstock: ein Beispiel für die realistische Tradition der Regionalliteratur 49
   - 6.2. Der Berichtigungsdiskurs 57
     - 6.2.1. Der sozial-historische und psychologische Hintergrund des Berichtigungsdiskurses 59
     - 6.2.2. Merkmale des Berichtigungsdiskurses 62
   - 6.3. Gesellschaftliche Panoramabilder der Kriegsjahre 63
     - 6.3.1. Die banatdeutsche Version 64
     - 6.3.2. Die siebenbürgische Version 67
       - 6.3.2.1. Hans Bergel: „Wenn die Adler kommen", Eginald Schlattner: „Der geköpfte Hahn" 68
       - 6.3.2.2. Joachim Wittstock: „Ascheregen" 76
   - 6.4. Die Ideologisierung der traditionellen Erzählung oder der versuchte Ausbruch aus dem Überzeugungsdiskurs 81
   - 6.5. Die Gemeinsamkeiten der traditionellen Erzählung 87
7. **Die literarische Thematisierung der stalinistischen Repression** 89
   - 7.1. Historische Verkleidungen und Schubladenwerke 90
   - 7.2. Erfahrungen im „Spiel" mit der Zensur 94
   - 7.3. Die Verarbeitung des Nachkriegsgeschehens bei fehlender Zensur 99
8. **Der kulturpolitische Kontext ab Mitte der sechziger Jahre** 106

9. Ankündiger der „Moderne" 111
10. Der Verunsicherungsdiskurs 119
11. Die Aktionsgruppe Banat 125
    11.1. Entstehung 125
    11.2. Zeitlicher Ablauf 128
    11.3. Die Merkmale der „Aktionsgruppe" und die Wesenszüge
          ihrer Prosa 132
    11.4. Textbeispiele 135
    11.5. Schlußfolgerungen 138
12. Der kulturpolitische Hintergrund ab Mitte der siebziger Jahre 141
13. Der Zensurmechanismus 149
14. Die Demontage der Dorfgeschichte und des „patriotischen" Gedichtes 152
    14.1. Zum Entstehungskontext der kritischen Dorfgeschichten 152
    14.2. Exkurs in die Banater Literatur 153
    14.3. Ausländische Vorbilder 154
    14.4. Herta Müllers Demontage der traditionellen Dorfgeschichte 156
    14.5. Änderung des Darstellungsprinzips 157
    14.6. Idylle als Zwang zur Normalität 160
    14.7. Demontage des Mythos der Einwanderung und der pathetischen
          Geschichtsdarstellung 162
    14.8. Demontage der Führer- und Heldenfiguren 164
    14.9. Das Nützlichkeitsethos 165
    14.10. Demontage des „patriotischen" Gedichts 166
    14.11. Realismuskritik 166
15. Intertextuelle Beziehungen 167
    15.1. Georg Scherg: „Der Mantel des Darius", „Die Schuldbürger",
          „Die Erzählungen des Peter Merthes" 168
    15.2. Joachim Wittstock: „Peter Gottliebs merkwürdige Reise. Eine
          Märchennovelle" 178
    15.3. Franz Hodjak: „Grenzsteine", „Der Sängerstreit" 181
    15.4. Schlußfolgerungen 186
16. Der intertextuelle Dialog mit siebenbürgisch-sächsischen oder
    banatdeutschen Texten 187
    16.1. Adolf Meschendörfer: „Siebenbürgische Elegie" 188
    16.2. Adam Müller-Guttenbrunn: „Der kleine Schwab" 193
17. Entstehung der experimentellen Literatur 197
    17.1. Jakob Mihăilescu: „Stillstand" 200
    17.2. Schlußfolgerungen 206
18. Das Frauenbild in der rumäniendeutschen Erzählung der Nachkriegszeit 207
    18.1. Die Unterdrückungsgeschichte der Frau – Teil der geistigen
          Enge der Provinz 209
    18.2. Kritik an den Vätern 210
    18.3. Hinweise auf die Verletzung der Frauenrechte 213

18.4. *Bevorzugte Formen* *214*
18.5. *Schlußfolgerungen* *214*
19. Chronik des Endes **218**
    19.1. *Der kritisch-resignierte Erzählton in den letzten Jahren vor der Wende* .. *218*
    19.2. *Die Auflösung des rumäniendeutschen Literaturbetriebs* *222*
20. Die Ankunft der Autoren in der Bundesrepublik **225**
    20.1. *Die literarische Entwicklung rumäniendeutscher Autoren nach ihrer Ankunft in der BRD* *225*
    20.2. *Die rumäniendeutschen Schriftsteller und der deutsche Büchermarkt* *230*
    20.3. *Richard Wagner als Beispiel für die Einbürgerung in die deutsche Literatur* *234*
21. Die Wiederkehr des Berichtigungsdiskurses Ende der achtziger Jahre **237**
    21.1. *Herta Müller als Beispiel für die Thematisierung der totalitären Repression, der Auswanderung aus Rumänien und derAnkunft in der Bundesrepublik* *238*
        21.1.1. „Herztier" 241
    21.2 Das Ende der Geschichte - Die Figuration des Thanatischen *246*
22. Zusammenfassung **248**
    22.1. *Kurze literarhistorische Übersicht* *249*
    22.2. *Autorenprofile* *253*
    22.3. *Allgemeine Entwicklungen der rumäniendeutschen Erzählung* *255*
    22.4. *Die literarische Entwicklung der neunziger Jahre. Vorläufiges Fazit* *258*
        22.4.1. Schreibtechnische Modifikationen 259
        22.4.2. Weitere Entwicklungen 266
    22.5. *Gegenüberstellung der Teile des zersplitterten Literaturbetriebs* *266*
Bibliographie **272**
    23.1 Quellen *272*
        23.1.1. Allgemein 272
        23.1.2. Anthologien 272
        23.1.3. Texte der einzelnen Autoren (in alphabetischer Reihenfolge) 273
    23.2. Sekundärliteratur *292*
        23.2.1. Allgemein 292
        23.2.2. Sekundärliteratur zu den einzelnen Autoren 303
Abkürzungen **335**
Personenregister **335**

1. Einleitung

Alle zwei Wochen verschwindet eine Welt, gehen durchschnittlich eine Identität, eine Weltsicht, ein Wissens- und Kulturschatz mit der jeweiligen Sprache verloren, heißt es im Bericht eines britischen Sprachwissenschaftlers (David Crystal, „Die Welt", 2. März 2001). So wie die multikulturelle Bukowina nach dem Zweiten Weltkrieg, werden wohl auch die Kulturlandschaften Siebenbürgens und des Banats Anfang des dritten Jahrtausends den Weg in die Archive suchen.
In den letzten Jahrzehnten wurden die literarischen Zeugnisse dieser Regionen dank des Einsatzes einiger Literaturwissenschaftler, die sich ihrem Studium verschrieben haben, aufgearbeitet. Außer den Studien und Dissertationen, die längere Zeitspannen rumäniendeutscher Literaturentwicklung untersuchen, gibt es eine Fülle von Beiträgen zu einzelnen Autoren, Rezensionen und Textanalysen, die in den Fachzeitschriften: „Neue Literatur" (Bukarest), „Echinox" (Klausenburg), „Südostdeutsche Vierteljahresblätter" (München), „Banatica" (Freiburg) oder Zeitungen („Neuer Weg", Bukarest, „Neue Banater Zeitung", Temeswar, „Karpatenrundschau", Kronstadt) veröffentlicht wurden.
Diese Untersuchung versteht sich als Vorarbeit zu einer exhaustiven und vielschichtigen Studie zur rumäniendeutschen Erzählung der Nachkriegszeit. Ihre Ziele sind die Beschreibung, Systematisierung und kritische Beurteilung der rumäniendeutschen Erzählung nach 1945.
Das Konzept der vorliegenden Untersuchung berücksichtigt in erster Linie die Notwendigkeit der Arbeit am Text, dementsprechend wurde den analytischen Teilen viel Platz zugesprochen. Neben den vordergründigen hermeneutischen Ansätzen erfordert das Spezifikum dieses Themas den Einsatz literatursoziologischer Methoden. Die Erzählung der Nachkriegszeit ist nach literatursoziologischen Kriterien zweigeteilt, so daß die Zugehörigkeit eines Autors nach den Medien beurteilt wird, in welchen er publiziert. Dieses Kriterium versagt allerdings häufig, da viele im Westen lebende Schriftsteller, ehemalige rumänische Staatsbürger deutscher Nationalität, nach ihrer Ausreise in die Bundesrepublik sich inhaltlich auf die alte Heimat und das frühere Publikum beziehen. Die biographischen Ansätze werden restriktiv verwendet und nur dann eingesetzt, wenn sie zum besseren Verständnis des Werkes beitragen. Über komparatistische Analyseverfahren werden Rezeption und Zirkulation bestimmter Topoi untersucht, entweder als Verbindung mit der deutschen Literatur oder innerhalb der rumäniendeutschen Erzählliteratur.
Auf weite historische Zeitspannen aus der Geschichte der beiden hauptsächlichen Minderheitengruppen auf dem Gebiet Rumäniens in der Nachkriegszeit, der Siebenbürger Sachsen und der Banater Schwaben, wird jedoch aus Platzgründen

nicht mehr rekurriert. Die Darstellung der „Gelenkmomente" ihrer Entwicklung, die auch das Spezifikum der jeweiligen Regionen ausmachen, sollte für die Ergründung ihrer unterschiedlichen Entwicklung ausreichend sein. Die Zeichnung des gesellschaftlich-politischen und kulturellen Kontextes für die Entstehung von Literatur ist – wie der Titel bereits zeigt – kein primäres Ziel dieser Arbeit; sie soll lediglich dem Verständnis der Entstehungsbedingungen einzelner Werke dienen.

Der Kapitelaufbau berücksichtigt die Interferenz diachronischer und synchronischer Perspektiven und unterliegt einer dreifachen Systematisierung. Einerseits berücksichtigt die Untersuchung die chronologische Reihenfolge der Erscheinung der Texte. Besonders die Kapitel zum literarischen Kontext halten die chronologische Folgerichtigkeit der Ereignisse ein. Die analytischen Teile werden nach thematischen Schwerpunkten geordnet, wobei die Untersuchung eines Themas den zeitlichen Rahmen, so wie er durch das jeweilige Kontext-Kapitel vorgegeben wurde, streckenweise sprengt. Die Behandlung thematischer Schwerpunkte erfolgt deshalb nach dem jeweiligen Kontext-Kapitel, weil in bestimmten Zeitspannen kulturpolitischer Entwicklung die Voraussetzungen für ein bestimmtes Literaturverständnis geschaffen wurden. Der Exkurs zur traditionellen Erzählung wird beispielsweise deshalb im Anschluß an das Kontext-Kapitel der fünfziger Jahre angesetzt, weil die traditionellen Erzählmuster in den Fünfzigern in Rumänien wieder salonfähig gemacht wurden.

Angesichts dessen, daß sich eine beschreibende, ordnende Studie zur Entwicklung einer literarischen Gattung der rumäniendeutschen Literatur in einer Zeitspanne von über fünfzig Jahren auf ein ansehnliches Textkorpus zu stützen hat, liegt es auf der Hand, daß, angesichts der bescheidenen Ausmaße dieser Arbeit keine exhaustive Behandlung des Themas angestrebt werden kann. Weder die thematische noch die stilistische Vielfalt der dieser Arbeit zugrundeliegenden Texte kann mit Anspruch auch Vollständigkeit behandelt werden. Die Berücksichtigung von Texten, die nicht nur unterschiedlichen literarischen Traditionen verpflichtet und in verschiedenen kulturpolitischen Epochen entstanden sind, sondern in mehreren Ländern, mehr noch, in unterschiedlichen Gesellschaftssystemen produziert wurden und dennoch die Zugehörigkeit zu einem kulturellen Raum signalisieren, erschweren die ordnende Arbeit.

Die Systematisierung der Erzählwerke der letzten fünfzig Jahre allein nach chronologischen und thematischen Kriterien ist für die zu schaffende Übersicht nicht ausreichend. Eine Möglichkeit, grobe Simplifizierungen durch Ausklammerung ergiebiger Problemkreise zu vermeiden, glaubt die Verfasserin durch breitere Rahmen gefunden zu haben, in welche sich die nicht unkomplizierte Situation der rumäniendeutschen Erzählung einbetten läßt. Diese Gelegenheit wurde vom

Begriff des Diskurses im Foucaultschen Verständnis geboten. Der Exkurs zur Definition des Diskurses erfolgt aus der Notwendigkeit der begrifflichen Festlegung heraus, da die methodologisch fundierte Diskursanalyse nicht zum Ziel dieser Arbeit gehört.

1.1. Zur Anwendung des Diskurs-Begriffs

Bereits ein Blick auf das Inhaltsverzeichnis der Arbeit verrät, daß dem Diskursbegriff in dieser Arbeit strukturierende Funktionen zugedacht wurden. Deshalb mag es wohl befremdend erscheinen, daß ein Diskursbegriff, der sich zwar auf Foucault beruft, dennoch viele seiner relevanten semantischen Valenzen ausklammert.

Foucault definiert die Diskurse als geregelte Verknüpfungen oder Formationen von Aussagen.[1] Darunter versteht er aber weder die Proposition noch den grammatikalischen Satz oder Sprechakt. Die Diskurse formieren sich zu einem ‚Archiv', das das historische ‚Apriori', also die in einer Epoche gegebene Gesamtheit der Bedingungen für die Formation von Aussagen bezeichnet.

Der Diskursbegriff Foucaults ist aus der Erkenntnis entsprungen, daß die idealistische Vorstellung eines durchgängig homogenen „Zeitgeistes" und einer durchgängig erzählbaren Universalgeschichte abzuweisen ist. Jeder Diskurs ist im Lichte einer Sinn-Einheit erschlossen, die durch Rückführung der Einzelereignisse auf transzendentale oder universelle Kategorien entsteht.

Foucault erforscht die Rahmenbedingungen der Diskurse, in denen er eine Mittelordnung kultur- und epochenspezifischer Weltdeutungen wiederfindet, die „unordentlicher" ist als die wissenschaftlich gesicherten Erkenntnisse, „wahrer als die Theorien", tiefer eingewurzelt und reicher als die „primären Codes", die in uniformer Weise unsere Sprache, unsere Umgangsformen, unsere Wahrnehmung und unsere Gesellschaft determinieren.[2] Er hebt die nicht integrierbaren Spezifitäten stark hervor, die nicht einfach als Anwendungen einer uniformen und universalen Regularität decodiert werden können.

Die Gefahr eines zu starren Diskursbegriffes umgeht Foucault durch die Vorstellung der Diskurse als Rahmen, die individuelle Aussagen einschließen. Ein Diskurs funktioniert nicht wie ein System, dessen Elemente Typen sind, die beliebig, ohne Bedeutungsverlust wiederholbar sind. Seine Aussagen sind auch nicht von exklusiver Einmaligkeit, so daß für die Diskurse sowohl alle möglichen Ausnahmen als auch Spezifitäten gelten.[3] Er definiert also seinen Diskursbegriff

---

[1] Zur Diskurstheorie Foucaults wurde auch Fink-Eitel, Hinrich, 1992, konsultiert.
[2] Frank, Manfred: Zum Diskursbegriff bei Foucault. In: Fohrmann, Jürgen, Müller, Harro (Hg.), 1988, S. 25-44, 33f.
[3] Ebd., S. 39.

als den eines singulären, systematisch unbeherrschbaren und multiplen Redezusammenhangs. Der Diskursbegriff, der bei Foucault den Begriff der ‚Episteme' ersetzt, soll der Gefahr entgegenwirken, daß gegensätzliche Begriffspaare wie beispielsweise das Eigene und das Fremde, das Gleiche und das Andere, Innen und Außen auseinanderfallen. Im Rahmen des Diskurses sollen diese miteinander verbunden werden.

Die Diskurse sind in der Sicht Foucaults institutionalisierte Aussagemengen, die im Blick auf das, was man wissen und sagen könnte, stets als Auswahl oder „Verknappung" verstanden werden müssen. Seine Strategie zielt darauf ab, Geltungsansprüche auf theoretische Wahrheit oder moralisch-politische Richtigkeit nur als diskursimmanente Phänomene zuzulassen, denen keine andere weitere Bedeutung zukomme. „Wahrheit" und „Richtigkeit" (und ihre Gegenbegriffe) werden so generell zu Diskursereignissen und Diskurseffekten reduziert, zumal kein Ort existiere, an dem sie „neutral" reflektiert werden können.[4]

Als diskursive Praktiken beziehen sich die Diskurse auf die nicht diskursiven Praktiken (technische, institutionelle, ökonomische, soziale, politische Praktiken) und sie unterstehen den nicht-diskursiven Bedingungen: der Macht und dem Begehren. Beim Aufbau seiner Diskurstheorie ist Foucault oft damit beschäftigt, die Genealogie der Macht zu ergründen. Unter Macht versteht Foucault – bei all den unterschiedlichen Definitionen zu verschiedenen Zeitpunkten – kein souveränes Herrschaftszentrum, sondern ein komplexes, dezentriertes, omnipräsentes Netzwerk einzelner, lokaler, antagonistischer Kraftverhältnisse, von dem sich der Einzelne nicht befreien kann. Die Repressionspraktiken, Machttypen, Praktiken zur Diskurskontrolle und Ausschließungspraktiken der Gesellschaft (Verbot, Tabuisierung von Themen, Ritualisierung von Redesituationen, Entmündigung der Wahnsinnigen, die Grenzziehung zwischen wahr und falsch) werden von Foucault in vielfältigen Zusammenhängen diskutiert. In dieser Arbeit wird jedoch nicht auf diesen zentralen Aspekt der Diskurstheorie Foucaults eingegangen.

Für das hiesige Forschungsfeld ist der Diskurs als Rahmen für konsensfähige Weltdeutungen, so wie sie sich in den verschiedenen Texten manifestieren, sinnkonstituierend. Im Unterschied zu Benennungen wie „Traditionalismus" oder „Moderne" sind die drei im Verlauf der folgenden Kapitel herausgearbeiteten grundlegenden Diskurse an die spezifische Landschaft der rumäniendeutschen Nachkriegsliteratur angepaßt. Ihre Entstehung ist auf dem Hintergrund eines sich stetig komplizierenden Realitätshintergrunds der deutschsprachigen Minderheit zu erklären. Durch die Zugehörigkeit zu einem der Diskurse kann ein Text in größere historische, mentalitätsgeschichtliche, sozialpsychologische, gesell-

---

[4] Plumpe, Gerhard: Kunst und juridischer Diskurs. Mit einer Vorbemerkung zum Diskursbegriff. In: Fohrmann, Jürgen, Müller, Harro (Hg.), 1988, S. 330 348, 331.

schaftliche Zusammenhänge eingebettet werden. Die Texte werden jeweils auf ein kognitives Schema zurückgeführt, dem das alltägliche Wissen, aber auch die Wissenschaft und Philosophie einer Epoche zugrunde liegt. Daher sind die Diskurse als Kapitel denkgeschichtlicher Konzeptionen aufzufassen. Jeder einzelne der drei Diskurse, die die rumäniendeutsche Erzählung der Nachkriegszeit führt, stellt demnach einen eigenen Rahmen für eine Vielzahl von Texten dar, die, oft über thematische Aufteilungen hinaus, in einem Redezusammenhang stehen.

Die komplizierte rumäniendeutsche literarische Landschaft hat die Verfasserin dazu veranlaßt, die Systematisierungsarbeit durch Zuweisung in übergeordnete Strukturen zu unterstützen, denn was in dieser Arbeit mit „rumäniendeutscher Literatur" bezeichnet wird – der Begriff wird im Laufe der Einleitung noch genauer definiert – ist ein ausgesprochen inhomogenes Gebilde. Nach 1945 hat sich die Literatur durch den Verbleib einiger Autoren nach dem Krieg in der Bundesrepublik zweigeteilt. Die Reihen der in der Bundesrepublik schreibenden Autoren wurden im Laufe der Zeit und im Zuge der nicht abbrechenden Auswanderungswellen immer dichter. Von den in Rumänien literarisch Tätigen haben sich einige von der marxistischen Literaturvorstellung vereinnahmen lassen, andere haben Traditionen der Zwischenkriegszeit weitergeführt, andere wiederum haben sich zeitgemäßen, „modernen" literarischen Vorstellungen verschrieben. Unter den Umständen, daß die Repräsentanten einer literarischen Gruppierung zur anderen überwechseln, entweder durch Auswanderung in die Bundesrepublik oder durch simples Wechseln zur „Gegenpartei", können „literarische Schulen", Autorengenerationen oder die Ausarbeitung thematischer Schwerpunkte als systematisierendes Kriterium nicht allgemeine Geltung beanspruchen. Inhalte der prägnant sozialistisch realistischen Phase der fünfziger Jahre tauchen in den Achtzigern bei anderen Autoren wieder auf. Erzählungen größeren Ausmaßes aus der Zwischenkriegszeit in der Tradition der Heimatkunst, gegossen in die Formen des bürgerlichen Realismus, kehren nicht nur beispielsweise in den Schubladenromanen Erwin Wittstocks Ende der vierziger Jahre wieder, sondern selbst in den späten Neunzigern. Angesichts einer nur anscheinend so wahllosen Wiederholung einiger Strukturen, der Migration von Ideen quer durchs Jahrhundert, scheint die Suche nach diskursiven Strukturen, die eben diese diskontinuierlichen, untereinander vernetzten Serien in Zusammenhang bringen, sinnvoll. Darüber hinaus sollen die gefundenen Zusammenhänge nach ihrer Bedeutung hinterfragt werden.

1.2. Kapitelübersicht

Die Untersuchung zur rumäniendeutschen Erzählliteratur berücksichtigt Texte aus der unmittelbaren Nachkriegszeit bis hin zu Erzählungen, die im Jahr 2000 erschienen sind. Die behandelten Werke beanspruchen, für die Entwicklung dieser literarischen Gattung repräsentativ zu sein. Die gewählte breite Zeitspanne ermöglicht die Untersuchung langzeitiger Entwicklungen von Autoren und literarischen Tendenzen sowie die Beobachtung literarischer Paradigmenwechsel.

Innerhalb der weit gefaßten chronologischen Rahmen nehmen die drei grundlegenden Diskurse der rumäniendeutschen Erzählung der Nachkriegszeit eigens gekennzeichnete Teile ein, in denen die hier ausgearbeiteten Begriffe „Überzeugungsdiskurs", „Berichtigungsdiskurs" und „Verunsicherungsdiskurs" erklärt werden.

Um den Zusammenhang zur Tradition zu beleuchten, wird die eigentliche Untersuchung von einem Kapitel zur Entwicklung der Erzählung in der Zeit zwischen den Weltkriegen eingeleitet. Vor allem für die Entstehung des „Berichtigungsdiskurses" scheint es besonders sinnvoll, die literarische Entwicklung der ersten Hälfte des zwanzigsten Jahrhunderts nachzuzeichnen.

Der Literatur, die in Anlehnung an die literarischen Vorstellungen des Sozialistischen Realismus entstanden ist, wird auch angesichts ihres mangelnden literarischen Wertes verhältnismäßig wenig Platz eingeräumt. Sie ist vor allem als literarisches Dokument der Zeit nach 1945 relevant.

Anders steht es um die traditionellen Erzählungen in der Entwicklungslinie der Zwischenkriegszeit, und um die Literatur nach 1960. Die Qualität dieser Texte macht sie zum Hauptgegenstand dieser Arbeit.

Die Wahl der thematischen Schwerpunkte zur Untersuchung der Erzählliteratur, die sich der realistisch traditionellen Darstellungsweise verpflichtet, wird von einer Vielzahl von Texten veranlaßt, die sich Ereignisse aus der jüngeren Geschichte der Minderheiten zum Thema machen: die Zeit um den Zweiten Weltkrieg und die unmittelbare Nachkriegszeit.

Den besonders wichtigen literarhistorischen Momenten für die Herausbildung einer emanzipierten Erzählung wurden eigene Kapitel gewidmet: „Ankündiger der Moderne" und „Die Aktionsgruppe Banat". Mehrere Kapitel befassen sich mit dem kulturpolitischen Kontext ab Mitte der sechziger Jahre und mit der Funktionsweise der Zensur. Die Kapitel „Entstehung der experimentellen Literatur", „Die Demontage der Dorfgeschichte und des ‚patriotischen' Gedichtes", „Das Frauenbild in der rumäniendeutschen Erzählung der Nachkriegszeit" wurden der modernen rumäniendeutschen Erzählung gewidmet. Die Entstehung eines Netzes von intertextuellen Bezügen einerseits zwischen rumäniendeutschen Texten und andererseits in Anspielung auf Werke der deutschen Literatur wird in

den Kapiteln „Intertextuelle Beziehungen" und „Der intertextuelle Dialog mit siebenbürgisch-sächsischen und banatdeutschen Texten" auf ihre Bedeutung hin befragt.
Der letzte Teil der Arbeit konzentriert sich auf die literarischen Entwicklungen der achtziger und neunziger Jahre, außerdem ermöglicht der Überblick letzte Schlußfolgerungen.

1.3. Problematisierung des Begriffs „rumäniendeutsche Literatur"

Um den Begriff „rumäniendeutsche Literatur" zu erklären, bedarf es eines Exkurses in die Geschichte der Siedlungsräume auf dem Gebiet des jetzigen Rumänien.[5]
Die Siebenbürger Sachsen kamen zur Zeit des ungarischen Königs Geysa II. (1141-1161) nach Siebenbürgen. Durch den „Goldenen Freibrief" des Königs Andreas II. erhielten sie auf dem sogenannten „Königsboden" territoriale, politische und kirchliche Autonomie. Bis 1867 stellten der „Goldene Freibrief" (1224), ab 1486 das Selbstverwaltungsorgan der „Sächsischen Nationsuniversität" und das eigene Gesetzbuch (1583), die Rechtsgrundlage für die deutschen Siedler dar. Der geschlossene Übertritt zur lutherischen Konfession verstärkte ihre Eigenständigkeit. Zwischen 1526 und 1690 war Siebenbürgen ein unabhängiges Fürstentum, ab 1690 Kronland des Hauses Habsburg. Dieser Status dauerte bis 1867 an, als Österreich durch den Ausgang des preußisch-österreichischen Krieges (1866) die Vormachtstellung im siebenbürgischen Raum verlor. Mit Ungarn wurde 1867 durch die Errichtung der Doppelmonarchie Österreich-Ungarn ein „Ausgleich" gefunden, so daß das Großfürstentum Siebenbürgen dem ungarischen Königreich zufiel.
Die Geschichte der deutschen Siedler im Banat begann einige Jahrhunderte nach der Besiedlung durch die Sachsen. Nach 1718, als das Banat vom türkischen in den österreichischen Besitz wechselte, kamen in den drei sogenannten „Schwabenzügen" zwischen 1722 und 1787 aus Südwestdeutschland zahlreiche deutsche Siedler ins Land. Ab 1778 wurde das Banat vom Wiener Hof an Ungarn abgetreten. Von 1849-1861 war es Teil der „Serbischen Woiwodschaft und Temescher Banat", von 1871 bis 1918 gehörte es wieder zu Ungarn.
Die Bukowina war in der Zeit von 1775-1918 ein österreichisches Kronland, in das im letzten Viertel des 18. Jahrhunderts deutsche Bauern, Bergleute, Glashüt-

---

[5] In den Ausführungen zur Geschichte stütze ich mich auf den Beitrag Horst Fassels: Die deutsche Literatur auf dem Gebiet des heutigen Rumänien. In: Rosenthal, Erwin Theodor, 1989, S. 137-170 und auf Eduard Eisenburger und Michael Kroner (Hg.): Sächsisch-Schwäbische Chronik. Beiträge zur Geschichte der Heimat. Bukarest: Kriterion 1976.

ten-, und Waldarbeiter aus Südwestdeutschland, der Zips und aus dem Böhmerwald gelangten.

Durch die Friedensverträge nach dem I. Weltkrieg wurden Siebenbürgen und der größte Teil des Banats[6] von Ungarn an Rumänien abgetreten. Auch die Bukowina fiel Rumänien zu, deutsche Bevölkerungsgruppen gab es auch im Sathmarer Gebiet (Nordrumänien) und im sogenannten „Altreich" (Moldau, Walachei und seit 1878 auch die Dobrudscha). Hier bewohnten Deutsche vor allem größere Städte wie Bukarest und Jassy, besiedelten aber auch südliche und südöstliche Teile Rumäniens, wie die Dobrudscha und Bessarabien.

Die politischen Umwälzungen nach 1918 ermöglichten die Vereinigung der deutschen Volksgruppen in einem Staat. Es liegt wohl nahe, daß sich die neuen Grenzen auch auf ihr kulturelles Leben ausgewirkt haben. Nach 1918 kann man dennoch nur theoretisch von einer „rumäniendeutschen Literatur" sprechen, da der Prozeß der Vereinheitlichung der einzelnen deutschsprachigen Regionalliteraturen erst später einsetzte. Auch wenn die nach 1918 überregional tätigen literarischen Zeitschriften und Zeitungen den Vereinheitlichungsprozeß förderten, bewirkte die von unterschiedlichen sozial-historischen und kulturellen Faktoren geprägte Vergangenheit doch das Weiterbestehen der literarischen Regionen.[7]

---

[6] Im Nachklang zum I. Weltkrieg wurde das zu Ungarn gehörende Banat durch den Friedensschluß von Trianon dreigeteilt: Rumänien fiel der größere nordöstliche Teil zu, Jugoslawien erhielt den kleineren südwestlichen Teil, Ungarn verblieb nur das Vorfeld Szegedins (nicht ganz 300 km²).

[7] Die Prägung durch die unterschiedliche Geschichte ist bis auf den heutigen Tag aus den Aussagen der Autoren und der stofflichen Eigenartigkeit ihrer Werke zu entnehmen. Der Kritiker Gerhardt Csejka weist auf die Spezifika der Siebenbürger Sachsen und der Banater Schwaben hin: „Die Sachsen haben nie viel auf Wien gehalten, und die Reformation, das einzige historische Moment von einschneidender Bedeutung, das sie mit der deutschen Geschichte gemeinsam haben, war für sie hauptsächlich Hilfe in der geistigen Verselbständigung, in der Vertiefung der persönlichen Züge. ... Aber die kaisertreuen Banater Schwaben? Kann für sie das riesige und fragwürdige Kakanien mit seiner Geschichte jenen Resonanzraum abgeben, der nötig ist für ein geistiges Leben von einiger Breite und Tiefe? Für Literatur von einiger Bedeutsamkeit? War das Banat nicht doch etwas am Rande des Imperiums?" so daß die Magyarisierungstendenzen vom Kaiser nicht gehört wurden? (Csejka, Gerhardt: Bedingtheiten der rumäniendeutschen Literatur. Versuch einer soziologisch-historischen Deutung. In: NL 8/1973, S. 25-31, 28.) Im Zusammenhang mit der Frage nach der geschichtlichen Rolle der deutschen Bevölkerungsgruppen in jenen Räumen spricht Richard Wagner von der „Rolle der Deutschen in Südosteuropa" aus der spezifischen Sicht eines Banaters: „Es war eine wichtige Rolle im Zusammenhang einer multikulturellen Region unter dem Habsburger Schirm." (Richard Wagner: „Ich stelle meine Herkunft nicht aus". In: Stefan Sienerth, 1997, S. 305-317, 310.) Ein Siebenbürger hätte die Wortkombination „Habsburger Schirm" wohl nicht gewählt, Stefan Sienerth spricht im gleichen Buch von den „traditionsbewußteren siebenbürgischen Dörfern" („Daß ich in diesem Raum hineingeboren wurde", S. 292).

Zur „rumäniendeutschen" Literatur wurden die Regionalliteraturen erst nach 1948 zusammengeführt[8], als Siebenbürgen und das Banat die beiden wichtigsten deutschsprachigen literarischen Regionen des Landes ausmachten.

Auf dem Hintergrund dieser historischen Ereignisse sind die Auseinandersetzungen um die Bezeichnung dieser Literatur im südosteuropäischen Raum zu verstehen, die für ihr Selbstverständnis wichtig sind: vor 1918 konnte man den Begriff „rumäniendeutsche Literatur" nicht verwenden, da die wichtigsten deutschsprachigen Regionen bis dahin nicht zu Rumänien gehörten. Die deutschsprachigen literarischen Regionen der Bukowina und Bessarabiens konnte man nur in der Zeitspanne zwischen 1918-1945 zur rumäniendeutschen Literatur zählen, da diese Landstriche nach dem Zweiten Weltkrieg der Sowjetunion zufielen. Darüber hinaus wurde die Vielvölkerlandschaft der Bukowina, deren deutschsprachige Dichtung in hohem Anteil von Juden getragen wurde, während des Zweiten Krieges und der folgenden Implementierung sowjetischer Machtstrukturen zerstört.[9]

Auch wenn der Begriff „rumäniendeutsche Literatur" durch die Labilität der südosteuropäischen Grenzen nur in Begleitung erklärender Kommentare zu verwenden ist, wäre es nicht richtig, den Begriffen „siebenbürgische" oder „banatdeutsche Regionalliteratur" alleinigen Geltungsanspruch zuzuweisen, da die Homogenisierungstendenzen, die den regionalen Rand überschreiten, besonders nach 1945 nicht zu übersehen sind. Horst Fassel plädiert für die „vorläufige Lösung": „deutsche Literatur auf dem Gebiet des heutigen Rumänien"[10].

Gerhardt Csejka entscheidet sich mit folgenden Argumenten gegen den alternativen Begriff der „deutschsprachigen Literatur Rumäniens" und für „rumäniendeutsche Literatur"[11]: diese Bezeichnung kennzeichne sich durch die doppelte Akzeptanz, die einerseits „die Zuordnung zur deutschen Literatur" und andererseits „in der geographischen Abgrenzung den Zwang zur Eigenständigkeit" vor-

---

[8] Peter Motzan: Was aber stiften die Literaturhistoriker? Ausschweifende Überlegungen zu einer Literaturgeschichte und einem Tagungsband. In: Südostdeutsche Vierteljahresblätter 1995, S. 125-139, 129.

[9] Dazu Horst Fassel: „Während von den zwanziger Jahren bis 1937 und 1938 die Czernowitzer Presse die rumänienweit entschlossenste antifaschistische Haltung eingenommen hatte, nachdem die Bukowina für manche Exilautoren aus Deutschland, Polen usw. Zuflucht geboten hatte und die Periodika zu Publikationsstellen für Exilschrifttum geworden waren, mußten nach 1937 und 1938 die jüdischen Dichter der Bukowina, die entscheidend das literarische Leben angeregt hatten, das Exil suchen." In: Die deutsche Literatur auf dem Gebiet des heutigen Rumänien. In: Rosenthal, Erwin Theodor, 1989, S. 137-170, 163.

[10] Wie schon aus dem Titel seines literarhistorischen Beitrags „Die deutsche Literatur auf dem Gebiet des heutigen Rumänien" ersichtlich. Ebd.

[11] Vgl. Gerhardt Csejka: Eigenständigkeit als Realität und Chance. Zur Situation der rumäniendeutschen Literatur. In: NW vom 20.03. 1971.

aussetze. Mit dieser in der Bezeichnung begriffenen zweifachen Zuordnung befürwortete Gerhardt Csejka Anfang der siebziger Jahre die Öffnung des rumäniendeutschen Literaturbetriebs auf den deutschsprachigen Binnenraum hin und die rezeptionsfreudige Haltung deutschen und europäischen literarischen Bewegungen gegenüber. Der Begriff „rumäniendeutsch" impliziert darüber hinaus die verwirrende Ersetzung der Beiwörter „sächsisch" und „schwäbisch" durch „deutsch" und die Verwandlung von „Volk" zu „mitwohnender Nationalität".[12] Sie signalisiere bedeutende, doch nie akzeptierte Verschiebungen im nationalen Selbstverständnis der deutschen Minderheiten im Laufe des zwanzigsten Jahrhunderts.

Die Lage nach 1990, einem Zeitpunkt, in dem die meisten deutschschreibenden Autoren aus Rumänien in die Bundesrepublik ausgewandert waren, ist noch schwerer in Begriffen zu fassen. Einerseits wird der Begriff „rumäniendeutsche Literatur" auch in der jüngsten Forschung dadurch weiter rehabilitiert, daß er für die Erfassung der literarischen Zeugnisse, die in der Bundesrepublik entstanden sind, für kompatibel erklärt wird: „Mir scheint es ... am plausibelsten, beim Begriff ‚rumäniendeutsche Literatur' zu bleiben, da er sich als einziger der diskutierten Bezeichnungen auch auf die in der BRD entstandene Literatur anwenden läßt. Alle anderen vorgeschlagenen Begriffe sind in der Tat nur sinnvoll, wenn sie auf die in Rumänien entstandene Literatur bezogen werden. In dem Begriff ‚rumäniendeutsche Literatur' ist die Prägung durch die rumänische Umgebung und der Bezug zur deutschen Literatur und Sprache enthalten".[13]

Autoren, die sich nach dem Zweiten Weltkrieg in der Bundesrepublik niedergelassen haben, gehören durch ihre Prägung, den sozio-historischen Hintergrund, und besonders durch die spezifischen Stoffe ihrer Werke zur rumäniendeutschen Literatur. Dennoch werden Gegenstimmen immer lauter[14], die die in der Bundes-

---

[12] Csejka, Gerhardt: Bedingtheiten der rumäniendeutschen Literatur. Versuch einer soziologisch-historischen Deutung. In: NL 8/1973, S. 25-31, 29. Csejka verwendet absichtlich den Begriff „mitwohnende Nationalität", der dem kommunistischen politischen Jargon entstammt.

[13] René Kegelmann, 1995, S. 19.

[14] Franz Hodjak hofft auf neue deutsche Schriftsteller in Rumänien, kann aber nicht mehr von einer rumäniendeutschen Literatur sprechen. „Für eine Literatur muß es so etwas wie einen Betrieb geben, Rahmenbedingungen, und dafür fehlen alle Voraussetzungen. ... Vor allem aber fehlen die Leser. Die rumäniendeutsche Literatur ist ein abgeschlossenes Kapitel und gehört nun strikt zur Literaturgeschichte. Selbst die Bücher, die wir hier schreiben und veröffentlichen, gehören nicht mehr zur rumäniendeutschen Literatur, wieso auch? Eine rumäniendeutsche Literatur kann es in Deutschland nicht geben." Franz Hodjak: Von der Suche nach einem Ort. In: Stefan Sienerth, 1997, S. 269-286, 285. Im gleichen Sinn die metaphorische Formulierung Ernest Wichners: „Rumäniendeutschland gibt es nicht mehr, doch so lange es existierte, war es jene nebulös–imaginäre Kopf-Landschaft, die den Ort einer spezifischen Literatur markierte. Als Wortungeheuer hatte es zur Aufgabe, rumänische Staatsbürgerschaft ironisch mit dem Bewußtsein zu koppeln, daß man

republik entstehenden Werke auch dann nicht der rumäniendeutschen Literatur zuzählen möchten, wenn sie sich thematisch und stofflich in ihrer Tradition befinden. Diese Diskussionen um den Begriff „rumäniendeutsche Literatur" deuten auf die Komplexität einer Literatur hin, die besonders nach den massiven Auswanderungswellen der achtziger und Anfang der neunziger Jahre in völlig neuen Koordinaten entsteht. Doch das Spezifikum der Gattung, die Tatsache, daß die Erzählung längere Zeit als die Lyrik etwa aus einem konkreten stofflichen Repertoire schöpft, das mit dem Herkunftsland in Verbindung steht, ist ein Argument für die weitere literarische Zugehörigkeit zum Themenkreis des „Rumäniendeutschen". Den wenigsten Autoren kann man zumuten, eine Wirklichkeit zu reflektieren, zu der sie als Schriftsteller noch keine Beziehung entwickeln konnten.
Besonders die Entwicklung ab den achtziger Jahren versetzt die rumäniendeutsche Literatur in eine Zwischenlage, in der sie Vollmitgliedschaft weder für die deutsche und für eine sogenannte „Aussiedlerliteratur" noch für den verschwundenen Club der „Rumäniendeutschen" beanspruchen kann. Die Untersuchung der literarischen Zeugnisse der letzten Jahre soll die notwendige Erklärung liefern, weshalb der Begriff „rumäniendeutsche Literatur" im Verlauf der Arbeit (noch) ohne Anführungszeichen verwendet wird.

1.4. Inseldasein und sprachliche Implikationen
Die Entwicklung der rumäniendeutschen Literatur außerhalb des binnendeutschen Sprachraums, unter spezifischen historisch-politischen, sozialen und kulturellen Bedingungen, hat ihr ein eigenes Profil verliehen. Da sie als Literatur einer Minderheit stofflich meistens aus einem festen regionalen Repertoire schöpft, wird sie mit Begriffen wie „Minderheitenliteratur" „Regionalliteratur" oder „kleine Literatur" umschrieben. Der Diskussion um diese Begriffe wird kein als solches gekennzeichnetes Kapitel reserviert, sie begleitet jedoch die Analyse durch die verschiedenen literarischen Epochen.
Nach Norbert Mecklenburg bezeichnet die Regionalliteratur eine in Verbreitung und Geltung regionale, jedoch nicht notwendig auf regionale Themen begrenzte Literatur.[15] Regionalliteratur muß, trotz ihrer Verhaftung in heimatlichen Stoffen, nicht unbedingt konservativ sein. Der Begriff „Regionalismus" dient heutzutage auch als Etikett einer neuen antiautoritären Bewegung gegen den industriellen Zentralismus. Die Regionalliteratur kann demnach auch kritisch und progressiv sein.

---

deutsche Literatur produziere; deutsche Literatur und eine deutsche Literatur: die rumäniendeutsche." Ernest Wichner: „Als hätte es sie alle nicht gegeben". In: die horen (Hannover) 3/1987.
[15] Norbert Mecklenburg, 1982, S. 34.

Ob die Bezeichnung „kleine Literatur", wie sie Kafka in seinem Tagebuch von 1911 entwickelt hat, deren Grundmerkmal unter anderem die Kopplung des Individuellen ans unmittelbar Politische ist, der rumäniendeutschen Wirklichkeit gerecht wird, soll sich im Verlauf der Arbeit zeigen.[16]
Gerhardt Csejka zieht den Begriff „Minderheitenliteratur" vor, da dieser den Statusverschiebungen der deutschen Minderheit ab der zweiten Hälfte des 19. Jahrhunderts und besonders nach 1945 Ausdruck gibt.[17]
Die Komplizierung des literarischen Kontextes in der Nachkriegszeit, die Unterdrückung der freien Meinungsäußerung in der Diktatur, hat nicht nur das literarische Schaffen, sondern auch den Bewertungsvorgang erschwert. Der Bewertungsakt war dem äußeren politischen Kontext ausgeliefert, der Kritiker „stand bei jedem Schreibbeginn vor der Frage: Wie ist, trotz geistloser Zensur und geistreicher Selbstzensur, die schriftliche Aussage organisch zu gestalten? Wie lassen sich die sozial-politischen Rahmenbedingungen des schriftstellerischen Schaffens umreißen, ohne daß man genötigt ist, die offizielle Terminologie in all ihren von der Zeitlage abhängigen Variationen zu verwenden? Wo setzt man im Ablauf des künstlerischen Geschehens Höhepunkte an? Oder vermeidet man dies, schon aus der einfachen Überlegung heraus, daß in der kommunistisch verwalteten Kultur kein ‚Höhepunkt', keine ‚Blütezeit' möglich sein können, weil es an den Grundvoraussetzungen einer freien Entfaltung des Gedankens und des ungehinderten Austauschs mit verwandten Geistern in Nähe und Ferne mangelt."[18] Darüber hinaus fühlten sich die Kritiker des rumäniendeutschen Inselbetriebs wegen der mangelnden Kommunikation mit der deutschen Literaturkritik von Binnenentwicklungen abgekapselt.

In Verbindung mit der Eininselung des rumäniendeutschen Literaturbetriebs stehen auch seine sprachlichen Besonderheiten: Gerhardt Csejka spricht von einem „Duden-Syndrom", von „Verkrampfungen beim literarischen Gebrauch des Deutschen, da die gesprochene Sprache eben kein solider und produktiver Hintergrund" sei.[19] „Man spricht von einer Konservensprache, vom sehr geringen Abnützungsgrad der Wörter und verwechselt das blinde Vertrauen der Sprechenden (bzw. Schreibenden) in die Fähigkeit der Wörter, einen bestimmten, genau ermeßbaren Sinngehalt unbeschadet von Mensch zu Mensch zu transportieren,

---

[16] Gerhardt Csejka zitiert aus Kafkas Tagebuch von 1911. In: „Der Weg zu den Rändern, der Weg der Minderheitenliteratur zu sich selbst". In: Schwob, Anton, Tontsch, Brigitte (Hg.), 1993.
[17] Ebd.
[18] Joachim Wittstock: Rumäniendeutsche Literaturgeschichte. Ihre Beurteilung von wechselnden Standorten, zu verschiedenen Zeitpunkten. In: Eckhard Grunewald, Stefan Sienerth (Hg.), 1997, S. 103-113, 109.
[19] Csejkas Aussage im Gespräch mit Hans Liebhardt. In: „Der Gedanke der Heimat bin ich". In: NL 3/1984, S. 27-34, 32.

mit dieser Fähigkeit selbst. ... Das Verhältnis zur Wirklichkeit war also im allgemeinen ein gläubiges, distanzloses, gläubiger und distanzloser als in jeder größeren, selbständigeren, sich von selbst verstehenden, unbeschwerten und demnach dynamischeren, offeneren Gemeinschaft: dieses Verhältnis zur gesellschaftlichen, dinglichen und ebenso zur sprachlichen Wirklichkeit ist es aber vor allem, was die relative Einfalt der Sprache bedingt. ... Erschwerend kommt allerdings hinzu, daß abgesehen von Germanistik und Theologie ... keine andere Wissenschaft in deutscher Sprache auf Hochschulniveau studiert werden kann, was die Subtilität und Elastizität im Sprachgebrauch zweifellos beeinträchtigt. ... Literatur ist Sprachkunst und als solche immer Daseinskampf mit allem, was in derselben Sprache geschaffen wird, ganz gleich, zwischen welchen Staatsgrenzen. Paul Schuster hat nicht nur neben Oskar Walter Cisek zu bestehen, sondern auch neben Heinrich Böll und Günter Grass."[20]

Da dem Phänomen der „sprachlichen Komplexierung" in der Fachliteratur besondere Aufmerksamkeit geschenkt wurde, soll es hier erwähnt, jedoch im weiteren Verlauf der Arbeit nur nebenbei behandelt werden.

1.5. Weitere begriffliche Festlegungen und methodische Hinweise

Der Begriff „Erzählung" gilt hier in seiner gängigen Bedeutung als Oberbegriff für die Darstellung von fiktionalen Ereignisfolgen wie Roman, Erzählung, Novelle bis hin zur Kurz- und Kürzestgeschichte; denn auch Erzähltexte, die keineswegs ausschließlich aus erzählender Rede bestehen, werden im weiten Rahmen der Erzählung behandelt. Die Memorialien an Kriegs- und Deportationszeit werden wegen ihres Status' zwischen Dokumentarbericht und Belletristik nicht behandelt. Die Mundart- und Kinderliteratur wurden wegen des bereits breiten Rahmens der Arbeit und der mangelnden Kompetenzen der Verfasserin ausgeklammert.

Angesichts der zahlreichen Werke, die zur Behandlung des Themas ins Gespräch kommen mußten, soll hier die Vielfalt der Werke nach Wissen und Gewissen repräsentativ behandelt werden. Das Auffangnetz literarischer Zeugnisse ist wegen der breiten Zeitspanne der Untersuchung mit gröberen Maschen versehen. Man möge deshalb nachsichtig sein, wenn manches Wichtige außer Acht gelassen wurde, die Notwendigkeit der Synthese und der Selektion fordert sicher ihre Opfer. Streckenweise wird wohl der Eindruck erweckt, daß bestimmte Texte eher unbedeutender Autoren hervorgehoben werden. Auch wenn ich um die Einhaltung der Proportionen bemüht war, ist der eine oder andere, der mir für eine nicht zu übersehende Entwicklung maßgebend erschien, ausführlicher behandelt

---

[20] Gerhardt Csejka: Eigenständigkeit als Realität und Chance. Zur Situation der rumäniendeutschen Literatur. In: NW vom 20.03.1971.

worden als wichtige Autoren, wie beispielsweise Franz Hodjak, Georg Scherg oder Herta Müller. Erst im zusammenfassenden Teil versuche ich ausdrücklich auf Proportionen zu achten.

Was die Nachweisungstechnik im Text betrifft, ist es bei der Vielzahl der verwendeten Texte wenig sinnvoll, mit Abkürzungen zu arbeiten. Infolgedessen wird, von den Namen einiger Zeitungen und Zeitschriften abgesehen, darauf verzichtet.

2. Kurze Bestandsaufnahme der siebenbürgisch-sächsischen und banatdeutschen Erzählung in der Zwischenkriegszeit

Die Planung eines Überblicks über die literarische Situation in der Zwischenkriegszeit entspricht dem Anliegen, die rumäniendeutsche Erzählung der nachfolgenden Epoche in eine literarhistorische Entwicklungslinie einzubetten. Dieser einleitende Teil stützt sich auf die Untersuchungen Stefan Sienerths[21], Peter Motzans[22], Horst Schuller Angers[23] und Horst Fassels[24]. Da in der rumäniendeutschen Literatur der Nachkriegszeit die literarische Landschaft der Bukowina verschwindet, liefert dieses Kapitel einen Überblick ausschließlich über die Entwicklung der Siebenbürgischen und Banater Literatur.

Die Lage der Siebenbürger Sachsen und der Banater Schwaben war schon durch ihre Rechtsstellung nach der Immigration unterschiedlich. Die Siebenbürger Sachsen kamen Anfang des 12. Jahrhunderts nach Siebenbürgen, der „Goldene Freibrief" des Königs Andreas II. (1224), der erst 1867 annulliert wurde, sicherte ihnen die territoriale, politische und kirchliche Autonomie.[25] Die Banater Schwaben, die erst im 18. Jahrhundert im Gebiet zwischen Marosch, Theis, Westkarpaten und Donau angesiedelt wurden, unterstanden nicht eigenen, selbstgewählten Beamten und waren Untertanen des Kaisers. Der anhaltende Existenzkampf einerseits, das Dasein im österreichischen und ungarischen Einflußkreis andererseits, erschwerten die Herausbildung eines ethnischen Eigenbewußtseins wie das der Siebenbürger Sachsen. So kam es, daß die ungarischen Assimilationszwänge nach dem österreichisch-ungarischen Ausgleich von 1867,

---

[21] Stefan Sienerth: Künstlerisches Selbstverständnis und Zugehörigkeitsdilemma deutscher Schriftsteller in Rumänien während der Zwischenkriegszeit. In: Motzan/Sienerth, 1997.
[22] Peter Motzan: Die rumäniendeutsche Lyrik nach 1944, 1980.
[23] Horst Schuller Anger: Kontakt und Wirkung, 1994.
[24] Horst Fassel: Die deutsche Literatur auf dem Gebiet des heutigen Rumänien. In: Erwin Theodor Rosenthal (Hg.), 1989, S. 139-169.
[25] Ebd., S. 144.

nach dem die deutschen Provinzen der ungarischen Reichshälfte zufielen, die Banater Schwaben stärker trafen.[26]

Die Vereinigung des Banats, Siebenbürgens und der Bukowina mit Rumänien hatte die Bildung einer sozio-kulturellen Infrastruktur, die das Näherkommen der Banater Schwaben, Siebenbürger Sachsen, Juden und Deutschen aus der Bukowina förderte, zur Folge. Die Einwilligung der deutschsprachigen Bevölkerungsgruppe zu der Vereinigung mit dem Königreich Rumänien war mit der Forderung nach verstärkter Eigenständigkeit verbunden. Die Vereinigung mit Rumänien bedeutete aber auch eine als schmerzhaft verspürte Distanzierung vom westlichen Kulturkreis.

Die nach dem Krieg entstandenen politischen Gegebenheiten, die Zugehörigkeit mehrerer deutscher Gruppen zu Rumänien wurde von der deutschsprachigen Minderheit auch als Chance zur Bildung eines „gemeinsamen ostdeutschen Kulturbewußtseins" angesehen[27]. Literarische Zeitschriften setzten die Bemühungen der siebenbürgischen Zeitschrift „Die Karpathen" (1907-1914) fort, die Verbindungen zwischen den verschiedenen deutschsprachigen Gruppen und ihren herausragenden Repräsentanten aufzunehmen.[28] Horst Schuller Anger hebt die Bedeutung der Zeitschrift „Das Ziel" (1919) für die Herausbildung eines „rumäniendeutschen" Kulturbewußtseins hervor, die als erste die angestrebte Solidarität des Literaturbetriebs belegt. Die Zeitschrift soll ein publizistischer Beweis dafür sein, daß mit vollem Recht nach 1918 von rumäniendeutscher Literatur als „Postulat und zugleich als Realität im Beieinander von literarischen Stimmen aus allen deutschen Siedlungsräumen des neuen vergrößerten rumänischen Staates" gesprochen werden kann[29].

---

[26] Herausragende Persönlichkeiten der Banater Schwaben forderten auf publizistischem und literarischem Wege die Änderung der ungarischen Regierungspolitik. Adam Müller-Guttenbrunn leistete die bedeutendste Vorarbeit für die Stärkung der Geschlossenheit der Banater Schwaben. Während sich Adolf Meschendörfer in Siebenbürgen um eine moderne ästhetische Erziehung seiner Leser bemühte, zielten Guttenbrunns Schriften auf die Herausbildung eines banatdeutschen Gemeinschaftsbewußtseins. Peter Motzan, 1980, S. 18.

[27] Sienerth zitiert den Bischof der Siebenbürger Sachsen, Friedrich Teutsch. Stefan Sienerth: „Künstlerisches Selbstverständnis und Zugehörigkeitsdilemma deutscher Schriftsteller in Rumänien während der Zwischenkriegszeit". In: Sienerth/Motzan, 1997, S. 109f.

[28] In der Ausführung Horst Fassels werden u.a. folgende Zeitschriften und Zeitungen angeführt: „Klingsor" (1924-1939), „Das Ziel" (1919), „Das neue Ziel" in Kronstadt, „Der Nerv" (1919), „Das Licht" (1919) in der Bukowina, die „Banater Monatshefte" im Banat. Auch der Zusammenschluß aller Deutschen aus Rumänien in einer Partei und die Zunahme der deutschsprachigen Tagespresse (das „Siebenbürgisch Deutsche Tageblatt", Die „Banater Deutsche Zeitung", „Temeswarer Zeitung", „Arader Zeitung", das „Czernowitzer Morgenblatt", „Der Tag") hatten Homogenisierungserscheinungen als Folge. Horst Fassel: Die deutsche Literatur auf dem Gebiet des heutigen Rumänien. In: Rosenthal, Erwin Theodor, 1989, S. 137-170.

[29] Horst Schuller Anger, 1994, S. 22. Schuller Anger zitiert Harald Krasser.

Die verdienstvolle Rolle dieser Zeitschriften bestand auch darin, rege Beziehungen zur deutschen Literatur gepflegt zu haben. Nach der Zeit der „teilweisen Eininselung" im 18. und 19. Jahrhundert wird im 20. Jahrhundert bis 1945 ein „leistungsfähiger Höhepunkt" erreicht.[30] Es ist nicht zu übersehen, daß die Versuche, den Regionalcharakter der deutschsprachigen Regionalliteraturen auf dem Gebiet Rumäniens zu überbrücken, durch Gegenwartsbezug und durch Anschluß an literarische Strömungen des westlichen Europa ermöglicht werden sollten.

Die Bemühungen der Kulturpolitiker in den zwanziger und frühen dreißiger Jahren, den Schriftstellern die regionalen Zugehörigkeitsgefühle zu minimieren und ihnen eine rumäniendeutsche Identität anzuerziehen, blieben aber eher erfolglos.[31]

Die Gründe für das Verharren im Regionalen und für die Abwendung von den zeitgenössischen europäischen Strömungen erklärt Stefan Sienerth in seiner Studie „Künstlerisches Selbstverständnis und Zugehörigkeitsdilemma deutscher Schriftsteller in Rumänien während der Zwischenkriegszeit". Stefan Sienerth beleuchtet die Situation der deutschschreibenden Autoren in Rumänien aus dem Blickwinkel ihrer Stellung dem rumänischen Staat gegenüber, ihrer Position innerhalb ihrer nationalen Gruppe sowie ihres Standortes im Spannungsfeld zwischen siebenbürgisch-sächsischen, rumäniendeutschen, bzw. deutschen Vorstellungen. Die deutschsprachigen Regionen vertreten unterschiedliche Positionen. Besonders die Siebenbürger Sachsen erweckten nach wie vor von außen den Eindruck eines in sich geschlossenen Ganzen, mit einem stark ausgeprägten Gruppenbewußtsein. Obwohl für die Siebenbürger Sachsen schon 1867 der Status einer „Nation" verloren war und sie sich mit dem einer Minderheit abfinden mußten, hatte sich am Selbstverständnis der Gruppe nicht viel verändert. Im Banat hingegen mußten wegen der nachhaltigen Magyarisierung vor allem der schwäbischen Intellektuellenschicht zunächst Voraussetzungen für ein dichterisches Angebot mit höherem Niveau geschaffen werden.[32]

Die überwiegende Zuversicht bezüglich der Gewährung breiter Minderheitenrechte, wie das Königreich Rumänien den deutschsprachigen Minderheiten für die Zeit nach der Vereinigung versprach, bewirkte nach Sienerth, daß sich die Autoren von ihrer Rolle als „nationale Autoren" zeitweilig distanziert haben und

---

[30] Horst Fassel: Die deutsche Literatur auf dem Gebiet des heutigen Rumänien. In: Erwin Theodor Rosenthal (Hrsg.), 1989, S. 139-169, 146.
[31] Vgl. Peter Motzan: Die Szenerien des Randes: Region, Insel, Minderheit. Die deutschen Literaturen in Rumänien nach 1918 – ein kompilatorisches Beschreibungsmodell. In: Eckhard Grunewald und Stefan Sienerth (Hg.). 1997, S. 73-102.
[32] Sienerth: Künstlerisches Selbstverständnis und Zugehörigkeitsdilemma deutscher Schriftsteller in Rumänien während der Zwischenkriegszeit. In: Sienerth/Motzan, 1997, S. 95.

eine Zeit des „Aufeinanderzugehens" bis etwa 1923 aufgebrochen war.[33] Hinzu kamen im traditionsverpflichteten Siebenbürgen fördernde Umstände für die Rezeption avantgardistisch-expressionistischer literarischer Strömungen durch die Kriegserfahrung junger siebenbürgisch-sächsischer Schriftsteller, von Bernhard Capesius über Otto Fritz Jickeli, Erwin Neustädter, Heinrich Zillich bis hin zu Erwin Wittstock.

Doch der kurzzeitige Bruch mit siebenbürgisch-sächsischen Traditionen bedeutete noch lange keine Eintrittskarte für die große deutsche Literaturszene, so daß sich die modernen Tendenzen verflüchtigten. Die erneute Wahrnehmung der regionalen und nationalen Pflichten durch die deutschen Autoren wurde durch den nationalistischen Kurs der rumänischen Regierenden beeinflußt[34]. Der um Zentralisierung bemühte rumänische Staat gab durch die Verabschiedung der neuen Verfassung 1923 und die landesweit durchgeführte Agrarreform, welche die Siebenbürger Sachsen als Kollektiv benachteiligte, Anlaß zur Distanzierung der Minderheiten von der rumänischen Staatspolitik. Durch die härtere Gangart, die Bukarest im Umgang mit seinen Minderheiten eingeschlagen hatte, sahen sich die deutschen Autoren Siebenbürgens in ihre regionalen und nationalen Pflichten genommen. Die Zeitschrift „Klingsor", die in der zweiten Hälfte der zwanziger Jahre eine traditionsbewußte Richtung vorgab, forderte, die Literatur erneut in den Dienst der nationalen Behauptung zu stellen, wie dies in prononcierter Weise in der zweiten Hälfte des 19. Jahrhunderts bereits der Fall gewesen war[35].

Aus den später veröffentlichten literarischen Werken von Adolf Meschendörfer (1877-1963), Erwin Wittstock (1899-1962), Heinrich Zillich (1898-1988) erfährt man, von welchen Zweifeln und Sorgen diese Autoren bereits Anfang der zwanziger Jahre geplagt wurden. Auch das mangelnde Interesse des rumäniendeutschen Publikums am literarischen Experiment hatte zur Folge, daß die Experimentierlust in einen „kunstbewußten Traditionalismus"[36] mündete.

Beispielhaft ist an dieser Stelle die literarische Entwicklung Adolf Meschendörfers. Während er zunächst dem authentisch Künstlerischen einen Platz in der Interessensphäre seiner Landsleute erkämpfen wollte, den Streit also im Namen der Kunst und der ästhetischen Bildung führte, geriet er, je mehr Erfahrungen er mit dem Publikum machte, unter dem Druck der Öffentlichkeit doch allmählich ab vom ursprünglichen Kurs. Mit dem „nationalen Volksstück" (ein Begriff K. K.

---

[33] Ebd., S. 99.
[34] Ebd., S. 107.
[35] Ebd., S. 107. Sienerth interpretiert Meschendörfers Siebenbürgische Elegie als Ausdruck eines Lebensgefühls, das aus Zukunftsangst und Verbitterung durch die rumänische Minderheitenpolitik erwachsen ist.
[36] Motzan, 1980, S. 65.

Kleins) „Michael Weiß" verwandelte sich Meschendörfer vom „eigenartigen Ästhetiker" und „schlechthin Nestbeschmutzer" zum Nationaldichter.[37]
Im Zuge der dreißiger Jahre hat sich die tradierte nationale Literatur zusätzlich mit nationalsozialistischer Ideologie befrachtet. An dieser Stelle muß gesagt werden, daß die Haltung der bedeutendsten Autoren, wenn nicht deutlich ablehnend der nationalsozialistischen Ideologie gegenüber, doch zurückhaltend war. Jedoch in den Romanen der Banater Karl von Möller und Annie Schmidt-Endres schlug die mit Pathos angereicherte Idyllik des Dorflebens ins Heroisch-Mythische um: ihre Romane[38] sind beispielhaft für die ideologische Gleichschaltung mit dem Nationalsozialismus.
Die literarischen Institutionen, die unter der Schirmherrschaft des nationalsozialistischen Deutschland standen oder seines Vertreters in Rumänien, der 1940 als juristische Person des öffentlichen Rechts anerkannten „Deutschen Volksgruppe", paßten sich den kulturpolitischen Zuständen im Reich an. Die deutschsprachigen Medien in Rumänien folgten, mit einigen Ausnahmen, diesem Kurs: „Die Arader Zeitung war hingegen – außer der Neuen Zeitung, die Beiträge von Heinrich Mann, Brecht, Anna Seghers brachte, dazu Originalreportagen über den spanischen Bürgerkrieg, Beiträge über die Judenverfolgung in Deutschland – das einzige deutsche Blatt, das sich der Gleichschaltung widersetzte, die nach 1941 endgültig die Szene beherrschte."[39] Die Ereignisse Ende der dreißiger und Anfang der vierziger Jahre bewirkten, daß sich viele der deutschen Autoren in Rumänien nicht mehr als Vertreter der Gruppe, der sie entstammten, verstanden, sondern als „Beauftragte der großen deutschen Schicksalsgemeinschaft", deren Interessen sie in Südosteuropa wahrzunehmen und zu verteidigen hatten.[40]
Mit den Worten Peter Motzans kann man schlußfolgern, daß es zwischen 1918 und 1944 in Rumänien keine Literatur mit rumäniendeutschem Selbstverständnis und mit ausgeprägten gruppenübergreifenden Struktureigentümlichkeiten gab, sondern drei Regionalliteraturen von unterschiedlicher Qualität, deren Teilmengen nicht ausschließlich regionalistische Züge aufwiesen.[41]

---

[37] Gerhardt Csejka: Irrlich Heimat. Zum 100. Geburtstag Adolf Meschendörfers. In: NL 5/1977, S. 32.
[38] Besonders Karl von Möllers „Grenzen wandern" (1937) und Annie Schmidt-Endres' „Neue Wege" (1938).
[39] Horst Fassel: Die deutsche Literatur auf dem Gebiet des heutigen Rumänien. In: Erwin Theodor Rosenthal (Hg.), 1989, S. 139-169, 159.
[40] Sienerth: Künstlerisches Selbstverständnis und Zugehörigkeitsdilemma deutscher Schriftsteller in Rumänien während der Zwischenkriegszeit. In: Sienerth/Motzan, 1997, S. 104.
[41] Peter Motzan: Was aber stiften die Literaturhistoriker? Ausschweifende Überlegungen zu einer Literaturgeschichte und einem Tagungsband. In: Südostdeutsche Vierteljahresblätter 1995, S. 125-139, 129.

3. Der kulturpolitische Kontext nach dem Zweiten Weltkrieg

Die komplexen Umstände, die der Zweite Weltkrieg in Rumänien hinter sich ließ, machen eine eindeutige Begriffserfassung schwer. Der Begriff der „geistig-künstlerischen tabula rasa", die mit dem Ende des Zweiten Weltkrieges anstelle der Traditionslastigkeit auftrat[42], könnte, trotz seiner Gültigkeit, dennoch durch Differenzierungen in der „grauen Masse" der Endvierziger und fünfziger Jahre etwas nuanciert werden.

Nach dem Staatsstreich vom 23. August 1944 kann man nicht von einer kohärenten, das gesamte geistige und künstlerische Leben steuernden Kulturpolitik sprechen, da die mitgliederschwache kommunistische Partei ihre Macht erst allmählich ausweiten mußte. Die Schriftsteller profitierten von der Aufhebung der Restriktionen, die die Freiheit der Meinung und der Kunst während der Diktatur des Königs Carol II. (1940-1944) eingeengt hatten. Daß die Jahre nach 1944 bis 1948 – wie es die offizielle Literaturgeschichte wahrhaben wollte – keine Jahre des geistigen und künstlerischen Stillstands waren, zeigen die Veröffentlichungen von Lucian Blaga, Tudor Arghezi, George Bacovia, der Aufschwung der Lyrik der Avantgarde.[43] Der rumäniendeutsche Literaturbetrieb hingegen konnte nach dem Krieg nicht wieder aufgenommen werden, wie es bei der rumänischen Literatur der Fall war. Gegen die deutsche Bevölkerung, die als Mitläufer Hitlers abgestempelt wurde, ergriffen die Machthaber harte kollektive Strafmaßnahmen: Deportation der „arbeitsfähigen" deutschstämmigen Bevölkerung zur Reparationsarbeit in die Sowjetunion seit dem Januar 1945, parallel dazu die Enteignung der deutschen Minderheit, Deportation der Banater Schwaben in entlegene Landesgebiete (Bărăgan).

Die Wiederherstellung der kulturellen Infrastruktur der Zwischenkriegszeit war demnach in dieser Phase massiver Repressionen undenkbar. Außerdem sahen die Autoren der Spaltung des Literaturbetriebes der Zwischenkriegszeit entgegen: die Wirren des Krieges überstanden einige Schriftsteller in Deutschland und sahen sich, angesichts der Strafmaßnahmen gegen die deutsche Bevölkerung in Rumänien, wenig veranlaßt, zurückzukehren, so daß ein Teil der deutschsprachigen Regionalliteraturen, die in Rumänien ihren Ursprung hatten, in der Bundesrepublik weitergeführt wurde.[44] Auch wenn von einem staatlich geförderten oder

---

[42] Motzan, 1980, S. 34. Gerhardt Csejka spricht für diese Zeitspanne von einem „Kahlschlag", der für die rumäniendeutschen Verhältnisse zutrifft. Gerhardt Csejka: Rückblick auf die rumäniendeutsche Nachkriegsliteratur. In: Solms, Wilhelm (Hg.), 1990, S. 145-160, 146.

[43] Gabanyi, Anneli Ute, 1975, S. 11f.

[44] Vgl. auch Horst Fassel: Die deutsche Literatur auf dem Gebiet des heutigen Rumänien. In: Erwin Theodor Rosenthal (Hrsg.) 1989, S. 139-169, 146.

auch nur genehmigten kulturellen Leben in Rumänien keine Rede sein konnte, spielte es sich „noch relativ ungefährdet in privatem Raum ab"⁴⁵. In den unmittelbaren Nachkriegsjahren verschlechterte sich die Lage für den gesamten Kulturbetrieb, da die Voraussetzungen für den Abbau der freien Meinungsäußerung bis 1947 schrittweise erfüllt wurden und die sowjetische Kontrollkommission ihre durch den Waffenstillstandsvertrag vom 12. September 1944 zugestandenen Rechte im Interesse der rumänischen kommunistischen Partei wahrnahm.⁴⁶ Nach der erzwungenen Abdankung des Königs Michael am 30. Dezember 1947 folgte eine Zeit der fortschreitenden „Sowjetisierung", die 1952 ihren Höhepunkt erreichte. Mit der Einsetzung der Regierung Petru Groza wurde unter kommunistischem Vorzeichen ein Propagandaministerium eingerichtet, das die Arbeit der Presse und der unabhängigen Verlage zu koordinieren hatte.⁴⁷ Die Diktatur des Proletariats setzte mit der Schaffung neuer Institutionen ein, die den Grundstein für den gleichgeschalteten Kulturbetrieb setzen sollten. Die neuen Machthaber unterwanderten gleichzeitig systematisch die bereits bestehenden bürgerlichen Institutionen.⁴⁸ Die Errichtung einer „Generaldirektion für Presse- und Druckereierzeugnisse", der Zentralstelle der Pressezensur, der Generaldirektion für Verlage, für Buch- und Presseverbreitung ermöglichte den Ausbau des neuen, zentral gesteuerten Kulturapparates.⁴⁹ Daß die Machtübernahme durch die kommunistische Partei nicht ohne außerordentliche Bemühungen derselben stattgefunden hat, zeigen statistische Daten aus der Zeit um 1948, als 80 % der Professoren und Dozenten der Bukarester Philosophischen Fakultät „gesäubert" und 13000 der insgesamt 37000 eingeschriebenen Studenten von der Bukarester Universität verwiesen wurden.⁵⁰

Auf den bedeutenden Namen jener Autoren, die in der vorangegangenen Epoche die rumäniendeutsche Literatur bekannt gemacht haben, auf den Erzählern Oskar Walter Cisek und Erwin Wittstock, dem Lyriker Alfred Margul-Sperber, ruhten

---

[45] Brief von Paul Schuster an die Verfasserin vom 18.02.2002. Paul Schuster führt als Beispiel einer Art „innerer Emigration" in der Zeit zwischen 1945 und 1948 die kunstgeschichtlichen Vorträge von Harald Krasser, die Vortragsserien von Professor Bernhard Capesius in seiner Privatwohnung, einen Leseabend von Erwin Neustädter im Palais der Baronin Bedeus, die Herausgabe der Reihe „Siebenbürgisch-sächsische Selbstbesinnung" von Herrman Roth, außerdem die mehrsprachige Literaturzeitschrift „Agora" in Bukarest – die allerdings nach dem ersten Heft verboten wurde – an. Besonders hervorzuheben sind die von Herrman Roth unter dem Pseudonym Martin Brand herausgegebenen Gedichte von Moses Rosenkranz zu einer Zeit, in der der Dichter in Moskau in den Kellern der Lubjanka eingekerkert war.
[46] Gabanyi, Anneli Ute, 1975, S. 13.
[47] Ebd., S. 15.
[48] Ebd., S. 16.
[49] Ebd., S. 24-25.
[50] Ebd., S. 22.

die Hoffnungen auf einen möglichen Übergang einer bürgerlich-humanistischen Literatur in das neue Gesellschaftssystem. Ihre Werke und Aktivitäten in der Nachkriegszeit verdeutlichen, daß es nach 1945 keinen vollkommenen Stillstand gegeben hat. Erwin Wittstock verhielt sich abwartend und produzierte für die Schublade, Oskar Walter Cisek veröffentlichte seine schon vor dem Kriegsende entstandene Erzählung „Vor den Toren" im Suhrkamp-Verlag (Frankfurt/Main 1950), Adolf Meschendörfer konnte 1947 den Erzählband „Siebenbürgische Geschichten" in Rumänien veröffentlichen.

Es mag wohl sein, daß der hohe Bekanntheitsgrad der aus der Zwischenkriegszeit bekannten Autoren sie nun über das Jahr 1945 hinaus vor den Repressionsmaßnahmen der neuen Machthaber schützte, so daß sie als eine Art Narrenfreiheit genossen. Ihre Lage sieht jedoch abgesehen von zaghaften Versuchen, sich zu Wort zu melden, für die unmittelbaren Nachkriegsjahre trostlos aus: Die Autoren wurden ins literarische Abseits gedrängt, so wie es auch den bekannten Vertretern der rumänischen Literatur ergangen ist (Lucian Blaga, Ion Pillat, Vasile Voiculescu, Ion Barbu). Erwin Wittstock konnte seine Schubladenromane nicht veröffentlichen, Oskar Walter Cisek machte Zugeständnisse an die Staatsideologie, die im Roman „Reisigfeuer" (1964) ihren Niederschlag fanden, Adolf Meschendörfer verhielt sich bis zu seiner Rehabilitierung 1957 zurückhaltend.

Im folgenden soll dargestellt werden, wie in der Nachkriegszeit auf dem Hintergrund zunehmender Ideologisierung eine linientreue Literatur entsteht, die dem Dogma des Sozialistischen Realismus gerecht wird. Zugleich findet sich in der neu erschaffenen Infrastruktur eine junge Generation von Autoren zurecht – einige sind bereits vor dem Krieg literarisch tätig gewesen -, die sich der traditionellen Literaturauffassung verschreiben.

4. Die Einbürgerung des Sozialistischen Realismus

Die Situation des rumäniendeutschen Literaturbetriebs änderte sich 1949; die deutsche Literatur in Rumänien erhielt einen festen neuen organisatorischen Rahmen durch die Gründung von Zeitschriften und Zeitungen. Am 13. März 1949, als Folge des Parteibeschlusses in der nationalen Frage vom Dezember 1948, erschien in Bukarest die erste Ausgabe des „Neuen Weg" (Chefredakteur: Ernst Breitenstein) als Organ des deutschen antifaschistischen Komitees, gewissermaßen als späte Anerkennung des von Deutschen mitgetragenen antifaschistischen Widerstandes im Banat und in Siebenbürgen.[51] Das erste Heft des „Banater Schrifttums" (ab 1956 „Neue Literatur") kam im August 1949 in Temeswar

---

[51] Müller, Hans: Aufgaben einer Literaturgeschichtsschreibung der rumäniendeutschen Literatur nach 1945. In: Anton Schwob (Hg.) 1992, S. 216-223, 220.

heraus (Schriftleitung: Andreas A. Lillin), und die Zeitschrift „Kultureller Wegweiser (ab 1956 „Volk und Kultur") erschien zum ersten Mal im Dezember 1949 in Bukarest (Chefredakteur: Heinrich Simonis). 1949 wurden deutsche Abteilungen der rumänischen Staatsverlage gegründet, 1957 erscheint in Kronstadt/Brasov die „Volkszeitung" (seit 1968 „Karpatenrundschau") und in Temeswar die „Wahrheit" (seit 1968 täglich als „Neue Banater Zeitung").
In der Auffassung Hans Liebhardts sollten diese ersten Publikationen der Nachkriegszeit die Replik auf „Äußerungen einiger unserer Landsleute" bilden, „die sich im Westen niedergelassen haben" und behaupten, „daß für sie mit dem Zweiten Weltkrieg ‚alles aufgehört' habe. Dem muß ich entgegenhalten, daß für die Angehörigen meiner Generation und für viele andere mit dem historischen Ereignis vom 23. August alles begann."[52] Doch was boten die literarischen Zeitschriften, die Hans Liebhardt in seinem Beitrag anführt? Vorträge „Über die Weltbedeutung der Sowjetunion"[53], Berichte über die Erfolge des Schriftstellerverbandes der Sowjetunion[54], über den „Leninismus und einige Probleme der Erziehung"[55], „Adressierungen" „an die Kulturaktivisten"[56], „wissenschaftliche Beiträge" mit dem Thema „Widerspiegelung des Kommunisten in unserer Literatur"[57], „Ästhetische Erziehung der Werktätigen"[58], „Die Literatur und ihre Rolle in der Massenkultur"[59], oder gar enthusiastische Bekenntnisse: „Wir wollen in die Endphase gelangen"[60]. Die Kunst wandte sich „von der Gangsterisierung der bürgerlichen Kultur Europas"[61] ab, und der Künstler bemühte sich, „die für die Sowjetgesellschaft fremde und schädliche Moral anzuprangern".[62]
Die Wiederaufnahme deutschsprachiger Publikationen war mit der pragmatischen Politik der kommunistischen Partei im Zusammenhang zu sehen, die bestrebt war, wenigstens formell eine „demokratische" Fassade des politischen Geschehens zu bewahren.[63] Durch die Herausgabe dieser Zeitungen wurde Bukarest die Drehscheibe einer landesweiten Kulturhomogenisierung.[64] Die Gründung

---

[52] Hans Liebhardt: „Drei Publikationen". In: Hans Liebhardt, 1988, S. 64-67.
[53] In: Banater Schrifttum 1954, H.1, S.111-113.
[54] „Erfolge und Mängel unserer Arbeit", Banater Schrifttum 1954, H.1, S. 113-117.
[55] In: Volk und Kultur 1958, Nr. 4, S. 5.
[56] Sie kommen oft vor, z.B. in: Volk und Kultur 1959, Nr. 11.
[57] Volk und Kultur 1960, Nr. 3, S. 9-12.
[58] Volk und Kultur 1960, Nr. 11, S. 30-31.
[59] Volk und Kultur 1966, Nr. 1, S. 43-45.
[60] Volk und Kultur 1960, Nr. 4, S. 42.
[61] Im Beitrag „Vortrag über die Weltbedeutung der Sowjetunion", In: Banater Schrifttum 1954, H.1, S. 111-113.
[62] Ebd.
[63] Gabanyi, Anneli Ute, 1975, S. 19.
[64] Vgl. Horst Fassel: Die deutsche Literatur auf dem Gebiet des heutigen Rumänien. In: Erwin Theodor Rosenthal (Hg.), 1989, S. 139-169, 165.

neuer deutschsprachiger Medien verfolgte auch die Erziehung der deutschen Bevölkerung im Sinne der Partei durch die Verbreitung von Propagandamitteln. Im Beschluß des zweiten Plenums der Rumänischen Kommunistischen Partei (RKP) Juni 1948 hieß es: „Es ist notwendig, daß wir das Problem der deutschen Bevölkerung des Banats und Siebenbürgens bewältigen, indem wir bei der Schaffung einer Organisation der arbeitenden deutschen Bevölkerung auf Grundlage der Klassendifferenzierung behilflich sind. Eine Hauptaufgabe ist es, den Einfluß zu entwurzeln, den der Hitlerismus in den Reihen der deutschen Bevölkerung ausübte."[65] Die Literatur verkam zum Propagandainstrument, die Zustände der neuen Gesellschaft, wie es sie in der Wirklichkeit in gewünschter Form noch gar nicht gab, sollten in der Literatur vorweggenommen werden.

4.1. Merkmale der sozialistischen Literatur

Der Übergang zur Wertekonstellation der Nachkriegszeit vollzog sich schneller in der Lyrik als in der Prosa.[66] Als der Roman des bürgerlichen Realismus wegen seines „unrealistischen" Prinzips in Ungnade geriet, da er die erfahrungsmäßigen Widersprüche der Wirklichkeit zwar darstelle, sie aber verkläre und auf eine glaubwürdige Versöhnung hin transparent mache, befand sich die Erzählliteratur in einer Modellkrise. Sie rezipierte den pathetischen Diskurs der agitatorischen Lyrik, den sie mit einer inkompatiblen, sterilen Nüchternheit anreicherte. Die sozialistische Literatur unterwarf die Erzählung rigiden Selektionszwängen und setzte zahlreiche thematische und formale Tabus ein. Der Schriftsteller war demnach nicht in der Lage, realistisch Wirklichkeit darzustellen, sondern gehalten, ein idealistisch überhöhtes Wunschbild zu produzieren. Unter den Umständen, daß eine funktionierende Realität, wie sie die neuen Machthaber verstanden, noch fehlte, kam dem Schriftsteller als Produktionsfaktor die Rolle zu, kleine Utopien zu „erschaffen".

Das Schreiben linientreuer Autoren wurde von der Schwarz-Weiß-Malerei dominiert, von Richtlinien, die für den rumäniendeutschen so wie auch für den rumänischen Literaturbetrieb von sowjettreuen oder sowjetischen Theoretikern des sozialistischen Realismus auferlegt wurden. In der literarischen Praxis fanden diese Normierungen besonders in der Darstellung des Typischen, des Individuums als Repräsentant einer sozial-historischen Triebkraft, der Reflexion der „Totalität des Seins"[67] aus der Perspektive des allwissenden Erzählers ihren

---

[65] Zit. von Motzan, 1980, S. 92, 104, und: Die rumäniendeutsche Literatur nach 1944. In: Neue Literatur 2/1976, S. 94.
[66] Vgl. Peter Motzan, 1980, S. 90.
[67] Bauer, Matthias, 1997. Darin: Lukács und Goldmann – Die Gesinnung zur Totalität als Grundzug des Romans/Die These von der Strukturhomologie zwischen Gesellschaftssystem und Romanliteratur, S. 53.

Ausdruck. Unter diesen Umständen kam es dazu, daß es bis 1954 in Rumänien keine nennenswerte deutschsprachige Erzählung gab.[68]

Die Bevorzugung des naiv-realistischen Wirklichkeitsbezugs hat in der rumäniendeutschen Erzählliteratur die Herausbildung epischer Kleinformen begünstigt, Momentaufnahmen, die oft schon im Titel mit dem aus dem Naturalismus bekannten Gattungstyp „Skizze" überschrieben wurden, auch wenn eigentlich der Roman als die bevorzugte Gattung des sozialistischen Realismus galt. Die Skizze erwies sich für die literarischen Projekte der fünfziger Jahre als eine dankbare Gattung: einerseits verführte sie die Autoren nicht zur Darstellung größerer gesellschaftlicher oder existentieller Zusammenhänge, wie sie aus der Wirklichkeit mit dem vorgeschriebenen formellen und ideologischen Arsenal nicht reproduziert werden durften, andererseits vermittelte sie den Eindruck des offiziell geforderten Realen. Die epische Kurzform bot sich auch wegen der Veröffentlichungsmöglichkeiten in Zeitungen und Zeitschriften besonders gut an. Daß die Wahl der meisten Autoren außer der Lyrik auf die epischen Kurzformen fiel, zeigte die Art der Wirkung der literarischen Texte: auffordernd, eindeutig in der Aussage und zeitökonomisch sollte Literatur sein.

Die Form der Skizze harmonisierte auch mit den gängigen Anforderungen an die Sprache. Eindeutigkeit und Klarheit der Sprache sollten allen gesellschaftlichen Schichten den Zugang zur poetischen Aussage verschaffen. Darüber hinaus wurden puristische Forderungen formuliert.[69] Archaismen, Regionalismen und Neologismen sollten aus der Sprache der Literatur verbannt werden, da sie zu den „tiefsten eingefressenen Sprachdummheiten" führen, so wie auch die Mundart, die „Unklarheiten oder gar Verlotterung" produziere.[70] Daß die Herausbildung eines persönlichen Stils in Folge der rigiden Regulierungen unmöglich geworden war, verstand sich von selbst. Die Entwicklung der Sprache innerhalb des politischen Diskurses, der auch auf die Literatur abfärbte, erreichte bis Ende der achtziger Jahre groteske Ausartungen.[71] In einer Analyse zur „Sprache der Diktatur" spricht Herta Haupt-Cucuiu von der Sprachkrankheit „Adjektivitis" als Folge der Kontamination durch die neue Sowjetsprache.

Da die neuen Machthaber die aus der vorangegangenen Epoche bekannten Autoren ins Abseits drängten, oder sich diese freiwillig zurückhielten, mußten neue Namen für die neuen Inhalte „entdeckt" werden. Für künftige Generationen rumänischer Schriftsteller eröffnete 1950 zu diesem Zweck die „Schule für Litera-

---

[68] Siehe Peter Motzan: Die rumäniendeutsche Literatur nach 1944. In: NL 3/1976, S. 59-71, 59.
[69] Beispielsweise in Wilhelm Holtens Artikel „Sprache und Stil des Schriftstellers". In: Banater Schrifttum 1955, H. 1, S. 151-163.
[70] Ebd., S. 152f.
[71] Herta Haupt-Cucuiu, 1996, S. 121.

tur und Literaturkritik" ihre Pforten. Da diese Schule die Gruppenbildung nonkonformer junger Autoren begünstigte, wurde sie 1954 geschlossen.[72] Auch die Seiten der deutschsprachigen literarischen Medien der fünfziger Jahre waren mit Namen von Debütanten überfüllt, von denen sich die meisten als literarische Eintagsfliegen erwiesen: Heinz Rusch, Kubàn Endre, Gisela Székely[73], Michael Pfaff, Franz Louis Sukop, Johann Szekler, Herta Ligeti, Josef Werner, Josefine Koch, Viktor Weimer, Johannes Henning, Hilde Scheer[74].

Es entstand ein einstimmiger Chorgesang, der die Wirklichkeit in den Gegensatz „alt-neu" verpackte. Diese Konfrontation wurde in stets gleiche Handlungsmuster aufgelöst: entweder durch die Verteufelung des alten Wertesystems in scharfen Klassenkampf-Szenerien oder durch das freundschaftlich und übertolerant inszenierte Angebot zum versöhnenden Umdenken. Daraus ergaben sich die eintönigen Muster: die Darstellung des Arbeitermilieus, des Arbeiters als positiven Helden, die Darstellung der Erziehung – die Gestalt des Kindes und seines Bildungswegs im Schnelldurchlauf schien die neuen Literaten zu faszinieren, wie alle Entwicklungs-, Erfolgs- und Wettbewerbsgeschichten überhaupt. In den Kurgeschichten ging es um die Neuaufteilung der Gesellschaftsrollen, mit der impliziten Aufwertung der Frau als verantwortungstragender Produktionsfaktor, um den Klassenkampf im Dorf und um die Bekämpfung der Klassenfeinde. Oft wurden innere Entscheidungsprozesse der Protagonisten mit Mitteln hölzerner Psychologisierung aus auktorialer Perspektive wiedergegeben.

Sowohl die thematischen als auch die formalen und gattungstypischen Vorlieben der Zeit erwiesen sich als qualitativ inkonsistent, aber recht zähe.[75] Sie überlebten meistens in der Form von Einzelerscheinungen in den Seiten der Zeitschriften, färbten aber auch auf einige nennenswerte Autoren ab.

---

[72] Gabanyi, Anneli Ute, 1975, S. 32-33.
[73] Autorin eines sozialistischen Jugendromans „Spur in der Sonne. Die Geschichte einer Sportlerin". Bukarest 1956.
[74] Die Titel sprechen für sich: „Lange hat's gedauert, Krestel!" (Banater Schrifttum 1/1954), „Helden unserer Zeit" (Banater Schrifttum 1/1955), „Heini ist ein Pechvogel. Eine Pioniergeschichte" (Banater Schrifttum 1/1955), „Ein Sohn der Partei" (Banater Schrifttum 2/1955), „Vom neuen Brot und neuen Menschen" (Volk und Kultur 7/1958) u.v.a. Josefine Koch widmet ihre Erzählung „Heide" „den sieben antifaschistischen Kämpfern von Hatzfeld", Herta Ligeti in „Spätsommer 1944" „den Arbeitern der Zuckerfabrik ‚Bernath Andreas' in Tg. Mures". Siehe die Anthologie „Deutsche Erzähler der RVR", 1955.
[75] Bis in die achtziger Jahre hinein trifft man den spröden Erzählduktus an, wie man ihn aus dem ersten Jahrzehnt nach dem Krieg kennt. Es sind meist Josef Puwak, Ursula Bedners, Pauline Schneider oder Anton Breitenhöfer, die zu den Seiten der NL Zugang finden.

4.2. Merkmale der Literaturkritik

Im Gegensatz zu den Intellektuellen und Künstlern, die ihr vor 1944 erworbenes Ansehen für die kommunistische Partei in die Waagschale warfen, gab es Autoren, deren Prestige nur eine Folge ihres Engagements für die Partei war. Zu einem gefestigten, gut funktionierenden sozialistischen Literaturbetrieb gehörten in der unmittelbaren Nachkriegszeit die teils in der Sowjetunion geschulten Theoretiker des sozialistischen Realismus wie Mihai Novikov, Ion Vitner, Nicolae Moraru, Florin Tornea, Nicolae Mărgeanu, Traian ·elmaru.[76] In den deutschsprachigen Medien profilierten sich Paul Langfelder, Heinrich Simonis, Heinz Stănescu, die sich für die ideologische Gleichschaltung mit der Sowjetunion einsetzten. In den Seiten der literarischen Zeitschriften bedauern diese Kritiker die mindere Zahl der Werke, die sich Themen „größter Aktualität" annehmen, wie der „ungeheuren und schweren Aufgabe der landwirtschaftlichen Produktionssteigerung, der Entwurzelung der archaischen Gewohnheiten, der Einführung der fortgeschrittenen Agrotechnik, der sozialistischen Umwandlung der Landwirtschaft" und der Darstellung des Umdenkens der Menschen.[77]

Die Auseinandersetzungen zwischen den liberalen Autoren, die einen ausgeweiteten Realismusbegriff fordern, und diesen Dogmatikern prägen die literarische und literaturkritische Szene bis in die sechziger Jahre hinein. Die letzteren bestehen weiterhin auf der Darstellung des Typischen, des positiven Helden mit seiner Modellfunktion für das Publikum, auf der Vermeidung „nichttypischer Konflikte" und der Schilderung des „bürgerlichen moralischen Sumpfs", wenn auch nur als Umweg für die Herausarbeitung der positiven Eigenschaften des Helden.[78]

4.3. Der Überzeugungsdiskurs

Die Herausbildung einer spezifischen Diskursführung als politischen Metasprache, die sich nach 1945 in zahlreichen literarischen Texten unabhängig von den Erzählungstypen breit macht, ist als künstliches Resultat der Bemühungen um die Gleichschaltung der Literatur mit der sozialistischen Weltanschauung zu sehen. Die Hauptzielsetzungen jener literarischen Zeugnisse, die sich im Fahrwasser des Sozialistischen Realismus befinden, bilden die Grundstruktur eines Diskurses, den ich hier als Überzeugungsdiskurs bezeichne. Seine Entstehung ist Folge der Einsetzung der Literatur als Propagandainstrument der sozialistischen Ideologie. Die Literatur sollte ideale Zustände darstellen, wie es sie in der Wirklichkeit gar nicht gab. Der Neubeginn in allen Bereichen wurde in den Erzählun-

---

[76] Gabanyi, Anneli Ute, 1975, S. 21.
[77] „Studien und Kritik. Aktuelle Probleme der literarischen Kritik". In: Banater Schrifttum 2/1955, S. 91.
[78] Ebd., S. 90.

gen programmatisch thematisiert: es erfolgte die Inszenierung des freiwilligen Bewußtseinswandels der Arbeiter und besonders der Bauern, die sich von der Überlegenheit der neuen wirtschaftlichen Werte überzeugen ließen. Mit dem propagandistisch-aufklärerischen Anliegen standen formale Forderungen im Zusammenhang, auch wenn diese als zweitrangig abgetan wurden: die Klarheit und Eindeutigkeit der Sprache, die strikte Einhaltung der Chronologie, mehrere parallele Handlungsstränge in der bevorzugten Romanform, um Totalitätsdarstellungen zu ermöglichen, der optimistische Erzählton zwecks Vermittlung der Progressivität historischer Abläufe.

Die Texte, die einen Überzeugungsdiskurs führen, spezialisieren sich, über die Erzielung eines weit gefaßten Bewußtseinswandels hinaus, auf die Umerziehung der deutschen Bevölkerung Rumäniens, die undifferenziert für die Verstrickung mit dem nationalsozialistischen Deutschland verantwortlich gemacht wurde. Wegen des Vorhabens der Kulturpolitiker, die Existenz der Literatur über ihre Erziehungsfunktion zu rechtfertigen, wurde dem Kampf gegen den Nationalsozialismus viel Platz eingeräumt, er avancierte zum Thema von Erzählungen wie bei Heinrich Simonis: „Freunde, die uns begegnen" (Der Arbeiter Willy Bayer wird zum aktiven Mitglied des Widerstandskampfes), bei Valentin Heinrichs Tatsachenroman „Die Geschichte des Matthias Schmidt" (1954), Herta Ligeti „Sterne verlöschen nicht".[79]

Der Vorteil dieser Begriffsbildung an dieser Stelle besteht darin, daß der Überzeugungsdiskurs, anders als das formal-thematische System des sozialistischen Realismus, als Ganzes eine Haltung definiert, die sich auch anders realisiert als durch die korrekte Einhaltung der Systemnormen. Letztendlich bezeichnet er die spezifische Form, die von der Literatur des Sozialistischen Realismus oder von der Erzählung allgemein in Anlehnung an dieses literarische System in den „rumäniendeutschen Breitengraden" auf dem spezifischen sozial-historischen Hintergrund der Minderheitenproblematik eingenommen wurde.

Manche der bekannten Erzähler der Nachkriegszeit, wie Franz Storch, Arnold Hauser, Ludwig Schwarz, Franz Heinz und Paul Schuster debütierten mit Erzählungen, die formal-thematische Elemente des Sozialistischen Realismus übernahmen. Sie führen einen Überzeugungsdiskurs. Franz Storchs (1927-1982) Erzählungsbände „Gebannte Schatten" (1959), „Die Ziehharmonika" (1962), „Im Krawallhaus" (1963), „Das Pfauenrad" (1964), der Roman „Drei schwere Tage" (1968) setzen den Prozeß der Herausbildung des Klassenbewußtseins bei Arbeitern auf dem Hintergrund der wirtschaftlichen Misere der Zeit vor 1945 und die Aufbruchstimmung nach dem Zweiten Weltkrieg in Szene. Neben der themati-

---

[79] Gespräch mit Heinz Stănescu über seinen Band „Berichte". In: Volk und Kultur 12/1967, S. 44-45.

schen Eintönigkeit weisen diese frühen Erzählungen auch stilistische Schwächen auf („Im Aschenbecher spreizt sich ein Wald von Zigarettenstummeln" – „Drei schwere Tage", S. 5). Franz Storch distanziert sich ab Ende der sechziger Jahre von der Darstellung einer Klassengesellschaft, in der Transzendenz völlig verschwindet und das Individuum allein als soziale Triebkraft Existenzberechtigung erhebt, so wie er sie in seinem Erzählungsband „Im Krawallhaus" (1963) darstellt[80]. Auch wenn, um Platz zu sparen, auf eine Analyse des „Krawallhauses" verzichtet werden muß, soll einstweilen festgehalten werden, daß Franz Storch mit seiner wirklichkeitsnahen Prosa in der rumäniendeutschen Erzählliteratur nach 1945 neue Möglichkeiten ausprobiert.

Im Erzählungsband „Das Holzgrammophon" verdeutlicht sich bei Franz Storch der Übergang zu einer psychologisch feinfühligen Erzählung, auch wenn Reste der Klassenkampf-Rhetorik in der Titelerzählung überleben: Dem „Ausbeuter" mit dem „Rattengesicht" wird schließlich ein Angebot zur Eingliederung in die neue Wertegemeinschaft gemacht. Mit den weiteren Erzählungsbänden „Am Rande des Kerzenscheins" (1969), „Sonst geschah nichts" (1978), „Die singende Uhr" (1983), „Silben im Wind" (1987), „Fall Nr. 13" (1989) distanziert sich Franz Storch von den dogmatischen Linien und wendet sich, wie auch Arnold Hauser oder Ludwig Schwarz, neuen Inhalten und Gestaltungstechniken zu.

Zu den wenigen Autoren, die der sozialistisch-realistischen Thematik und ihrer Gestaltungsaccessoires treu geblieben sind – weil er vermutlich an die sozialistische Ideologie aufrichtig geglaubt hat – zählt Anton Breitenhofer (1912-1989). Seine Reiseberichte des Bandes „Im Land der Skipetaren" (1959) handeln vom Sieg des politisch engagierten Arbeiters gegen den Faschismus und von der Aufbauarbeit nach der kommunistischen Machtübernahme. Die Reiseberichte aus Westeuropa überraschen die Bundesdeutschen in ihrer Panik vor Verbrechen, Drogenhandel, Prostitution und von der amerikanischen Anwesenheit im Land, die als „Damoklesschwert" empfunden wird.[81]

Der Mut zur großangelegten Erzählung, zum Romanzyklus, hält bei Anton Breitenhofer an die vier Jahrzehnte an. Denn kein Autor hat es in seinem Werk wie Breitenhofer[82] geschafft, das Muster seiner Gesellschaftsbilder über mehrere

---

[80] Im „Kravallhaus" werden Institutionen wie Kirche, Schule in ihrer Funktion, Werte zu konservieren, entlarvt, sie entsprächen eher der Interessen der „Ausbeuter", das Individuum davon abzuhalten, sich als Mitglied seiner sozialen Schicht zu identifizieren und sich darin zu verwirklichen.

[81] S. Anton Breitenhofer: Zeitbilder. Reiseaufzeichnungen und Reportagen aus Europa und Asien, 1979, S. 103

[82] Inhaltlich geht es in seinen Romanen um die „Erschaffung der neuen Gesellschaft", um die Verdrängung „rückständiger gesellschaftlicher Faktoren" in stilistisch eintönigen, kunstlosen Erzählungen: „Sieg in der Arbeiterstadt" (1951), „Am Weltbuckel" (1966), „Der Mädchenmaler"

Jahrzehnte unverändert zu lassen. Der Mensch agiert in den Romanen Breitenhofers nicht als Individuum, sondern er wird nur insoweit in die Handlung aufgenommen, als er als Gesellschaftsmitglied etwas für oder gegen die Arbeiterklasse unternimmt. Diese Schwarz-Weiß Malerei in einem Universum von klassenbewußten Arbeitern, Ausbeutern aller Art, von Großbauern bis hin zu Saboteuren[83], Opportunisten und Fabrikbesitzern setzt sich in allen seinen Romanen durch.

Breitenhofer nimmt eine zwiespältige Haltung ein: Einerseits zieht er immer wieder gegen die sogenannte „Kollektivschuld-These" der deutschen Minderheit während der Zweiten Weltkriegs ins Feld[84], andererseits ist er darum bemüht, das brutale Vorgehen gegen die bürgerlichen „Klassenfeinde" in den fünfziger Jahren zu rechtfertigen. Seine Romane gestalten sich als Sammelbecken von Stoffen und Motiven aus der epischen Kleinform gleicher Ausrichtung, in denen - wie die Geschichte lehrt - die Kommunisten ununterbrochen die Nationalsozialisten besiegen. Im Mittelpunkt der Handlung stehen Protagonisten, die verschiedene Gesellschaftsschichten repräsentieren: den Ausbeuter, in der Person des Fabrikbesitzers oder des Polizisten als Verkörperung der institutionalisierten Macht, und den Arbeiter bzw. Kämpfer für die Freiheit. Dementsprechend verbinden sich mit den Hauptgestalten zwei bis drei parallel verlaufende Handlungsstränge, die breite Zeitspannen umfassen[85] und um die strikte Einhaltung des zeitlichen Kontinuums bemüht sind. Die in der banatdeutschen Literatur beliebte Einwanderungsgeschichte wird durch die Brille der Klassenkampf-Ideologie gedeutet.

Der Romanzyklus, der die Hüttenindustrie-Stadt Bersau als Ort der Handlung wählt, verfolgt das Leben der Arbeiter über mehrere Jahrzehnte, beginnend mit der Zwischenkriegszeit. Die breit angelegte Erzählung, ein „Epos des Aufbaus der Schwerindustrie"[86], stellt die Geschichte Traian Brebenars dar, der sich vom armen, künstlerisch begabten Arbeitersohn zum pragmatischen Fabrikdirektor entwickelt. Somit wird sein Schicksal zur Vorzeigegeschichte für die fördernden Zeitverhältnisse.

(1969), „Zu spät für Marilena" (1973), „Spiel mit dem Feuer" (1982) und (Erzählbände) „Aus unseren Tagen" (1958), „Die Lehrjahre des Franz Jakobi" (1960), „Das Wunderkind" (1962).

[83] „Der Klassenfeind schläft eben auch nicht" heißt es belehrend in „Sieg in der Arbeiterstadt", S. 27.

[84] Beispielsweise setzt Breitenhofer mit der Gestalt Gusti Seidls den Banater Widerstandskämpfern gegen den Nationalsozialismus ein Denkmal. Ähnliche Versuche, gegen die Kollektivschuld vorzugehen, verzeichnet man auch im Gedicht Franz Liebhards „Die Sieben von Hatzfeld" oder im Roman Valentin Heinrichs „Die Geschichte des Mathias Schmidt" (1954). Vgl. Peter Motzan: Die rumäniendeutsche Literatur nach 1944. In: NL 2/1976, S. 92-104, 96.

[85] Einige der Romane Breitenhofers bilden einen Romanzyklus.

[86] „Studien und Kritik. Aktuelle Probleme der Literarischen Kritik". In: Banater Schrifttum 2/1955, S. 90.

Die Darstellung menschlicher Körper ist ein Beispiel für die Dichte der Kitsch-Elemente in Breitenhofers Romanen. In der Fabrik der Arbeiterstadt wimmelt es von „Jungschmieden", „Jungkommunisten", „prachtvollen Geschöpfen" („Die Lehrjahre des Franz Jakobi", S. 23), alle sind sportlich, der „Leib" „wie dressiertes Fleisch eines Gladiators mit Muskeln bepackt" („Spiel mit dem Feuer", S. 263). Die verschönernde Fabrikpoesie[87] schafft es nicht über die plumpen Bilder hinaus: Die Schlote erscheinen dem Erzähler wie „Riesenzigarren, die den Wolkenbauch am Himmel aufschlitzten" („Am Weltbuckel", S. 12). Um den Eindruck der Realitätsnähe zu vermitteln, werden auch rumänische Alltagsausdrücke in die Dialoge eingebaut. Obwohl man die Anstrengung spürt, die Schwarz-Weiß Malerei zu überwinden, schafft es Breitenhofer bis in die achtziger Jahre hinein nicht mehr, von der alten stofflichen und stilistischen Prägung loszulassen.

Ähnlich verhält es sich mit Josef Puwak, der, beginnend mit den siebziger Jahren und bis Ende der Achtziger auf dogmatischen Positionen verharrt[88], und mit Pauline Schneider, deren Erzählungen[89] sich die Plattenbaupoesie und Baustellenmonumentalität beschreibend-preisend zum Thema machen.

Einige Autoren erklären sich, wie eben gezeigt wurde, auch in Zeiten, in denen die modernen Mittel für die rumäniendeutsche Literatur zurückerobert wurden, bereit, eine ideologisch verkrampfte Literatur zu schreiben. Dennoch bleiben, nachdem der „Boom" der angepaßten Texte aus den fünfziger Jahren abgeflaut ist, diejenigen Texte, die einen Überzeugungsdiskurs führen, zu den am wenigsten repräsentierten in der Erzählliteratur der Nachkriegszeit.

---

[87] Ein Paradebeispiel dafür: „Ob es die Lichtsäulen waren, die den Himmel durchsäbelten, die Sonnen der Martinöfen, das Getöse und Stampfen des Walzwerks oder die Farben ihn so stark fesselten? Klopfte ihm das Herz so laut in der Brust, oder bebte die Fabrikerde unter seinen Füßen? Eines war gewiß, und er reckte seine Höckernase in die Höhe und schnupperte: Die Fabrikluft schmeckte besser, weil sie rauchverseucht und gasdurchtränkt war, sie schmeckte würziger, schärfer und strammer als die Tannenluft im Wald. Die hatte er schon satt." („Am Weltbuckel", S. 220)

[88] Um ein paar Titel der in der NL erschienenen Erzählungen anzuführen: „Feuerschlucker", „Sein kürzester Tag" (6/1977), „Am Kreuzweg" (8/1978), „Von Frosch- und anderen Schenkeln" (1/1984), „Späte Liebe" (1/1989). Joseph Puwak überwindet sich in der Erzählung „Der Biorhythmus" (NL 2/1985) zur subversiven Aussage.

[89] Beispielsweise „Zwei Geschichten von einfachen Menschen" (NL 8/1982) und „Vermutungen" (NL 1/1987).

5. Die traditionellen ästhetischen Positionen in den fünfziger Jahren

Im Jahre 1954 veröffentlichte Anton Breitenhofer den Aufsatz „Einige Fragen der deutschen Erzählkunst in unserem Lande" („Neuer Weg" vom 24.09.1954), in dem er die Erzählliteratur der letzten Jahrzehnte kritisch einschätzte: „Wenn wir in der Versdichtung in deutscher Sprache beachtenswerte Erfolge zu verzeichnen haben, so ist das in der Prosa im allgemeinen und in der Erzählung im besonderen weder qualitativ noch quantitativ der Fall". Breitenhofer stellt u.a. fest, daß die älteren Schriftsteller, die über größere literarische Erfahrung verfügen, kaum epische Werke veröffentlicht haben und daß es den jungen Autoren, den Anfängern, „an heimatlichen Vorbildern in der Muttersprache fehlt".[90] Paul Langfelder, einer der bekanntesten Hüter des sozialistisch-realistischen Dogmas, beklagte „mit drohendem Unterton" das „politische Beiseitestehen" Erwin Wittstocks und Georg Schergs.[91] Diese Aufforderungen zur Mitarbeit gehörten zur Taktik der Kulturfunktionäre, der „eigenen Sache" durch bekannte Namen höheres Ansehen zu verschaffen.

Durch diese Einladungen, auf der literarischen Szene zu agieren, wurde indirekt die Zurückhaltung der prominenten Erzähler angesprochen, weil diese nicht, wie die meisten Gelegenheitspoeten der fünfziger Jahre, enthusiastische Bekenntnisse im Schnellverfahren produzierten. Darüber hinaus sollte nicht außer Acht gelassen werden, daß das Schreiben von Erzählungen, die komplizierte Zusammenhänge und vielschichtig konzentrierte Information enthalten, unter Einbehaltung der strengen Literaturnormierungen erstens gar nicht möglich gewesen wäre, weiterhin hätte die Verfälschung tatsächlicher Verhältnisse Kompromisse abverlangt.

5.1. Das „kleine Tauwetter"

Es dauerte mehrere Jahre bis sich ein offenes Verhältnis zur Tradition durchsetzte. 1953 bis 1957, während des „kleines Tauwetters", sahen Autoren mit literarischem Ehrgeiz die Möglichkeit zur Veröffentlichung. Diese Perspektive eröffnete sich auf dem Hintergrund eines auf höchster Ebene ausgetragenen Machtkampfes zwischen dem konservativen Flügel der Parteiführung um den Staatschef Gheorghiu-Dej und dem auf Liberalisierungskurs befindlichen Miron Constantinescu, der sich gegen eine verflachende und vereinfachende Darstellung der

---

[90] S. Peter Motzan: Die rumäniendeutsche Literatur nach 1944. In: NL 3/1976.
[91] Peter Motzan: Risikofaktor Schriftsteller. Ein Beispielsfall von Repression und Rechtswillkür. In: Peter Motzan, Stefan Sienerth (Hg.), 1993, S. 51-82, 55.

Wirklichkeit einsetzte.[92] In der Zeit um die Mitte der fünfziger Jahre wurde die zaghafte Liberalisierung und die Loslösung von den Stereotypen der apologetischen Auftragsdichtung von einer Polemik zwischen den „Dogmatikern" und den „Ästheten" begleitet[93], unter den Literaturkritikern wurden Stimmen laut, die sich gegen einen übertriebenen Schematismus einsetzen, für die Darstellung der „Farbenpracht und Schattierungen wie das Leben selber".[94] Dieser Streit zeigt, daß die Ideologisierung des kulturellen Lebens nicht ohne Widerstand vonstatten gegangen ist. Bei dem „Kongreß der deutschen Schriftsteller Rumäniens" Juni 1956 beharrte die Gruppe der Dogmatiker auf dem Vorrang des „Themas", des ideologischen Gerüsts, der „revolutionären" Botschaft. Die Ästheten hingegen waren bestrebt, die Ausdrucksmöglichkeiten, die expressive Dimension literarischer Aussage zu erweitern, die verfemten Bereiche des „Intimen", „Subjektiven" zurückzuerobern. Diese Polemik gipfelte 1957 auf der „Landesberatung deutscher Autoren und Kulturschaffender" in einem „offenen Schlagabtausch", in dem Erwin Wittstock, Sperber und Cisek „mit damals erschreckender Eindeutigkeit die ästhetisch-humanistischen Gesichtspunkte gegen die ideologisch-dogmatischen vertraten".[95]

Die Wortmeldungen der Vertreter tolerant-ästhetischer Gesichtspunkte während des „kleinen Tauwetters" „führten zu ausgeprägten Gruppenbildungen mit programmatischen Zielsetzungen: Heinrich Simonis vs. Erwin Wittstock, Heinz Stănescu vs. Harald Krasser, Ewald Ruprecht-Korn vs. Alfred Kittner, Franz Johannes Bulhardt vs. Oskar Walter Cisek usw."[96] „Dabei ging es vorrangig um die Rehabilitierung traditioneller Schreibweisen, die formsprengenden und formerneuernden Errungenschaften der ‚Moderne' blieben weiterhin tabuisiert." Durch Zeitungsartikel, Buchveröffentlichungen, aber auch über Literaturkreise und Begegnungen in Privatzirkeln[97] wurden sowohl ältere als auch jüngere Schriftsteller zur Weiterführung tradierter Erzählformen indirekt ermutigt.[98]

Die Herausgabe der „Wochenbeilage für Kunst und Literatur" am 2. Juli 1954 beim „Neuen Weg" wurde als Lockerungsanzeichen für die Gültigkeit der Parolen wie Vergangenheitsabrechnung, Bewußtseinswandel, Umerziehung, soziali-

---

[92] Gabanyi, Anneli Ute, 1975, S. 44, 48.
[93] Peter Motzan: Risikofaktor Schriftsteller. In: Peter Motzan, Stefan Sienerth (Hg.), 1993, S. 51-82, 55f. Zu diesem Thema äußert sich auch Hans Bergel, 1988, S. 86.
[94] „Aktuelle Probleme der literarischen Kritik". Aus der Zeitung „Scînteia" vom 14.09.1955. In: Banater Schrifttum 2/1955, S. 86-94.
[95] Peter Motzan: Risikofaktor Schriftsteller. In: Peter Motzan, Stefan Sienerth (Hg.), 1993, S. 55f.
[96] Peter Motzan, ebd., 56.
[97] Von der Existenz mehrerer Literaturzirkeln in Bukarest berichtet auch Hans Liebhardt in: „Der Gedanke der Heimat bin ich". Hans Liebhardt im Gespräch mit Gerhardt Csejka. In: NL 3/1984, S. 27-34, 30.
[98] Peter Motzan: Risikofaktor Schriftsteller. In: Peter Motzan, Stefan Sienerth (Hg.), 1993, S. 56.

stischer Aufbau angesehen. Ihr Herausgeber, Hugo Hausl, wollte von Anfang an alle bedeutenden deutschen Autoren zur Mitarbeit heranziehen. In der gleichen Zeit erschienen im Bukarester Staatsverlag für Kunst und Literatur unter dem Motto der „Pflege des literarischen Erbes" vier Bücher von Erwin Wittstock: „Die Töpfer von Agnethendorf. Schauspiel in drei Aufzügen" (1954), „Siebenbürgische Novellen und Erzählungen" (1955), „Freunde. Erzählungen", „Die Begegnung. Drei Novellen und Erzählungen" (1957). Weiterhin erschienen 1958 vier Bände mit Erzählungen von Erwin Wittstock in der DDR, woraufhin eine „Pause" bis 1962 folgte.[99] Oskar Walter Cisek, der ab 1954 im „Neuen Weg" öfter Aufsätze veröffentlichte, gab 1955 einen Band mit früher verfaßten Erzählungen heraus: „Am neuen Ufer". Von Otto Fritz Jickeli erschienen zwischen 1956 und 1958 vier Bücher: „Harteneck. Historisches Drama in fünf Aufzügen" (1956), „Auf der großen Bach", Roman (1957), „Gaan von Salzburg". Schauspiel in sechzehn Bildern (1958), „Am Roten Meer. Ein siebenbürgischer Kaufmannslehrling forscht in Afrika" (1958)[100]. Im Heft 2/1957 standen Werk und Persönlichkeit Adolf Meschendörfers im Mittelpunkt, dem anläßlich seines achtzigsten Geburtstags der „Arbeitsorden erster Klasse" verliehen wurde.[101] Die Anthologie „Deutsche Erzähler aus der RVR" (1955) kann auch als Zeichen der Liberalisierung gedeutet werden. In der Anthologie fallen vor allem die Erzählung Erwin Wittstocks „Der Sohn des Kutschers", Hans Bergels „Begegnung mit Treff" und das Anfangskapitel aus dem Roman „Horia" von Oskar Walter Cisek auf. Auch die Fragmente aus Valentin Heinrichs (d.i. Jakob Hübner) Roman „Um gleiches Recht", aus Otto Fritz Jickelis Roman „Siebenbürgische Familienchronik", aus dem Roman „Die Heilmanns" von Herbert Konrad, aus Georg Schergs Roman „Da keiner Herr und keiner Knecht" signalisieren die Zuwendung zu historischen Stoffen.

In der Zeit des „kleinen Tauwetters" formierten sich liberale Schriftsteller unter dem Stichwort der „Moderne" und forderten eine Erweiterung des Realismusbegriffs: „Der Sozialistische Realismus ist eine ganz allgemeine Auffassung hinsichtlich der künstlerischen Darstellung der Wirklichkeit, keine Sammlung von Normen; im Rahmen dieser Auffassung können mehrere schöpferische Ausrichtungen nebeneinander existieren."[102]

In ihrer Untersuchung zur rumänischen Kulturpolitik seit 1945 erklärt Anneli Ute Gabanyi die Entstehung der von oben angeordneten Liberalisierungsphase

---

[99] Motzan: Risikofaktor Schriftsteller. In: Peter Motzan, Stefan Sienerth (Hg.), 1993, S. 60.
[100] Diese Werke zählt Motzan auf. Ebd., S. 53.
[101] Ebd., S. 59.
[102] Gabanyi, Anneli Ute, 1975, S. 62. Die Autorin zitiert den rumänischen Literaturkritiker George Munteanu von der Zeitschrift „Steaua" (Der Stern).

mit dem „feedback"-Effekt des literarischen Schaffens in Richtung auf die zentrale Macht. Für die Partei wird das Desinteresse des Publikums an der normkonformen künstlerischen Produktion so evident, daß die Partei, will sie nicht jeden Einfluß auf die kulturellen Rezipienten verlieren, wenigstens eine gewisse ästhetische Liberalisierung zulassen muß.[103]

Ab Mitte der fünfziger Jahre meldete sich die Generation junger Schriftsteller zu Wort. Im Oktober 1955 hatte das Redaktionskollegium des „Neuen Weg" einen Wettbewerb ausgeschrieben. Den 1. und 2. Prosapreis teilten sich der evangelische Pfarrer Andreas Birkner (für die Erzählung „Aurikeln") und Paul Schuster für eine Kurzfassung seines wenige Jahre später erschienenen Romans „Fünf Liter Zuika". Hans Bergel erhielt den 3. Preis für seine historische Erzählung „Fürst und Lautenschläger", Trostpreise wurden Eginald Schlattner und Ludwig Schwarz zuerkannt.[104]

Die jungen Schriftsteller bemühten sich um Integration in die offiziellen Medien: Hans Bergel wurde Kulturredakteur der Kronstädter „Volkszeitung", Eginald Schlattner leitete den Literaturkreis der Universität Klausenburg, Georg Scherg, der gleich zwei Titel auf dem Markt brachte, „Die Erzählungen des Peter Merthes" und den Roman „Da keiner Herr und keiner Knecht", übernahm im September 1957 die Leitung des Fachbereichs Germanistik an der „Victor-Babeş"-Universität Klausenburg.

5.2. Die „neue Eiszeit"

1957 kündigte sich das Ende des Liberalisierungskurses auf der Moskauer Konferenz der kommunistischen Parteien und Arbeiterparteien aus den sozialistischen Ländern an. Die „neue Eiszeit", die sich in Ungarn und in der DDR bereits bemerkbar gemacht hatte[105], brach sich im zweiten Halbjahr 1957 auch in Rumänien Bahn. Nach dem sowjetischen Einmarsch in Ungarn schien man in Rumänien insoweit umgedacht zu haben, als man sich für eine striktere Befolgung der sowjetischen Linie entschloß. Erneut wurden die Texte der Ansprachen und Dokumente sowjetischer Parteifunktionäre und Schriftsteller in der rumänischen Presse nachgedruckt, was in Anbetracht des wachsenden Antisowjetismus vor al-

---

[103] Ebd., S. 34. Gabanyi zitiert Elimar Schubbe: Dokumente zur Kunst-, Literatur- und Kulturpolitik der SED, Stuttgart 1972, S. 79. Grundsätzlich für alle Ostblockstaaten gilt: „Alle Schwankungen in der Kulturpolitik sind taktischer Natur oder haben ihre Ursachen in innenpolitischen Schwierigkeiten oder außenpolitischen Rücksichten, nicht aber in grundsätzlichen Revisionen der ideologischen Grundlagen der Kulturpolitik."
[104] Siehe Motzan: Risikofaktor Schriftsteller. In: Peter Motzan, Stefan Sienerth (Hg.), 1993, S. 54f.
[105] In Ungarn war es der Petöfi-Kreis, der zur Keimzelle der „Konterrevolution" deklariert wurde, in der DDR wurden mehrere Prozesse gegen Schriftsteller inszeniert, unter anderem gegen die „Janka-Harich-Gruppe", deren Betätigungsfeld der Aufbau-Verlag war. Ebd., S. 60 f.

lem der rumänischen Jugend eine zeitlang nicht mehr der Fall gewesen war.[106] Die „neodogmatische Kampagne" kritisierte den Mangel an Wirklichkeitsnähe, die Absenz „marxistischer Literaturkritik" und wandte sich gegen Nationalismus und Idealismus, gegen die reaktionäre bürgerliche Ästhetik und Erscheinungen der bürgerlichen Moral. Sie setzte mit einer Polemik gegen die Verabsolutierung der Dialektik durch Georg Lukács, gegen die jugoslawischen Marxisten und den Revisionismus französischer, englischer und österreichischer Sozialisten ein.[107] Bereits 1956 entschloß sich die Partei zur altbewährten Methode, ein Exempel zu statuieren, um den bevorstehenden Schriftstellerkongreß nicht zu einem Forum des Aufruhrs verkommen zu lassen. So kam es zur Inszenierung des „Falles Jar", eines unbedeutenden rumänischen Dichters, der die Behauptung aufstellte, daß die Partei die Kommunisten zu Feigheit und Mangel an Initiative erziehe.[108]

Im Jahr 1958 löste die Verordnung 318 vom 27. Juli eine neue Repressionswelle aus. Die liberale Politik, die auch in Rumänien kurz nach dem Tod Stalins eingeleitet wurde, ging so zu Ende. Es wurden wieder langjährige Strafen verhängt. Was bis dahin gar kein Verbrechen darstellte, wurde nun laut Strafgesetz geahndet. Das neue Strafgesetz war in Rumänien das hauptsächliche Mittel, mit dem die Machthaber die als gefährlich eingestuften „Regimegegner" verhafteten.[109] Ende 1958 starteten der damalige Staatschef Gheorghe Gheorghiu-Dej und seine Mitarbeiter, unter ihnen auch Ceaușescu, eine gezielte Kampagne gegen Intellektuelle und gegen die ehemalige politische Elite Rumäniens. Die Anzahl der Inhaftierten wuchs nach 1958 schlagartig um siebzig Prozent.[110]

Diese Repressionswelle spielte sich auf einem komplexen Hintergrund ab. Juni-Juli 1958 wurde die Rote Armee aus Rumänien zurückgezogen, so daß die rumänischen Kommunisten sich selbst überlassen wurden. Gheorghiu-Dej reagierte nicht auf eine mögliche Bedrohung durch den Westen, wie sonst noch spekuliert wurde. Mit den Terrormaßnahmen wollte der rumänische Staatschef Gheorghiu-Dej Chruschtschow demonstrieren, daß das kommunistische Regime in Rumänien konsolidiert war. Das macht auch das Teuflische der Repressionsmaßnahmen von 1958 aus: Im Unterschied zum Terror in der zweiten Hälfte der vierziger Jahre war das Regime bereits gefestigt und bedurfte eigentlich keiner zusätzlichen politischen „Legitimierungsmaßnahme".

Für diese Ereignisse in Rumänien bietet auch die Pasternak-Affäre wichtige Hintergrundinformationen. 1957 wurde sein Roman „Doktor Schiwago" veröffent-

---

[106] Gabanyi, Anneli Ute, 1975, S. 63.
[107] Ebd., S. 69.
[108] Ebd., S. 50-51.
[109] Stelian Tănase, 1997, S. 157.
[110] Ebd., S. 158. Tănase zitiert ziemlich ungenau „offizielle Zahlen aus den Archiven", deshalb sind diese Zahlen mit Vorsicht zu genießen.

licht, 1958 erhielt Pasternak den Nobelpreis. Diese Umstände lösten einen Skandal aus, doch der hohe Bekanntheitsgrad des Autors schützte ihn vor den sowjetischen Behörden. Über Nacht wurde der Autor zu einem Meinungsbilder, zum Anführer einer möglichen politischen alternativen Bewegung. Dies konnte auch in Rumänien passieren, zumal es zu der Zeit ausreichend Autoren gab, die zum Schweigen gezwungen wurden oder nicht ausreichend in die neuen Strukturen eingebunden waren. Sie konnten Schubladenwerke für westliche Verlage produzieren. Die Repressionen von 1958 sind deshalb auch im Zusammenhang mit dem „Fall Pasternak" zu sehen, der sich in Rumänien nicht wiederholen durfte.[111]

In einem der prominentesten Schauprozesse gegen rumänische Intellektuelle, dem Prozeß der Gruppe „Noica/Pillat", der Ende 1958 aufgerollt wurde, wurden insgesamt Haftstrafen von 268 Jahren verhängt, dazu weitere 125 Jahre Aberkennung der bürgerlichen Rechte. Die Hauptangeklagten erhielten je fünfundzwanzig Haftjahre. Auf der Anklagebank sollten bei diesem Prozeß Schriftsteller gestanden haben, die sich in die Nachkriegsgesellschaft nicht eingliedern wollten und sozusagen potentielle „Widerständler" waren. Doch dies entpuppte sich als ein Klischee. Einige der Angeklagten hatten die Kollaboration mit dem Regime nicht abgelehnt. Diese Tatsache ist dann wichtig, wenn man sich fragt, wie sich das Regime seine Opfer ausgesucht hat. Die Absichten der Machthaber sind angesichts dieser Tatsachen relativ leicht zu durchschauen: Es galt, andere Autoren einzuschüchtern und abzuschrecken.[112]

Die Repressalien gegen die deutschen Schriftsteller gipfelten 1959 im Kronstädter Schriftstellerprozeß, in dem Andreas Birkner, Hans Bergel, Georg Scherg, Wolf von Aichelburg und Harald Sigmund verurteilt wurden. Auch wenn dieser Prozeß als Teil dieses größeren Szenarios zu sehen ist, enthält er als Einschüchterungsmaßnahme gegen eine Minderheit besondere Implikationen. Am 15. September 1959 wurden Andreas Birkner, Wolf von Aichelburg, Georg Scherg, Hans Bergel und Harald Siegmund in einer geschlossenen Verhandlung von einem Militärgericht in Kronstadt (damals Stalinstadt) zu insgesamt 95 Jahren Zwangsarbeit verurteilt. „Schreibkultur, Bildungshorizont und Kunstauffassung machten sie [die angeklagten Autoren] zu einem Risikofaktor in einer Zeit, wo alles, was nicht auf bedingungslose Bestätigung der herrschenden Verhältnisse hinauslief, als Gefahr und Gefährdung empfunden und ausgelegt wurde"[113]. Sie wurden zu Unpersonen deklariert, ihre Bücher aus den Bibliotheken entfernt.[114]

---

[111] Ebd., S. 178.
[112] Ebd., S. 136.
[113] Peter Motzan: Risikofaktor Schriftsteller. In: Peter Motzan, Stefan Sienerth (Hg.), 1993, S. 68.
[114] Ebd., S. 80.

Dieser politische Prozeß „wurde im kommunistischen Rumänien erklärlicherweise, in den bundesdeutschen Medien auf geradezu skandalöse Weise weggeschwiegen."[115]
Wie sich die Zeit um den Herbst 1958 bis Sommer 1959 auf die anderen deutschen Schriftsteller aus Rumänien auswirkte, beschrieb treffend Joachim Wittstock: „Der Puls setzte aus; man verlor die Sprache und war keines Wortes mehr mächtig; es überrieselte einen kalt; das Blut erstarrte einem in die Adern. Das sind, wie gesagt, Wendungen, sprachliche Fertigteile, als solche erhärtet, und doch geeignet, die Lage damals anzudeuten. Manche Mitarbeiter verlor man für Jahre, andere für immer."[116]
Eine Erfahrung besonderer Art, die die Stimmung jener Jahre heraufbeschwört, machte Hans Bergel mit seinem „Lehrer" Oskar Walter Cisek – der selber nach 1948 zwei Jahre in Haft war.[117] Zum letzten Mal waren sie sich 1964 zufällig vor der Bukarester Universität begegnet, Bergel war gerade aus der Haft entlassen worden. Da wandte sich Cisek ohne Gruß ab und verschwand in Eile: „Ich starrte dem Manne nach, mit dem mich soviel verband – und hieß sein Verhalten gut, ich wünschte uns beiden, daß wir damit fertig würden. Denn nicht der Mensch, der sich aus Angst und kleinem Überlebenswunsch mutlos verhält, sondern das System, das ihn so weit bringt, seine Würde und seine Selbstachtung mit Füßen zu treten, sitzt hier auf der Anklagebank".[118]
In den liberaleren sechziger Jahre stellten sich die Repressalien gegen sogenannte „konterrevolutionäre" Autoren ein: Oktober 1962 wurden zuerst Harald Siegmund und Georg Scherg entlassen, anderthalb Jahre später verfügte der Erlaß 411/1964 des Staatsrats die Entlassung von etwa 100000 politischen Häftlingen[119], darunter auch Andreas Birkner, Hans Bergel und Wolf von Aichelburg. Von der 1962 bewirkten Strafermäßigung und der Aufhebung des als „unbegründet und rechtswidrig" erwiesenen Urteils im Jahre 1968 wurde den Autoren nichts mitgeteilt.
Dieses dunkle Kapitel rumänisch-kommunistischer Rechtswillkür wurde in dem 1993 in München erschienenem Band „Worte als Gefahr und Gefährdung", in dem auch die fünf Schriftsteller selbst zu Wort kamen, hervorragend beleuchtet,

---

[115] Peter Motzan, Stefan Sienerth (Hg.), 1993, S. 9.
[116] Ebd., S. 9.
[117] Cisek hatte dem jungen Schriftsteller Hans Bergel die „Adjektivagestrüpp" und die „Barockpalatschinken" aus frühen, nicht ausgereiften Erzählungen weggestrichen und ihm wertvolle Lektionen im Schreiben erteilt, so Bergel in „Der Tod des Hirten oder die frühen Lehrmeister", 1985.
[118] H. Bergel, 1985, S. 53.
[119] Peter Motzan: Risikofaktor Schriftsteller. In: Motzan, Sienerth (Hg.), 1993, S. 80. Motzan zitiert Günther Volkmer: Der ‚Schwarze-Kirche-Prozeß' 1958 in Kronstadt. Versuch einer geschichtlichen Wahrheitsfindung. In: Neue Kronstädter Zeitung vom 1. Juni 1993.

wenn man bedenkt, daß 2,5m Aktenbündel zum Schriftstellerprozeß archiviert und sichergestellt waren, zu denen es nur einen beschränkten Zugang gab.[120]

5.3. Fördernde Umstände für die Wiederaufnahme der traditionellen Erzählweise

Auf dem Gebiet der Prosa war das überwiegend realistisch-traditionelle Erzählen schon in den fünfziger Jahren unübersehbar, es setzte sich, nachdem es in der Zwischenkriegszeit Tradition gemacht hatte, trotz der Vorgaben der Ideologie des sozialistischen Realismus weiter fort.[121] Dafür gibt es mehrere Gründe:

1. Die Erklärung der Möglichkeit der Entstehung einer traditionellen Erzählliteratur in den fünfziger Jahren konnte auch über den Begriff des „Erbes" erfolgen. Der Begriff des „Erbes" bezeichnete im Verständnis marxistischer Literaturwissenschaft seit Beginn der Debatte in den zwanziger Jahren in der Sowjetunion einen Rechtsanspruch. Danach galt die Arbeiterklasse als Alleinerbe der Werke der bürgerlichen Autoren, die von den Ideen sozialen Fortschritts in ihrer jeweiligen Epoche Zeugnis ablegten. Der Erbegedanke ersetzte den der Tradition, und hielt dabei das Moment der Verbindung von Vorgeschichte und Gegenwart der Literatur im Unverbindlichen. Er ist normativ, d.h. er verpflichtet die sozialistischen Schriftsteller zur kontinuierlichen Weiterentwicklung der ästhetischen Theorie und Praxis bürgerlich-humanistischer Kultur und schließt folgerichtig die Orientierung an literarischen Strömungen aus, die dieses Kontinuum bewußt unterbrochen haben, wie beispielsweise die Literatur der europäischen Avantgarde.[122]

2. Auch wenn es schien, daß die Präskriptionen des Sozialistischen Realismus die Weiterführung tradierter Erzähldiskurse verhinderten, erwiesen sich die dogmatischen Vorgaben nicht endgültig als hindernd. Dies ist auch dadurch erklärbar, daß der Sozialistische Realismus eigentlich auf die Ästhetik des bürgerlich-kritischen Realismus baute. Um ein Epochenbild zu zeichnen, verhielten sich beide literarischen Systeme mimetisch der darzustellenden Wirklichkeit gegenüber und gingen selektiv vor, indem sie aussagekräftige Repräsentanten für

---

[120] Zwei der Tagungsteilnehmer am Bukarester Symposion zum Kronstädter Schriftstellerprozeß (Juni 1992), Mircea Dinescu und Gerhardt Csejka, hatten Einsicht in die Prozeßakten genommen. Darüber hinaus ist Vorsicht im Umgang mit diesen Akten geboten, da viele der Aussagen erpreßt, entlockt, in ihr Gegenteil verkehrt sein können. Bei einem Vergleich der zugänglichen Prozeßakten springen die Widersprüche, Verfälschungen und Entstellungen förmlich ins Auge, so im Vorwort zu Peter Motzan, Stefan Sienerth (Hg.), 1993, S. 12 und 14.
[121] Peter Motzan, 1980, S. 34.
[122] Siehe Volker Wehdeking und Günter Blamberger, 1990, S. 64f.

bestimmte Bereiche wählten und andere aus der Darstellung ausgrenzten. Wenn auch auf einem niedrigen ästhetischen Niveau, wiederholte der Sozialistische Realismus Merkmale des bürgerlichen Realismus, indem er verklärende Schönheitsschleier über die darzustellende Wirklichkeit warf und zu anachronistisch-harmonisierenden Lösungen tendierte. Lukács leitete den Begriff der „Totalität" aus der Tradition des bürgerlichen Realismus ab und meinte damit einen thematischen Ansatz und eine Figurenperspektive, die über die Konflikte der Romangestalten hinaus den Blick auf die gesellschaftliche Wirklichkeit erlaubte und dabei möglichst das gesamte Ensemble der Epochenmerkmale und Charaktereigenschaften erfaßte.[123]

3. Gerhardt Csejka[124] erklärt den Konservativismus als einen psychologisch tief verwurzelten Wesenszug der siebenbürgisch-sächsischen Schriftsteller, als Abwehrhaltung gegen die Realität der Minderheitenexistenz. Der siebenbürgisch-sächsische Schriftsteller war nach Csejka „dem Mechanismus ausgeliefert", der „durch den Glauben an die selbstbestimmte ‚Volks'-Geschichte" in Gang gehalten wurde. Dadurch assimilierte die Literatur nach Csejka „das Rollenbild, das der vergangenen Epoche entsprach". Es ist die Nähe des Schreibenden zu fest verankerten Mentalitätsstrukturen, die sowohl den siebenbürgischen als auch den Banater Autor dazu veranlaßt, weiterhin Erzählungen zu schreiben, die sich den formalästhetischen Mitteln des bürgerlichen Realismus verpflichten und stofflich weiterhin in der Region verankert bleiben.
Csejka nennt die Beispiele Erwin Wittstocks, Heinrich Zillichs, zum Teil auch Meschendörfers, die mit den ihnen zur Verfügung stehenden modernen Mitteln „die Projekte in Angriff nahmen, die eigentlich zur Generation der ‚Blütezeit' passten". Die Regel überdauerte selbst das Jahr 1945, als, so Csejka, auf den Spuren Erwin Wittstocks Paul Schusters „Fünf-Liter-Zuika"–Trilogie entstanden ist. Peter Motzan erkennt seinerseits Kontinuitätslinien in Georg Schergs „Peter-Merthes"-Erzählungen, die in der Tradition Meschendörfers stehen sollen, und bei Hans Liebhardt als Nachfolger Erwin Wittstocks.[125] Auch Verbindungselemente zwischen Erwin Wittstock und Joachim Wittstock sind nicht zu übersehen und werden im Verlauf der Arbeit noch erläutert.

---

[123] Peter Weisbrod, 1980, S. 34f.
[124] Gerhardt Csejka: Der Weg zu den Rändern, der Weg der Minderheitenliteratur zu sich selbst. Siebenbürgisch-sächsische Vergangenheit und rumäniendeutsche Gegenwartsliteratur. In: Anton Schwob und Brigitte Tontsch (Hg.), 1993, S. 59f.
[125] Peter Motzan, 1980, S. 34.

4. Das Weiterleben traditioneller realistischer Erzählungen auf dem ideologischen Nährboden des Sozialistischen Realismus konnte durch den Schutzschild der Abrechnung mit der Vergangenheit rechtfertigt werden. Die Hinwendung der Autoren zu historischen Themen und Stoffen aus dem Blickwinkel des Marxismus-Leninismus half den Texten, die Zensur zu passieren. Einerseits wollte man das tradierte bürgerliche Geschichtsverständnis von verklärend-mythisierenden Tendenzen reinigen, andererseits die realen Ursachen der historischen Prozesse aufdecken und darüber hinaus ein neues Weltverständnis fördern und festigen. Geschichtliches wurde aus zeitgenössischer Perspektive befragt.[126]

Die Rezeption der Werke schriftstellerischer Persönlichkeiten aus den vergangenen Epochen der siebenbürgisch-sächsischen und banatdeutschen Literatur wurde in Rumänien ab Mitte der sechziger Jahre durch deren Rehabilitierung und die Herausgabe ihrer Werke erleichtert. Es entstand eine „stattliche Reihe" von Werkausgaben von Friedrich Wilhelm Schuster, Traugott Teutsch, Adam Müller-Guttenbrunn, Heinrich Schuster, Anna Schuller-Schullerus, Adolf Meschendörfer, Otto Alscher, Bernhard Capesius, Oskar Walter Cisek, Erwin Wittstock.[127] Den jüngeren Generationen wurden diese literarischen Werke darüber hinaus auch aus dem Unterricht bekannt.

In Rumänien entstehen bis Ende der neunziger Jahre Erzählungen in der Tradition des bürgerlichen Realismus, es veröffentlichen unter anderen Erwin und Joachim Wittstock, Hans Liebhardt. Wolf von Aichelburg führt nach seiner Entlassung aus der Haft die Tradition einer klassischen Moderne fort. Georg Schergs Merthes-Erzählungen erscheinen bis in die achtziger Jahre hinein, Eginald Schlattner veröffentlicht zwischen 1998 und 2000 zwei Romane.

Seit Ende des Zweiten Weltkriegs schreiben die im Westen lebenden, ehemaligen rumänischen Staatsbürger deutscher Nationalität, die Siebenbürger Heinrich Zillich, Bernhard Ohsam, Otto Greiffner, nach ihrer Auswanderung Andreas Birkner (Ausreise aus Rumänien 1966) und Hans Bergel (Ausreise 1968), Wolf von Aichelburg (Ausreise 1980), die Banater Hans Wolfram Hockl, Heinrich Freihoffer, Nikolaus Engelmann, Franz Keller, Vera Dreichlinger, Klaus Günther, Hansjörg Kühn, Kristiane Kondrat, später auch Heinrich Lauer (Ausreise 1980), Robert Schiff (Ausreise 1981), Franz Heinz, um nur einige zu nennen. Ihre Werke blieben weiterhin, wie sich auch in den nächsten Kapiteln zeigen wird, Zeugnisse für die jeweilige literarische Region.

---

[126] Motzan: Die rumäniendeutsche Literatur nach 1944. In: NL 3/1976, S. 59f.
[126] Motzan, 1980, S. 33.
[127] Stefan Sienerth: Rumäniendeutsche Literaturgeschichtsschreibung. Erkenntnisse der letzten zwanzig Jahre. In: NL 8/1986, S. 19.

6. Die traditionelle siebenbürgisch-sächsische und banatschwäbische Erzählung der Nachkriegszeit

Ein beträchtlicher Teil der traditionellen Erzählungen nach dem Zweiten Weltkrieg, deren Darstellungsprinzip dem literarischen System des bürgerlichen Realismus verpflichtet ist, entsteht im Bestreben, ein sozio-historisches Zeitbild zu entwerfen. Die Romane kann man mit den Begriffen „Gesellschafts- oder Zeitroman" umschreiben. Diese Begriffe, denen große Vorsicht gebührt, da sie Wahrnehmungskategorien benennen, welche die Relation zwischen den Texten und der Realität außerhalb der Texte bezeichnen, signalisieren die Forderung nach „Adäquatheit", „Totalität" oder zumindest „Repräsentativität" in der Darstellung der Realität in einer auf dem Mimesis-Prinzip fundierten Gestaltung.[128]

Die kritische Darstellung bestimmter Abschnitte des gegebenen sozialen Umfelds und die Repräsentierung nur weniger Gruppen oder Einstellungen deuten auf Zusammenhänge mit dem bürgerlichen Realismus hin. Gleichzeitig veranschaulichen diese Erzählungen ihre Spezifizität als literarische Zeugnisse der Region, indem sie sich auf diese einschränken und sich auf die Darstellung spezifischer Topoi von regionaler Relevanz ausrichten.

Grundlegend gilt für diese Erzählungen, daß über den Prozeß der „Personenwerdung" Zeitgeschichte vermittelt wird, die als vordergründig in der Darstellungsintention zu bewerten ist. Dementsprechend sind wichtige Merkmale einer Regional- und Minderheitenliteratur ihre erhöhte Unselbständigkeit und der direkte Bezug zu historischem Geschehen. Der Bezug nicht auf reflektiertes kulturelles, gesellschaftlich-historisches Geschehen, sondern direkt auf historische Ereignisse findet hier in erhöhtem Maße statt.[129] Diese Erzählungen führen demnach einen Metadiskurs zur Geschichte, sie verstehen sich als Kommentare zu historischen Ereignissen.

Anhand der „traditionellen" rumäniendeutschen Nachkriegserzählung kann man die Vorliebe für bestimmte historische Ereignisse, die sozial-politische und kulturelle Umwälzungsprozesse bewirkt haben, je nach Region feststellen. Diese entspringen einer dem Minderheitendasein spezifischen „Identitätskrise", die sich aus seinem existentiellen Selbstverständnis ableitet. Dieses Selbstverständnis wird meistens aus der „Orientierung an relativ stabilisierten geopolitischen, sozioökonomischen und sprachkulturellen Gegebenheiten des eigenen National-

---

[128] Michael Titzmann: Gesellschaftsroman, Zeitroman, 1998, S. 1.

[129] Von diesem Bezug direkt auf historische Ereignisse spricht Gerhardt Csejka. Er zitiert Gilles Deleuze und Felix Guattari: Kafka. Für eine kleine Literatur. In: Gerhardt Csejka: Der Weg zu den Rändern, der Weg der Minderheitenliteratur zu sich selbst. Siebenbürgisch-sächsische Vergangenheit und rumäniendeutsche Gegenwartsliteratur. Anton Schwob und Brigitte Tontsch (Hg.),1993, S. 63f.

staates" bezogen. Die Minderheiten als „nationalkulturelle Enklaven" führen hingegen „eine labile Existenz im Konfliktfeld von Territorium-Geschichte-Sprache mit dem auf Einheitlichkeit drängenden Nationalstaat".[130] Seit dem Jahr 1867[131] macht die siebenbürgisch-sächsische Literatur den Prozeß mit, den man mit Csejkas Begriffen als Entwicklung von einer „Volksliteratur" zu einer „Minderheitenliteratur" sehen kann[132]. Doch die siebenbürgisch-sächsischen Schriftsteller halten weiterhin an die quasi politische Rolle des Volkssprechers fest, des Befürworters der Werte, die sich in der eigenen Geschichte bewährt haben. Die Geschichte der Banater Schwaben registriert seit Mitte des 19. Jahrhunderts einen fortschreitenden Prozeß der Entfernung von der „kulturellen Mitte" Wien, so daß sich in einem Teil der Erzählungen die Darstellung als Lamento über das Losreißen aus dem ehemaligen Zugehörigkeitsraum gestaltet.

Gerade die Statusverschiebungen, die der Zweite Weltkrieg und die Nachkriegszeit für die deutschen Minderheiten in Rumänien brachte, veranlaßte eine Reihe von Autoren, die Gründe und Auswirkungen dieser historischen Prozesse literarisch zu verpacken. Des weiteren soll festgestellt werden, welche Wahrnehmungsmuster die Erzählungen angesichts der Reflexion der für die Region relevanten historischen Prozesse herausbilden.

6.1. Erwin Wittstock: ein Beispiel für die realistische Tradition der Regionalliteratur

Es sind mehrere Gründe, die für die Wahl des Siebenbürgers Erwin Wittstock (1899-1962) als repräsentatives Beispiel der realistischen Tradition der deutschsprachigen Regionalliteraturen auf dem Gebiet des heutigen Rumänien sprechen. Erwin Wittstock siedelte sich mit unveränderter ästhetischer Haltung in der Nachkriegszeit mit seinen überarbeiteten und neu entstandenen Erzählungen an. Um seinen schriftstellerischen Wert zu bestimmen, braucht man sich nicht auf einen literarischen Streit einzulassen, da hier Einigkeit herrscht: Stefan Sienerth, Emmerich Reichrath, Hans Liebhardt[133], um nur ein paar Namen zu nennen, se-

---

[130] Alexander Ritter: Aspekte der Literaturgeschichtsschreibung mit regionalem Bezug. Deutschsprachige Minderheitenliteratur als Teil deutscher und anderssprachiger Literaturhistorie. In: Eckhard Grunewald, Stefan Sienerth (Hg.), 1997, S. 25-41, 26.

[131] Seit dem österreichisch-ungarischen Ausgleich, als für die Siebenbürger Sachsen das Ende der Privilegien politisch gesehen gekommen war.

[132] Siehe dazu Gerhardt Csejka: Der Weg zu den Rändern, der Weg der Minderheitenliteratur zu sich selbst. Siebenbürgisch-sächsische Vergangenheit und rumäniendeutsche Gegenwartsliteratur. Anton Schwob und Brigitte Tontsch (Hg.),1993, S. 59f.

[133] Siehe die Beiträge: H.L. (Hans Liebhardt): Erwin Wittstock: Der Viehmarkt von Wängertsthuel. In: NL 3-4/1968, S. 149-150; Emmerich Reichrath: Ein klassischer Erzähler. In: NL 10/1970, S. 107-109; Stefan Sienerth: Die schlechteste Schule dürfte es nicht gewesen sein. In: W vom 2.03.1979.

hen in ihm einen der bedeutendsten siebenbürgisch-sächsischen Schriftsteller, Hans Bergel zählt ihn zu den „wichtigsten Erzählern" „im gesamten deutschen Literaturraum Südosteuropas".[134]

Erwin Wittstock genoß literarisches Ansehen im In- und Ausland, was für einen Vertreter der abgelegenen literarischen Region nicht selbstverständlich war, und ihm, der als „Klassiker" gekürt wurde, kann auch die Rolle eines Modells für die rumäniendeutschen Schriftsteller schon zu Beginn der fünfziger Jahre nicht abgesprochen werden[135], zumal seine Werke nach 1945, wenn auch nicht vollständig, doch intensiv veröffentlicht wurden.

Erwin Wittstocks Erzählungen spielen in einer, wenn auch ungenauen, doch spezifischen regionalen Milieuhaftigkeit, thematisieren die für die Zeit aktuelle Problematik der deutschen Bevölkerung und sind demnach an eine feste „Kundschaft" gerichtet, selbst wenn der Autor darum bemüht ist, das Spezifische der Region auch über ihre Grenzen hinaus bekannt zu machen. Ein wichtiger Grund für die Entscheidung, Erwin Wittstock als Beispiel für eine typische Geisteshaltung rumäniendeutscher Schriftsteller zu wählen, ist in seinem ethischen Kodex zu suchen, so wie er sich in seinem literarischen Werk widerspiegelt. Einen der zentralen Aspekte seines Werks, den Traditionsbegriff, untersucht Joachim Wittstock in seiner historisch und soziopsychologisch fundierten Studie[136].

Der Begriff der Tradition ist bei Erwin Wittstock in der Dynamik seiner Entwicklung zu erfassen: „Er war sich des Mißlichen einer Einstellung bewußt, die sich darauf beschränkte ‚nach Veteranenart den Blick nach rückwärts zu richten', des Negativen einer ‚hauptsächlich auf das Bewahren eingestellten Haltung'".[137] Doch angesichts dessen, daß während der dreißiger Jahre, im nationalistischen Kurs deutscher und rumänischer Politik, ein gewisses Außerachtlassen des Gebots zur Mäßigung zu registrieren war, welches das eigentliche Erfordernis traditionalistischer Lebenshaltung sei, verteidigte er die Tradition als Zeugnis der natürlichen Entwicklung des Volkes. Unter dem Einfluß des Propagandaapparates des III. Reiches wurde gerade die Tradition angegriffen. Doch weil gerade sie das Besondere der siebenbürgisch-sächsischen Gemeinschaft ausmachte, trafen derartige Maßnahmen ihre Lebenskraft empfindlich. „Deshalb war es notwendig, sich überall für die wahre sächsische Tradition einzusetzen, nicht etwa für eine ‚Einkapselung und Konservierung volklicher und lokaler Eigentümlichkeiten, die im einzelnen von problematischem Wert und problematischer Zukunft sein

---

[134] Hans Bergel: Der nüchterne Blick für das Reale: Erwin Wittstock. Dreißig Jahre nach seinem Tod. In: Südostdeutsche Vierteljahresblätter 1992, S. 309-314, 309.
[135] Siehe Stefan Sienerth: Die schlechteste Schule dürfte es nicht gewesen sein. In: W 2.03.1979.
[136] Joachim Wittstock: Erwin Wittstock - Sein erzählerisches Werk. In: NL 9/1974, S. 80-101.
[137] Ebd., S. 84.

mögen', sondern um über ein Mittel zu verfügen, das ‚die Aufgeschlossenheit für die Weite, die keine Grenzen mehr kennt', sichere und ‚die Ideale eines erhöhten Menschentums' begreiflich mache."[138] In den unruhigen Nachkriegsjahren gab ihm die Besinnung auf die Traditionen Halt „und bot das Mittel zur richtigen Einschätzung und Kritik siebenbürgischer Lebensformen".[139] Die Anerziehung des Traditionsbewußtseins und die Einhaltung der Volkssitten wurden demnach durch die Handlungslogik seiner Texte immer wieder bestätigt.

Für die folgende Analyse kommen seine nach 1945 entstandenen oder überarbeiteten Erzählungen in Frage, die für ihren Autor angesichts der widrigen Umstände nach der kommunistischen Machtergreifung die Funktion eines „Energiespeichers" annahmen.[140] Aus diesen Texten ergeben sich zwei grundlegende Haltungen: die erste stellt die Wirklichkeitsflucht eines Autors dar, der die gesellschaftlichen und politischen Veränderungen in Rumänien nach dem Ende des Zweiten Weltkrieges nur schwer ertragen konnte und sich notgedrungen aus der literarischen Öffentlichkeit zurückzog. Diese Haltung widerspiegeln Erzählungen wie „Der Sohn des Kutschers" (1949) und „Stelzenquelle" (1949 bzw. in den fünfziger Jahren überarbeitet)[141], deren Handlung vor 1918 im Siebenbürgen der Donaumonarchie spielen. Diese Themenwahl entspringt der Einsicht, daß die Zeit für die authentische Zeichnung der jüngsten Kriegs- und Nachkriegsereignisse noch nicht gekommen war, daß man sich als Autor in den Jahren nach 1945 „auf Harmloseres, Neutraleres ausrichten" mußte.[142]

Seine Erzählungen aus dem Nachlaß hingegen, die 1967 von Joachim Wittstock zum ersten Mal einem weiteren Kreis von literarisch Interessierten, Vertretern von Verlagen und Redaktionen bekannt gemacht wurden und die für diese Arbeit interessanter sind, zeigen Erwin Wittstock als nüchternen Zeitzeugen. In der Zeitspanne von 1950 bis 1960 sind vier Romane entstanden, die nicht abgeschlossen wurden: „Das letzte Fest" (Fragmente davon wurden in der NL 2 und 6/1970, 2/1989, in der KR vom 12 März 1971, im NW vom 23. Dezember 1972 veröffentlicht, in Buchform im Kriterion Verlag Bukarest 1991), „Geist und Erde" (1955 begonnen, ein Teil veröffentlicht in NL 1975, Heft 1), „Januar 45 oder die Höhere Pflicht" (Ende der vierziger Jahre bis 1954 entstanden, erschienen 1991 in mehr als hundert Folgen der Zeitung NW und als Buch im ADZ-Verlag,

---

[138] Ebd., S. 86. Joachim Wittstock zitiert aus einem Brief Erwin Wittstocks an Alfred Margul-Sperber von 1950, in dem E. Wittstock seine anachronistisch anmutende Haltung begründet.
[139] Ebd., S. 86.
[140] Joachim Wittstock im Nachwort des Bandes „Die Schiffbrüchigen", 1986, S. 410.
[141] Diese Erzählungen erschienen in der Mitte der fünfziger Jahre und wurden 1986 unter dem Titel „Die Schiffbrüchigen. Erzählungen 1940-1962" im Bukarester Kriterion Verlag erneut herausgegeben.
[142] Joachim Wittstock im Nachwort des Bandes „Die Schiffbrüchigen", 1986, S. 410.

Bukarest 1998), „Das Jüngste Gericht in Altbirk" (E. Wittstocks letzte Arbeit, Fragmente erschienen in der NL 1967, H. 5-10, in Buchform 1972, in der Gemeinschaftsausgabe des Union Verlags Berlin und des Kriterion Verlags Bukarest). In diesen Werken nimmt er zu den von ihm erlebten Zeitereignissen Stellung, den beiden Weltkriegen und zu den fünfziger Jahren im kommunistischen Rumänien. Sie machen die Gesinnung deutlich, gültige Wertvorstellungen der Vergangenheit für die Erhaltung der „Nation" als überlebensnotwendig zu bejahen.

„Das letzte Fest" weist auf repräsentative Weise strukturelle Konvergenzen der angeführten Nachkriegserzählungen Erwin Wittstocks auf. Wie auch sonst in Erwin Wittstocks Prosa wird, so Joachim Wittstock, die Zeichnung der siebenbürgischen Landschaft relativ frei gehandhabt, aus den real existierenden Toponymen wird eine Phantasielandschaft kombiniert, deren Merkmale aus mehreren Orten abgeleitet sind. Dem Autor geht es mehr um die Wiedergabe einer synthetisierten siebenbürgischen Stimmung als um genau gezeichnete Toponyme. Das detailliert geschilderte Zeitgeschehen soll sich vor dem Hintergrund geographischer Konstanz prägnanter hervorheben.[143]

Schon im ersten Entwurf, „Das Geständnis", sind die späteren Merkmale der Erzählung ausgeformt, wie die kurze Inhaltsangabe aus einem Brief Erwin Wittstocks vom 4. Oktober 1944 erkennen läßt.[144] In der zweiten Entstehungsphase in den Jahren 1948 und 1949, gewinnt die Handlung durch weitere Ereignisse aus der jüngsten Vergangenheit, der politischen Wende in Rumänien. Die Handlung führt auf die Zeit des Zweiten Weltkriegs zurück, in ein siebenbürgisches Dorf, Rauhental. In diesem Dorf wurde eine „Heilanstalt" für die Entwöhnung des Rauchens gegründet, deren Besucher meistens Kunden aus Deutschland sein sollten. Der Ich-Erzähler, ein aus Berlin Zugereister, glaubt sich in diesem Dorf in Ruhe und Zurückgezogenheit vor dem Lärm der Großstadt und der ideologischen Verseuchung aus dem Reich flüchten zu können. Die Handlung endet am 23. August 1944, als im Dorf ein Hochzeitsfest gefeiert wird und die Nachricht von der Kriegserklärung Rumäniens an Deutschland eintrifft.

Die Ich-Erzählung setzt sich aus Tagebuchnotizen und Briefen zusammen, die der Erzähler nach Deutschland schickt. Durch spätere Überarbeitung des Textes hat Erwin Wittstock die Tagebuchaufzeichnungen und Briefstellen mit auktorialen Passagen abgewechselt, um die Erzählperspektive einer neutraleren Erzählinstanz neben dem Ich-Erzähler für die Erfassung siebenbürgischer Wirklichkeit einzusetzen.

---

[143] Joachim Wittstock im Nachwort des Bandes "Das letzte Fest. Roman. Erzählungen", 1991, S. 437.
[144] Ebd., S. 424.

Der Autor entscheidet sich in mehreren Erzählungen[145] für die unmittelbare Darstellung durch einen Ich-Erzähler. Dieser ist in „Vor dem Ehrengericht" und „Das jüngste Gericht in Altbirk" ein Außenseiter, kein Mitglied des erzählten Dorfes. Auch im „Letzten Fest" übernimmt ein Landsfremder die Rolle des Erzählers, da die Inszenierung der Erzählinstanz als unmittelbarer Beobachter fremder Verhältnisse eine neutrale, distanzierte, aber dennoch genaue Wiedergabe des Geschehens verspricht.[146] Der Eindruck der Unmittelbarkeit wird zudem im „Letzten Fest" durch die Passagen in Brief-Form betont, ferner durch die Gleichzeitigkeit von erzählter Zeit und Erzählzeit.

Außerdem wäre der Exkurs in die siebenbürgische Geschichte, den der Ich-Erzähler in einem Brief an einen Bekannten aus Deutschland macht, ohne den „Fremden" als Erzähler unmotiviert gewesen. Der Ich-Erzähler findet sich in Siebenbürgen in einer Welt von identitätsstiftenden Mythen, die erzählt werden wollen.

Die Forderung nach Objektivität, welcher der Text durch die Einsetzung einer auktorialen Erzählinstanz neben dem Ich-Erzähler gerecht wird, ist symptomatisch für die empfundene Notwendigkeit, in der Erzählung Geschichte festzuhalten und letztere durch Erwecken des Anscheins der Objektivität für den Leser als „wahr" zu verpacken. Die politischen Verhältnisse der Zeit werden dementsprechend in aussparenden, aber deutlichen Linien gezeichnet, besonders in ihren Auswirkungen auf das Dorf. Die Gemeinde ist in die Strudel politischer Auseinandersetzungen hineingeraten und ist politisch gespalten.

Der Ich-Erzähler findet das Dorf als Ur-Zelle für spezifisch Siebenbürgisches vor, in der Figuration eines „locus amoenus", als „ein ruhiges, kleines Nest, in der unverbrauchten, anheimelnden Bedeutung des Wortes" (17). Aus seiner Perspektive wird ein Exkurs auf siebenbürgisch-sächsische Geschichte gemacht, der bis auf die Jahre der Einwanderung 1141-1151 zurückgeht. Die Aufmerksamkeit des Erzählers richtet sich auch auf das Schildern der Eigenheiten des Ortes und der Menschen. Der Erzähler hat in den Gesprächen mit dem Lehrer und dem Pfarrer Zeit, sich mit siebenbürgischen Werten vertraut zu machen. Dazu gehören die „siebenbürgische Duldsamkeit und Verträglichkeit" (24), die man sogar in der siebenbürgischen Hymne, die im Text zitiert wird, wiederfindet: „Siebenbürgen, Land der Duldung,/ Jeden Glaubens sichrer Hort" (24). Die Menschen

---

[145] „Vor dem Ehrengericht oder Die Amtsenthebung" (ein Fragment des Nachlaßromans „Geist und Erde"), „Das jüngste Gericht in Altbirk", „Die Begegnung".

[146] Ein weiterer Grund für die Wahl eines Fremden als Erzähler ist die Möglichkeit der Einbeziehung einer fremden Wirklichkeit neben der Dorfrealität. Der deutsche Kurgast bringt Zeitgeschehen aus Deutschland in seinen Briefen und Notizen ein, als er zum Beispiel auf das Hitler-Attentat vom 20. Juli anspielt und sich Sorgen darüber macht, ob die Zensur seinen Anspielungen auf die Schliche kommt.

sind vom „gleichbleibenden Einfluß der Entlegenheit [des Ortes] und einer eigentümlichen alten Tradition herangebildet" (12), „alter Brauch", „alte Geschichte" (12) prägen die Menschen.

Die Aussage des Erzählers wird durch mehrere Gegensatzpaare deutlich gemacht: die Großstadt Berlin und das abgelegene Dorf, das Traditionsbewußtsein humanistischer Ausprägung und die barbarische nationalsozialistische Ideologie, die Kirche als Ort der Sittlichkeit und der Platz vor der Kirche, wo die „Nordischen" ihre Exerzitien ausführen. Im Gespräch mit den Erziehungsinstanzen des Dorfes, dem Lehrer und dem Pfarrer, verdichten sich die Einsichten des Ich-Erzählers, obwohl er ein Außenseiter innerhalb des Dorfbetriebes und der siebenbürgischen Kultur ist, zu einem Lamento über die Aufgabe der nationalsächsischen Identität, die sich so oft in der geprüften Geschichte der Siebenbürger Sachsen bewährt hat. Die Bauernkultur gerät in den Zwinger der Diktatur[147] und wird durch die nationalsozialistische Ideologie korrumpiert.

Der Text ist als Absage an das Deutsch-Nationale im Sinne der in Siebenbürgen der enddreißiger und vierziger Jahre gängigen Propaganda und als Bejahung der siebenbürgischen Identität zu lesen. Die Besinnung auf das Siebenbürgisch-Sächsische einerseits und andererseits auf die christlich-sittlichen Werte machen die Substanz der Erzählungen „Vor dem Ehrengericht oder Die Amtsenthebung", „Das jüngste Gericht in Altbirk"[148], „Die Begegnung", des Nachlaßromans „Januar 45 oder Die höhere Pflicht" aus. Statt des deutschen Eintopfs wird siebenbürgisches Essen „ohne Weltanschauung" („Das letzte Fest", 15) serviert, über dem spezifisch Regionalen sucht der Erzähler nach Allgemein-Gültigem, Ver-

---

[147] Als Rechtsanwalt kannte Erwin Wittstock die Auseinandersetzungen eines Pfarrers Ernst Weingärtner mit Vertretern der Deutschen Volksgruppe. Der von Weingärtner geleistete Widerstand wird im „Letzten Fest" eingearbeitet, wo ein gewisser Weinhänger agiert. Auch in der Erzählung „Vor dem Ehrengericht oder Die Amtsenthebung" aus dem Romanfragment „Geist und Erde", die unter diesem Titel in der NL veröffentlicht wurde, umschreibt der Erzähler totalitäre Verhältnisse aus der Zeit der Gleichschaltung mit dem Nationalsozialismus. Es wird über die nationalsozialistischen totalitären Verhältnisse gesprochen und dabei auch auf die Verhältnisse der fünfziger Jahre im kommunistischen Osten angespielt: „Denn es gehört zur Diktatur, daß die, die oben sind, keine Ahnung haben, was das Volk denkt und wie es empfindet ... Aber bei der Diktatur stolpert jeder, der oben ist, über sein Mißtrauen, und man fürchtet sich vor seinem eigenen Schatten." („Geist und Erde", 21)

[148] Die Absicht des Lehrers Felix Moser, die Dorfgemeinschaft lächerlich zu machen, endet tragisch: Sein eigener Sohn kommt ums Leben. Sich als Einzelner über das Wohl der Gemeinschaft zu stellen, ist sein Fehler. Die Kirche wird als Institution der psychischen und moralischen Hygiene aufgewertet, die Sitte hat, ihrer erzieherischen Aufgabe nach, eine integrierende Funktion, die Einheit bleibt trotz aller Zwistigkeit gewahrt, die Gemeinschaft verfügt in der Auffassung des Textes über einen natürlichen „Selbstreinigungsmechanismus", sofern sie den von der Tradition vorgeschriebenen Normenkodex einhält.

bindendem: das Porträt einer Magd läßt „geradezu klassische Züge" (16) erkennen.

Auffallend ist die Dichte der biblischen Ausdrücke, zum Beispiel das von Erwin Wittstock konzipierte Pendant zu „Blut und Boden", „Geist und Erde", ferner das christliche Opfer-Motiv in der Darstellung des Pfarrers Rannicher im gleichen Roman, aber auch Ausdrücke wie „das jüngste Gericht" oder „das letzte Fest". Die Bildlichkeit des ländlichen Festes bekommt durch die Titelformulierung den Beigeschmack empfundener Endzeit.[149] Der Titel des Nachlaßromans „Das letzte Fest" wird analog zum letzten Passamahl, als Jesus mit seinen Jüngern vor seinem Tod feierte, sinnstiftend. Die Handlung macht den Bezug zum biblischen Abendmahl unmißverständlich: nach dem Fest trifft sich die Dorfgemeinde zu einer symbolischen Messe, „zum Heiligen Abendmahl in der Kirche" (222). Nach der Kriegserklärung Rumäniens an Deutschland sieht der Pfarrer Dietrich die Repression des rumänischen Staates gegen die deutsche Minderheit voraus. Er weiß um die Schuld eines Teils seiner Landsleute als Mitläufer Nazi-Deutschlands und erahnt die Zuweisung kollektiver Schuld.

Trotz der erspürten Endzeit erfolgt keine Loslösung vom Glauben an einen sinnkonstituierenden Plan der Geschichte, an die „göttliche Ordnung der Dinge". Der göttliche Wille ist für die historische Entwicklung zuständig. Der Dorfpfarrer Dietrich fühlt sich berufen, nachdem „der Herr unseren irrenden Geist endlich doch zu Klarheit und friedfertiger Einsicht hingelenkt" hat, als „Vollstrecker eines geschichtlichen Auftrags" seine Gemeinde zu versöhnen: „Jede Feindschaft ist aufgehoben, jede Störung des brüderlichen Vertrauens verziehen!" (224) Das Abendmahl ist das Fest der Versöhnung, der seelischen Reinigung, der Vergebung der Schuld vor der göttlichen Instanz und der Stärkung vor der erwarteten irdischen Strafe. Es siegt der Glaube an ein „neues Blühen" (224), an die Wiederherstellung eines humanistischen Zeitalters sittlichen Daseins. Es sind nicht nur die Bibel-Analogien, die dem Text eine christliche Ausprägung verleihen, die Rede des Pfarrers Dietrich (203-206, 212-227) zeugt von Religiosität, wenn es um die Bewahrung der sittlichen Werte geht: „Es ist der höchste Zweck des Einzelnen wie der Gemeinschaften, den höchsten erreichbaren Grad sittlicher Vollkommenheit anzustreben und darzustellen. ... So ist denn sein Streben nach dieser Sittlichkeit ein ewiges Ziel, aber auch eine fortwährende Erfüllung, und

---

[149] „Daher auch der Austausch des eine Zeit lang passend erscheinenden friedfertig-erbaulichen Titels ‚Das ländliche Fest' mit dem härteren, unerbittlichen ‚Letzten Fest'", so die Erklärung Joachim Wittstocks aus dem Nachwort des Bandes "Das letzte Fest", 1991, S. 425. Außerdem schimmert mit dem Abendmahl das Endzeitgefühl durch, das in der Zwischenkriegszeit öfter durchlebt wurde, ein südosteuropäisches Nachbeben expressionistischen Weltempfindens.

der Glaube, am Unvergänglichen teilzuhaben, ist der Berührungspunkt mit dem Göttlichen..." (220-221).

Der Glaube an das Überleben sittlicher Werte bleibt bei Erwin Wittstock auf das ländliche Leben beschränkt. In der Kriegserzählung „Die Begegnung" hingegen dominiert die Orientierungslosigkeit in einer Welt, die die Erfahrung des Transzendenten verwehrt, wie sie im „Letzten Fest" erklingt. Besonders aussagekräftig und künstlerisch geglückt für die bildliche Darstellung einer als undurchsichtig empfundenen Welt ist das Ding-Zeichen des Talismans in Verbindung mit dem Motiv des Labyrinths. Diese Erzählung, die als „zeichenhaft etwas überfrachtet" und als „auch nicht unbedingt eindeutig" ausgelegt wurde[150], wird gerade durch ihre Ambiguität sinnstiftend. Die Erinnerung Schenkers an die Verse aus Ovids Teil der „Metamorphosen" „Dädalus und Ikarus", an das Labyrinth von Knossos – übrigens einer der gelungensten Teile der Erzählung – ist zeichenhaft für die Lebenslage des Ich-Erzählers. Heimatentfremdet und auf dem Irrweg des Krieges glaubt er, daß nur der Talisman ihn retten kann, seine Hoffnung auf Erlösung hängt mit der ständigen Angst zusammen, den Talisman zu verlieren. Der Aberglaube weist auf die verspürte Kontingenz menschlicher Existenz hin, im Talisman findet sich das Menschliche wieder. Das Wissen um die Hinfälligkeit und Zerbrechlichkeit des menschlichen Daseins wertet die schützende und glückbringende Kraft des Talismans auf. Dem Bild des Labyrinths als Ausdruck der empfundenen Unordnung und Undurchsichtigkeit der Welt werden die Verse Ovids entgegengestellt. Die Bedrohung, in der Labyrinth-Krieg-Analogie zum Ausdruck gebracht, und im Gegensatz dazu die Perfektion des literarischen Werks als letzte Zuflucht metaphysischen Erlebens werden gleichzeitig wahrgenommen und veranschaulichen das unsichere Schwanken des Menschen in einer sich verändernden Welt, die als brüchig empfunden wird.

Erwin Wittstock drückt in seiner Erzählung die Verunsicherung des modernen Menschen aus, angesichts einer Welt, deren ausgeprägt irrationalen Züge mit Nachdruck empfunden werden. Die Schuld des Protagonisten aus „Die Begegnung" ist in seiner Heimatentfremdung und der Aufgabe der Menschlichkeit zu sehen, die auch seine Bestrafung herbeiführen. Damit bestätigt das in den Nachlaßromanen vorgeschlagene Rezept für die Rettung des siebenbürgischen Universums und die Wiederherstellung der existentiellen Harmonie noch einmal seine Gültigkeit.

Die Vorstellung einer Welt, die in geordneten Bahnen abläuft, reflektiert sich auch in der bevorzugten Erzählform aus, die der Tradition der realistisch-authentischen Zeichnung verpflichtet ist. Der Held, als Sinnmitte des Werkes,

---

[150] Siehe Interpretation von Michael Markel: Zeichen und Auslegung. Zu Erwin Wittstocks späteren Erzählungen. In: NW vom 21.02.1987.

der feste auktoriale oder der Ich-Erzähler, die durch zahlreiche Motivstränge anspruchsvoll orchestrierte Erzählweise, entsprechen dem Vorsatz, ein erzähltes Universum zu gestalten, das einheitlich und in sich schlüssig ist. Dies wird auch durch die kausallogische Handlung und Entwicklung, durch die Vorstellung einer zeitlichen und räumlichen Kohärenz suggeriert, aber auch durch die Vorstellung der qualitativen Entwicklung der Gestalten. Auch die Sprache entspricht durch die feste Syntax und Semantik dem mimetischen Darstellungsprinzip und bezweckt nicht, Verfremdungseffekte beim Leser hervorzurufen.

Der Wahrheitsgehalt des Erzählten wird als Selbsterlebtes im Erzählerkommentar bekräftigt, die Entscheidung des Autors für die direkte Sprechform eines Ich-Erzählers, der oft aus einem Erzählrahmen heraus spricht, versichert den Leser zusätzlich von der „Realität" der Fabel: „Ich habe diese Begebenheit bisher lückenlos erzählt, damit alles so wahr und lebendig erscheine, wie ich es damals erlebt habe und wie ich es heute in der Erinnerung empfinde." („Station Onofreit" aus dem Band „Zineborn"). Erwin Wittstocks erzählerisches Werk weist nach Angaben Joachim Wittstocks[151] nach 1945 keinen „einschneidenden Qualitätswandel" auf, auch deshalb tut die traditionelle Erzählform selbst nach 1945 seiner Darstellungsintention Genüge. Die ersten Passagen aus der Erzählung „Die Begegnung" veranschaulichen die Konstanz in der Absicht, das Erzählte als wahr zu kennzeichnen: „Wenn ihr, liebe Freunde, nun wirklich wollt, daß auch ich aus meinem Leben erzähle, wenn ihr einem Manne zuhören wollt, der einsam ist, weil er das Augenlicht in seiner Jugend verlor, und wenn ihr der Verkettung von Schicksal und Schuld bis zu jenem Punkt zu folgen geneigt seid, an dem meine Erinnerung verstummt und gleichsam vor dem Unerklärlichen anlangt, dann will ich mich nicht länger nötigen lassen und auch meinerseits in den Kamin des Vertrauens, der uns die Nacht über so schön erwärmt hat, ein Scheit legen, das das beste meines Vorrats sein soll."

6.2. Der Berichtigungsdiskurs

Erzählungen nach traditionellem Schema, die besonders in der Zeit vor 1945 entstanden sind, führen durch ihre wesentlichen gemeinsamen Strukturelemente einen Versicherungsdiskurs. Versicherungsdiskurse führen im Kontext der rumäniendeutschen Erzählung jene literarischen Texte, welche in der Tradition des bürgerlichen Realismus entstanden sind und welche vorherrschende und traditionelle Verhaltensstandards oder Institutionen (Schule, Erziehung, Akkumulation materieller Werte) durch die Handlungslogik der Texte bestätigen. Versicherungsdiskurse „versichern" im spezifischen Kontext der siebenbürgisch-

---

[151] In: Joachim Wittstock: Erwin Wittstock. Das erzählerische Werk. Zitiert von Michael Markel: Zeichen und Auslegung. Zu Erwin Wittstock späteren Erzählungen. NW, 21.02.1987.

sächsischen oder banatdeutschen Regionalliteraturen, daß Altes und Bewährtes im existentiellen Umfeld der „Nation" oder im Umgang mit den anderen Nachbar-Nationen weiterhin lebenstauglich sind. Kritische Bemerkungen haben innerhalb der Versicherungsdiskurse nicht die Rolle, das erzählte System in Frage zu stellen oder gar abzulehnen, sondern erziehend auf Mißstände zu zeigen und kleine Korrekturen vorzunehmen. Die Argumentation im Versicherungsdiskurs ist nach dem Muster des verlorenen „goldenen Zeitalters" aufgebaut: Die angestrebte existentielle Form liegt in der Vergangenheit, wobei die ‚verstörte Idylle' der Gegenwart durch das Einhalten des sittlichen Kodex vergangener Zeiten korrigiert werden könnte. Das Harmonische, Zusammenhängende im Gegenwartsbild schimmert durch, die Störfaktoren sind deutlich zu orten, so daß die Möglichkeit ihrer Beseitigung besteht. Selbst dann, wenn im Erzählakt das Bewußtsein von der Unmöglichkeit der Wiederkehr der alten Daseinsform spürbar ist, wird der nostalgische, rückwärtsorientierte Erzählgestus beibehalten.

Anhand des Beispiels Erwin Wittstocks lassen sich die Charakteristika des Versicherungsdiskurses zusammenfassen. Die realistisch-kritische Darstellung historisch-sozialer Sachverhalte wirkt mit Elementen der Heimatkunst, mit Ansätzen zur idyllisierenden Darstellung der ländlichen Stoffe und mit dem moralisierenden Tonfall zusammen. Von Bedeutung ist die Bemühung, das Erzählte als „real" darzustellen[152], wobei das literarische Werk die Möglichkeit der Vermittlung konzentrierter Information und komplizierter Zusammenhänge bietet, wie es in einem Tatsachenbericht beispielsweise nicht möglich wäre. Zum Eindruck des „Realen" trägt neben dem Eindruck des Selbsterlebten als Darstellung erfahrungsmäßiger Wirklichkeit und unverhüllter Wahrheit die ausgeprägte Milieuhaftigkeit bei. So beziehen sich die Erzählungen Erwin Wittstocks auf Siebenbürgen und sind in erster Reihe für siebenbürgische Leser bestimmt.

---

[152] Gerhardt Csejka ergründet die Ursachen der realistischen Darstellungsintention, die eine Konstante der siebenbürgischen Kultur ausmacht: „Es hängt auf engste mit der Geschichte dieser Siedlungen zusammen, daß ihre literarischen Erzeugnisse von Grund auf realistisch sind. Man könnte sie, aufs Ganze genommen, beinahe pragmatisch nennen, auf Selbstbestätigung und Selbsterziehung so sehr bedacht, wie die Umstände es erforderten, um zu überleben... Es galt vor allem, die sittlichen Eigenschaften zu pflegen, für intellektualistische Spekulationen und unverbindliche Spielereien hatte man weder Zeit noch Sinn..." Solche Umstände, schließt Csejka, konnten einen nur „sehr zweifelhaften Realismus" fördern, da „der betreffende Realismus - die hohe Realiengläubigkeit, die Vertrauensseligkeit Sinnfälligem gegenüber, aber auch die damit zusammenhängende Einstellung auf Brauchbarkeit in allen Dingen - das Tendenziöse, Unrealistische geradezu implizierte." Der Realismus war somit „realistisch und unrealistisch in gleichem Maße". Csejka, Gerhardt: Bedingtheiten der rumäniendeutschen Literatur. Versuch einer soziologisch-historischen Deutung. In: NL. 8/1973, S. 25-31, 26.

6.2.1. Der sozial-historische und psychologische Hintergrund des Berichtigungsdiskurses

In der Nachkriegszeit erscheinen die Versicherungsdiskurse in der besonderen Form, die als Berichtigungsdiskurs bezeichnet werden kann. Die Darstellung der tragischen Auswirkungen des historischen Umbruchs, den der Zweite Weltkrieg und die Nachkriegsereignisse für die Siebenbürger Sachsen und Banater Schwaben mit sich brachten, führt zur Entstehung dieses Metadiskurses zur Geschichte. Die Kontinuität siebenbürgisch-sächsischer und banatdeutscher Existenz im Südosten Europas legitimiert die thematische Ausrichtung auf ihre Geschichte.

In den in Rumänien erschienenen deutschsprachigen Texten siebenbürgischer und Banater Literatur verdeckt, in jenen aus der Bundesrepublik offenkundig, gibt es das aufklärende Bedürfnis, Historisches, besonders Ereignisse des Zweiten Weltkrieges und der Nachkriegsjahre ins richtige Licht zu rücken. Die beeindruckende Anzahl der Werke, die sich stofflich und thematisch auf historisches Geschehen festlegen, belegen die innere Notwendigkeit der Autoren, durch ihre Stoffwahl die durch das kommunistische Regime verbreiteten historischen Lügen und das schematisch-verschönernde Wirklichkeitsbild der Werke des Sozialistischen Realismus oder den politischen Machtdiskurs oft in episch breit angelegter Form zu widerlegen. Außerdem galt es auch, die Erlebnisse der Nachkriegszeit, die vor der deutschen Öffentlichkeit verschwiegen wurden, in der Bundesrepublik zur Sprache zu bringen.[153]

Der Wahrheitsanspruch dieser Texte hat thematische Konvergenzen bewirkt, die Herausbildung von „Totalitätsdarstellungen" begünstigt, in denen Bekenntnisroman, Kindheits- und Kriegserinnerungen, historischer Roman, Gesellschafts- und Bildungsroman ineinanderfließen. Der Trend zur Aufklärung des Lesepublikums über die wahren Begebenheiten nach dem Zweiten Weltkrieg setzt sich selbst in der Kinderliteratur fort. Als Beispiel kann Karin Gündischs Kinderbuch „Weit, hinter den Wäldern" (1988) angeführt werden, in dem von den Erlebnissen eines Jungen erzählt wird, der die Abwesenheit des sich in sowjetischer Deportation befindlichen Vaters schmerzlich verspürt. Diese Schriftsteller inszenieren eigenes Erleben[154] für die Zielgruppe der Provinz, darüber hinaus streben sie

---

[153] Beispielhaft in diesem Sinne ist der Bericht Hans Bergels über seine Anstrengungen, nach der Ankunft in der Bundesrepublik 1968, in der Zeit der Ceaușescu-Euphorie, wahrheitsgemäß über die rumänischen Zustände zu erzählen. Doch die Verlage wehrten sich dagegen, „von uns damals aus dem Südosten eingetroffenen Autoren realistisch informiert zu werden". S. Hans Bergel: Erfahrungen eines Autors mit Verlagen. In: Schwob, Anton (Hg.), 1992, S. 68ff. Siehe auch Kapitel „Der rumäniendeutsche Schriftsteller und der deutsche Büchermarkt".

[154] In Hans Wolfram Hockls Roman „Sarah" (1995) agieren zwei Gestalten mit dem Namen des Autors, Franz und Nikolaus Hockl. Diese Namenwahl soll zeigen, daß die Darstellung aus dem biographischen Umfeld des Autors inspiriert ist.

die Bekanntmachung der Ungerechtigkeit ihres Volksschicksals im Zuge der historischen Veränderungen ab der Mitte des 19. Jahrhunderts an. Von der als ungerecht verspürten historischen Entwicklung aus leitet sich ihr Geschichtspessimismus her, der in breiten zeitlichen Rahmen vorgeführt wird.

Die Entstehung des Berichtigungsdiskurses hängt mit der Überzeugung vom Vorteil poetischer Vermittlung des Geschichtsdenkens zusammen und ist im Zusammenhang vor allem mit der alten historiographischen Tradition bei den Siebenbürger Sachsen zu sehen. Der Beginn des Zusammenspiels von Geschichte und Literatur, hinsichtlich der Kompatibilität der historischen und literarischen Strukturen, der Geschichte als Quelle der Inspiration für die Literatur, aber auch der Literatur als Spiegelung von Geschichtsdenken, ist im sechzehnten Jahrhundert anzusetzen, als sich die Geschichtsforschung in der siebenbürgisch-sächsischen Gesellschaft herausbildete.[155] Im 17. Jahrhundert wird in Siebenbürgen die Chronikliteratur (von der Weltchronik zur Familiengeschichte) zusammen mit den Casualgedichten (Hochzeits-, Trauergedichte) zu dem Medium einer literarischen Kontinuität. Später leiten sich davon die historisierenden Prosaformen her oder – von den Gelegenheitsdichtungen – Schauspiele und Rollendichtungen.[156]

Die Historiographie war ganz besonders auf die Herkunftsfrage und die frühe Geschichte der sächsischen Privilegierung ausgerichtet. Die Siebenbürger Sachsen hatten in ihrer Entwicklung sehr früh die von den historischen Einwanderungsbedingungen und der Volks-Existenz abgeleitete Rechtfertigung über die religiös-metaphysischen Rechtfertigungsgeschichten gestellt. Daraus ergab sich der in der siebenbürgischen Literatur gepflegte Historismus, der sich mit dem Anspruch des Schriftstellers in seiner Arbeit als „Geschichtsschreiber" auf Welterkenntnis verbindet. Der Schriftsteller legitimiert sein Werk durch die Funktion, besonders jüngste Geschichte durch eine Fülle bedeutender Sinnbilder in Literatur zu verwandeln, die Geschichte als leidvollen Weg zur Bewährung in der literarisch überhöhten Form darzustellen. Außerdem ist zu beachten, daß „die Sensibilität für Leiden und Gefahren allen literarischen Werken aus dem Südosten gemeinsam" sei.[157]

Der spezifische Einwanderungskontext und die Geschichte der Banater Schwaben lassen ihre Lage unterschiedlich erscheinen. Der Hang zum Historismus ist weniger ausgeprägt, auch wenn das Nachzeichnen der historischen Ereignisse der jüngsten Geschichte, angesichts des siebenbürgisch-sächsischen Modells,

---

[155] Siehe Joachim Wittstock, Stefan Sienerth (Hg.), 1997, S. 55ff.
[156] Horst Fassel: Die deutsche Literatur auf dem Gebiet des heutigen Rumänien. In: Erwin Theodor Rosenthal (Hg.), 1989, S. 139-169, 143.
[157] Ebd., S. 143.

erwünscht ist. Daß die banatdeutsche Literatur in Erwartung jenes Werkes verharrt, das ein Historiengemälde der Region zeichnet, wird in der Rezension von Klaus Günthers Roman „Der Regentänzer" (1973) deutlich: „Man beginnt erwartungsvoll zu lesen: Wird ein neuer donauschwäbischer Roman das frühere heimatliche Leben dieses deutschen Volkssplitters und seine leidvolle Geschichte in menschlichen Einzelschicksalen vor unserem geistigen Auge lebendig werden lassen?" Der Rezensent kann abschließend seine Enttäuschung nicht verbergen, einen parodistischen Schelmenroman vor sich zu haben: „Die gültige Gestaltung des Schicksals der Donauschwaben in einem großen Roman aber steht weiterhin aus."[158]

Die nach 1945 entstandenen Gesellschaftsromane sind auf ein gemeinsames Erzählparadigma zurückzuführen und mit Bezug auf einen denkkonzeptionellen Hintergrund zu betrachten. Hinter diesem Erzählparadigma steht eine ausgeprägte Wert- und Wertungssicherheit, diese Einstellung setzt bei den Autoren voraus, daß sie an die Möglichkeit der „Berichtigung", implizit der Darstellung der Wahrheit, an Sinnstiftung durch das literarische Werk glauben. Die Autoren sind bezüglich der von ihnen vertretenen Werte überzeugt, sie fühlen sich als „Missionare" der vertretenen Ideen.

Diese Geisteshaltung, bei der sich noch keine Unsicherheit und Skeptizismus gegenüber dem Anspruch auf Objektivität, Zusammenhang und Exhaustivität erkennen läßt, macht die Entstehung legitimierender Metageschichten erst möglich. Sie entspringt aus dem Programm der europäischen Aufklärung, mit ihrem Glauben an die Vernunft und an die umfassenden kohärenten, teleologischen Weltzusammenhänge, die den Menschen in seiner unaufhaltsamen qualitativen Entwicklung ins Zentrum des Daseins und der Geschichte stellen. Diese Legitimierungsgeschichten stehen mit der Aufrechterhaltung aller Ideale und Utopien im Zusammenhang, funktionieren im geschlossenen System und finden in der für traditionelle Gesellschaften adäquaten Ausdrucksform der Narration ihre passende Ausdrucksform.[159]

Die „narrative" Erkenntnis entspringt im Gegensatz zur „wissenschaftlichen" dem Daseinsbereich des Volkes und entspricht der Notwendigkeit der Fiktion in der Form klassischer oder moderner Mythen. Sie wird für den spezifischen Fall der deutschen Regionalliteraturen aus Rumänien synonym mit der Notwendig-

---

[158] J.A. Stupp: Klaus Günther: Der Regentänzer. In: Südostdeutsche Vierteljahresblätter 1974, S. 147-148.

[159] Cărtărescu zitiert aus Jean Francois Lyotards „Die Möglichkeit der Erkenntnis", wo der Autor von der „narrativen" Erkenntnis als Gegensatz zur „wissenschaftlichen" Erkenntnis spricht. S. Cărtărescu, 1999, S. 34f.

keit zu berichtigen und ein kollektives Gedächtnis zu erfinden, das der inneren Wirklichkeit der Gemeinschaft besser entspräche.

6.2.2. Merkmale des Berichtigungsdiskurses

Die Rückkopplung des eigenen Schicksals an das historische Geschehen – was, wie bereits ausgeführt, als Merkmal kleiner Literaturen angesehen wird – wirkt sich auf der Textebene durch die Verschiebung der Aufmerksamkeit vom Individuum auf die Gemeinschaft aus, durch die Betrachtung des Subjekts als Teil der Gemeinschaft im Sinne des „national Siebenbürgisch Sächsischen" oder „Banatdeutschen". Das Individuum erscheint als Fleisch gewordener Handlungs- und Reaktionsmechanismus innerhalb des Beziehungsgeflechts der Provinz. Die zentrale Gestalt der Romane und Erzählungen vertritt eine gewünschte „Normalhaltung", eine in realistischer Tradition „nicht-markierte" Position gegenüber dem gesellschaftlichen „Mainstream". Ebenfalls in der realistischen Tradition des 19. Jahrhunderts und in Übereinstimmung mit Handlungsstrukturen der Heimatkunst wird der Abweichler eher negativ dargestellt.

Nicht Individualentwicklung ist vordergründig, die Entwicklung des Individuums angesichts der historischen Veränderungen bleibt oft aus, sondern Gesellschaftliches und Politisches treten in den Vordergrund. Bei Hans Bergel („Wenn die Adler kommen"), Eginald Schlattner („Der geköpfte Hahn") und bei Heinrich Lauer („Kleiner Schwab – großer Krieg") endet das Geschehen mit dem Ende der Kindheit, auch wenn die erzählte breite Zeitspanne die Ausformung von Individualentwicklung zugelassen hätte.

Die Bemühung um Authentizität findet auch in der Minderung der Distanz zum Erlebten ihren Ausdruck. Es entstehen Erzählungen, die oft als autobiographische Zeugnisse verkleidet werden. Die Entscheidung für die Nacherzählung eigener Kindheitserlebnisse in Ich-Form kann auch auf die Forderung nach betont subjektiver authentischer Darstellung zurückgeführt werden.

Obwohl die Lust am Erzählen so oft zutage tritt, signalisieren die Erzähler ihre Unsicherheit über den Sinn ihrer Darstellung durch die Inszenierung eines Erzählanlasses. Die Autoren erweisen sich als recht erfinderisch, wenn es um die Legitimierung des Erzählens geht.[160] Auch das Erzählen der sich aufdrängenden Kindheitserinnerungen dürfte als Rechtfertigung des Erzählanlasses gelten. Hans Bergel setzt dem Roman „Wenn die Adler kommen" ein Motto voran, der den

---

[160] Man denke dabei an Franz Heinz' „Ärger wie die Hund'" (1991, erschienen zuerst in Bukarest 1972), wo der Erzähler in der Einleitung seine Unsicherheit darüber bekundet, ob der Akt des Erzählens sinnvoll sei. Der Erzählanlaß wird jedoch vom Auffinden einiger alter Manuskripte auf einem Dachboden geboten. In seiner Erzählung „Lieb Heimatland, ade!" (1998) ermöglicht der Autounfall die Retrospektive auf die Vergangenheit in der rumänischen Diktatur und das Leben in der Bundesrepublik.

Zweifel über die Notwendigkeit des Erzählens hinterfragt[161]. Es bleibt aber bei diesen diskreten Zeichen der Unsicherheit, die für eine selbstreflexive Phase zeichenhaft sind, einem Plus an Nuancen auch gegenüber dem Versicherungsdiskurs vergangener Epochen und vor allem gegenüber der sozialistischen Literatur, wo man von Unsicherheiten bezüglich des Sinns der Erzählung schon gar nichts zu spüren bekommt.

Trotz der diskreten Unsicherheitszeichen über die Möglichkeit der Sinnstiftung durch die Narration überwiegt die Lust am Erzählen, die durch die in der Handlung verschachtelten Geschichten signalisiert wird.

Auch die Form des Erzählungszyklus ermöglicht die Darstellung von Vielfalt durch Flexibilität im Wechsel des Protagonisten, der Handlungszeit und des Ortes. Auf diese Weise erklären sich die relativ zahlreichen Erzählungszyklen: Joachim Wittstocks „Ascheregen", Georg Schergs „Die Erzählungen des Peter Merthes", auch Hans Bergels Buch „Der Tanz in Ketten" (1977), das eigentlich als Roman konzipiert ist, aber als eine Sammlung von mehreren Ich-Erzählungen anmutet.

6.3. Gesellschaftliche Panoramabilder der Kriegsjahre

Was diese literarischen Werke an zeit- und mentalitätstypischer Information verarbeiten, reflektiert sich in repräsentativ selektiertem Zeitgeschehen, wobei festzustellen ist, daß bestimmte Zeitspannen vorgezogen werden. Die Texte setzen sich erzählend mit „Umbruchszeiten" auseinander, an solchen „temporalen Gelenken" finden die Autoren offensichtlich Diskussionsbedarf und ein Problematisierungspotential. Inhaltlich sind diese Romane auf zwei Zeitabschnitte ausgerichtet: auf die Zeit unmittelbar vor und während des Zweiten Weltkriegs und auf die Ereignisse der fünfziger Jahre in Rumänien.

Einige Beispiele für Texte von hüben und drüben, die gesellschaftliche Zusammenhänge reflektieren, sind[162]: die Erzählungen und Romanfragmente Erwin Wittstocks, die nach 1945 entstanden sind („Das letzte Fest", „Das jüngste Gericht in Altbirk", „Januar 45 oder die höhere Pflicht", „Geist und Erde"), Georg Schergs „Da keiner Herr und keiner Knecht" (1957), „Die Erzählungen des Peter Merthes" (1958, 1968, 1984), „Das Zünglein an der Waage" (1968), Joachim Wittstocks „Ascheregen" (1985, aber auch andere kürzere Prosastücke), Hans Liebhardts Weißkircher-Geschichten „Träume und Wege" (1966), „Die drei Tode meines Großvaters" (1969), „Immer wieder Weißkricher" (1971), „Das wun-

---

[161] Es geht um ein Zitat von Friedrich Dürrenmatt: „Steckt noch ein Körnchen Sinn, ein Gran Bedeutung in der Bagage, die ich schreibe?" Bergel beläßt den Roman bei dieser ironischen Verunsicherung, die nicht weitergeführt wird.
[162] Die in Rumänien veröffentlichten Erzählungen sind ohne Erscheinungsort angegeben.

dersame Leben des Andreas Weißkircher" (1981), Andreas Birkners Romane, besonders „Die Tatarenpredigt" (Wien 1973) und „Das Meerauge" (Wien 1976), Hans Bergels Erzählungen, vor allem „Fürst und Lautenschläger" (1957), „Der Tanz in Ketten" (Innsbruck 1972), „Wenn die Adler kommen" (München 1996), Eginald Schlattners „Der geköpfte Hahn" (Wien 1998), „Rote Handschuhe" (Wien 2000), Dieter Schlesaks „Vaterlandstage und die Kunst des Verschwindens" (Zürich 1986), die Hermannstadt-Geschichten Ernst Kulcsars, Alfred Csallners „Der Baruch" (aus dem Band „Der Baruch und andere Erzählungen", St. Michael 1980), Hans Bohns Kriegs- und Nachkriegsepos: „Als die Schwalben heimwärts zogen" (München 1999), die Kriegserzählungen von Ludwig Schwarz, Hans Peter Müllers Erzählung „Michel" (aus dem gleichnamigen Band, 1985), Franz Kellers „Michael Trautner" (1995), Franz Heinz' „Ärger, wie die Hund'" (Bukarest 1972, Aachen 1991), „Lieb Heimatland, ade!" (Bad Münstereifel 1998), Klaus Günthers „Spiel der bangen Jahre" (Landshut 1983), Hans Wolfram Hockls „Lichter aus dem Dunkel: Nachkriegsgeschichten" (Wien 1963), „Regina Lefort" (Aalen 1959), und die spätere, ausgeweitete Version „Regina unsere Mutter" (St. Michael 1982), „Sarah" (Linz 1995), Hansjörg Kühns „Masken und Menschen" (Ulm 1965), Heinrich Lauers „Kleiner Schwab, großer Krieg" (Innsbruck 1987), Robert Schiffs „Zither-Elegie" (Bonn 1987), „Feldpost. Chronik eines ungebauten Hauses" (München 1994), Heinrich Freihoffers „zeitgeschichtlicher Tatsachenroman" „Weg ohne Umkehr" (Deggendorf 1991), Kristiane Kondrats „Vogelkirschen. Kindheitserinnerungen aus dem Banater Bergland" (München 2000), die im deutschsprachigen Westen erschienenen Erzählungen und Romane Vera Dreichlingers, Otto Greiffners „Der einsame Reiter. Eine Familienchronik aus Siebenbürgen-Banat" (1996) u.a.

6.3.1. Die banatdeutsche Version

Klaus Günthers (1921-1982) Erzählung „Spiel der bangen Jahre" (Landshut 1983) schildert das Schicksal einer schwäbischen Familie aus dem Banat während des Krieges und in den unmittelbaren Nachkriegsjahren. Folgendes Fragment aus Günthers Erzählung eignet sich auf besondere Weise für die Veranschaulichung des „emotionalen Pulses" und der Haltung der banatdeutschen Autoren: „Die Domkirche als Mittelpunkt war ein Werk Fischer von Erlachs, ein Hauch Wiens im Südosten Europas geweckt und hier zur Form geworden, zu Mauern und Türmen, in denen die alte Monarchie ihre vergangene Größe mit immer leiser werdender Stimme erzählte. Zwei sowjetische Soldaten mit Maschinenpistolen überquerten eben den Platz, und der Dom schien nichts davon zu sehen. Er stand noch immer im 18. Jahrhundert, der Zeit seiner Entstehung, und

vor seinem barocken Baustil konnte nichts bestehen, was nicht dazugehörte."
(ohne Seitenangabe)
Anhand dieses Fragments ist die Rekonstruktion der Denkvoraussetzungen einer ganzen Textreihe möglich. Der Panoramablick des auktorialen Erzählers erfaßt den Domplatz von Temeswar, einer für die Banater Schwaben historisch wichtigen Stadt: hier wurde ein für die deutschen Siedler wichtiges Kapitel der Banater Geschichte eingeleitet, als am 12. Oktober 1716 Prinz Eugen von Savoyen vor Temeswar die Kapitulation der türkischen Truppen erzwang und durch den Frieden von Passarowitz dem österreichischen Kaiser das Banat zufiel. Temeswar ist demnach mit dem Anfang der Besiedlung des Banats schicksalhaft verbunden.
Das betrachtete Panoramabild setzt sich aus zwei gegensätzlichen semantischen Räumen zusammen, die für die unmittelbare Nachkriegszeit relevant sind: Die erste Bildfiguration besteht aus „Dom", ferner „Mauern und Türme", mit ihrem Zugehörigkeitsverhältnis zu ihrem Erbauer, Fischer von Erlach, und zum abendländischen Kulturkreis, vertreten durch den Einfluß Wiens. Der erste Bildzusammenhang steht für kulturellen Wert, historische Dauerhaftigkeit und Sittlichkeit in christlicher Tradition. Die Kirche wird anthropomorphisiert: es scheint, daß sie lebt und wahrnimmt, mehr noch, sie ist nach biblischer Vorlage wie einst der Mensch durch den göttlichen Hauch erschaffen: „ein Hauch ... hier zur Form geworden".
Die spezifischen regionalen banatdeutschen Zugehörigkeitsräume, die sich durch Dingsymbole konstituieren, lassen sich auch anhand von mehreren Beispielen exemplifizieren: In Klaus Günthers „Spiel der bangen Jahre" der Temeswarer Dom, in Robert Schiffs (geb. 1934) Erzählung „Zither-Elegie" (1986) die Schwarzwälder Uhr aus dem Elternhaus. In Heinrich Lauers (geb. 1934) Roman „Kleiner Schwab - großer Krieg" (1986) wird die Flucht aus dem Banat vor den herannahenden sowjetischen Truppen zum symbolischen Rückweg durch die Landschaft der Einwanderung, wie sie im Gemälde des Banater Malers Stefan Jäger „Die Einwanderung der Deutschen in das Banat" dargestellt wurde („Kleiner Schwab - großer Krieg", S. 71).
Die Soldaten werden in Klaus Günthers Fragment als Randfiguren und „Eindringlinge" dargestellt, als Pendant zum Dom, der die Mitte des wahrgenommenen Bildes für sich beansprucht und im Bewußtsein seiner Vollkommenheit und Existenzberechtigung die Zeit überdauert. Der Dom nimmt sie nicht wahr, da sie nicht „dazugehören". Das Eindringen des „Kriegerischen" ins „Sittliche", „Friedliche" stellt der Text als selbstverschuldet dar: „ihr Deutschen müßt nun büßen für Hitlers Wahnsinnspolitik", heißt es weiter im Text.
Das zusammenhangslose Nebeneinander der beiden Figurationen veranschaulicht, daß die kulturellen Werte, die der Dom vertritt, trotz des Anscheins nicht

vom Untergang bedroht sind. Anders steht es um die politische und soziale Realität nach dem Krieg. Das Ableben der Monarchie („ihre vergangene Größe", ihre „immer leiser werdende Stimme") veranschaulicht den schmerzlich verspürten Vorgang der Entfernung von der „Mitte" - so wie Österreich oder die k.u.k. Monarchie im banatdeutschen kulturellen Umfeld empfunden wurden. Dies entspricht auch der Absicht des Textes, das Bedauern wegen der zunehmenden Entfremdung vom Zugehörigkeitsraum des Abendlandes zu bekunden, den Heimatverlust durch die gegensätzlich aufgebaute Bildlichkeit einer „gestörten Idylle" anzudeuten. Denn von der Poetisierung der Alltäglichkeit, wie in der Darstellung der Idylle[163], ist bei Klaus Günther wenig zu spüren. Er markiert einen Moment der Ernüchterung, wie er auch vom Stakkato-Ton der kurzen, parataktischen Sätze besonders in den ersten Seiten der Erzählung, vermittelt wird. Allerdings weicht gegen Ende der Erzählung der nüchterne Erzählton einer verhaltenen Klage.[164]

Die emotionale Wirklichkeit des Heimatverlustes wird auf den spezifischen historischen Hintergrund projiziert und ist demnach regional, dem banatdeutschen Identitätsbild entsprechend, kodiert. Der Zusammenbruch der Donau-Monarchie, der Zweite Weltkrieg, die Flucht vor den sowjetischen Truppen und die Deportation in die Sowjetunion nach 1945 werden als Gründe des Heimatverlusts empfunden. Mehr noch, die historische Prozeßhaftigkeit wird nur insoweit dargestellt, als sie den Prozeß zunehmender Entheimatung verdeutlicht, wobei die Kargheit des Textes gerade auf die zu dürftige Reflexion der geschichtlichen Umwälzungsprozesse zurückzuführen ist.

Ein anderes Bild bietet die Romantrilogie Hans Wolfram Hockls, „Regina unsere Mutter. Kolonisten. Flüchtlinge. Weltbürger" (1982). Der Roman rollt breite historische Zeitspannen auf und ist nach einem Muster aufgebaut, in dem Gründereifer und Zerstörung einander abwechseln. Im Mittelpunkt der Handlung steht eine Familie, die in der Zeit der Balkankonflikte und der Weltkriege vergeblich versucht, seßhaft zu werden. Nach dem Hausbrand im Heimatort Hatzfeld im schwäbischen Banat wandern Regina und Louis Lefort nach Bulgarien aus, flüchten dann nach Südrumänien. Ende des Zweiten Weltkriegs flüchten sie weiter nach Österreich und kehren später wieder nach Rumänien zurück. Nachdem sie sich aus der kommunistischen Diktatur Rumäniens in die Bundesrepublik retten, finden sie dort eine Mediendiktatur vor. Der Roman hat synthetisierende und

---

[163] Idylle verstanden als „ein Geschäft mit Illusionen", hinter dem eine allgemeine Angst verborgen ist, es könnte anders sein. Jens Tismar, 1973, S. 8.

[164] Selbst in den banatdeutschen Erzählungen, die in dem sprichwörtlichen anekdotischen Ton verfaßt wurden, wie in Klaus Günthers „Geständnisse einer Drehorgel" (1977), und zum Teil in Hans Mokkas „Jugendstreiche" (1984), klingt Nostalgisches mit. Dies gilt auch für Hans Mokkas „Fröhliche Flunkereien" (1989), die aus aus dem Spiel mit dem Phantastischen schöpfen.

integrierende Ansprüche: das Leben in Ost und West während des 20. Jahrhunderts soll über das allumfassende Bild der Mutter zusammengehalten werden. Gerade in dem Bestreben, osteuropäische und westeuropäische Zeitgeschichte am Beispiel einer Familie zu veranschaulichen, ist die Fehlkonzeption des Romans zu sehen, da er überladen wirkt. Trotz des Bestrebens, die Titelgestalt mit einer integrativen Funktion im Romanganzen einzubinden, so daß mit ihr historische Wandlungsprozesse dargestellt werden sollen, gelingt es nicht, die Fülle der Ereignisse im Roman unterzubringen.

6.3.2. Die siebenbürgische Version

Gegenüber den Werken der Banater Autoren ist bei den Siebenbürger Sachsen die Reflexion historischer Prozeßhaftigkeit stärker ausgeprägt: „Unter den Südostdeutschen findet sich keine Gruppe, die auch nur annähernd so stark von ihrer Geschichte lebt wie die Siebenbürger Sachsen ... Die Geschichte – ihr größtes, ihr kostbarstes Lehrbuch. Was immer ein Sachse über sich und die Seinen sagt, er meint immer sich und die Seinen und die Jahrhunderte dort."[165]
Wie an dem Beispiel des Nachlaßromans „Das letzte Fest" ersichtlich, rettete Erwin Wittstock seinen Glauben an eine von Gott gelenkte Geschichte, an die „göttliche Ordnung der Dinge" und damit an die Möglichkeit der Wiederherstellung der alten Daseinsformen in die fünfziger Jahre hinüber. Die Schuldverstrickung während des Zweiten Weltkriegs wie auch die folgenden Vergeltungsmaßnahmen in der Nachkriegszeit entsprechen im „Letzten Fest" einer höheren Notwendigkeit innerhalb des sinnkonstituierenden Plans der Geschichte. Diese Geschichtsauffassung wird von der nächsten Autorengeneration modifiziert.
Es sind vor allem einige Romane siebenbürgischer Autoren, die mit ihren Werken Anspruch auf Darstellung von sozio-historischer Totalität erheben können. Aus der Fülle der literarischen Zeugnisse, die sich die „Berichtigung" der vom sozialistischen Staat vertretenen Historiographie vornehmen, werden im folgenden nach dem Prinzip der Repräsentativität und der Komplexität der Darstellung Hans Bergels (geb. 1925) Roman „Wenn die Adler kommen" (1996), Eginald Schlattners (geb. 1933) „Der geköpfte Hahn" (1998) und Joachim Wittstocks (geb. 1939) Erzählzyklus „Ascheregen" (1989) ausgewählt. Die Wahl fällt auf Hans Bergels und Eginald Schlattners Romane, weil sie ohne ideologische Zugeständnisse an literarische Schemata sozialistischer Prägung entstanden sind[166]. Deshalb sind sie den literarischen Darstellungen, so wie sie beispielsweise von

---

[165] Heinrich Lauer: Alfred Csallner. Der Baruch und andere Erzählungen. In: Südostdeutsche Vierteljahresblätter 1982, S. 326.

[166] Bergels „Wenn die Adler kommen" entsteht in der Bundesrepublik, Schlattners „Der geköpfte Hahn" in Rumänien nach 1989.

Hans Liebhardt stammen, vorzuziehen. Liebhardts Weißkircher-Geschichten werden hingegen nur knapp behandelt. Für die Wahl von Joachim Wittstocks Erzählungsband „Ascheregen" (1985) für eine Interpretation in diesem Arbeitsteil sprechen mehrere Gründe: die Veröffentlichung des Buches in Rumänien, die Besonderheit der parallel angelegten Erzählungen, darüber hinaus der „besondere Realismus" seiner Darstellung.

Aus Platzmangel werden Wolf von Aichelburgs Erzählungen[167] und Schlesaks Roman „Vaterlandstage und die Kunst des Verschwindens" (1986) außer Acht gelassen. In Schlesaks Roman wird neben der Gegenwart in der Toskana, der verspürten Entfremdung im konsumfreudigen Westen, der ökologischen Problematik, dem grauen Alltag in der Diktatur, dem spiritistischen Jenseitsblick des Erzählers die siebenbürgische Thematik nur nebensächlich behandelt. Alles findet im riesigen Bauch des Romans seinen Platz im Bestreben, das Erzählte ins Allgemeine zu erheben. Den Roman auf die Siebenbürgen-Perspektive zu reduzieren, wäre deshalb ein grober Fehler.

Auch Ernst Kulcsar käme mit den unterhaltsamen Kindheitsschilderungen aus seinen Hermannstadt-Geschichten[168] in Frage, würden sie nicht ausschließlich vom Reiz der Region schöpfen[169]. In seiner ironischen Darstellung Hermannstädter Daseins in der Kriegs- und Nachkriegszeit hat er eine Möglichkeit gefunden, den pathetischen Erzählton zu umgehen.

6.3.2.1. Hans Bergel: „Wenn die Adler kommen", Eginald Schlattner: „Der geköpfte Hahn"

Repräsentativ für Totalitätsdarstellungen für das Siebenbürgen der Zwischenkriegszeit in selektiv-verschönernder Verkleidung sind die sehr ähnlich konzipierten Romane Hans Bergels „Wenn die Adler kommen" (1996) und Eginald Schlattners „Der geköpfte Hahn" (1998).

Hans Bergel gehört mit seinem erzählerischen[170] und essayistischen[171] Werk zu den guten Kennern Südosteuropas. In der Laudatio anläßlich der Verleihung der

---

[167] In der Erzählung „Die Ratten von Hameln" aus dem gleichnamigen Band (1969) kehrt Aichelburg die Legende vom Ursprung der Siebenbürger Sachsen zu einer Endzeit-Parabel um, in der er auf Kriegs- und Nachkriegsverhältnisse anspielt. Verführung und Verrat haben den Unterschied zwischen Tätern und Opfern verwischt.

[168] „Küß die Hand, Frau Schwarz". Kurze Prosa um Hermannstadt. (Bukarest: Kriterion 1972), „Ansichten an Frau Schwarz" (Bukarest: Kriterion 1976). Zahlreiche Erzählungen Ernst Kulcsars wurden in der NL veröffentlicht.

[169] Kulcsar soll „eine Privatmythe um und über Hermannstadt" spinnen, so Bernd Kolf in seiner Rezension zu „Küss die Hand, Frau Schwarz". In: Bernd Kolf: „Großmutter, Courths-Mahler und Old Schatterhand". In: KR vom 11.08.1972.

[170] Bergels Erzählungen bieten einen abwechslungsreichen Szenenwechsel innerhalb der südosteuropäischen Landschaft: Siebenbürgen in „Fürst und Lautenschläger" (1957), „Wenn die Adler kom-

Adam Müller-Guttenbrunn-Plakette wird er in Superlativen als der „wichtigste und vielseitigste der heute in Deutschland lebenden Schriftsteller südostdeutscher Herkunft" geehrt.[172] Seinen Roman gestaltet er vorwiegend aus der Perspektive eines Kindes, das im siebenbürgisch-sächsischen Milieu bürgerlichen Wohlstands aufwächst und die Umbruchzeit zwischen den beiden Weltkriegen miterlebt. Die Autorinstanz verpflanzt den Protagonisten in ein exotisch anmutendes Milieu siebenbürgischer Multikulturalität und verschafft ihm auf diese Weise Zugang zu einem breiten Erkenntnisterrain. Dahingestellt bleibe, ob die Perspektive des Kindes nicht dabei allzu oft bei der Thematisierung historisch-politischer Problemkontexte versagt, da sie den Erlebnishorizont des Ich-Erzählers übersteigt.

Der Erzählvorgang ist vom Erfassen unterschiedlichster Lebensbereiche regelrecht besessen, es verzahnen sich Geschichten um den sowjetischen Agenten und ehemaligen k.u.k. Hauptmann Jung, die Pianistin Leonore, einen sächsischen Nationalsozialisten, einen rumänischen Faschisten, den geheimnisvollen Mönch Evghenie, den Raketenerfinder Hermann Oberth. Mentalitätsmuster, Wertvorstellungen, Verhaltensweisen werden anhand der Handlungsagenten hypostasiert. Darin ist die Absicht der Autorinstanz zu erkennen, „Traditionen des siebenbürgisch-deutschen Romans und dessen ethnographischer Realistik" weiterzuschreiben.[173]

Der Roman enthält Exkurse bis hin zum Anfang des achtzehnten Jahrhunderts. Von der Zigeunerin Semiramida Cariowanda wird das Kind von deren Abstammung von einer Henkerdynastie informiert, deren Folter-Erfindungen in Wien und später in Siebenbürgen von den Machthabern sehr geschätzt wurden.

Es stellt sich an dieser Stelle die Frage, was den Autor dazu bewogen hat, erinnerte Kindheit und Darstellung historischer und gesellschaftspolitischer Prozesse in diesem Roman miteinander zu verbinden, auch mit der Gefahr, schwerwie-

---

men", die Süd-Karpaten („Flußlandschaften 1950", 1957), die Ost-Karpaten („Die drei Tode des Prinzen Sturdza", 1972), Bessarabien („Am Todestag meines Vaters", 1972), die Schwarzmeerküste („Das Meerauge", 1976; „Das Venusherz", 1987), die Bărăgan-Steppe an der Donau („Die Wildgans", 1975).

[171] Unter anderem die Essaybände: „Der Tod des Hirten oder Die frühen Lehrmeister", Bukarest 1957; „Erkundungen und Erkennungen", München 1995.

[172] Johann Adam Stupp: Hans Bergel – Schriftsteller und Publizist. In Südostdeutsche Vierteljahresblätter 1995, S. 95-98, 98.

[173] Peter Motzan: Zornige Elegie. Wenn die Adler kommen. Bergels dramatische Chronik siebenbürgischer Schicksale. In: Rhein-Neckar-Zeitung (Heidelberg), 4, 5 und 6 Januar 1997. Das Erzählpathos dieses Textes besteht eben darin, daß der Anspruch auf authentische Zeichnung im Text nicht weiter etwa durch ironische Überspielung entkräftet wird. Der Kommentar Georg Aeschts trifft für Bergels Werk genau zu: „Siebenbürgen war immer und ist heute erst recht eine zutiefst unironische Landschaft". Georg Aescht: Hans Bergel ist siebzig geworden. In: KK vom 5.08.1995, S. 18-19, 18.

gende konzeptionelle Fehler zu begehen. Wäre eine einheitlich auktoriale Erzählperspektive dem Hin- und Her zwischen unmittelbarer Erzählung aus der Perspektive des Kindes, dem Sprechen aus der zeitlichen Distanz des Erwachsen und den auktorialen Passagen nicht vorzuziehen gewesen?
Diese Frage beleuchtet die dem Schaffensprozeß zu Grunde liegenden Denkmuster, ohne daß der Konzeptfehler der Inkompatibilität zwischen Inhalt und Erzählperspektive damit behoben wäre. Einerseits besteht die Notwendigkeit der Thematisierung des Eigenen, die psychologisch mit dem erlittenen Heimat- und Statusverlust erklärt werden kann. Für die Signalisierung des Eigenen werden die Ich-Erzählung des Kindes und die Kindheitserinnerungen des Erwachsenen eingesetzt.[174] Andererseits gibt es die Notwendigkeit der Darstellung der Geschichte, „so wie sie sich in Wirklichkeit zugetragen hat".
Der Darstellungsanspruch des Erzählers – und dies gilt auch für Schlattners Roman – übersteigt das aus der Perspektive der erinnerten Kindheit Greifbare, die Zeitanalyse erhält in diesen Romanen einen weltanschaulichen Überbau. Die historischen Sachverhalte, die in aller epischen Breite erzählt werden, erreichen streckenweise einen hohen Abstraktionsgrad, da am Exempel der Erzählvorgänge Geschichtsbewußtsein vermittelt werden soll. Die Fortschrittsutopien der Geschichte werden aufgegeben. Die Geschichte nimmt der Erzähler als Stillstand wahr, in der Form der kontinuierlichen Unterdrückung der Vernunft. Das Morden der Nazis, die Schuldverstrickung aller Nationen Siebenbürgens durch nationalistische Übergriffe in der Zwischenkriegszeit sieht er als Stationen in der mittelalterlichen Tradition der brutalen Unterdrückung und als Ausdruck festgefahrener menschlicher Psyche: „Traurige Wahrheit ist, daß der Mensch immer dort gut ist, wo ihm die Macht fehlt, böse zu sein." (276) Die Unfähigkeit des Einzelnen, sich von seiner Bereitschaft zum „Sündenfall" zu distanzieren, hat auch den Verstoß gegen die Tradition als Verkörperung der Sittlichkeit ermöglicht und das Ende der siebenbürgisch-sächsischen Nationsgeschichte herbeigeführt, so die Beweisführung in Hans Bergels „Wenn die Adler kommen", aber auch in Eginald Schlattners „Der geköpfte Hahn". Doch nicht Selbstverschulden allein, sondern auch außengelenkte politische Kräfte haben das Gleichgewicht der multikulturellen Landschaft zerstört.
Interessant ist, daß viele Autoren ihre realistische Darstellung mit verklärenden Schönheitsschleier versehen, ohne vom berichtigenden Ton und vom Anspruch

---

[174] Die Erzählperspektive des Kindes ist mit weiteren Vorteilen verbunden: Sie enthebt oft die hinterfragende Erzählinstanz der endgültigen Festlegung (so Franz Heinz: „Vom Ende der Unschuld", in: KK 15.03.1997), ermöglicht den schnellen, wahrnehmungsgelenkten Wechsel der Szenerie und wagt den Sprung ins Mythische durch die Naivität des Erlebenden. Die Verpackung der Geschichte im Autobiographischen ist auch als Legitimierung des Erzählanlasses überhaupt zu sehen.

auf wahrheitsgemäße Darstellung abzuweichen. Die Überbetonung des Ästhetischen ist mit dem auf Selektion gegründeten Darstellungsprinzip des „realistischen" Erzählens durchaus vereinbar. Bei Bergel kippt realistisches Erzählen in Mythisches, Legendäres um, und Beispiele dafür finden sich zur Genüge mit der Darstellung des Hirten Bade Licu[175], seines Sohn Gordan, der Zigeunerin Semiramida Cariowanda[176], um nur einige zu nennen. Er bereichert die Handlung durch romantisierende Geheimnisse, integriert Elemente des magisch-phantastischen Realismus ins Geschehen. Schlattner geht wie auch Bergel „verschönernd" vor, indem er das Exotische[177] und Preziöse[178] des siebenbürgischen Raums hervorhebt. Daß die Betonung der multikulturellen Exotik, die Erzählkniffe zur dramatischen Steigerung der Handlung Zugeständnisse an das Publikum darstellen, mag an dieser Stelle beiläufig erwähnt sein, eine zufriedenstellende Erklärung bietet sie nicht.

Das Schreiben erfolgt auf dem Hintergrund der harmonischen Übereinstimmung zwischen Autor und der zu erzählenden Wirklichkeit: „...es hat mich dabei immer das Gefühl beseelt, im Einklang mit mir selbst zu sein".[179] Die Freiräume der Idylle in einer wertedestruktiven Zeit, die besonders im familiären und multinational-exotischen Umfeld überleben, konstituieren identitätsstiftende Räume. Sie erfüllen eine Rückversicherungsfunktion im Augenblick des Schreibens, darüber hinaus sind sie Ausdruck einer zwiespältigen Lage des Autors, der weder auf die „objektive" Darstellung von Geschichtsgeschehen verzichtet noch auf die personale Note des Ich-Berichtes, die die erzählte Zeit ins Mythische überhöht. Historisierung und Mythisierung wollen in diesen Erzählungen, die Heimatkunst aus der Perspektive der Endzeit darstellen, füreinander kompatibel gemacht werden, gerade weil sie in den neunziger Jahren aus dem Bewußtsein des „Endes der Geschichte" entstehen. Die Autoren empfinden sich als letzte Zeitzeugen und wollen die Geschichte durch die autobiographische Gestaltung subjektiv markie-

---

[175] Die Gestalten übersteigen die reale Handlungsebene und werden in weiteren Konstellationen bedeutungstragend. Der Hirte Licu beispielsweise sieht sich in Anlehnung an Jesus im Gespräch mit Petrus (Johannes 21, 15-17) als biblischer Hirte, dem die schwere Aufgabe zukommt, Menschen zu hüten, die „einen Verstand haben", den sie aber „mißbrauchen". (38)

[176] Es geht insbesondere um ihre Geschichten, die sie dem Kind in „stürmischen Herbstnächten" erzählt, und um ihr überlebensgroßes, hyperbolisierendes Porträt, das die Merkmale der verschiedenen Völker Siebenbürgens auf groteske Weise vereint: Sie hat braune Haut, römisches Profil, slawische Backenknochenbreite, indische Mandelaugen, blondes Haar.

[177] Der Dorfprophet Mailat, das Zigeunerdorf.

[178] Der Großvater des Ich-Erzählers ist eine „wandelnde Bibliothek", Raffinesse und Bildung zeichnen die Mitglieder der Familie des Ich-Erzählers im Vergleich zu anderen Protagonisten aus, beispielsweise zum HJ-Gruppenführer Adolf. In Bergels „Wenn die Adler kommen" wird die Großmutter des Erzählers die „Kleistin" genannt, weil sie in „kleistisch genauen Sätzen spricht" (S. 48).

[179] Georg Aescht zitiert Bergel in: „Vom Ende der Unschuld". In: KK vom 15.03.1997.

ren, als Zeugnis erster Hand für die nächsten von ihrer Geschichte entfremdeten Generationen.

Eginald Schlattners „Der geköpfte Hahn"[180] ist die witzig-ironische Replik[181] auf den nostalgischen Erzählgestus von Bergels Roman, auch wenn er mit seiner dichten „Exitus"-Motivik ebenfalls aus dem erspürten historischen Endzeitgefühl schöpft. Der ironische Ton und die modernen Gestaltungsmittel sollen aber nicht darüber hinwegtäuschen, daß der Roman Schlattners den Erzähltraditionen der Region verpflichtet ist. Auch wenn sich Schlattner eine Demontage des Endzeitgefühls vornimmt, in diesem Sinne wird auch die ironische Funktionalisierung von Meschendörfers „Siebenbürgische Elegie" sinnstiftend[182], schimmert durch den ironischen Erzählton die Bestürzung des Autors über das Ende der siebenbürgisch-sächsischen Geschichte durch. In einem Interview schildert Schlattner die Entstehungsumstände des Romans: „Ich begann Advent 1990 zu schreiben, um den Rest meiner Seele zu retten. Das übrige davon hatten meine Rothberger und Neudorfer[183] mitgenommen, als sie sich im Sommer Hals über Kopf in den Westen auf den Weg machten. Muttertag 1990 in der Kirche noch mit Kindern und Singen und Springen. Weihnachten wie im Stall zu Bethlehem."[184]

Auch in „Der geköpfte Hahn" wird ein Kind für die Rolle des Erlebenden gewählt.[185] Schlattner ist dabei mehr auf die Kompatibilität der Erzählerperspektive mit dem geschilderten Zeitgeschehen bedacht. Der Ich-Erzähler erinnert sich aus

---

[180] Der Roman Schlattners ist der jüngste große Erfolg rumäniendeutscher Literatur auf bundesdeutscher Szene nach dem literarischen Durchbruch Herta Müllers Mitte der achtziger Jahre. Fünf Monate nach seinem Erscheinen im Juli 1998 im Wiener Zsolnay Verlag wurde bereits die dritte Auflage erreicht. Ein halbes Jahr wurde der protestantische Pfarrer aus dem siebenbürgischen Dorf Rothberg von Journalisten vom ARD, der FAZ, der „Leipziger Volkszeitung", Radio Bremen, Radio Basel heimgesucht. Der Dokumentarfilm Klaus Hensels wurde im ARD und 3sat ausgestrahlt, es folgten Einladungen zur Eröffnung der Frankfurter Buchmesse, zu „Lesungen von Kiel bis Graz". „Ich muß nicht erfinden". Gespräch mit Eginald Schlattner. In: KR vom 30.01.1999.

[181] An dieser Stelle scheidet sich Schlattners Siebenbürgen-Darstellung vom gewohnten Klischee: „Ein Buch über Siebenbürgen, ja, aber kein siebenbürgisches. Dazu fehlt dem Autor der transsilvanisch-illuminatorische Eifer und die verkniffene Ernsthaftigkeit", so Georg Aescht („Schöne Verstörung"), in KK vom 5.10.1998, S. 19-22, 20.

[182] Siehe Kap. „Der intertextuelle Dialog mit siebenbürgisch-sächsischen und banatdeutschen Texten".

[183] Schlattner betreut die siebenbürgisch-sächsischen Gemeinden Rothberg und Neudorf als protestantischer Pfarrer.

[184] „Ich muß nichts erfinden". Gespräch mit Eginald Schlattner. In: KR vom 30.01.1999.

[185] Die Anzahl der Romane, die einem Kind die Erzählerrolle überlassen oder die Kindheit zum Thema machen, ist nicht zu übersehen. Kindheitserinnerungen als Ich-Erzählung aus der Perspektive des Erwachsenen gestalten die Erzählungen Klaus Günthers „Spiel der bangen Jahre", Nikolaus Haupts „Jugendstreiche. Banater Geschichten von Anno dazumal" (1984), Robert Schiffs „Zither-Elegie", Lillins „Der Maskenhändler Goldkopf" und „Jodokus oder die Sintflut", Hans Liebhardts Weißkirchergeschichten.

der Gegenwart an Ereignisse, die er zum Teil durch die Perspektive des Kindes verklärt. Es entsteht ein Perspektivenspiel zwischen erlebter Zeit und Sprechzeit. Die Ich-Erzählperspektive bei fortbestehender Trennung von Vorgangs- und Erzählzeit verdeutlicht nur, daß es sich hier und dort um dieselbe Person handelt. Das zeitliche Intervall ist „Anzeichen für die Wandlungen, die sich mit der Person vollzogen haben und sie als Erzählinstanz überhaupt legitimieren."[186] Es ist wohl die Stimme des Erwachsenen, der aus der zeitlichen Distanz das kindliche Erleben ironisch überlagert.

Die Einschränkung des zeitlichen Rahmens auf die Vor- und Kriegsjahre erlaubt Schlattner die genauere Darstellung der komplexen Umstände für die Entstehung rechtsnationaler Bewegungen[187] unter den verschiedenen Völkergruppen Siebenbürgens. Während Bergel seine Erzähllust in umfangreichen, ineinander verschachtelten Erzählungen kaum noch bändigen kann, besticht Schlattners Roman „Der geköpfte Hahn" durch den klassisch anmutenden Erzählgestus. Er konstruiert die Handlung von einem Punkt aus: der Terrasse des Elternhauses, von wo das Kind eine Welt im Umbruch beobachtet, und dringt dennoch in allen Ecken siebenbürgischen Daseins zu verschiedenen Zeitpunkten durch montierte Erinnerungen vor. Neben der Einheit des Ortes wird auch die Einheit der Zeit eingehalten: die eigentliche Handlung des Romans beginnt und endet am 23. August 1944, als die deutsche Minderheit zwischen den Fronten geblieben war.[188]

Der Roman untersucht die Funktionsweise des Propagandamechanismus über seine Verbreitungsmedien: Buch, Film, die Instrumentalisierung von Geschichte und Kultur. Das so oft gelobte Gebot der Toleranz bei den Siebenbürger Sachsen

---

[186] Laufhütte, 1979, S. 343.

[187] Es geht um das Nebeneinander der rumänischen, ungarischen und deutschen nationalistischen Parteien: der Legion des „Erzengels Michael" (gegründet 1927) bei den Rumänen, der „Erneuerungsbewegung" bei den Deutschen Rumäniens, die sich mit der 1935 gegründete „Deutsche Volkspartei" vereinigte. Über die Entwicklung dieser radikalen Bewegungen in den dreißiger bis Mitte der vierziger Jahre siehe den Beitrag von Cornelius Zach: Totalitäre Bewegungen in der Zwischenkriegszeit, S. 135-152. In Krista Zach (Hg.), 1998.

[188] Ab 1943 erfolgte die Ableistung der Wehrpflicht der Rumäniendeutschen beim deutschen Militär aufgrund zwischenstaatlicher Abkommen zwischen Deutschland und Rumänien (Siebenbürgisch-Sächsische Chronik, 1976, S. 168). Mit dem Frontwechsel Rumäniens am 23. August 1944 kämpften Angehörige der deutschen Minderheit nun von Rumänien aus gesehen auf der feindlichen Seite. Die staatstreue deutschsprachige Literatur der Nachkriegsjahre in Rumänien huldigte diesem Tag in seiner Bedeutung als Eintritt in die sowjetische Einflußzone (s. beispielsweise den Roman Breitenhofers „Zu spät für Marilena", 1973). In den Werken der im Westen lebenden ehemaligen rumänischen Staatsbürger und der nicht linientreuen Autoren aus Rumänien wird der August 1944 hingegen als Zeichen des Verrats der Politik an den Einzelnen oder an der Minderheit immer wieder thematisiert: beispielsweise in Heinrichs Lauers „Kleiner Schwab – großer Krieg", aber auch in Erwin Wittstocks „Das letzte Fest" und Joachim Wittstocks „Ascheregen".

wird als gewünschtes und nie erreichtes Ideal ironisch entlarvt, es wurde bloß von der bürgerlichen Bildungselite gelebt.

Die Autoren dieser Texte sind bemüht, den erzählten Zusammenhang nicht zu zerstören, ihn trotz des im Text ausgedrückten und auf seine Gründe untersuchten Endzeitgefühls weiterhin als eine als sinnvoll anzustrebende Daseinsform erscheinen zu lassen: Dies zeigt auch die „abgerundete" Schilderung, die vor allem durch Motivketten zusammengehalten wird. Die Titelmetaphern des Adlers (Bergel)[189] und des geköpften Hahns (Schlattner)[190] werden in den Texten zu Motiven ausgearbeitet, die das Erzählte raffiniert durchziehen.

Das literarische Konzept dieser Autoren ist in der Vorstellung begründet, daß die Literatur ein ausgezeichnetes Medium der Aufklärung sein könne, weil sie mit der Kraft poetischer Imagination die Zeitgeschichte in den Stoff gelebten Lebens einbilde und so die konkrete Lebenswirklichkeit der Menschen gegen die Abstraktionen der Politik ideologiefrei und deshalb ideologiekritisch zur Geltung bringe.[191]

Die Absicht, Zeitgeschehen, historische Prozeßhaftigkeit, aber gleichzeitig heile-Welt-Bilder der Kindheit darzustellen, weisen diese Erzählungen als Mischformen zwischen historischem Roman, Gesellschaftsroman und Heimatkunst aus.

Hans Liebhardt macht in den Weißkircher-Geschichten das Spiel mit verschiedenen zeitlichen Perspektiven[192] zu einem wichtigen gestalterischen Mittel. Der Vorsatz Liebhardts war, nach der Methode „einer zeitlichen und psychologischen Montage"[193] das Kind und den Erwachsenen nebeneinander auftreten zu lassen: „es müßte möglich sein, das Kind als solches hervortreten zu lassen, unmittelbar und nach den ihm eigenen Regeln, und gleichzeitig den erwachsenen Menschen zu zeigen, auf dem ihm zustehenden Platz."[194]

Der Weißkircher-Zyklus Hans Liebhardts wurde am Anfang von der rumäniendeutschen Literaturkritik mit Begeisterung aufgenommen, der Stoff, die ökono-

---

[189] Die Adler als gierige Raubvögel zerstören die Harmonie der südöstlichen Landschaft. Sie greifen die verunglückten Hirten im Gebirge an. Vom Hirten Gordan stammt der titelgebende Satz „Wenn die Adler kommen gefriert dir das Blut im Herzen." (S. 393). Die Adler-Bedeutung wird auf das Zeitgeschehen ausgeweitet, als das Kind 1938 den Großvater fragt, ob die deutschen Soldaten den Adler auf ihrer Uniform tragen.

[190] Der protestantische Pfarrer Schlattner setzt den „geköpften Hahn" als Metapher des Gewissensverlusts und der Bewußtseinskrise in Anlehnung an die biblische Petrus-Episode ein.

[191] Vgl. Gisbert Ter-Nedden: Allegorie und Geschichte. Aus Arnold/Buck, 1976, S. 88.

[192] „Hans Liebhardt überlistet diese Spannung zwischen erinnerndem und erinnertem Ich, indem er sie beibehält, sie zur Grundlage seiner Erzählstruktur macht". Peter Motzan: Fazit der Erinnerung: Lachende Tränen. Hans Liebhardts „Die drei Tode meines Großvaters". In: NL 2/1970, S. 107-109, 107.

[193] Hans Liebhardt: „Sachliches zum Weißkircher-Stoff", der Schlußkapitel des Bandes „Das wundersame Leben des Andreas Weißkircher. Ein Roman in Geschichten", 1981. S. 291.

[194] Ebd., S. 289.

mische Erzählweise durch „Schnappschüsse", die nicht zu einer Handlungseinheit verknüpft werden[195], anfangs einstimmig gelobt. Die kritischen Stimmen, die sich während der Jahre immer öfter zu Wort meldeten[196], wiesen auf die Verwässerung seines Stoffes hin. Tatsächlich greift Hans Liebhardt seinen Andresi-Stoff, der nach eigener, jedoch früher Aussage „für fünf Minuten" ausreicht"[197], in den Bänden „Träume und Wege" (1966), „Die drei Tode meines Großvaters" (1969), „Immer wieder Weißkircher" (1971) immer wieder auf. Peter Motzan faßt Liebhardts Geschichten 1972 im Band „Alles was nötig war" zusammen, chronologisch so aneinandergereiht, daß ein exemplarischer Entwicklungsweg entsteht, offensichtlich in Erwartung eines zukünftigen Themenwechsels. Jedoch in den Bänden: „Alle deine Uhren" (1978), „Aquarell mit großen Namen" (1980) tauchen weitere Andresi-Geschichten sporadisch auf, bis hin zum 1981 erschienenen „Roman in Geschichten" „Das wundersame Leben des Andreas Weißkircher". In der Rezension zu „Alle deine Uhren" formuliert Rolf Bossert die gefährliche Situation, in die Hans Liebhardt gerät, nämlich „sein eigener Epigone zu werden"[198]. Den Stoff für einen Roman kann Hans Liebhardt nicht mehr aufbringen, er weicht in seinen Büchern zunehmend ins Anekdotische und Journalistische aus.[199]

Der auktoriale Erzähler mit seiner nostalgischen, vergangenheitsorientierten Haltung, der sich innerfiktional als der Erwachsene Andresi ausgibt, hat auch bei Hans Liebhardt die Funktion, Vergangenes bis in die Zeit vor zweihundert Jahren auszugraben. Die Darstellung des Hofes, in dem zwei Jahrhunderte die gleiche Familie lebte, der ersten Bibelseite, wo die Weißkircherischen Chronik über ihre Familienereignisse führten, der streng gepflegten Bräuche als „innere Uhr" des Dorfes stellen Anhaltspunkte für den Regressionsbedarf dar.

Das Beispiel Hans Liebhardts, der durchaus Geständnisse an die Präskriptionen des staatlicherseits geforderten Bildes der Nachkriegsgesellschaft macht, ist aus

---

[195] Peter Motzan: Fazit der Erinnerung: Lachende Tränen. Hans Liebhardts „Die drei Tode meines Großvaters". In: NL 2/1970, S. 107-109, 108.
[196] Besonders Emmerich Reichrath ließ kritische Töne anklingen, siehe dazu: „Was einem zu Weißkircher noch einfallen kann". Prosa von Hans Liebhardt – ausgewählt und angeordnet von Peter Motzan. In: NW vom 13.01.1973; „Kraut und Rüben. Hans Liebhardts neues Buch ‚Wie ein einziger Tag'". In: NW vom 12.03.1983; „Viele Verse und keine Poesie. Der blanke Dilettantismus". In: W vom 25.07.1985.
[197] Hans Liebhardt: Interview mit sich selbst. In: NL 7/1968.
[198] Rolf Bossert: „Immer wieder Oberdorf". Kurze Bemerkungen zu den neuen Geschichten von Hans Liebhardt. In: NW vom 23.09.1978.
[199] Daß sich Hans Liebhardts Erzählertalent mit der „Dorfgeschichte" verknüpft, hat Peter Motzan schon 1971 diagnostiziert: „Wenn Liebhardt den Seinsraum ‚Dorf' verläßt ... so verlieren die Texte an Gegenständlichkeit." Peter Motzan: Weißkircher und kein Ende. Zu Hans Liebhardts „Immer wieder Weißkircher". In: NL 11/1971, S. 105-108, 107.

einem Grund an dieser Stelle besonders interessant. An der Andresi-Gestalt verdeutlichen sich Konstruktionsfehler in der Ausarbeitung der Charaktere. Auch an der Nähe zur eigenen Biographie[200] kann es liegen, daß Liebhardt die nuancierte Ausarbeitung der Hauptgestalt versäumt. Der Grund liegt, wie auch Csejka treffend bemerkt, in der Intention des Erzählers, seinen Protagonisten als Teil der Gemeinschaft darzustellen, der in keiner Weise von ihrem Verhaltenskodex abweicht. „Nicht daß Andresis Innenleben unbedingt karg wäre, doch es kommt nicht recht zur Geltung, erhält kein Gewicht; die Irrungen und Wirrungen seiner Seele wachsen nie zu Krisen aus, drängen nicht ins Bewußtsein – denn Andresi trägt das Gesetz in sich, das Gesetz fängt aber alle Gefährdung auf und kehrt sie ins Menschliche, Gemeinschaftliche, es läßt niemanden allein mit seiner Schwäche und Sündhaftigkeit: dieses Gesetz, dessen eine Hauptforderung lautet, daß man so sei ‚wie die Leut' und sich nicht überhebe. Er macht damit alles quälende ‚Problembewußtsein' scheinbar überflüssig."[201] Das Unvermögen, den Protagonisten stärker losgelöst vom Gesellschaftlichen und Historischen darzustellen, ihn in einem Spannungsverhältnis zur Gemeinschaft zu zeigen, engt die Gestaltungsmöglichkeiten dieser Erzählungen ein und scheint eines der wichtigen Versäumnisse vieler Werke zu sein, die einen Berichtigungsdiskurs führen.

6.3.2.2. Joachim Wittstock: „Ascheregen"

Das literarische Debüt Joachim Wittstocks (geb. 1939) mit Erzähltexten in der zweiten Hälfte der sechziger Jahre signalisierte die Zuwendung zu den Errungenschaften der „Moderne". Charakteristisch für sein erzählerisches Schaffen ist die Vereinbarung moderner Schreibmethoden mit der regionalen Verbundenheit.[202] „Geschichte ist eine ergiebige und von der neueren rumäniendeutschen Literatur nicht zureichend genutzte Stoffquelle", so Joachim Wittstock in einem Gespräch[203]. Daß er in seinem Werk diese Unzulänglichkeit aufgeholt hat, zeigt das Bestreben, frühere siebenbürgische Geschichte vom Vorurteil des Verstaubten zu

---

[200] Auch wenn keine Rede davon sein kann, daß Schriftsteller Hans Liebhardt und Gestalt Andresi identisch seien, ist der autobiographische Charakter derart penetrant, daß ein Differenzierungsversuch in Haarspalterei enden würde. Siehe auch Gerhardt Csejka: „Als Maske das eigene Gesicht" und das anschließende Interview „Das Gedanke der Heimat bin ich". Hans Liebhardt im Gespräch mit Gerhardt Csejka, wo Liebhardt Parallelen zur eigenen Biographie eingesteht. In: NL 3/1984, S. 24-27, 27-34.

[201] Gerhardt Csejka: „Als Maske das eigene Gesicht". In: NL 3/1984, S. 24-27.

[202] Eben diese Entwicklung von der europäischen Moderne zu heimatlichen Stoffen wird im Interview mit Stefan Sienerth unter anderem zum Diskussionsthema. Siehe: „Man sucht den lähmenden Effekt der Rückgang-Statistik zu vermeiden". Joachim Wittstock im Gespräch mit Stefan Sienerth, Südostdeutsche Vierteljahresblätter 1997, S. 107-114, 111.

[203] „Es ist aber an sich zu überlegen..." Die Moral der Literatur. Ein Gespräch mit Joachim Wittstock. In: W vom 6.01.1978, Feuilleton S. 5.

befreien. Dies erreicht er durch zahlreiche Exkurse über heimische und europäische Geschichte und Kultur oder durch die verspielt-ironische Montage von Vergangenem und Gegenwärtigem in seinen Erzählungen: „Sächsische Selbstbesinnung. Tendenziöses Phantasieporträt eines Namenlosen" (Band „Parole Atlantis, 1980), „Constantinus Bassarabas Cantacuzinus. Woiwode des ganzen rumänischen Landes, Gefolgsmann des Sultans, Fürst des Heiligen Römischen Reiches, Schützling des Zaren" (Band „Mondphasenuhr", 1983), „Burgruine" („Der europäische Knopf", 1991), „Christian Schesäus Transsylvanus. Fahrten in der Lebensgeschichte eines weniggelesenen Dichters" („Der europäische Knopf", 1991), „Herr Gryphius und der gefangene Dichter. Phantasie über den geringen Beistand" (Band „Spiegelsaal", 1994), um einige Beispiele zu nennen.

Mit seinem Erzählzyklus „Ascheregen. Parallele Lebensbilder und ein Vergleich"[204] widmet Joachim Wittstock der 1920er Generation, der Täter und Opfer im Zweiten Weltkrieg, einen ganzen Erzählungsband, der sich aus sieben miteinander in Verbindung stehenden Geschichten zusammensetzt. Die Absicht des Autors, sich der jüngeren Geschichte der Kriegs- und Nachkriegsereignisse zu widmen, ist in den letzten Jahren konstant geblieben und wird mit dem Thema des zur Zeit noch nicht veröffentlichten Romans „Bestätigt und besiegelt" bekräftigt.[205] Ein wesentlicher Unterschied zu den Romanen von Hans Bergel und Eginald Schlattner, der die Ergiebigkeit der Interpretation von „Ascheregen" an dieser Stelle begründet, macht der Veröffentlichungskontext unter den Umständen der Zensur im kommunistischen Rumänien aus.

Die Darstellung in „Ascheregen" entspricht nur auf den ersten Blick den gängigen Realismus-Vorstellungen, auch deshalb wurde der Erzählzyklus zur näheren Betrachtung ausgewählt. Der Autor gehört einer jüngeren Generation an. Die Unmöglichkeit, Kriegsgeschehen als Selbsterlebtes vorzuweisen, hat ihn vermutlich zum Darstellungsmittel der „dokumentarischen Nacherzählung" geleitet. Wie schon öfter bei Joachim Wittstock, sind die Erzählungen von einer erklärenden Einleitung begleitet, in der die Autorinstanz zu Wort kommt. Darin wird der Anspruch, ein Zeitdokument zu liefern, durch die Entstehungsgeschichte der Erzählungen „anhand dokumentarischer Quellen" (3) erhoben. Die Handlungslinien der ersten sechs Erzählungen hat der Schriftsteller aus seinem Bekanntenkreis „gesammelt", und sie stellen Ereignisse dar, die während des Zweiten Weltkriegs tatsächlich stattgefunden haben. Die Namen der Personen wurden beibehalten,

---

[204] Erschienen 1985, zweite Auflage 1989.
[205] Siehe „Klarheit, dieses verpflichtende Motiv". Ein Gespräch mit dem Schriftsteller Joachim Wittstock. In: KR vom 6.10.1994: „Unter dem Titel ‚Bestätigt und besiegelt' werden Episoden aus der Zeit der Rußlanddeportation geschildert und dabei besonders die Erfahrungen der Daheimgebliebenen vergegenwärtigt."

da sie „einst in einem kleineren oder größeren Kreis etwas bedeutet haben" (Einleitung, S. 3). Nur bei den „oft beträchtlichen Lücken der Überlieferung ist manches nach Wohlmeinen des Verfassers ergänzt worden."(3)
Joachim Wittstock spielt im Untertitel des Erzählzyklus auf Plutarchs „Parallele Lebensbilder" an. Den Völkervergleich Plutarchs zwischen den Griechen und den Römern, von dem er sich wechselseitige Hochachtung erhoffte, überträgt J. Wittstock auf siebenbürgische Verhältnisse in der Zeit um den Zweiten Weltkrieg. Wie auch der antike Autor aus Lebensdaten und Faktensplittern Charakterporträts formte, definiert sich Joachim Wittstock nicht als Historiograph, der Quellenstudium und –Kritik unternimmt, sondern als Schriftsteller, der Geschichtsabläufe oder Situationen anhand der Lebensläufe analysiert.
Die Handlung der ersten sechs Erzählungen macht den Leser mit unterschiedlichen Begebenheiten aus der Zeit des Zweiten Weltkriegs vertraut. Die Handlung führt an die verschiedenen Fronten während des Zweiten Weltkriegs und verfolgt das Schicksal einzelner Protagonisten: Erwin Bustowski stammt aus einer k.u.k. Beamtenfamilie und wird im Westen Rumäniens im August 1944 vermißt („Auf den Bergen von Ogradena", 5-30), der Ungar Orban Pal wartet vergeblich auf die Rückkehr seines Sohnes aus dem Krieg („Im Nordwesten des Königssteigs", 31-53), der Jude Lejser aus Czernowitz erleidet Schiffbruch vor der bulgarischen Meeresküste, nachdem ihm die Flucht per Schiff aus dem rumänischen Constanza geglückt war. Seine Geliebte ist bezeichnenderweise die achtzehnjährig in einem Vernichtungslager über dem Bug verstorbene Dichterin Selma Meerbaum-Eisinger (1924-1942) („Ahtopol am Horizont", 53-93), der Siebenbürger Sachse Kurt Edler kommt in einem Panzer an der Grenze zwischen Estland und Lettland um („Zwischen Wagenküll und Wohlfahrt", 94-134), der Rumäne Remus Petru aus Siebenbürgen stirbt im August 1944 im Osten Rumäniens bei der Verteidigung der Stadt Jassy vor dem Angriff sowjetischer Truppen („Morgengrauen in Iași", 134-163), der Siebenbürger Sachse Konrad Müller-Langenthal liegt im tschechischen Jihlava wegen einer Blutvergiftung in Agonie („Lazarett Beraun", 164-243) und erliegt schließlich seinem Leiden („Ascheregen", 244-293).
Die ersten sechs Erzählungen entsprechen dem herkömmlichen, realistischen Darstellungsprinzip, dafür werden die dokumentarischen Quellen eingesetzt, einige Stellen aus Feldpostbriefen zitiert, nach historisch nachweisbaren Bezügen geforscht. Die findet die Erzählinstanz besonders in der Erzählung „Lazarett Beraun" in der Beziehung Bernd von Haeftens zum Hermannstädter Pfarrer Friedrich Müller-Langenthal, der sich für den Widerstand der evangelischen Kirche Siebenbürgens gegen die Volksgruppenführung stark gemacht hat.
In einer Interpretation von Helmut Britz wird wegen mangelndem Realismus das Vorhaben Joachim Wittstocks für gescheitert erklärt. Der Interpret sieht in der

vorletzten Erzählung, „Lazarett Beraun", den Schwerpunkt des Zyklus und überhaupt in den Schilderungen des Kriegsgeschehens das Hauptanliegen des Werkes. Daraus leitet er seinen Vorwurf ab, daß die Handlungsmotive der Protagonisten nicht offengelegt werden und schematisch aufgebaut sind, daß zwischen Fiktion und dem Zitieren dokumentarischer Quellen die Nahtstellen sichtbar bleiben, daß die Ortsbeschreibung viel zu ungenau sei.[206] Es ist aber fraglich, ob der Autor sein Können in der Handhabung realistischer Darstellungsverfahren unter Beweis stellen wollte. Denn gerade das einheitliche Muster für jede Erzählung, Kriegsteilnahme – Tod, die akribisch gepflegte Musterhaftigkeit der Texte deutet darauf hin, daß sie durch den Blickpunkt der letzten Erzählung, die als einzige vom Schema abweicht, gelesen werden müssen. Das konstante Modell der Texte bewirkt das Ausbilden einer einheitlichen „Leseart", denn spätestens nach der vierten Erzählung durchschaut der Leser die Gesetzmäßigkeit der Texte, die immer mit dem Tod der jeweiligen Hauptgestalt enden, und begreift, daß es sich hier um mehr als um die Schilderung von Kriegserlebnissen handelt.

Der Sinn der in einem Zyklus gestalteten Erzählungen verdeutlicht sich erst in der letzten Erzählung „Ascheregen", in der die einzelnen Schicksale für das Zeitgeschehen Repräsentativität erlangen.

Die unkomplizierte Linienführung realistisch-dokumentarisch-er Wiedergabe und somit auch die Möglichkeit einer naturalistischen Leseart wird in der siebenten Erzählung, „Ascheregen", aufgegeben. Die Logik der Wirklichkeit wird durch die des Traums ersetzt, auch die Erzählperspektive paßt sich den neuen Darstellungskoordinaten an und wechselt von der auktorialen zur Ich-Erzählung: Konrad Müller-Langenthal, der Held der vorletzten Erzählung, kommt während seiner von der Krankheit bewirkten Agonie selbst zu Wort. Das Umkippen des Dokumentarisch-Realen in eine allegorisch-surreale Traumebene ermöglicht ein überlegenes Synthesemoment. Konrad hat einen symbolischen Traum von der Möglichkeit der Eintracht zwischen den Völkern Siebenbürgens und von den Möglichkeiten des toleranten Zusammenlebens. Die Täter und Opfer - Kriegsopfer allesamt - treffen einander in der tiefen Aushöhlung des Salzgesteins der Seen im siebenbürgischen Salzburg, in einer allegorischen Szenerie, die auf das Jüngste Gericht anspielt. Das „Weltanschauungsbad" in den heilenden Seen ist Abrechnung mit der Schuld der Kriegsbeteiligung und des Verstoßes gegen das Gebot der Toleranz und gleichzeitig ein „Bad der Versöhnung" (246). Aus diesem

---

[206] Britz bezieht sich beispielsweise auf die Beschreibung des Czernowitzer Gettos, über das man kaum mehr erfährt, als das es „von einem Stacheldraht abgegrenzt war" und „daß viele an Typhus gestorben sind". Siehe: Helmut Britz: Bewältigung der Geschichtslosigkeit? Zu Joachim Wittstocks „Ascheregen". In: NL 6/1986, S. 78-84, 80.

Grund treten vermutlich in dieser Erzählung die Zigeuner betont in den Vordergrund, als bisher geächtete Volksgemeinschaft.

In den einzelnen Erzählungen kommen die verschiedenen Nationalitäten Siebenbürgens zu Wort. Der Held jeder Erzählung bringt das sozio-kulturelle Wissen seines Lebensumfeldes mit, und dies entspricht der Absicht des Erzählers, einen repräsentativen Querschnitt durch die Gesellschaft jener Zeit zu gestalten. In den Erzählungen „Zwischen Wagenküll und Wohlfahrt" und „Lazarett Beraun" wird die siebenbürgisch-sächsische Gesellschaft auf ihre Homogenität bezüglich ihrer politischen Haltung hin überprüft. Die Auseinandersetzungen zwischen den Nachkommen des k.u.k.-Beamtentums, die der untergegangenen Monarchie nachtrauern, den „echten" Siebenbürgern, die im Geist der Autonomie leben, und denjenigen, die sich nun dem III. Reich verpflichtet fühlen, verdeutlichen das verlorene Gleichgewicht der Provinz, die in die Strudel des Kriegsgeschehens hineingeraten und in politische Auseinandersetzungen verwickelt worden ist.

Dabei spart Joachim Wittstock vermutlich zensurbedingt die Analyse der Wechselwirkung der aufstrebenden Nationalismen der siebenbürgischen Volksgruppen in Rumänien aus. Dennoch, ein besonderer erzählerischer Kniff gelingt hingegen durch die subversive einfallsreiche Konnotation des Namens „Jihlava", der Ortschaft in Tschechien, in der Konrad Müller-Langenfeld seiner Krankheit erliegt. Jihlava spielt nämlich auf das rumänische Jilava an, das berüchtigte kommunistische Gefängnis, in dem die bürgerliche Elite Rumäniens nach dem Zweiten Krieg eingekerkert wurde. Die Agonie der Kriegs– und Nachkriegsjahre mit dem Inbegriff des Kerkers symbolisch zu verdichten, ist als ein Akt besonderen Mutes anzusehen.

Im Traum Konrads betrachten sich die Kriegsteilnehmer als Opfergeneration: „Jeder hat etwas auf dem Kerbholz: der Ascheregen des Krieges hat sich auf uns alle niedergelassen, hat uns versengt und verseucht."(261) Es scheint so, als beabsichtige der Autor mit der Metapher des Ascheregens einen Bezug zu Erwin Wittstocks Erzählung „Die Begegnung", wo der siebenbürgische Leutnant Schenker während einer Fronterkundung mit einem italienischen Soldaten in einem Graben Schutz sucht. Gegenseitiges Mißtrauen angesichts des Gebots der Pflichterfüllung versagt die Erfahrung der Menschlichkeit, sie werden von der Realität des Krieges eingeholt, eine Mine schlägt in der Nähe ein, und sie werden von einem „Ascheregen" bedeckt. Erwin Wittstock hatte seinerseits vermutlich den Bibelbezug vor Augen gehabt, die Bestrafung der Bevölkerung Sodoms und Gomorra als Folge der Verletzung sittlicher Normen. (Erstes Buch Mose Kap. 19, 24: „Da ließ der Herr auf Sodom und Gomorra Schwefel und Feuer regnen aus dem Himmel.") Joachim Wittstock stellt sich nicht nur durch die thematischen Vorlieben in die christlich-humanistische Tradition siebenbürgisch-sächsischer Regionalliteratur, wie sie Erwin Wittstock verkörpert, er greift auch auf der sprachlichen Bildebene auf die allegorischen Figurationen derselben zurück. Der Ascheregen spielt auch auf das Zerstörungspotential eines Vulkanausbruchs an, erhält aber in der Nachkriegszeit durch die Erfahrung atomarer Katastrophen zusätzliche konnotative Valenzen. Der mögliche Bezug zu Paul Celans „Todesfuge"[207], auf das „aschene Haar" Sulamiths oder den KZ-Rauch ist auch nicht von vornherein abzuweisen.

Der Vergleich mit Erwin Wittstock verdeutlicht, daß bei den traditionellen Texten die realistische Linienführung von unterschiedlicher Ausprägung ist. Das unterschiedliche Verhältnis zur „realistischen" Darstellung verdeutlicht sich im gewählten Verhältnis zwischen Erzählzeit und erzählter Zeit. Erwin Wittstock annulliert in „Das letzte Fest" die erzählerische Distanz durch die Form der Brief- und Tagebuchnotizen. Der Eindruck der „Authentizität" ist hier vorherrschend, auch wenn sie, nach dem realistischen Gestaltungsprinzip, auf Selektion und Aussparungen beruht. Joachim Wittstock entscheidet sich in „Ascheregen" für die dokumentierte Erzählung, geht aber gleichzeitig einen Schritt weiter, indem er die realistische Erzählweise ins Allegorisch-Gleichnishafte hineintreibt. Er schneidet das Idyllische heraus und hebt übergroße Details hervor, welche das Ausmaß der Wertezerstörung deutlich machen. Gerade durch die Montage des Dokumentationsmaterials mit phantastischen Elementen wird ein realistisches Stimmungsbild der Zeit vermittelt. Die Modernisierung der traditionellen Realisierungsmöglichkeiten des Realismus wirkt sich demnach positiv auf die realistische Darstellungsintention des Textes aus.

6.4. Die Ideologisierung der traditionellen Erzählung oder der versuchte Ausbruch aus dem Überzeugungsdiskurs

Der Beginn des Entstalinisierungsprozesses ist für die deutschen Autoren aus Rumänien das Signal, mit der Bewältigung der jüngsten Vergangenheit der deutschen Minderheit beginnen zu können. Daraufhin erscheinen Erzählungen, die historische Stoffe aus der Geschichte der Region aufgreifen.[208] Das marxistisch geprägte Weltbild, das die Geschichte als Entwicklung gegensätzlich strukturierter, bewegter Zusammenhänge betrachtet, und die Kritik von der Position eines radikalen Humanismus an einer Macht, die das Schaffen eines herrschaftssi-

---

[207] Entstanden 1944-1945, erschienen rumänisch 1947 unter dem Titel „Tangoul morții" in der Zeitschrift „Contemporanul", dann 1948 im Band „Der Sand aus den Urnen". Selbst Erwin Wittstock, der die zweite Fassung der „Begegnung" in den fünfziger Jahre schrieb, hätte das Gedicht kennen können.

[208] Diese Tendenz wird anhand der in der Anthologie „Deutsche Erzähler der RVR" (1955) aufgenommenen Texte veranschaulicht. Siehe auch Kap. „Die traditionellen ästhetischen Positionen in der fünfziger Jahren".

chernden Bewußtseins anstrebt, verbindet sich mit dem Bestreben, Eigenes zu verarbeiten. Die Autoren suchen den Anschluß an die gewachsenen eigenen Traditionen, gehen dabei von der Annahme einer materiell gegebenen, durch menschliches Handeln sich konstituierenden Wirklichkeit aus, erstreben die Nachahmung der Realität und nicht die Erschaffung einer sekundären Wirklichkeit.

Die ästhetische Formbestimmtheit bleibt weiterhin Spezifikum der Literatur, der Formbegriff orientiert sich an den Kategorien interner Zweckmäßigkeit und der Kohärenz. Die Position des Individuums verschiebt sich vom Status des Vertreters eines „Volkes" zu dem des Vertreters einer „sozialen Schicht". Wo die „traditionellen" Erzähler den schmerzlichen Prozeß der Zurückstufung von „Nation" zu „Minderheit" sehen, und im Zusammenhang damit den empfundenen Heimatverlust, sehen die marxistisch geprägten Autoren gesellschaftlichen Fortschritt.

Bezeichnend ist der Wille einiger Autoren, das Verhältnis zur Kollektivschuld-These aufzugreifen: In ihrer Argumentation gehen sie von der offiziell vertretenen Position aus und versuchen sie schonend zu widerlegen. Denn wo die Bereitschaft zum Romanschreiben bei der deutschen Minderheit in Rumänien registriert wird, fehlt meistens die Bereitschaft zur völligen Anpassung, so daß die Liste formal-thematischer Anforderungen an den Schreibenden sehr selten und nur streckenweise in allen Punkten eingehalten wird. Die Arbeit an einem Roman setzt große Anstrengungen voraus, die meistens das Darstellungsvermögen eines Amateurschriftstellers, wie es die sozialistischen Autoren meistens waren, überholen. Das Schema der „sozialistischen Weltsicht" wird demnach, wenn auch mit zahlreichen Zugeständnissen des Autors an das geforderte literarische Skript, im Sinne der Aufarbeitung der eigenen Geschichte abgewandelt. Daraufhin entsteht ein aufgeweichter, abgewandelter Überzeugungsdiskurs oder eine Mischform zwischen Überzeugungs- und Berichtigungsdiskurs.

Beispielsweise lastet Paul Schuster der deutschen Bevölkerung des Landes bereits auf den ersten Seiten seiner Erzählung „Der Teufel und das Klosterfräulein" (1957) undifferenziert die Schuld an, mit Nazi-Deutschland kollaboriert zu haben, um dann mit Angehörigen der deutschen Minderheit positive Rollen zu besetzten und zu beweisen, daß ein Erziehungsprozeß die von der Ideologie mißbrauchten Jugendlichen für die Gesellschaft wieder tauglich macht.

Die Erzählungen, welche nach dem Muster sozialistischer Weltdarstellung erschienen sind, weisen Abstufungen je nach Simplifizierung oder Komplexität der Darstellung auf. Nach dem ersten Nachkriegsjahrzehnt, als die Distanzierung von der sozialistischen Literaturfunktionalisierung im Sinne des Mißbrauchs der Literatur als Propagandamedium möglich geworden war, sind die Grenzen zwischen Präskription und Widerstand gegenüber den sozialistischen Literaturvorstellungen fließend geworden.

Diese Abwandlung der „sozialistischen Reinform" der Erzählung kann in der Dynamik der Literaturgeschichte nur als eine weitere Etappe der Distanzierung von der ideologischen Präskription der fünfziger Jahre betrachtet werden. Diese Etappe – eine weitere wird im Verlauf der Arbeit in der literarischen Entwicklung der mittsechziger Jahre registriert – kennzeichnet sich durch das Verblassen der Gültigkeit der Normen marxistisch-materialistischer Literaturwissenschaft: der Forderung nach der mimetischen Beziehung Werk-Wirklichkeit im Sinne einer Abbildfunktion, der Neudeutung, d.h. der Kritik der Vergangenheit aus der Perspektive der „Jetztzeit", der Darstellung von Geschichte als Geschichte der Unterdrückten.

Die realistische Darstellung historischer Prozeßhaftigkeit erkennt eine Reihe von Autoren als gemeinsame Forderung einerseits der siebenbürgisch-sächsischen und der banatdeutschen traditionellen Erzählliteratur, die auf den bürgerlichen Realismus zurückzuführen ist, und andererseits der sozialistischen Literatur. Da die Einhaltung des sozialistischen Schemas gleichzeitig die Eintrittskarte für die literarische Szene bedeutete, entstehen eine Reihe von Erzählungen bis hin zu breit angelegten Gesellschaftsromanen, die das offiziell geforderte Schema leicht abwandeln. Jakob Hübners (d.i. Herbert Konrad) „Die Heilmanns" (1956), Andreas A. Lillins (1915-1985) „Jetzt, da das Korn gemahlen" (1957), Paul Schusters Romantrilogie „Fünf Liter Zuika" (erster Band 1962, Neuauflage des ersten und zweiten Bandes 1967). Paul Schuster, dessen Roman zwei Jahre bei der Zensurbehörde lag, wurde angehalten, eine „positive Gestalt" in die Handlung einzubauen – so entstand die Figur Albus –, außerdem mißbilligten die Zensoren die Besetzung der Rolle des Antifaschisten mit einem Kleriker.[209]

Oskar Walter Cisek (1897-1966) legt nach einer Darstellung Heinrich Stiehlers[210] mit seinem Nachkriegswerk den Weg vom magischen zum sozialistischen Realismus zurück. Hat er sich in der Zwischenkriegszeit mit seiner berühmt gewordenen Erzählung „Die Tatarin" (1929), den Romanen „Der Strom ohne Ende" (1937) oder „Vor den Toren" (abgeschlossen 1943, veröffentlicht 1950) mit der Zeichnung des Pittoresk-Exotischen des rumänischen Raumes verdient gemacht, so arbeitet er nach dem Krieg an dem Projekt der Neubewertung der Geschichte und macht sich unter verändertem Vorzeichen auf die Suche nach historischen Themen. Die rumänische Geschichte liefert den Stoff seiner Nachkriegsromane: der Bauernaufstand aus dem Siebenbürgen des Jahres 1784 in „Reisig-

---

[209] Gespräch der Verfasserin mit Paul Schuster März 2002.
[210] Heinrich Stiehler: Paul Celan, Oskar Walter Cisek und die deutschsprachige Gegenwartsliteratur Rumäniens. Ansätze zu einer vergleichenden Literatursoziologie. Frankfurt/Main 1979.

feuer" (1960, 1963), das Haidukenleben aus der im Norden des Landes gelegenen Region Marmarosch in „Dickicht vor Tag" (ein Fragment des Romans wurde im Heft 1 der Neuen Literatur 1965 veröffentlicht).
In „Reisigfeuer" verzichtet er auf Psychologisierung und anschauliche Beschreibung, die gerade seine Stärken darstellten, zugunsten des ausladenden Fabulierens. Damit entspricht er der Forderung Lukács', das „nivellierende" und „inhumane" Beschreiben aufzugeben, um dem „gliedernden" Erzählen den angemessenen Zoll zu zahlen.
Durch die Wahl historischer Stoffe vermeidet er es, sich über gegenwärtige Zustände aussprechen zu müssen, außerdem rettet er teilweise aus seiner expressionistischen Zeit den irrationalen Zug im Handeln seiner Gestalten. Der erzwungene Rückzug von den in der Zwischenkriegszeit eroberten ästhetischen Positionen drückt im Falle Ciseks die Ratlosigkeit eines Schriftstellers im Umgang mit dem adaptierten literarischen Instrumentarium aus. Er hat die Flucht in der Geschichte und die Anpassung der formalen Mittel dem Rückzug aus der Literatur vorgezogen.
Jakob Hübner umfaßt anhand einer schwäbischen Bauernfamilie die Zeitspanne vom Ende des 19. Jahrhunderts bis 1949, als die landwirtschaftlichen Genossenschaften gegründet wurden. Kriegsdienst im österreichisch-ungarischen Heer und die Weltwirtschaftskrise behindern den siebenbürgischen Bauern Thummes, der, immun gegen die ideologischen Auswucherungen der dreißiger Jahre, bestrebt ist, seinen bescheidenen Vorkriegswohlstand wieder zu erreichen.
Die Handlung um die Gestalt des Bankiers und Grundbesitzers Georg Neithart stellt Banater Geschichte der Zwischenkriegszeit bis 1941 in Lillins „Jetzt, da das Korn gemahlen" dar. Die Rezeption von Lillins Roman ist in Ost und West unterschiedlich. Während in der Bukarester Zeitschrift „Neue Literatur" das Hauptanliegen des Buches, den Mythos von der „sächsischen Einheit" zu zerstören, begrüßt wird[211], wird in den Münchner Südostdeutschen Vierteljahresblätter die „liebedienerische" „Verhimmelung der Bolschewiken" angeprangert.[212]
Andreas Lillins (1915-1985) Nachlaßromane „Der Maskenhändler Goldkopf" (1987) und „Jodokus oder die Sintflut" (1988) spielen in Weißkirchen, einer „kleinen Stadt im Süden des Banats" (276, Maskenhändler), die nach dem Zweiten Weltkrieg Jugoslawien zugefallen ist. Auch Lillin gelingt eine Zwischenform zwischen dem Überzeugungs- und dem Berichtigungsmuster. Als typisches Merkmal der Banater Menschenlandschaft hebt er das Nebeneinander der vielen

---

[211] Emmerich Reichrath: Wie man Mythen zerstört. Gedanken zu Paul Schusters Roman „Fünf Liter Zuika". In: NL 9-10/ 1967, S. 137-140, 138.
[212] Lutz Tilleweid: Paul Schuster. Fünf Liter Zuika. In: Südostdeutsche Vierteljahresblätter 1968, S, 202-203, 202.

Völker hervor: Ungarn, Jugoslawen, Mazedonier, Deutsche, Rumänen, Mazedo-Rumänen, Juden, Zigeuner, Albaner, russische Flüchtlinge. Lillin setzt die Metapher der Sintflut für die Darstellung der Stimmung in den Jahren nach 1918 ein: „Genauso, wie nach der Sintflut die übriggebliebene Familie Noe sehr bald in Mißmut und Gezänk und Gespött gegeneinander ihrem Unbehagen vor der im Schlamm steckenden verwüsteten Welt Raum gab, so liegen wir inmitten dieser trüben Nachkriegszeit uns ewig in den Haaren." (158, Jodokus) Der Erzähler sucht nach Erklärungen und Gründen für den Verfall der Donaumonarchie. Leider wird die in Ansätzen tiefgründige Analyse durch die Zuweisung von gut-böse Skripten simplifiziert. Den Konservativismus und die Fortschrittsfeindlichkeit der Besitzerschichten macht er in einer sprachlich gewitzten, jedoch zu kargen Analyse sowohl für den Zerfall der k.u.k. Monarchie verantwortlich[213] als auch für die Unruhen danach. Zum Teil retten sich Lillins Romane dadurch, daß sie die Tragik des sich zersetzenden und durch den nationalistischen Gedankengrund verführten Bürgertums veranschaulichen. Lillins Weißkirchen-Universum zerfällt in lärmenden Streitgesprächen, die vom ideologischen Nebeneinander des zwanzigsten Jahrhunderts ausgelöst werden.

Die Unruhe des Zeitalters angesichts der Unmenschlichkeit des Krieges, des verlorenen Haltes und des Verlusts der metaphysischen Selbstverständlichkeit drückt sich bei Lillin durch das Bild der Maske aus. Die Masken des Händlers sind Fratzen „aus denen man Gott entfernt und den Teufel geweckt hat. ... Dies ist das erste Kapitel der göttlichen Botschaft von der Gesichtslosigkeit des Menschen im zwanzigsten Jahrhundert." (195, Der Maskenhändler).

Glücklicherweise legt Lillin im Jodokus-Zyklus die Rolle des angepaßten Chronisten zum größten Teil ab, die er sie besonders im Roman „Unsere teuren Anverwandten"[214] angenommen hatte. Durch die Darstellung der Aktivität der Landsmannschaft der ausgewanderten banatdeutschen Minderheit in der Bundesrepublik, welche die Destabilisierung des sozialistischen Landes verfolge, bestätigt er in „Unsere teuren Anverwandten" die offiziell von Rumänien vertretene Position[215]. Dazu der ironische Kommentar Richard Wagners: „Unsere Schwaben verwandeln sich ihm im Handumdrehen zu Dauergastarbeitern ihrer ehemaligen Verführer, die nun, mit der Tarnkappe des Unternehmertums versehen,

---

[213] „Der skrupellose Mißbrauch der Macht durch die besitzenden Schichten, Adel und Bürgertum, das vor allem bewirkte den Zusammenbruch der Donau-Monarchie." (211, „Jodokus oder die Sintflut").

[214] Der Roman hat den Preis der Temeswarer Schriftstellervereinigung erhalten. Siehe: NL 2/1985, S. 92.

[215] An dieser Stelle seien die obsessiven Erwähnungen der westlichen „reaktionären Kreise" aus den Reden Ceauşescus genannt, welche das Leben der deutschen Minderheit in Rumänien desorganisieren wollten. Siehe: NL 4/1982, S. 5; NL 6/1982, S. 5; NL 8/1978, S. 5.

händereibend im Spätkapitalismus umgehen und nebenbei eifrig den Arbeitskräfteimport aus dem realsozialistischen Banat, das sie überflüssig gemacht hat, betreiben."[216]

In Georg Schergs (geb. 1917) Romanen „Da keiner Herr und keiner Knecht" (1957), „Das Zünglein an der Waage" (1968) und in den „Erzählungen des Peter Merthes" (I. Band 1958, II. Band 1968, III. Band 1984) hängt die zunehmende Distanzierung von den Präskriptionen des sozialistischen Realismus mit der ab Mitte der sechziger Jahre eingeleiteten kulturpolitischen Liberalisierung zusammen. In „Da keiner Herr und keiner Knecht" wird die sporadische Darstellung von Klassenkampf-Verhältnissen auf die Zeit während des Ersten Weltkriegs im bürgerlichen Kronstadt projiziert. Es entsteht eine Kritik an der nur angeblich klassenlosen Gesellschaft der Siebenbürger Sachsen. In zunehmend weniger Schwarz-Weiß-Zeichnung erfolgt die Darstellung der Zwischenkriegszeit in „Das Zünglein an der Waage". Die sozialen Akzente verlieren an Geltung, demgegenüber zeichnet sich die Entwicklung in Richtung Bildungsroman ab. Mit sicherer Hand wird der Entwicklungsweg Gerts gezeichnet, den man in der Tradition Kellers sehen kann.[217] Scherg verkörpert einen wichtigen literarischen Entwicklungsmoment innerhalb der vom sozialistischen Realismus normierten Texte, denn er entkoppelt das Individuum vom Mechanismus der Gemeinschaft.

Scherg, der im nationalsozialistischen Deutschland während des Krieges studiert hat und demnach einen Überblick über das gegenseitige Bild von „Mitte" und „Randzonen" hatte, strebt ein nuanciertes Bild der sozialen und politischen Verhältnisse der Zwischenkriegszeit an. Unter dem Zwang der staatlichen Kontrollinstanzen gelingt es ihm, das literarische „Schema der Überzeugung" wesentlich abzuwandeln. Er erklärt den Zulauf der Siebenbürger Sachsen zur nationalistischen Politik mit dem als schmerzvoll empfundenen Minderheitenstatus, ihrem gleichzeitig verschönert-verfälschten Bild Deutschlands[218] und mit dem mangelnden kritischen Bewußtsein bei seinen Landsleuten. Schergs Kritik an den brutalen Mitteln der kommunistischen Machtergreifung erreicht im dritten Band der „Erzählungen des Peter Merthes" den Höhepunkt, als er in einem Spiel

---

[216] Richard Wagner: Die Aristokraten aus dem Banat. Notizen zu Andreas A. Lillins „Unsere teuren Anverwandten". In: NL 12/1983, S. 68-70, 69, 70. Lillin erweist sich nach Wagners Auffassung als ein Dogmatiker, in einem Roman, in dem historische, statistische, politökonomische Informationen ohne Bearbeitung aneinandergereiht sind.

[217] Siehe auch den Scherg-Teil im Kapitel „Intertextuelle Beziehungen".

[218] In Siebenbürgen wird Deutschland als ein einheitliches Ganzes gesehen. Demgegenüber belehrt der Erzählerkommentar: „Bayern und Preußen, Hessen und Schwaben" ergeben trotz „Bismarck und Hitler keine Deutschen". („Das Zünglein am der Waage", 605)

zwischen Erzählrahmen und eigentlicher Handlung die bürgerliche Vorkriegszeit gegenüber der brutalen Unterdrückung aus den fünfziger Jahren rehabilitiert.[219] Die angestrebte Ambivalenz, der Versuch, durch Andeutungen zu berichtigen, führen zur Schlußfolgerung, daß der Wert der vor 1989 in rumänischen Verlagen erschienenen Texte nicht pauschal und von vorn herein herabgesetzt werden sollte. Diese Etappe literarischer Entwicklung läßt die klare Tendenz zur Überwindung von dogmatisch verkürzten ästhetischen Positionen erkennen, in einer Zeit, in der die zum Dogma erstarrten sozialistischen Weltanschauungen nicht grundsätzlich in Frage gestellt werden konnten. Die Zeit der Überprüfung der Abbildtheorie und der Befreiung von überflüssigem ideologischem Ballast war bei einigen der in diesem Kapitel behandelten Erzählungen zu ihrem Entstehungszeitpunkt angesichts der äußeren Kontextbedingungen noch nicht gekommen.

6.5. Die Gemeinsamkeiten der traditionellen Erzählung

Die thematische Konvergenz einer relativ einheitlichen Autorengeneration im Hinblick auf das historische Geschehen des zwanzigsten Jahrhunderts ermöglichte die Entstehung einer Reihe von ähnlich konzipierten Erzählungen. Dieses Erzählparadigma erklärt sich soziopsychologisch mit der Argumentation des Berichtigungsdiskurses. Die Gegenüberstellung der Texte bürgerlich-realistischer Tradition mit den Gesellschaftspanoramen sozialistisch-realistischer Ausprägung verdeutlicht deren Unterschiede: Die Idee der Geschichte als Fortschritt, so wie sie in sozialistischen Texten dominant ist, verliert in den traditionellen Texten zunehmend ihren Gültigkeitsanspruch.

Paradoxerweise wird die „Auseinandersetzung um Inhalte" in der traditionellen und der „fortschrittlichen" sozialistischen Literatur mit einem überraschend ähnlichen formalen Instrumentarium ausgetragen. Jedes der beiden literarischen Systeme beruft sich auf eine humanistische Tradition. Die Freude am Fabulieren ist beiden gemeinsam, jeder der beiden literarischen Diskurse will den jeweils anderen mit „epischen Argumenten" widerlegen. Die sozialistische Erzählung setzt betont auf Handlung, wobei sich der Wahrheits- und Wirklichkeitsanspruch ihrer Mitteilung durch pathetische Verdichtungsmomente realisiert. Die Botschaft wird explizit, in Losungsformeln zusammengefaßt und mit dem entsprechenden agitatorischen Duktus an den Leser gerichtet, so daß die aufklärerische Ader stärker in den Vordergrund tritt.

Demgegenüber setzen traditionelle Texte verstärkt auf Beschreibung und problematisieren das Erzählte durch reflexive Kommentare. Sie bauen in ihrer Argumentation nicht nur auf die Schilderung des vornehmen Zwischenkriegszeit-

---

[219] Siehe dazu den Scherg-Teil im Kapitel „Intertextuelle Beziehungen".

milieus (im Gegensatz zur dargestellten proletarischen Welt in der sozialistischen Erzählung), sondern auch auf ein Arsenal intertextueller Bezüge zu älteren Texten bekannter siebenbürgisch-sächsischer oder banatdeutscher Schriftsteller, so daß sich Traditionslinien verdeutlichen. Heinrich Lauer spielt in „Kleiner Schwab - großer Krieg" auf Adam Müller-Guttenbrunns „Der kleine Schwab" (1910) an, Eginald Schlattner in „Der geköpfte Hahn" auf Adolf Meschendörfers „Siebenbürgische Elegie" (1927) und den Roman „Die Stadt im Osten" (1942), Joachim Wittstock in „Ascheregen" auf Erwin Wittstocks Erzählung „Die Begegnung".

In den in diesem Kapitel angeführten Beispielen kann man noch nicht von der Zertrümmerung des traditionellen Romans sprechen. Die Autoren fühlen sich berufen, den poetischen Auftrag in realistischer Manier zu erfüllen. Vieles, was die Bedingungen des realistischen Romans ausmacht, wird beibehalten: die Geschlossenheit, die Ordnung und Kausalität der Handlungsführung, die vorwärtstreibende Energie und Klarheit der Linienführung zu einem sich entwickelnden festen Ziel hin, die Einfügung eines persönlichen Weltblicks in die Objektivität der breit andrängenden Weltfülle, die epische Aufnahme der dinglichen Lebensbreite, die Rückbindung des Geschehens an genau bestimmte Ordnungen von Raum und Zeit.[220]

Die in der Bundesrepublik oder Österreich entstandenen Werke der im Westen lebenden ehemaligen rumänischen Staatsbürger deutscher Nationalität gehören deutlicher zu den jeweiligen Regionalliteraturen. Der Zusammenschluß der siebenbürgisch-sächsischen und banatdeutschen Regionalliteraturen wird jedoch in den in Rumänien entstandenen Werken durch Gegenwartsdarstellungen gefördert. Auch in den Werken, die im westlichen Ausland erschienen sind, sind Annäherungen zwischen den beiden Regionalliteraturen festzustellen, da sie angesichts des nach 1918 gleichen historischen Erlebnishorizontes einen gemeinsamen Berichtigungsdiskurs schreiben. Gerade weil sozio-historische und psychologische Denkkategorien von der gemeinsamen Geschichte nach 1918 geprägt wurden, sind eher die ethnologischen Besonderheiten auf der Oberfläche der Texte die auffallenden Unterscheidungsmerkmale.

---

[220] Neis, 1965, S. 42.

7. Die literarische Thematisierung der stalinistischen Repression

„Zwischen 1946 und 1951 wurde in Rumänien der Staat nach sowjetischem Modell zu einer „Volksdemokratie" umgeformt, die Industrie und das Bankwesen wurden verstaatlicht, die Landwirtschaft kollektiviert; schließlich erging das Verbot der ‚historischen' demokratischen Parteien. In der Zeit zwischen 1951 und 1962 konsolidierte sich das kommunistische System mit seinen Apparaten in allen Bereichen der Innen- und Außenpolitik. Obwohl der Krieg schon längst beendet war, kann man diese Zeit als ‚gewalttätig' bezeichnen. Die Geschichte dieser Epoche erscheint – in herkömmlichen Darstellungen, aber auch in den Quellen – infolge der zahlreichen Unterdrückungsmaßnahmen, die der totalitäre kommunistische Staat gegen die Opposition, gegen die überkommenen demokratischen Strukturen usw. traf, vielfach verzerrt."[221]

Bereits Ende der vierziger Jahre suchte die deutschsprachige Literatur Rumäniens nach der angemessenen Sprache, welche die Ereignisse und Stimmung dieser Zeit hätte speichern und übermitteln können, und stieß schon sehr früh auf die staatlicherseits verordnete Tabuisierung bestimmter Themenkomplexe. Die Umstände, unter denen junge Autoren schrieben, finden sich bei Peter Motzan ausführlich beschrieben. Als 1948 die Doktrin des „Sozialistischen Realismus" über die Literatur der Volksrepublik Rumänien verhängt wurde, „avancierte die Zensur neben dem eigentlichen Autor zum Hauptautor."[222] Der Autor hatte mit empfohlenen Farben in vorgeschriebenen Mustern zu malen.

Die Zustände der fünfziger Jahre dennoch auszumalen war demnach von vornherein mit dem Verstoß gegen die ideologische Präskription verbunden.[223] Rumänische Schriftsteller wie Paul Goma und Alexandru Ivasiuc wagten nach der Verbüßung ihrer Haftstrafen das, was ihre Berufsgenossen während der fünfziger

---

[221] Alexandru Popescu: Rumäniens Zeitgeschichte im Politischen Archiv des Auswärtigen Amtes, Bonn (1951-1962). In: Christa Zach (Hg.), 1998, S. 97-98.
[222] Vgl. Peter Motzan: Risikofaktor Schriftsteller. Ein Beispielsfall von Repression und Rechtswillkür. In Motzan, Sienerth (Hg.), 1993, S. 52.
[223] Ausnahmen stellen Hans Mokkas Erzählungen „Erlebnisse in der Sowjetunion" (1956) und der Roman Breitenhofers „Spiel mit dem Feuer" (1982) dar. In den ersteren mutet die Deportation wie ein unterhaltsames Abenteuer in der Fremde an, im letzteren grenzt die Einschaltung des Briefs Gusti Seidels, den er aus der Deportation im Ural nach Hause schickt, ans Peinliche. Breitenhofer „erkauft" die Erlaubnis der Erwähnung der Rußland-Deportation mit dem optimistischen Ton, der den Brief durchflutet, und mit den verharmlosenden Naturbeschreibungen, die den Gesamteindruck verstellen: „Unvorstellbar schön und sauber ist der Urwald! Tannen- und Fichtenstämme, schlank und mächtig wie die Türme gotischer Dome, ab und zu sonnige Birkenhaine dazwischen. Die Luft, rein und würzig, mit Sauerstoff und Harzduft angereichert, ist kräftiger als bei uns auf dem guten Semenikhang." („Spiel mit dem Feuer", S. 239)

und frühen sechziger Jahre nicht wagen durften, nämlich eine Literatur der Aufarbeitung der stalinistischen Vergangenheit zu schreiben.²²⁴ 1970 erscheint in Rumänien Ivasiucs Roman „Păsările" („Die Vögel"), und 1971 veröffentlicht Paul Goma im Westen seine kompromißlose Auseinandersetzung mit den fünfziger Jahren, „Ostinato".

Auch für die rumäniendeutschen Autoren war die Schilderung der Nachkriegszeit mit Risiken verbunden. Es fanden sich in den fünfziger Jahren nur wenige Autoren, die sich an die jüngste Geschichte der Nachkriegszeit ohne die nötigen Zugeständnisse an den sozialistischen literarischen Kanon heranwagten. Beispiele dafür bieten der Schubladenroman Erwin Wittstocks „Januar 45 oder Die höhere Pflicht" und ferner die Erzählung Hans Bergels „Fürst und Lautenschläger", die den Konflikt des Einzelnen mit willkürlichen Machtstrukturen historisch verkleidet. Die Umstände der Publikation dieser Texte sind von besonderem Interesse.

7.1. Historische Verkleidungen und Schubladenwerke

Hans Bergels 1957 im Bukarester Jugendverlag erschienene Erzählung „Fürst und Lautenschläger. Eine Erzählung aus dem Siebenbürgen des 17. Jahrhunderts" (1957) erhielt Oktober 1955 den dritten Preis bei dem vom Redaktionskollegium der Zeitung „Neuer Weg" ausgeschriebenen literarischen Wettbewerb. Die Umstände der Preisausschreibung sowie die Entscheidung der Jury für diese Erzählungen signalisierten nach Motzan die Abstandnahme von normativen Literaturvorstellungen. Trotzdem war die Veröffentlichung der Erzählung sehr gewagt: Sie ist ein Jahr nach dem ungarischen Aufstand erschienen, als es auch in Rumänien eine Verhaftungswelle gab, in einer Zeit, in der namhafte Schriftsteller der Zwischenkriegszeit wie Erwin Wittstock sich nur zaghaft zu Wort meldeten. Bergel selbst war durch zwei Verhaftungen, 1947 wegen versuchter Landesflucht und 1954 wegen „öffentlicher Aufwiegelung", bereits vorbelastet.

Diese historische Erzählung diente 1959 während des Kronstädter Prozesses als Beweisstück der Anklage und brachte ihrem Autor die Verurteilung zu fünfzehn Jahren Haft wegen des „Verbrechens der Aufwiegelung gegen die soziale Ordnung durch Agitation"²²⁵. Im April 1964 wurde Bergel aufgrund einer Generalamnestie für politische Häftlinge entlassen, vier Jahre später reiste er in die Bun-

---

²²⁴ Gabanyi, Anneli Ute, 1975, S. 65.
²²⁵ In der Beurteilung der literarischen Arbeiten der Autoren, die im Kronstädter Schauprozeß angeklagt wurden, äußerte sich der Ausschuß der „Experten" zur Wirklichkeitsflucht und – entstellung, zur Herabwürdigung sozialistischer Errungenschaften, zum Nationalismus, Chauvinismus und Mystizismus dieser Werke. Vgl. Peter Motzan: Risikofaktor Schriftsteller. In Motzan, Sienerth (Hg.), 1993, S. 74.

desrepublik Deutschland aus – nicht zuletzt wegen des Einsatzes von Günter Grass.
Die Erzählung greift auf die Herrschaft des achtzehnjährigen Gabriel Báthory zurück, der März 1607 in Siebenbürgen zum Fürsten gewählt wird. Auf seinen Machtzug durch das Land werden durch seine Willkür viele Städte verwüstet. In direkter Konfrontation mit dem Fürsten, der ihn zum Singen von Preisliedern zwingen will, entgegnet der Sänger mit einem Satz, der dem Autor in der Anklage zum Verhängnis wurde: „Ich bin keine Hure und meine Kunst erst recht nicht!" (102). Die Schmählieder „wider die Tyrannei der Fürsten" bleiben im Volk nicht wirkungslos, der Sänger darf schließlich unversehrt weiterziehen, so das optimistische Ende der Erzählung.
So wie später in Stefan Heyms „Die Schmähschrift oder Königin gegen Defoe", wird die Zuversicht in die Widerstandsmacht der Kunst gegenüber der Herrscherwillkür ausgedrückt, in die Integrität der Kunst im totalitären System. Durch die Poetisierung des historischen Stoffes erhält die Geschichte um den Fürsten Báthory für die Erzählgegenwart eine subversive Bedeutung. Der Widerstand des Einzelnen gegenüber absolutistischen Herrschaftsmethoden spielt auf die Rechtlosigkeit im Rumänien der fünfziger Jahre an. Die Erzählung, ein Jugendwerk, ist stilistisch unvollkommen, der pathetische Erzählgestus schafft es nicht, den Gestalten Leben einzuhauchen. Der Wert des Zeitdokuments übertrifft den ästhetischen, die Verkleidung im historischen Gewand sollte die Kontrollinstanzen der Zensur überlisten und die kritische Aussage tarnen.
Die Verkleidung in historischen Gewändern, wie in der deutschen „inneren Emigration" von Autoren wie Reinhold Schneider, Werner Bergengruen oder Gertrud von Le Fort praktiziert, wird in der rumäniendeutschen Erzählung selten zur Strategie. Wolf von Aichelburg fand beispielsweise in der Fabel, in der Tiere die Menschenrollen übernehmen, die angemessene Form der Verkleidung.[226]
Erwin Wittstock versuchte sich in der unmittelbaren Form mimetischer Wirklichkeitsabbildung bei der Darstellung der Nachkriegsverhältnisse, der Panik angesichts der sich verbreitenden Gerüchte über die bevorstehende Deportation der deutschen Bevölkerung Rumäniens in die Sowjetunion. Er hat mit seinem Schubladenroman „Januar 45 oder die höhere Pflicht" Hoffnungen auf die zukünftige Veröffentlichung im kommunistischen Rumänien verbunden. Sein Anliegen war, historische Wahrheit aus erster Hand in literarischer Form zu gestalten. Er führt demnach einen Berichtigungsdiskurs. Dafür setzt er mit der diffe-

---

[226] Siehe die Erzählungen „Briefträger Vogel Strauß", „Der Hochstapler", „Die poetische Sau" aus dem Band „Die Ratten von Hameln" (Bukarest 1969). Einige Fabeln, wie „Das gescheite Kätzchen und seine Freunde", „Des Kaisers Tierpark", wurden Aichelburg beim Kronstädter Prozeß angelastet.

renzierten Betrachtung des Schuldproblems ein, indem er zwischen den Mitläufern in der NS-Zeit und den Unschuldigen unterscheidet und die bürgerlichen Existenzformen der Siebenbürger Sachen rehabilitiert: „Ich kann aus diesen nicht von vorneherein schwarze Hunde, also Verbrecher in jedem Sinne machen, denn erstens würde dies der Wahrheit widersprechen, zweitens würde es niemand lesen, und drittens habe ich bei der aufmerksamsten Lektüre der für mich erreichbaren ideologischen Schriften keine Antwort auf die Kardinalfrage finden können, was eigentlich in unserer kleinen siebenbürgisch-sächsischen Enklave die tüchtigen Gewerbetreibenden anders hätten tun sollen, als sich im freien Wettbewerb zu behaupten und zum Aufblühen der Wirtschaft beizutragen."[227] Durch die Wahl eines Unternehmers, des Tuchfabrikanten Fellner, als Hauptgestalt wird der Text zum Plädoyer für die Überlegenheit eines wirtschaftlich-liberalen Systems gegenüber dem sozialistischen Kollektivgeist. Auch deshalb konnte der Roman nicht veröffentlicht werden. Georg Scherg hat sich beispielsweise in seinem Roman „Das Zünglein an der Waage" (1968) an die marxistische Geschichtsbetrachtung angepaßt, wenn der Protagonist Gert in der Gerberei seines Adoptivvaters Zeuge der Ausbeutung der Arbeiter wird[228].

Wie in seinen anderen Nachlaßromanen auch, bestätigt die Handlungslogik des „Januar 45"-Romans die Gültigkeit der bürgerlichen Vorstellungen von Moral, Besitz, Arbeitsethos, verbunden mit der Notwendigkeit des inneren Zusammenhaltes des „Volkes" als „höhere Pflicht", als Voraussetzungen eines Neuanfangs. Trotz des zielsicheren Einsatzes der Kritik[229] konnte der Roman bis nach der Wende 1989 nicht veröffentlicht werden. Er ist in der Bukarester Zeitung „Neuer Weg" (heute Allgemeine Deutsche Zeitung für Rumänien) in mehr als hundert Folgen (ab 13. Juni 1991 bis 20. November 1991) und 1998 im Bukarester ADZ-Verlag veröffentlicht worden.

Im Nachwort des Romans (Bukarest: ADZ Verlag 1998) beleuchtet Joachim Wittstock die Entstehung vom Novellenkern Ende der vierziger Jahre bis hin zum vollendeten Roman 1954: „Bis 1954 überarbeitete der Verfasser das ihm Vorliegende, und er fügte noch manche Episode hinzu, obwohl ihm die Aussichtslosigkeit seines Unterfangens, einen Roman der gewählten Thematik zu veröffentlichen, zusehends deutlicher wurde und seinen Eifer lähmte ... ‚Es ist

---

[227] Joachim Wittstock im Nachwort zu „Januar 45 oder die höhere Pflicht", S. 353, zitiert Erwin Wittstocks „Bemerkungen für den Lektor" vom 29. November 1954.
[228] Bei einem Besuch Gerts in der Gerberei fällt vor seinen Augen einer der ausgemergelten Arbeiter um, Gert ist entsetzt und wehrt sich gegen den Einstieg ins Familiengeschäft.
[229] Durch das Verfahren, kritische Aussagen strategisch zu plazieren, werden gerade jene Gestalten abgekanzelt, die zum sinkenden Schiff des bürgerlichen Rumäniens gehören, beispielsweise korrupte Beamte, welche die Notlage wohlhabender Kaufleute deutscher Herkunft erpresserisch für sich mißbrauchen. Die Gestalt eines russischen Soldaten wird hingegen mit Sympathie aufgebaut.

mir in meinem Alter unmöglich, bei jeder Arbeit ins graue Nichts hineinzuschreiben oder ins große Fragezeichen'"[230]. Darüber hinaus wurde Erwin Wittstock etliche Male zur Sicherheitsbehörde vorgeladen. Er mußte dabei über seine schriftstellerische Tätigkeit Auskunft geben und wurde genötigt, seine nach Kriegsende verfaßten Prosaarbeiten zeithistorischer Ausrichtung abzuliefern. Der Verlust derselben ließ sich verschmerzen, da der Autor über weitere Maschinenkopien verfügte, die in einem schwer zugänglichen Versteck lagen. Daraus läßt sich ermessen, welche Belastung es für Erwin Wittstock bedeutete, in einer Epoche willkürlicher Verhaftungen wegen seiner Schreibarbeit mit Hausdurchsuchungen, Bespitzelung und politischem Druck zu rechnen.[231]

Der Roman wurde Anfang der fünfziger Jahre einflußreicher Personen aus dem Verlagswesen ohne Erfolg vorgelegt, in den achtziger Jahren wurde das Typoskript von Wolfgang Wittstock dem Staatsrat-Mitglied Eduard Eisenburger zur Lektüre übergeben. Eisenburger hat daraufhin als Chefredakteur der Karpatenrundschau ein Fragment abgedruckt.[232] „In der Einführung heißt es reichlich nebelhaft, Erwin Wittstock schreibe in seinem Roman ‚über einschneidende gesellschaftliche Ereignisse der mittvierziger Jahre im Leben seiner Mitbürger, über Menschen im Versagen, in der Bewährung, und immer wieder über die moralische Pflicht solidarischen Handelns'. In der Karpatenrundschau sind übrigens, ohne Angabe der Quelle, auch einige merkspruchartige Sätze dieser Prosaarbeit veröffentlicht worden, die mit den Worten beginnen: ‚Umfasse die Heimat, bedenke, was du ihr zu danken hast, wachse endlich zur Höhe ihres Begriffes hinauf...'". (KR vom 26.03.1976).[233] Joachim Wittstock war in den achtziger Jahren mit dem Kriterion Verlag über Möglichkeiten der Fortsetzung der Reihe Erwin Wittstock, „Werke in Einzelbänden" im Gespräch. Er hat dem Verlag drei „Blöcke" Prosaschriften aus dem Nachlaß Erwin Wittstocks vorgeschlagen, einer davon sollte „Januar 45 oder Die höhere Pflicht" enthalten, und damit hat er einen weiteren Versuch unternommen, dem Roman zur Veröffentlichung zu verhelfen[234].

Die Veröffentlichungsgeschichte des Romans „Januar 45" gibt darüber Auskunft, welche Themen und Stoffe die Zensur passieren durften und welche nicht. Die Einziehung der Deutschen aus Rumänien in die SS, die Deportation in die Sowjetunion und die Enteignung und Vertreibung der deutschen Bauern von ihren Höfen waren Themen, die, so Paul Schuster, bis in die fünfziger Jahre hinein

---

[230] Joachim Wittstock zitiert im Nachwort zu „Januar 45 oder die höhere Pflicht" aus einem Brief Erwin Wittstocks „für den Lektor...", 29.November 1954", S. 352.
[231] Ebd., S. 355.
[232] Das Fragment „Brief einer Mutter" in KR vom 30.12.1982. Ebd.
[233] Joachim Wittstock im Nachwort zu „Januar 45 oder die höhere Pflicht", S. 357.
[234] Ebd., S. 357.

nicht zur Sprache gebracht werden durften. Bei einer Exklusivsitzung der Sektion für die Minderheitenliteratur 1956 (präsidiert von Ferenc Szemler, Sekretär des rumänischen Schriftstellerverbandes, Anton Breitenhofer, Chefredakteur des „Neuen Weg", Ernst Breitenstein, stellvertretender Chefredakteur des „Neuen Weg" und Philip Geltz, Mitglied des Zentralkomitees der Rumänischen Kommunistischen Partei) mit „allen wieder zugelassenen prominenten deutschen Autoren (Cisek, Wittstock, Birkner)" rührte Paul Schuster an diesen Tabus mit der Begründung, daß ohne die Neubewertung der jüngsten Geschichte kein Umdenken der deutschen Bevölkerung stattfinden könne.[235] Die Repression gegen deutsche Schriftsteller in den darauffolgenden Jahren verdeutlicht, wie die von höchster Stelle verordneten Zeiten der Lockerung oder der ideologischen Verkrampfung den Umgang mit Literatur lenkten. Tatsache ist, daß sich der Umgang mit diesen tabuisierten Themen in der Nachkriegszeit insgesamt lockerte, wie im folgenden gezeigt werden soll.

7.2. Erfahrungen im „Spiel" mit der Zensur

Die Schriftsteller jüngerer Generation, die in Rumänien schrieben, wagten es auch, ihren Blick auf die verhängnisvollen fünfziger Jahre zu richten. Das Brechen der Tabus über die „Fehler der Anfänge" durch die literarische Thematisierung des Nachkriegsterrors hat ab den sechziger Jahren kaum noch Autoren ins literarische Abseits katapultiert. Für diese Entwicklung sind die Abfolgen der Phasen des „Tauwetters" und der „Eiszeit" ausschlaggebend, aber auch die Herausbildung neuer Schreibtechniken bei jüngeren Autoren. Außerdem wurde Mitte der sechziger Jahre mit dem Amtsantritt Ceaușescus ein Hoffnungszeichen gesetzt, zumal er anfangs einen Liberalisierungskurs einleitete und die revanchistischen Maßnahmen gegen die deutsche Bevölkerung in Rumänien bedauerte.[236] Trotz der angekündigten kulturpolitischen Entspannung blieb die Zensur launisch.

Die Autoren sammelten im Spiel mit der Zensur Erfahrungen und lernten dabei, daß, wo sich nicht die ganze Wahrheit durchsetzt, Andeutungen auch viel ausmachen. Die Nachkriegsjahre wurden deshalb zum ständigen „Nebenbei" in den

---

[235] Paul Schuster: Testamentarisch, S. 3, Textblock: „Alea Alexandru".

[236] Auf der Landeskonferenz der Rumänischen Kommunistischen Partei (Juli 1972) bezog sich Ceaușescu auf die Lage der deutschsprachigen Minderheit in den Nachkriegsjahren: „Auch nach der Befreiung des Vaterlandes wurden einige falsche Maßnahmen getroffen. Ich möchte in diesem Zusammenhang die Umsiedlung der deutschen und serbischen Bevölkerung, die völlige Enteignung der im Besitz der Deutschen befindlichen Landwirtschaftsflächen und andere ökonomische Maßnahmen erwähnen, die sowohl der betreffenden Bevölkerung wie auch der gesamten Volkswirtschaft, vor allem aber unserer nationalen Politik im allgemeinen schwere Schäden zugefügt haben." Zitiert nach P. Motzan: Die rumäniendeutsche Literatur nach 1944. In: NL 2/1976, S. 92-104, 93.

literarischen Texten, die Notwendigkeit der Berichtigung machte sich nach dem „Dampfkesselprinzip" von Zeit zu Zeit Luft. Statt der knappen unverhüllten Erwähnungen zogen die Autoren das virtuose Spiel mit der Andeutung vor, wobei die Übung in der Technik der Aussparung sich positiv auf die Qualität dieser Texte auswirkte.

Bei Joachim Wittstock wird die Methode der gegenwartsbezogenen Reflexion über Gestalten und Ereignisse der Geschichte und des Assoziationen auslösenden Zitats als Instrument der Wirklichkeitserfahrung eingesetzt. Die Beschäftigung mit der Vergangenheit ist keine Spielart des Eskapismus, sondern Möglichkeit der verhüllten Konfrontation mit der Gegenwart.[237] Er spielt in seinen Erzählungen auf die Unterdrückung der Andersdenkenden und die Zerstörung der Bauernkultur an und schlägt in seinen Texten, beispielsweise in „Der Imker oder: Mißlingen eines Gedichts aus dem Jahr 1965" (Band „Mondphasenuhr, 1983), in den Erzählungen „Im Nordwesten des Königssteins", „Lazarett Beraun" (Band „Ascheregen", 1985) und besonders in „Zaunholzgasse" aus dem Band „Parole Atlantis" (1980) einen weiten Bogen über Kriegs- und Nachkriegsgeschichte. Die komplexe Technik der Andeutung läßt sich an der Erzählung „Zaunholzgasse" illustrieren.

Die Erzählung spielt in der genau beschriebenen Topographie Hermannstadts, in der Zaunholzgasse als Kulisse der „Welt im Kleinen". Ende der fünfziger Jahre findet ein Mord an einen Bewohner der Straße, Konrad Ongyerth, statt, den die Miliz als Folge eines Streites zwischen Nachbarn verharmlost. Der vierzigjährige Lehrer Stromer versucht den Mord an Ongyerth aufzuklären. Seine Untersuchung der Ursachen des Mordes richtet er als Kenner der Verhältnisse seines Viertels auf Vergangenes. Die Bewohner des Viertels haben zum Zeitpunkt des Mordes gerade mit Müh und Not die Zeit des Zweiten Weltkriegs und die Nachkriegszeit überstanden: Einige haben sich durch die Unterbringung flüchtiger Juden strafbar gemacht und sind wegen ihres regimekritischen Handelns ins Gefängnis gekommen oder haben gar den Tod gefunden. Allesamt haben in Panik den Einmarsch der sowjetischen Truppen August 1944 erlebt, die Enteignung[238] und Deportation nach Rußland. Der Ende der fünfziger Jahre sich ereignende Mord an dem zwanzigjährigen Konrad Ongyerth, „als er von einem Ständchen bei der Kranzfreundin nach Hause kam", erscheint Stromer sinnlos, vor allem in einer Zeit, in der das turbulente Zeitgeschehen sich zu beruhigen schien (42).

---

[237] Siehe Emmerich Reichrath: „Denn Hirselden ist vielerorts". In: NW vom 20.01.1979.
[238] Die Brauerei und Bäckerei auf der Straße verweisen mit ihrer vor dem Krieg noch gültigen Bezeichnung, von der Stromer Bescheid weiß, auf die ehemaligen Besitzverhältnisse vor der „Nationalisierung" des Privateigentums.

Stromer reimt sich eine plakativ unglaubwürdige Geschichte zusammen: Ongyerth soll ein Brot aus der Brotfabrik gestohlen haben, wurde angegriffen und erstochen. Das Ende setzt die Ungereimtheiten fort: Stromer wird seinerseits festgenommen, während er die Brotfabrik beobachtet, da „die Brotherren" die Augen auf ihn geworfen haben (47).
Die Aussparungen in der Erzählung haben nicht die Rolle, den Leser über das Geschehene aufzuklären, sondern werfen zunächst nur Fragen auf. Die Chiffre der Erzählung bedarf der Dekodierung. Das ausgeprägte Kennzeichen der Wirklichkeitsdarstellung in der Erzählung Joachim Wittstocks ist ihre Ungenauigkeit und Doppelbödigkeit. Das Erzählkonzept basiert auf Analogie und Andeutung, auf allegorischen Situationen und ineinander verwobenen Symbolketten. Das verschlüsselte Erzählen, die verdunkelte Sprache sind nicht nur Mittel, die „Prüfung der Zensur" zu bestehen, sondern sie werden verinnerlicht und bilden sich zu spezifischen Charakteristika des Autorenstils heraus.
Die Bäckerei und Brauerei, die sich in der Zaunholzgasse befinden, werden mit einem konnotativen Netz umfangen. Brot bedeutet nicht nur Brot, Bier verliert auch seine primäre Bedeutung.[239] Das Motto aus Bölls „Das Brot der frühen Jahre" signalisiert schon am Anfang des Textes, daß hier mehr gemeint ist als das Nahrungsmittel („Wird man wirklich durch Nahrung aus einem hungrigen allmählich ein satter Mensch?", 14). Das Brot ist einerseits in Anlehnung an die Bibelbedeutung als geistige Nahrung zu verstehen, andererseits aber auch als Überlebensvoraussetzung. Dies mag wohl das metaphorische Gegensatzpaar Brot-Stein erklären. Das Brot soll „stets Brot sein", „nie aber Stein" (27), so die Überlegungen der Familie Pflücker und Gottwald, die in den Kriegsjahren wegen ihrer regimefeindlichen Handlungen in Bedrängnis gerieten. Für den Rechtsanwalt Greißling verliert das Brot auch „seinen Nähr- und Heilwert" (31) als er ermordet und auf offenem Feld begraben wird.
Der Brotdiebstahl Ongyerths ist in seiner übertragenen Bedeutung zu verstehen, als Forderung des Daseinsrechtes. Den Verlust der Eigenschaften des Brotes verbindet Stromer mit den Beispielen aus der Kriegszeit mit Rechtlosigkeit, Gewalt, seelischer Not. Für die Zeit nach dem Krieg setzt der Erzähler den Begriff des „Brotherren" ein und suggeriert damit das neue Herrschaftsverhältnis. Die Rußland-Deportation bedeutet im semantischen Feld des Brotes eine Zeit physischer und geistiger Auszehrung. Die Umstände der Deportation werden ver-

---

[239] Das Bier ist in der übertragenen Bedeutung für die „Vernebelung des Verstandes" (8) zuständig, da das Viertel ehemaliger Geschäftlichkeit seit der Kriegszeit in einem vernunftslähmenden Dunst verhüllt ist. Bei Joachim Wittstock ist das Ausschalten der Vernunft Kennzeichen dieser Jahre. Für die Nachkriegsjahre prägte Hans Bergel im Roman „Der Tanz in Ketten" den Begriff „Nacht der Raubtiere", um ähnliches auszudrücken.

schleiert zur Sprache gebracht, ohne dabei buchstäblich die Sowjetunion zu erwähnen. Es heißt, daß „die Arbeitsfähigen" abtransportiert wurden, in einem Zustand versetzt, „der mit der Nennung eines Landes angedeutet werden konnte, das etwa am Don, Dnestr oder Dnepr beginnt und sich dann ins Unendliche fortsetzt." (40) Mit anderen Worten: in einem „sibirischen" Zustand. Es bilden sich Analogien zwischen dem verwehrten Brot, ausgedrückt durch die Metapher des Steins, und der geistigen Eiszeit des Nachkriegsterrors. Auch die Abführung Stromers durch die „Brotherren" – eine Maßnahme, die Aufklärung des Mordes zu verhindern – wird zur Anklage gegen dieselben. Es sind wohl die „Brotherren" gewesen, die das geforderte Recht Ongyerths auf Brot mit dem Tod bestraften.

Der Einzelne wird in seinem aussichtslosen Bemühen um eine sinnvolle Existenz und als Verlierer in einem lebensfeindlichen Umfeld dargestellt. Das Bestreben der zentralen Gestalt, „die unsichtbaren Linien und Flächen" (14) wieder sichtbar zu machen, verdeutlicht den motivationalen Hintergrund des Schaffensprozesses, die Absicht, für das Geschehen der fünfziger Jahre weitere Zeitdokumente zu liefern.

Die vom sozialistischen Realismus geforderte Eloquenz wird in „Zaunholzgasse" zurückgewiesen, die ausgeprägte Undeutlichkeit wirkt sich in seinen Erzählungen streckenweise negativ auf die Klarheit der Aussage aus. In etwas minderem Maße als in den Chiffre-Romanen Georg Schergs, die das Abbildverhältnis zwischen Wirklichkeit und dem literarischen Werk verwehren („Der Mantel des Darius, 1968, „Penelope ist anderer Meinung", 1971, „Spiegelkammer", 1973, „Baß und Binsen", 1976) erschwert die komplizierte Handlungsführung das Verständnis der Erzählungen Joachim Wittstocks.[240]

Es sind viele Schriftsteller, die sich die Sprache der Andeutung zu eigen machen. In der Erzählung Franz Storchs „Wie im Film" versucht ein dreizehnjähriger Knabe, mit den Erfahrungen der Elterngeneration klarzukommen. Er will die Schweigebarrieren der Mutter durchbrechen und von der Abführung des Vaters in die Kriegsgefangenschaft und danach zur Zwangsarbeit erfahren. In der Erzählung „Frühjahrsregen" wagt sich Storch ins Milieu der politischen Häftlinge. Dabei wird die Technik des Kamera-Blicks für aussparendes Erzählen eingesetzt.

---

[240] Zum Beispiel in den Erzählungen „Schlüsselpunkt" (NL 4/1969), „Bußwinkel" (aus dem Band „Parole Atlantis", 1980), „Brückenzoll" (aus dem Band „Morgenzug", 1988), „Christian Schesäus Transilvanus. Fahrten in der Lebensgeschichte eines weniggelesenen Dichters" (aus dem Band „Der europäische Knopf", 1991), „Peter Gottliebs merkwürdige Reise. Eine Märchennovelle" (aus dem Band „Spiegelsaal", 1994). Jede von ihnen hätte an dieser Stelle eine Interpretation verdient.

Den gleichen Willen zur literarischen Aufarbeitung der Nachkriegserfahrung zeigen Erzählungen von Ernst Kulcsar oder Wolfgang Koch.[241]

Herta Müller erwähnte in „Niederungen" (Berlin 1984) die Rußlanddeportation, was zum Zeitpunkt der Erstveröffentlichung des Bandes in Bukarest 1982 Sanktionen nach sich zog[242]: „Ich sah Mutter nackt und erfroren in Rußland liegen, mit zerschundenen Beinen und mit grünen Lippen von den Futterrüben. Ich sah Mutter durchsichtig von Hunger, ausgezehrt und faltig bis unter die Haut, wie ein müdes, bewußtloses Mädchen."(93)

In Franz Hodjaks Erzählungen verdichten sich die Anspielungen auf die Mißstände der Nachkriegsjahre. Er setzt sich thematisch mit der Bewältigung der Vergangenheit durch die zweite Nachkriegsgeneration auseinander, mit dem Widerstand der Bauern gegen die Kollektivierung oder mit der Darstellung der repressiven Maßnahmen gegen die Intellektuellen.[243]

Die literarische Inangriffnahme verpönter Themen und Stoffe vollzieht sich auf dem Hintergrund eines anhaltenden Prozesses der literarischen Emanzipation, der mit der Eroberung neuer Schreibtechniken einhergeht. Die Autoren schreiben eine zunehmend verinnerlichte Prosa, mit Betonung auf das Individuum. Gerade der Zweifel an den Darstellungsmöglichkeiten sozialistisch-realistischer Vorschriften führt zur Erweiterung der Themenkreise und zur Diversifizierung formaler Mittel: Die Verarbeitung der Nachkriegstraumata erfolgt in der rumäniendeutschen Erzählung parallel mit der Rehabilitierung des Alltäglichen, der zunehmenden Psychologisierung in der Personengestaltung und durch Einsatz neuer Erzählstrategien und Wahrnehmungsmodalitäten durch Kamerablick, erlebte Rede, Techniken der aussparenden Erzählens, Erzeugung von Ambiguität. Demgegenüber sind die im westlichen Ausland lebenden ehemaligen rumänischen Staatsbürger deutscher Nationalität an dem Wandel ihrer literarischen Techniken weniger interessiert. Sie halten weiter an der traditionellen Erzählung fest.

---

[241] In Ernst Kulcsars Erzählung „Schöner deutscher Bub" (NL 9/1982, S. 7-23) geht die Hermannstädter deutsche Bevölkerung „in die Ferne, zu Tode arbeiten" (21), ein Bekannter „starb in einer Kohlenzeche bei Kriwoi Rog" (10). Diese punktuellen Angaben werden nicht weiter ausgeführt. Ähnliche Aussagen finden sich auch in Wolfgang Kochs Erzählung „Mac" (NL 9/1982, S. 25-30).

[242] In der Veröffentlichung der „Niederungen" im Kriterion Verlag mußte „Rußland" aus dem Text gestrichen werden und durch „ein fernes, fremdes Land" ersetzt werden. Das Buch lag (sicherlich auch aus anderen Gründen) drei Jahre beim Verlag, bis es die Zensur durchlief. Siehe: Bewohner mit Handgepäck. Aus dem Banat nach Berlin ausgewandert – die Schriftstellerin Herta Müller im Gespräch. In: Die Presse (Wien) vom 7/8. Januar 1989.

[243] Dies wird in Hodjaks Erzählungen „Unfertige Story" (im Band „An einem Ecktisch", 1984) und „Geschichten um Stanislaus" (in „An einem Ecktisch"), „Zahltag" (erschienen in „Friedliche Runde", 1987), deutlich.

7.3. Die Verarbeitung des Nachkriegsgeschehens bei fehlender Zensur

Nach der Wende 1989 in Rumänien explodierte die Zahl der Bücher mit memorialis-tischem Charakter, die in der Bundesrepublik in der gesamten Nachkriegszeit erscheinen konn-ten.[244] Diese Veröffentlichungen[245] entsprachen der Notwendigkeit, die Aufklärung über die Vorgehensweise der Machthaber in Bukarest und ihrer Verbündeten in den Jahren nach dem Zweiten Weltkrieg voranzutreiben, indem sie den Wissensstand über diese Jahre durch Geständnisse der Zeitzeugen aufzuholen versuchten. Auch für die rumänische Literatur wird dokumentiert, daß die jahrzehntelange Manipulierung des Lesers nach 1989 im „Durst nach dem Dokument, nach dem unmittelbaren Zeugnis" seinen Niederschlag gefunden hat.[246]

Die Erinnerungen an Gefängnis und Deportation, die im Rahmen dieser Arbeit nicht behandelt werden, bringen die Diskussion über die Verschiebung der Kriterien der Bewertung literarischer Texte mit sich. Das ästhetische Bewertungskriterium allein erweist sich oft als unzureichend und unproduktiv, wenn es um die Gefängnis- und Deportationsliteratur geht, besonders aus dem Grund, daß viele der Werke an der Grenze zwischen Memorialistik und Belletristik stehen und somit neben den ästhetischen auch ethische Bewertungskriterien ihre Gültigkeit beanspruchen. Die Authentizität gewinnt im Produktionsakt neben der künstlerischen Leistung an Wert, auch wenn der Anspruch, historische Dokumente abzuliefern, nicht erhoben werden kann.

Schriftsteller aus der rumäniendeutschen Landschaft nahmen besonders nach ihrer Auswanderung in die Bundesrepublik die Möglichkeit wahr, nach der Feder zu greifen, um als Chronisten siebenbürgisch-sächsischer Untergangsabläufe ih-

---

[244] Um ein Beispiel einer literarischen Verarbeitung des Nachkriegsgeschehens zu nennen: Bernhard Ohsams Schilderung der Rußland-Deportation „Eine Handvoll Machorka" (Augsburg 1958).

[245] Um nur einige davon zu nennen: „Rußland-Deportierte erinnern sich. Schicksale Volksdeutscher aus Rumänien, 1945-1956" (Bukarest: Verlag der Zeitung Neuer Weg 1992), Hermann Rehner: „Wir waren Sklaven. Tagebuch eines nach Rußland Verschleppten" (Privatdruck, Bukarest 1993), „Deportarea etnicilor germani din România în Uniunea Sovietică 1945" (Sammlung von Archivdokumenten, zusammengestellt von Hannelore Baier, herausgegeben vom Demokratischen Forum der Deutschen in Rumänien, 1994).

[246] So S. Damian in seiner Untersuchung zur Entwicklung des rumänischen Romans: Pivnițe, mansarde ți nu puține trepte (Note despre roman) (Keller, Dachwohnungen und nicht wenige Treppen. Bemerkungen zum Roman). In: România Literară (Bukarest) 2001, Nr. 2 und 4. Um nur einige Beispiele aus der rumänischen Gefängnisliteratur zu nennen: Ion Ioanid: „Închisoarea noastră cea de toate zilele" (Unser alltägliches Gefängnis), Bukarest 1991; Marcel Petrișor: „Fortul 13. Convorbiri din detenție" (Fort 13. Gespräche aus der Haft), Bukarest 1991; Virgil Ierunca: „Fenomenul Pitești" (Das Phänomen Pitesti), Bukarest 1991; N. Steinhardt: „Jurnalul fericirii" (Tagebuch der Glückseligkeit), Cluj 1992; Cicerone Ionițoiu: „Tombées sans croix. Génocide en Roumanie", Bd. 1, Freiburg i. Br. 1985. Darüber hinaus widmen Literaturzeitschriften ganze Nummern der Gefängnis-Literatur. Die Zeitschrift „Echinox" überschreibt beispielsweise die Nr. 1-3 (1997) mit dem Titel „Die Literatur des rumänischen Gulag".

ren Erfahrungen literarische Form zu geben und mit dem zurückgelassenen kommunistischen System abzurechnen.

Andreas Birkner (1911-1998) und Hans Bergel (geb. 1925) werden neben ihrer besonderen Produktivität auch durch ihre Zugehörigkeit zur „Kronstädter Schriftstellergruppe" im Rahmen dieses Kapitels relevant. Sie kamen mit Romanen und Erzählungen in der westdeutschen literarischen Landschaft in einem denkbar unförderlichen Kontext an. „Es war die Zeit jener blauäugigen westlichen Ceaușescu-Euphorie, in der ein Romanautor, der das Horrorgemälde des Kommunismus mit dem Realismus des Kenners von erster Hand gestaltete, vor allem in Deutschland unwillkommen war." Andreas Birkner beispielsweise wurde zum ‚Faschisten' gestempelt oder bestenfalls verschwiegen."[247]

Die Romane Andreas Birkners „Das Meerauge" (1976) und Hans Bergels „Der Tanz in Ketten" (1977) stellen eine Schnittstelle zwischen der Biographie und dem literarischen Werk dar, wird doch die eigene Gefängniserfahrung für das Zeitgeschehen als aussagekräftig empfunden. Sie eignen sich deshalb, die literarischen Muster für die im Westen geschriebenen Bücher über die rumänische Diktatur zu veranschaulichen.

Besonders im Fall Andreas Birkners wird das Ausmaß deutlich, in dem das Gelingen seiner Romane von der Verarbeitung heimatlicher Stoffe abhängt. Die Romane „Heinrich, der Wagen bricht" (1978) und „Spiele mit Nausikaa" (1981), in denen der Blick auf Siebenbürgen nur auf einige, wenn auch kraftvolle Linien zugunsten der Schilderung des Berufsalltags in der Bundesrepublik oder der Urlaubserlebnisse reduziert wird, erreichen nicht mehr die Konsistenz der „Tatarenpredigt" (1973) und des „Meerauges" (1976).[248]

---

[247] Hans Bergel: Einer großen humanistischen Tradition verpflichtet. Die Roman-, Erzählungen- und Anekdotenwelt eines unbequemen Autors. Andreas Birkner zum achtzigsten Geburtstag. In: Siebenbürgische Zeitung vom 15.08.1991.

[248] Sein erzählerisches Können setzt er besonders in der Darstellung der exotischen Existenzräume im Südosten Europas unter Beweis. Als Virtuose der Darstellung ethnischen Kolorits erweist sich Birkner in der Zeichnung der Gestalt des Bessarabischen Russen Foma Fomitsch Darjenko in „Das Meerauge" oder in der Beschreibung rumänischer Volksliedrefrains in „Die Tatarenpredigt": „Foaie verde mărăcine, sang der Pope Zeno Zissu, grünes Blatt und bittres Kraut! Da ahnt man denn gleich, was das für ein Kraut ist, dessen Bitterkeit keinem schmeckt: Mir ist, als müßt' ich morgen sterben, daß sie mich hin zum Kirchhof schleppen, schwarze Erde auf mich kippen, schwarze Erd' und dunkles Gras. Ohne Atemholen geht's weiter: Wenn ich so am Sterben wär', ruft mir flugs die Liebste her; hält sie so die weiße Kerze, will ich sie vom Herzen herzen, Aug' in Auge, Blick in Blick, wär's das seligste Geschick! Ohne Umschweif geht es weiter. Mäi! klagt der Hirte, mai! klagte der Pope Zeno Zissu im langgezogenen Ton der Wehklage, der erst im Morgenrot des Jüngsten Tages verhaucht, klagte mit dem Aufschrei der Kreatur, der noch kein Geist, weder der heilige noch irgendein weltlicher den Dämpfer aufsetzte, schrie und klagte, daß dem Mönch der Geigenbogen zu kurz wurde, klagte endlosen Schmerz: Es graut, mir graut vorm grünen Kraut, und brächten sie mich gleich ins Kloster, ich wäre dort auch nicht erlöster: mäi! Weiber kämen Gass' um Gasse, Weihrauch in dem Räucherfasse, rissen ihre Mäuler auf: Hingestreckt der Vielgeliebte,

Anhand dieser Romane verdeutlichen sich veränderte Muster gegenüber den breit angelegten Gesellschaftsromanen. Sie sparen die Zwischenkriegszeit und die Kriegsjahre in höherem Maße aus, um sich detailliert mit der Nachkriegszeit zu befassen, und fokussieren deshalb in ihrem Vorhaben, ein Zeitbild zu zeichnen, eine begrenzte Zeitspanne.

Die realistische Erzählhaltung kommt dem Anliegen des Erzählers entgegen. Das erzählerische Projekt nimmt die Enthüllung der Wahrheit in Angriff, literarisch reflektiert, doch unverblümt und verständlich für jedermann, ohne dokumentarisch zu wirken. Schon am Anfang vom „Meeresauge" wird der Glaube an die Möglichkeit der Erfassung von Wirklichkeit durch den Erzählakt ausgedrückt: „Wie verschlungen die Fäden auch sein mögen, die dem Berichterstatter in die Hände gefallen sind, unentwirrbar sind sie nicht."(12) Der Erzählvorgang soll Klarheit über das Geschehen in der Vergangenheit schaffen, soll entwirren und nicht, wie etwa nach dem Rezept des zeitgenössischen Erzählens, Ambivalenz produzieren. Der Erzähler vertraut den Möglichkeiten realistischer Wiedergabe, dabei sorgen die eingesetzten Dingsymbole und Motive dafür, das Erzählte als ein in sich stimmiges Ganzes zu präsentieren.

Der Abstand zwischen erzählter Zeit und Erzählzeit wird in beiden Romanen von einem Erzählrahmen gewährleistet, aus dem die Hauptgestalt, jeweils ein im Westen Europas lebender Siebenbürger Sachse (Schenker in Birkners „Das Meerauge") oder Banater Schwabe (Kaltendorff in Bergels „Der Tanz in Ketten") den Blick auf seine Erlebnisse im Rumänien der Nachkriegszeit richtet, auf eine Welt, deren Grundton die Angst ist und deren Muster die Gefängniszelle repräsentiert[249]. Der Abstand zwischen der erzählten Zeit und der Erzählzeit mindert

---

keiner der das Herz betrübte, zählt sie, die er satt gemacht, sieben Dörfer oder acht. Mäi! Woher dem Mönch die Weise der Hirtenklage zugeflogen war, darüber könnte vielleicht der Pfarrer Schenker Auskunft geben. Da diese Weisen indessen die Muttersprache des Volkes sind, bleibt es nicht verwunderlich, daß der Mönch sie auf der Geige zu spielen verstand." („Die Tatarenpredigt", S. 118-119)

[249] Gefängnis und Gefangenschaft werden in den Erzählungen dieser Autoren oft thematisiert: „Die Gefängniszelle ist die Nußschale, welche die ganze Welt enthält". (Birkner, „Meerauge", 208-209). In Birkners Roman „Die Tatarenpredigt", in dem das Dorfbild der Nachkriegsjahre gezeichnet wird, heißt es in den Worten des Dorfpfarrers Umling: „Ob einer im Gefängnis sitzt oder draußen herumläuft, das wird sich bald nicht mehr unterscheiden lassen." („Die Tatarenpredigt", 417) Der Pfarrer Birkner paraphrasiert die Bergpredigt und erklärt die Gefängniszelle zum geistigen Raum der Freiheitsfindung: „Selig sind, die allerorten nach der Freiheit verlangt, denn sie sollen sie finden" (Meerauge, 451). Die Möglichkeit geistigen Lebens in der Gefängniszelle gestaltet das Kapitel „Das Schattenkabinett" in Bergels Roman „Der Tanz in Ketten", wo das Leben in der Zelle das Streben nach Freiheit und die Möglichkeit der mystischen Erlösung potenzieren. Zu dem Leben in der Gefängniszelle äußert sich Bergel in Analogie zur Rolle der Kunst für den geistigen Widerstand in seinem 1985 veröffentlichten Band „Der Tod des Hirten oder Die frühen Lehrmeister": „„...einige Verszeilen ... erhellten unser erbärmliches Dasein gleich Flammenausbrüchen, die uns unerreichbar machten, da wir in ihrem Schutz standen".(55)

sich in Birkners „Meerauge" dadurch, daß der auktoriale Erzähler streckenweise mit der Perspektive der Protagonisten verschmilzt.

Im „Meerauge" wird das Schicksal von vier Freunden verfolgt, die sich Ende der 50 Jahre in einem rumänischen kommunistischen Gefängnis kennengelernt haben: Schenker wandert nach seiner Entlassung in die Bundesrepublik aus, sein Freund Tutius, Pfarrer, resigniert in der Zurückgezogenheit eines siebenbürgischen Dorfes und glaubt, auf diese Weise die Kontinuität der Existenz der deutschen Minderheit in Siebenbürgen zu sichern, der Künstler Brandeis wird von den rumänischen Behörden abgehalten, seiner Familie in der Bundesrepublik nachzureisen, der Halbrumäne Humitia, ein Arzt, stirbt bei versuchter Landesflucht. Das Leben ehemaliger politischer Häftlinge und ihre mühevolle Eingliederung in die Gesellschaft, der Verfall der Bauerngesellschaft, das Leid der Flüchtlinge aus der Sowjetunion und aus Bessarabien finden im Roman ihren poetischen Ausdruck: alle sind sie zu Verlierern geworden.

Die Bitterkeit der Darstellung erhält im Roman Birkners „Die Tatarenpredigt" (Wien 1973) einen ironischen Beigeschmack. Die Verlierer des Krieges agieren nun im dörflichen Milieu. Der idyllischen Bauernwelt aus seinem 1944 erschienenen Roman „Wind in der Tenne" (Stuttgart), der, wenn auch in der Tradition der siebenbürgischen Dorfgeschichte stehend, doch an die Blut-und-Boden-Problematik erinnert, stellt Birkner nun das Bild zerstörter Ordnung in einem siebenbürgischen Dorf der Nachkriegszeit entgegen. Das Schicksal der Familie Malmkröger steht stellvertretend für das der siebenbürgisch-sächsischen Minderheit in den Nachkriegsjahren. Enteignung, Deportation, Steuerlasten seitens der neuen Machthaber, erlittene Verluste durch den Krieg setzen der bäuerlichen deutschen Kultur Siebenbürgens ein Ende. Ein durch Terror verkrampftes und erzwungenes Miteinander der Völkerschaften Siebenbürgens wird hier dargestellt. Der Tod des Krimtataren Göngür Mustafa, der während des Ersten Weltkriegs als Gefangener ins siebenbürgische Dorf Pretai kam und sich seitdem als Knecht im Dorf sein Brot verdiente, versetzt alle Dorfbewohner in Angst und Schrecken. Die Obrigkeit verordnet für den sowjetischen Staatsbürger ein ehrenvolles Begräbnis, doch die Pfarrer aller Konfessionen weigern sich aus Angst vor den launischen Reaktionen der Machthaber, das Begräbnisritual zu vollziehen. Das ehrenvolle Begräbnis kommt dennoch zustande, der Reihe nach wird auf lateinisch, hebräisch, ungarisch, rumänisch und deutsch gepredigt. Wie noch nie zuvor, stehen die verschiedenen ethnischen Gruppen des Dorfes am Grab des Tataren nebeneinander. Die Situation ist bitter-komisch: In Siebenbürgen, wo - im verschönerten Geschichtsbild Birkners - schon vor dem dreißigjährigen Krieg „die Religionsfreiheit proklamiert wurde" (307), ist der Anlaß, der die Eintracht bewirkte, ein „unechter", von außen erzwungener. Die Predigt des evangelischen

Pfarrers Umling zur Existenz des Knechts und Tagelöhners verstehen die Bauern als Anspielung auf ihre eigene Lage nach dem Krieg.

Die Erzählinstanz geht in der „Tatarenpredigt" mit den Siebenbürger Sachsen dennoch hart ins Gericht, so auch die Schlußfolgerung Dieter Kesslers in seiner Analyse zum Roman: „Die Sachsen zeigen sich als ratlos (172), zu keiner pragmatischen Entscheidung fähig (164) und immer noch im Vertrauen auf alte Privilegien befangen (167), weshalb sie auch hilflos ausgeliefert sind. ... So reagieren die Sachsen wieder einmal mit moralischen Kriterien auf fundamental geänderte Machtverhältnisse, wie sie es nach 1848, 1867 und 1918 getan haben."[250] Die Haltung des Erzählers ist ambivalent: Einerseits drückt der ironische Unterton das Mißtrauen gegen die „positive Kraft der Tradition" aus, andererseits ist die Ironie nur erzähltechnisches Prinzip, weil er sich weiterhin in der Position des siebenbürgisch-sächsischen Chronisten sieht.[251] Wie auch bei Hans Bergel wird auch bei Birkner nicht mit der Absicht erzählt, die „Volksgeschichte" als Ganzes zu demontieren, sondern sich auf das Aufzeigen einiger historischen Fehler zu beschränken.

Bergels Roman „Der Tanz in Ketten" gestaltet sich vereinheitlichend aus der Perspektive der zentralen Gestalt, Rolf Kaltendorff. Todkrank wartet er in seinem gerade fertiggebauten Haus auf das Eintreffen seiner Familie, die im kommunistischen Rumänien zurückgeblieben ist. Der Roman ist eigentlich aus mehreren Ich-Erzählungen zusammengesetzt, in denen kapitelweise je einer der Freunde, alle zu dem gemeinsamen Treffen bei Kaltendorff zugereist, selbst zu Wort kommt und in der Runde sein Schicksal erzählt. Es ist eine Gemeinschaft von Ungarn, Rumänen, Deutschen, denn Kaltendorff teilt mit ihnen keine gemeinsame Muttersprache, sondern die Sprache der „gemeinsamen Erfahrung" (144). Unter den Freunden fühlt sich Kaltendorff als Mitglied einer geopferten Generation. Die Zugehörigkeit zu einer nationalen Gemeinschaft wird in Bergels Darstellung von der zu einer Leidensgemeinschaft abgelöst, in der alle nationalen Gruppen Siebenbürgens vertreten sind.

Erst Ende des Romans erfährt der Leser, daß das Zusammentreffen der Freunde Kaltendorffs Wahnvorstellung und ihre Erzählungen eigentlich seine Erinnerungen waren, seine Freunde aber weiterhin hinter den streng bewachten Grenzen verweilen. Der Wendepunkt durch das Ende des Romans wirkt künstlich, denn Professor Stavride, das Ehepaar Alischer, Peter Römers, Dr. Braha und Toma Panduru waren in einen viel zu kohärenten Erzählzusammenhang eingebettet, um

---

[250] Siehe Dieter Kessler: Fragmentarische Hinweise auf die Akkulturation der Siebenbürger Sachsen in der Darstellung der „Tatarenpredigt" Andreas Birkners. In: Anton Schwob (Hg.), 1985, S. 125-130, 127-128.
[251] Ebd., S. 129.

dann plötzlich als Traum oder Agonie Kaltendorffs verkauft zu werden. Die je nach Erzähler kapitelweise präsentierten Erinnerungen machen einen nicht plausiblen Eindruck, der Szenenschnitt erscheint gekünstelt, die Nähte sind im Romanganzen sichtbar, besonders unter den Umständen, daß sich der Erzähler um die Glaubwürdigkeit des Stoffes bemüht. Den Gedankengängen des sich erinnernden Erzählers hätte ein mosaikartiges Ineinanderflechten der Stimmen eher entsprochen.

Durch die exemplarische Veranschaulichung von Schicksalen unterschiedlicher Volkszugehörigkeit und aus allen sozialen Schichten der rumänischen Nachkriegsgesellschaft konvergieren die beiden Romane auf ein gemeinsames Zeitbild. Die Gestalten sind Repräsentanten einer Verlierergeneration in einer Zeit der Schauprozesse, in einer Gesellschaft, die in ihrem Durchsetzungswahn alles „reinigend" ausbrennt, wahllos bestraft und massenhaft Sündenböcke hervorbringt.

Die Titelmetaphern „Tanz in Ketten" und „Meerauge" stehen für menschlichen Widerstand und Standhaftigkeit. Der Naturmensch Gordan, ein eingekerkerter Hirte, der so oft aus dem Gefängnis ausgebrochen ist, daß er zuletzt in der Zelle in Ketten gelegt wird, drückt sein nicht zu bändigendes Lebensgefühl und das angeborene Freiheitsstreben in einem orgiastischen Tanz in Ketten aus. („Der Tanz in Ketten", S. 254f) Mit dem „Meerauge" entscheidet sich Birkner hingegen für einen metaphorischen Ausdruck mit Bezugnahme auf die Existenz der deutschen Minderheit im Südosten Europas. Innerfiktional ist das „Meerauge" ein Wortschöpfung Schenkers: „Man kann sich ja ein zutreffenderes Bild von unserer achthundertjährigen Existenz hier auch gar nicht machen: der herrliche meerblaue See hoch oben im Gebirge, rings von starrem Felsgestein umgeben ... es ist ein Wunder, daß er sich hält; man muß sich ihn aus den Wassern der Ozeane unterirdisch gespeist vorstellen ... Das Meerauge nämlich ist nicht allein das zutreffende Sinnbild einer vielberufenen abendländischen Existenz inmitten östlicher Verlockung und Bedrohung..."(388f). Tutius übernimmt das Bild des von bedrohlichen Bergen umgebenen Sees in angereicherter allgemeiner Bedeutung, wenn auch etwas nebelhaft ausgedrückt, als Gleichnis für die Notwendigkeit der Bedrohung von außen für die innere Läuterung und das ultimative Erleben der Freiheit des Individuums. In der Argumentationslogik Tutius' setzt bei mangelndem Außendruck geistiger Stumpfsinn ein.

In ihrem Bestreben, den Drang nach Freiheit in der ganzen Bandbreite menschlichen Ausdrucks zu veranschaulichen, streifen die Erzähler wohl oft das Pathetische. Sie binden das Subjektiv-Menschliche ans Gesellschaftlich-Politische, indem sie individuelle Probleme auf gesellschaftliche Mißstände zurückführen, so daß ihre Thematik oft eintönig wirkt. Die Forderung, die der Stoff an den

Schriftsteller stellt, und nicht zuletzt die von der Autorinstanz geplante Wirkung der Texte, die Ausrichtung auf ein Publikum mit einer bestimmten Geschmacksrichtung, prägen den Personalstil dieser Autoren, wenn er auch bei einem Vergleich mit dem dominanten Zeitstil anachronistisch anmutet.

Jüngere Autoren modifizieren den Zusammenhang zwischen diesen Stoffen und dem mimetischen Darstellungsprinzip. Der Lyriker Oskar Pastior beispielsweise, der sich programmatisch gegen die im Erzählen von vorn herein enthaltenen „Monstren der Kausalität und Finalität" (205) stellt, zählt seine fast fünf Deportationsjahre in die Sowjetunion zu seinen „Generalthemen".[252]

Im epischen Block „Die Grassuppe" aus Herta Müllers „Der Mensch ist ein großer Fasan auf der Welt"[253] werden die Erfahrungen der Eltern und der Überlebenskampf einer Frau in Rußland in nüchternem Stakkato-Stil geschildert. Dabei tritt der Erzählerkommentar vollständig in den Hintergrund: „Windischs Frau war fünf Jahre lang in Rußland gewesen ... Als der Schnee zum ersten Mal geschmolzen war, wuchs in den Schneesteinmulden spitzes, dünnes Gras. Katharina hatte ihren Wintermantel verkauft für zehn Scheiben Brot ... Dann war der zweite Schnee gekommen. ... Katharina ging ins Eisenbett eines Mannes. Der war Koch ... Er wärmte sie und gab ihr Kartoffeln." Im gleichen Buch kommt es zu Verdichtungsmomenten, in denen Krieg und Nachkriegszeit mit ihren unvorhersehbaren Auswirkungen auf die Schicksale Einzelner in einem Atemzug aufgezeigt werden: „Windisch war aus der Kriegsgefangenschaft ins Dorf zurückgekommen. Das Dorf war wund von den vielen Toten und Vermißten gewesen. Barbara war in Rußland gestorben.
Katharina war aus Rußland zurückgekehrt. Sie wollte Josef heiraten. Josef war im Krieg gestorben. ... Die Grabsteine standen in weißen Reihen. Das Eisentor quietschte. Katharina schlug das Kreuz. Sie weinte. Windisch wußte, daß sie um Josef weinte. Windisch schloß das Tor. Er weinte. Katharina wußte, daß er um Barbara weinte. Katharina hatte wie Windisch den Tod gesehen. Katharina hatte wie Windisch ihr Leben mitgebracht. Windisch hängte sein Leben rasch an sie." (46-47) „Dann ist die Enteignung gekommen ... Aus der Stadt sind Männer gekommen. Sie haben das Feld vermessen. Sie haben die Namen der Leute aufgeschrieben und gesagt: Alle, die nicht unterschreiben, werden eingesperrt." („Der Mensch ist ein großer Fasan auf der Welt", 29). Herta Müller setzt die Rußland-Erinnerung in der Publizistik fort: Über die Deportation der „arbeitsfähigen" deutschen Bevölkerung im Ural berichtet sie im Artikel „Eine warme Kartoffel

---

[252] Oskar Pastior: „Meine Bockigkeit, mich skrupulös als Sprache zu verhalten". In: Stefan Sienerth, 1997, S. 199-216, 205 und 209.
[253] Sie veröffentlicht den Erzählungsband in der Bundesrepublik (Berlin 1986) noch vor ihrer Ausreise aus Rumänien.

ist ein warmes Bett", für die Schweizer Zeitschrift „Du", der 1992 im gleichnamigen Sammelband veröffentlicht wurde.

Auch in Rumänien wird nach der Wende die Aufarbeitung des Nachkriegsgeschehens zum Thema gemacht, und der Trend scheint anzudauern. Eginald Schlattner, der sich fünfundsechzigjährig mit dem Roman „Der geköpfte Hahn" (1998) auf der literarischen Szene zurückmeldete, äußerte sich in einem Interview[254] über die Pläne zu einem weiteren Roman, „Weiße Flecken", in dem er sich auf seine Haftzeit zwischen 1957-1959 und die Heimkehr 1960 bezieht. Mittlerweile ist sein Roman 2000 im Wiener Zsolnay Verlag, allerdings mit dem Titel „Rote Handschuhe" erschienen. Joachim Wittstock befaßt sich in seinem noch unveröffentlichten Roman „Bestätigt und besiegelt", von dem ein Vorabdruck in der „Neuen Literatur"[255] erschienen ist, mit der unmittelbaren Nachkriegszeit. Er schreibt zur Zeit eine weitere Erzählung mit einer ähnlichen Thematik. Offensichtlich ist der Aufklärungsbedarf über die Nachkriegsrepression in Rumänien noch lange nicht erschöpft, man muß wohl auch in den nächsten Jahren mit weiteren Texten zu diesem Thema rechnen.

8. Der kulturpolitische Kontext ab Mitte der sechziger Jahre

Bereits ab Anfang der sechziger Jahre begann sich eine neuerliche Schwenkung der kulturpolitischen Linie der Partei abzuzeichnen, als Folge der Einsicht, daß die „harten Methoden" der Partei nicht die erwünschte Popularität und Autorität brachten.[256] Dieser eingeleitete Liberalisierungskurs war nicht selbstverständlich, wenn man bedenkt, daß ab 1963, angesichts der allmählichen Verhärtung der sowjetischen Kulturpolitik, moskautreue Altstalinisten in Rumänien ein Umschwenken zu bewirken versuchten.[257]

Auf der rumänischen literarischen Bühne ging die eingeleitete Liberalisierung mit Forderungen nach stilistischer Vielfalt innerhalb des Sozialistischen Realismus und mit der Diversifizierung der publizistischen Landschaft einher. In der Realismusdebatte, die 1964 ihren Anfang nahm, wurde das Verhältnis zwischen Kunst und Wirklichkeit diskutiert, wobei sich der Begriff des Sozialistischen Realismus als das größte theoretische Hindernis erwies.[258] Auf der Landeskonferenz des Rumänischen Schriftstellerverbandes wurden im Februar 1965 Forde-

---

[254] „Ich muß nicht erfinden". Gespräch mit Eginald Schlattner. In: Karpatenrundschau vom 30.01.1999.
[255] Unter dem Titel „Skelettwirrnis auf dem Michelsberg". In Neue Literatur (neue Folge) 1995.
[256] Gabanyi, Anneli Ute, 1975, S. 79.
[257] Ebd., S. 197.
[258] Ebd., S. 109.

rungen nach einer differenzierten und weniger dogmatischen Literatur gestellt[259]. Daraufhin wurden auf dem Schriftstellerkongreß 1965 wichtige Episoden des „Erbes" rehabilitiert, wodurch der neue Staatspräsident Ceaușescu zahlreiche Sympathien gewann. Ein wichtiges Signal für die liberalen Autoren war die Rehabilitation der rumänischen Avantgarde der dreißiger und vierziger Jahre und die Feststellung in zahlreichen theoretischen Aufsätzen, daß die Avantgarde keinen Bruch mit der Gesamtheit der literarischen Tradition darstellte.[260]

Mit der Lockerung des Kanons des „sozialistischen Realismus" wurde die bisher verpönte Literatur wieder rezipiert und neue Literatur geschrieben. Die literarische Rezeption der Moderne erfolgte prompt, dies zeigt auch die Stellungnahme Paul Schusters, der 1970 bei dem Anlaß eines Rundtischgesprächs den fördernden Kontext für literarische Entwicklungen der letzten Jahre konstatierte: „Erstens wissen wir, daß seit einigen Jahren eine freiere, lockerere, vielseitigere Betriebsamkeit in unserer Literatur herrscht. Wir können das deutlich aus der Verlagsproduktion und der literarischen Presse unseres Landes ablesen. Wir dürfen also ruhig sagen, daß eine Periode, in der ein gewisser Proletkultismus geherrscht hat, überwunden ist, und daß es heute – jede Zeitschrift beweist es, bei höherem oder niedrigerem Niveau – eine Diversität an Persönlichkeiten, Gesichtspunkten, Themen gibt, wie sie vor zehn Jahren nicht feststellbar war."[261]

Im Zuge der Liberalisierung wurden mehrere rumänische Zeitschriften ins Leben gerufen, wie „Secolul 20" („Das 20. Jahrhundert") im Januar 1961, 1964 kamen zwei neue Kulturzeitschriften hinzu: „Ramuri" in Craiova und „Ateneu" in Bacau. Die Redaktionen der übrigen Zeitschriften wurden transparent gestaltet, junge Literaturkritiker debütierten.[262]

Cristina Tudorică spricht in ihrer Dissertation „Rumäniendeutsche Literatur 1970-1990. Die letzte Epoche einer Minderheitenliteratur" (1997) von einem Höhepunkt der Gleichschaltung in den Jahren nach der Machtübernahme Ceau-

---

[259] Die Landeskonferenz der Schriftsteller (Februar 1965) und der IX. Parteitag der Rumänischen Kommunistischen Partei (Juni 1965) waren für das literarische Aufblühen von Bedeutung. In der Resolution der Landeskonferenz der Schriftsteller hieß es: „Die Landeskonferenz unterstrich die Notwendigkeit einer tieferen Durchdringung des Universums unserer Tage, der Bereicherung des Inhalts der Literatur und der Vermittlung dieses Inhalts durch neue, eigene Mittel. Gleichzeitig wurden die Tendenzen zur Einseitigkeit, Oberflächlichkeit und Routine, sowie das Erstarren in überholten, sterilen Formen kritisiert. Der literarische Wert, interessante künstlerische Lösungen sind allein imstande, kraft ihres revolutionären Ideengehaltes einen starken Widerhall im Leser zu wecken." Zitiert von P. Motzan: Die rumäniendeutsche Literatur nach 1944. In: NL 2/1976, S. 92-104, 97.

[260] Gabanyi, Anneli Ute, 1975, S. 135.

[261] Zit. aus Paul Schuster: Strukturalismus und Kerweih. NL-Rundtischgespräch über aktuelle Probleme der deutschen Literaturkritik aus Rumänien. In: NL 8/1970, S. 46-63, 46.

[262] Gabanyi, Anneli Ute, 1975, S. 87.

şescus (1965) und der Einengung des Freiraumes der deutschen Minderheit in dieser Zeit. Die Qualität der in diesen Jahren entstandenen Literatur widerspricht jedoch dieser Annahme. Als förderlich erwies sich zudem auch der Umstand, daß Ceauşescu auf dem IX. Parteitag der Rumänischen Kommunistischen Partei (19.-25.07.1965) der deutschen Minderheit mehr Rechte zugestand und einräumte, daß nach dem Zweiten Weltkrieg in der Minderheitenpolitik Fehler gemacht worden waren.

Den Minderheiten gegenüber zeigte sich die Parteiführung in diesen Jahren entgegenkommend. Die serbische und die ungarische Bevölkerungsgruppe erhielt je eine Kulturzeitschrift, „Knijevni Zivot" und „Megyei Tükör". In Klausenburg erhielten ungarische, rumänische und deutsche Studenten im Dezember 1968 von der lokalen Parteispitze die Erlaubnis, eine Literaturzeitschrift herauszubringen: Echinox.

Die Studentenzeitschrift „Echinox" (mit je einem ungarischen, rumänischen und deutschen Teil) war eine der wichtigsten literarischen Publikationen jener Zeit. Wie auch Franz Hodjak berichtet, sammelten sich Ende der sechziger Jahre um die Klausenburger Zeitschrift eine Gruppe rumänischer, deutscher und ungarischer Philologiestudenten. „Die Zeitschrift erschien dreisprachig, und jede Nationalität hatte das uneingeschränkte Recht, die ihr zustehenden Seiten nach freiem Ermessen zu gestalten. Es war etwas Einmaliges. Der Austausch war ungewöhnlich intensiv, man lernte gegenseitig voneinander, respektierte das Anderssein, übersetzte sich gegenseitig."[263] Der Lyriker Werner Söllner, der dem Kreis um die Studentenzeitschrift „Echinox" angehörte, nennt Klausenburg einen „Brennpunkt literarischen Lebens" nicht nur der Rumänen und Ungarn, sondern auch der Deutschen. Im Umkreis dieser Zeitschrift wirkten junge Literaturwissenschaftler wie Peter Motzan und Michael Markel, junge Dichter wie Franz Hodjak waren für die Förderung des deutschen Literaturbetriebs wichtig, es entstanden Literaturkreise, in denen interessierte Studenten mit Lehrern und Gastautoren zusammentrafen.[264]

Der rumäniendeutsche Literaturbetrieb profitierte von der Dezentralisierung des Verlags- und Zeitschriftenwesens, die dazu führte, daß die rumäniendeutschen Publikationen größere Unabhängigkeit erhielten. Die „Neue Literatur" (Bukarest), „Volk und Kultur" (Bukarest), die „Neue Banater Zeitung" (Temeswar) waren ausgesprochen offen für die Nachwuchsschriftsteller, Anthologien wurden herausgegeben, eine Reihe junger Literaturkritiker bildete sich heraus. „Volk und

---

[263] Franz Hodjak: Weder Flucht noch Ankunft. In: Südostdeutsche Vierteljahresblätter 1997, S. 120-124, 123.
[264] Werner Söllner: „Man hat stillschweigend akzeptiert, daß es uns gibt". In: Stefan Sienerth, 1997, S. 287-304, 296ff.

Kultur" plädierte, nachdem Franz Storch ihre Leitung übernommen hatte, für moderne Kunstrichtungen. Die an den banatdeutschen Leser gerichtete „Neue Banater Zeitung" erhielt drei Beilagen für Kultur: den NBZ-Kulturboten (eine vierseitige Beilage, die von November 1969 bis Juni 1970 monatlich und seit Juli zweimal monatlich erschien), die vierseitige Beilage für Studenten unter dem Titel „Universitas" (seit September 1969) und die Schülerseite „Wir über uns", die ab November 1969 zweimal wöchentlich erschien.[265]

Ab 1969 erfolgte die Neuorganisierung der deutschsprachigen Verlage. Die beiden deutschen Abteilungen der rumänischen Verlage, der Staatsverlag für Literatur und Kunst (ESPLA) und der Jugendverlag, 1948 ins Leben gerufen, wurden in eine Anzahl kleiner, überschaubarer und thematisch strukturierter Verlage aufgespalten. Im Zuge dieser Neuorganisierung entstand 1969 auch der Kriterion Verlag, als Hauptverlag für die Minderheiten. Bei anderen Verlagen wurde je ein Lektor für deutsche Bücher eingestellt, so beim Dacia Verlag in Klausenburg, bei Facla in Temeswar, beim Kinderbuch-Verlag Ion Creangă und beim Meridiane Verlag. Aber auch andere Verlage brachten sporadisch deutsche Bücher heraus, so der Akademie-Verlag, der Technische Verlag und der Albatros-Verlag (Jugendbuch-Verlag).[266]

All diese Erneuerungen fanden aber auf dem Hintergrund einer nicht grundlegenden Wende in der Kulturpolitik statt, denn die Resolution der Generalversammlung der Schriftsteller sprach sich für eine Weiterführung der marxistisch-leninistischen Grundlage der zeitgenössischen Literatur aus und forderte weiterhin die Darstellung der „Realitäten der Erbauer des Sozialismus".[267] Außerdem widersprach es der konservativen Anschauung Ceaușescus, eine wirklich grundlegende Liberalisierung des geistigen Lebens einzuleiten. Dies verdeutlichte sich auch in seinen Reden: „Entweder er schränkte im Hauptsatz gemachte Zugeständnisse in einem Nebensatz wieder ein oder er verwendete vage und vieldeutige Begriffe, die die Möglichkeit nachträglicher Ausdeutungen offenließen."[268]

Die Tauwetter-Phase um die Mitte der sechziger Jahre, „eigentlich eine Zeit zwischen zwei Epochen", zwischen dem Stalinismus der fünfziger und dem Nationalstalinismus der achtziger Jahre[269], ist als Übergang zu Perioden ideologischer

---

[265] Vgl. Paul Schuster: Nichtprovinzielles aus der Provinz. Zu den Beilagen der Neuen Banater Zeitung für Schüler und Studenten. In: NL 9/1970, S. 108-110, 109f.

[266] Hedi Hauser: Traditionslinien und Traditionsbrüche. Aspekte der Banater deutschen Literatur im 20. Jahrhundert. Aus: Die Geschichte des rumäniendeutschen Verlagswesens. Schwerpunkt Banater Autoren. (Typoskript)

[267] Vgl. NL 11/1968, S. 8.

[268] Gabanyi, Anneli Ute, 1975, S. 122.

[269] Gerhardt Csejka: Die Aktionsgruppen-Story. In: Ein Pronomen ist verhaftet worden, S. 228-244, 228.

Verhärtung zu sehen, als Zeit, in der nur teilweise mit den Fehlern der Vergangenheit abgerechnet wurde. Peter Motzan spricht von den „liberalen" endsechziger Jahren, in denen der „rumäniendeutsche Literaturbetrieb zu neuem Leben" erweckt wurde und in denen der Ende der 50er Jahre inszenierte Schriftstellerprozeß „mit bedauernswerter Blindheit als Betriebsunfall verharmlost" wurde.[270] Im Sommer 1967 war auch die Existenz der Zeitschrift „Neue Literatur" bedroht, sie sollte in ein vier Seiten umfassendes Wochenendmagazin des „Neuen Weg" umgewandelt werden.[271]

1968 wurde Ceaușescus Ansprache gegen den Einmarsch der Truppen des Warschauer Paktes in die Tschechoslowakei euphorisch aufgenommen. Ceaușescu verurteilte die militärische Intervention als grobe Einmischung in die inneren Angelegenheiten eines Volkes und als Verstoß gegen dessen Unabhängigkeit. Dennoch geriet im gleichen Jahr der Liberalisierungsprozeß ins Wanken. Die Lockerung der dogmatisch-verkrampften Linie ist im Zusammenspiel zwischen der Tendenz zur Entstalinisierung und der Geltendmachung eines zunehmenden Nationalismus zu verstehen.[272] Die Partei stärkte ihre innere Machtposition trotz Gewährung einiger Freiheiten, indem sie sich durch die Bewahrung nationaler Werte legitimierte.

Autoren wie Andreas Birkner und Hans Bergel, die während ihrer Haftzeit 1959-1964 brutalste Repressionsmethoden erlebten, mißtrauten offensichtlich dem neuen machtpolitischen Diskurs und wanderten aus. Auch der Lyriker Oskar Pastior erkannte bereits in der „liberalen Phase" die Vorboten dafür, daß die „nationaledukatorische Schraube bereits irgendwo angezogen wurde".[273] Dieter Schlesak, der zwischen 1964 und 1968 Redakteur für Lyrik bei der „Neue Literatur" war, verließ 1969 Rumänien. Im Nachhinein fand er es absurd, daß er nach der Balkon-Rede Ceaușescus am 21. August 1968 gegen den Einmarsch der Warschauer-Pakt-Truppen in Prag zusammen mit den Schriftstellerkollegen Paul Goma, Paul Schuster und anderen um die Aufnahme in die Partei nachsuchte.[274] Die Konfrontation zwischen den auf Liberalisierung bedachten Schriftstellern und der Partei verschärfte sich. Die Autoren forderten die Demokratisierung und

---

[270] Peter Motzan: „Worte als Gefahr und Gefährdung", 1993, S. 14.
[271] Paul Schuster: Testamentarisch für und gegen meine Verleumder. Typoskript, S. 4. Anton Breitenhofer - von allen Seiten sonst als „grundanständiger" Mensch gelobt – war als Chefredakteur des „Neuen Weg" der Initiator dieses Vorhabens, wahrscheinlich um seiner Zeitung ein breiteres Lesepublikum zu verschaffen.
[272] Gabanyi (1975) erwähnt die Unabhängigkeitserklärung vom 26.April 1964, die vom Zentralkomitee der Partei als umfangreiche „historische" Resolution verabschiedet wurde. (S. 81f.)
[273] Oskar Pastior: „Meine Bockigkeit, mich skrupulös als Sprache zu verhalten". In: Stefan Sienerth, 1997, S. 199-216, 210.
[274] Dieter Schlesak: Abschied von Siebenbürgen. In: Stefan Sienerth, 1997, S. 217-238, 224.

Dezentralisierung des Schriftstellerverbandes, die Gewährung von Studienreisen ins Ausland, einen erweiterten Austausch von Büchern und Zeitschriften mit dem Ausland, und vor allem verlangten sie, die bisher erlangte Liberalisierung der Kulturpolitik zu einem irreversiblen Prozeß zu machen.[275] Aus den Ausführungen Gabanyis ist zu entnehmen, daß in diesen Jahren der Liberalisierung Konfrontationen zwischen den hohen Funktionären innerhalb der Partei stattfanden. So verteidigte beispielsweise Miron Constantinescu von der Position eines undogmatischen Marxismus aus den Willen zur formalen Erneuerung und zum Experiment, während Ceaușescu die Vielfalt der Stile nur insoweit tolerierte, als sie zur Verständlichkeit und zur prägnanteren Darstellung des Inhalts beitrage.[276]

9. Ankündiger der „Moderne"

Im Vorwort einer 1970 in der Bundesrepublik erschienenen Anthologie begründet der Herausgeber Wolf Peter Schnetz die Feindlichkeit der rumäniendeutschen Literatur gegenüber modernen Positionen durch Bezugnahme auf das Gesellschaftssystem. Er umschreibt die rumäniendeutsche Literatur als „System von Vereinfachungen, die benötigt werden, um menschliche Unsicherheitsfaktoren und damit die Gefahr der Unsicherheit schlechthin auszuschalten"[277]: „Von Zerstörung und Selbstzerstörung, die am Material, der Sprache, beginnen und den Menschen meinen könnten, nehmen wir nichts wahr. Vielleicht sehen wir darin das Spezifikum der Sprachkunst, die im Kontext mit der gegenwärtigen Ideologie des Ostens zu verstehen ist. Der Künstler des ‚Ostens' braucht die ungebrochene Form, um zu einer klaren Aussage zu kommen."
Daß moderne, nicht-dogmatische Schaffenspositionen in der zweiten Hälfte der sechziger Jahre in der rumäniendeutschen Erzählung erobert wurden, soll im folgenden an einigen Beispielen veranschaulicht werden: Franz Storch: „Die Trompetenschnecke" (1966), Arnold Hauser: „Der fragwürdige Bericht Jakob Bühlmanns" (1968), Paul Schuster „Vorwort. (Ein Fragment)" (1968), Georg Scherg: „Der Mantel des Darius" (1968).[278] Diese Erzählungen, die sich durch ein Plus an Individualität in der Widerspiegelung der Realität gekennzeichnet sind, sind symptomatisch für die Entkrampfung des Verhältnisses Kunst-Wirklichkeit.

---

[275] Gabanyi, Anneli Ute, 1975, S. 147 und 157.
[276] Ebd., S. 157, 161.
[277] Wolf Peter Schnetz im Vorwort zu Textanthologie „Grenzgänge. Deutsche Dichtung aus Rumänien". Regensburg 1969 und 1970, S. 12f.
[278] Teile dieses Kapitels wurden unter dem Titel „„Paradigmenwechsel in der rumäniendeutschen Erzählliteratur der Nachkriegszeit" in der „Zeitschrift der Germanisten Rumäniens" (ZGR), Heft 1-2 (19-20)/2001, veröffentlicht.

Csejka sieht die Literatur der mittsechziger Jahre als „mimetisches Einüben der zeitgenössischen Formensprache, Fingerübungen unter Zeitdruck".[279]

Diese Autoren, die ab Mitte der sechziger Jahre eine Veränderung ihres Schreibparadigmas signalisierten, hatten in der Vergangenheit in unterschiedlichem Maße die Bereitschaft zu Anpassung an den Kanon des sozialistischen Realismus gezeigt. Georg Scherg führte in seinen Romanen „Da keiner Herr und keiner Knecht" (1957), „Das Zünglein an der Waage" (1968), wie auch Paul Schuster in der „Fünf Liter Zuika"-Trilogie (1962, Neuauflage 1967), regionale Themenkomplexe der Zwischenkriegszeit fort, die nach den Anforderungen des neuen Weltbildes frisiert wurden. Zu gröberen Zugeständnissen im Sinne des Verfalls in literarischem Schematismus ließen sich Arnold Hauser, Franz Storch oder Paul Schuster[280] verleiten, so daß die Rezeption europäischer moderner Tendenzen mit der Distanzierung von eigenen Schreibmustern einhergehen mußte. Bezeichnenderweise entstehen die ersten bemerkenswerten Erzählungen aus der Feder der Autoren älterer Generation, die die literarische Bühne als Hoffnungsträger des sozialistischen Aufbaus betraten, und nicht etwa von jüngeren Autoren, denen Anfang der siebziger Jahre besondere Entwicklungschancen eingeräumt wurden, wie etwa Bettina Schuller, Günther Schulz, Richard Adleff, Dieter Roth.[281]

Der Einbruch moderner Schreibformen hängt zum Teil auch mit dem spezifischen Beziehungsgeflecht zwischen den Autoren innerhalb des kleinen, provinziellen Literaturbetriebs, der Zensurmechanismen unterliegt, zusammen. Die Autoren tauschten miteinander ihre Erfahrungen im Umgang mit der Zensur aus, sie wußten, was bis dahin publiziert werden konnte, so daß sie allmählich abtasteten, welche Tabus gebrochen werden konnten und welche nicht.

In den unterschiedlichsten Formen erfolgt die Verabschiedung des Sozialistischen Realismus[282]: Storch gibt die Darstellung des Typischen, also des Nachahmenswerten durch den Verzicht auf den positiven Helden auf. Statt dessen tritt eine Frau mit ihrer gescheiterten Emanzipationsgeschichte in den Vorder-

---

[279] Csejka: Rückblick auf die rumäniendeutsche Nachkriegsliteratur. In: W. Solms (Hg.), 1990, S. 151f.

[280] Zum Beispiel Franz Storchs „Gebannte Schatten. Wissenschaftlich-phantastischer Roman" (1959), „Die Ziehharmonika. Erzählungen" (1962), „Das Pfauenrad" (1964), „Drei schwere Tage". Roman (1968); Arnold Hauser „Kerben", (1962), „Neuschnee im März" (1968), „Unterwegs", Paul Schuster „Februarglut" (1963), „Als ich begann, sehen zu lernen" (1964) u.a.

[281] Hans Liebhardt, als Vertreter der Kulturredaktion des „Neuen Wegs", bezeichnet unter anderem diese Autoren als die vielversprechendsten. In: Horst Anger: „Immer wieder Weißkircher". Gespräch mit Hans Liebhardt. In: Karpatenrundschau 20.02.1970.

[282] Ähnliches bemerkt Aescht bezüglich der Entwicklung der Kurzprosa. Georg Aescht: Kreation und Administration. Zur rumäniendeutschen Kurzprosa der Jahre 1962-1973. In: Zeitschrift für Siebenbürgische Landeskunde IV. Folge 12 (1989), H. 2.1989.

grund²⁸³. Der optimistische Erzählton wird aufgegeben, das Drama der Ich-Erzählerin, die ihr Leben als Lebenslüge sieht, spielt sich innerhalb persönlicher Parameter ab, gesellschaftliche Konflikte werden als unnötiger Ballast aus der Erzählung ausgeklammert.

Arnold Hauser signalisiert schon im Titel mit der Spezifizierung „Kurzroman" die Distanzierung von dem im sozialistischen Realismus beliebten, breit angelegten Gesellschaftspanorama in Romanform.²⁸⁴ Statt dessen verschärft sich der Blick auf ein Detail, auf einen „Fall". Die Erzählung wiederholt Elemente aus der ersten Geschichte des Bandes „Unterwegs": das Leben einer siebenbürgisch-sächsischen Familie im Erdölgebiet um Ploiesti, der Rückzug während des Krieges ins siebenbürgische Dorf Wangerthskrog. Am Beispiel Adolfs, eines 1929 geborenen Siebenbürger Sachsen, wird der Weg eines Jugendlichen beschrieben, der schuldlos aufgrund der Zuweisung verallgemeinerter Schuld aus der Gesellschaft hinausgejagt wird. Wegen seines Namens und seiner Herkunft ist man ihm ständig mit Mißtrauen begegnet. Daran scheitert der sonst Schreibbegabte und verschwindet: „denn es gibt keinen, den Mißtrauen nicht verletzt". Diesem „heiklen Thema" wenden sich aus zeitlicher Distanz zwei Erzähler zu: Jakob Bühlmann und Anton Micu. Micu erhält den „fragwürdigen Bericht" Bühlmanns und stellt aus den eigenen Aufzeichnungen und dem „Nachlaß" Adolf Sommers eine Montage zusammen.

Neben den formalen Erneuerungen liegt das Bahnbrechende an der Erzählung A. Hausers in der Wahl des Stoffes: Der Roman wird zur Abrechnung mit den bis Mitte der sechziger Jahre in Rumänien tabuisierten ungerechten Maßnahmen gegen die deutschstämmige Bevölkerung im Rahmen der Kollektivschuld-Zuweisung. Mit dieser Themenwahl wird Arnold Hauser der Realismusdebatte gerecht, so wie sie auch in der rumänischen Zeitschrift „Gazeta literară" geführt wurde. Dem ausgeweiteten Realismus-Verständnis wird die Funktion zugestanden, sich die Werte der nationalen Tradition anzueignen und den für das jeweilige Volk charakteristischen intellektuellen und emotionalen Gegebenheiten Ausdruck zu verleihen.²⁸⁵

Paul Schuster parodiert die Ästhetik des sozialistischen Realismus durch Autorenkommentare, die sich auf die Produktion der Texte beziehen²⁸⁶, durch die

---

[283] Franz Storchs Erzählung erhält ihre Bedeutung im Kontext der zahlreichen Geschichten über Frauen, die in den siebziger Jahren in der DDR erschienen sind. Siehe Interpretation im Kapitel „Das Frauenbild in der rumäniendeutschen Erzählung der Nachkriegszeit".

[284] Eine Entkrampfung der Romanform gelingt auch Hans Liebhardt in „Träume und Wege" (1966).

[285] Anneli Ute Gabanyi, 1975, S. 110, zitiert aus einem Artikel aus der „Gazeta literară", in dem die Notwendigkeit der Distanzierung vom Sozialistischen Realismus hervorgehoben wird.

[286] „Ich muß mir schnellstens einen positiven Helden erfinden, wozu wäre ich denn sonst Schriftsteller?" (16)

Verwendung von Neologismen, die wegen ihres Schwierigkeitsgrades gegen die Forderung nach Schlichtheit verstießen und demnach verpönt waren[287], durch die Darstellung der Einmischung politischer Kader in den Literaturbetrieb[288], durch ironische Bemerkungen über die Multifunktionalität der Person im kommunistischen Zeitalter: der Schwager des Erzählers ist „Kommunist und Poet, Kesselschmied, Scherbensammler und Exmeister im Fechten" (123).

Kurzum: Paul Schusters Text gestaltet einen Erziehungsprozeß, der sich gleichermaßen an den innerfiktionalen Sohn wie auch an den Leser richtet. Der Erziehungsprozeß demontiert sich aber selbst während des Lesens, da der Erzähler sich intensiv darum bemüht, die Fiktion dauernd als unrealistisch zu entlarven und das Konzept wiederholt für gescheitert zu erklären. Dominante Verhaltensstandards werden als Fassade entlarvt[289]. Bei Paul Schuster wird die Erziehung streckenweise zur Parodie, Franz Storch sieht die Anerziehung geschlechtstypischer Rollen als Ursache für das Scheitern der Frau. Darüber hinaus wird auch die erzieherisch-propagandistische Aufgabe der sozialistischen Literatur demontiert. Dies geschieht in einer Zeit, in der Literatur als Mittel der Erziehung und des Umdenkens in der Resolution der Generalversammlung der Schriftsteller (siehe NL 11/1968, S. 8) weiterhin in ihrer Aufgabe bekräftigt wurde.

Die Erziehung des Sohnes zeichnet sich in Paul Schusters „Vorwort" durch die Distanz zu den Erziehungsmodellen der Großvätergeneration aus, er par-odiert die Familienhistorie und den rückwärtsgerichteten Blick auf die Ahnen, gräbt diese buchstäblich aus, und demontiert somit gleichzeitig auch traditionelle Positionen der literarischen Region. Paul Schuster spielt mit Erziehungstexten der Aufklärung und besonders mit Matthias Claudius' „Brief an den Sohn Johannes" – ist doch „Vorwort" in der Anthologie „Worte und Wege" (Hg. Hans Liebhardt, Bukarest 1970) unter dem Titel „Brief an meinen Sohn" erschienen. Die Beziehung Vater-Sohn wird gegenüber der Textvorlage nicht modifiziert: Paul Schuster greift, anders als beispielsweise Herta Müller, die Vaterfigur nicht an, die Ratschläge des Vaters an den Sohn sind durchaus ernst gemeint. Besonders scharf gestaltet sich die Kritik an den Erziehungsvorstellungen des Großvaters, an seine Erziehungsprinzipien „ersten und zweiten Grades", die immer mit Brutalität in die Praxis umgesetzt werden. Die Verschonung des Vaters und die An-

---

[287] Zum Bespiel die Fachbegriffe „Chronaxie" (37), „Parorexie" (32). Das Ganze wirkt dadurch noch ungewöhnlicher, daß sich der Erzähler demonstrativ für den Leser bemüht, in einem Wörterbuch nachzuschlagen, um die Bedeutungserklärung gleich mitzuliefern.

[288] „Als Schriftsteller freut man sich natürlich über jede lobende Kritik; die Presse hat was Gutes gesagt, der Genosse sowieso, der möglicherweise nichts von Literatur versteht, aber eine sehr bedeutende, sehr einflußreiche Position innehat, hat öffentlich ein anerkennendes Wort von sich gegeben." (34)

[289] Siehe Ende der Erzählung, die Geschichte um Tudorică.

deutung der eigenen Toleranz und Offenheit im Erziehungsprozeß deuten dennoch auf die optimistische Ausrichtung des Erzählers, der in Sachen Erziehung Fortschritte zu verzeichnen gedenkt.
Auch die Möglichkeit persönlicher Entwicklung wird kritisch aufs Korn genommen. Eine der Erzählungen, die sich vom Textganzen abzweigt, enthält eine beispielhafte Parodie der Entwicklung des Billardgenies Lutz Schuster. Das Billardspiel als Synthese zwischen Wahrscheinlichkeiten und Kalkül wird zur Lebensmetapher. Die Lebensgeschichte des Billardspielers wird mit dem Zeitgeschehen verflochten. Lutz Schuster erlebt zwei „Menschwerdungen" – die ironische Verwendung des Bibelvokabulars ist nicht zu übersehen, als er den Wehrdienst während des Ersten Weltkriegs verweigert und als er in ständiger Erniedrigung in den heruntergekommenen Hermannstädter Spelunken die Weltwirtschaftskrise überlebt.
Die ad-absurdum-Führung der tradierten Werte erfolgt durch konsequent eingesetzte stilistische Verfahren: durch das Nebeneinander von Unpassendem, durch übertriebene Schärfe der Begriffe und durch Pointierungen[290]. Paul Schuster verabschiedet gängige Moralvorstellungen und bricht sprachliche Tabus, ein Beispiel dafür bietet die Handlung um den Huren-Prototyp Doda.[291] Die ausgehöhlten Werte prüft er nach dem Schema Musik/Konzert[292] auf ihre Standfestigkeit hin.
Diese Erzählungen arbeiten intensiv an der Rehabilitierung des Subjekts, an der Verunsicherung gegenüber der konventionellen Realitätsdarstellung, und dies gelingt ihnen auch durch die Modifizierung der gängigen Erzählinstanz: Franz Storch bricht die Realität durch die Perspektive der weiblichen Subjektivität[293], A. Hauser fragmentiert die dargestellte Wirklichkeit, indem er das auktoriale Erzählen durch dreifache Perspektivierung variiert, wenn ihm dies auch wenig gelingt[294] und er den sonst für die Zeit und die Umstände scharfen Konflikt wesent-

---

[290] So geschieht es bei der Erklärung des Begriffs „Anständigkeit", der von „anstehen" abgeleitet wird und „warten" bedeutet, „Geduld üben", und deshalb „bloß eines der vielen Synonyme für Opportunismus" ist. (21) Hier findet der umgekehrte Vorgang der Euphemismusbildung statt.
[291] Diese Gestalt sorgte für Empörung: Auf der einen Seite erhob die Partei den Vorwurf, über die Hure Doda würden „alle Frauen des Landes" verunglimpft, „die Ehre des ganzen rumänischen Volkes" in den Schmutz gezogen. Außerdem hätte Schuster „schmutzige Worte" verwendet, wie sie sich für einen „sozialistischen Schriftsteller nicht ziemen". Auf der anderen Seite protestierten Lehrer und Schüler in Leserbriefen. Schließlich wurde der Skandal vertuscht, das NL-Heft war schnell vergriffen. Informationen aus dem Brief von Paul Schuster an die Verfasserin vom 18.02.2002.
[292] Musik als Sinnbild des Wesentlichen, das Konzert hingegen ist nur die gepflegte Fassade.
[293] Statt der Wirklichkeit in typisierender Zeichnung wird die widersprüchliche subjektive Realität in symbolischer Sprache poetisch verdichtet.
[294] Der geradlinige Stoff wird etwas gekünstelt in den drei Perspektiven gebrochen, so daß das Zusammenspiel zwischen den drei Erzählerstimmen oft inszeniert erscheint und der Eindruck der er-

lich entschärft²⁹⁵. Dies wird zum Teil durch das Paradoxon oder gar das Oxymoron aus dem Titel „fragwürdiger Bericht" wiedergutgemacht²⁹⁶.
Die einzelnen Charakteristika des traditionellen Erzählens: Fabel, Handlung, Personen und Erzähler werden in Schergs „Der Mantel des Darius" und in Paul Schusters „Vorwort" ansatzweise abgebaut. Durch Ironie, Wortspiele, die an Dialogen aus einem absurden Theater erinnern²⁹⁷, durch die Zugeständnisse an den Leser, dem der Blick hinter die Kulissen gewährt wird, so daß die Zerstörung der Authentizität der dargestellten Welt eingeleitet wird, durch Ambivalenz statt Eindeutigkeit, verunsichert Scherg gegenüber dem Sinn konventioneller Realitätsabbildung. Den Realismusanspruch des traditionellen Erzähldiskurses entlarvt er als berechenbar, langweilig und unrealistisch.
Die Moderne wird rezipiert, darauf deuten die Leitsprüche, die den Kapiteln vorangestellt werden, hin, beispielsweise das Motto von Lawrence Durell: „Wahrheit kann nur ironisch sein, es gibt keine andere Spielart." („Der Mantel des Darius", 39). Zitiert werden Autoren von Wolfram von Eschenbach über Cervantes und Goethe bis hin zu Dostojewski, Proust, Döblin. Scherg veranschaulicht seine Aussage nicht mehr durch Referenz auf die Wirklichkeit, sondern auf kulturelle archetypische Modelle und tritt somit in eine Spiegelkammer livresker Beziehungen ein.²⁹⁸ Damit wird die Wirklichkeit nicht simplifizierend typisiert, sondern durch Verweis auf andere Geschichten kompliziert. Mit seinem Roman hat Scherg in der Mitte der sechziger Jahre die meisten Erneuerungen in die rumäni-

---

zählerischen Polyphonie nicht vermittelt wird, sondern eher der Eindruck, daß das Erzählte von einer einzigen Erzählinstanz stammt. Ähnliche Einwände erhebt auch Gerhardt Csejka in: „Vor allem ein nützliches Buch", Neue Literatur 4/1969.

[295] Der Text fördert durch den Abstand zwischen der Handlung und ihrer Nacherzählung geradezu offiziell zugelassene Interpretationen. So Valentin Lupescu, der die Distanz zwischen der erzählten Zeit und der Erzählzeit in der Nachbemerkung der Berliner Ausgabe von 1974 (Volk und Welt, DDR) beschwichtigend deutet: „Denn im Jahre 1967, als die Romanhandlung endet, stehen die Probleme eines Adolf Sommer nicht mehr zur Debatte". (196) An solchen Interpretationsmöglichkeiten richtet sich teilweise berechtigt die scharfe Kritik der Erzählung in den Südostdeutschen Vierteljahresblättern (Lutz Tilleweid, 1972, S. 289).

[296] Gerhardt Csejka („Vor allem ein nützliches Buch", Neue Literatur 4/1969) unterstreicht das Anliegen der Autorinstanz, Sachliches zur Sprache zu bringen, deshalb auch die Wahl des „Berichts" als Gattung. Doch es ist ein „fragwürdiger Bericht", und so werden auf einem Schlag die möglichen Interpretationen, daß die Fehler der Vergangenheit in der Erzählgegenwart nicht wiederholt werden können, ins Ungewisse katapultiert.

[297] Als Beispiel ein Fragment aus einem Dialog: „‚Fehlt dir etwas?' ‚Zumindest vieles, wenn nicht alles. Oder nichts' ‚Na ja, ich verstehe.' ‚Du? Fragte Diogenes. Was?' ‚Höchstens – nichts. Aber wenigstens vieles. Wenn nicht alles.'" (Der Mantel des Darius, 30)

[298] Die Frauengestalten im Roman sind nicht „treue" oder „rebellierende", sondern werden durch die Typen einer „Penelope" oder „Klytämnestra" repräsentiert, die männlichen Rollen werden in Anlehnung an die bekannten und ihrerseits vielseitig in der Kultur beleuchteten Gestalten des Alexander, Diogenes und Darius dargestellt.

endeutsche Literatur gebracht, dennoch kann die sehr geringe Rezeption seiner Werke wegen seines schwierigen Stils ihn nicht als Wegbereiter ausweisen.

Die Erzählung Schergs drückt den Verdacht gegen eine Ideologie aus, die den Anspruch auf den Besitz absoluter Wahrheiten erhebt. Die Unübersichtlichkeit der Fabel stellt den passenden Ausdruck für die Skepsis gegenüber der Systemkohärenz und Geschlossenheit des darzustellenden Weltbildes dar. Die Skepsis bezüglich der Aussagen, die absolute Gültigkeitsansprüche erheben, setzt schon im Untertitel des Romans ein, wo jede Aussage gleich zurückgenommen wird, die Gattungsgrenzen als zweifelhaft und die Autorinstanz ohne Anspruch auf Allwissenheit dargestellt werden: „Klammer auf: eigentlich ein Roman, Klammer zu, mit allen anderen Geschichten dreier Freunde und deren Frauen oder auch nicht gelüftet von Georg Scherg".

Die konsequente Sinnzersetzung durch Fragmentierung des Wirklichkeitsbildes, die Überbrückung grammatikalischer Normen durch barocke Sprachwucherungen vermittelt kein sicheres Weltbild mehr. Scherg wechselt mitten im Roman mehrmals die Erzählinstanz, läßt die Gattungsunterschiede ineinanderfließen[299], zerstört die Handlung, kreiert Ambivalenzen und wertet, wie auch Paul Schuster, den Kommentar der Erzählinstanz auf[300]. Der Erzählerkommentar verselbständigt sich gegenüber der wirklichkeitsabbildenden Sinnstiftung und verunsichert den Leser hinsichtlich der Glaubwürdigkeit des Erzählten. „Ich will kurz sein und das Thema nicht von allen Seiten beleuchten, geschweige denn durchleuchten, weder in seiner monistischen noch dualistischen, existentialistischen oder nihilistischen Problematik, um etwa die Dimensionen schlechthin abzustecken, wozu das Licht meiner Laterne keineswegs ausreichen würde, sondern nur die rein empirische Folgerung festhalten, von der alle übrigen Problemstellungen ausgehen, um letztlich im gewaltigen Kuppelbau einer mir – ich gestehe es neidlos – völlig unzulänglichen und daher unfaßlichen Hieroglyphe zu gipfeln ... In Klammer: Herrgott, was für ein Satz. Ich bin ordentlich stolz drauf. Ich hätte mir das gar nicht zugetraut. Besonders gefällt mir der gewaltige Kuppelbau der Hieroglyphe. Klammer zu." („Der Mantel des Darius", 238).

Wie auch im Falle Schergs, kann man bei Paul Schuster zahlreiche Beispiele für derartige Ironisierungen finden. Im „Vorwort" gibt es Kommentare des Vaters

---

[299] Das Kapitel 47 von Schergs „Der Mantel des Darius" ist als ein Drama gestaltet, mit dem Titel „Die gläserne Maske". Inhaltlich wird an der vagen Romanhandlung angeknüpft: Der Tod Theodoras wird hier in „trochäischen Versen" dargestellt.

[300] Bei Paul Schuster fasziniert die Reflexion literarischer Gattungen: In manchen Passagen spielt er mit den spezifischen Wahrnehmungsmöglichkeiten der Kurzgeschichte, die keine Charakterbildung und psychologische Introspektion mehr zuläßt, spricht sich über die Krise des Romans aus, der das Erzählen ablehnt. Paul Schusters Gestaltung ist dialogisch, er läßt sich auf Gesprächen mit dem Leser ein, den er gelegentlich wegen seiner mangelnden Bildung beleidigt.

und zahlreicher Freunde, welche die Rolle haben, die Glaubwürdigkeit des Erzählten ins Schwanken zu bringen: „(Nein, nein, Paul, das geht nicht, das glaubt dir niemand, sagt kopfschüttelnd mein Vater, also Dein Großvater, Sohn...)"(18) oder „(nein, Paul, das ist aber doch zu stark aufgeschnitten, sagt mein Vater)" (22). Die Kommentare der Freunde des Erzählers über einen möglichen Schluß der Geschichte Lutz Schusters artet in einen Streit zwischen ihnen und dem innerfiktionalen Erzähler über die Autorschaft des Textes aus, wonach sie der Ich-Erzähler kurzerhand aus der Erzählung ausschaltet. Der Erzähler spielt mit der Absicht, den Text dialogisch zu gestalten, um dann plakativ zum dogmatisch-monologischen Erzählen zurückzukehren.

Die Entwicklung in Richtung Rehabilitierung der Subjektivität erfolgt parallel zum Streben nach genauer, objektiver Darstellung von Gedankengängen, Empfindungen oder Begebenheiten.[301] Diese Tendenzen, die scheinbar auseinandergehen, laufen eigentlich auf das Gleiche hinaus, darauf hat auch Georg Aescht in seinem Aufsatz zur Kurzprosa der Jahre 1962-1973 hingewiesen.[302]

Allerdings haben sich die thematischen Erneuerungen, so wie sie in diesen Texten gestaltet wurden, in bestimmten Rahmen gehalten. Sowohl bei den Ende der sechziger Jahre noch geduldeten offenen Diskussionen im Bereich der Zeitschriften als auch in literarischen Texten wurden nur Themen behandelt, die bereits von der Partei im Zuge ihrer eigenen Vergangenheitsbewältigung besprochen worden waren: die ungerechte Behandlung der deutschen Minderheit nach dem Krieg, mangelnde Parteidemokratie in der Vergangenheit, Fehler bei der Kollektivierung der Landwirtschaft. Diese Tendenz kann auch mit Beispielen aus der rumänischen Literatur untermauert werden. In seinem Roman „Cunoaştere de noapte" (Nächtliche Erkenntnis) enthüllt Alexandru Ivasiuc das Ritual stalinistischer Schauprozesse. In seinem Roman „Păsările" (Die Vögel) betont er bei der Darstellung der Fehler des Gheorghiu-Dej-Regimes den qualitativen Unterschied der aufgeklärten Gegenwart. Eugen Barbu schildert in seinem parabolisch-historischen Roman „Principele" (Der Prinz) die von Denunzianten vergiftete Atmosphäre der fünfziger Jahre, kaum verhüllt stellt er die Sträflingsarbeit am Donau-Schwarz-meerkanal dar.[303]

Jüngere Autoren gewinnen in den siebziger Jahren weitere bis dahin tabuisierte Realitätsbereiche und Ich-Domänen für die Literatur. Damit zeichnet sich für die

---

[301] Paul Schuster zitiert die Hure Doda in Originalsprache, mit umgangssprachlich-regionalem Kolorit (41).
[302] Die Bestrebungen nach objektiver Realitätsbewältigung und subjektiver Entgrenzung „überschneiden sich und kongruieren sogar", so Georg Aescht, 1989.
[303] Gabanyi, Anneli Ute, 1975, S. 164ff.

in Rumänien erschienene Erzählliteratur ein Prozeß der literarischen Emanzipation ab, der bis in die achtziger Jahre andauert.

10. Der Verunsicherungsdiskurs

Ab Mitte der sechziger Jahre machten sich bei deutschsprachigen Autoren aus Rumänien Anzeichen wichtiger Mentalitätsschübe bemerkbar. Die Autoren versuchten eine doppelte Abkopplung: einerseits von den literarischen Traditionen der deutschen Minderheit, deren weitere Gültigkeit für die Nachkriegszeit nun bezweifelt wurde, andererseits auf dem Hintergrund der eingeleiteten Liberalisierung von den inhaltlichen und formellen Präskriptionen der sozialistischen Literaturvorstellungen, die eigentlich nie verinnerlicht worden waren.[304]
Dieses neue Selbstverständnis rumäniendeutscher Autoren leitete sich vom Hintergrund einer Komplizierung der Daseinslage der deutschen Minderheit ab, die im rumänischen Staat nicht mehr autark lebte und infolge der sozialen und wirtschaftlichen Umwälzungen nach dem Ende des Zweiten Weltkrieges Statuseinbußen hinnehmen mußte. Dieser Komplizierung der Verhältnisse kamen die deutschen Autoren aus Rumänien durch das Bestreben entgegen, „rumäniendeutsche" Aktualität, zum Teil auch rumänische, mit einem neu angepaßten Instrumentarium zu reflektieren. Es galt, eine Erweiterung des Themenreservoirs vorzunehmen, die der neuen Daseinslage gerecht werden sollte. Darüber hinaus sollten die formalen Mittel gefunden werden, ferner auch geeignete Sprachstrategien, die imstande waren, diese doppelte Abstandnahme zum Ausdruck zu bringen.

---

[304] Abgesehen von den entwicklungsspezifischen Unterschieden weist diese Situation Ähnlichkeiten mit der literarischen Entwicklung der DDR auf, wo seit dem VIII. Parteitag der SED 1971 und dem 7. Schriftstellerkongreß 1973 eine Politik der kulturpolitischen Entspannung praktiziert wurde. (Peter Weisbrod: Literarischer Wandel in der DDR, 1980, Vorwort). Während dieser Liberalisierungsphase nahmen die Autoren sowohl von der Normierung durch sozialistische Literaturklischees als auch vom heiliggesprochenen literarischen Erbe Abstand. So wie der sozialistische Realismus Aktualität und reale gesellschaftliche Konditionen unterschlägt, stellte sich die Frage, ob nicht die deutlich idealisierende Theorie der Tradition das gleiche tut (Heinrich Vormweg, 1980, S. 17). Daraufhin haben die DDR-Autoren das Erbekonzept revidiert und die Doktrin des sozialistischen Realismus relativiert, beispielsweise werden Irmtraud Morgner in „Leben und Abenteuer der Trobadora Beatriz nach Zeugnissen ihrer Spielfrau Laura" (1974), Heiner Müller in seinen Experimenten „Leben Gundlings Friedrich von Preußen Lessings Schlaf Traum Schrei bzw. Germania Tod in Berlin" (1977), Günter Kunert mit „Pamphlet für K.", Christa Wolf mit „Kein Ort. Nirgends" (1979) zu Mitstreitern eines neuen Erbeverständnisses. Die entstandenen Werke aus der DDR sind auf eine ähnliche Distanzierung von bisher gültigen Modellen zurückzuführen. Ein qualitativer Vergleich mit deutschsprachigen literarischen Zeugnissen aus Rumänien wird hier nicht angestrebt.

Das neue Selbstverständnis rumäniendeutscher Autoren leitete sich auch von der Überwindung ihrer Rolle als Volkserzieher, als Verwalter des moralischen Kodex des „Volkes" ab und vor allem von der Einsicht, daß den Versicherungsdiskursen der sozial-historische und psychologische Halt fehlt. Symptomatisch für die Bewußtwerdung der anachronistischen Daseinsmuster ist die Formulierung Felix Mosers, eines Protagonisten aus dem letzten, unvollendeten Nachlaßroman Erwin Wittstocks, „Das jüngste Gericht in Altbirk". Er weist auf die existentielle Unsicherheit hin, die sich hinter der auf ethologische Zielstrebigkeit ausgerichteten siebenbürgischen Gemeinschaft verbirgt: „Wir fühlen uns glücklich, solange wir naiv nach diesen Maßstäben messen. Und wir müßten aus tiefer Seele unglücklich sein, müßten uns aus der vertrauten Bahn hinausgeschleudert fühlen und die Sicherheit verlieren, wenn wir dessen innewerden, daß unser Weltbild zu einem Traumbild geworden ist."

Die gewollte Distanzierung von den formalen Ressourcen der Region und die ermöglichte Abstandnahme von den literarischen Formen der sozialistischen Literatur mündeten durch die Rezeption westeuropäischer, besonders deutschsprachiger moderner Tendenzen in eine Phase besonderer Produktivität. Diese Neuorientierung ist auch als Signal für die Überbrückung einer Krisenerscheinung zu sehen, die in dieser Zeit in der literarischen Region wegen der fehlenden Identifikationsmuster eingesetzt und das Leiden an der Provinz erhöht hat. Es ist nicht auszuschließen, daß die Situation der Abschottung vom europäischen Literaturbetrieb auch den Ehrgeiz einer „unter Beweisstellung" der Stärken der Region erweckt hat.

Ab Mitte der sechziger Jahre setzt sich in den deutschsprachigen Erzählungen aus Rumänien ein neuer Erzähldiskurs durch, der die Beseitigung der verschönernden, auf Selektion basierenden Varianten des Realismus verfolgt. Die angestrebte Darstellungsform ist ein „neuer Realismus", der sowohl den bürgerlichen Realismus, als auch den weit restriktiveren Sozialistischen Realismus ablehnt und den Willen zur Anpassung an zeitgemäße Erzählmuster ausdrückt.

Dieser Diskurs verfolgt die Verunsicherung der integrativen Lehren, der Ideologien jedwelcher Art, die dem Individuum den Schein der Geborgenheit, des Dazugehörens, mit dem Preis der Aufgabe geistiger Unabhängigkeit vermitteln und das kritische, alternative Denken blockieren.

1. Daraus ergibt sich der Beginn eines anhaltenden Prozesses der Demontage traditioneller Daseinsformen der Region, entweder durch direkte Bezugnahme auf die Wirklichkeit, durch Abrechnung mit den regressiven Erziehungs- und

Moralvorstellungen[305] oder durch Parodie bedeutender Texte und Gattungen, die der literarischen Region entwachsen sind. (siehe Kapitel „Die Demontage der Dorfgeschichte und des ‚patriotischen' Gedichtes" und „Der intertextuelle Dialog mit siebenbürgisch-sächsischen und banatdeutschen Texten") Als Alternative versuchen die Autoren den Ausbruch aus der Provinz durch intertextuelle Bezüge, zum Teil durch den ironisch-verspielten Umgang mit Texten der deutschen Literatur. (Siehe Kapitel „Intertextuelle Beziehungen")

Parallel dazu entwickelt die Literatur Protestformen gegen die verkrusteten Machtstrukturen des „rumänischen Sozialismus". Junge Autoren versuchen, von der für Rumänien euphorisierenden Erfahrung der Jahres 1968 ermutigt, durch betont regimekritische Texte eine Auflockerung der Staatsstrukturen zu bewirken. Auch bei diesen Texten erfolgt die Distanzierung entweder durch direkten Bezug auf die sozialistische Wirklichkeit oder durch Parodie der literarischen Zeugnisse des Sozialistischen Realismus.[306] (Siehe Kapitel „Ankündiger der Moderne" und „Der kritisch-resignierte Erzählton in den letzten Jahren vor der Wende")

2. Angeregt durch die Sprachkritik in der Philosophie ab Ende des neunzehnten Jahrhunderts (Nietzsche, Wittgenstein) verliert die Sprache ihre Rolle als zeichenmäßige Abbildung der Welt und ihrer Ordnung, so daß die Texte rumäniendeutscher Autoren Kritik an der Sprache als Vermittler eines sicheren Wirklichkeitsbildes laut werden lassen, an die ständige Verführung und Irreführung durch das Medium Sprache, von dem das Denken nicht zu befreien ist. Ihr Zweifel bezüglich der Sinnbildung durch die Sprache leitet sich auch von ihrem besonderen Umfeld ab, in dem sie Zeuge des alltäglichen Mißbrauchs der Sprache in allen Lebensbereichen werden. (Siehe Kapitel „Entstehung der experimentellen Literatur")

3. Über die Kritik an der Sprache entsteht der Zweifel an der Möglichkeit der Welterfassung durch das traditionelle Erzählen[307], das nach fest geregelten Se-

---

[305] Bettina Schuller: „Die guten Ideen", (NL 1-2/1968), „Ein sauberer Kindermord" (NL 7-8/1967), Dieter Schlesak: „Der Eingegrabene" (NL 3-4/1968), Helmut Britz: „Wasserkopf und Darmdämon. Jakob Bühlmann, Felix Krull&Co gewidmet" (NL 12/1988), Balthasar Waitz: „Widerlinge-science-fiction-story", „Onkel Heinrich" (Band „Widerlinge", 1984), „Herr Willehammer", „Embryo", „Unser Brunnen", „Stimmbruch" (Band „Alptraum", 1996).

[306] Joachim Wittstock: „Erzieherische Unterredung" (NL 12/1977), Balthasar Waitz: „Sitzenbleiber" (aus dem Band „Widerlinge", 1984), Wolfgang Koch: „Dichterlos. Eine Geschichte aus dem alten Theben" (NL 3/1989), Franz Hodjak: „Der fragwürdige Dichter" (NL 1/1977), Claus Stephani: „Achat" (NL 5/1969), Arnold Hauser: „Der Fall" (aus dem Band „Unterwegs", 1971), u.v.a.

[307] Rücknahme der Erzählung bei Richard Wagner: „Der Mann, der Erdrutsche sammelte". Hier kann man Ähnlichkeiten mit Ror Wolfs Prosaband „Mehrere Männer, zweiundachtzig ziemlich kurze

lektionsmechanismen an der Wirklichkeit operiert. Zweifel gegenüber der kausallogischen Erzählung, der festen Erzähler und Protagonisten kommen auf.
Eine neue objektivistische Tendenz macht sich durch unterschiedliche Verfahren bemerkbar. Einerseits wird sie in der dokumentarischen Untermauerung der Texte sichtbar, in den peinlich genauen Datumsangaben, die realistische Verfahren überspitzt und ironisch in Szene setzen. Der Poet R. nimmt in Richard Wagners Erzählung „Ein zusätzlicher Tag" (Band „Der Anfang einer Geschichte") am 01.03.1978 sein Unglück wahr. Beispiele für die Genauigkeit der Darstellung bieten auch Arnold Hausers „Der merkwürdige Fall Hasso Werbes" (NL 3/1974), Richard Wagners „Kapitel 23" (NL 11/1974). Präzise Wahrnehmungen, Sekundenempfindungen protokolliert der Erzähler anhand seines Protagonisten in Johann Lippets Erzählung „Die Falten im Gesicht" (NL 5/1985) oder des Ingenieurs Benda in Richard Wagners Roman „Die Muren von Wien" (1990). Die angeblichen Bemühungen, den Fiktionscharakter zu tarnen, verfolgen eigentlich dessen Aushöhlung.
Andererseits wird der Einbruch des Irrealen und Phantastischen für die Darstellung innerer Befindlichkeiten als weitaus realistischer empfunden. Einen Schritt weg von der objektiven, nüchternen Schreibweise machen Franz Hodjak in „der kater. ein traumprotokoll" (NL 3/1978), Klaus Kessler in einigen Erzählungen aus dem Band „Nachricht über Stefan" (1975), wo die Wirklichkeit durch die Logik der Phantasie ersetzt wird. Auch Wolfgang Koch besitzt die Fähigkeit, die Wirklichkeit in Nebel zu tauchen, um sie dann verschwommen, unklar, kryptisch wiederzugeben.
Man lehnt sich gegen die Darstellung der Weltganzheit auf, weil diese Ganzheit nur durch radikale erzählerische Auswahl entstehen konnte, deshalb legt die moderne Literatur ihre Techniken und Strukturen bis zum Skelett frei und entlarvt damit den Totalitätsanspruch erzählender Literatur.[308] Der Verunsicherungsdiskurs wird auch durch die Metaebene der Texte signalisiert, durch die Kommentare zur Produktion des Textes, wie sie sich in Schergs „Mantel des Darius" und in Paul Schusters „Vorwort" profilieren. Es ergibt sich der Hang zum Skizzenhaften, Ausschnitthaften, Fragmentarischen, Ambivalenten, die Akzentuierung des Primats des „Machens". Absurdes, Groteske, Karnevalistik, der Trend zu nicht-

---

Geschichten, zwölf Collagen und eine längere Reise" sehen. Ror Wolfs Kurz- und Kürzestgeschichten setzten mit stereotypen Wendungen ein, wie „Ein Mann kam...", „Ein Mann hatte...". Undurchsichtigkeit der darzustellenden Realität: Joachim Wittstock: „Schlüsselpunkt" (NL 4/1969).

[308] Richard Wagner: „Marlene. Anmerkungen zu einer Geschichte" (NL 12/1980), „Lesestücke für kleine Leute" (NL 6/1981), darin die Erzählung: „Das Mädchen ohne Eigenschaften", Karin Gündisch: „Das ungewöhnliche Erlebnis eines gewöhnlichen Mannes" (NL 9/1980).

dichterischen literarischen Formen wie szenischer Dokumentation[309], Protokoll treten in den Vordergrund. (Siehe Kapitel „Ankündiger der Moderne" und „Entstehung der experimentellen Literatur")

4. Die Verunsicherung hinsichtlich der Gültigkeit der patriarchalisch geprägten konservativen Weltsicht bringen die Autoren durch das Aufgreifen feministischer Ansätze zum Ausdruck. (Siehe Kapitel „Das Frauenbild in der rumäniendeutschen Erzählung der Nachkriegszeit").
Die Darstellung der Frau hängt auch mit einer allgemeinen Tendenz zusammen, mit der modifizierten Darstellung des Subjekts, die mit thematischen Verschiebungen einhergeht: das Scheitern des Individuums im sozialen Alltag, seine Flucht aus gesellschaftlichen Zwängen. Statt der eindeutigen Charaktere agieren und reflektieren zunehmend problematische Figuren, ambivalente Wirrköpfe. Von der Vorstellung des erhabenen, heroischen Menschen wird Abschied genommen. Die Helden werden zu Antihelden, stehen in ihrer Individualität als vom Leben Geschlagene und Gebrochene da. Wie auch bei Günter Grass („Die Blechtrommel", „Katz und Maus") oder in den Romanen Max Frischs sind die Hauptgestalten Sonderlinge, oft mit abnormen, grotesken Zügen, für deren Gestaltung die Trennwand zwischen Alltag und Absurdität durchbrochen wird. Franz Storchs Protagonisten versagen in ihren Beziehungen, leiden an der Ungeborgenheit des Daseins, die Figuren Hodjaks sind einer transzendenzlosen, als repressiv empfundenen Umwelt ausgeliefert, Klaus Kesslers Hauptgestalt des Bandes „Nachricht über Stefan" (1975) flaniert orientierungslos in einer unberechenbaren Welt im Prozeß des Zerfalls.
Die Aufwertung der Subjektivität[310] wirkt sich in der Umsetzung neuer Wahrnehmungsmodalitäten und in der Brechung der Wirklichkeit durch die willkürliche Perspektive des Subjekts[311] aus. Die erzählende Person schrumpft zu einer

---

[309] Siehe die Spaltenaufteilung im „Mantel des Darius" (S. 240 f.). Die Spalten werden mit „Am Rande der Handschrift" und „Der Wortlaut des Textes" überschrieben. Die Geschichte entsteht auf der rechten Spalte des Blattes und ihr Kommentar auf der linken. Außerdem Ludwig Schwarz: „Verdammt! Eine Bestandsaufnahme im Hause Peter Holz oder ein Drehbuch", NL 3/1973, S. 3-20.

[310] Claus Stephani: „Der Individualist" (NL 1-2/1968), Erika Hübner-Barth: „Finderlohn" (NL 12/1968), Klaus Kessler: die Erzählungen des Bandes: „Nachricht über Stefan. Geschichten aus dem kuriosen Hie- und Dasein nebst hypochondrischen Annexen" (1975), Jürgen Speil: „Schuhe" (NL 3/1965), Wolfgang Koch „Gologan" und „Schlaflose Nächte" aus dem Band „Die Brücke" (1983), Roland Kirsch: die Erzählungen aus der Anthologie „das land ist ein wesen. Prosaversuche" (1989).

[311] Balthasar Waitz: „So wie draußen im Leben" (NL 9/1975), Richard Wagner: „Der junge Berger. Ansätze zu einer Erzählung" (NL 1/1979), bis hin zu seinen Romanen „In der Hand der Frauen" (1995), „Der Himmel von New York im Museum von Amsterdam" (1992), Karin Gündisch: „Passiert euch so was nie?" (NL 6/1981).

Erzählperspektive, sie geht damit ihrer Persönlichkeit verlustig, die einheitliche Perspektive schwindet, die Handlung wird aufgegeben, poetische Bilder und Assoziationen verselbständigen sich. Die Aussparung der psychologischen Charakterzeichnung zugunsten der akribischen Deskription entspricht der Verabschiedung der Vorstellung vom harmonischen, in sich stimmigen Ich.

Wie auch in der DDR nimmt man in der rumäniendeutschen Erzählung nach der Liberalisierungsphase Abstand vom Individuum als Repräsentanten historischer Triebkräfte. Der Konflikt Individuum-Gesellschaft wird als unlösbar dargestellt und wird auf die Bewußtseinsebene verlagert.

Eine Erklärung für die Wiederkehr der Individualität im literarischen Werk in der Phase des Nachklangs des sozialistischen Realismus liefert schon die gattungsgeschichtliche Betrachtung der Erzählung. Wenn die These richtig ist, daß Formvorstellungen Inhalte programmieren und daß damit alte Formen die alten Inhalte nach sich ziehen, müßte die direkte Übernahme der Form der bürgerlich-individualistischen Epopöe zwecks kontrollierbarer Auffüllung mit sozialistischem Inhalt – nichts anderes war der sozialistische Realismus – ja notwendig zu einer Rückwendung auch zu den individualistischen Idealen führen.[312]

Die literarischen Erneuerungen können nicht ausschließlich auf das selbstbewußte Auftreten der Banater Autorengruppe zurückgeführt werden. Von Franz Storch, Arnold Hauser, Georg Scherg, Paul Schuster, aber auch Joachim Wittstock, Franz Hodjak, Hans Liebhardt bis hin zu den Autoren, bei denen sich das völlige Mißtrauen gegenüber der Möglichkeit der Sinnstiftung durch das erzählerische Werk äußert, wie beispielsweise bei Roland Kirsch und Jakob Mihăilescu, ist eine durchgehende Entwicklung innerhalb der rumäniendeutschen Erzählliteratur zu sehen. Der Schritt von der dialogischen Erzählgestaltung Paul Schusters in „Vorwort" bis hin zu Richard Wagners „Marlene. Anmerkungen zu einer Geschichte" (NL 12/1980) ist nicht groß. Wagner ist auch auf eine interaktive Gestaltung des Textes bedacht, läßt deshalb im Text Rubriken für die Anmerkungen des Lesers frei. Schon der Titel von Richard Wagners: „Der junge Berger. Ansätze zu einer Erzählung" (NL 1/1979) betont den Eindruck des noch-nicht-Fertigen, nicht-Endgültigen. Die konzentrierten, fast als Parabeln anmutenden Entwürfe Schergs[313] für den Zustand verlorener Freiheit (siehe „Bass und Binsen") finden sich in Kurzprosaform bei Wolfgang Koch („Wir, die Wabenmenschen", NL 3/1989) wieder.

---

[312] Heinrich Vormweg, 1980, S. 22.
[313] Wie bereits erwähnt, kann man Scherg nicht als Vorläufer für jüngere Generationen betrachten. Seine „chiffrierten" Romane haben so gut wie keine Rezeptionsgeschichte gemacht. Die Ähnlichkeiten sind eher auf die Wahrnehmung gemeinsamer Modelle aus der europäischen Literatur zurückzuführen.

Die Reihe der Texte, die sich neuer literarischer Gestaltungsmodalitäten bedienen, setzt sich in unterschiedlichster Qualität fort und bricht nicht mehr ab. Dies wird auch aus den Aufsätzen von Peter Motzan[314] und von Georg Aescht[315] für die sechziger und den Anfang der siebziger Jahre deutlich.

11. Die Aktionsgruppe Banat

11.1. Entstehung

Seit ihrer Gründung im April 1972[316] spricht man in den deutschsprachigen literarischen Medien Rumäniens von einer Schriftstellergruppierung, die unter dem Namen „Aktionsgruppe Banat" bekannt wurde. Der Name wurde im Anschluß an ein Pressegespräch („Am Anfang war das Gespräch") in einer Rezension der Gruppe zugeschrieben. Sie verstand sich als kritische, sich gegenseitig stützende und fördernde Solidargemeinschaft.[317]

Die neun jungen Autoren, die zwischen 1951 und 1955 geboren wurden, Albert Bohn, Rolf Bossert (1952-1986), Werner Kremm (1951), Johann Lippet (1951), Gerhard Ortinau (1953), Anton Sterbling (1953), William Totok (1951), Richard Wagner (1952) und Ernest Wichner (1952), verbreiteten bereits im Gymnasialalter mit ihren Veröffentlichungen in den Schülerseiten der Zeitungen positive Stimmung bei den Literaturkritikern[318]. 1970 hob Paul Schuster in einer Untersuchung der Schüler-Kulturbeilage „Wir über uns" der Neuen Banater Zeitung die Leistungen einer jungen Dichtergeneration mit folgendem Kommentar hervor: „und es ist keineswegs ausgeschlossen, daß die eine oder andere der NBZ-Schülerseiten nach Jahren bibliophilen Wert haben wird, weil in ihr das erste

---

[314] Peter Motzan: Von Ludwig Schwarz bis Franz Hojak. Zur Prosaanthologie „Worte und Wege". In: NW vom 3.04.1970.
[315] Georg Aescht, 1989.
[316] Ernest Wichner im Vorwort der Anthologie „Ein Pronomen ist verhaftet worden", 1992, S. 9, siehe auch die Angabe Anton Sterblings in seiner Stellungnahme „aktionsgruppe – oder so". In: NL 7/1975, S. 39-45, 39. Richard Wagner nennt das Jahr 1971 einen Übergang von der Phase des „Einübens der Mittel der Moderne" zur Rückholung der „Sprache des Gedichts in die Wirklichkeit der Gesellschaft", vgl. Walter Fromm: Interview mit Richard Wagner, in NL 2/1979, S. 52-54, 53.
[317] Ernest Wichner, 1992, S. 9.
[318] Richard Wagner sieht in der Förderung durch die Literaturkritik eine wesentliche Hilfe für den literarischen Durchbruch der Gruppe: „Das meiste von dem, was wir geschrieben haben, haben wir anfangs auch veröffentlicht. Daß unsere Respektlosigkeiten gedruckt wurden, ist einigen Leuten aus der Generation vor uns zu verdanken, die im offeneren Rumänien der sechziger Jahre zu Posten in den Feuilletons und Literaturredaktionen gekommen waren. Sie hatten die Moderne für sich entdeckt, wir waren, mit einer oder zwei Ausnahmen, die ersten, die sie real praktizierten." In: Ein Pronomen ist verhaftet worden. Texte der Aktionsgruppe Banat, 1992, 222-226.

Gedicht eines bedeutenden Dichters abgedruckt wurde".[319] Und tatsächlich haben sich einige aus der von Paul Schuster zitierten Namenliste als Lyriker, Erzähler und als Autoren von Sachbüchern profiliert: Richard Wagner, Gerhard Ortinau, Anton Sterbling, William Totok, außerdem auch Herta Müller und Werner Söllner.

Thomas Krause systematisiert die schriftstellerische Tätigkeit der jungen Generation Banater Schriftsteller, auch solcher, die bei der „Aktionsgruppe Banat" nicht mitmachten, aufgrund geographischer, ethnischer, biographischer und literarischer Gemeinsamkeiten, aber auch nach dem Kriterium ihrer literarischen Bedeutsamkeit mit dem Begriff „Banater Autorengruppe". Zur Kerngruppe der Banater Autoren gehören Rolf Bossert, Johann Lippet, William Totok, Richard Wagner, Herta Müller. Zur Nebengruppe können diejenigen Autoren gerechnet werden, die nur in bestimmen Zeiträumen eine eher nebensächliche Rolle spielen. Dazu gehören Albert Bohn, Helmuth Frauendorfer, Roland Kirsch, Werner Kremm, Gerhard Ortinau, Horst Samson, Anton Sterbling, Balthasar Waitz und Ernest Wichner.[320]

Die neu gegründete Temeswarer Zeitung „Neue Banater Zeitung" (NBZ), vor allem ihre Beilagen für Kultur, war für die Entstehung der Autorengruppe von zentraler Bedeutung. Die Erfahrungen der jungen Generation von Gymnasiasten wurden im Zuge des Ende der sechziger Jahre eingeleiteten Tauwetters in Gedichten und kurzen Prosatexten protokolliert, sie wurden von einer „maßstablosen Presse" gedruckt, die ihre Liberalität präsentieren wollte: „Seht her, sagten die Medien und Funktionäre, wir haben eine junge Literatur. Sie ist unverbildet, frech und selbstbewußt".[321] Im September reagierte die Redaktion der „Neuen Literatur", nach dem Modell der NBZ-Schülerseiten wurde ein Sonderheft herausgegeben, das im Februar 1971 erschien.[322] 1972 wurde „Wortmeldungen. Eine Anthologie junger Autoren aus dem Banat" veröffentlicht.

Die Debüts der Autoren in einer Zeit von beginnenden Repressionsmaßnahmen[323] sind im Zusammenhang mit der Förderung durch deutsche Kul-

---

[319] Paul Schuster: Nichtprovinzielles aus der Provinz. Zu den Beilagen der NBZ für Schüler und Studenten – II. In: NL 10/1970, S. 100-105, 105.

[320] Thomas Krause, 1998, S. 35f.

[321] Ernest Wichner im Vorwort der Anthologie „Ein Pronomen ist verhaftet worden", 1992, S. 7.

[322] Thomas Krause, 1998, S. 59ff.

[323] Franz Hodjak bezeichnet den Anfang der siebziger Jahre mit dem Begriff der „Minikulturrevolution", einer „Wende, diesmal zum chinesischen Muster, von dem das Präsidentenpaar grenzlos begeistert war." In: „Von der Suche nach einem Ort". Stefan Sienerth im Gespräch mit Franz Hodjak. In: Stefan Sienerth 1997, S. 269-286, 279. William Totok soll zwischen 1970 und 1971 erste Vorladungen zum Sicherheitsdienst bekommen haben, S. Thomas Krause, 1998, S. 65; außerdem nimmt sich der Staat das Recht, sich in Kunstangelegenheiten einzumischen, die literarischen Arbeiten auf ihre erzieherisch-politische Botschaft hin zu überprüfen. Siehe NL 7/1971, S. 7.

turfunktionäre zu sehen, besonders derjenigen Nikolaus Berwangers, der sich auch nach Auflösung der „Aktionsgruppe" (1975) für ihre Aufnahme im „Adam Müller-Guttenbrunn"-Literaturkreis einsetzte.[324] In Gabanyis Dokumentation zur rumänischen Kulturpolitik offenbaren sich weitere Aspekte der erstaunlichen Erscheinung dieser Gruppe in einem Kontext der Rücknahme liberaler Errungenschaften. Gabanyi bezeichnet das Jahr 1972 als „ein Jahr der Unsicherheit und der Suche nach den faktischen und praktischen Grenzen, die der künstlerischen Freiheit durch die ‚Kulturrevolution' von 1971 gesetzt worden waren", eine Zeit der „Verwirrung aller Wertkriterien".[325] Es ist ein Verdienst dieser Autoren, aber auch ein Stück gutgläubige Naivität, sich selbstbewußt in einer Zeit zu Wort gemeldet zu haben, in der Schriftsteller und Kritiker unsicher den Fragen der literarischen Praxis gegenüberstanden. Damit haben sie vermutlich, im Schutz ihrer gutgesinnten Förderer stehend, die Parteileitung doch etwas überrumpelt.

Ihre Entstehung in der Provinz, weit von der Befehlszentrale, dazu noch im deutschsprachigen Inselbetrieb, war mit weiteren Vorteilen verbunden.[326] Auch rumänische Zeitschriften aus der Provinz, wie „Convorbiri literare" in Jassy, „Tribuna" und „Steaua", die dreisprachige „Echinox" in Klausenburg publizierten Beiträge mit Niveau in Vergleich zu den Publikationen des Schriftstellerverbandes in Bukarest, die der Gleichschaltung zu allererst zum Opfer fielen und überwiegend Lobeshymnen auf Partei, Vaterland und Parteichef veröffentlichten.[327]

Außerdem geriet die Partei durch die Auswanderung mehrerer Autoren Ende der sechziger und Anfang der siebziger Jahre außenpolitisch unter Imagedruck. Die junge Schriftstellergeneration sollte demnach auch jene Lücken schließen, welche durch die Auswanderung bekannter Autoren wie Oskar Pastior (1968), Dieter Schlesak (1969), Paul Schuster (1971) in die Bundesrepublik entstanden. So erklärt es sich auch, wieso Autoren mit auffälligem Verhalten doch einige Jahre ungestört schreiben konnten, in einer Zeit, in der sich eine konzentrierte Pressekampagne gegen die „literarische Inflation" wandte, d.h. gegen junge

---

[324] Thomas Krause, 1998, S. 117.
[325] Gabanyi, Anneli Ute, 1975, S. 185.
[326] Die Autoren lasen sich bei den zahlreichen Begegnungen gegenseitig Texte vor. Sie strebten aber keine schlagartige Erweiterung ihres Publikumskreises an. Dies ist ein weiterer Grund, warum die Behörden vorerst nicht reagiert haben: „Wir waren alles in allem ja brave Staatsbürger, und die Wachsamkeit galt meiner Erkenntnis nach – zumindest in den siebziger Jahren – weit weniger den ideologischen Abweichungen als den Unbotmäßigkeiten und Auffälligkeiten gestörten Untertanenverhaltens. Hätten wir unsere theoretischen Auseinandersetzungen und scharfsinnigen Situationsanalysen tatsächlich in die Öffentlichkeit zu tragen versucht, wäre die Reaktion des ‚Schlosses' garantiert viel deutlicher gewesen." „Fördernd-anregend möchte ich gerne bleiben". Gerhardt Csejka im Gespräch mit Stefan Sienerth. In: Südostdeutsche Vierteljahresblätter 1988, H. 1, S. 9-19, 14.
[327] Gabanyi, Anneli Ute, 1975, S. 185f.

kampagne gegen die „literarische Inflation" wandte, d.h. gegen junge Autoren, deren Produkte sich nicht den von der Partei gesetzten Normen anpaßten.[328] Das panische Verhalten der Regierenden gegenüber den jungen nonkonformen rumänischen Autoren, die in den liberalen sechziger Jahre aufwuchsen und größere Risiken eingingen, da sie keine Privilegien und Posten zu verlieren hatten, weitete sich vorerst nicht auch auf die Autoren um die „Aktionsgruppe" aus.

Die Entstehung der „Aktionsgruppe" erklärt sich aus einem Gesamtkomplex soziopsychologischer Umwandlungen, die sich innerhalb der deutschen Bevölkerung nach 1945 vollzogen. Der Übergang zu einer neuen Gesellschaftsform nach dem Zweiten Weltkrieg hatte die Entfremdung und Distanzierung von den Status- und Wertvorstellungen der Vorkriegsgesellschaft bei der jungen Generation zur Folge. Die meisten Autoren, die zumeist aus dem banatdeutschen Dorfmilieu stammten und die sich der „Aktionsgruppe" anschlossen, interpretierten in die gesellschaftlichen Verhältnisse nach dem Zweiten Weltkrieg – vor allem in die Enteignung des bäuerlichen Grundbesitzes – Vorteile für sich hinein. Die Zerstörung der Bauernklasse bedeutete für sie indirekt Befreiung von der Scholle: „Nein, nachdenken haben wir von diesen Deutschen nicht gelernt. Daß wir es trotzdem lernten, war ein Zufall. Ein Zufall war, daß es kein Feld mehr gab ... und so konnten sie uns nicht mehr in die Landwirtschaft jagen, sondern mußten uns in die Schulen lassen."[329]

11.2. Zeitlicher Ablauf

In der Anfangsphase - Sterbling nennt sie „naives engagement"[330] – haben sich die Autoren zum Sozialismus bekannt[331]. Dies ist auch im Zusammenhang mit dem Moment 1968 zu sehen, als man hoffte, daß der „Prager Frühling" sich in Rumänien fortsetzen werde. In dieser Phase manifestiert sich der Glaube an die Veränderungskraft der Literatur, an die Möglichkeit, die Wahrheit zu erfassen, wie Richard Wagner in seiner ars poetica „warum ich schreibe"[332] optimistisch

---

[328] Ebd., S. 189. Diese Maßnahmen, die Gabanyi unter Berücksichtigung der rumänischen literarischen Szene nennt, waren auch mit dem Versuch verbunden, die Möglichkeiten für literarische Anfänger drastisch zu begrenzen.

[329] Annemarie Schuller: Und ist der Ort, wo wir leben. Interview mit Herta Müller. In: W. 9.04.1982.

[330] Sterbling in „aktionsgruppe – oder so". In: NL 7/1975, S. 39-45, S. 41.

[331] „Es trat die kuriose Situation ein, daß unser Feindbild zuerst einmal der Antikommunismus war" (224), so Richard Wagner, der diese Position als Abwehrhaltung gegen die Elterngeneration beschreibt: „Diese Männer und Frauen wollten uns in ihre Trachtenanzüge stecken und zu ihrer Blasmusik tanzen lassen." (225) Richard Wagner: Die Aktionsgruppe Banat. Versuch einer Selbstdarstellung. In: Ein Pronomen ist verhaftet worden. Texte der Aktionsgruppe Banat, 1992, 222-226.

[332] Veröffentlicht in „Fahnen im Wind. Eine Jubiläumsanthologie" (30. Dezember 1947-30. Dezember 1972) Bukarest 1972, zitiert nach Motzan, 1980, S. 142.

bekennt: „ich schreibe während und weil ich / noch immer glaube daß / mehr gebaut werden wird / als zerstört werden kann // ich schreibe während und weil ich weiß / daß wahrheit sich durchsetzt / wenn sie durchgesetzt wird."
Richard Wagner[333], als der herausragende Vertreter der Gruppe, sieht sich als kompromißloser Kritiker west- und osteuropäischer gesellschaftlicher Verhältnisse. Er unterzieht das kapitalistische Wirtschafts-system einer kritischen Analyse mit den Argumenten der „68er", indem er die im Westen gewachsene Überfluß- und Wohlfahrtsgesellschaft in ihrer Tendenz entlarven wollte, die Menschen in ein zutiefst inhumanes System der Ausbeutung und Selbstentfremdung einzupassen.[334] Später entlarvt er in „Der Sohn des Direktors" und „Einladung zur Tautologie" aus dem Band „das auge des feuilletons" (1984) die angeblich klassenlose sozialistische Gesellschaft.

„Als Deckbegriff diente in erweitertem und differenziertem Wortsinn das ‚Engagement'; ‚engagiert' waren alle Texte, die in irgendeiner Weise auf Kollisionskurs zu den etablierten Verhältnissen gesetzt wurden."[335] Die dominierenden literarischen Muster wurden verdrängt, aufgearbeitet und korrigiert, der Begriff der Literatur als eigene Form der Erkenntnis neu definiert. Die literarische Erneuerungsdiskussion hat auch an die Literaturkritik Anschluß gefunden, Sterbling hebt die Bedeutung des Essays G. Csejkas „Eigenständigkeit als Realität und Chance" hervor, in dem die Bedeutung der kulturellen Öffnung gegenüber dem binnendeutschen Raum für das sprachliche Inseldasein betont wird.

Von den frühen Wortmeldungen bis hin zur Konstituierung der Gruppe dokumentiert besonders die Lyrik einen Reifeprozeß von der Beschreibung gesellschaftlicher Situationen hin zur Rekonstruktion innerer Umstände. „Spätestens seit 1975 erkennt man, daß der politische Gebrauchswert eines Textes nicht das alleinige Schreibkriterium sein kann."[336] Dies findet in Walter Fromms Formulierung „engagierte Subjektivität" seinen adäquatesten Ausdruck und bezeichnet eine zweite Entwicklungsphase der „Aktionsgruppe Banat".[337]

---

[333] Richard Wagner war nicht durch den „niveaulosen" Marxismus des Regimes geprägt, sondern mehr durch die „bundesdeutschen 68er und über diese durch die Frankfurter Schule". Der linksliberale Öffentlichkeit der Bundesrepublik der siebziger Jahre, die Bücher von Ernst Fischer, Antonio Gramsci, Herbert Marcuse und Rudi Dutschke waren für die Bildung Wagners entscheidend. Vgl. Richard Wagner: „Ich stelle meine Herkunft nicht aus". In: Stefan Sienerth, 1997, S. 305-317, 311.

[334] Siehe die Erzählung „Unser Besucher". In: NL 1972, H. 11, S. 6-7.

[335] Gerhardt Csejka: „Die Aktionsgruppen-Story", S. 233. In: Ein Pronomen ist verhaftet worden, 1992, S. 228-244.

[336] Thomas Krause, 1998, S. 99.

[337] Vgl. auch die von René Kegelmann (1995, S. 53f.) vorgenommene Einteilung.

In einem Interview von 1979 gestand Richard Wagner, sein anfänglich blindes Vertrauen in die Sprache aufgegeben zu haben.[338] Nach den ersten Schikanen durch den rumänischen Geheimdienst waren immer öfter resignierte Töne aus ihren Texten herauszuhören, die in der Kritik an dem Staat in parabelhaften Verkleidungen ihren Niederschlag fanden.
Der Literaturkritiker Gerhardt Csejka vermißte die Reaktion der Leserschaft.[339] Die Autoren monologisierten mit ihren Texten immerzu. Dabei wurde die Schulung des Publikums angestrebt, durch die Sensibilisierung der Leser „für differenziertere Signale als jene des gewohnten Sprachgebrauchs" sollten die ästhetischen Genußerwartungen nicht „auf sekundär erzeugte feierliche, mitleidvolle, besinnliche Stimmungen" reduziert werden.[340]
War die Reaktion rumäniendeutscher Leser weitgehend ausgeblieben, hatte die Lyrik der jungen Banater Autoren eine außerordentliche Wirkung auf rumänische Dichter. Den Zugang zur Lyrik der rumäniendeutschen Autoren ermöglichte die 1982 von Peter Motzan herausgegebene Anthologie zehn junger rumäniendeutscher Dichter in rumänischer Übersetzung (Bukarest: Kriterion). Den von jungen rumäniendeutschen Lyrikern ausgehenden Impuls hob einer der bedeutendsten rumänischen Gegenwartsautoren, Mircea Cărtărescu, in seiner umfassenden Studie zur rumänischen Postmoderne in Superlativen hervor.[341]
Zwei Jahre nach ihrer Entstehung wurde die offizielle Kritik an der Gruppe immer lauter und der ausgeübte Druck seitens der Machthaber intensivierte sich. 1974 und 1975 wurden Gerhard Ortinau und William Totok mehrmals von der

---

[338] Walter Fromm: Interview mit Richard Wagner. In: NL 2/1979, S. 52-54, 53.
[339] Gerhardt Csejka: „Aktionsgruppe Banat: ‚Wire Wegbereiter'". In: NL 1974, H. 4, S. 35-36, 35.
[340] Csejka: „Wire Wegbereiter". In: NL 4/74, S. 36.
[341] Cărtărescu, 1999, S. 395: „O influență neașteptat de mare asupra poeziei optzeciste și mai ales postoptzeciste a avut-o antologia ‚Vînt potrivit pîna la tare', apărută în 1982 și reunind versurile a zece tineri poeți germani din România. Dezvoltarea lor a avut loc înainte de experiența optzecistă, într-un mediu cultural, firește, german, considerabil mai avansat ca teorie și practică literară decît cel romanesc. ... Ea a constituit un șoc la vremea ei pentru poeții români și a făcut imediat foarte populare în medii poeziei tinere cîtorva nume: Richard Wagner, Franz Hodjak, Johann Lippet, ca și pe cel al poetei Anemone Latzina. Influența lor, la început minimă, ... a crescut cu timpul, determinînd o serioasă meditație a cîtorva poeți români asupra valabilității artei lor." („Einen unerwartet großen Einfluß auf die Dichtung der achtziger und besonders diejenige in der Nachfolge der achtziger Jahre übte die Anthologie ‚Mäßiger bis starker Wind' aus, die 1982 erschien und welche die Dichtung von zehn jungen deutschen Dichtern aus Rumänien beinhaltete. Ihre Entwicklung situiert sich vor der ‚Erfahrung der Achtziger', in einem deutschen kulturellen Umfeld, das in Theorie und literarischer Praxis wesentlich fortgeschrittener als das rumänische war. ... Diese Anthologie deutscher Dichter löste einen Schock bei den rumänischen Dichtern aus und machte in der Folgezeit unter den jungen Dichtern einige Namen sehr bekannt: Richard Wagner, Franz Hodjak, Rolf Bossert, William Totok, Johann Lippet, Anemone Latzina. Ihr Einfluß, anfangs minimal,... hat sich mit der Zeit intensiviert und provozierte bei einigen rumänischen Dichtern eine ernste Reflexion über die Gültigkeit ihrer Kunst." (Übersetzung der Verfasserin).

„Securitate" verhört, im Sommer 1975 die Manuskripte von William Totok beschlagnahmt. Nachdem im Oktober 1975 Gerhardt Csejka, Gerhard Ortinau, William Totok und Richard Wagner, angeblich wegen „versuchten Grenzübertritts", verhaftet wurden, stand die „Aktionsgruppe" vor dem Aus.[342] In den tagelangen Verhören ging es tatsächlich um die durch diese „literarische Spaßguerilla" überschrittenen Grenzen der Dichtung. William Totok blieb ab Herbst 1975 acht Monate lang in Untersuchungshaft[343] und wurde von der Philologischen Fakultät in Temeswar exmatrikuliert. Auf dem Druck von Amnesty International wurde er 1976 freigelassen.

Die Autoren setzten den Prozeß der Destruktion tradierter Textgestalten verschärft fort. Das Verhältnis Wirklichkeit/Schriftsteller komplizierte sich schon vor den ersten literarischen Dokumenten der „engagierten Subjektivität" (Mitte 1976) zunehmend[344], da die Autoren angesichts der neuen Erfahrungen ihr Selbstverständnis revidieren mußten. Ihre Prosastücke setzten ironisch, dann bitter-resigniert ihr gesellschaftliches Engagement fort im Bestreben, Stimmungen zu produzieren, wie in Lippets Erzählung „Die Falten im Gesicht" (NL 1985), in der unbestimmte Gefühle der Hilflosigkeit und des Unbehagens durch die Genauigkeit im Einfangen des Einzeldetails übergroß zum Vorschein kommen. Die jungen Autoren suchen nach sprachlichen Bildern für neue Gefühle. Die Notwendigkeit wird verspürt, von eigenen Befindlichkeiten auszugehen, das individuell Erfahrene zerfällt jedoch nicht zu zweckentfremdeter Dekoration, sondern ist ein Anzeichen für die zunehmende Resignation, ohne das gesellschaftliche Engagement auszuklammern, da auch weiterhin existentielle und politische Inhalte vermittelt werden.

Die Präsenz oder Absenz der Texte dieser Autoren in den Heften der Zeitschrift „Neue Literatur" reflektieren ihr Verhältnis zu den Machthabern: Ab 1972 setzt in der „Neuen Literatur" die Veröffentlichung einer Reihe kurzer Erzählungen von Gerhard Ortinau, Richard Wagner, Werner Kremm, Ernest Wichner, Albert Bohn, Anton Sterbling ein. 1975 und 1976 ging die Anzahl der publizierten Texte drastisch zurück, erst 1977 setzte sich die Reihe der Veröffentlichungen, wenn auch etwas geschmälert, weiter fort, wobei sich Autoren wie Rolf Bossert und Johann Lippet intensiver der Erzählung zuwandten.

In einer Gesprächsrunde von 1982 mit dem Titel „Vom Engagement des Subjekts" bekräftigten die Autoren die weitere Gültigkeit der „engagierten Subjekti-

---

[342] Eva Behring: Ein Pronomen ist verhaftet worden. Texte der Aktionsgruppe Banat. Hg. Ernest Wichner. In: Südostdeutsche Vierteljahresblätter 1993, S. 179-180, 179.
[343] Ernest Wichner im Vorwort der Anthologie „Ein Pronomen ist verhaftet worden", 1992, S. 10.
[344] Walter Fromm: Pro & Contra. Vom Gebrauchswert zur Besinnlichkeit (Die Woche vom 5. Januar 1979). In: W vom 26.01.1979.

vität", ein Begriff, der allerdings besonders im Umfeld der Lyrik eingesetzt wurde. Die Autoren betonten weiterhin das Engagement für das Individuum und die spezifische rumäniendeutsche Prägung der Texte durch ihren gesellschaftlichen und politischen Hintergrund, so daß diese nach Aussage ihrer Autoren nicht als „Importware" bezeichnet werden können.[345]
Die Auswanderungswelle setzte mit Ernest Wichner, Anton Sterbling, der später in Mannheim Soziologie studierte und sich als Modernisierungsforscher profilierte[346], und Gerhard Ortinau ein. Die Geschichte der Gruppe setzte sich im Rahmen des Temeswarer Literaturkreises „Adam Müller-Guttenbrunn" fort.[347] Die bekannten Namen bekommen über die Jahre publizistischer Tätigkeit schärfere Umrisse, ein Individualisierungsprozeß setzt innerhalb der Gruppe ein. Autoren wie Gerhardt Ortinau[348], Werner Kremm melden sich aber immer seltener zur Literatur zurück.

11.3. Die Merkmale der „Aktionsgruppe" und die Wesenszüge ihrer Prosa
Die Autoren der „Aktionsgruppe" zeigen sich ausgesprochen offen für literarische Impulse aus dem Ausland. Sie werden vor allem von der Nüchternheit, dem sachlich unterkühlten Gedicht Brechts[349] und der Sprachphantasie der Konkreten beeinflußt, von der Wiener Gruppe und streckenweise von der Wahrnehmung des Ephemeren, der vergänglichsten Gefühle, wie man sie von Autoren wie Peter Handke kennt. Heißenbüttel, Paul Celan, Walter Benjamin, aber auch Solschenizyn, Dubcek wurden intensiv rezipiert.[350] Vorsicht ist bei der Bewertung der Einflüsse aus der DDR geboten, die sich aufgrund der strukturellen Gemeinsamkeiten durch das gleiche Gesellschaftssystem und die gleiche Sprache geradezu anbieten. Der Einfluß rumäniendeutscher Autoren wie Franz Storch, Arnold Hauser, Paul Schuster, die sich in der Erzählung an thematische und formale Erneuerungen herangewagt haben, kommt kaum in Frage und beläuft sich zum Großteil auf gemeinsame Rezeptionsmuster. Die „Jungen" bezeichneten sich als unbe-

---

[345] Richard Wagner und Johann Lippet in: Vom Engagement des Subjekts. In: Forum Studențesc Nr. 2/1982.
[346] Csejka: Die Aktionsgruppen-Story. In: Ein Pronomen ist verhaftet worden, 1992, S. 237.
[347] Siehe Kap. „Der kulturpolitische Hintergrund ab Mitte der siebziger Jahre".
[348] Texte von Gerhard Ortinau erschienen in den Anthologien „Ein Pronomen ist verhaftet worden" (Frankfurt/Main 1992) und „Das Land am Nebentisch" (Leipzig 1993).
[349] Annemone Latzina (1942-1993), Bernd Kolf, Franz Hodjak (geb. 1944) beschäftigen sich mit den Gedichten und theoretischen Schriften Brechts zum Formalismus, Realismus und der Logik in der Lyrik. Später spielen jüngere Autoren wie Werner Söllner (geb. 1951), Richard Wagner, Rolf Bossert auf Brecht an. Den Einfluß Brechts und der Schriftsteller, die in seiner Tradition stehen, wie Günter Kunert, Volker Braun, Karl Mickel auf diese Autorengeneration dokumentiert Motzan eingehend in Die rumäniendeutsche Lyrik nach 1944, 1980, S. 139f.
[350] Ernest Wichner, 1992, S. 9. Gerhardt Csejka: „Die Aktionsgruppen-Story", S. 233. In: Ein Pronomen ist verhaftet worden, 1992, S. 228-244.

stechlich und kompromißlos und sahen in den literarischen Vorgängern aus dem Inland Anti-Modelle.

Sie erkennen die Gemeinsamkeiten mit den thematischen Schwerpunkten, die in den Siebzigern im Westen modern waren, wie die Desillusionierung nach den Jahren der Revolte und des Aufbruchs, die Auseinandersetzung und Abrechnung mit der Generation der Väter. Ihr Bemühen, die Frauenproblematik im rumäniendeutschen literarischen Umfeld diskussionsfähig zu machen, sollte auch als Folge der Feminismusrezeption gesehen werden.

Auch wenn die Individualität der einzelnen Autoren dem Gruppencharakter geopfert zu werden droht, ist gerade das gemeinsame Auftreten von jungen Autoren, deren Aussagen und Texte miteinander in Dialog treten, das Neue im rumäniendeutschen Literaturbetrieb.

Die Argumentation der Aktionsgruppe erfolgt aus ihrem Bewußtsein heraus, daß die affirmative sozialistische Literatur in ihrem Engagement gescheitert ist. Provokation soll Verwirrung bewirken, diese die Menschen zur Distanzierung vom alten Weltbild bewegen: „was anfänglich (in der deutschen und rumäniendeutschen Nachkriegsliteratur) in literarisch vertrauten formen die verwirrung aussparte, fakten aufarbeiten und deuten wollen, schuldfragen klären, von der unmittelbarkeit des stoffs eingenommen war, kehrt wieder, nicht als direktfragen ums faktische, sondern als vorrangloses, zweifelndes modifizierendes fragen."[351]

Im Abstand zur „emphatisch geprägten lyrik", zu den „metaphorischen hohlformen" und „gehaltlosen bildern", vom „handlungskonflikt", der „von konventionellen kategorialen systemen rückläufig typisierter gesellschaftsverhältnisse" bestimmt wird[352], werden neue thematische Ansätze literaturfähig gemacht. „in der prosa schrieb man anfänglich entweder genuin, die allgemeinsten erfahrungsstrukturen reproduzierend, oder in anlehnung an simple parabeln und storyentwicklungen. fast explosiv, unter den verschiedenstgearteten anstößen, differenzierten sich dann die schreibtechniken".[353] Neben dem Inhalt wird dem Formalen große Bedeutung zugemessen, so daß eine Spannung entstehen soll zwischen den „experimentellen neuentwürfen" und „dem weltbild derer, für die geschrieben wird", mit der Folge, daß „historisch eingegleiste mißstände" signalisiert werden sollen.

Der Bruch mit der traditionellen Literatur der Region ist Folge eines intensiven politischen und ästhetischen Engagements. Gerhardt Csejka nennt die jungen Autoren, die sich ins öffentliche Bewußtsein durch provokative Sprachbilder

---

[351] Sterbling in „aktionsgruppe – oder so". In: NL 7/1975, S. 39-45, S. 43-44.
[352] Ebd., S. 41f.
[353] Ebd., S. 42.

drängen, „wire Wegbereiter"[354]. Sterbling beschreibt in seinem Artikel „aktionsgruppe – oder ähnlich so" die Auseinandersetzung dieser jungen Autorengeneration mit dem Literaturunterricht, der eine etwas überholte Vorstellung von Literatur präfigurierte.[355]

Einige Themen werden in ihren Prosatexten besonders bevorzugt: die Entlarvung aller Formen des Determinismus[356], sei es die Engstirnigkeit des Dorfes[357], der verstaubte Alltag der Stadt, das Festhalten an Statussymbolen und an der Klassengesellschaft, an unbrauchbaren Traditionen oder an falsch verstandenen Präskriptionen. Die Provinz als Ort geistiger Enge haben die meisten Autoren der „Aktionsgruppe" gleichermaßen angesprochen, in der Kritik an der „faschistoiden Substanz" der in den banatdeutschen Dörfern herrschenden Mentalität.[358]

Die literarische Neudefinierung führt Richard Wagner auf Verschiebungen in der Wahrnehmung zurück: „Heute summiert sich die Bewußtseinwirklichkeit ganz anders. Die Reize aus der Umwelt (auch die Reizwörter) werden anders aufgenommen. ... Der Rhythmus der Erfahrungen ändert sich und damit auch die Qualität der Erfahrungen. Das Ganze erscheint dadurch viel komplizierter, es muß erst aus den zerstückelten Läufen (re)konstruiert werden"[359].

Die Literaturkritik hat angesichts der zahlreichen lyrischen Produktionen die Prosa nur marginal betrachtet. Es entstehen in der Nachfolge der endsechziger Jahre eine Reihe von Kurzgeschichten, anhand derer, weniger als in der Lyrik, Phasen der literarischen Entwicklung („naives Engagement", „engagierte Subjektivität") veranschaulicht werden können. Die Entstehung von Kurzgeschich-

---

[354] Vgl. Csejka: „Aktionsgruppe Banat. Wire Wegbereiter". In: NL 1974, H. 4, S. 35-36. Dieses Sprachspiel mit den Worten „wir" und „irr" spielt auf die Gemeinschaftsarbeit „wir wegbereiter" von Konrad Bayer, Gerhard Rühm und Oswald Wiener an, die im Rahmen des „ersten literarischen cabarets" (6.12.1958) vorgeführt wurde. Csejka bezieht sich damit auf den Einfluß, den die „Wiener Gruppe" auf die Autoren um die „Aktionsgruppe Banat" ausgeübt hat.

[355] In den Schulbüchern wurden mit Vorliebe solche Texte aufgenommen, die dem sozialistisch-humanistischen Weltbild entsprachen. Somit wurden die Klassik, der bürgerliche Realismus in seiner gesellschaftskritischen Form, der Naturalismus vor den literarischen Zeugnissen der Avantgarde bevorzugt. Neuere Ansätze aus der zeitgenössischen Literatur aus dem westlichen Teil Deutschlands wurden in die Lehrbücher nur selten aufgenommen.

[356] Albert Bohn: „Was mit Herrn Buchenwald geschah" (4/1974), Richard Wagner: „Die Fiktion vom Katastrophenverlauf" (NL 4/1974), „der sohn des dichters" (NL 4/1975), „Wohnviertel in H." (NL 10/1977), Johann Lippet: „Anton Baumgartner, der Mittelpunkt der Welt" (NL 4/1984), „Die Falten im Gesicht" (NL 5/1985).

[357] Werner Kremm: „Kerwei" (NL 11/1972), Anton Sterbling: „Fasching" (NL 7/1973), Gerhard Ortinau: „Notdichter 1937" (NL 11/1973), Richard Wagner: „Kapitel 23" (NL 11/1974), Johann Lippet: „von haus zu haus. eine chronik" (NL 5/1980) Richard Wagner: „Onkel Hans" (NL 3/1980), Richard Wagner: „Marlene. Anmerkungen zu einer Geschichte" (NL 12/1980).

[358] Richard Wagner: „Ich stelle meine Herkunft nicht aus". In: Stefan Sienerth, 1997, S. 305-317, 309.

[359] Walter Fromm: Interview mit Richard Wagner. In: NL 2/1979, S. 52-54, 54.

ten mit der für die Autorengruppe spezifischen thematischen und gestalterischen Färbung erfolgt in der Tradition der schon ab Mitte der sechziger Jahre in der rumäniendeutschen Literatur einsetzenden Kurzgeschichtenwelle.

11.4. Textbeispiele

In der Erzählung Werner Kremms „Kurt und Marie"[360] werden Dorfvergangenheit und Gegenwart durch vielfache Vertextungsstrategien ineinander verwoben. Ein Alltagsbild wird gezeichnet, das von den Spannungen zwischen Lebensanschauungen geprägt ist. Allerdings agieren in Kremms Text nicht Gestalten gegeneinander, um den Generationenkonflikt zu verbildlichen, sondern Texte, welche nüchtern und lapidar die Protagonisten repräsentieren. Gestalten (die Tante, die Nachbarn) und Wirklichkeitsbruchstücke (die bevorstehende Heirat der Titelfiguren Kurt und Marie, die Verbrechen in der Stadt) werden erzählökonomisch durch Geschichtsfetzen repräsentiert, die aus dem Zusammenhang gerissen sind: Kommentare der Großtante der Braut, Grußworte der Lokalzeitung zur Hochzeit der beiden, Wortspiele in Versform, Nachrichtenfragmente aus Zeitungsartikeln.[361] Die Verfremdung wird in Werner Kremms Text durch die Zusammenhanglosigkeit des Erzählten produziert: Das Selbstgespräch der Großtante, welche die Heirat der Nichte mit dem Sohn ihres ehemaligen Knechts bedauert, verweigert den Zusammenhang mit dem in Zeitungen reflektierten Geschehen, wie auch mit der Anschauung der Enkelkinder. Der Bruch zwischen den Generationen wird auch durch Fragmentierung, Zerstörung der Rechtschreibungsregeln, durch die Vermischung der Sprachstile („tochter aus gutem haus" und „ist doch etwas stark") und der Demontage der konventionellen syntaktischen Strukturen und der Interpunktionsregeln deutlich:

„und die nachbarn ein wenig wunderte
man hatte sich für marie was besseres vorgestellt nichts gegen
kurt aber einen knechtssohn zu heiraten ist für eine tochter aus
gutem haus doch etwas stark" (232).

Das Versspiel nivelliert letztendlich Position und Gegenposition in einem ironischen Ton, der die sprichwortartige Wendung ins Ironische kippt und sie in ihrer ideologischen Überfrachtung entlarvt:

„apropos...
ehrlichkeit macht frei und froh
der gute schlaf folgt sowieso

---

[360] Erschienen in der Anthologie „Nachrichten aus Rumänien", Hg. von Heinrich Stiehler, 1976, S. 229-232.
[361] Der Vergleich mit Konrad Bayers Arbeit „17. jänner 1962" drängt sich geradezu auf. Der Text besteht aus einer Montage von Fragmenten: eine Gerichtsszene bei einem Scheidungsprozeß, ein Erdbeben in Peru, die Werbung für ein Autohaus, Nachrichten.

> erfahrungen nützen gar nichts
> wenn man keine lehren daraus zieht
> das heißt
> ehrlichkeit macht frei und froh
> wenn man keine lehren daraus zieht
> erfahrungen nützen gar nichts
> der gute schlaf folgt sowieso"

An diesem Beispiel kann der Rückgang der Fabel zugunsten der kritischen Schlagkraft des Textes festgestellt werden. Platzsparend werden die handelnden Gestalten zurückgenommen, um die Mentalitätsstrukturen unmittelbar durch ein dichtes, buntes Textgewebe zu verdeutlichen.

Gerhard Ortinaus Text „die letzte banater story. offener brief eines auf den mond verschlagenen (nur für rumäniendeutsche leser)"[362], der in der Zeitschrift „Neue Literatur" (4/1975, S. 15-21) erschienen ist, setzt wie auch Richard Wagners „Kapitel 23"[363] die Ironie und Parodie als Gestaltungsmittel der Abrechnung mit der banatdeutschen Vergangenheit und mit der Gegenwart des totalitären Staates ein. Schon die im Titel gebrauchten Ausdrücke („story", „brief eines auf den mond verschlagenen"), die sechsundzwanzig erklärenden Endnoten, aber auch die Kleinschreibung modifizieren den erwarteten Erzählstil. Die Bemerkung in den Klammern ironisiert die Widmung durch die Modalpartikel „nur".

Die Erzählung ist symptomatisch für eine Phase der literarischen Reflexion der deutschen Minderheit über die eigene Situation[364] und markiert einen Moment selbstironischer Bestandsaufnahme der „Aktionsgruppe". Der Text ist als Brief des Autors in Ich-Form verfaßt und adressiert sich an den bekannten Vertreter der „Aktionsgruppe", wie die Angaben für den Empfänger am Anfang des Textes zeigen: „an den/ genossen/ r. wagner, temeswar". Auch in der Angabe der Zeit und des Ortes des Absenders wird von der Briefform nicht abgewichen und mit Realitätsvorlagen gespielt: „luna-city (ost), 31.1.2015"(15) (in Anlehnung an Ost-Berlin). Ort des Geschehens ist eine angebliche science-fiction-Landschaft: Der Ich-Erzähler befindet sich auf der „Ostzone" des Mondes, wo die Banater

---

[362] Die Formulierung „brief eines auf den mond verschlagenen" ist eine Anspielung auf Adolf Meschendörfers „Leonore. Roman eines nach Siebenbürgen Verschlagenen". Der Roman, 1907 in den „Karpathen" erschienen, stürzte seinen Autor in Ungnade bei seinen Landsleuten. Die Eininselung in der Provinz, so wie im Titel Meschendörfers angedeutet, wird bei Ortinau durch die Abschottung auf dem „Mond", also im sozialistischen Staat, noch gesteigert.

[363] Dazu gibt es die aufschlußreiche Interpretation von Anton Sterbling: „Kapitel 23 – oder das zerstörte sinnmuster der ereignisse". In: „Ein Pronomen ist verhaftet worden. Texte der Aktionsgruppe Banat", 1992, S. 168-172.

[364] In die Folge der Texte, welche die eigene Lage reflektieren gehört auch Ortinaus „Berlin Bahnhof Friedrichstrasse oder Kurze Vorrede zur Lesung eines rumäniendeutschen Autors aus seinen neuesten Texten". In: NL 4/1979, S. 10-11.

Schwaben es zu großem Ansehen gebracht haben und wo der Sprecher das Amt eines Museumsdirektors bekleidet. Für den auf der Erde verbliebenen R. Wagner soll er ein Vorwort für dessen „(wievielbändige?) geschichte des banats" verfassen, indem er das „hiesige banater museum, das den für uns alle so schmeichelhaften namen ‚lebendiges Banat' führt", beschreibt. Der Ich-Erzähler sucht nach Gründen, warum er den Auftrag nicht ausführen kann: einerseits ist er mit dem Schreiben am sechsten Band einer „geschichte der aktionsgruppe (sie heißt reife und vollendung)" (16) beschäftigt, andererseits ließen sich die sechzehn Stockwerke des Banater Museums nicht so wie verlangt, in einem Vorwort deskriptiv bewältigen.

Das Museumsgebäude als eigentlicher Anlaß des Briefes und als Synthese Banater Geschichts- und Traditionspflege ist der Konvergenzpunkt des Textes. Der Sprecher rekonfiguriert die historisch-mythischen Fertigteile aus der Banater Geschichte, was die Leser durch das widersprüchliche Nebeneinander, das in nüchternem Ton präsentiert wird, vielfach verwirrt. Die Beschreibung des Museumsgebäudes, die auf der Dualität von entgegengesetzten Bildern aufgebaut ist, bestimmt die Montage-Struktur des Textes. Die sechzehn Stockwerke des Gebäudes veranschaulichen die Etappen Banater Geschichte, ihre Darstellung ironisiert die Möglichkeit fortschrittlicher Geschichtsentwicklung.

Die ironische Geschichtsdarstellung beruht auf dem Verfahren der Rücknahme ihrer Bedeutung und dem Signalisieren ihrer Bedenklichkeit im Text selbst oder in den Fußnoten. Der Autor baut auf Provokation, auf den Verblüffungsreiz seiner Geschichte nach dem Modell Peter Handkes, der den Begriff „Reizwort" als Spezifikum für die von der Sprachkunst ausgehende Wirkung erdachte. So zum Beispiel die Ausstattung für das vierte Stockwerk, wo „unter gesang und paukenschlag der grundstein zu unserer lehrerbildungsanstalt gelegt" (18) wird. In der Fußnote zweiundzwanzig heißt es: „lehrerbildungsanstalt - banatia, deutsche lehrerpräparandie in temeswar. fiel besonders während des II. weltkriegs schlimm auf. infolgedessen ist sie erfreulicherweise mit dem etikett ehemalig zu versehen." (20) Dem riesigen Museum entspricht eine spiegelverkehrte Konstruktion unter der Erde, mit ebenso vielen Kellergeschossen. Das riesige unterirdische Gebäude, in dem sich das Geschehen über der Erde analog wiederholt, nur mit negativem Vorzeichen, versetzt der „banater mythologie"[365](20) auf dem Mond den letzten Schlag. Man hat es hier mit einer vielschichtigen, verschach-

---

[365] Die „banater mythologie" gestaltet sich im Text als Resultat eines Selektionsverfahrens von Persönlichkeiten, die in der Geschichte der Banater Schwaben eine Schlüsselposition einnehmen. Die Banater Kulturkonstellation zeichnet sich in deutlichen Linien durch die Erwähnung des Malers Stefan Jäger und des Schriftstellers Adam Müller-Guttenbrunn, aus dessen Erzählwerk Jakob Pleß und das Gasthaus „Zu den sieben Kurfürsten" entnommen sind.

telten Demontage zu tun, mit einer entmythisierenden Darstellung in der Form der „verkehrten Welt", deren Bestandteile sich vielfältig gegen die ursprüngliche Folie – Banater Geschichte und sozialistische Gegenwart – wenden. Die Spezifizierung „letzte" „story" deutet wohl auf die Demontage als endgültige Operation am Banater Kulturgut hin.

Die verkehrte Welt wird bereits an den verkehrten Rollen des Sprechers und des Adressaten im Text erkennbar, die sich als Pfleger Banater Traditionen „verkleiden", bis hin zur Unterzeichnung des Briefes durch das Anagramm „Drahreg Uanitro" (Gerhard Ortinau).

Die sprachliche Gestaltung soll gegenüber der traditionellen Erzählung verfremden und verunsichern. Die Auflösung syntaktischer Zusammenhänge erfolgt gerade bei der Erklärung des banatschwäbischen Dialekts: „gemeint ist die banater deutsche mundart. sie besitzt keinen genitiv und kein präteritum. dessenungeachtet ist sie das wichtigste kommunikationsmittel ihrer sprecher, was klar ist, aber"(21).

Der Erzähler spart auch nicht mit Anspielungen auf die Gegenwartssituation des sozialistischen Staates und reflektiert über den gesellschaftlichen Kontext seines Schreibens. Dies wird auch im Postskriptum des „Briefes" deutlich, aber auch im Kommentar zur Schreibsituation des sechsten Bandes der „geschichte der aktionsgruppe"[366] oder zu den Umständen der Nachkriegsjahre im Rumänien nach 1945.[367]

11.5. Schlußfolgerungen

Letztendlich stellt sich die Frage, inwieweit die Schriftsteller der „Aktionsgruppe" spezifische Strukturen in der rumäniendeutschen Erzählliteratur geprägt haben. Ihre Bedeutung für die Entwicklung der rumäniendeutschen Literatur ist besonders in der Lyrik zu sehen. Ihre Kurzgeschichten radikalisieren schon Existierendes und brechen Tabus. Die Produktion kurzer Prosatexte hängt mit den Veröffentlichungsmöglichkeiten in den Periodika zusammen, in einer Zeit, in der die Buchveröffentlichung für einen jungen Autor in unerreichbarer Ferne stand.

Auch wenn sie anfangs gegen festgefahrene Positionen mit dem Selbstverständnis schrieben, als „kollektiver Autor ,Aktionsgruppe Banat'" „keine Werke von bleibendem Wert" zu hinterlassen und „nicht für die Ewigkeit" zu produzie-

---

[366] „meine schreibkraft ist der meinung, ich sollte erst gar nicht versuchen, den 6. band hier zu veröffentlichen, da es mit dem tauwetter sowieso zu ende ist." (16).

[367] Der Autor spielt auf die Umstände seiner Geburt im Bărăgan an, wohin seine Angehörigen deportiert wurden: „movila gîldăului, kreis ialomița" (18), mit dem Endnotenkommentar: „weiler im bărăgan, geburtsort des autors, warum wohl?"(21)

ren[368], sind ihre Erzählungen eine für die eigene spätere Entwicklung unentbehrliche Etappe. Ihre Texte haben auch spätere Debüts maßgeblich angeregt, so daß das Auftreten von Herta Müller (1953), Balthasar Waitz (1950), Horst Samson (1954), Werner Söllner (1951), Wolfgang Koch (1952), Helmuth Frauendorfer (1959), Jakob Mihăilescu (1959), Uwe Hienz (1966), Helmut Britz (1956), Roland Kirsch (1960) auf der literarischen Bühne ohne die Vorarbeit der „Aktionsgruppe Banat"[369] sicherlich anders verlaufen wäre. Diese Autoren signalisieren die Bereitschaft, die von der „Aktionsgruppe" erprobten Wege zu begehen, dabei ersparten ihnen die Erfahrungen der Generationskollegen den Durchgang durch den Optimismus des Anfangs.

Die Stoßrichtung der Autoren der „Aktionsgruppe Banat" kann mit den Stichworten Kritik und Zweifel zusammengefaßt werden. Die Abwehrhaltung gegen die rückständige Geisteshaltung der Elterngeneration, in Anlehnung an die in Österreich und der Schweiz sich herausbildenden kritischen Dorfgeschichten, hat sie nicht von der Kritik an der literarischen Mutlosigkeit des sozialistischen Realismus abgehalten: Klischees haben sie hüben wie drüben entdeckt und demontiert. Die deutsche Minderheit haben sie vor und nach dem Krieg in der paradoxen Hypostase des schuldigen Sündenbocks zu finden geglaubt. Diese junge Generation hat den Literaturbegriff der rumäniendeutschen Literaturszene auf neue Koordinaten verschoben. Die Gruppe hat aber nicht den Ausbruch aus der Provinz geschafft, sondern die Modernisierung der Provinz, da sie oft genug ihre stoffliche Verpflanzung in der rumänischen und banatdeutschen Problematik unter Beweis gestellt hat.

Bei jeder Gelegenheit betonen die Schriftsteller aus dem Umfeld der „Aktionsgruppe" ihre Abgrenzung von den regionalen Traditionen. Sie lassen dabei die Wichtigkeit eines Anti-Modells für die Vehemenz des eigenen Ausdrucks außer Acht. Die banatdeutsche Tradition ist zumindest insofern für die Entstehung einer frechen, selbstbewußten Schreibweise bei den jungen Autoren wichtig gewesen, als sie als negatives Modell wie ein Katalysator für die Neuorientierung nach neuen literarischen Vorbildern gewirkt und die Wirkung der 1968er für die junge Generation potenziert hat. Der Aussage Richard Wagners, daß, aufgrund der Tatsache, daß die „Aktionsgruppe" „gegen die rumäniendeutsche Literaturgeschichte" zu schreiben begonnen hat, mit den jungen Banater Autoren eine

---

[368] Gerhardt Csejka: „Die Aktionsgruppen-Story", S. 243. In: Ein Pronomen ist verhaftet worden, 1992, S. 228-244.

[369] Indem die „Aktionsgruppe" ihr Programm konsequent gegenüber dem Staat durchzusetzen versuchte, zeigte sie die Grenzen des Herrschaftssystems in Rumänien auf. Deshalb komme ihr die Rolle eines „Frühwarnsystems" zu. Thomas Krause, 1998, S. 225.

„anti-rumäniendeutsche Literatur" begonnen hätte[370], liegt eine doch grobe Verallgemeinerung zugrunde. Mit „rumäniendeutscher Literatur" meinen die jungen Autoren einige Banater Schriftsteller, die, zum Teil noch vor 1918 tätig, in der Tradition der Heimatkunst stehend wie etwa Adam Müller-Guttenbrunn (1852-1923), durch den idyllisierenden Tonfall die eigentliche Problematik der Zeit verfehlt haben sollen. Die deutsch-nationalen Tendenzen Guttenbrunns, ihre Radikalisierung bei Karl von Möller oder Annie Schmidt-Endres, so läßt die Kampfansage Richard Wagners vermuten, hatten wichtige Folgen in der Fixierung von Mentalitätsstrukturen bei der banatdeutschen Minderheit. „Die Abgrenzung mancher Autoren von der ‚Tradition' läßt sich zum einen durch antikommunistische, zum anderen durch antifaschistische Impulse erklären. Im literarischen Erbe wurde und wird vor allem volksdeutsch-nationalistisches Gedankengut gesehen, und es liegt mir fern, abzustreiten, daß es zahllose Bekundungen dieser Art gegeben hat."[371]

Richard Wagner läßt aber außer Acht, daß die rumäniendeutsche Literatur, auch wenn überwiegend in ihrem Grundton der konservativen Grundhaltung in der Kunst verpflichtet, kein homogenes Gebilde ist. Zur rumäniendeutschen Literatur gehört etwa Robert Flinker (1906-1945), ein Arzt aus der Bukowina, der, trotz seiner Bestrebungen, an den modernen literarischen Strömungen seiner Zeit Anschluß zu finden, bis vor einigen Jahren relativ unbekannt geblieben ist. Auch in der siebenbürgischen Literatur kommt es nach 1918 zu anhaltenden ästhetischen Diskussionen, zu einer in den literarischen Medien ausgetragenen Polemik zwischen „Gemäßigten" und „Modernen", die auf die Rezeption des Expressionismus und der Avantgarde hindeutet.[372] Der Bruch zwischen den Vertretern des herkömmlichen Schrifttums und den Verfechtern zeitgemäßer Strömungen hat sich in den letzten hundert Jahren nicht nur wiederholt, er ist Dokument der Diskontinuität als Etappe historischer Kontinuität, mehr noch, der Bruch geschah „nicht nur zum Schaden der betreffenden Literatur".[373] Diese Einsichten klammert Richard Wagner in seiner verallgemeinernden Äußerung weitgehend aus,

---

[370] Diese Bemerkung macht Richard Wagner während der Podiumsdiskussion „Entstehung und Auflösung einer literarischen Gruppe" (Moderation Jochen Hieben). In: Wilhelm Solms (Hg.), 1990, S. 270.

[371] Joachim Wittstock: Rumäniendeutsche Literaturgeschichte. Ihre Beurteilung von wechselnden Standorten, zu verschiedenen Zeitpunkten. In: Eckhard Grunewald, Stefan Sienerth (Hg.), 1997, S. 103-113, 107.

[372] Vgl. Stefan Sienerth: „Auf der Suche nach Alternativen – Modernistische Ansätze in der rumäniendeutschen Literatur der Zwischenkriegszeit". In: NL 1981, Nr. 7 und 8.

[373] Joachim Wittstock: Rumäniendeutsche Literaturgeschichte. Ihre Beurteilung von wechselnden Standorten, zu verschiedenen Zeitpunkten. In: Eckhard Grunewald, Stefan Sienerth (Hg.), 1997, S. 103-113, 112.

wenn er behauptet: „die rumäniendeutsche Literatur hat keine Geschichte. Nichts ist aus ihr hervorgegangen."[374]

Daß sich die literarische Tätigkeit der „Aktionsgruppe" innerhalb eines marktwirtschaftlich organisierten Absatzmarktes für Bücher nur schwierig hätte entfalten können, wird in der von Sterbling vor dem Zensurjahr 1976 angeführten „position der aktionsgruppe" deutlich: „man ist von etabliertem relativ unabhängig, gewerklich ungebunden, schreibt unverpflichtet der nachfrage und verordnung: man entzieht sich steuernden einflüssen der veröffentlichungstendenz, was wohl den kommunikationsrahmen einschränkt, wo man sich aber einschaltet, orientieren die produkte im zirkulationsraum bestimmtes neu."[375]

Die Bedeutung des zentralistischen Büchermarktes, der staatlicherseits geförderten Zeitungen, Zeitschriften und Verlage, die vielen Autoren Veröffentlichungsmöglichkeiten boten, kann nur gemutmaßt werden. Die Autorenhonorare waren trotz der kleinen Auflagen und unabhängig vom Verkaufserfolg gesichert. Aufschlußreich ist dabei ein Vergleich mit den Publikationsperspektiven nach der Auswanderung dieser Autoren in die Bundesrepublik, der im weiteren Verlauf der Arbeit noch behandelt wird.

12. Der kulturpolitische Hintergrund ab Mitte der siebziger Jahre

Mit den siebziger Jahren begann ein ununterbrochener Prozeß der Rücknahme liberaler kulturpolitischer Bekundungen, die in den sechziger Jahren eingeleitet worden waren. Die 17 Thesen Ceaușescus zur „Verbesserung der politisch-ideologischen Arbeit und der kulturellen und erzieherischen Tätigkeit", am 6. Juli 1971 vom Exekutivkomitee der rumänischen kommunistischen Partei verabschiedet[376], festigten die Hegemonie der Partei, sicherten ihre direkte Leitung, die totale Ideologisierung der Kultur, Wissenschaft und Erziehung. In dieser Zeit gab es in den rumänischen Zeitschriften Versuche, die fünfziger Jahre zu rehabilitieren, was, so Gabanyi, nur jenen Autoren zu Gute kommen konnte, deren unbedeutende Werke diese Jahre nicht überlebt hatten. Auch das literarische Erbe wurde nur vermeintlich „gepflegt", das zeigte die niedrige Auflage bedeutender Autoren und Werke aus der Zwischenkriegszeit.[377]

---

[374] Joachim Wittstocks zitiert Richard Wagner. Ebd., S. 105.
[375] Sterbling in „aktionsgruppe – oder so". In: NL 7/1975, S. 39-45, S. 42.
[376] Vgl. „Tezele restalinizării culturale româneşti - iulie 1971" („Die Thesen der kulturellen Restalinisierung in Rumänien – Juli 1971"). In: Cotidianul. Supliment de istorie (Bukarest) vom 25.10.1996, S. 1-3.
[377] Gabanyi, Anneli Ute, 1975, S. 174.

Nach der Verkündung der Thesen Ceaușescus, der sogenannten „Mini-Kulturrevolution", bestand eine Diskrepanz zwischen den erklärten literaturpolitischen Zielsetzungen der Partei und der literarischen Praxis.[378] Offensichtlich hatte der deutschsprachige Inselbetrieb diese Diskrepanz länger am Leben erhalten können. Daß literarische Gruppierungen, die schon früher als sektiererisch verteufelt wurden, wie die „Aktionsgruppe Banat", in den siebziger Jahren noch von einem relativ liberalen Umfeld profitieren konnten, erklärt sich auch damit, daß diese Wende nicht plötzlich in die Tat umgesetzt wurde, sondern lediglich Ziele formulierte, die bereits 1967 mit der Gründung der ideologischen Komissionen des Zentralkomitees abgesteckt worden waren.[379] Gabanyi berichtet von ersten ernsten Konflikten zwischen der Partei und rumänischen Schriftstellern 1971 (S. 177). Im gleichen Jahr protestierten mehrere Autoren gegen die Zensur[380]. Nach der Veröffentlichung des Romans „Ostinato" von Paul Goma im Suhrkamp Verlag, der die Zensur in Rumänien nicht passieren durfte, protestierte die rumänische Delegation an der Frankfurter Buchmesse gegen die Veröffentlichung und machte somit auf die neuen Zeichen der Verhärtung in Rumänien aufmerksam.[381] Obwohl die Partei auf der Konferenz des Schriftstellerverbandes die Teilnahme „liberaler" Autoren durch ein neues Delegiertensystem verhindern konnte und die hörigen Schriftsteller mit erhöhten Honorarsätzen und Renten bevorzugte, kam es dennoch zu zahlreichen Protesten gegen die Juli-Thesen Ceaușescus und die Einschränkung der Freiheit der Äußerung.[382]

Der neue Weg der Kulturpolitik, der in den siebziger Jahren eingeschlagen wurde, zeigt einerseits nationale, andererseits dogmatisch-orthodoxe Merkmale.[383] Die immer stärkere Einmischung politischer Entscheidungsstellen in das literarische Leben wirkte sich auf die Struktur der Zeitschriften und Zeitungen aus, dies zeigt sich an dem wohl wichtigsten deutschsprachigen literarischen Forum der Nachkriegszeit in Rumänien, der Zeitschrift „Neue Literatur". Werden in der „Neuen Literatur" anfangs nur Fragmente der Reden Ceaușescus auf Parteikongressen oder anläßlich der Schriftstellerkongresse auf den ersten Seiten abgedruckt, so nimmt dieser politische Teil ab Anfang der achtziger Jahre immer

---

[378] Ebd., S. 166.
[379] Ebd., S. 176.
[380] Ebd., S. 182. Gabanyi zitiert Marin Sorescu, der die Zensoren als „Bürokraten, die Gefangene der Angst sind und in einem magischen Glauben an die übersinnliche Kraft des gesprochenen Wortes befangen" seien, Fănuş Neagu sprach von „diesen Idioten, die mir meine Zeit stehlen und mir die Hand, mit der ich schreibe, zermalmen".
[381] Ebd., S. 183.
[382] Ebd., S. 183ff.
[383] Ebd., S. 194.

größere Ausmaße an.[384] Parallel dazu verschärfen sich auch die Forderungen und das Vokabular der erziehungspolitischen Beiträge. Spricht Ceauşescu 1975 allgemein von den zu vermittelnden „moralischen Werten" durch das Kunstwerk[385], so äußert er sich ein Jahr später zur Notwendigkeit der thematischen Eingrenzung der Literatur: sie soll die Wirklichkeit der Arbeiter widerspiegeln, auch wenn ihr Universum „weniger kompliziert" sei. Die „Werktätigen" sollen im Zentrum der Werke bleiben, und nicht etwa „erfundene Gestalten", oder „Helden, die aus anderen historischen Zeiträumen oder sogar von anderen Planeten in unsere Tage verpflanzt worden sind".[386]

Anhand der Hefte der „Neuen Literatur" ab Mitte der siebziger Jahre läßt sich das Nebeneinander kontroverser Auffassungen über die Kunst illustrieren, so wie sie einerseits von Ceauşescu selbst oder den Parteikadern in Leitartikeln programmatisch formuliert werden und andererseits durch die literarische Praxis zum Ausdruck kommen.

Während Ceauşescu der „dekadenten" Literatur den Kampf ansagte, sich für einen unreflektierten Realismus aussprach[387], und vor der „Gefahr des kosmopolitischen Einflusses in der Literatur"[388] warnte, zeichneten die Autoren in ihren in der Zeitschrift abgedruckten Texten ein surreales düsteres Wirklichkeitsbild und rezipierten intensiv das Instrumentarium der westlichen Literatur. Fast gleichzeitig mit Ceauşescus Befürwortung einer Kunst, die eher dem proletkultistischen Literaturideal der fünfziger Jahre entsprach, wurde in den deutschsprachigen Zeitschriften die Zuversicht für den endgültigen Einbruch der „Moderne" ausgedrückt: „Die Zeiten sind lange vorbei, in denen die irrige Meinung verbreitet war, es sei Aufgabe unserer Malerei, bullernde Traktoren, wehende Fahnen und hämmerschwingende Arbeiterfäuste zu malen."[389] In seinem Artikel „Lyrik im

---

[384] Im Heft 7/1983 der Neuen Literatur beispielsweise, werden den gegenseitigen Begrüßungen anläßlich einer Festlichkeit der Vereinigung der rumänischen Schriftsteller fast dreißig Seiten eingeräumt.
[385] Rede Ceauşescus anläßlich der Festsitzung zur Eröffnung des X. Kongresses der VKJ. In: NL 11/1975, S. 3-5, 4.
[386] Rede Ceauşescus am Schriftstellerkongreß vom 2.-5. Juni 1976. In: NL 6/1976, S. 4-11, 7.
[387] „Wie benötigen ... keine Kunst, die die Wirklichkeit leugnet, sie entstellt, sie schwarz in schwarz malt und das Leben und die heldenhafte Arbeit unseres Volkes in düsteren Farben darstellt", da sie „krankhaften Charakter" habe und „schädlich" sei. Siehe die Rede Ceauşe-scus am Kongreß für politische Erziehung und sozialistische Kultur vom 2-5 Juni 1976, NL 6/1976.
[388] Ceauşescus Rede anläßlich der Begegnung mit dem Parteiaktiv der Schriftsteller. NL 11/1980, S. 4.
[389] Harald Meschendörfer: „Die freie Wahl künstlerischer Mittel". In: NL 5/1976, S. 5; ferner spricht Alfred Kittner („Dichter und Leser") im gleichen Heft, S. 6-8, von der literarischen Entwicklung der Kunst weg von den „proletkultistischen Tendenzen und fotomechanischen Ausdrucksmitteln, dank der Niederreißung schädlicher einengender geistiger Schranken und dank der Förderung zeitnaher Bestrebungen". (7)

Auftrag des Ichs" bekundete Walter Fromm, um nur einen der deutschsprachigen Literaturkritiker zu nennen, seine Sicherheit bezüglich der Eigenständigkeit der rumäniendeutschen Literatur besonders in der Lyrik. In der Prosa nannte er nur ein paar Namen: Franz Hodjak, Gerhard Ortinau, Joachim Wittstock.[390] Franz Hodjak sprach sich in einer Umfrage der „Neuen Literatur" für die Rezeption erneuernder Tendenzen aus.[391] Obwohl die „Neue Literatur" in den achtziger Jahren immer weniger Texte aus der Bundesrepublik, Österreich und der Schweiz druckte, verzichteten junge Nachwuchsautoren auf die ab Mitte der sechziger Jahre für die rumäniendeutsche Literatur eroberten Mittel und Möglichkeiten der Moderne nicht mehr.

Das kulturelle Leben Rumäniens geriet jedoch in den achtziger Jahren immer weiter in Bedrängnis. Da der Konflikt mit den Parteikadern weit von einer echten literarischen Auseinandersetzung entfernt war, die literarische Polemik, so wie sie in den sechziger Jahren und Anfang der siebziger Jahre stattgefunden hatte[392], unterbunden wurde, machte die literarische Bühne der achtziger Jahre einen ausgesprochen verarmten Eindruck.

Dabei können Konflikte dokumentiert werden, die vor den Augen der Öffentlichkeit verborgen blieben: Auf dem Schriftstellerkongreß von 1981 wurde mit ungewohnter Schärfe die Kulturpolitik des Staatspräsidenten Ceauşescu kritisiert, nicht ohne Folgen für die Betroffenen. 1983 hatten zwei Drittel der Mitglieder der Schriftstellerversammlung eine Unterschriftenaktion gestartet, welche die Einberufung einer außerordentlichen Parteisitzung zu Fragen der rumänischen Kulturpolitik forderte.[393]

Ceauşescus Argumentation nahm ab Mitte der achtziger Jahre, als er zum ordentlichen Mitglied und Ehrenvorsitzender der Akademie Rumäniens ernannt wurde, paranoide Züge an. Er befleißigte sich in der Ausübung eines nationalistischen Diskurses und in der Suche nach Feindbildern, deren Potential er für die innenpolitische Stärkung seiner Machtstellung zu erkennen glaubte.[394] Die Entartung der Machtsprache, die dem Personenkult gerecht werden mußte, nahm groteske Züge an: Ceauşescu wurde zum „glühenden Patrioten", „genialen Kämpfer",

---

[390] Walter Fromm: „Lyrik im Auftrag des Ichs". Überlegungen zu den Heften 7-10/1978 der Neuen Literatur".

[391] NL-Umfrage: Nach fünfundzwanzig Jahren. In: NL 1/1975, S. 63.

[392] Beispielsweise das Rundtischgespräch „Strukturalismus und Kerwei" über aktuelle Probleme der Literaturkritik, aufgezeichnet in der NL 8/1970, S.46-63.

[393] Klaus Hensel: Härtere Gangart. Schriftsteller in Rumänien: Staat und Partei im Konflikt mit Autoren. In: Rhein-Neckar-Zeitung vom 7.01.1986.

[394] In seiner Rede auf der gemeinsamen Sitzung der Räte der Werktätigen ungarischer und deutschen Nationalität trieb Ceauşescu sein nationalistisches Vokabular auf die Spitze und polemisierte gegen den „ungarischen Irredentismus" mit Versen aus einem Gedicht der Romantik (Eminescu: „Scrisoarea III"). In: NL 3/1987, S. 3-19.

„weltweit bedeutenden Mann"[395] hochstilisiert. Der Diskurs Ceauşcus bestand aus lexikalischen und stilistischen Fertigteilen, so daß sich seine Aufforderungen an die Kunst von einer Empfehlung für die Leistungserhöhung bei der Kartoffelernte nicht mehr unterschieden: „Wir brauchen neue Romane, neue Gedichte, neue Theaterstücke... Wir brauchen einige noch bessere in allen Sektoren. Ich bin überzeugt, die Künstler aus allen Sektoren werden verstehen, daß wir uns in so einem Moment der Entwicklung der rumänischen Gesellschaft befinden, der es erforderlich macht, sich mit größerer Entschiedenheit einzusetzen, Tag und Nacht zu arbeiten, um durch ihr Schaffen zur allgemeinen Hebung des Kulturniveaus des Volkes beizutragen."[396] Im Einvernehmen mit der besonderen Rolle, die Ceauşescu den „breiten Massen" für die Entstehung bedeutender Kunstwerke beimaß[397], nahm zusätzlich die intensive Medialisierung des Landesfestivals „Preis dir, Rumänien" ab 1979 dem literarischen Leben Zeitungs-, Zeitschriftenspalten und Sendestunden zugunsten eines kulturellen Surrogats weg.

Die Reihen der unangepaßten deutschsprachigen Schriftsteller, die in den achtziger Jahren in Rumänien publizieren, wurden immer dünner. Ab 1975 wurde es, nach den wiederholten Schlägen, die die „Securitate" der „Aktionsgruppe Banat" versetzte, und die mit der Auflösung der „Aktionsgruppe" endeten, relativ ruhig um die jungen Autoren. Die Bemühungen Nikolaus Berwangers, des steten Förderers der Banater Autorengruppe, sie in staatliche Strukturen zu integrieren, waren von Erfolg gekrönt. Ab 1977 machten die Autoren aus der Nachfolge der „Aktionsgruppe" beim „Adam Müller-Guttenbrunn" Literaturkreis mit, was ihnen neue Veröffentlichungsmöglichkeiten eröffnete.[398] Nachdem Nikolaus Berwanger 1981 in das Leitbüro des Schriftstellerverbandes gewählt worden war, trat er die Leitung des Adam Müller-Guttenbrunn Literaturkreises bis Anfang 1983 an Richard Wagner ab und stärkte somit die Position der jungen Autoren.[399]

Obwohl es danach aussah, als hätten sich die Autoren in der Nachfolge der „Aktionsgruppe" mit dem Staat „arrangiert" – Richard Wagner genoß die seltene Gunst, als Minderheitenautor Mitglied des Schriftstellerverbandes zu werden,

---

[395] Siehe NL 1/1988, S. 3 und 4.
[396] Ceauşescu: „Darlegung über die Vervollkommnung der organisatorischen, ideologischen und politisch-erzieherischen Tätigkeit". In: NL 7/1988, S. 4-5.
[397] Siehe die Reden Ceauşescus in NL 8/1978, 10/1979, 4/1983.
[398] Thomas Krause, 1998, S. 117f.
[399] Ebd., S. 136. Es wäre noch kurz zu vermerken, daß in einem Literaturbetrieb, der sich der Selbstregulierung des Marktes entzieht, die Machtkämpfe der Autoren besonders scharfe Formen annehmen. Der staatlich subventionierte Literaturbetrieb stellt den Schreibenden eine beschränkte Anzahl von Zeitschriften und Literaturverlagen zur Verfügung, so daß die verschiedenen Autoren, Gruppierungen und Repräsentanten literarischer Ausrichtungen für die Besetzung von Positionen in den Medien kämpfen mußten.

kam es in den achtziger Jahren zum endgültigen Bruch mit dem „sich immer diktatorischer gebärdenden" Staat.[400] Richard Wagner und Helmuth Frauendorfer verließen Ende 1983 den Adam Müller-Guttenbrunn Literaturkreis nach zahlreichen Auseinandersetzungen mit dessen konservativer Fraktion[401], Johann Lippet, William Totok führten ihre Arbeit innerhalb des Kreises weiter. Werner Söllner, Gerhard Ortinau, Horst Samson publizierten ab Anfang der achtziger Jahre kaum noch, Johann Lippet erst ab 1985.

Das Verhältnis zwischen den deutschsprachigen Autoren und dem rumänischen Staat wurde von der Rezeption der rumäniendeutschen Literatur im westlichen Ausland wesentlich mitbestimmt. Bis 1984, als die „Niederungen" Herta Müllers im Berliner Rotbuch Verlag erschienen, erfreute sich die rumäniendeutsche Literatur in der Bundesrepublik geringen Interesses. Zwar gab es Veröffentlichungen rumäniendeutscher Autoren, die meisten blieben jedoch ohne Öffentlichkeitswirkung. Einige Wissenschaftler, hier seien vor allem Alexander Ritter und Heinrich Stiehler[402] genannt, beschäftigten sich mit dem Forschungsgegenstand „rumäniendeutsche Literatur". Mit Herta Müller jedoch war das Interesse für die rumäniendeutsche Literatur und die Lage rumäniendeutscher Autoren schlagartig gewachsen. Herta Müller bekam zahlreiche Preise[403], „Niederungen" wurde Juli

---

[400] Ebd., S. 128.

[401] Wie im rumänischen Kulturleben, gab es auch im rumäniendeutschen literarischen Betrieb Konflikte zwischen den „Jungen" und den „Alten". Hüben wie drüben entfachte sich die Verachtung der liberalen Autoren an der Generation von Nutznießern der „goldenen Fünfzigerjahre", die der qualitativen Konkurrenz der Jungen nicht gewachsen waren und sich demnach an dogmatische oder traditionelle Positionen festklammerten. Vgl. Gabanyi, Anneli Ute, 1975, S. 142.

[402] Alexander Ritter: „Zwischen literaturkritischem Vorbehalt und kulturpolitischer Empfindsamkeit. Die deutschsprachige Literatur des Auslands. In: Germanistische Mitteilungen, H. 11, Brüssel 1980; „Entwurf eines Bewertungsrasters. Kulturpolitische Konjunktionen, philologische Konjunkturen, Pflichten der Literaturwissenschaftler und die deutschsprachige Literatur im Ausland". In. NL 9/1989, 63-78; „Versäumnisse und Möglichkeiten. Zur literaturwissenschaftlichen und literargeschichtlichen Rezeption deutschsprachiger Literatur des Auslands". In: NL 5/1987, 60-65. Heinrich Stiehler: Einführung. In: Nachrichten aus Rumänien. Rumäniendeutsche Literatur. Hildesheim, New York 1976, S. VII-XL, Ders.: Paul Celan, Oskar Walter Cisek und die deutschsprachige Gegenwartsliteratur Rumäniens. Aufsätze zu einer vergleichenden Literatursoziologie, Frankfurt/Main, Bern 1979.

[403] Noch während ihres Aufenthaltes in Rumänien wurde Herta Müller in Deutschland mit dem Aspekte-Literaturpreis (1984), dem Literaturförderpreis der Freien Hansestadt Bremen (1985), dem Rauriser Literaturpreis (1985) ausgezeichnet. Seit ihrer Auswanderung nach Deutschland wurden ihr folgende Preise erteilt: Der Ricarda-Huch-Preis der Stadt Darmstadt (1987), der Preis der Henning-Kaufmann-Stiftung zur Pflege der Reinheit der deutschen Sprache (1989), der Marieluise-Fleißer-Preis (1989), Roswitha-Gedenkmedaille der Stadt Bad Gandersheim (1990), der Kranichsteiner Literaturpreis (1991), das Villa-Massimo-Stipendium (1994), der Kritikerpreis des Verbandes deutscher Schriftsteller (1992), der Kleist-Preis (1994), der Europäische Literaturpreis Aristeion, außerdem wurde sie Stadtschreiberin von Bergen-Enkheim, Mitglied der Deutschen Akademie für Sprache und Dichtung (1995), sie erhielt den Impac Dublin Literary Award für den

1984 von der Darmstädter Akademie für Sprache und Dichtung zum Buch des Monats gewählt, September 1984 erreichte das Buch den Platz 8 der SWF-Bestenliste.

Über das Geschehen dieser Jahre berichtet gründlich Thomas Krause in seiner Untersuchung zu dieser Zeitspanne.[404] Die Lage der Autoren in diesen Jahren sollte nach außen positiv anmuten, so daß sie im Inland mit Literaturpreisen geehrt wurden[405] und wieder intensiv publizieren durften. Der angesichts der Erfolge der rumäniendeutschen Schriftsteller in der Bundesrepublik immer nervöser wirkende Staat lieferte die Autoren einer Politik von Zuckerbrot und Peitsche aus. Einerseits wurden die Autoren staatlich gefördert, andererseits unter Druck gesetzt. So kam es zu noch einer Veröffentlichungswelle: es erschienen „An einem „Ecktisch" (1984) von Franz Hodjak, „Widerlinge" (1984) von Balthasar Waitz, „das auge des feuilletons" (1984) von Richard Wagner, „Drückender Tango" (1984) von Herta Müller.

August 1984 wurde Helmuth Frauendorfer brutal verhört. September 1984 protestieren Helmuth Frauendorfer, Johann Lippet, Herta Müller, Horst Samson, William Totok, Richard Wagner und Balthasar Waitz in einem Brief an den Ersten Sekretär des Kreisparteikomitees Temesch und an den Vorsitzenden des Schriftstellerverbandes, in dem sie den rumänischen Staat der Verletzung der Minderheitenrechte bezichtigten.[406] Die Situation verschärfte sich weiter, als Herta Müller während ihrer Reisen in die Bundesrepublik die deutsche Öffentlichkeit über die schwierige Lage der rumäniendeutschen Autoren informierte[407], aber auch durch die Auswanderung Nikolaus Berwangers, des wichtigsten Förderers der deutschen Kultur im Banat.

Obwohl man nicht ausdrücklich Reiseverbote verhängte, durften viele Autoren nicht das Land verlassen. Die Tätigkeit des Literaturkreises Adam Müller-

---

Roman „Herztier", den Ida-Dehmel-Literaturpreis des Verbandes der Künstlerinnen und Kunstfreunde (Gedok) in Hamburg (1998).

[404] Krause, Thomas: Die Fremde rast durchs Gehirn, das Nichts. Deutschlandbilder in den Texten der Banater Autorengruppe (1969-1991), 1998.

[405] Preise gibt es für Richard Wagner 1980 (Lyrik-Preis des Rumänischen Schriftstellerverbandes), Rolf Bossert: 1979 (Literaturpreis des Verbandes der Kommunistischen Jugend), 1980 (Kinderbuchpreis "Ileana Cosânzeana"), 1983 gibt es wieder Preise an Rolf Bossert, Johann Lippet, Jakob Mihăilescu , Herta Müller erhält mehrere Preise.

[406] Thomas Krause, 1998, S. 148.

[407] „Man läßt die Autoren nicht ausreisen, obwohl viele von ihnen Stipendien im Ausland erhalten haben. So läßt man zum Beispiel Franz Hodjak, der acht Bücher geschrieben hat, oder Richard Wagner, der mehrere Einladungen erhalten hat, einfach nicht reisen. Einige der Autoren werden aus geographischen oder anderen fadenscheinigen Gründen nicht in den Schriftstellerverband aufgenommen, obwohl sie mehr als die zwei oder drei obligatorischen Bücher veröffentlicht haben." Aus: „Mir erscheint jede Umgebung lebensfeindlich." Ein Gespräch mit der rumäniendeutschen Schriftstellerin Herta Müller. In: Süddeutsche Zeitung vom 16.11.1984.

Guttenbrunn wurde von den staatlichen Organen künstlich am Leben erhalten, um nach außen das Gesicht zu wahren.[408] Unter den immer schwierigeren Arbeitsbedingungen entschieden sich immer mehr Mitglieder der Banater Autorengruppe für die Auswanderung: Nachdem ein Reiseverbot für Herta Müller erteilt worden war, stellte sie mit Richard Wagner, mit dem sie inzwischen verheiratet war, einen Ausreiseantrag. Danach waren sie in der rumänischen Medienlandschaft nicht mehr salonfähig. Während des Veröffentlichungsverbotes in Rumänien erschien in der Bundesrepublik Herta Müllers Erzählung „Der Mensch ist ein großer Fasan auf der Welt" (1986), die das Warten auf den Paß und den Abschied thematisiert.

1984 stellte Rolf Bossert einen Ausreiseantrag. Nach zahlreichen Schikanen seitens des Staates traf er Dezember 1985 in der Bundesrepublik ein, am 17. Februar 1986 wählte er den Freitod. 1986 entschieden sich auch William Totok und Johann Lippet für die Ausreise. 1987 verließen William Totok, Johann Lippet, Helmuth Frauendorfer und Horst Samson Rumänien, Herta Müller und Richard Wagner siedelten nach Westberlin um.

Da sich der rumänische Staat nach außen relativ liberal gab, leistete er es sich nicht, das Kulturleben schlagartig zum Erliegen zu bringen und war daran interessiert, die Kultur künstlich am Leben zu erhalten. So rückten, unter anderem, Balthasar Waitz, Jakob Mihăilescu , Roland Kirsch, Uwe Hienz mit ihren Prosatexten in den Mittelpunkt der Öffentlichkeit. Ihnen wurde auch großzügig Publikationsraum für literarische Texte, Übersetzungen und literaturkritische Beiträge (im Falle von Helmut Britz) in den Zeitschriften „Neue Literatur", „Echinox", sowie in den Zeitungen „Neuer Weg", „Karpatenrundschau", „Neue Banater Zeitung", „Forum studențesc" angeboten. Helmut Britz erhielt 1979 den Lyrikpreis der Bukarester Studentenzeitschrift „Amfiteatru", Jakob Mihăilescu 1983 den Förderpreis des Temeswarer Literaturkreises Adam Müller-Guttenbrunn.[409]

Von den schon bekannten Schriftstellern veröffentlichten Franz Hodjak, Joachim Wittstock und Franz Storch weiter.[410] Georg Schergs Produktivität ließ auch nicht nach: 1976 erschienen die Romane „Baß und Binsen" und „Paraschiv Paraschiv", 1979 die Erzählungen des Bandes „Die Axt im Haus", 1981 der Roman „Der Sandkasten", 1984 „Die Erzählungen des Peter Merthes" (3. Band), 1987 „Die Schuldbürger" und der Erzählungsband „Die verhohlene Münze".

---

[408] Thomas Krause, 1998, S. 149.
[409] Siehe Anhang der Anthologie „das land ist ein wesen" Bukarest 1989.
[410] Franz Hodjak: „Friedliche Runde" (1987), Franz Storch: „Die singende Uhr" (1983), „Silben im Wind" (1987), der Kriminalroman „Fall Nr. 13" (1989), Joachim Wittstock: „Mondphasenuhr" (1983), „Ascheregen" (1985), „Morgenzug" (1988).

13. Der Zensurmechanismus

Wie bereits in dem vorangegangenen Kapitel erwähnt, kann in den Seiten der deutschsprachigen Zeitungen eine Inkongruenz festgestellt werden zwischen den Kunstvorstellungen der Parteikader, die meistens als Einleitung veröffentlicht wurden, und vielen literarischen Beiträgen aus dem Inhaltsteil. Daß diese brisanten Texte veröffentlicht werden konnten, ist vermutlich darauf zurückzuführen, daß die Schreibenden eine Art „Narrenfreiheit" genossen.[411] Es ist auch wahrscheinlich, daß die verschiedenen Zensurstellen durch gegenseitige Verantwortungszuweisung Lücken möglich gemacht haben.

Das Veröffentlichen eines Buches setzte die Erstellung eines Gutachtens voraus, das eine Interpretation zum Text lieferte, die die Intention der Aussage ins Gegenteil umdeutete. Die Zensur war in jedem Text impliziert, „sie schrieb an dem Text mit, zum einen, indem sie durch Streichungen, Umformulierungen, Ergänzungen sich am Zustandekommen einer Endfassung beteiligte, zum anderen, indem sie in den Text eingriff, bevor er überhaupt erst niedergeschrieben worden war."[412]

Der unterschwellige Konflikt zwischen der literarischen Praxis und den Bestrebungen zur Normierung der Literatur verschärfte sich durch die Umorganisierung der Zensur. Die Parteiführung leitete Maßnahmen ein, die literarische Produktion strengerer Kontrollinstanzen zu unterziehen. So beschloß das Plenum des Zentralkomitees der RKP am 29. Juni 1977 die Erhöhung der Rolle und Verantwortung der Parteiorgane, der Abteilungen für Propaganda, Presse, Rundfunk und Fernsehen für die Durchführungsweise der neueren Richtlinien, welche die

---

[411] Dies führte dazu, daß Bücher ohne sinnverfälschende Modifizierungen publiziert werden konnten. Im Falle Georg Schergs ist die Vermutung berechtigt, daß der Schwierigkeitsgrad seiner Texte ihre Zensurierung überflüssig machte. Auffallend ist, daß der Autor selbst die Veröffentlichung seiner Texte wohl auf andere Gründe zurückführte: „Erstaunlich ist - wie ich das durch die paar angeführten Zitate beweise - daß eine so unmißverständliche Sprache kein Lektor, kein Zensor, keine Kritik beanstandet oder verstanden hat. Heikle Dinge wurden so gut in mehr oder weniger abenteuerliche Ereignisse eingebettet oder durch ironisch-komplizierte Satzführung verfremdet, daß mir das den Vorwurf eingetragen hat, ich schreibe zu oder so ‚schwer'. Im übrigen ist es mir Spaß, auch wenn der Leser sich gefrotzelt vorkommt, auf solche Weise schön verpackt die Wahrheit zu sagen. Meine Erfahrung lehrt, daß man alles sagen kann und konnte - es kommt und kam nur darauf an, wie man es sagt. Auf die Gefahr hin, daß dumpfe Leser es nicht verstehen, wer sie sonst auch seien. Und leider waren auch unsere meisten sogenannten Kritiker dumpfe Leser, trotz wendehälsiger Originalitäts- und Geltungssucht, Selbstbespiegelung und Häme, ohne im geringsten zu fürchten, daß sie sich selbst ein Armutszeugnis ausstellten." In: „Bücher können Jahrhunderte warten". Stefan Sienerth im Gespräch mit Georg Scherg. In: Südostdeutsche Vierteljahresblätter 1992, S. 25-33.

[412] „Von der Suche nach einem Ort". Stefan Sienerth im Gespräch mit Franz Hodjak. In: Stefan Sienerth 1997, S. 269-286, 284.

wachsende Rolle des Staates bestimmten.[413] In diesem Sinne wurde die Zensur abgeschafft und die Verantwortung für den Inhalt der Publikationen, der kulturellen und künstlerischen Tätigkeit an die Leitungsräte der betreffenden Organe übertragen.[414] Es bildete sich eine Reihe von Zensurstellen heraus: die Selbstzensur, der Lektor und Chefredakteur, die Bücherzentrale, eine Syntheseabteilung, in der für jeden Verlag einer zuständig war. Die höchste Hürde stellte nun nach der Abschaffung der Zensur die Zensurstelle beim Rat für Kultur und sozialistische Erziehung dar. „Außerdem bestanden noch bei jedem Verlag und auf allen Ebenen Beiräte, dann die ideologische Kommission des Zentralkomitees der Partei."[415] Diese Maßnahmen, welche eigentlich einer Umstrukturierung der Kontrollinstanzen hinsichtlich der Erhöhung ihrer Effektivität gleichkamen, komplizierten den Weg des Textes vom Autorentisch bis hin zu seiner Publikation.

Die tatsächlichen Auswirkungen dieser Neuregelung der Überwachungsinstanzen sind schwer festzulegen, da die Geschichte der Zensur mit den sich ständig abwechselnden Phasen von Tauwetter und Eiszeit noch nicht ausreichend erforscht wurde. Die Aussagen erfahrener Kulturredakteure, Verlagslektoren und Autoren verschaffen bis zur Entstehung einer Geschichte dieser prägenden Komponente des Literaturbetriebs einen Überblick über ihre Funktionsweise.[416]

Hedi Hauser, Direktorin des Kriterion-Verlags, beschreibt die Auswirkung der Parteiverordnung von 1977 folgendermaßen: „Was die Zensur angeht, solange es sie offiziell gab, so war sie natürlich für jeden Autor und für jeden Verlag eine Schikane, aber wir wußten immerhin, woran wir waren. Und es ließ sich mit den Leuten von der Zensur auch reden. Außerdem: Hatte die Zensur einmal ihren Stempel auf jede Manuskriptseite gesetzt, so konnte niemand mehr mit späteren Einwänden kommen. ... Anders war die Sachlage nach der von Ceauşescu per Dekret verfügten Auflösung der Zensur. Da nun der ‚Rat für Kultur und sozialistische Erziehung' für den Inhalt der veröffentlichten Bücher haftbar gemacht wurde, richtete dieser eine hauseigene Zensur ein, die sich jedoch nicht so nannte. Und da kein Stempel mehr aufgedruckt wurde, konnte die Einmischung seitens des Rates endlos weitergehen, manchmal sogar bis nach dem Erscheinen der

---

[413] Beschluß. In: NL 7/1977, S. 8.

[414] Auszüge aus dem Bericht Ceauşescus auf der Landeskonferenz der Rumänischen Kommunistischen Partei. In: NL 12/1977.

[415] Hedi Hauser: Traditionslinien und Traditionsbrüche. Aspekte der banatdeutschen Literatur im zwanzigsten Jahrhundert. Aus der „Geschichte des rumäniendeutschen Verlagswesens. Schwerpunkt Banater Autoren." Typoskript.

[416] Peter Motzan: Was aber stiften die Literaturhistoriker? Ausschweifende Überlegungen zu einer Literaturgeschichte und einem Tagungsband. In: Südostdeutsche Vierteljahresblätter 1995, S. 125-139, 127.

Bücher."[417] Verleger, Vorzensur, Nachzensur, Chefredakteur, Direktor des Verlags - alle wurden verantwortlich gemacht: „Ringmauern aus Angst, Konformismus, Geltungsdrang und oft auch Inkompetenz".[418] Die Partei sparte nicht mit Hinweisen an die Literaturkritiker und avancierte auch selbst zur kritischen Instanz. Der Staatschef selbst schaltete sich, um nur ein Beispiel zu nennen, in die literarische Praxis ein: „In diesem Jahr sind auch genügend unbedeutende literarische und künstlerische Arbeiten entstanden."[419]

Trotzdem situierten sich viele der in den achtziger Jahren publizierten Erzählungsbände am Gegenpol des staatlicherseits geforderten literarischen Bildes. Gerhardt Csejka, in seiner Funktion als Redakteur der „Neuen Literatur", erklärt die Veröffentlichung brisanter Texte neben den vielen belanglosen Beiträgen durch den persönlichen Einsatz des Redakteurs: „Nein, es war nicht die Regel, daß die Presse sich solchen Stimmen zur Verfügung stellte, wie es auch keineswegs zur Normalität gehörte, daß subversive Autoren, Dissidenten, anarchisch-geniale Dichterrebellen den Redaktionen die Tür einrannten. Doch ab und zu kam ein Text herein, der konsequenter als andere einer persönlichen Wahrnehmung folgte, sich kraftvoller und inspirierter gegen die Zumutungen der Gehirnspüler sperrte - klar, daß wir ihm den Vorzug vor gedrechselten Versen und mühsam auf modern polierten Stories gaben, doch ob er letztlich erschien, hing natürlich auch noch vom Zensor ab... Wir waren ein großartiges, gut aufeinander abgestimmtes Team [bei der Neuen Literatur], das gegen die Betonköpfe fast hundertprozentig zusammenhielt... Dies ist zumindest die Hälfte der Erklärung dafür, daß immer wieder in der Zeitschrift Texte zu lesen waren, deren Erscheinen sensationell, unglaublich wirkte."[420]

Daß in der DDR, wo der Druck auf die Staatsmacht durch die Bundesrepublik höher war, die Zensur brutaler gegen Schriftsteller vorgegangen ist, zeigt sich am Beispiel Reiner Kunzes, der sein Prosastück „Nachhall" aus dem Band „Die wunderbaren Jahre" (1976) in der DDR nicht veröffentlichen durfte. Im Text geht es um einen jungen Mann, der mit seinem Gitarrespiel das „sozialistische Zusammenleben" gestört hat. Er holt daraufhin seine Gitarre von einem Polizeirevier ab, da man sie ihm beschlagnahmt hat. Kunze gibt das „verleumderische Buch" in der Bundesrepublik heraus, wonach Vergeltungsmaßnahmen staatli-

---

[417] Hedi Hauser: Die Nischen der Nischengesellschaft. In: Siebenbürgische Semesterblätter (München) Heft 1/1996, S. 28-35, 30f.
[418] Gerhardt Csejka: „Wie in Rumänien ein Buch entsteht". In: Wilhelm Solms (Hg.) 1990, S. 136-140.
[419] Ceaușescu: Bericht zum XII. Parteitag der Rumänischen Kommunistischen Partei. In: NL 10/1979, S. 3-8, 6.
[420] „Fördernd-anregend möchte ich gerne bleiben". Gerhardt Csejka im Gespräch mit Stefan Sienerth. In: Südostdeutsche Vierteljahresblätter 1998, H. 1, S. 9-19, 15.

cherseits folgen: kurz nach dem Erscheinen des Bandes in der Bundesrepublik wurde er aus dem Schriftstellerverband der DDR ausgeschlossen[421], ihm wird ein Kinderbuchmanuskript zurückgeschickt. Im Vergleich zu Kunzes Text mutet Balthasar Waitz' „Widerlinge", daraus besonders die „Widerlinge-sciencefiction-story", um eine Erzählung zu nennen, die eine ähnliche Thematik behandelt, gewagt an. Der Band erschien 1984 im Temeswarer Facla Verlag.

14. Die Demontage der Dorfgeschichte und des „patriotischen" Gedichtes

14.1. Zum Entstehungskontext der kritischen Dorfgeschichten

Die Kritik der dörflichen Daseinsformen ist einerseits durch den Werdegang der Autoren bedingt, als Folge des Abstands vom Dorf durch das Studium in der Stadt. Die physische Distanz zum Dorf machte die Bewußtwerdung seiner verkrusteten ideologischen Strukturen und der rückständigen Lebensanschauung erst möglich. Die Verstrickungen in die ideologischen Wirrungen des Nationalsozialismus, die Mitläuferschaft vieler Angehörigen der deutschen Minderheit, stürzten die herkömmlichen Erziehungsmuster von ihrem Sockel.

Andererseits sind die kritischen Dorfgeschichten junger Banater Autoren als Demontage der literarischen Tradition der Region zu lesen. Die Autoren betonen bei jeder Gelegenheit die Abkehr von rumäniendeutschen literarischen Modellen, ihre Absicht, als Vertreter einer „anti-rumäniendeutschen Literatur" „gegen die rumäniendeutsche Literaturgeschichte zu schreiben".[422] Richard Wagners Polemik richtet sich vor allem gegen den herausragenden Vertreter der Banater Literatur, den Kulturpolitiker, Heimatdichter und Volksmann[423] Adam Müller-Guttenbrunn (1852-1923).[424]

---

[421] S. Einleitung zu Reiner Kunze: Die wunderbaren Jahre. Prosa. 5. Auflage. Frankfurt/Main: Fischer Taschenbuch Verlag 1979.

[422] Richard Wagner in der Podiumsdiskussion „Entstehung und Auflösung einer literarischen Gruppe". In: Wilhelm Solms (Hg.), 1990, S. 270.

[423] Diplich, 1975, S.68.

[424] Nach Richard Wagner ist Adam Müller-Guttenbrunn ein „schwäbisch-nationalistischer Autor, mit dessen Karl-May-Stil ich noch nie etwas im Sinn hatte". In: Richard Wagner: „Ich stelle meine Herkunft nicht aus". In: Stefan Sienerth, 1997, S. 305-317, 310.

14.2. Exkurs in die Banater Literatur

Adam Müller-Guttenbrunn gilt bis heute als der „sprachmächtige Volkserzieher", der „ein reiches geistiges Gerüstzeug" schuf, „um das gestörte Ordnungsbild der Donauschwaben wieder herzustellen"[425]. Guttenbrunns Schaffen ist ohne den sozial-historischen Kontext seiner Zeit nicht zu verstehen. Als Teil Ungarns von 1778-1848 und 1867-1918[426] wurde das Banat Madjarisierungstendenzen ausgesetzt[427]. Unter diesen Umständen ist die Herausbildung einer Reihe nationalbewußter Autoren zu verstehen, die in deutscher Sprache schrieben, wie Johann Szimits, Karl Grünn (1855-1930), Josef Gabriel der Ältere (1853-1927), Josef Gabriel der Jüngere. Adam Müller-Guttenbrunns Romane[428] gehörten neben Szimits' Büchern zu den meistgelesenen und sollen beim schwäbischen Bauern so etwas wie eine Hausbibliothek gebildet haben[429]. Aus Bauernverhältnissen stammend, hatte Guttenbrunn wegen Unkenntnis der ungarischen Sprache die Schule in Siebenbürgen und später in Wien besucht und seine Ausbildung als Autodidakt fortgesetzt. In Wien und Linz wirkte er als Publizist und Dramaturg. In den letzten fünfzehn Jahren seines Lebens wandte er sich wieder dem Banat zu und war bestrebt, mit seinen Heimatromanen aktiv in die Volkserziehung einzugreifen. Die banatdeutsche Siedlergeschichte, das Schaffen einer heilen Welt des deutschen Dorfes sollten literarische Mittel werden, um das Nationalgefühl der Banater Schwaben zu stärken. „Meister Jakob und seine Kinder", in dem Guttenbrunn einen toleranten und ausgeglichenen Ton ansetzt und weniger didaktisch wirkt als in „Der große Schwabenzug" und „Die Glocken der Heimat", gehört zu seinen gelungensten Romanen. Von dem Einhalten des Normenkodex im Dorf verspricht sich der auktoriale Erzähler die Wiederherstellung eines „goldenen Zeitalters".

Die Bereitschaft zur Identifikation mit dem nationalsozialistischen Deutschland signalisieren Karl von Möllers „Grenzen wandern" (1937) oder Annie Schmidt-Endres' „Neue Wege" (1938). Die Zerstörung der bäuerlichen Existenzen in der modernen Welt verbindet sich in diesen Romanen mit der Aufforderung zur Heimkehr aufs Land. Trotzdem wird nicht die Enge der Region, sondern ihre Öffnung zum Reich geschätzt. Karl von Möllers Darstellung des Banater Dorfes

---

[425] Diplich, 1975, S.69.
[426] Eisenburger, Eduard; Kroner, Michael (Hg.), 1976, S.84.
[427] Die Entnationalisierungstendenzen in der Zeit, in der das Banat zu Ungarn gehörte, wurden durch zwei Faktoren erleichtert: die Nähe zu Ungarn und den gemeinsamen Katholizismus.
[428] Zu den wichtigsten Werken Guttenbrunns gehören: „Götzendämmerung" (1907), die Romantrilogie „Von Eugenus bis Josephus" (1913-1917), „Die Glocken der Heimat" (1910), „Der kleine Schwab" (1910), „Franz Ferdinands Lebensroman" (1915), „Meister Jakob und seine Kinder" (1918), „Lenau. Das Dichterherz der Zeit" (1919-1921), „Schwaben aus dem Osten. Ein Dichterbuch aus Ungarn" (1911), „Ruhmeshalle deutscher Arbeit in Österreich-Ungarn" (1916).
[429] Franz Heinz: Vorwort zu Johann Szimits.Gedichte. (1973) S. 140.

um 1899 unterscheidet sich von der Müller-Guttenbrunns weniger durch die Szenerie (Volksfeste, Bauern bei der Feldarbeit, Intrigen im Dorf), sondern durch die Kommentare des auktorialen Erzählers. „Grenzen wandern" tangiert die „Blut-und-Boden"-Problematik der zwanziger Jahre. Der Roman ist von Vergleichen aus der germanischen Mythologie durchzogen, der Protagonist ist „der angehende germanische Bauer", „die Urkraft", „Held, wenn Heldentum nötig ist" („Grenzen wandern", 98), er unterhält sich mit Donar, dem Bauerngott („Grenzen wandern", 256), die Frauen im Dorf sind alle treu „sie wußten, was sie ihrem Herde schuldig waren" („Grenzen wandern", 67).

In dem Roman „Neue Wege" (1938) entwirft Annie Schmidt-Enders (1903-1977) „ein wirklichkeitsnahes Bild der Sozialverhältnisse im Banat nach 1918"[430], erschüttert von Wirtschafts- und Absatzkrisen. Der Roman setzt aber ähnliche Akzente wie der von Möller, trieft von kitschigen Beschreibungen in einem überladenen Stil.

Das Werk Karl von Möllers und Annie Schmidt-Endres wurde in der unmittelbaren Nachkriegszeit verboten, und auch später, in den kurzen „Tauwetterperioden" war eine Beschäftigung mit ihrem Werk problematisch. Darum ist es unwahrscheinlich, daß die jungen Autoren ihre Werke mehr als vom Hörensagen kannten. So erklärt sich auch die gebündelte Kritik der jungen Banater Autoren gegen Adam Müller-Guttenbrunn, der durch die Bemühungen Hans Müllers, Herbert Bockels und Nikolaus Berwangers rehabilitiert wurde und auch durch den Schulunterricht bekannt werden konnte.

14.3. Ausländische Vorbilder

Etwa zwei Jahrzehnte nach Ende des Zweiten Weltkriegs entstand besonders in Österreich und in der Schweiz eine Reihe von kritischen Dorfgeschichten. Thomas Bernhard gab schon Anfang der sechziger Jahre den ersten Impuls, ihm folgten Franz Innerhofer, Josef Winkler, Arthur Honegger, Josef Zoderer, später Franz Böni, Reto Hänny. Bevorzugte Themen waren das Dorf als Ort, das die Geborgenheit verweigert, die Heimatlosigkeit, Einsamkeit, körperliche und seelische Verkrüppelung, die Schilderung beschädigter Kindheit in einem beschränkten Korpus von Bildern und Motiven, die Obsession der Gewalt, Angst, die Morbidität der abgeschotteten Welt.

Was die jungen rumäniendeutschen Schriftsteller von den Autoren der kritischen Dorfgeschichte unterscheidet, ist der differenzierte sozio-historische Hintergrund. Sicherlich ist die Rezeption der 68er Protestbewegung von besonderer Wichtigkeit, da die Banater Autorengruppe besonders den in der Bundesrepublik

---

[430] Diplich, 1975, S. 110.

entfachten Generationenstreit auf die Spezifizität der Region projizierte. Dies geschah aus dem Bewußtsein heraus, daß ihre Generation eine ähnliche Vergangenheit aufzuarbeiten hatte.

Die jungen Autoren rezipierten Generationskonflikte, wie man sie ab den sechziger Jahren in der deutschsprachigen Literatur beispielsweise bei Peter Härtling („Nachgetragene Liebe"), Peter Weiss („Abschied von den Eltern"), Jutta Schutting („Der Vater"), Christine Heidegger („Zum Fenster hinaus"), Barbara Frischmuth („Kai und die Liebe zu den Modellen") antrifft. In dieser Tradition stehen die Texte der Banater Autoren, die sich kritisch an die Elterngeneration wenden: Gerhard Ortinau: „Party auf dem Lande" (NL 7/72, S. 11-12), Werner Kremm: „Kerwei" (NL 11/72, S. 7-8), Balthasar Waitz: „Unser Brunnen" (NL 4/1980).

Für komplexere Texte reicht die Substanz dieser Kürzestgeschichten nicht aus, erst Herta Müller wird eine Reihe von Romanen schreiben, die dieses Thema innerhalb der rumäniendeutschen literarischen Landschaft etablieren und die auch für den deutschen Literaturmarkt von Interesse sind. Ihre Erzählungen sind auch im Kontext der autobiographischen Abrechnungen von Frauen mit den Vätern[431] zu sehen, denen sie die Mitläuferschaft während der Zeit des Faschismus und Versagen als Erzieher der eigenen Kinder vorwerfen. Herta Müller war allerdings in der rumäniendeutschen Literatur die erste, die den Mut aufbrachte, die Abrechnung mit der Vaterfigur explizit durchzuführen[432]. Ihre „Tochtergraphien" richten sich auch an die Mutter[433], die Kritik fällt aber milder als in den Vater-Texten aus.

Die allgemeine Stoßrichtung der Elternproteste und der Generationenstreit in der Nachfolge der 68er wird mit der Demontage der traditionellen regionalen Texte verbunden. Auch wenn diese Thematik durch Gleichschaltung mit westeuropäischen Strömungen entstanden ist, bleibt sie durch ihre Substanz dennoch tief in der Region verwurzelt. Es entsteht eine moderne, aufgeklärte Regionalliteratur, die mit der Auswanderung der Autoren an Halt verliert und aufgegeben wird.

Den hauptsächlichen Anstoß zur kritischen Dorfgeschichte gab die Banater Autorengruppe, die Abrechnung mit den Welt- und Moralvorstellungen der Vergangenheit beschränkt sich aber nicht nur auf den Umkreis dieser Schriftsteller.

---

[431] Siehe Kapitel „Das Frauenbild in der rumäniendeutschen Erzählung der Nachkriegszeit".

[432] Paul Schuster hat beispielsweise in seinem „Vorwort" die Vatergestalt nicht angerührt. Seine Kritik überspringt die Elterngeneration und richtet sich auf die Erziehungsfehler der Großväter aus.

[433] Abrechnungen mit der Figur der Mutter findet man auch bei Helga M. Nowaks „Die Eisheiligen" (1979), Waltraud Anna Mitgutschs „Die Züchtigung" (1985), ferner in Jutta Heinrichs „Das Geschlecht der Gedanken" (1977) oder Elfriede Jelineks „Die Klavierspielerin" (1983). Daß Herta Müller sich von solchen Texten inspirieren ließ, ist eher unwahrscheinlich.

Bettina Schuller, Dieter Schlesak[434], um nur einige zu nennen, greifen ebenfalls diese Thematik auf. Auch die Autoren in der Nachfolge der „Aktionsgruppe", wie Helmut Britz („Wasserkopf und Darmdämon. Jakob Bühlmann, Felix Krull&Co gewidmet", NL 12/1988), Balthasar Waitz („Widerlinge-science-fiction-story", „Onkel Heinrich" im Band „Widerlinge"; ferner „Herr Willehammer", „Embryo", „Stimmbruch" im Band „Alptraum") lehnen sich gegen überholte Erziehungsmuster auf.

14.4. Herta Müllers Demontage der traditionellen Dorfgeschichte

Bereits vor oder gleichzeitig mit Herta Müllers Erfolgsbuch „Niederungen" (Bukarest 1982) erscheinen bei den Banater Autoren Erzählungen, die sich mit den rückständigen Mentalitätsstrukturen des Dorfes auseinandersetzen, beispielsweise von Richard Wagner[435], Anton Sterbling („Fasching", NL 7/1973), Johann Lippet („von haus zu haus. eine chronik", NL 5/1980), Helmuth Frauendorfer („Inge. Briefe eines Mädchens" NL 10/1982). Dies erklärt sich auch durch die Strategie der jungen Autoren, sich mit der verkappten Staatskritik in die Provinz zurückzuziehen, in sozusagen ‚eigene Räume', wo sie sich leichter vor der Zensur schützen konnten. In diesem Sinne ist auch die Bemerkung von Thomas Krause berechtigt, daß die „Banater Autorengruppe" zu Stoffen der kritischen Dorfgeschichte in Krisensituationen gegriffen haben soll.[436]

Herta Müller distanziert sich von der traditionellen Dorfgeschichte und stellt in ihren Erzählungen die beengende lebensfeindliche Stimmung enger Räume dar. Dabei entstehen ihre Texte in einer Zeit, in der sich wieder die Tendenz zur Darstellung idyllischer Provinzbilder feststellen läßt. 1990 verteidigt beispielsweise Hugo Dittberner in seinem Roman „Geschichte einiger Leser" die Rückzüge auf wirklich lebbare, von Vertrauen und Zutrauen getragene Existenzen in der Provinz.

In den Erzählungen Herta Müllers werden durch die konsequente Demontage der herkömmlichen regionalen Dorfgeschichte[437] Verfremdungseffekte produziert. Der Leser nimmt nicht nur das realisierte, verkehrte Bild wahr, sondern vergleicht es mit dem normal aufgehängten Bild, das bei ihm als Repräsentation ak-

---

[434] Bettina Schuller: „Die guten Ideen", in NL 1-2/1968 und in „Ein sauberer Kindermord" in NL 7-8/1967, Dieter Schlesak: „Der Eingegrabene", NL 3-4/1968, außerdem auch die Autoren, die im Kapitel „Ankündiger der Moderne" behandelt wurden.

[435] „Kapitel 23", als Fragment in NL 11/1974 erschienen, „Marlene. Anmerkungen zu einer Geschichte" in NL 12/1980, außerdem „Der schwäbische Pendler" aus dem Band „Der Anfang einer Geschichte" (1980).

[436] Thomas Krause, 1998, S. 162.

[437] Vgl. auch Peter Motzan: Und wo man etwas berührt, wird man verwundet. In Neue Literatur 3/1983.

tiviert ist. Durch dieses Spiel zwischen dem Novum und der Folie[438], dem realisierten Bild und den Texten, die den Hintergrund bilden, zeigt sich, wie wenig die Autorabsicht darin besteht, „abzubilden". Es geht vielmehr darum, den veränderten Menschen aufgrund veränderter historisch-gesellschaftlicher Bedingungen in neuen Existenzmustern aufzuzeigen.

14.5. Änderung des Darstellungsprinzips
Ausgehend von „Der Schnitter" von Josef Gabriel dem Jüngeren[439], einem seiner schönsten Gedichte, das epische Merkmale aufweist, lassen sich die modifizierten Inhalte und die veränderten Darstellungsmodalitäten veranschaulichen:
„Der Schnitter lehnt an seiner Sense Schaft/ Zu seinen Füßen liegen Krug und Napf./ Er trank daraus, es trank der Tag von seiner Kraft/ Ein Stoppelfeld liegt unter seinem Stapf.// Der Schnitter denkt: der Tag hat abgeschirrt/ Und nimmt die Sense, schultert sie und geht/ Dem Dorfe zu, dem Haus das unbeirrt/ Gefügt, inmitten seiner Welt dasteht"[440].

Die dörfliche Szenerie wird aus einer auktorialen, statischen Perspektive erzählt. Die Szenenelemente sind um die zentrale Figur herum geordnet. Auch die Zentrierung des Hauses („dem Haus das unbeirrt/ Gefügt, inmitten seiner Welt dasteht") hebt den Eindruck einer harmonischen, in sich stimmigen Welt hervor. Darüber hinaus ist die dichte Todessymbolik nicht zu übersehen: der Schnitter, die Sense, das Stoppelfeld, das Bild des Trinkens „von seiner Kraft". Trotz des Nebeneinanders der Szenerie dörflicher Geborgenheit und der Todesbilder (Analogien Herbst-Ernte-Tod) bleibt der Eindruck einer bedrohten Idylle nicht nachhaltig. Das Gedicht ist zweischichtig: es kann als ein Naturgedicht gelesen werden, als eine poetisierte Deskription des bäuerlichen Alltags. Auf dieser Ebene deutet das Trink-Bild die Symbiose Mensch-Natur an, die Selbstverständlichkeit des Energieaustauschs des Bauern mit seiner Umwelt und ihre voneinander bedingte Existenz. Die zweite Ebene, welche die Drohbilder des Todes enthält, bleibt durch ihre metaphorische Umschreibung unauffällig im Hintergrund des Gedichts.

---

[438] Andreotti, Mario, 1983, S. 29ff.
[439] Als Enkel Josef Gabriel des Älteren, hat er wie sein Großvater sein Leben im Dorf verbracht. Das Dorf hat ihn inspiriert, er synthetisiert in seinem Werk Introspektion und Beschreibung des Bauernalltags und bringt durch die Vorbilder Rilke und George neue Stimmungsmuster. Über die intakte Welt des „Schnitters" hinaus, zweifelt er, daß die überlieferten Daseinsformen der schwäbischen Bauern die Zeit überstehen könnten. Josef Gabriel der Jüngere, der sich in den 30er und 40er Jahren nicht vom Nationalsozialismus vereinnahmen ließ, starb unter tragischen Umständen 1947 in Frankfurt an der Oder an Entkräftung, nachdem er in einem Krankentransport geschwächt aus der Rußlanddeportation heimgeschickt wurde. Die Information zu Josef Gabriel d. J. zit. n.: Hans Weresch (Hg.): „Josef Gabriel d. Ä., Josef Gabriel d. J." (1985), S. 174-185.
[440] Ebd., S.189.

Der durchgehaltene Jambus und der Reim des Gedichtes sorgen außerdem für die Darstellung einer kohärenten Welt. Die Komposition der Szenen, der arbeitende Bauer als konstante Mitte der erzählten Welt, sein Haus, halten das Erzählte zusammen. Die Szenenelemente sind wenigstens auf dem ersten Blick konkret, der Erzähler weicht in der Beschreibung des Bauernalltags vom Mimesis-Prinzip nicht ab.

Von der Symbiose mit der Landschaft ist bei Herta Müller nichts mehr zu spüren, die Todesmetaphorik wird vordergründig dargestellt. „Das Dorf steht wie eine Kiste in der Gegend" („Niederungen", 91), „das Dorf, das einer schwarzen Insel glich..." („Niederungen", 41), „Manchmal ist das Dorf eine riesengroße Kiste aus Zaun und Mauer. Großvater klopft seine Nägel hinein." („Niederungen", 87). Das Dorf gleitet in den Bereich des Thanatischen, die Analogien Dorf-Insel, Kiste-Sarg stehen für existentielle Enge und Leblosigkeit. Die analogische Sprache will nicht mehr die Illusion des Naturhaften erzeugen, sondern den Blick durch die Differenz zu dem Bekannten auf veränderte Strukturen lenken. Das Dorf wird somit zum Ort existentiellen Unwohlseins. Es wird beliebig verkleinert oder vergrößert, die Proportionen zu den Gestalten sind verzerrt (der Großvater übergroß neben der Kiste/Dorf).

In „Niederungen" wird auch die kausallogische Handlung zugunsten der Montage von Erinnerungen nach einem Zufallsprinzip aufgegeben. Surreal anmutende Bilder, in denen der Bezug zwischen dem Bezeichneten und den sprachlichen Figurationen verloren geht, ersetzen das mimetische Darstellungsprinzip. Die Handlungen verlieren ihren unmittelbaren Sinn, werden mechanisch vollzogen und wirken irrational. Die Todes-Metaphern figurieren eine aus der Sicht des Subjekts sich zersetzende Welt, deren disparate Teile nicht mehr zu einem harmonischen Ganzen zusammenfinden. „Die Mutter des Tischlers war mit dem großen Messer in den Garten gegangen. ... Die Mutter des Tischlers hatte die weiße Dahlie mit dem großen Messer geschnitten. ... Ich glaube, sagte der Tischler, sie hat mit dem großen Messer ein Loch in die Erde gescharrt. Sie hat die Dahlie begraben. ... Die Mutter des Tischlers hatte die Melone nicht in Scheiben geschnitten. ... Mit der Messerspitze bohrte sie das rote Fleisch heraus." („Der Mensch ist ein großer Fasan auf der Welt", 1986, 12-14) Das Sichvergreifen an den anthropomorphisierten Pflanzen wird als aggressiver Mordakt betrachtet: „Die Dahlie war ein Gesicht ... Die Dahlie hatte sich längst ausgehaucht, doch sie konnte nicht verblühn." („Der Mensch ist ein großer Fasan auf der Welt", 1986, 13) Auch die Antropomorphisierung des Kürbiskopfes in „Niederungen" durch das Herausschneiden von Gesichtszügen erfolgt durch die Suggestion des Blutes: „Das rote Wasser hatte über den Küchentisch getropft. Tropfte ihr [der

Kroner] aus den Mundwinkeln. Tropfte ihr an den Ellenbogen herunter. Das rote Wasser der Melone klebte auf dem Fußboden." (14)

Auf dem Hintergrund der bekannten Folie der tradierten Erzählweise verunsichert das Novum der „verdrehten" Welt im Verwesungsprozeß. Eine der am besten gelungenen Erzählungen H. Müllers ist „Die große schwarze Achse" (Band „Barfüßiger Februar", 1987). Die Erzählinstanz unterstellt, daß man durch den Brunnen eine Achse sehen könnte, die von den Toten unter der Erde gedreht wird, um das Sterben voranzutreiben. Das Märchen „Schneewittchen", als Möglichkeit einer transzendenzfähigen Wirklichkeit, wird vom erzählenden Kind ständig als Hilfe gegen den beobachteten allgemeinen Verwesungsprozeß ins Gedächtnis gerufen. Die Märchenbilder schaffen es aber nicht, das in plakativ unästhetischen Bildern dargestellte Ende aufzuhalten:

„Der Himmel roch nach Kot. Der Bahndamm stand schwarz hinter mir und riß den Himmel runter, und schob ihn vor sich auf den Schienen her wie einen schwarzen Zug.

Der Teich war klein und hielt den Spiegel hin. Er konnte soviel Kot und soviel Nacht nicht widerspiegeln. So blieb er blind und starr im Sack des Mondes stehn. Vor der Mühle stand ein Storch. Sein Flügel war verwest vor Dunkelheit, sein Bein war angefault vom Teich.

Aber sein Hals war ganz weiß. ‚Wenn er fliegt, stirbt er in der Luft, und alles, was er tut, ist Klage', dachte ich." („Die große schwarze Achse", 22)

Der unsichtbare, im Dorf nicht bewältigte Tod ist ein Motiv, auf den sich in „Niederungen" die Kindesperspektive fixiert: „Ich verstand nicht, warum das Sterben immer hinter den Wänden der Häuser blieb und man es nicht sehen konnte, oder nur dann, wenn es fertig war, obzwar man ein Leben lang daneben wohnte." („Niederungen", 26) Die Allgegenwärtigkeit des Todes, das Umkippen jeder Handlung in den Tod drückt die existentielle Not der Dörfler aus. Sie fallen, wie der Fasan, ihrer Umwelt immer wieder zum Opfer.[441]

Als Pendant einer als Ganzes erfaßbaren Welt bieten die subjektiv verzerrten Bilder aus „Niederungen" kein erfahrungsmäßig nachvollziehbares Universum mehr. Hat die Heimatdichtung die Lokalisierung der Handlung im geographisch Bekannten für berechtigt empfunden, ist das Dorf der „Niederungen", wie das Dörfchen Gyrwil aus Arthur Honeggers Roman „Wenn sie morgen kommen" (1979) eine Fiktion. Das literarische Werk soll über das konkret Nachvollziehbare hinaus eine „höhere Wirklichkeit" schaffen.

---

[441] Das ist auch die Titelerklärung von Herta Müllers Roman „Der Mensch ist ein großer Fasan auf der Welt".

14.6. Idylle als Zwang zur Normalität

In den Erzählungen des Bandes „Niederungen" setzt sich die Erzählinstanz mit dem rückständigen Normensystem der Dorfgemeinschaft auseinander. Die Vorstellung der Dörfler vom Normalen wird zum Repressionsinstrument gegen die individuelle Freiheit: „Das Wort ‚normal' ist nur haltbar im Kollektiv. Es treibt Menschen in die Abhängigkeiten von der Gemeinschaft. Es drückt den Zwang, zur Gemeinschaft zu gehören, tief in den Verstand. Alle zusammen hatten in dem kleinen Dorf das Diktat des ‚Normalen' geschaffen, hoffend, daß der Einzelne ihm nicht gewachsen ist."[442] Das Dorf wird zwölf Jahre nach Erscheinen der „Niederungen" im Roman „Herztier" zum Existenzmuster der Diktatur gesteigert: „Alle bleiben hier Dörfler. Wir sind mit dem Kopf von Zuhause weggegangen, aber mit den Füßen stehen wir in einem anderen Dorf. In einer Diktatur kann es keine Städte geben, weil alles klein ist und weil es bewacht wird."[443]

In Verbindung mit der Kritik der „Normalität" erfolgt die Demontage der Bräuche und Sitten der provinziellen Enge. Den zahlreichen Hochzeitsszenen aus Adam Müller-Guttenbrunns Romanen stellt Herta Müller Endzeitbilder entgegen.

Die Tanzszene aus Guttenbrunns „Meister Jakob und seine Kinder" versteckt das Individuum hinter der Maske kollektiven Empfindens: „Eine Welt von Jugendfrische und unbändiger schwäbischer Tanzfreude blitzte aus ihren Augen" (257). Was im Dorf Gemeinschaftsgefühl war, ist bei Herta Müller Überwachung und Kontrolle, die durch die Regieanweisungen der Erzählinstanz in „Das Fenster" (Band „Niederungen") suggeriert werden. Der Konflikt mit den tradierten Normen und deren Repräsentanten im Dorf dringt in Herta Müllers Tanzszene jedoch nicht nach außen. Alte Verhaltensformen werden abgelegt, doch der Mut fehlt, um neue zur Schau zu stellen. Die Unsicherheit der Steuerung des Verhaltens wird sichtbar.

Während Guttenbrunn Perspektivenbilder darstellt: „Alle Wege waren mit Gras und Wiesenblumen bestreut, alle Gassen mit frischen, grünen Zweigen abgesteckt, die Glocken läuteten, die Musikanten spielten, der Kirchenchor sang fromme Lieder und die Schützen gaben vor jedem Altar die Salven ab" („Meister Jakob und seine Kinder", S211), reduziert Herta Müller den Blick des Zuschauers auf ein Detail. Die „Fenster-Figur" im Tanz synthetisiert die Dorfrealität und -mentalität und steht für Einengung durch die Norm. Der Tanz ist Ausdruck des sich Einfügen-Müssens, was sich durch die zu eng zugeschnürte Tracht, die Überwachung durch die Eltern, den gleichzeitig empfundenen Liebeskummer verdeutlicht: „Die stechenden Augen [der Mutter] schwimmen aus dem kantigen

---

[442] Herta Müller: Das Ticken der Norm: In: Die Zeit. 14.01.1994. S. 49.
[443] Eine der Hauptgestalten des Romans „Herztier", S. 52, Georg, sagt diesen Satz.

Gesicht, aus dem schwarzen seidenen Kopftuch, schwimmen ans Ende der offenen Straße, ans Ende des zugeschnürten Dorfes. ... Die schwarzen Röcke sind so offen wie die Straßen, so zugeschnürt wie das Dorf, so gebrochen wie die greifende Erde hinter den letzten Gärten, hinter den stechenden Augen, hinter dem zahnlosen Mund." (112) Die Norm (durch die uniformisierende Tracht repräsentiert) und das Recht, sich in Angelegenheiten anderer einzumischen („offen wie die Straßen") begrenzen die Freiheit des Individuums. Durch das Bild des Friedhofs („die greifende Erde hinter den letzten Gärten") wird signalisiert, daß die Dorfgemeinschaft, der durch die ständige Kontrolle (stechende Augen, zahnloser Mund als Organe der Wahrnehmung und des Sprechens) jede Innovation verboten bleibt, dem Untergang geweiht ist.

Herta Müller nimmt die Idylle der patriarchalischen Dorfwelt zurück. In Guttenbrunns Familienszenen, die sich in betont rückständigen Variationen bei Karl von Möller wiederholen[444], wird die freiwillige Unterwerfung der Dorfjugend unter das Diktat der von den Erwachsenen vertretenen Traditionen als „vernünftig" dargestellt. Das Familienleben im Dorf wird zum Inbegriff des Harmonischen, ein tragisches Ende ist undenkbar, Konflikte werden gelöst, sie können höchstens von außen importiert werden. Bei Herta Müller sieht es anders aus: „Der Feiertag war verdorben wie alle Feiertage in diesem Haus. ... Damals war der Fotograf im Dorf ... Ich hatte eine Rolle auf dem Kopf, die an Feiertagen immer mit Zuckerwasser befeuchtet und mit einem Kochlöffelstiel gedreht wurde. Sie war schief geraten, wie an allen Feiertagen, weil Mutter beim Kämmen weinte, denn Vater war wieder betrunken aus dem Wirtshaus gekommen." („Niederungen", 45)

Die heile Welt in der Heimatkunst verwirklichte sich mit einem Personal, das physisch und moralisch unversehrt war. Die Worte Müller-Guttenbrunns „stämmig, fest im Boden wurzelnd, derb und gesund war dieses Geschlecht" („Meister Jakob und seine Kinder", 57) schreibt Herta Müller um. In der Kurzprosa „Meine Familie" werden neben Rückständigkeit moralische und physische Dekadenz angeprangert:

„Meine Mutter ist ein vermummtes Weib.
Mein Vater ist starrblind ...
Mein Großvater hat den Hodenbruch.
Mein Vater hat noch ein anderes Kind mit einer anderen Frau"
  („Niederungen", 15)

---

[444] Bei Karl von Möller („Grenzen wandern") ist sich die Bäuerin Lissi der Unberührbarkeit der Sitten bewußt, sie weiß, daß sie standesgemäß heiraten muß.

14.7. Demontage des Mythos der Einwanderung und der pathetischen Geschichtsdarstellung

In der Erzählung „Niederungen" geht die Autorin streckenweise so weit zurück wie Guttenbrunn, der mit seinem Roman „Der große Schwabenzug" der Einwanderung der Schwaben in einer historisch-pathetischen Tonmixtur ein literarisches Denkmal setzt. Die Geschichte des „Volkes" seit seiner Auswanderung faßt die Erzählerin nicht als kontinuierlichen historischen Fortschritt, sondern als Entwicklungsstillstand auf. In ihrer Darstellung gerinnt sie streckenweise zu einer negativen Mythologie, es kommt zu einer „Verunklärung historischer Prozeßhaftigkeit"[445]: „Irgendwann war das Land voller Sumpf, voller Wald, voller Gestrüpp gewesen. Dann haben sie Bäume gefällt und von irgendwo ein Dorf gebracht und das Land festgetreten mit ihren Wegen, und Zäune mehr als nötig aufgestellt, die aus Bäumen waren und die Häuser waren auch aus Bäumen, und immer und bei allem, was sie taten, waren sie Holzfäller und bei allem, was sie tun sind sie Holzfäller geblieben." („Niederungen", 55-56)

Das Pathos der Geschichtsdarstellung wird auch in Gerhard Ortinaus „letzte banater story" in der Beschreibung des gigantischen Banater Museums auf dem Mond ironisch übersteigert: „etagenweise durchläuft man hier die ganze geschichte unserer vielgeprüften heimat, ein grandioser anblick, sage ich dir!" (17)

Die Erzählungen Müller-Guttenbrunns entstanden in einer Zeit, in der sich das Nationalitätenproblem innerhalb der k.u.k. Monarchie dringend stellte. Die Notwendigkeit der Identitätsbewahrung und Selbstbehauptung der Banater Schwaben als Volk ging mit den politischen und wirtschaftlichen Veränderungen einher, die der jahrhundertealten Lebenseinstellung die Basis entzogen. H. Müllers Replik ist Ausdruck einer neuen Zeit, in der andere Fragen, wie die ökologische Problematik, aktuell sind.

Den Nachahmern der Blut-und-Boden-Literatur, die mit ihrem literarischen Schaffen ein Bewußtwerden der „Bindungen des Blutes, des Glaubens, der Sprache und der rassischen Zugehörigkeit"[446] anstrebten, setzt Herta Müller ein eigenes Bild entgegen. Die wichtigen Mentalitätsverschiebungen nach 1945 veranschaulichen sich durch den Gegensatz zwischen den folgenden Textfragmenten: „Als vor zwei hundert Jahren unsere Urväter ... kamen, hatten sie, wenn ansonsten ohne Hab und Gut, allerdings einen Schatz mitgebracht, wertvoller als Gold und Edelsteine, nämlich die deutsche Seele." (Annie Schmidt-Endres „Neue Wege", 202). Dazu die Replik Herta Müllers: „Jeder hat bei der Einwanderung einen Frosch mitgebracht. Seitdem es sie gibt, loben sie sich, daß sie Deutsche sind, und reden über ihre Frösche nie, und glauben, daß es das, wovon zu reden

---

[445] Peter Motzan: „Und wo man etwas berührt, wird man verwundet". In Neue Literatur 3/1983.
[446] Zitiert aus: Schmidt-Endres: „Neue Wege", S.198.

man sich weigert, auch nicht gibt. Dann kam der Schlaf. Ich fiel in ein großes Tintenfaß. So dunkel mußte es im Schwarzwald sein. Draußen quakten die deutschen Frösche." („Niederungen", 94)

Der Heimatbegriff wird in den literarischen Zeugnissen der siebziger und achtziger Jahre neu formuliert. Ältere Autoren hatten ihre Blicke auf den Anfang und die Herkunft der Schwaben gerichtet. Der Soldat Wörndle aus Guttenbrunns „Der große Schwabenzug" verabschiedet sich vor seiner Auswanderung ins Banat von seiner Heimat: „Leb wohl, du altersgraues, hilfloses deutsches Reich" (143). In „Meister Jakob" steht dann die Heimat fest: „Es gibt kein Zurück mehr für euch und eure Kinder in das deutsche Reich, aus dem ihr stammt, ihr habt euer Volkstum hierher verpflanzt, wie eure Saaten, und es gedeiht in dieser Erde so gut wie im Mutterboden" (252). Annie Schmidt-Endres ideologisiert das Heimatbild in „Neue Wege": Arthur, der Sohn eines Banater Großindustriellen, ist davon überzeugt, daß die „rein deutschen Kolonien" im Banat ein „natürlicher Schutzwall" gegen „die rote Gefahr und Fremdeninvasion" sind („Neue Wege", 91).

Die literarischen Zeugnisse der „Aktionsgruppe Banat" und später diejenigen Herta Müllers repräsentieren einen Moment der Ernüchterung, des grundlegenden Zivilisationspessimismus, der bei jeder Gelegenheit zum Vorschein kommt. Heimat ist bei H. Müller keine konkrete mehr, kein Landstrich, sondern der Ort der Freiheit, der nirgends zu finden ist. Daher ist ihre Heimat die Heimatlosigkeit oder bestenfalls eine Utopie. Der Verlust der Heimat steht mit der Unausweichlichkeit des geschichtlichen Endes im Zusammenhang. Die Heimat gilt nun als verloren, bei Werner Söllner heißt es: „Exil kann man nur in Bezug zu Heimat besprechen. Ich weiß nicht, was Heimat ist." Unter Heimat versteht Richard Wagner den Raum kultureller Zugehörigkeit: „Ich fühle mich wohler in der deutschsprachigen Literatur als Gesamtheit, wo es Autoren gab von Brecht über Bobrowski bis Celan, und ich war nie zu Hause in der rumäniendeutschen Literatur von Adam Müller-Guttenbrunn bis Erwin Wittstock."[447]

Ein krasser Gegensatz besteht zwischen der dargestellten Landschaft bei Guttenbrunn[448] und bei Herta Müller. Auf der Natur lastet eine unaussprechbare Schuld, sie wirkt wie von einer Krankheit befallen in der Darstellung Herta Müllers. Was von Guttenbrunn als schön befunden wurde, nimmt die Autorin in den später geschriebenen Romanen mit negativer Bedeutung auf.[449]

---

[447] Kegelmann, 1995, S. 94.
[448] „Das lachende, schwellende Land, in dem neben dem herrlichsten Brot auch die Melone reifte und die Mandel." („Meister Jakob und seine Kinder", 317).
[449] Beispielsweise das immer wiederkehrende Motiv der Melone, das meistens mit der Symbolik des Blutes in Zusammenhang gebracht wird.

14.8. Demontage der Führer- und Heldenfiguren
Adam Müller-Guttenbrunn beschreibt in „Der große Schwabenzug" (1935) wie der Gouverneur Mercy das Sumpfgebiet um Temeswar, „jetzt ein erobertes Land" (91), nach westlichem Modell gestalten will: „Was ich aus dieser Provinz mache, das wird sie sein: und ich will sie zu einem Land machen, wie mein Lothringen, wie das Elsaß, wie die Champagne oder die Rheinpfalz." (81) Im Gegenzug führt Gerhard Ortinau in „die letzte banater story" Identitätsbilder aus der Geschichte und Sprachbilder der Gegenwart zwecks Verfremdung zusammen und vergegenwärtigt historische Ereignisse mit dem Spracharsenal der sozialistischen „Holzsprache". Der General Mercy, der erste Gouverneur des Banats zeichnete sich durch „epochenmachende umgestaltungspläne" aus, „unsere heldenhaften bauern" spielten eine „unverkennbar staatserhaltende rolle" während der 48er Revolution usw. (18)
Müller-Guttenbrunn bringt mit aufklärerischem Eifer Historisches zur Sprache und erzählt von den Eroberern und Gründern des Banats im 18. Jahrhundert: Kaiser Karl V., Prinz Eugen, Maria Theresia, Graf Mercy. Annie Schmidt-Endres nennt 1938 den „Führer" fast beim Namen: „In der getragenen Stille der Feierstunde fiel ein Wort, ein Zeichen des Führers..." („Neue Wege", 197). Neben der Führerfigur wird auch die des Helden bei Möller und Schmidt-Endres literarisch verarbeitet. Der Bauer Oberding in Möllers Narration wird von einem Juden betrogen, stirbt dabei und wird „ein Symbol des ringenden Bauerntums, ein Held." („Grenzen wandern", 303)
Bei Herta Müller stellt sich Skepsis und Kritik ein. Die Einblendung des Vaterschicksals in den Erzählungen des Bandes „Niederungen", vor allem in der Titelerzählung, demontiert die Heldengestalt. Der Vater, der im Zweiten Weltkrieg in der SS gedient hat, wird zum Antihelden:
„Dein Vater hat viele Tote auf dem Gewissen, sagte eines der betrunkenen Männchen.
Ich sagte: Er war im Krieg.
Für fünfundzwanzig Tote hat er eine Auszeichnung bekommen. Er hat mehrere Auszeichnungen mitgebracht."(„Die Grabrede", Band „Niederungen", S. 9)

14.9. Das Nützlichkeitsethos

Das Lob der bäuerlichen Tugenden, eingebettet in eine süßliche Schäferroman-Szenerie, das Arbeitsethos[450] kehrt Herta Müller ins Negative um, die Tugenden verleihen ihren Gestalten unmenschliche Züge. Der Selbstbehauptungswille erscheint „als Selbstbezogenheit", „der Arbeitseifer als Manie der Selbstbetätigung, der Ordnungssinn als gefühlsabtötender Starrsinn"[451]. Der Tatendrang der Mutter, ihr Fleiß, gerinnt zu einem Zerrbild des deutschen Arbeitsethos. Wie in Innerhofers „Schöne Tage" wird Leben und Arbeiten eins. Durch bloße Handlungsumschreibungen und nicht durch direkte Stellungnahme werden die Tatbestände bei Herta Müller bloßgestellt: „Die Mutter hat einen Zimmerbesen, einen Küchenbesen, einen Vorderhofbesen, einen Hinterhofbesen, einen Kuhstallbesen, einen Schweine- und einen Hühnerstallbesen, einen Holzkammerbesen, einen Scheunenbesen, hat einen Hausbodenbesen und zwei Gassenbesen, einen für das Pflaster und einen für das Gras" (73). Das Gebot der Notwendigkeit und des Nutzens wird auf die Fruchtbarkeit des Bodens übertragen. Die von der Großmutter im Garten gepflanzten Blumen sind überlebensunfähig: „Als das Frühjahr kam, wuchs Weizen aus dem Beet, war vor der Tür des Hauses schon ein Feld, trieb eigensinnig Körner in die Ähren. Die Erde war verdammt und war verformt von Nutzen und von Gier." („Barfüßiger Februar", Die kleine Utopie vom Tod, 43)[452]

Die gefühlsabtötende Arbeit wirkt sich auch auf die Erziehungsrolle der Eltern aus. Die Frage, die sich eine Gestalt aus Möllers „Grenzen wandern", Lissi Oberding, stellt, ob man sich noch wegen der vielen Arbeit um die eigenen Kinder kümmern kann (S. 102) wird in „Niederungen" zur traurigen Gewißheit: Die Mutter versagt in der Erziehung des Kindes. In der Beschreibung aus der Perspektive des Kindes wird sie verdinglicht, die Wiederholung des Appellativs „Mutter" steigert die Entfremdung: „Mutter blickt seitlich zu mir hin. Ihr halbes Gesicht ist groß und kalt wie ein halber Mond. Mutter hat nur noch diese eine Gesichtshälfte, und darin ist das Auge so schmal wie ein Riß." („Niederungen", 75)

---

[450] Ein Beispiel für literarischen Kitsch findet man bei Schmidt-Endres: „Über der schwäbischen Heide tönte der Schwung der Sense, das Klirren der Sichel und das Knistern der Ähren. Die Stimme der Erde und der schaffenden Menschen vereinten sich zu einem einzigen Hohelied von Ernte, Reiftum und Segen." („Neue Wege", 82) Den Eindruck von Kitsch ruft die Verknüpfung der geistigen Eindimensionalität mit einer kunstvoll arrangierten Sprache hervor.

[451] Peter Motzan: Und wo man etwas berührt wird man verwundet. In: Neue Literatur. 3/1983.

[452] Joachim Wittstocks Formulierung „vor lauter Wachstum dringt der Mais beinah in den Burghof" („In Malmkrog", Band „Parole Atlantis, 1980, 58) kann man auch als ironische Auseinandersetzung mit dem Nützlichkeitsprinzip interpretieren.

14.10. Demontage des „patriotischen" Gedichts

Auf das zweite Anti-Modell Herta Müllers, die Fülle der „patriotischen" Gedichte der Nachkriegszeit, macht Franz Heinz aufmerksam[453], der ein paar Verse zitiert, die nicht, wie mancher glauben könnte, in einem Heimatkalender zu lesen waren, sondern in der Sonntagsausgabe der in Bukarest erschienenen „Parteizeitung" „Neuer Weg", vom 18.11.1984:

„Ich weiß ein Land im sonnigen Karpatenbogen
mit Dörfern und mit Städten Zauberperlen gleich,
ein Garten schön, wo Jugend ohne Alter blüht
und Träume, eh geträumt, Erfüllung finden,
wo über Berge stolz die Lerche singt".

Im Vergleich dazu zitiert Franz Heinz einen Satz Herta Müllers: „Ich war eine schöne sumpfige Landschaft".

Die Kritik der affirmativen Lyrik gehört bei Herta Müller zum größeren Themenkreis der Auseinandersetzung einerseits mit Inhalten, mit der zum Dogma erstarrten und verzerrten sozialistischen Ideologie, und andererseits mit literarischen Formen und Darstellungsmodalitäten.

14.11. Realismuskritik

Es ist nicht zu übersehen, daß sich die Forderungen jüngerer Autoren nach Objektivität und Nüchternheit gegen das tradierte Realismuskonzept richten. Sowohl die Wirklichkeitsdarstellung der „bürgerlichen" Erzähler als auch die der Autoren in der Nachfolge des sozialistischen Realismus empfinden sie als eine nicht zeitgemäße, realitätsferne Behandlung zeitgenössischer Themen.

Die doppelte Abstandnahme junger rumäniendeutscher Autoren von den schon existierenden literarischen Systemen läßt sich auf eine nicht explizit formulierte und im Hintergrund stehende Diskussion über den Realitätsbezug literarischer Zeugnisse zurückzuführen. Der mimetische Bezug zur Realität, eine historisch variable Wahrnehmungskategorie, wird nun als nicht mehr zeitgemäß empfunden, hat doch der Realismus immer wieder anachronistisch-harmonisierende Lösungen gesucht, provokative Extrempositionen von vorn herein ausgeschlossen, verklärende Schönheitsschleier über die Welt geworfen, wie auch der sozialistische Realismus, der in betontem Maße Selektionsverfahren aufgrund ideologischer Zwänge durchgeführt hat. Die zahlreichen Szenen familiärer Misere entlarven bei Herta Müller nicht nur bürgerliche Verlogenheit, Mißstände hinter der Fassade der Norm, sondern gleichzeitig die Mittel eines verschönernden Realismus, dessen sich die Heimatkunst bedient. Herta Müllers modifizierte Dorfdar-

---

[453] Heinz, Franz: Kosmos und Banater Provinz. Herta Müller und ein Streit über ein literarisches Debüt. In: Anton Schwob (Hg.), 1985, S. 103-113.

stellung erfolgt aus der Einsicht heraus, daß der versöhnliche Charakter der „realistischen" Heimatkunst eigentlich die Lüge der Darstellung angeblicher Idyllen innerhalb der patriarchalisch geführten Gemeinschaft verbirgt.

Die Darstellungen der jungen Autoren entstehen aus dem Bewußtsein der fraglichen Gültigkeit jedes Realitätsbezugs heraus. Objektive Darstellungen wollen sie einerseits durch die Betonung auf Individuum und Subjektivität erreichen. Andererseits findet ihre kompromißlos kritische Haltung gerade in der Demontage vergangener Zeichensysteme ihren Niederschlag.

Die Leistungen der jungen rumäniendeutschen Autoren sind um so verdienstvoller, wenn man bedenkt, daß sie in den siebziger und achtziger Jahren, anders als ihre rumänischen Schriftstellerkollegen, den Mut zur ironischen Auseinandersetzung mit gültigen „nationalen" Werten stärker an den Tag legen. Auch wenn die gemeinsame Sprache mit der deutschen Literatur sicherlich förderlich gewirkt und auch die Rezeption westlicher „Moden" erleichtert hat, sollte ihr Wille zur Distanzierung von den prägenden soziokulturellen Faktoren in seinem Verdienst nicht geschmälert werden. Er hat den Emanzipationsprozeß der rumäniendeutschen Erzählung wesentlich vorangetrieben.

15. Intertextuelle Beziehungen

Die Literatur einer Minderheit, die sich selbständig auf einer Sprachinsel entwikkelt, schöpft, so wie die rumäniendeutsche Literatur, aus einem relativ festen Repertoire von Stoffen und Motiven. In der Erzählliteratur der Nachkriegszeit hingegen suchen viele Autoren zunehmend den intertextuellen Bezug zu Texten der deutschsprachigen Literatur.

Die komplizierte literarische Aussage auf dem „Umweg" der intertextuellen Anspielung signalisiert bei Autoren, die sie zum konstitutiven Teil ihres Werkes machen, eine Zunahme ästhetischen Raffinements in der Textgestaltung. Mehrere Autoren kamen für dieses Kapitel in die engere Auswahl. Die Autoren der Aktionsgruppe Banat wurden aus mehreren Gründen ausgeklammert: die „Aktionsgruppe" wurde in dieser Arbeit in einem eigenen Kapitel ausführlich behandelt. Eine Studie zur Intertextualität in der Lyrik der „Aktionsgruppe" gibt es bereits.[454]

Wegen der Wichtigkeit der Erzählungen Georg Schergs innerhalb der rumäniendeutschen literarischen Landschaft, der Dichte seiner Texte sollen einige seiner wichtigsten Romane und Erzählungen in diesem Kapitel behandelt werden. Weil

---

[454] Siehe Peter Motzan: Von der Aneignung zur Abwendung, Der intertextuelle Dialog der rumäniendeutschen Lyrik mit Bertolt Brecht. In: Szász, Ferenc; Kurdi, Imre (Hg), 1999.

die Erzählungen Joachim Wittstocks ein besonders dichtes Netz von intertextuellen Bezügen aufweisen, ja sogar – wie auch bei Scherg - daraus ihren Reiz schöpfen, erscheint ihre Untersuchung an dieser Stelle als gerechtfertigt. Ähnliche Gründe gelten auch für die Wahl von repräsentativen Beispielen aus dem Werk Franz Hodjaks. In seinen Romanen „Grenzsteine" und „Der Sängerstreit" entsteht ein intertextueller Dialog zu mittelalterlichen Stoffen.

An diesen Beispielen soll untersucht werden, welche Funktionen die Intertextualität in den Texten rumäniendeutscher Erzähler übernimmt. Von Interesse sind weiterhin die Fragen, warum sich die Autoren mit Vorzug auf bestimmte Stoffe beziehen und was die Zunahme intertextueller Beziehungen für die deutsche Minderheitenliteratur in Rumänien bedeutet.

15.1. Georg Scherg: „Der Mantel des Darius", „Die Schuldbürger", „Die Erzählungen des Peter Merthes"[455]

Einige der Romane Schergs entsprechen dem realistisch-mimetischen Erzählschema[456], doch ein beträchtlicher Teil seiner Werke bedient sich einer essayistischen Schreibweise, die nicht mehr dem Kausalgefüge der narrativen Syntax verpflichtet ist. Trotz der unterschiedlichen Art der Wirklichkeitsreflexion gibt es einen inneren Zusammenhalt in seinen Erzählungen.

Der Protagonist aus Schergs Erzählungen wird oft als ein Außenseiter und Sonderling gestaltet. Diese Sonderling-Figuren realisieren sich oft durch Anspielungen auf Texte der deutschsprachigen Literatur[457]: auf Wielands „Geschichte der Abderiten" im Roman „Der Mantel des Darius" (1968), auf die Schildbürger in „Die Schuldbürger" (1987) und auf die nicht ausdrücklich genannte, aber in der Konzeption der Merthes-Erzählungen (Band I. 1958, Band II. 1969, Band III. 1984) enthaltene Anspielung auf Gottfried Kellers Novellenzyklus „Die Leute von Seldwyla".

In diesen Texten stehen Sonderlinge und Gesellschaften von Außenseitern wie die der Schildbürger, der antiken Abderiten und der Schweizer Bürger aus der erdichteten Stadt Seldwyla im Mittelpunkt. Es stellt sich die Frage, welchen Sinn dieser Rückgriff macht und welches die Folgen für die Aussage der Romane Schergs sind.

---

[455] Dieses Kapitel wurde in einer ähnlichen Fassung unter dem Titel „Poetische Verkleidungen des ‚Sonderlings' in den Romanen Georg Schergs" in den Südostdeutschen Vierteljahresblättern Folge 3/2001 veröffentlicht.

[456] Die Romane „Da keiner Herr und keiner Knecht", „Das Zünglein an der Waage", „Die Erzählungen des Peter Merthes".

[457] Folgende Hinweise werden besonders hervorgehoben, viele andere müssen aus dem Rahmen dieser Arbeit ausgeklammert werden.

Die Figur des Sonderlings gestaltet sich im Roman „Der Mantel des Darius" in Anlehnung an den „Schlüsselroman" Wielands „Geschichte der Abderiten". Bereits formale Ähnlichkeiten deuten auf Anlehnungen hin: Wielands „Geschichte der Abderiten" ist mit einem „Schlüssel" bzw. Schergs Roman mit einem „Schlüsselbrett" versehen.

In Diogenes, Alexander und Darius findet Scherg entsprechende Protagonisten zu Wielands griechischen Aristokraten des Geistes und Kosmopoliten der Vernunft Demokrit, Hippokrates und Euripides. Wie auch Wielands kleine Gruppe der Berufenen aus dem unsichtbaren Orden der Kosmopoliten, die sich der Masse des Bürgerkollektivs entgegenstellen, sind Schergs Hauptgestalten aus dem „Mantel des Darius" antiken Stoffen entnommen. Alexander der Große und Darius der Dritte, der persische König, waren Zeitgenossen. Alexander besiegte Darius bei Issos, später ehelichte er Darius' Tochter[458]. Diogenes von Sinope hat wie keine andere Gestalt der Philosophiegeschichte die Bildung von Anekdoten und Legenden auf sich gezogen. Die berühmte Legende von der Begegnung mit Alexander dem Großen[459] setzt ihn in ein Verhältnis der Gleichzeitigkeit mit Alexander und somit auch mit Darius.

In Schergs Roman sind die karnevalistischen Elemente nicht zu übersehen: In die Gegenwart projiziert, wird der geschichtliche Bezug im Aufbau dieser Gestalten aufgegeben. Darius ist einer, der sich „mit Klauen und Zähnen" in die Wirklichkeit „verbeißt", er ist „Realist" und lebt umgeben von siebenundneunzig Uhren (58), von Beruf soll er Lehrer sein (224); Alexander ist ein Träumer, von Beruf Arzt; Diogenes sucht nach der Wahrheit, teilweise erscheint er als innerfiktionaler Autor des Textes.

Der Roman Schergs ist auf zwei Themenkreisen aufgebaut. Den Liebesbeziehungen der drei Freunde, die dann von den Frauen für die Stärkung der eigenen Machtpositionen mißbraucht werden, wird viel Platz eingeräumt. Es wird über die Bedeutung der Liebesverhältnisse für die Entwicklung der Menschheit debattiert, um dann die Liebe teilweise als sinnlose Verstrickung bitter-ironisch bloßzustellen. Für die verschiedenen konkreten Situationen im Leben der drei Hauptgestalten werden Modellsituationen fetzenweise ins Erzählganze eingeflochten: die Geschichten von Penelope, Klytämnestra, der Witwe von Ephesus, der schönen Helena, der Tänzerin Enyo, die mit Salome verglichen wird, aktualisieren sich wirklich (oder auch nur möglich?) im Leben der drei Hauptfiguren. Sie illu-

---

[458] Informationen aus: Der kleine Pauly. Lexikon der Antike. Auf der Grundlage von „Pauly's Realencyclopädie der klassischen Altertumswissenschaft 1963.
[459] Wieland berichtet im „Nachlaß des Diogenes von Sinope. Aus einer alten Handschrift" die bekannte Anekdote von Diogenes, der in einer Tonne lebte und mit einer Lampe im Tageslicht nach der Wahrheit suchte (im Schlüsselbrett bei Scherg heißt es: „Diogenes, der mit der Lampe", S. 5) und der Alexander aufforderte, ihm aus der Sonne zu gehen.

strieren die Treue bzw. Untreue der Frauen ihren Männern gegenüber. Diese Gestalten mit ihren Geschichten werden bis zur endgültigen Verwirrung des Lesers durcheinander gemischt.

Die philosophischen Debatten der drei Freunde Darius, Alexander und Diogenes über Existenzfragen, über das Wesen der Wirklichkeit („Die Wahrheit ist nicht die Wirklichkeit", „Die Wirklichkeit ist die Lüge", 31, „Wahrheit gibt es nur in der Wirklichkeit", und „Lüge ist vorgetäuschte Wirklichkeit", 165) bilden den zweiten großen Themenkomplex. Von der Ebene des individuellen Erlebens wird auf Einsichten von überindividueller Gültigkeit geschlossen. Nachdem die Abhängigkeit des Einzelnen durch eine Liebesbeziehung als gefährdend für das Subjekt dargestellt wird, wird auch die Freiheit allgemein in Frage gestellt. „Welche Freiheit?", heißt es rhetorisch am Ende des 22. Kapitels.

Scherg definiert schon im Schlüsselbrett, das dem Roman vorangestellt ist, die „drei Freunde, die es immer besser wissen" (5) als Sonderlinge. Der Sonderling ist im „Mantel des Darius" der Heimkehrer in ein Umfeld, dem er mit Verfremdung und aus der Distanz begegnet[460]. Über das Motiv des „Heimkehrers" gestaltet Scherg die Unbehaustheit als emotionale Konstante menschlicher Existenz.[461] „Es kommt ein Mann nach Hause. Ein Odysseus oder ein Agamemnon?" (247), wartet eine Penelope oder eine Klytämnestra auf ihn? In die Gestalt des Heimkehrers und Außenseiters werden somit durch die zahlreichen literarischen Bezugnahmen vielfältige prototypische Situationen als Handlungsmöglichkeiten hineinprogrammiert. Daß Biographisches eine Rolle spielen könnte - der Autor selbst ist nach mehreren Jahren Haft und erzwungener Ehescheidung in der sozialistischen Wirklichkeit Rumäniens eingetroffen - ist wahrscheinlich, doch für die Interpretation von geringer Bedeutung.

Demokrit in Wielands „Geschichte der Abderiten" ist ein Heimkehrer, der die Art und Weise deutlich gemacht hat, wie der Mensch sich seiner Individualität bewußt geworden ist und sich mit Vernunft und Gefühl die Welt anzueignen sucht. Schergs Protagonist Diogenes hält, wie auch sein Namensvetter aus der

---

[460] Im Roman „Baß und Binsen" wird dieses Motiv variiert. Es wird gezeigt, wie ein Außenseiter mit besonderer Erfahrung, Schneider (er hat drei Jahre in der größten Baßgeige der Welt verbracht, ihm ist also die subversive, „tiefe Welt", wie die Baßgeige S. 61 genannt wird, vertraut), ein totalitäres System ins Schwanken bringt. Der Bürgermeister Habicht hält an seiner Macht fest und löst, in Panik geraten, eine Lawine von einschüchternden Verhören aus nach dem Motto: „Kein Mensch ist unschuldig ... und verdächtig ist jeder." („Bass und Binsen", S. 104) Der Außenseiter wendet sich hier nicht gegen Ignoranz und Unbildung wie der Demokrit Wielands, sondern entlarvt die Unterdrückung durch die Ideologie und Mitläuferschaft.

[461] In seiner Dissertation „Die Kunst ist eine Zigeunerin namens Piranda" untersucht Gert Ungureanu motivische Konvergenzen im Werk Georg Schergs. Den Motivkomplex der „Unbehaustheit", zu dem auch die Gestalt des Heimkehrers gehört, arbeitet er am Beispiel des „Piranda"-Gedichtzyklus heraus.

Antike, mit seiner kritischen Meinung nicht zurück. Wie auch Diogenes von Sinope, der gerade deshalb die Städte aufsucht, um sich in Opposition zu den übrigen Bürgern zu setzen, macht Schergs Diogenes mit seinem Außenseiter-Blick seine grundlegenden Erfahrungen. Als innerfiktionale Erzählinstanz - denn er scheint die Stimme zu sein, die auch Alexander und Darius bündelt - beklagt er gegen Ende des Romans den Zustand einer Welt mit „gläserner Maske", unfähig Gefühlsreife zu erlangen und darum verflucht, den gleichen Fehler zu wiederholen. Zur Veranschaulichung dieser Situation werden Verse eingeschaltet: „Die Wege alle durch Busch und Dorn/ sind qualvoll über Maßen./ Es lacht die Distel in Mohn und Korn,/ alle Wege beginnen von vorn,/ Umkehr sind alle Straßen." (295) Nicht Weiterentwicklung charakterisiert den Gang der Welt, sondern die zyklische Wiederholung des Gleichen.

Wie Demokrit findet sich auch im „Mantel des Darius" der Heimkehrer in einer Welt der Ignoranten und der Analphabeten der Gefühle wieder. Neu ist bei Scherg die Mitschuld des Heimkehrers, Teil eines Systems zu sein, in dem „ein jeder den anderen gefangen" hält „und jeder glaubt, der einzige Gefangene zu sein"[462]. Seine Schuld besteht darin, sich nur auf Diskussionen über Wahrheit und Wirklichkeit beschränkt zu haben. Schergs Diogenes erarbeitet aus der Polemik über Wahrheit und Wirklichkeit ein Fazit, das zum Handeln ermutigt: „Wahrheit kannst du nur sagen", „Die Wirklichkeit mußt du gestalten", „Wirklichkeit kommt vom Wirken" (228). Der Sonderling vertritt eine individualistische Haltung, die dem Kollektivismus entgegengestellt wird. Dementsprechend ist das vorgeschlagene Rezept für sinnvolles Handeln ein individuelles: daß erst durch eigene Stellungnahme und Handeln die Wirklichkeit sinnvoll wird. In Anlehnung an Wieland, der an den antiken Schildbürgern, den Abderiten, ein Exempel statuiert, wertet Scherg die Massen als unbelehrbar und unfähig sich zu entwickeln ab. Mit der Abwertung der Gemeinschaft dem Individuum gegenüber greift Scherg indirekt sozialistische Wertkonzepte an.

Der Roman verdeutlicht durch die in mehrere Stimmen aufgefächerte Erzählinstanz das Verhältnis der Denkenden, Schaffenden zur amorphen, nicht reflexiven Masse der Gesellschaft. Der Rückgriff auf Wieland bedeutet das Festhalten eines literarischen Moments, in dem der Zwiespalt zwischen einer entfremdeten und negativen Wirklichkeit und der Welt der individuellen, auf das Inselhafte des Innerlichen zurückgewiesenen Gesinnungen aufbricht.

Der Rückgriff auf Wieland signalisiert auch den Anschluß des Anliegens der Darstellung an aufklärerische Erziehungstraditionen und zugleich an eine lange Tradition der bürgerlichen Erzählliteratur. Wieland knüpft seinerseits an antike

---

[462] Das Zitat von Hermann Broch leitet als Motto das Kapitel 24 ein.

Traditionen, an die spätmittelalterliche und humanistische Narrensatire an und leitet einen Strom der literarischen Selbstkritik des Bürgertums ein.

Die Zeichnung des Individuums in Übergröße deutet auf gesellschaftliche Unzulänglichkeiten insoweit hin, als sie Ursache der Grübeleien des Einzelnen darstellen. Wieland hat in den „Abderiten" im Buch drei auf die Mannheimer Theaterzustände und im Buch vier auf die Biberacher Stadtrepublik angespielt. Die Erzählinstanz im „Mantel des Darius" überhäuft den Leser mit Anspielungen auf reale Zustände der sozialistischen Realität, außerdem erwartet der Leser durch den Hinweis auf die „Abderiten" - eine zusätzliche Lesestütze - den Bezug zu gegenwärtigen Zuständen.

Die Haltung kritischer Forschergewissenhaftigkeit bei Wieland, die sich mit Dunkelheiten, Lücken, Entstellungen der Überlieferung beschäftigt, gibt Scherg auf. Historische und literarische Anspielungen tauchen aus dem Nichts auf, der Erzähler ist nicht mehr bemüht, Sinnzusammenhänge auszubauen, dem Leser kommt die Aufgabe zu, Unzusammenhängendes sinnvoll für die Erklärung des Ganzen einzusetzen. Ein aussichtsloses Unterfangen. Dem anspielungsreichen Spieltrieb wird freier Raum gegeben, Realität und Einbildung des Subjekts sind nicht mehr auseinanderzuhalten, das verworrene Maskenspiel steigert sich ins Absurde.

Scherg betont noch die Taktik des Verschleierns und Ausweichens, seine Freude am Fabulieren, an barocker Dekoration, am Spiel mit überlieferten Texten. Die Fabel hat einen hohen Abstraktionsgrad, weil sie auf nicht genau definierte Situationen baut, die im Text verschlüsselt eingesetzt werden: „Tausendfältige Nacht ohne Stern, so dicht ist das Gewölbe um uns. Und nur von ferne schimmert blaues Licht, sickert in den Stollen durch, tränkt ihn leise, als wäre es silberner leuchtender Nebel, den die Finsternis doch wieder aufsaugt und uns wieder ganz dicht einschließt ... Gibt es kein Licht mehr in der Welt? Keinen hellen Klang? Nur die Endlosigkeit des Weges und des Schweigens? Nur das Pochen in der Erde?" (132) Die Ambivalenz des Geschilderten wird immer wieder deutlich: Handelt es sich hier um die Arbeit in der Grube (Anspielung auf die rumänischen Arbeitslager) oder um die verbildlichte innere Wirklichkeit des Subjekts?

Hat Wieland den Heimkehrer Demokrit zum Medium seines kritisch-ironischen Blicks gewählt, der aus der Distanz des ironischen Blicks erzählend auf die Narrenpolis hinunterschaut, so hebt sich bei Scherg das Erzählen zeitweise auf. Das Erzählen ist unmöglich geworden, da Schergs Gestalten nicht eine objektiv konstruierte Wirklichkeit vor Augen haben, sondern die polyvalente Realität ihrer Empfindungen und Gedanken. Das Handeln wird durch Monologe ersetzt, die Identität der Gestalten verändert sich und verliert ihre Konturen, Diogenes betrachtet gegen Ende des Romans die Gestalten seiner Freunde als Projektionen des eigenen Ich. Diese Erzählform entspricht der Allmacht des Subjekts, dessen Empfindungen dem Leser scheinbar ungeordnet aufgedrängt werden. Sieht „Die Geschichte der Abderiten" einem Lustspiel ähnlich, mit seinen Typenrollen und Verwicklungen, den epigrammatisch schlagkräftigen Pointierungen, so findet man bei Scherg keine Spur mehr davon. „Der Mantel des Darius" stellt die Suche des Außenstehenden, des Grüblers dar, der sich auf den Weg nach der „unfaßlichen Hieroglyphe" gemacht hat, „die nichts weniger ist als das Sein in der Zeit". („Der Mantel des Darius", 238)

Abschließend stellt sich angesichts des komplizierten Aufbaus des „Mantels des Darius" einerseits die Frage, ob sich der literarische Aufwand gelohnt hat, ob der Leser es schafft, den Text für sich verständlich zu machen, um die Problematik des Romans zu erfassen. Andererseits ist es fraglich, ob die Autorinstanz einen das Ganze erfassenden Sinn in den Text hineinprogrammiert hat. Die Konstruktion des Romans verfolgt nicht die Darstellung einer in sich schlüssigen und harmonisch aufgebauten Wirklichkeit. Die Möglichkeit, die Wirklichkeit für sich transparent zu machen, bezweifelt schon der Erzähler; da kann der Leser auch nicht anders. Nur kleine Wahrheiten können aus dem dargestellten Ganzen herausgeschält werden, statt dessen machen sich Widersprüche und Ambiguität breit. Vermutlich ist dies das Bild, das die Autorinstanz vermitteln wollte: Der Einzelne, der Grübler auf der einen Seite, und auf der anderen nicht wie bei Wieland eine für die ironische Deutung transparente Welt in knapper, durchsichtiger Erzählsprache, sondern eine Wirklichkeit, die sich einer ganzheitlichen Erklärung und Deutung verwehrt.

In Schergs Roman „Die Schuldbürger" verlagert sich die Betonung vom Individuum auf die Gesellschaft. Scherg geht von der in den „Schildbürgern" dargestellten Gemeinschaftlichkeit[463] aus, modifiziert aber die Verhältnisse: er macht die institutionalisierten Machstrukturen leicht erkennbar. Der Konflikt zwischen der Mehrheit und dem Einzelnen wird über die Künstlergestalt ausgetragen. Der Geschichtsschreiber Sauerbier gerät wegen seines Metiers in Konflikt mit dem Handlanger der Macht, Katzensprung. Er wird von diesem „ein Trojaner im Pferd oder Schlange am Busen" („Die Schuldbürger", 381) genannt. Darauf verschärfen sich in Schuldau die Maßnahmen gegen die Kunst und Künstler. Sie

---

[463] Im Lalenbuch kommt kein einziger Eigenname vor, die Gemeinschaft wird konsequent auf Kosten des Individuums in den Vordergrund geschoben. Der im 15. und 16. Jahrhundert demokratisch aufsteigende Geist des Bürgertums hatte bereits das Bauerntum ergriffen. Er offenbart sich beim gemeinsamen Treffen von Entscheidungen in den „Schildbürgern". Der Gemeinschaftsgedanke wird in den „Schildbürgern" mit scheinbarem Ernst ausgeführt und enthüllt die Satire der beschränkten Kirchturmspolitik stolzer, engstirniger und zugleich hochfahrender Zeitgenossen. Werner Wunderlich (Hg.) 1983.

werden aus der Gesellschaft verbannt, der Umgang mit guter Kunst gemieden „wie ein entlassener Sträfling" (377)[464].

Es wird auch ein chiffriertes Bild des zwischen Ost- und Westeuropa geteilten rumäniendeutschen Literaturbetriebes der Nachkriegszeit gezeichnet. Ausgewanderte Autoren werden im Inland totgeschwiegen, im Ausland kaum beachtet. Auf die Frage, wo sich der größte Dichter der Schuldbürger befindet, lautet die Antwort: „Zweitens: In der Welt. Erstens: Dort ist er namenlos,... bei uns tabu, insgesamt und überall Legende" (345). Ein Bild von ihm gibt es nur „im Geist" (345). Der Künstler wird doppeltem Druck ausgesetzt, Sauerbier hat als Schreibender nicht nur die Zensur[465] zu bedenken, sondern auch den Geschmack des gemeinen Publikums, das in der Kunst lediglich ein Konsumgut sieht. Ein Stück, das ein Schuldauer sehen will, darf „nicht schwer und nicht leicht", „leicht aber gewichtig, ernst aber witzig, es soll Weltliteratur sein, aber in Schuldau bleiben, es soll schockieren, aber den anderen. Es soll schmerzen, aber den Nächsten", die Ausstattung soll „prächtig-konkret", aber „nicht teuer" sein (253).

Das Kunsthandwerk und Sauerbier als dessen Repräsentant ist den Machthabern ausgeliefert. Die Überwachungsbehörden führen über den weiteren Verlauf von Menschenschicksalen Regie, wie das verworrene Gespräch zwischen den Repräsentanten der Macht, Hoses und Flaschner, verrät: Sauerbier soll kommen, wird freigesprochen, versöhnt sich mit Schuldau, geht dann hin, hängt sich auf „(alles über ihre Regie hinweg, verstanden?)" (395). Nachdem Sauerbier ein Angebot zur Mitarbeit ablehnt, fällt er einer Nacht-und-Nebel-Aktion zum Opfer. Er durchläuft die üblichen Umerziehungsstationen, dem Leser sollten sie einleuchten: Bedrohung, Folter, Irrenhaus, Haft. Auch nach seiner Entlassung lebt Sauerbier unter ständiger Bedrohung. Nach der genehmigten Ausreise ins Ausland erhängt er sich. Vermutlich wird hier auf den ungeklärten Freitod Rolf Bosserts angespielt[466].

Im Beharren auf den engstirnigen Positionen bürgerlicher Verhältnisse, im Unvermögen, traditionelle Werte umzumünzen und kritisch in Frage zu stellen einerseits, andererseits im ohnmächtigen Sich-Einfügen in die Machstrukturen der

---

[464] Die Anspielungen auf Verhältnisse aus dem sozialistischen Rumänien erfolgen oft unerwartet und punktuell wie in diesem Beispiel.

[465] Kunst wird zur Auftragskunst degradiert, wenn es um „spielbare" und „unspielbare" Stücke geht (381). Dem stummen Konkurrenzkampf zwischen den staatstreuen Schriftstellern und den „Widerständlern", erliegt Sauerbier. Er hat ein „unspielbares" Stück „in Gedanken" geschrieben, „weil er das einzig spielbare nicht wirklich schreiben durfte". (381).

[466] Rolf Bossert hat Februar 1986, kurz nach seiner Ausreise aus Rumänien (Dezember 1985), in der Bundesrepublik Selbstmord begangen (S. auch Kapitel „Der kulturpolitische Hintergrund ab Mitte der siebziger Jahre"). Der Roman Schergs „Die Schuldbürger" ist 1987 im Kriterion Verlag, Bukarest erschienen.

totalitären Gesellschaft bestehen die Ursachen der Schuld, welche die Schuldauer (Titel!) auf sich geladen haben.

Katzensprung verdeutlicht, wie auch das analoge Bild der Katze („Maushund") aus den „Schildbürgern", daß die Gefahr nicht nur von außen kommt, sondern auch aus den eigenen Reihen. Die Schildbürger haben sich am Untergang ihrer Stadt schuldig gemacht, wie auch die Schuldauer Teil des Denunziantensystems geworden sind. Welche Rolle spielt sonst der metaphorische Name „Katzensprung" für den Spion einer Stadt, in der „nachbarliche Gespräche und Katzenmusiken" Synonyme (143) sind, als Schuldau als eine von Denunzianten überwachte Gesellschaft zu entlarven? Nicht nur der Künstler, ganz Schuldau wird überwacht, wobei die Anspielung auf die siebenbürgische Topographie[467] aktualisiert und als ein siebeneckiges Gefängnis stilisiert wird: in „jedem der sieben Ecken" Schuldaus „wuchsen sich Schatten fest" (385).

Wie auch in „Der Mantel des Darius" werden in „Die Schuldbürger" um der Verwirrung willen die Gelenke der Erzählung gelockert. Die ambivalente Darstellung rückt die erzählte Welt mal in weiteste Ferne, mal in greifbare Nähe. Schuldau „liegt gerade da, wo man meint, daß es nicht liegt: auf der anderen Hemisphäre der Wirklichkeit, soundsoviel Faden-Länge der Geduld und doppelt soviel Strahlungsbreite der Duldung"(6).

Auch in den „Schuldbürgern" nimmt sich Scherg des Sonderlings an. Über das Schicksal des „Geschichtsschreibers" Sauerbier wird nicht nur Kritik an bürgerlichem Nutzdenken und mangelndem Kunstverständnis geübt, sondern auch unter normalen Umständen Unaussprechbares aus dem Alltag der Diktatur auf den Punkt gebracht.

Beim Lesen der Romane Schergs ist das Erkennen der Anspielungen wichtig. Die zahlreichen Hinweise auf konkrete Begebenheiten aus der sozialistischen Realität lassen die Schlußfolgerung zu, daß Scherg für einen engen Leserkreis geschrieben hat, der im Lesen zwischen den Zeilen geschult ist und die zum Verstehen notwendige Hintergrundinformation besitzt.

In den „Erzählungen des Peter Merthes", die in einem zeitlichen Abstand von fast 20 Jahren entstanden sind, kehrt Scherg zu den eigenen siebenbürgischen Traditionen realistischen Erzählens zurück. Anstelle des erdachten Seldwyla Kellers wählt Scherg das wirklich existierende siebenbürgische Kronstadt als Handlungsrahmen für mehrere Erzählungen, in denen burleske Figuren agie-

---

[467] Wie die Stadt aus „Bass und Binsen" ist auch Schuldau ein Zwitterbild von Zinne- und Zibinstadt „mit einem Gürtel verrunzelter Befestigungsanlagen" (10), drinnen Häuser mit spitzen Dächern gedrängt, am „Lotterbach" (= Lauterbach) gelegen, neben der Stadt ist ein „Schnirkelberg" (25) (=Zinne?).

ren.[468] Die Erzählungen entwerfen das Charakterbild der bodenständigen Kronstädter Bürger, die im unerschütterlichen Glauben an ihren Tugenden leben: „Sie waren ja viel zu tüchtige Leute als daß sie ihren Sinn auf unnütze Dinge gerichtet hätten..." Sie „waren biedere Leute und hielten es mit biederen Sprüchen. Genieße froh, was dir beschieden; entbehre gern, was du nicht hast." („Das große Schiff", Band II., S. 264) Den Bezug zu Keller suchte Georg Scherg auch in seinem Roman „Das Zünglein an der Waage" (1968), in dem er die politischen Streitigkeiten innerhalb der Kronstädter Gemeinschaft der Zwischenkriegszeit in Anlehnung an Keller umschreibt.[469]

Teils humoristisch-verklärend, teils gelassen distanziert wird eine Wirklichkeit geschildert, die heftigen Veränderungen ausgesetzt ist. Scherg entwickelt ein Seldwyla des Ostens, eine nach dem Modell der Narrengemeinschaft entworfene Stadt, die mit ihrem Konservativismus, ihrer Biederkeit und Zurückhaltung gegen jede Erneuerung den gesellschaftlichen Hintergrund bildet, aus dem die Hauptfiguren, oft als komisch übertriebene Typen dargestellt, hervortreten.

Die Erzählungen des Peter Merthes können sowohl erzähltechnisch als auch im Sinne des Goethediktums vom 29. Januar 1827 zu Eckermann[470] als Novellen gelten. Dabei tritt Schergs Rückgriff auf die novellistische Tradition der fingierten mündlichen Erzähl- und Gesprächssituation stärker in den Vordergrund als bei Keller[471]. Der dritte Band der „Erzählungen des Peter Merthes" ist an dieser Stelle von besonderer Bedeutung, da der Rahmen, der in den ersten beiden Bänden eher störend gewirkt hat, an Wichtigkeit gewinnt. Die konstitutiven Teile des dritten Bandes, die eigentlichen Erzählungen und der Rahmen, verhalten sich kontrapunktisch und polyphon zueinander, sie verdeutlichen das Bestreben, der dargestellten Wirklichkeit eine dialogische Gestalt zu geben. Die Aussage des Romans verlagert sich in höherem Maße auch auf den Rahmen. Auf diese Weise wird mit der Tradition der mündlichen Erzählung wie bei Bocaccio gespielt.

Der Gegensatz Rahmen-Handlung ist von tragender Bedeutung: Auch Boccaccio läßt die zehn vornehmen Florentiner Bürger nicht zum bloßen Zeitvertreib erzählen. Dem tödlichen Pestübel, dem Chaos draußen stellen diese ihre ‚schöne' Gesellschaft gegenüber, so daß die Heilwirkung der Dichtung zum Vorschein gebracht wird. Ähnlich verhält es sich auch in Goethes Novellenzyklus der „Unter-

---

[468] Man denke an den Metzger Saustich („Jutta, das Eheglück"), das Fräulein Lisidore („Das schöne Fräulein Lisidore und der Hundefänger"), den Kaminfegemeister Schneeweiß („Der schwarze Mann").

[469] Hier heißt es: „Die siebenbürgischen Seldwyler und Goldacher hatten einmal wieder ihre neue Zeit." (557)

[470] Danach ist eine sich ereignende unerhörte Begebenheit der zentrale Gegenstand der Novelle.

[471] Durch die Schrumpfung des herkömmlichen Erzählrahmens zum Vorwort bleibt bei Keller im Seldwyla-Zyklus der Rückgriff auf die novellistische Tradition verhalten.

haltungen deutscher Ausgewanderter", in dem die schlimmen Zeitverhältnisse des Jahres 1793 den Hintergrund bilden.

Bei Scherg hingegen wird im dritten Band der Merthes-Erzählungen die finstere Vergangenheit einer weit düstereren Gegenwart gegenübergestellt. Herbert bringt Merthes' Erzählungen zu Papier, die im Kronstadt vor 1918 spielen (Handlung), und ist gleichzeitig Zeuge des Geschehens der Nachkriegszeit (Rahmenhandlung) „als es noch Menschen gab, die nicht geflüchtet, nicht verschleppt, verschollen, gefallen, verdächtigt, verhaftet oder gar verurteilt waren..." (11, Band 3) In der Zeit nach dem Zweiten Weltkrieg trifft Herbert Gert, in dem er den Sohn Peter Merthes' erkennt. Gert erhält eine Erzählung seines Vaters, die Herbert zu Papier gebracht hat. Er liest sie und erlebt daraufhin die geschilderte Zeit vor 1918 intensiv nach. Er wird mit dem Wunsch seines Vaters nach Gleichberechtigung konfrontiert, der im Titel des ersten Romans der Reihe „Da keiner Herr und keiner Knecht"[472] formuliert wird. Gert wird vom Geheimdienst abgeholt, dabei entwendet ihm die Aufsichtsbehörde das Tagebuch und ein paar Erzählungen seines Vaters. Diese Ereignisse zerstören sein Vertrauen zu den Menschen vollständig. Für ihn ist es aus „mit der Sicherheit und Geborgenheit in der Welt", es ist aus „mit Gerts Offenheit" (203, Band 3).

Eine so offensichtliche Kritik, die nicht in einem verschlüsselten Text versteckt wird, ist Scherg bisher selten gelungen. Die Erinnerungen an die Zeiten vor den Weltkriegen, die durch die Erzählungen Peter Merthes' vergegenwärtigt werden, erscheinen im Vergleich zur dunklen Gegenwart idyllisch. Bei Scherg handelt es sich nicht um das bekannte Verfahren, durch die Schilderung eines „Goldenen Zeitalters" Mißstände der Gegenwart aufzudecken, weil die Erzählungen Merthes' keine Idyllen sind, sondern selber gesellschaftliche Satiren. Um so schärfer erscheint dadurch die Kritik an den gegenwärtigen Zuständen.

Die drei Rahmengestalten bekleiden die Außenseiterrolle. Merthes und Herbert als Erzähler und Gert als Leser werden zum Konvergenzpunkt, zum Mittel der Gegenüberstellung der Beobachtungen und zum Sprachrohr der Kritik. Auch in den Merthes-Erzählungen wird die Rolle des Außenseiters mit Schreibenden besetzt, wie auch im „Mantel des Darius" mit Diogenes und in den „Schuldbürgern" mit Sauerbier. Allesamt hatten sie sich die nüchtern-kritische Beurteilung von Zeitgeschehen als Ziel gesetzt. Offensichtlich betrachtet Georg Scherg den Gebildeten, der sich vom Rest der Massen absondert, als am geeignetsten dafür, die Gefühls- und Ideenwelt des Subjekts im Südosteuropa des zwanzigsten Jahrhunderts intensiv und dramatisch zu veranschaulichen.

---

[472] Der Titel von Schergs 1957 erschienenem Roman zitiert eine Verszeile aus einem Lied J. W. Seraphins.

Nicht nur die Gestalt des Sonderlings, auch die Außenseitergesellschaften entsprechen dem Anliegen Schergs, ein Gleichnis gegenwärtiger Zustände verdeckt zu konstruieren. Die Abderiten, die Schildbürger, die Bürger von Seldwyla stehen über Akzente, die die verschiedenen literarischen Epochen gesetzt haben, im gleichen Zusammenhang. Sie leben abgeschottet und sind bestrebt, das Eigene zu konservieren. Diese Eigenschaften haben die Autorinstanz dazu bewogen, siebenbürgische Zustände in Anlehnung an diese Modelle literarisch zu gestalten.

15.2. Joachim Wittstock: „Peter Gottliebs merkwürdige Reise. Eine Märchennovelle"

In der „Vorrede" zum Erzählungsband „Spiegelsaal" (Bukarest 1994) tritt die Autorinstanz mit einer Erklärung der Texte und der sozialpolitischen und verlagstechnischen Umstände, unter denen sie entstanden sind, in den Vordergrund.[473] Schon in der Vorrede macht Wittstock kein Geheimnis daraus, daß sich die Erzählung „Peter Gottliebs merkwürdige Reise" auf Adelbert von Chamisso bezieht. Dies wird durch Titel, Motto, Erklärung des Namens der Hauptgestalt[474] und konkrete Textbezüge immer wieder hervorgehoben.

Peter Gottlieb, ein Angehöriger der deutschen Minderheit aus Rumänien, befindet sich auf einer Reise in die Bundesrepublik. Anders als bei Peter Schlemihl, dem ein „Mann im grauen Rock" den Schatten kauft, finden sich bei Gottlieb, der sich über „Schattenarmut" (106) beklagt, gleich zwei Parteien ein, um ihn für den Kauf eines Schattens zu gewinnen. Angesichts des großen Andrangs haben die „Verwalter der Grauschatten" eine Verkaufsstelle für Schatten ins Leben gerufen, den „Frankfurter Schattenmarkt", wo sie nach dem Muster des Teufelspakts[475] mit Seelen handeln. Die Macht, der die Schattenverkäufer dienen, ist

---

[473] Es stellt sich die Frage, warum der Autor es für notwendig empfindet, die äußeren und inneren Umstände der Textentstehung zu erläutern. Dies scheint dadurch bedingt zu sein, daß der in Rumänien lebende Autor und sein zum größten Teil in die Bundesrepublik ausgewandertes Publikum nicht in unmittelbaren Kontakt treten können. Dies wird zur spezifischen Zeiterscheinung nach 1990. In der Abwesenheit des vertrauten Publikums wird der kolloquiale Umstand der „Lesung" zum vereinsamten Monolog der Vorrede. Darüber hinaus sind die Texte des Bandes an die ehemalige „Kundschaft" gerichtet. Der Autor ergreift nämlich die Gelegenheit, frei von den Schranken der Zensur (d.h. nach Dezember 1989) über die Vereinsamung jener zu sprechen, die „eine Art rumäniendeutsches Vollständigkeitsbewußtsein hatten" (5). Die Erzählung soll nach dem ersten längeren Aufenthalt des Autors in der Bundesrepublik 1987 entstanden sein. Sie läßt „in abgewandelter Form naturgemäß auch einiges von den heimischen Lebensumständen des Berichterstatters erkennen". (13).

[474] Peter Gottlieb ist sich der Verwandtschaft seines Namens mit dem berühmten Peter Schlemihl bewußt, da ihm schon aus der Schule bekannt war, „daß Schlemihl im Hebräischen Gottlieb bedeute und damit ungeschickte Leute bezeichnet werden, wahre Pechvögel". (175)

[475] Die Analogien zur Hölle kommen in Anlehnung an antike Muster im Text vor, zum Beispiel die

„gestaltlos" (181) und verfolgt die „Unterordnung, und einer solchen ist die Seele hinderlich ... Das Ziel ist deshalb, vereinfachend gesagt, Seelenlosigkeit" (181).

Den Schattenverwaltern stellen sich die „Stiftung der großen Gs" gegenüber. Diese setzen sich für Werte ein, die mit einem großen G beginnen: „etwa Güte, Gerechtigkeit, Gemeinschaft, Gemüt" (90). Sie halten den Erwerb eines Schattens nicht für unbedingt notwendig. Bei einer richtigen Einstellung würde sich der Schatten wieder zeigen, so die Gs. Allen Bemühungen der Gs zum Trotz gibt auch Peter Gottlieb dem Druck der Mode nach und legt sich einen Schatten zu, der auf ihn „lebensbelebend" (195) wirkt.

Um die Suche nach einer Seele und den Handel mit Schatten spannt sich ein dichtes semantisches Netz. Die Erzählung entziffert sich über den grundlegenden Gegensatz Seele-Schatten. Hat der berühmte Peter Schlemihl seinen Schatten verkauft, so legt sich Peter Gottlieb einen zu. Mit dem Erwerb eines Schattens verbindet Joachim Wittstock die Erlangung einer neuen Identität. In der Schattenlosigkeit haben biographische Deuter Chamissos Vaterlandslosigkeit erkannt. Unabhängig davon, daß diese Interpretation Chamissos Text einengt, für die spezifische Situation, in der Joachim Wittstock den Text wiederaufnimmt, scheint sie ergiebig zu sein. Die Kritik an der Auswanderung der Siebenbürger Sachsen, an ihrer - wie es Joachim Wittstock schon früher formuliert hat[476] - Aufgabe der Heimat wegen der materiellen Vorteile, klingt im Text oft mit. In „Peter Gottlieb" verspricht man sich vom Erwerb eines Schattens Heimat, Seßhaftigkeit, „ein vertieftes Innenleben" und „ein geläutertes Selbst- und Gemeinschaftsbewußtsein" (112). Im Kontext der Erzählungen Joachim Wittstocks erscheint die Bedeutungszuweisung Tausch der Seele gegen den Schatten als Verkaufakt der Heimat für die Vorzüge der Konsumgesellschaft plausibel. Doch die Erzählung J. Wittstocks zielt auch auf Allgemeineres. Der Seelenverkauf wird zum gesamtgesellschaftlichen Phänomen, in diesem Zusammenhang ordnet sich das Bild der demonstrierenden Jungendlichen gegen „Medienzwang, Schatten und für Freiheit" (156) ein.

Untergrundbahn-Szenerie mit Sisyphus-Bezügen, die stimmungsunterstützend wirken.

[476] In der Erzählung „Unvorgreifliche Gedanken" (Anspielung auf den Titel einer Schrift von Leibniz) aus dem Band „Parole Atlantis" (1980) greift Joachim Wittstock die Auswanderung seiner Landsleute als unbedachte Modeerscheinung in Refrain-Form auf: „Siebenbürgen aufzugeben, als wär' es ein ödes Steppengebiet, mag ein eigenartiges Beginnen sein. ... Die hier übliche Ruhe und Bedachtheit abzustreifen, als würden sie nichts mehr gelten, mag ein eigenartiges Beginnen sein. ... Es sind aber Ruhe und Bedachtheit in Siebenbürgen, seit je von den meisten hochgeschätzt worden, so sehr, daß Leibniz sich um das Kanzleramt dieser Provinz bewarb. ... Die Zelte einfach abzubrechen, als hätte man hier ein Flüchtlingsdasein gefristet, mag ein eigenartiges Beginnen sein. ... Von einem Leben ohne Kampf und Tod zu träumen und alle Reichtümer dieser Welt für immer besitzen zu wollen, mag ein eigenartiges Beginnen sein."(52)

Gleichzeitig ist der Schattenverkauf auch ein Phänomen totalitärer Gesellschaften, das Wortspiel Schatten-Beschattung deutet wohl am ehesten darauf hin. Einen Schatten zu kaufen bedeutet, den „Teufelspakt" mit dem Geheimdienst geschlossen, „Schattendienste" geleistet zu haben und somit Teil des repressiven Systems geworden zu sein.

Die möglichen Interpretationsansätze veranschaulichen die Ambiguität des Schattensymbols. Der Schatten steht als nicht-wesentlicher Ersatz für Wesentliches, für die Verführung durch die Ideologie - vom Marktgesetz bis zur totalitären Doktrin.[477] Außerdem signalisiert er die Krise der Werte in einer Gesellschaft, in der Individuen Bereitschaft zur Uniformierung durch Mitläuferschaft zeigen. Was sich bei Chamisso als außerordentliche Begebenheit eines einzelnen gestaltete, wird bei J. Wittstock, der Chamissos Ereignismuster vom Verkauf des Schattens zum Erwerb desselben umkehrt, zu einer globalen Zeiterscheinung. Die Gründe sucht der Erzähler in den Erscheinungen der modernen Welt: Gefahr durch atomare Verseuchung, Umweltverschmutzung, Natur- und Heimatentfremdung. Dies muß der Grund sein, warum bei Naturvölkern der Schatten nicht so verblaßt ist (S. 109). Damit wird der Schattenverlust zum zivilisationsspezifischen Merkmal.

Mit dem Rückgriff auf Chamisso setzt Joachim Wittstock eine Reihe von Schattendarstellungen fort. Wie sehr die wachsende Kommerzialisierung des öffentlichen Lebens selbst auf die intimsten Bereiche übergreift, wird fühlbar in Max Jungnickels Roman „Gäste der Gasse" (1919), wo persönliche Erinnerungen gegen Geldwert eingetauscht werden, und der Verkäufer zuletzt seine Identität einbüßt.

In seinem Jugendroman „Timm Thaler oder das verkaufte Lachen" (1962) signalisiert James Krüss mit dem Verzicht auf das Lachen zugunsten des platten materiellen Erfolgs eine bedrohliche Verkümmerung menschlicher Existenz.[478]

Die Kritik an der Wesenlosigkeit der Konsumgesellschaft drückt sich auch in Christoph Meckels Erzählung „Die Schatten" (1962) aus. Im Mittelpunkt steht ein Schattenhändler, der den Schattenhandel als Modegeschäft betreibt - hier gibt es Ähnlichkeiten zum Text Joachim Wittstocks, in dem das Tragen von „Grauschatten" auch zu einer Mode hochstilisiert wird. Hinter den schattenhaften Kostümierungen verliert der Mensch, indem er sich den wechselnden Schatten-Moden anzupassen beginnt, zusehends an Substanz.

In Martin Walsers Roman „Das Einhorn" (1966) erlebt sich der Einzelne nur noch als eine Art Schattenexistenz. Das Bewußtsein, der Kontingenz ausgeliefert

---

[477] Der Schatten fühlt sich „wie Fesseln" (194) an, bemerkt Gottlieb nachdem er den Schatten von den Schattenverwaltern erworben hat.

[478] Siehe Winfried Freund, 1980, S. 63.

zu sein, führt in einer ganzen Reihe von Romanen der 60er Jahre zu einer Gestaltung der Identitätsproblematik. Immer mehr verblaßt für den Einzelnen das eigene unverwechselbare Ich, so daß er sich am Ende wie bei Walser als substanzloser Schatten vorkommt.[479]

Mit seinem Rückgriff auf eine Erzählung der Romantik verpflichtet sich der Autor Phantastisches, Märchenhaftes im Aufbau des Textes zu beachten. Die plötzlichen Übergänge vom Realen zum Phantastischen rufen Verfremdung hervor. Damit wird durch die bizarre, streckenweise groteske Darstellung ein Realismus angestrebt, der mit dem zeitgenössischen Realitätsempfinden kompatibel ist. Die Übereinstimmung zwischen den Gestaltungsmodalitäten der Romantik und der gegenwärtigen Erzählung erklären den Rückgriff auf einen Text der Romantik. Der Untertitel „eine Märchennovelle"[480] ist ebenso irreführend wie auch in Chamissos Ursprungstext: hüben wie drüben übersteigen die Märchenelemente das Phantastische und erheben Anspruch auf realistische Darstellung. Darüber hinaus ist festzustellen, daß Joachim Wittstocks Erzählung die traditionelle Erzählgattung nicht demontiert. Die Zentrierung der Handlung um die Hauptgestalt, der feste auktoriale Erzähler und die Motivketten halten den Text zusammen. Für die Autorinstanz ist der kohärente Erzählzusammenhang, der durch die verfremdenden Gestaltungsmittel nicht zerstört wird, für die Vermittlung der komplexen Erzählzusammenhänge unabdingbar.

Was sich in Joachim Wittstocks Text realisiert, ist eine Ausweitung oder Aktualisierung der von Chamisso im Text programmierten Inhalte, dabei baut sich ein Spannungsverhältnis zwischen dem „Ausgangstext" und der Erzählung Joachim Wittstocks auf.

15.3. Franz Hodjak: „Grenzsteine", „Der Sängerstreit"

Franz Hodjak setzt mit seinem 1995 veröffentlichten Roman einen Grenzstein in der rumäniendeutschen Erzählliteratur, indem er Erfahrungen und Stoffe aus dem Rumänien nach 1989 literarisch aufgreift. In Herta Müllers „Der Fuchs war damals schon der Jäger" (1992) wird die Zeit nach 1989 doch etwas oberflächlich und nur im Schlußkapitel eingearbeitet.

Der Roman verfolgt, trotz der Mißachtung der chronologischen Folgerichtigkeit der Ereignisse, den Entwicklungsweg eines Deutschen aus Rumänien bis in die Jahre nach der Wende. Harald Frank ist in der rumänischen Diktatur aufgewachsen. Seit der Kindheit fehlt ihm ein persönliches und gesellschaftliches Identifi-

---

[479] Ebd., S. 66.
[480] Benno von Wiese hat die Einführung der Gattungsbezeichnung „Novellenmärchen" für „Peter Schlemihls wunderbare Geschichte" vorgeschlagen, hat dabei auf die nur angeblichen märchenhaften Elemente aufmerksam gemacht. Ebd., S. 77.

kationsmuster. Als Angehöriger der deutschen Minderheit nimmt er eine doppelte Distanzierung vor und versucht, sich sowohl vom Modell der Eltern- und Großelterngeneration (der Großvater wird als disziplinierter Mitläufer des nationalsozialistischen Deutschland dargestellt) als auch von den Strukturen des totalitären kommunistischen Staates loszulösen. Sein Werdegang ist von der ständigen Verweigerung autoritärer Erziehungsmuster und der Ablehnung der Gängelung des Einzelnen gekennzeichnet. Vor der strengen Erziehung seines Großvaters rettet er sich in der Einsamkeit einer Flußinsel. Nach der Wende 1989, als ihn sein Land nicht mehr gefangen hält, verweigert ihm die „botschaftliche Behörde" die Ausreise. Nachdem Frank jahrelang der Diktatur ausgeliefert war, landet er somit nach der Wende in einem Beamtenland[481]. Die nun erlangte Freiheit ist nur eine scheinbare, Europa bleibt weiterhin geteilt und Frank distanziert sich nun auch von dem west- und osteuropäischen Demokratiekonzept. Er gibt nicht auf, setzt die Reihe der Proteste fort und ruft vor der „botschaftlichen Behörde" einen unabhängigen Zeltstaat aus, mit eigener Währung: die „zeltische Pitzule".

Schon in den ersten Seiten wird die Handlung unvermittelt von einer Parzival-Einblende unterbrochen. Parzival begegnet Jeschute (S. 14), dann befindet er sich in der Lehre Gurnemanz', der ihn in Sachen Ritterlichkeit unterrichtet (S. 16). Mit Jeschute und Gurnemanz wird auf Stationen der Initiation Parzivals hingewiesen.

Was hat wohl den Erzähler dazu bewogen, in einem Roman, der die Erfahrungen eines Osteuropäers nach dem Zerfall des Ostblocks aufarbeitet, auf Parzifal anzuspielen?

Parzival hat sich nach dem Abschied von seiner Mutter in den schon ausgebildeten weltlichen und religiösen Institutionen seiner Welt zurechtzufinden. Falsches Anwenden des Gelernten und seine Naivität führen dazu, daß sein Entwicklungsweg anfangs einem trial-and-error-Muster gleichsieht. Auch wenn er anfangs mit seinem theoretischen Wissen die Komplexität der Welt nicht bewältigen kann und unbewußt Schuld auf sich lädt, findet er sich in der ihm unbekannten Wirklichkeit zurecht.

Die Stationen von Parzivals Leben werden vom Sinngehalt seines inneren Weges zusammengehalten; sie führen zu einer komplexen erfüllten Existenz. Für Parzival ist der Gral Ziel und Erfüllung seines Lebens. Weiterhin bedeutet er für ihn den Eintritt in eine neue, utopische Gemeinschaft, die sich von dem Kreis der Artusritter und vom Rittertum des Orients (verkörpert durch Parzivals Halbbru-

---

[481] Harald Frank spricht sechs Sprachen, dennoch kann er in der „botschaftlichen Behörde" die Sprache der Beamten nicht verstehen, denn diese sprachen die „Beamtensprache" (50). Somit kommt im „Beamtenland" keine Kommunikation zustande.

der Feirefiz) durch ihre unmittelbare Bindung an Gott unterscheidet.[482] Das Irren ist bei Parzival Teil seines Werdeganges, sein Erfolg scheint ihm von Anfang an prädestiniert, da er während seines Bildungswegs oft als Erwählter erkannt wird. In Distanz zu den mittelalterlichen Aventiuren Parzivals wird der Irrweg des Ost-Europäers Harald Frank gestaltet. Wie auch Parzival ist Harald Frank gezwungen, in einem gesellschaftlichen Kosmos zu agieren, der von ungewohnten Mentalitäten und Verhaltensrichtlinien geprägt ist. Doch Franks Werdegang enttarnt sich von Anfang an als Farce. Parzival hat, trotz Irrungen, einen Initiationsweg zurückgelegt, im existentiellen Universum Franks fehlen jedoch die grundlegenden Voraussetzungen für eine Entwicklung: Sein Traum von der Freiheit scheitert in der symbolischen Gefangennahme durch diktatorisch-militärische Strukturen und durch die von außen auferlegten Grenzen. Außerdem hatte sich Parzival in bereits ausgebildeten gesellschaftlichen Strukturen zurechtzufinden. Franks Scheitern ist auf die allgemeine gesellschaftliche Unmündigkeit und Orientierungslosigkeit, aber auch auf das Fehlen nachahmenswerter Modelle zurückzuführen, was den Initiationsweg von Grund auf unmöglich macht. Während Parzivals Fehler eben auf die zielstrebige Verfolgung seines Ziels, die Erlangung des Grals, zurückzuführen sind, denkt Frank mit Zynismus an die Unmöglichkeit, ein Lebensziel zu haben. Frank hat sich zum Ideal gemacht, daß er ein Ideal hat, auf das er „pissen kann" (58). Die systematische Negation jeden Sinns entstammt der Einsicht, daß seinem Werden aus allen Richtungen Grenzsteine (Titel!) gesetzt wurden.

Der Roman greift in seinem Beginn zum Parzival-Stoff auf, um eine mögliche Entwicklungsgeschichte anzudeuten. Die Anspielungen auf Parzival wiederholen sich im weiteren Verlauf der Handlung nicht mehr. Der Verlust des Glaubens Franks an eine positive historische Entwicklung bringt die Erzählinstanz durch Mittel des Absurden und Grotesken zum Ausdruck. Surrealistische Gestaltungsmittel überwiegen am Ende des Romans.

Der Traum von der sich ununterbrochen wiederholenden Einberufung ins Militär, die Gestaltung der Liebe als Betrug, das Erleben von Umbruchzeiten in der Verliererpose (nach dem Zweiten Weltkrieg, nach der Wende 1989) verschmelzen im Roman zur Allegorie des Stillstands, der Unmöglichkeit der Entwicklung auf gesellschaftlicher und persönlicher Ebene mit den Bildern der gewollten und ungewollten Isolation. Als Angehöriger der deutschen Minderheit erleidet er in der Nachkriegszeit Ausgrenzungserfahrungen durch pauschale Schuldzuweisung seitens der staatlichen Behörden. Nach der Wende 1989 wird er als rumänischer

---

[482] Siehe: Ostermann, Friedrich (Hg.), 1982, S. 110.

Staatsbürger in seiner Reisefreiheit diskriminiert. Der Titel des Romans wird somit zur Metapher sowohl für die Aus- als auch die Begrenzung.

Bereits der erste in der Kindheit erlebte gesellschaftliche Umbruch überzeugt Frank von der Unmöglichkeit positiver historischer Fortschrittsszenarien. Die Zeit nach 1989 bestätigt die Kindheitserfahrung. Jede sozialpolitische Wende zeigt katastrophale Folgen auf individueller Ebene und erweist sich als Abenteuer in die Ziel- und Sinnlosigkeit. Der Welt ist jeder metaphysische Glanz abhanden gekommen, der Glaube an den Gral und die Erlösung durch ihn ist nicht mehr möglich.

Der Roman signalisiert den Abschied von dem auf Humanismus und Fortschritt fokussierten Idealismus, der alle Revolutionen in der Geschichte als Zugewinne, Wiedergewinne und Wiedergeburten legitimiert. „Durch den Pessimismus habe ich zum Zynismus gefunden, als Selbstschutz gegen den Pessimismus. Der Zynismus, glaube ich, ist das produktivste Prinzip überhaupt. Man kann und sollte dieses Prinzip nur friedlich einsetzen, als Gegenvariante zum platten Aufklärertum."[483]

Mit dem Rückgriff auf dem Parzival-Stoff wird der idealisierenden Haltung mittelalterlicher Dichter eine zynisch-resignative entgegengestellt. Die edlen Taten der Ritter waren kein Abbild der tatsächlich gelebten Wirklichkeit, im Gegenteil: „wir hören von politischen Morden, und die Fehden der Großen wurden durch Verrat, Erpressung, Raub und Brandschatzung geführt. Gegen diese harte Wirklichkeit haben die Dichter das ritterliche Tugendideal gestellt.[484] Die Tendenz, die Wirklichkeit verschönernd darzustellen ist nicht zuletzt darauf zurückzuführen, daß die Autonomie des mittelalterlichen Künstlers nicht gewährleistet war. Die Lebenslage der mittelalterlichen Künstler als Auftragsdichter hat wohl Hodjak fasziniert - war doch die Gestalt des „Hofdichters" und die Entstehung der Auftragskunst auch ein Phänomen zeitgenössischer Diktaturen. Dies mag wohl den Autor dazu bewogen haben, für seinen nächsten Roman „Der Sängerstreit" (2000) die legendäre Gestalt eines mittelalterlichen Dichters in den Mittelpunkt zu stellen.

Mit der Gestalt Klingsors „aus dem Ungarnland" wird gleich auf zwei Traditionen referiert: einerseits auf Wolfram von Eschenbachs „Parzifal" und andere mittelhochdeutsche Dichtungen des dreizehnten Jahrhunderts[485], andererseits auf den durch die siebenbürgische Kultur übernommenen „Identifikationsmythos" Klingsor. Allerdings nimmt in der Gestalt des Klingsor, der im Sängerstreit auf

---

[483] Franz Hodjak: „Von der Suche nach einem Ort". Stefan Sienerth im Gespräch mit Franz Hodjak. In: Stefan Sienerth 1997, S. 269-286, 273f.
[484] Ostermann, Friedrich (Hg.), 1982, S. 111.
[485] Die mit dem Sammelnamen „Wartburgkrieg" erfaßt werden.

der Wartburg siegt, nur „ein Wunschdenken" der Siebenbürger Sachsen Gestalt an, da es in Siebenbürgen keine ritterliche Standesliteratur gegeben haben kann.[486] Die doppelte Referenz des Klingsor-Stoffes schließt die Anpassung an zwei Publikumskategorien mit ein: die deutsche und die „rumäniendeutsche".

Aus dem gebildeten, höfischen Fürsten und bösen Zauberer entsteht in Hodjaks Roman ein heimatloser Landstreicher, der bei jeder Gelegenheit seine Ohnmacht gegenüber der Welt zum Ausdruck bringt. Die Macht des Zauberers wird entmystifiziert: Gegen die von der Wanderung aus Siebenbürgen wunden Füße hat Klingsor nur ein Rezept parat, das er aber so oft wie möglich anwendet. Der Satz: „Klingsor pißte auf seine wunden Füße" (122) wird zum Leitmotiv des „entzauberten Daseins" Klingsors, mit den dazugehörenden Variationen: „Der Burgherr fragte, Klingsor, wie fühlst du dich, hast du dich ausgepißt, wie geht es dir?" (122) o.ä.

Der siebenbürgische Mythos wird durch das Spiel mit Klingsors Herkunft demontiert: bei der Geburt Klingsors ist seine Mutter besoffen, er kommt mal aus „Klingsbürgen" (70), mal von einer „kleinen japanischen Insel" (18), seinen Lebensunterhalt hat er sich mal als Totenwäscher, mal als Glöckner oder Pferdehändler verdient, er wird vom Burgherrn „Pißklings" (72) genannt, sich selbst nennt er einen Zigeuner (151). Das in der Heimatkunst gängige Erinnerungspathos schlägt in seiner Parodie um, es entsteht ein Spiel mit Genres: der Roman wird mal in das Muster eines billigen Schundromans gegossen (z.B. S. 112), mal wird die Wartburg-Szenerie als eine Parabel zum totalitären Staat gestaltet. Der Weg zum Sängerstreit auf der Wartburg erinnert an ein Roadmovie.

Die Handlung wird durch die Verschiebung der Zeitebenen verwirrt, die Titelgestalt taucht in die unterschiedlichsten zusammenhangslosen Geschichten ab, neue Protagonisten werden ohne weitere Erklärungen in die Handlung eingeführt, so daß sich der Leser, der orientierungslos in der Geschichte umherirrt, darin nicht wohlfühlen kann.

Die Wirklichkeit als verkehrte Welt ist von einer zersetzenden Krankheit befallen, die Burg befindet sich außerhalb von Raum und Zeit, alles steuert auf das Vorhaben zu, dem dargestellten Universum einen komischen Anstrich zu geben. Der trockene Humor wird auch durch den Transfer gegenwärtiger Mentalitätsvorstellungen aus der Gegenwart in das literarische Universum des Mittelalters produziert[487]. Die traditionellen Werte werden in ihr Gegenteil umgekehrt: Heldentum ist legitimierte und institutionalisierte Aggression, demnach wird Feig-

---

[486] S. Horst Fassel: Die deutsche Literatur auf dem Gebiet des heutigen Rumänien. In: Rosenthal, Erwin Theodor, 1989, S. 137-170, 140.

[487] Um nur ein Beispiel zu nennen: „Siegfried erklärte Gudrun und Brunhilde, weshalb die Verleihung von Orden an Kriegshelden die größte Schweinerei ist." („Der Sängerstreit", 52)

heit zum Wert erhoben, die Freiheit ist schlicht unerreichbar und demnach nicht existent, Verrat ist ehrlicher als Treue, Mythen sind schlichtweg Lügen. Die Wirklichkeit wird zur Illusion, die die Sprache gewährleistet: „Na ja, dann floriert eine Burg, wie das so in einfach erweiterten Sätzen geschieht." (133) Der institutionalisierten Wahrheit stellt Klingsor das ideologische Vakuum, den Glauben an das Nichts entgegen (91). Die Heimat wird überflüssig, Klingsor ist lieber fremd in der Fremde als fremd Zuhause. Er ist ein „homo viator", der allein im Ekel eine Behausung findet, „die einzige Heimat, die ich kenne. ... Der Ekel ist niemals aggressiv. Niemand kann den Ekel an Eleganz überbieten, an Feinheit, die Dinge zu verachten, ohne sie zu zerstören." (190)

15.4. Schlußfolgerungen
Die wachsende Anzahl von Texten, die sich über intertextuelle Bezüge mitteilen, signalisiert einen Zugewinn an Vielschichtigkeit der Darstellung und der nuancierten Aussage. Der Rückgriff auf Werke der deutschsprachigen Literatur erfüllt mehrere Funktionen, die, wenn man von individuellen Parametern absieht, von kulturpolitischen Kontextbedingungen und Rezeptionsmechanismen zur Entstehungszeit der Texte vorgegeben wurden.

Der intertextuelle Dialog ermöglichte den rumäniendeutschen Erzähltexten, erfolgreich durch die Zensur zu passieren. Dies wird am Beispiel Georg Schergs deutlich. Wenn dem Zensor der Wieland-Bezug und die zahlreichen Anspielungen auf Gegenwartszustände nicht auffielen, verwehrten sich ihm zahlreiche Interpretationsmöglichkeiten. Daß sich der Text auf diese Weise auch den anderen Lesern verschließt und somit sein Potential unerschlossen bleibt, ist offensichtlich, wobei die auf Intertextualität zurückzuführende Undurchsichtigkeit der Texte keineswegs nur ein Merkmal der Literatur ist, die unter Zensurbedingungen entsteht.

Durch den intertextuellen Bezug entsteht ein semantisch reiches, ergiebiges Spannungsverhältnis zwischen den Texten, welches das Aktuelle der neuen Texte betont. Im Falle von Joachim Wittstocks „Peter Gottlieb" registriert man eine Erweiterung und Aktualisierung durch die Distanz zur Textvorlage. Hodjak hingegen demontiert die ursprünglichen Texte und weist auf diese Weise auf das modifizierte Verhältnis zur Wirklichkeit und auf die verschobenen Koordinaten menschlicher Existenz hin.

Die Kunst der intertextuellen Manipulierung durch den direkten (Joachim Wittstock), diskreten (Scherg), ironischen (Hodjak) intertextuellen Bezug in den rumäniendeutschen Texten soll als Zeichen dafür aufgefaßt werden, daß über den Weg der elliptischen Kondensation ein erzählökonomischer Ausdruck gefunden wurde, der den Anschluß zu den Gestaltungsmitteln der Moderne aufzeigt.

Die Selbstverständlichkeit, mit der in den hier ausgewählten Beispielen einzelne literarische Angelegenheiten mit anderen einzelnen Angelegenheiten verknüpft werden, ist auch als Zeichen der Emanzipation einer Literatur zu sehen, die bewußt solche Kommunikationsstrukturen pflegt, die das zeitweilige Austreten aus der Minderheitenliteratur verfolgen.

Die Wahl einiger Texte, die auf ähnliche thematische Variationen, wie Unbehaustheit, Heimatlosigkeit, Heimatkauf konvergieren, dabei auf Textvorlagen aus der deutschen Literatur zurückgreifen, illustriert einen psychologischen Wesenszug der Minderheitenliteratur: die gesuchte Verbindung mit der „Mitte"[488] durch die Schilderung der eigenen Daseinslage im Spannungsverhältnis zwischen zwei Kulturen.

16. Der intertextuelle Dialog mit siebenbürgisch-sächsischen oder banatdeutschen Texten

Eine große Anzahl von Erzählungen der rumäniendeutschen Literatur wählt Themen und Motive aus der regionalen Geschichte, gleichzeitig ist die literarische Entwicklung in der Nachkriegszeit Anzeichen für eine Veränderung des Wirklichkeitsbezugs. Auch wenn der „überlieferte Vorrat der Wirklichkeitsabbilder"[489] in der Nachkriegszeit nicht wesentlich modifiziert wird und der Bezug „ersten Grades", unmittelbar auf Ereignisse der Wirklichkeit, weiterhin dominiert, tritt ein neuartiges Phänomen auf. Die Anzahl der Erzählungen, die sich auf eine Wirklichkeit „zweiten Grades" beziehen, auf die reflektierte Realität im literarischen Text, nimmt zu. Das Besondere besteht dabei darin, daß die Autoren auf Texte der siebenbürgisch-sächsischen oder banatdeutschen Literatur aus vergangenen Epochen anspielen, so daß ein „intertextueller Dialog" zwischen den Texten der jeweiligen Region entsteht.

Die Auswahl von Texten des Siebenbürgers Adolf Meschendörfer (1877-1963) und des Banater Autors Adam Müller-Guttenbrunn (1852-1923) als Bezugspunkt für die rumäniendeutsche Erzählung der Nachkriegszeit ist aus mehreren Gründen sinnvoll. Die Anzahl der Texte, die auf diese Autoren anspielen, ist auffallend groß. Dies erklärt sich durch den hohen Repräsentativitätsgrad dieser Schriftsteller für die jeweilige literarische Region. Außerdem sprechen ihre Texte offensichtlich Themen an, deren Diskussionspotential weiterhin erkannt wird.

---

[488] Den Begriff der „Mitte" verwendet Gerhardt Csejka. Siehe unter anderem Gerhardt Csejka: „Wenn sich der Rand nach der Mitte verzehrt oder Wie wird ein Minderheitler zum Mehrheitler". In: NL (Neue Folge) 3/1993, S. 12-14.
[489] Motzan, 1980, S. 29.

Die Texte, auf die rumäniendeutsche Erzähler der Nachkriegszeit mit Vorliebe anspielen, sind Adolf Meschendörfers „Siebenbürgische Elegie" (1927), der Roman „Die Stadt im Osten" (1942) und Adam Müller Guttenbrunns Erzählung „Der kleine Schwab" (1910).

16.1. Adolf Meschendörfer: „Siebenbürgische Elegie"

Die „Siebenbürgische Elegie", veröffentlicht 1927 im Dezemberheft der Kronstädter Zeitschrift „Klingsor", repräsentiert nach Horst Schuller Anger die „gelungenste lyrische Auseinandersetzung mit siebenbürgisch-sächsischer Eigenart"[490], Georg Scherg und Walter Myß sehen sie in der Reihe der „großen Gedichte"[491]. Der anaphorische Parallelismus „anders", der sich in Vers 1, 9 und 10 wiederholt, zusätzlich betont in Vers 9 und 10 durch das lokative „hier", definiert das spezifisch Siebenbürgische, in einer Zeit, in der die siebenbürgisch-sächsische Literatur ihren Platz innerhalb der deutschen Literatur zu finden glaubte und eine besondere „ostdeutsche Identität" akzeptierte.[492]

„Anders rauschen die Brunnen, anders rinnt hier die Zeit.
Früh faßt den staunenden Knaben Schauder der Ewigkeit.
Wohlvermauert in Grüften modert der Väter Gebein,
Zögernd nur schlagen die Uhren, zögernd bröckelt der Stein.
Siehst du das Wappen am Tore? Längst verwelkte die Hand.
Völker kamen und gingen, selbst ihr Name entschwand.
Aber der fromme Bauer sät im Totenschrein,
schneidet aus ihm sein Korn, keltert aus ihm seinen Wein.
Anders schmeckt hier der Märzwind, anders, der Duft von Heu,
Anders klingt hier das Wort von Liebe und ewiger Treu."

Michael Markel hat in seiner Studie[493] die Rezeptionsangebote des Gedichts und den soziopsychologischen Kontext seiner Entstehung untersucht. Die im Gedicht konstatierte Spezifik siebenbürgischer Lebenserfahrung, das vermittelte Bewußtsein gestundeter Zeit in „kulturräumlicher, kollektiver und individueller Dimension", die ästhetische Qualität des Textes und vor allem die Entheimatung der Siebenbürger Sachsen in der zweiten Hälfte des zwanzigsten Jahrhunderts sollen

---

[490] Zit. Nach Edith Konradt: Kriterien und Klischees literarischer Rezeption bei den Siebenbürger Sachsen am Beispiel von Adolf Meschendörfers „Siebenbürgische Elegie". In: Schwob/Tontsch (Hg.) 1993.

[491] Siehe Georg Scherg zu Adolf Meschendörfer. In: NL 1986, Nr. 2, S. 32f. und Walter Myß: Drei siebenbürgisch-sächsische Dichter. In: Siebenbürgisch-sächsischer Hauskalender, München 1967, zitiert von Georg Scherg.

[492] Michael Markel: Adolf Meschendörfers Siebenbürgische Elegie. Bausteine zu einer Rezeptionsgeschichte. In: Peter Motzan, Stefan Sienerth (Hg.), 1997, S. 200. Markel zitiert Richard Csaki: „Unsere neue Literaturbewegung" (Ostland 3/1921, H. 11, S. 419).

[493] Ebd.

für die Meschendöfer-Rezeption ausschlaggebend gewirkt haben. Michael Markel konstatiert eine Zunahme der Meschendörfer-Rezeption in der rumäniendeutschen Lyrik nach einer längeren Pause, angesichts der Verallgemeinerung der Entheimatungsthematik. Er nennt in seinem Beitrag eine Serie von Gedichten, die auf die „Siebenbürgische Elegie" anspielen: Hans Schuller („Blühende Linde", 1957), Dieter Schlesak („Landschaftsversuch als Traum", 1968), Frieder Schuller („Rohrbach zur Neige", 1979). Die Gedichte Franz Hodjaks, Annemone Latzinas „Siebenbürgische Elegie 1983", Horst Samsons „Banater Elegie" (1985) und Hella Baras „Wischauer Elegie" (1987) stehen aber, so Markel, in einem Spannungsverhältnis zu Meschendörfers Text und belegen somit eine thematische Expandierung.

Die Rezeption der „Siebenbürgischen Elegie" kann auch mit Beispielen aus Erzählungen illustriert werden.

Der Rückgriff Hans Liebhardts[494] auf die Verse Meschendörfers schränkt die Bedeutung der Elegie eher ein. Er opponiert in einem oberflächlichen Vergleich die Spezifik des „siebenbürgischen Zeitablaufs" dem hektischen Leben eines Fernsehsprechers. Deshalb soll Liebhardts Text an dieser Stelle lediglich erwähnt bleiben.

In Joachim Wittstocks kurzem Prosatext „Schaukasten" (Band „Mondphasenuhr", 1983) weist die Anspielung auf die „Siebenbürgische Elegie" nicht nur auf die spezifisch siebenbürgische Andersartigkeit hin, das Andersartige als Abweichung von der Normalität verrät landesweite Unstimmigkeiten in „größeren Zusammenhängen" (27). Der Erzähler beschreibt die siebenbürgische Stadt Alba Iulia und steuert seinen Blick auf die übervollen Strafanstalten und Irrenhäuser - ein Hinweis auf Verbrechen und politischen Widerstand gleichermaßen. Der Kommentar, eine Paraphrase von Meschendörfers Elegie „Aus der Irrenanstalt dringt bisweilen ein langer Schrei, und anders klingen plötzlich die Glockenschläge, anders rauschen die Brunnen und die Lautsprechertöne im Lunapark" (27), die Wiederholung der Modalpartikel „anders" in dem neuen Kontext stellt dem ästhetisch ausgelebten Endzeitgefühl eine brutale Gegenwart der trostlosen Verzweiflung gegenüber. Der Schrei, der die Mauern der Irrenanstalt nach draußen durchdringt, löst plötzlich eine modifizierte Wahrnehmung aus. „Anders" bezieht sich nun auf die Gegenwart des repressiven Staates, der Stadtbild und Landschaft prägt.

Franz Hodjak montiert in seiner Erzählung „Das Maß der Köpfe"[495] humoristische Elemente mit einer Parabel. Der Ich-Erzähler - innerfiktional ein Schriftsteller - hört im Alkoholrausch eine Stimme, die sich „Adolf" nennt und verlangt,

---

[494] Im siebenten Teil seines Buches „Das wundersame Leben Andreas Weißkirchers", S. 259.
[495] Erschienen im Band „An einem Ecktisch", Bukarest: Kriterion 1984, S. 61-66.

befreit zu werden. Den „anderen Adolf" ahnend, läßt er sich nicht überreden, bis jene Stimme aus der „Siebenbürgischen Elegie" rezitiert und sich damit als Adolf Meschendörfer ausweist. Nach der Befreiung aus dem Bücherregal lehnt es der wandernde Geist ab, einen Kommentar über sein Werk abzugeben, gibt aber seinem Bedauern Ausdruck, es versäumt zu haben, über die werteverachtenden Ideologien des zwanzigsten Jahrhunderts zu schreiben. Hodjak spielt auf Umstände im Leben Meschendörfers an, der sich weder vom Nationalsozialismus noch vom Sozialismus eindeutig zu distanzieren vermochte. Nach Edith Konradt soll er während der dreißiger Jahre, als er im Dritten Reich geehrt und gefeiert wurde, einer nationalsozialistischen Instrumentalisierung der Elegie beigepflichtet haben. Sie weist auf einen Artikel aus der „Deutschen Presse" (1936) hin, der die Rezeption der Elegie im nationalsozialistischen Deutschland veranschaulicht und die Bereitschaft Meschendörfers, seine Werke politisch mißbrauchen zu lassen, deutlich macht.[496] In der Nachkriegszeit hat sich Meschendörfer bis 1957 aus der literarischen Öffentlichkeit zurückgezogen. 1957 wurde er rehabilitiert, ihm wurde anläßlich seines achtzigsten Geburtstags der „Arbeitsorden erster Klasse" verliehen[497], seinem Werk wurde wieder Beachtung geschenkt und er konnte in der Neuen Literatur zwei Erzählungen veröffentlichen.

Im „Maß der Köpfe" erzählt der Geist Meschendörfers eine Parabel für eine ideologisch untermauerte Konsens-Gesellschaft, in der die „Würfel-Köpfe" – wohl eine Metapher für Gleichgesinnte, die sich durch gemeinsame Merkmale von anderen unterscheiden – ihre Auffassungen allen anderen aufzwingen. Mit dem Begriff des Kopfmaßes aus der Fachsprache der Rassenforschung soll Gleichschaltung, Nivellierung durch äußere, formale Kennzeichen angedeutet werden: „Auch in der Kunst wurde nur mit würfelförmigen Elementen und Motiven gearbeitet, und die Wissenschaft war eifrig bemüht, ihre in Würfelform angelegten Thesen mit würfelförmigen Beweisführungen würfelförmig zu unterbauen. Alles mußte Würfelform annehmen und würfelförmig argumentieren. Selbst die Hennen, die keine würfelförmigen Eier legten, wurden mit Rattengift vertilgt." (65) Doch gerade die Problematik repressiver Gesellschaften soll Meschendörfer, Zeuge zweier totalitärer Herrschaftsformen, in seinem Werk ausgeklammert haben.

Die Erzählung verdeutlicht indirekt den psychologischen Mechanismus, der dem Ich-Erzähler diesen Geisterbesuch beschert. Die spiritistische Verpackung, in der sich die Problematik Meschendörfers konstituiert, soll nicht darüber hinwegtäuschen, daß sich hinter dem bizarren Treffen beim Ich-Erzähler die Notwendigkeit

---

[496] Edith Konradt: Kriterien und Klischees literarischer Rezeption bei den Siebenbürger Sachsen am Beispiel von Adolf Meschendörfers „Siebenbürgische Elegie". In: Schwob/Tontsch (Hg.) 1993.
[497] Peter Motzan: Risikofaktor Schriftsteller. In: Peter Motzan, Stefan Sienerth (Hg.), 1993.

der Beschäftigung mit dem Schriftsteller-Typ Meschendörfer verbirgt. Mitmachen oder Distanzierung, das ist das Dilemma, das den Erzähler beunruhigt, eben weil er sich in der gleichen Lage befindet. Die Erzählsituation verdeutlicht nicht nur, daß verschiedene Generationen rumäniendeutscher Schriftsteller beim Schreiben mit der Problematik einer totalitären Gesellschaft konfrontiert werden, sondern daß jüngere Autoren dieser Thematik mit mehr Mut entgegentreten.

Eginald Schlattner spielt in seinem Roman „Der geköpfte Hahn" (1998) gleich zweifach auf Meschendörfer an: auf den Roman „Die Stadt im Osten" und auf die „Siebenbürgische Elegie". Die Besinnung auf Meschendörfer steht mit dem Bestreben im Zusammenhang, die Aktualisierung einer „Finis-saxoniae-Stimmung"[498] vorzunehmen, die bei den Siebenbürger Sachsen bereits nach dem österreichisch-ungarischen Ausgleich 1867 und nach der Vereinigung Siebenbürgens mit dem Königreich Rumänien 1918 ausbrach. In einem Artikel aus der Kronstädter Zeitschrift „Klingsor" gibt Heinrich Zillich 1927 der Zeitstimmung Ausdruck: „Wir sind seit beinahe zehn Jahren ausgeliefert der Heimatlosigkeit."[499] Unter diesen Umständen entsteht „Die Stadt im Osten" und ferner die „Siebenbürgische Elegie".

Wie auch Adolf Meschendörfer mit seinem Roman „Die Stadt im Osten" (München 1942) beabsichtigt Eginald Schlattner mit „Der geköpfte Hahn" (1998) einen Siebenbürgen-Roman zu schreiben, der Zeitgeschichte aufarbeitet. Schlattner greift auf eine konkrete Stelle aus dem Roman „Die Stadt im Osten" zurück (den Festzug der rumänischen Reiter in Kronstadt, S. 240ff), die er geistreich ausbaut. Der Erzählton hingegen läßt die Romane sehr unterschiedlich klingen. Der alte Mann erzählt ernsthaft-nostalgisch vom Schicksal der „Stadt im Osten"[500], während im „Geköpften Hahn" kindliche Naivität, perspektiviert durch den Humor des Erwachsenen, die Welt teilweise bitter, teilweise komisch-ironisch betrachtet.

Der Erwachsene erinnert sich in Schlattners Roman an die letzten Jahre des Zweiten Weltkrieges. Den Frontenwechsel Rumäniens am 23. August 1944 erlebt der Ich-Erzähler mit seinen Kollegen beim „Exitus", dem Abschiedsfest der Schulabsolventen in der siebenbürgischen Kleinstadt Fogarasch. Der „Exitus", „Abschied, Ausgang, Ende" („Der geköpfte Hahn", 432) – so der Großvater er-

---

[498] Die Erläuterungen zum soziopsychologischen Hintergrund dieser Stimmung führt Michael Markel in „Adolf Meschendörfers Siebenbürgische Elegie. Bausteine zu einer Rezeptionsgeschichte" aus.
[499] Ebd., Michael Markel zitiert Heinrich Zillich: „Minderheitenlos- und Aufgabe" (Klingsor 1927, H. 12, S. 449-457).
[500] Einen anderen Ton für die Bewältigung vergangener Zeiten schließt der Erzähler in „Die Stadt im Osten" aus: „Ich schreibe hier nieder, was mir in verschiedenen Zeiten meines Lebens wichtig war. Auch heute nach vierzig Jahren kann ich darüber nicht lächeln, denn es waren Bausteine meines Lebens."(102)

klärend – erhält durch die plötzliche Wende im Krieg eine neue Bedeutung. Den Deutschen Rumäniens, die sich „kopflos" [siehe Titel] in die Strudel der Ereignisse geworfen haben, so der Kommentar des Erzählers, und nun zu Feinden im eigenen Land geworden sind, drohen massive Vergeltungsmaßnahmen. Sie sehen dem Ende ihrer Geschichte entgegen. Die Abschiedsfeier-Szene wird dramatisch aufgebaut. Angesichts der radikalen Veränderung der Kriegslage macht sich besonders unter den Erwachsenen Verzweiflung breit. Ihre Kommentare bleiben jedoch hintergründig. Im Vordergrund agieren die Kinder, die die gerade eingetroffene Information über den Frontenwechsel unter sich verarbeiten.

An dieser Stelle ist es bezeichnend, daß der Autor auf Meschendörfers „Siebenbürgische Elegie" zurückgreift, die von einer Kommilitonin, „Henriette mit der poetischen Ader" (441), an höchst unpassender Stelle „deklamiert" wird. Lose Gedichtverse, unverdautes Wissen um den Stand des Krieges, dem sich die Protagonisten mit unsteter Neugierde widmen, Historisches, kindlicher Hochmut, aber auch Ignoranz, all dies verweigert dem Dialog, der von jargonartigen Ausdrücken in zweisprachigem Kauderwelsch durchsetzt ist, auf den ersten Blick die gedankliche Folgerichtigkeit:

> „Henriette mit der poetischen Ader begann zu deklamieren:
> ‚Siehst du das Wappen am Tore? Längst verwelkte die Hand.
> Völker kamen und gingen, selbst ihr Name entschwand.'
> ‚So wird es uns ergehen, wenn die Russen kommen', jammerte
> Majo. ‚Das neue Wappen über dem Eingang. Alles kapores.
> Wie der Meister sich geplagt hat mit dem Raben auf dem Baum
> und der Frau und dem Jäger. Und wieviel das gekostet hat.'
> Unbeirrt rezitierte Henriette fort:
> ‚Aber der fromme Bauer sät in den Totenschrein, schneidet aus
> ihm sein Korn, keltert aus ihm seinen Wein.'
> ‚Ich möchte trinken, trinken etwas Süßes', rief Xenia." (441)

Die „Siebenbürgische Elegie" erscheint hier als assimiliertes Denkklischee, sie ist zum Kulturgut, zur „Volksdichtung" geworden. Die Elegie als Ausdruck zivilisatorischen Lobes aus der Endzeitperspektive hat beim siebenbürgischen Publikum, auch bei Kindern - so die Szene aus dem „Geköpften Hahn" - die Haltung des erwarteten Endes verinnerlicht. Die Ironie der Szene ist darin zu suchen, daß das in den Versen ästhetisierte Ende der Geschichte mit dem tatsächlichen brutalen Zeitgeschehen inkompatibel ist. Über den elegischen Vortrag wird die Wirklichkeit übersehen, es kommt zu einem ästhetisch-genußvollen Reaktionsersatz angesichts der hereinbrechenden historischen Katastrophe.

Abschließend ist festzustellen, daß sich die intertextuellen Bezüge siebenbürgisch-sächsischer Autoren vorteilhaft auf die Komplexität und Vielschichtigkeit der Texte auswirken. Meschendörfer greift in der „Stadt im Osten" auf die unmittelbar reflektierte Wirklichkeit, auf Politisches, auf nationale Symbolik zurück. Erklingt in seinem Roman am Honterusfest die siebenbürgische Hymne „Siebenbürgen, Land des Segens" (S. 95), heißt es bei Schlattner bitter-ironisch: „Die Front rollte zwar zurück, aber trotzdem wurde gesiegt. Es lag nichts in der Luft, die Amerikaner bombardierten Kronstadt noch nicht. Leuchtend und seidig schimmerte der Himmel über der Stadt und anders als über Berlin. Denn dies war Siebenbürgen, das ‚Land des Segens' im Südosten des Abendlandes." (S. 193) Der Bezug nicht direkt auf historische Ereignisse, sondern auf Haltungen, die sich in den Regionalliteraturen kristallisiert haben, auf eine Wirklichkeit „zweiten Grades", kann an vielen Beispielen illustriert werden.[501]

16.2. Adam Müller-Guttenbrunn: „Der kleine Schwab"

Wie sich im folgenden zeigen wird, greift die banatdeutsche Literatur, bedingt durch die unterschiedlichen sozial-historischen, wirtschaftlichen und kulturellen Faktoren, auf ein anderes Stoffrepertoire zurück als die siebenbürgische. Wie die für dieses Kapitel ausgewählten Beispiele aufzeigen, dreht sich die banatdeutsche Literatur auch zu Ende des zwanzigsten Jahrhunderts, da schon längst der vereinheitlichte Begriff der „rumäniendeutschen" Literatur gebraucht und schon bald wieder verabschiedet wird, um einen anderen Mittelpunkt.

Wie unterschiedlich sich die literarischen Bezugnahmen auf stoffliche und thematische Konvergenzpunkte festlegen, soll an mehreren Textbeispielen veranschaulicht werden. Schon im Titel von Heinrich Lauers Roman „Kleiner Schwab - großer Krieg" (1987) erkennt man die Anspielung auf Adam Müller-Guttenbrunn, der mit seiner Erzählung „Der kleine Schwab" (1910) ein repräsentatives Muster schwäbischen Schicksals für die banatdeutsche Literatur geprägt hat. Um nicht die Schulen mit ungarischer Pflichtsprache besuchen zu müssen, versetzt in Müller-Guttenbrunns Erzählung der Vater seinen Sohn aus dem Banat in eine siebenbürgisch-sächsische Schule. Da konnte er, im Unterschied zum Banat, auch deutsches Nationalbewußtsein von den selbstbewußteren Siebenbürger Sachsen erlernen. Nachdem der Vater auf mysteriöse Weise verschwindet, muß der „kleine Schwab" seine Sohnespflichten wahrnehmen und den Mord aufklären, darüber hinaus ins Heimatdorf zurückkehren, da nun zuhause der Ernährer fehlt.

Lauers Roman kennzeichnet sich dem Modelltext gegenüber durch eine Reihe von Differenzen: sollte in Guttenbrunns „Kleiner Schwab" der Protagonist sein nationales Identitätsbewußtsein retten, so muß das Kind in Lauers Roman ange-

---

[501] Um noch ein Beispiel zu nennen: Die Benennung des Siebenbürger Sachsen als „germanissimi germanorum", S. 141 bei Meschendörfer, übernimmt auch Schlattner (S. 178) ironisch nuanciert.

sichts des Rückzugs der deutschen Truppen 1944 sein Leben retten und das Weite suchen. Das Kind mit seinem Bildungsweg ist in beiden Texten zentral. Kehrt der „kleine Schwab" Guttenbrunns reicher an Erfahrungen ins Dorf zurück, erlebt der Elfjährige in Lauers Roman auf der Flucht keine Initiation, sondern durchlebt schmerzhafte Erfahrungen: die Flucht vor den russischen Truppen, die Gefangenschaft mit den sich daraus ergebenden psychischen Traumata, die danach von der Erzieherin im Wiener Internat nicht zur Kenntnis genommen werden.[502]

Mit dem Rückgriff auf Guttenbrunn wird das Dargestellte als Wiederholung des Erlebnismusters der Flucht ausgewiesen. Hatte Müller-Guttenbrunns Erzählung „Der kleine Schwab" den Aufbau eines Bildungsromans, so entsteht in „Kleiner Schwab - großer Krieg" durch die Darstellung des Mißbrauchs des Kindes durch die nationalsozialistische Ideologie ein Anti-Bildungs-roman. Wie wenig der Protagonist aus dem Roman Lauers den Erfahrungen gewachsen ist, denen er ausgeliefert ist, wird in der Opposition im Titel deutlich. Der „kleine Schwab" steht dem „großen Krieg" machtlos gegenüber. Er erweist sich als unfähig, von der alten, durch Kriegsverherrlichung mediatisierten Weltanschauung abzulassen und wird zum Opfer der Propaganda.

Trotz des Spannungsverhältnisses zwischen den beiden Texten, bezweckt Lauer keine Demontage der Erzählung Müller-Guttenbrunns. Eine ironische Auseinandersetzung mit dem Modell, aus der Einsicht heraus, daß die Gattung des Bildungsromans hinsichtlich ihrer Sinnstiftung hinfällig geworden ist, nimmt sich Klaus Günther in seinem Roman „Der Regentänzer" (1973) vor. Sein Roman paßt sich zunächst den Forderungen der Gattung an, um dann die erwartete Entwicklung zurückzunehmen und das Muster des Bildungsromans zu modifizieren. Wie auch Guttenbrunns „Kleiner Schwab" durchläuft der Protagonist aus „Der Regentänzer" anfangs ähnliche Bildungsstationen: er besucht zuerst die Schule im Banat, um sie dann in Siebenbürgen fortzusetzen. Wichtig ist aber, daß der Text keinen Wert auf topographische Genauigkeit legt: die Aufenthaltsorte des Protagonisten werden verzerrt: Temeschburg wird zu „Tümmelburg" (53), „Schlehburg" (62) deutet vermutlich auf das siebenbürgische Schäßburg hin.

Der Erzähler distanziert sich von den Mustern der realistisch-konventionellen Darstellung: es erfolgen Ausbrüche ins Phantastische, Verschiebungen der Zeitebenen finden statt (der Protagonist, ein Günstling des Teufels, darf eine Zeitlang im Mittelalter als Walter von der Vogelweide verbringen).

---

[502] Die Erzieherin empfiehlt dem Protagonisten, der durch den Schock der Flucht zum Bettnässer geworden ist, auch nach Kriegsende weiterhin das frühere nationalsozialistische „Körperertüchtigungs"-Rezept.

Die traumatischen Erlebnisse der jüngsten Geschichte der Banater Schwaben wie Krieg, Kriegsgefangenschaft, Rußlanddeportation werden in den banatdeutschen Erzählungen, die in der Bundesrepublik erschienen sind, ausgiebig behandelt. Günther modifiziert dieses bekannte Schema deutlich: die Kriegs- und Nachkriegsereignisse werden nicht direkt verschwiegen, sondern konsequent aussparend und ökonomisch erzählt. Es ist gerade deshalb und wegen der phantastischen Einschübe offensichtlich, daß Günthers Roman mit dem Muster des autobiographischen Romans, des Kriegs- und Entwicklungsromans spielt, sowie mit den zahlreich nach 1945 erschienenen Kriegs- und Deportationsmemoiren. Während der Kriegsgefangenschaft in der Sowjetunion hat der Protagonist ein wunderbares Erlebnis mit Elfen (Kapitel: „Bohnen und Krimmelonen", S. 93ff). Nachdem er die harten Schicksalsschläge locker überstanden hat, verwickelt er sich in eine unglaubwürdige Handlung in einem imaginären amerikanischen wilden Westen. Der Roman wächst, entgegen den anfänglichen Erwartungen, aus den in der Banater Regionalliteratur gewohnten Gattungen heraus und mündet ins Muster eines Abenteuerromans. Der Text Günthers leidet aber gerade deshalb an dem (bewußt?) ungelösten Widerspruch zwischen der überdeutlich formulierten Botschaft über die Vereinsamung und Sterilität einer übermäßig technisierten Welt und der konsequent praktizierten Zerstörung der Sinnstrukturen im Roman. Ein weiterer Bezug auf Müller-Guttenbrunn erfolgt in Richard Wagners Roman „Die Muren von Wien" (1990). Der Ingenieur Benda, ein aus Rumänien stammender Deutscher, lebt in München. Nachdem er von seiner Frau verlassen wurde, macht er sich auf den Weg nach Wien. Die ehemalige Hauptstadt der k.u.k.-Monarchie gibt ihm einen Erinnerungsanstoß, bedingt durch das spezifische Identitätsbewußtsein der Banater Schwaben: „Wien ist ein Wort für Vergangenheit" (44), für die Banater Schwaben der Mittelpunkt ihrer Welt, die Metropole, zu der sie ein Zugehörigkeitsverhältnis aufgebaut haben. Über Wien wird zusätzlich die Verbindung zu Guttenbrunn hergestellt, denn der Banater Schriftsteller hat lange Zeit als Publizist und Theatermann in Wien gelebt. Zufällig stößt Benda in Wien auf Müller-Guttenbrunns „Der kleine Schwab" in einem Antiquariat. Trotz der in der Erzählgegenwart erspürten Heimat- und Haltlosigkeit, interpretiert er nach erneuter Lektüre des Buches die Rückkehr des Jungen ins Dorf als Scheitern. Der Kreislauf des Bildungsromans, in dem der Held aus der vertrauten kleinen Welt die Weite sucht, um dann bereichert zurückzukehren, ist für Benda nicht annehmbar. Der erstrebte Zustand Bendas, der die Loslösung von seiner Vergangenheit und der Geschichte der Minderheit, der er entstammt, nicht schafft, wird mit dem Auftritt der emanzipierten Wienerin Iris deutlich, die in ironischer Losgelöstheit von der k.u.k.-Geschichte lebt.

In der Gegenüberstellung der für dieses Kapitel bevorzugten Texte verdeutlicht sich die so oft in der rumäniendeutschen Literatur der Nachkriegszeit artikulierte Geschichtsauffassung. Joachim Wittstock signalisiert mit dem modalen „anders" nicht mehr eine sich durch besondere Eigenschaften auszeichnende Welt, sondern eine makabre Wirklichkeit. Den ästhetischen Gestus Meschendörfers demontiert Schlattner vor dem nun realen, unausweichlichen Ende. Heinrich Lauer vergleicht die Erfahrung des Protagonisten Müller-Guttenbrunns mit den Kriegserfahrungen eines Kindes ein halbes Jahrhundert später. Im Verhältnis zu den Ausgangstexten zeichnen die Texte der Gegenwartsautoren Geschichte als zyklische Entwicklung oder als Stillstand. Der zivilisatorische Optimismus wird zurückgenommen, im intertextuellen Dialog findet die Illusionslosigkeit bezüglich des weiteren Bestehens der Geschichte der deutschen Minderheit im Südosten Europas ihren Ausdruck.

Die zaghafte, doch nicht zu übersehende Bildung eines Netzes literarischer Anspielungen innerhalb der siebenbürgisch-sächsischen und banatdeutschen Literatur läßt die Schußfolgerung zu, daß die beiden Literaturen, trotz ihrer Entwicklung in einem gemeinsamen Staat, sich auf ihre unterschiedliche kulturelle Tradition berufend, nicht vollständig zusammengewachsen und daß weiterhin regionale Identitätsmerkmale aktiv wirksam sind.

Wie auch im vorigen Kapitel gezeigt wurde, erkennen die Autoren das Potential der Intertextualität beim Schreiben gegen die Zensur. Der intertextuelle Bezug erschwert in Franz Hodjaks „Das Maß der Köpfe" und in Joachim Wittstocks „Schaukasten" den Leseakt und verhindert damit, daß der Zensor den Text mit einer zu deutlich formulierten Kritik ablehnt. Die Intertextualität, von der kryptischen Anspielung bis zum wörtlichen Zitat, geht mit einer Polysemie einher, mit einer Vielstimmigkeit, die sich jedem Versuch, den Text monologisch zu vereinheitlichen, in den Weg stellt.

Die Bereitschaft der Schriftsteller nach 1945, literarische Modelle früherer Epochen aufzugreifen und zu modifizieren, deutet auf einen Emanzipationsprozeß dieser Literatur hin. Diese Entwicklung geht mit der Minderung des Stellungswertes des unmittelbaren politischen und historischen Ereignisses einher, dem kein absoluter Thematisierungsvorrang mehr eingeräumt wird. Die intertextuelle Anspielung als reflektierter Wirklichkeitsbezug ermöglicht den Zugewinn an Nuancen, der sich durch das Nebeneinander verschiedener Zeitperspektiven realisiert. Das Aufgreifen einer Diskussion aus früheren Epochen, die Aktualisierung früherer Mentalitätsstrukturen und Denkkonzepte durch den Bezug zum Ausgangstext ermöglicht die Veranschaulichung seiner Wirkungsgeschichte, die Überprüfung seiner weiteren Gültigkeit und die Ergründung des geänderten Selbstverständnisses der Minderheit.

17. Entstehung der experimentellen Literatur

Die Welle der Texte, die mit der konventionellen Auffassung über Erzähler, Handlung, Status der Erzählung, Protagonist und Sprache brechen, nimmt, beginnend von der Mitte der sechziger Jahre bis Ende der achtziger Jahre, nicht mehr ab.

Diese Entwicklung ist größtenteils auf die Rezeption westlicher Einflüsse in der Regionalliteratur zurückzuführen. Eine völlige Gleichschaltung mit westlichen Trends findet jedoch nicht statt. Während in der BRD und Österreich viele Autoren zur Erzählung zurückkehren[503] und einen deutlichen Hang zum autobiographischen Schreiben signalisieren[504], verweigern einige junge rumäniendeutsche Autoren, die in Rumänien veröffentlichen, weiterhin die Rehabilitierung des Erzählens.

Für die neuen Inhalte, die für literaturfähig gehalten werden, wählen die reformfreudigen rumäniendeutschen Schriftsteller kürzere Erzählformen. Die Vorliebe dafür ist auf mehrere Gründe zurückzuführen. Die Zertrümmerung der epischen Funktion einer geschlossenen Wirklichkeit setzt mit der Aufgabe des Glaubens an eine vernünftige Ordnung der Welt ein. Weiterhin zweifelt man in der literarischen Provinz an der Möglichkeit der Darstellung großer Zusammenhänge durch die Erzählung. Die Distanzierung von der literarischen Erzählkonvention deutet demnach allgemein auf ein modifiziertes Verhältnis des Individuums zur Wirklichkeit hin.

Außerdem bieten sich für junge Autoren Veröffentlichungsmöglichkeiten vor allem in den Spalten der Zeitschriften und Zeitungen, so daß die Entstehung kurzer Erzählformen gefördert wird. Darüber hinaus mutet das Praktizieren moderner Erzählmethoden oft wie ein Ausweg oder eine Flucht vor der Einordnung in die von der Kulturpolitik gewiesenen Schranken an - man denke an die Affinität der sozialistischen Literatur für den Roman in der Argumentation Georg Lukács'.

Franz Hodjak, Franz Storch (nach seiner Hinwendung zur Moderne), die jungen Banater Autoren fragmentieren das Wirklichkeitsbild, zeigen meist nur Ausschnitte aus dem grauen Alltag. Sie passen sich an das Geschwinde, Unzusam-

---

[503] Beispielsweise Elfriede Jelinek, die nach ihrem 1970 erschienenen Montageroman mit „Die Ausgesperrten" (1980) zur konventionellen Schreibform übergeht; so auch Wolf Wondratschek, Michael Scharang, Horst Bienek. War der Trend der sechziger Jahre das Experiment, verzeichnet sich für die siebziger die Wiederkehr des Erzählers. Peter Handke: „Als ich den Roman ‚Der Hausierer' schrieb, dachte ich: Warum braucht man zum Lesen eine Geschichte? ... Ich bin jetzt der Meinung, daß eine Fiktion nötig ist, eine reflektierte Fiktion, damit die Lesenden sich wirklich identifizieren können. Und Identifikation möchte ich schon erreichen." Zitiert nach Volker Hage, 1982, S. 116, bzw. 30-31.

[504] Arnold, Heinz Ludwig , 1995, S. 105.

menhängende der Einzelerfahrungen und ihrer Widersprüche an, betonen das Subjektive der Aussagen in einem dominant monologischen Erzählduktus. Bei ihnen wird das Mißtrauen gegenüber der Erzählung, Sinn zu vermitteln, nur zaghaft angedeutet. Besonders die Autoren um die „Aktionsgruppe Banat" betrachten die Literatur, in der Nachfolge Brechts, als Erziehungsfaktor[505] und verbinden ihre Vorliebe für die neuen Erzählmuster mit der offenen, engagierten Kritik von linken Positionen aus.

Der Argwohn gegenüber einer durchsichtigen, „erzählbaren" Welt kommt besonders in Georg Schergs experimentellen Versuchen zum Ausdruck. Seine Besonderheit innerhalb der rumäniendeutschen literarischen Landschaft liegt darin, einer der ersten gewesen zu sein, der die formalästhetischen Erneuerungen in die Form des Romans gegossen hat. Die Autoren jüngerer Generation, die Georg Scherg eine Art kompliziert verpackte literarische Feigheit vorhielten[506], übersehen oft das ästhetische Potential seiner Erzählungen, die durch ein virtuoses Spiel mit Texten ein beeindruckendes livreskes Universum erschließen und in ihrer unverminderten Aktualität das literarische Bild der Region bereichern. Schergs „verschlüsselte" Romane sind demnach nicht nur als Versteckspiel mit den Zensurbehörden aufzufassen. Karnevalistik, absurde Sprachspiele, das Ineinanderfließen der literarischen Gattungen zu einem unübersichtlichen, „nicht mehr erzählbaren" Gebilde setzt Scherg als Zeichen der fehlenden Geborgenheit, der Unbehaustheit in einer als fremd empfundenen Welt und der Unmöglichkeit der Welterfassung ein. Seine verkappten, verkleideten Aussagen signalisieren innerhalb des Literaturbetriebs der Provinz auch die Bereitschaft, neue Mittel und Wahrnehmungskategorien für die Wirklichkeitsdarstellung auszuprobieren.

Ende der siebziger und Anfang der achtziger Jahre bahnt sich die jüngste Generation rumäniendeutscher Autoren den Weg zur literarischen Öffentlichkeit unter besonderen sozialpolitischen und kulturellen Verhältnissen. Hatte man in der ersten Hälfte der siebziger Jahre die Hoffnung auf die Verbesserung der kulturpolitischen Rahmenbedingungen nicht vollständig aufgegeben, so charakterisieren sich die achtziger Jahre durch endgültige Illusionslosigkeit.

Helmut Britz (geb. 1956), Jakob Mihăilescu (geb. 1959), Roland Kirsch (1960-1989), Uwe Hienz (geb. 1966) machten einige Jahre später als die Autoren um

---

[505] Vgl. auch Peter Motzan, 1980, Kap. „Vom polemisch-präskriptiven Engagement zur engagierten Subjektivität".

[506] Franz Hodjak spricht von der Unmöglichkeit der angemessenen und tiefgründigen Wirklichkeitsreflexion in Romanform in der Diktatur. Die doch zu harte Abrechnung mit Scherg, auf den Hodjak mit seiner Bemerkung über „verlogene" Romane und „Halbwahrheiten" auch anspielt, hat sicherlich einen wahren Kern, da er in seinen „verschlüsselten" Romanen sein Publikum wegen des schwierigen Stils nicht erreichen konnte. In: „Von der Suche nach einem Ort". Stefan Sienerth im Gespräch mit Franz Hodjak. In: Stefan Sienerth 1997, S. 269-286.

die „Aktionsgruppe Banat" durch Veröffentlichungen auf sich aufmerksam.[507] Auch Balthasar Waitz (geb. 1950) und Wolfgang Koch (geb. 1952) publizierten einige Jahre nach den „Aktionsgruppe"-Autoren in rumäniendeutschen Zeitschriften.[508] Die Umstände ihres Auftretens auf der literarischen Bühne wurden im Kapitel „Der kulturpolitische Hintergrund ab Mitte der siebziger Jahre" erläutert. Sie erlebten den Ausklang der Tauwetterperiode, die Mitte der sechziger Jahre begann, nicht mehr, umgingen somit das „naive Engagement", so wie es von der „Aktionsgruppe Banat" erlebt worden war, und landeten von Anfang an in der resignativ-lethargischen Stimmung der letzten Jahre der Diktatur.

Das neue Realismuskonzept der Mittsechziger, das die Subjektivität der Darstellung als Tendenz zum Objektiven einsetzte, mündet in eine radikale Zersetzung. Der für die meisten Autoren verbindliche Gesellschaftsbezug, die konkrete Stoßrichtung der Kritik wird immer schwerer hinter den wirklichkeitsentrückten Bildern sichtbar. Surreale Szenerien zeichnen eine entfremdete Realität, zu der das beschreibende Subjekt keinen Bezug mehr findet, und die zu bestechenden Stimmungsbildern gerinnt, wie beispielsweise in Roland Kirschs Text „Ich öffnete die Tür", der hier als Beispiel vollständig wiedergegeben wird: „Der Wurm in erwartender Gelassenheit gekrümmt, tief unten in der feuchten schleimigen Erde, schmetterte besoffen ein kurzes holpriges Lied. Ein Schmetterling, im knatternden Sturz erfrierend, brach in einen gellenden Schrei aus."[509]

Von diesen Autoren, die mit zum Teil sehr guten Texten die Hoffnung auf ein Weiterbestehen des rumäniendeutschen Literaturbetriebs aufrechterhalten, zeichnet sich Jakob Mihăilescu durch die formalästhetische Eigenwilligkeit seiner Texte aus. Auch wenn die Experimentierlust keineswegs zum ersten Mal bei ihm in der rumäniendeutschen Nachkriegsliteratur registriert wird[510], ist Mihăilescu eine Einzelerscheinung von besonderer Aussagekraft für den Kontext der achtziger Jahre. Hinter der Kunstauffassung Mihăilescus steht nicht das Wissen um die Unverbindlichkeit einer „postmodernen" Kunst, die sich, angesichts der Möglichkeit ihrer technischen unendlichen Reproduktion ihrer Wichtigkeit und Ein-

---

[507] Helmut Britz debütierte 1977 in „Echinox", Uwe Hienz 1986 in der „Neuen Literatur", Roland Kirsch 1982 in der Temeswarer Studentenzeitschrift „Forum studențesc", Jakob Mihăilescu 1978 in der „Karpatenrundschau". Siehe „das land ist ein wesen", 1989, S. 125f.

[508] Balthasar Waitz publiziert ab Mitte der siebziger Jahre, Wolfgang Koch ab Anfang der achtziger in der „Neuen Literatur".

[509] Veröffentlicht in der Debütanthologie „das land ist ein wesen" (1989), S. 38.

[510] Oskar Pastior war im Westen nach seiner Auswanderung 1968 ein schon bekannter Name. Dieter Roth war Ende der sechziger Jahre ein vielversprechender Debütant, um den es einige Jahre später still wurde. Abgesehen von den Autoren, die im Zusammenhang mit der Entstehung einer modernen Literatur bereits genannt wurden, experimentieren in einzelnen Texten auch Franz Heinz, Heinrich Lauer („Bälle und Spiele", NL 10/1973), Ludwig Schwarz („Verdammt! Eine Bestandsaufnahme im Hause Peter Holz oder ein Drehbuch", NL 3/1973, S. 3-20) u.a.

maligkeit entledigt und sich als marginal betrachtet. Seine Texte betreiben tatsächlich auf dem Hintergrund der Hoffnungslosigkeit der achtziger Jahre eine Art Eskapismus durch den Sprung aus der Verantwortlichkeit der im Text kaum noch durchscheinenden Gesellschaftskritik. Die Funktion der Kunst wird aber nicht gemindert, sondern - angesichts des zeitlichen Kontextes - die Entstehung einer engagierten Literatur auf dem Hintergrund vollständiger Resignation für überflüssig gehalten.

Die in der rumäniendeutschen Literatur begonnene Zertrümmerung der Erzählung mündet in Mihăilescus Texten in einem sich selbst überlassenen Sprachspiel, dessen „Botschaft" durch die undurchsichtigen Textstrukturen kaum durchscheint. Besonders in der Erzählung „Stillstand"[511] finden sich die Merkmale des literarischen Experiments besonders konzentriert.

17.1. Jakob Mihăilescu : „Stillstand"

Jakob Mihăilescus „Stillstand" weist keine Handlung mehr auf, keinen festen Erzähler und keinen Protagonisten, der für den in mehrere Blöcke aufgeteilten Text Gültigkeit behält. Die Erzählposition wechselt von der auktorialen Erzählung, in der Vorgangs- und Erzählzeit getrennt werden, zur reportageartigen Vorgangswiedergabe aus der Gleichzeitigkeit von Handlung und Erzählung. Der auktoriale Erzähler wird dann zugunsten eines Bewußtseinsstroms aufgelöst, mit dem auch die Sprache fluktuiert, um daraufhin plötzlich einem Wir-Sprecher und später einem Ich-Erzähler Platz zu machen.[512]

Die gewollte Inkonsistenz der Erzählinstanz, die unsichere Handhabung der erzählten Gestalten und der Kohärenz der Handlung sind besonders ab den siebziger Jahren keine seltenen Phänomene. In Richard Wagners Erzählung „Marlene. Anmerkungen zu einer Geschichte" (NL 12/1980) versucht der Autor auf verschiedene Weise, eine nonkonformistische Erzählform durchzusetzen. Die Absätze stehen in Klammern, was auf die Unsicherheit der Sprechinstanz hindeutet und auf ihre Absicht, ihre Erzählung als bloßen überflüssigen Kommentar einzu-

---

[511] Erschienen in NL 6/1984, S. 29-44 (hier als Textvorlage) und in der Debütanthologie „das land ist ein wesen" (1989).

[512] Das Spiel mit der Erzählinstanz und dem Protagonisten kann man auch in Richard Wagners „Das Feuer" (aus dem Band „ Der Anfang einer Geschichte") beobachten, wo sich schließlich der Erzähler aus der Geschichte ausschaltet: „Unsicher ging ich unter die Sonne her. Und wurde immer winziger, bis ich, ein Punkt, am flimmernden Horizont verschwand..." (46) oder in Richard Wagners „Geschichte, in der Anna verschwindet" aus „Lesestücke für kleine Leute" (NL 6/1981). In der letzten Erzählung des Bandes „Nachricht über Stefan" (1975) von Klaus Kessler, „Der Turm", löst sich die Wirklichkeit, dann selbst die erzählte Hauptgestalt Stefan auf. (147) In Balthasar Waitz' „So wie draußen im Leben" (NL 9/1975) verschwindet der Protagonist aus dem Blickwinkel des nicht mehr allwissenden Erzählers, der daraufhin dem Leser betroffen gesteht: „In diesem Moment müssen wir unterbrechen, denn wir können leider nichts mehr sehen." (14)

stufen. Die Autorität der Erzählinstanz wird zurückgenommen. Die Textpassagen werden von leeren Abschnitten unterbrochen, die ausdrücklich für die Anmerkungen der Leser bestimmt sind. Der Text wird zum Kontext, wird zum „happening", das den Leser zum Mitmachen auffordert und wartet somit auf sein „Wieder schreiben", das ihn eventuell deformiert. Außerdem zeigt sich der Erzähler unsicher bei der Namengebung und dem tatsächlichen Agieren der Gestalten. Die Hauptgestalt kann Marlene, aber auch Hermine genannt werden, andere Gestalten, wie „eine ältere weibliche Person" oder „der Theoretiker" sind nur möglicherweise existent und beliebig austauschbar. Die ironischen Regieanweisungen, daß etwa Teile des Textes erst nach der Rollenverteilung und nach der Übersetzung in die Mundart des jeweilgen Ortes gelesen werden sollen, haben eine verfremdende Funktion.

Bei Jakob Mihăilescu lockert sich der Bezug Wirklichkeit - Text radikal auf, die kausallogische Handlung, die sich durch einen konkreten Konflikt kennzeichnet, wird zugunsten eines Gewebes von Märchenfloskeln aufgegeben. Statt der Handlung gibt es einen Handlungsersatz, nämlich zwei Märchenmuster, mit denen der Text auf den ersten Seiten spielt. Der graue Alltag, so wie er beispielsweise in den Kurzgeschichten Hodjaks geschildert wird, wird hier durch das Nichts ersetzt, das Dasein ist in Mihăilescus Text seine Abwesenheit: Da scheint kein Wahrheitspathos mehr durch.

Im ersten Märchenmotiv gibt sich die oft eingebaute Grundsituation des drachenbezwingenden Mädchenbefreiers zu erkennen, im zweiten denkt man an Grimms Märchen „Der Froschkönig oder der Eiserne Heinrich":

„Es war einmal ein Königssohn, der, als er eines morgens erwachte, zu seinem Vater ging und sprach: ‚Ich soll und muß fort.' Der alte König, als er sah, daß alles gute Zureden vergebens war, willigte schließlich schweren Herzens ein. Da stieg der Königssohn auf sein Pferd und ritt zum Tor der Stadt hinaus.
Es geschah aber, daß er nach sieben Jahren, am selben Tag, wieder durch diese Gegend kam und auf die Tore der Stadt zuritt. Im Augenblick aber, als er sich unter demselben Tor befand, durch das er weggeritten, wurde er gewahr, daß er mitten in einem großen Wald stand und alles war still um ihn herum. Er blickte in einem Teich, der vor ihm lag, und sah sein Spiegelbild, sowie das seines Tieres, beide unbeweglich. Da ritt er weiter, ohne auf die Umgebung zu achten und gelangte nach einiger Zeit an einen Teich. Er sah wieder das starre Spiegelbild, behielt es im Auge und gab dem Pferd die Sporen. Wie wunderte er sich aber, als er merkte, daß sein Spiegelbild unbeweglich blieb. Und so sehr er sich auch mühte, das Pferd in Bewegung zu setzen, das Bild auf dem Wasser stand still."
(29)

Der wahrgenommene Stillstand der Zeit belehrt den Königssohn von der Vergeblichkeit des Handelns. Er greift nicht ein, als die Königstochter, die er im Wald und neben dem Teich trifft (in einer Szenerie, die an den „Froschkönig" erinnert), von Drachen entführt wird. Diese Handlung, die sich der Vorgangslogik verweigert, wird von einem Textblock in „stream of consciousness technic", offensichtlich Erinnerungen des Protagonisten, die sich wahllos seinem Bewußtsein aufdrängen, unterbrochen. Hier verwehrt sich der Text auch den Syntaxregeln: „als er klein war spielte er mit einer goldenen Kugel die schlug auf das war die Königstochter die spielte die hatte in ihrem Schloß hoch unter der Zinne einen Saal mit zwölf Fenstern die gingen nach allen Himmelsrichtungen und wenn sie hinaufstieg und umherschaute die Königstochter die vom Drachen entführt wurde den er der Königssohn tötete der Drache war nicht tot das Schwert zersplitterte Glasscherben im Spiegel sah er sich der kleine Königssohn auf einem Schaukelpferd reiten das Schaukelpferd bewegte sich nicht diese Erinnerung war festgefroren das Bild im Spiegel verschwand plötzlich und tauchte nicht mehr auf der Frosch tauchte auf und brachte die verlorene Goldkugel und die Königstochter mußte ihm versprechen worauf ihr Vater der König der hatte nur einen einzigen Sohn und diesem schenkte er ein goldenes Schaukelpferd das war kein Schaukelpferd sondern ein richtiges lebendiges auf dem ritt er von zu Hause fort sieben jahrelange Drachenzungen schnitt er dem toten Untier ab doch er konnte sich nicht erinnern dieses selbst getan zu haben der Drache war golden oder es war eine goldene Kugel die ins Wasser sprang er brachte sie der Königstochter und diese sah ihn an als ob er gar kein Mensch wäre er drehte sich um blickte in den Teich und sah sein Spiegelbild er stieg ins Wasser dessen Oberfläche ganz ruhig blieb..." (30)

Die Handlung wird durch die Zerstörung der konventionellen Zeit- und Raumvorstellungen ausgehöhlt und überflüssig gemacht: sie kann nicht mehr voranschreiten, bleibt hängen oder verläuft in Zeitschleifen, die das Alte immer wieder zurückbringen. Der Verlust des Wirklichkeitsgefühls führt zum Verlust oder zur Modifikation des Zeitgefühls. Jakob Mihăilescu rezipiert die Erkenntnisse moderner Erzähler, daß die innere Erlebniszeit von der äußeren, physikalischen Zeit abweicht. Als Physiker waren ihm darüber hinaus die neuen Erkenntnisse seines Faches bezüglich des nicht mehr linearen Zeitverlaufs, der Relativität von Zeit und Raum, bekannt. Durch Demontage des herkömmlichen Zeitverständnisses wird die Darstellung eines vierdimensionalen Universums möglich, in dem die einzelnen Vorgangsmomente in der Gleichzeitigkeit betrachtet werden können.[513]

---

[513] In der in den Text montierten Abhandlung „Das Wort jetzt" (S. 39-40) wird die Zeit als Abfolge unzähliger „jetzt"-Zeitpunkte definiert. Die Sprache wird für mathematische Formeln aufgegeben.

Vermutlich kannte Mihăilescu die Arbeit Gerhard Rühms „jetzt" (1954-1955), so daß er auf diese Weise indirekt den späten Wittgenstein rezipierte, der die Meinung vertrat, daß die Struktur Wirklichkeit und die Struktur der Sätze nicht aufeinander abbildbar waren. Rühm zeigte, daß die Bedeutung eines Begriffs sich selbst definiert und die Struktur der abgebildeten Sachverhalte visuell gezeigt werden kann. Kein „jetzt" kann sich wiederholen, weil jedes „jetzt" verschieden erfahren wird: Dies drückt Rühm durch die verschieden groß und in verschiedenen Schriften geschriebenen Worte „jetzt" aus.[514]

Die Gleichzeitigkeit des Verlaufs mehrerer Geschichten, die verschiedene Lösungen eines Handlungsablaufs ermöglichen, hat das Verwischen der Unterschiede zwischen den Protagonisten und den Gegenständen aus den unterschiedlichen Handlungssträngen zur Folge. Die Abbildfunktion der Sprache wird demontiert. Dies äußert sich im Text durch die Doppelbilder: das Schaukelpferd ist ein lebendiges Pferd, der Drache ist tot oder auch nicht, der Drache ist golden oder aber die Kugel usw. Die Figur entpersönlicht sich, deshalb wird auch die Namengebung aufgegeben. Mit der Verschiebung der Identitätsgrenzen geht die Autorinstanz aber weiter, die Gestalten vertauschen ihre Identität, der Königssohn ist gleichzeitig die Königstochter und der Frosch. Dem „Ich" als Ausdruck der individuellen Einmaligkeit wird die Abhandlung „Das Wort ich" (40-42) gewidmet.

Die Auflösung der festen Figur ist in der literarischen Tradition des zwanzigsten Jahrhunderts zu sehen, in der zahlreiche Texte, angeregt durch Nietzsches Subjekt- und Sprachkritik, die axiomatische Vorstellung von einem festen Ich und einer autonomen Persönlichkeit preisgegeben haben. Die Aufgabe des festen Ichs steht mit der des Erzählers und der Kausalität der Handlung im Zusammenhang.[515] Haben die traditionellen Erzähler mit der festen Identität der erzählten Gestalten auch die Möglichkeit der Welterfassung verbunden, so wird diese in der Darstellung Mihăilescus verweigert. Die Absicht seines Textes ist, den Leser über die Möglichkeit einer kohärenten, sinnvollen Darstellung, mittels Erzähler, erzählter Gestalt und Handlung zu verunsichern: „Ich ziehe die Tür hinter mir zu und trete auf die Straße. In demselben Augenblick fällt mir ein, daß ich etwas vergessen habe. Ich drehe mich um, doch die Tür kommt mir unbekannt vor. Ich erkenne sie nicht. Bin ich während des Erinnerns einige Schritte gegangen? Ob-

---

Nach der mathematischen Festlegung der Größen A_0 bis A_i stellt der Erzähler eine Gleichung auf, welche die objektiven Werte des Wortes „jetzt" bezeichnen soll: $A_i(i=1-, n)$. (39)

[514] Diese inhaltlichen Überschneidungen, aber auch die provokative formale Gestaltung macht den Einfluß Rühms und der „Wiener Gruppe" auf die Texte Mihăilescus nicht unwahrscheinlich. Die Berührung mit der österreichischen Literatur der fünfziger Jahre konnte durch die etwas älteren Schriftstellerkollegen um die „Aktionsgruppe Banat" vermittelt worden sein.

[515] Vgl. Andreotti, S. 106ff.

wohl ich daran zweifle, begebe ich mich dennoch zur nächsten Tür. Doch auch diese habe ich noch nie gesehen. Wahrscheinlich habe ich mich vorher getäuscht und kehre zurück zur ersten Tür. An der vermeintlichen Stelle angelangt, sehe ich keine Tür. Ich bin sicher, die Stelle nicht verfehlt zu haben. Die Tür hat hier ihren Platz. Doch ich sehe keine Tür. Ich strecke die Hand aus. Ich spüre nichts. Keinen Widerstand. Ich ziehe die Hand zurück. In demselben Augenblick fällt mir ein, daß ich wenigstens die Mauer hätte spüren müssen. Jetzt sehe ich. Es ist keine Mauer." (42)

Die Erzählung wird durch Impulse der Filmtechnik modifiziert: es kommt zur Vor- und Rückspulung des Textes, verstanden als Film. Dabei verdeutlicht sich die Ohnmacht und Orientierungslosigkeit des Subjekts, seine Auslieferung an eine undurchsichtige Realität, die ihn willkürlich gefangenhält: „Er erwacht. Er blickt um sich. Er gelangt zu vollem Bewußtsein und findet sich zurecht. Mit einem Ruck stößt er die Decke von sich und erhebt sich. Er springt aus dem Bett und durchquert mit raschen Schritten das Zimmer. Er erreicht die Tür, öffnet sie hastig, tritt aus dem Zimmer und knallt die Tür hinter sich zu. Doch mit dem Knall öffnet sich die Tür schon wieder und zieht ihn zurück ins Zimmer. Gegen seinen Willen greift die Hand nach der Klinke und wird von der sich schließenden Tür mitgezogen. Dann sieht er seine Hand kurz auf sich zukommen und schon fällt sie, bis sie am Arm hängenbleibt. Er starrt auf die Tür, unfähig den Blick davon abzuwenden, als ginge von ihr ein Zauber aus. Da spürt er, daß ohne sein Dazutun seine Füße bewegt werden und so sein Körper rückwärts, auf das Bett zu, gesteuert wird. Als er das Bett erreicht, werden ihm beide Füße mit solcher Gewalt in die Höhe gestoßen, daß der ganze Körper, einen Sprung ausführend, im Bett landet." (38)

Der Text Jakob Mihãilescus ist ein Sammelbecken experimenteller Versuche. Die Zerstörung der herkömmlichen Sprachstrukturen ist mit dem Bewußtsein in Zusammenhang zu sehen, daß die Realität ein Konstrukt darstellt, das durch das Zeichensystem der Sprache bestimmt wird. Die Sprache organisiert die Wirklichkeit und konfiguriert das Bewußtsein, so daß erst die radikale Demontage des Sinnes das Bewußtsein ideologischen Verstrickungen entziehen und seinen Mißbrauch durch herkömmliche sinnstiftende Strukturen aufhalten kann.

Eine ähnliche Reaktion auf die Sprache der Macht, die mit dem Begriff „Holzsprache" suggestiv umschrieben wird, findet sich bei Uwe Hienz wieder: „Es war einmal ein Satz, der bestand nur aus leeren Wörtern. Sehr traurig darüber, so sinnlos wie er war, immer wieder verwendet zu werden, machte sich der Satz auf die Suche nach einem Gegenstand, den er bezeichnen konnte. Als er endlich, nach langem Suchen, einen Gegenstand gefunden hatte und diesen bezeichnete, verschwand der Gegenstand in demselben Augenblick. Und damit war es zu Ende."⁵¹⁶ Worauf Hienz kritisch hinweist, setzt auch Mihăilescu in Praxis. Er betreibt ganz konkrete Sinnentleerung und nimmt auf diese Weise Wirklichkeit zurück⁵¹⁷, so daß der Text den Realitätsbezug aufgibt und autoreferenziell wird.

Der Zweifel an der Möglichkeit der Wirklichkeitserfassung durch die Sprache mündet in die Unverbindlichkeit des Wortspiels⁵¹⁸ als abstrakte Form der Sprachkritik. Neben der Sprache wird das Subjekt als Ursache der willkürlichen Beziehung zwischen Signifikat und Signifikant erkannt, so daß die Verbindlichkeit der Bezeichnung und somit auch die Verbindlichkeit der Wirklichkeit mit der Auslöschung des Subjekts aufgegeben werden, in einem Prozeß der allgemeinen Negation:
„Ich sehe den Gegenstand und erkenne ihn. Dadurch kann ich ihn benennen. Ich denke und sage: Unklinke. Da verschwindet dieser Gegenstand. Zu dem, was ich weiterhin sehe, denke ich und sage ich: Untür. Es verschwindet. Da bezeichne ich den Raum, dessen ich ansichtig werde mit: Unzimmer und dadurch verschwindet er. Ich sehe noch und sage: Unfenster, gleichzeitig mit seinem Verschwinden. Wie kann ich überhaupt das Unwesen dieser Unsachen wahrnehmen? Unich."(44)

---

⁵¹⁶ „Hand in Hand" in der Anthologie „das land ist ein wesen", 1989, S. 69.
⁵¹⁷ Ähnlich geht auch der Lyriker Oskar Pastior vor. Benedikt Erenz bezeichnete in „Die Zeit" als Grundimpuls für Pastiors Texte die „Sprache, die sich der Macht der Sprache verweigert", an einer anderen Stelle spricht er von der "Wühlarbeit gegen die Ideologik, gegen die Diktatur der realexistierenden Grammatik und ... gegen den Herrschaftsanspruch des frei-marktwirtschaftlichen Phrasenkonsums." In: Benedikt Erenz: Es ist! Über Leben und Schreiben des Oskar Pastior, In: Die Zeit Nr.5, 24. Januar 1986. Zitiert von Franz Heinz: Eingeständnisse über eine Ankunftsliteratur. In: Schwob, Anton, Tontsch, Brigitte, 1993, S. 76.
⁵¹⁸ „Er behauptet, er würde gehen. Dabei geht er noch weiter und sagt, er würde herumgehen. Er könne nicht umhin, sagt er, die volle Wahrheit zu gestehen. Und zwar: jetzt würde er hinabgehen und jetzt würde er hinaufgehen. ... Es sei nicht angebracht zu behaupten, er würde vorangehen, denn er würde allein gehen. Er könne höchstens sagen ohne zu lügen, daß ihm seine Gedanken vorausgehen. Wie das vorsichgehen würde? Auf diese Frage würde er nicht eingehen, diese Angelegenheit würde niemanden etwas angehen. Er würde dabei entweder in sich gehen und schweigen, oder die Frage übergehen und sagen: ja, es würde mit ihm gutgehen. Er würde schon sorgen und nicht untergehen. Es würde vergehen. Davon würde er immer ausgehen. Im schlimmsten Fall, sagt er, würde er durchgehen. Er sei sich vollkommen bewußt, was er dabei begehen würde. Er sei auch nicht sicher, gibt er zu, so den Tatsachen entgehen zu können. Vielleicht würde es ihm schlimm ergehen. Aber, bezweifelt er, wie könnte man anders vorgehen? Sei es etwa zu umgehen? Er verweilt bei dem Wort umgehen. Er wiederholt es vielmals. Er stellt es sich vor. Er sieht die Schriftzüge sich unzählig vervielfältigen." („Stillstand", 44)

17.2. Schlußfolgerungen

Jakob Mihăilescus Beispiel der Radikalisierung und Verallgemeinerung des Sprachspiels[519] ist für die literarische Stimmung in Rumänien ab Mitte der achtziger Jahre aus mehreren Gründen relevant. Die Wahl kurzer, undurchsichtiger Erzählformen, die Verweigerung der Inhalte steht mit der von den Autoren erspürten Unmöglichkeit wahrheitsgemäßer Wirklichkeitsreflexion im Zusammenhang. Daß der Bedarf an einer literarischen Auseinandersetzung mit der Wirklichkeit des totalitären und postrevolutionären Staates durchaus bestand, zeigt die Entwicklung der Erzählung rumäniendeutscher Herkunft in der Nachkriegszeit im deutschsprachigen Westen und nach 1989 in Rumänien. Die Wende bringt auch für die rumäniendeutsche Literatur den Erzähler zurück. Die Schriftsteller nehmen die Literatur wieder in ihrer Funktion wahr, konzentrierte Information vielschichtig zu kodieren und entdecken den Reiz der umfangreichen Erzählung. Beispiele dafür liefern die Romane Herta Müllers, Franz Hodjaks, Richard Wagners, die umfangreichen Erzählungen von Franz Heinz, Johann Lippet, der bereits in Rumänien entstandene und veröffentlichte Texte ausweitet und einen Roman schreibt.

Dadurch, daß Jakob Mihăilescu und seine Generation in der rumäniendeutschen literarischen Landschaft Lücken auffüllen sollten, die durch die Auswanderung bedeutender deutschsprachiger Autoren entstanden waren, wurden ihre Veröffentlichungen gefördert. Demnach stellt diese Schriftstellergeneration auch wenn nur über wenige Jahre eine der seltenen Erfolgsgeschichten dar, die aus der sozialistischen Imagepflege hervorgegangen ist. Trotz der hoffnungserweckenden Texte beweisen diese Autoren keine Konstanz in der Handhabung ihres literarischen Talents. Ihr Schaffen beschränkt sich auf einige kurze Prosatexte.

Ein weiterer relevanter Aspekt in der Behandlung dieser Schriftstellergeneration ist ihr literarisches Schicksal nach 1989, die Tatsache, daß sich die meisten Repräsentanten dieser Generation bisher kaum auf der literarischen Bühne zurückgemeldet haben. Eine Ausnahme macht der in Temeswar lebende Balthasar Waitz, der 1996 den Erzählungsband „Alptraum" veröffentlicht, in dem er allerdings manche Erzählungen aus seinem ersten Band, „Widerlinge" (1984), wiederaufnimmt.

Ein Grund ihres Verstummens ist auch auf ihr literarisches Arsenal zurückzuführen: Ihre in den letzten und schwierigsten Jahren der Diktatur entwickelten radikalen Mittel finden nun in den neuen Büchermarktverhältnissen keinen Platz. Außerdem erfordert die modifizierte Wirklichkeit veränderte Schreibverfahren,

---

[519] Siehe auch „Rausch", „Die Eintags(ein)manngeschichten", „Versagen", „Im Zustand fortschreitender Annäherung. Wörter, Spiele und Versuche" aus der Anthologie „das land ist ein wesen" Bukarest 1989.

die eine Umstellung erfordern. Daß sich Autoren wie Wolfgang Koch, Helmut Britz, Jakob Mihăilescu, Uwe Hienz darauf einstellen und den nötigen Markt vorfinden, wäre erfreulich, so unwahrscheinlich es auch sein mag.

18. Das Frauenbild in der rumäniendeutschen Erzählung der Nachkriegszeit

In der Nachkriegszeit erscheint eine Reihe von Texten, welche sich auf die Frauenproblematik konzentrieren. Dabei vermag man an den Figurationen der Frauengestalten Wandlungen zu registrieren. Diese Texte, die eine Frau zur Hauptgestalt wählen, einen Tatbestand oder eine Entwicklung zeichnen, verpflichten sich nämlich keineswegs einer einheitlichen Tradition. Daß die Behandlungen von Frauenproblematik vorwiegend nicht aus Frauenfeder stammen zeigt bereits, daß diese Texte nicht obligatorisch feministische Schreibmuster rezipieren. Dieses Kapitel stellt sich zur Aufgabe, die Bedeutung dieser Frauenfigurationen zu ergründen.

In Anton Breitenhofers Erzählung „Weiberwirtschaft" (aus dem Band „Das Wunderkind", 1962) sowie in Hans Liebhardts kurzem Text „Ein Brief" („Träume und Wege", 1966) haben die optimistisch angelegten Entwicklungsgeschichten der Frauen die Rolle, die in der sozialistischen Gesellschaft gleichberechtigte Rolle der Frau hervorzuheben. Die propagandistisch angelegten Texte verfehlen dabei die Frauenproblematik.

Zu einer zweiten Sorte von Texten gehört etwa Gertrud Gregors Roman „Gemäuer" (1966), in dem die Professorin für Weltliteratur Carmen und die an einer geheimnisvollen Krankheit leidende Studentin Karin fast ausschließlich unter Frauen agieren. In der Auseinandersetzung der Frau mit einer als brutal empfundenen Wirklichkeit sucht Carmen sowohl in Gesprächen mit anderen, einfühlsamen, kränkelnden Frauen, als auch in den ästhetischen Gefilden der griechischen Antike Zuflucht. Dabei ist es kein Wunder, daß sie Frauen als Gesprächspartner vorzieht „...es gab Dinge, die eben dem träumerischen, unlogischen Einfühlvermögen der Frau vorbehalten waren." (62) Über diese Platitüden hinaus, ist der Roman wegen der im Vordergrund stehenden Psychologisierung der Gestalten – in den Nachfolgejahren der Dominanz sozialistisch-realistischer Erzählverfahren verdienstvoll – erwähnenswert. Ferner signalisiert die Darstellung die Rehabilitation nuancierter intellektueller Reflexion gegenüber der gängigen Poetologisierung des verstaubten Marxismus.

Die Kritik in Gertrud Gregors „Frauenromanen" („Gemäuer" und „Krücken", 1979) wird nicht im Zusammenhang mit geschlechtspyischen Rollenzuweisungen ausgeübt, der Roman beabsichtigt nicht, gegenüber den konventionellen Vorstellungen über die Rolle der Frauen zu provozieren. Wie in vorfeministischen Texten von Frauen bleibt die Hoffnung auf die Möglichkeit der Liebe zwischen den Geschlechtern erhalten.[520] Carmen ist überempfindlich, sie lebt in der Obhut ihres Mannes ihre Emanzipation aus. Solange es ihn gab, durfte sie „ruhig auffällig und lebensunfähig sein" (55). Auch wenn in Gregors „Gemäuer" Frauen zentral agieren und somit aktuelle Frauenproblematik zur Sprache hätte gebracht werden können, handelt der Roman vordergründig von Intellektuellen und Künstlernaturen, die sich mit einer zum Teil lebensfeindlichen Umgebung auseinandersetzen.

Besonders interessant ist hingegen die im gleichen Jahr erschienene Erzählung Franz Storchs „Die Trompetenschnecke"[521], die die Entstehung einer dritten Gruppe von Texten einleitet. Die Erzählung Storchs ist bahnbrechend in der rumäniendeutschen Literatur nicht nur wegen der seltenen Wahl einer Frau in den Mittelpunkt der Darstellung bereits 1966 und der Verlagerung des Interesses des Erzählers von der Handlungs- auf die Gefühlsebene, sondern durch die ungewöhnliche „Geschichte". Die Erlebniswelt einer Ehebrecherin wird in der Form des inneren Monologs wiedergegeben: „Alles will ich preisgeben, meine Gedanken und meine Gefühle, bloß meinen Namen behalte ich für mich." (5)

Die Protagonistin schafft es nicht, trotz der Bewußtwerdung ihrer Situation, sich über bürgerliche Konventionen hinwegzusetzen und den Ehemann zu verlassen, um die Liebe zu dem fast fünfzehn Jahre jüngeren Wulf zu verwirklichen. Die existentielle Falle, in die die Protagonistin hineintappt, ihre Mutlosigkeit, wird auf ihre Erziehung zurückgeführt. Die Erzählung verfolgt einen inneren Selbstfindungsprozeß, der sich durch die Ablehnung der gesellschaftlichen Erziehungsinstitutionen Schule und strenge Erziehung durch den Vater gestaltet. Die eigene Ehe, wie auch die der Mutter, entlarven sich als Farce. Die Liebe zwischen den Ehepartnern ist ebenfalls eine Lebenslüge: die angeblich echte Perlenkette, die der Vater ihrer Mutter geschenkt hat, entpuppt sich als eine gewöhnliche Glasperlenschnur. Dem Bewußtwerden ihrer Lage als Frau folgen aber keine Taten.

Die Stärken der „Trompetenschnecke" liegen auch in der Dichte des metaphorischen Geflechts, das die Erzählung durchzieht. Das Schneckengehäuse, das Wulf der Protagonistin schenkt, wird durch seine Windungen zum Symbol der Identitätsfindung. Diese Windungen kehren bei der Besichtigung des Minaretts der großen Moschee in Constanța durch das Bild der aufsteigenden Treppen des Turms wieder, ebenso in der Form der „unendlichen Säule" des Bildhauers Brâncuși, mit der Wulf ihre innere Spannung vergleicht.

---

[520] Venske, 1988, S. 117.
[521] Aus dem Erzählungsband „Das Holzgrammophon", 1966.

Ein zweiter Motivstrang strukturiert und bereichert den Gegensatz Ehemann – Geliebter durch die Pole Alltag, Routine einerseits und Mythisches, Unheimliches, Unbekanntes andererseits. Wulf erscheint ihr in Anlehnung an den griechischen Meeresgott Triton schön und unheimlich zugleich. Hypostasen des Liebhabers glaubt sie in den antiken Skulpturen der ehemaligen griechischen Handelsstadt Tomis[522] zu erkennen. Zurückgekehrt in den routinierten Alltag, findet sie die verstaubte Treppe des Wohnblocks wieder, als bitteres Zeichen ihres Scheiterns. Die Aufgabe der Liebe entspricht nicht nur der Entscheidung, sich mit ihr in der Konvention fundierten Lebenslüge abzufinden, sondern auch der Bereitschaft, auf das bereichernde geistige und kulturelle Substrat ihrer Existenz freiwillig zu verzichten. Storchs „Trompetenschnecke" bleibt für mehr als ein Jahrzehnt einzigartig.

Besonders die jungen Banater Autoren gestalten in ihren Texten ab Anfang der achtziger Jahre Emanzipationsgeschichten. Die Entstehung von Frauentexten ist im Zusammenhang mit der Frauenemanzipationsbewegung ab Anfang der siebziger Jahre zu sehen. Bei den Banater Autoren wird dieser Themenbereich relativ spät rezipiert und steht im Zusammenhang mit der Radikalisierung ihres Tons in der Abrechnung mit der Elterngeneration und ihrer Erziehungsvorstellungen.

18.1. Die Unterdrückungsgeschichte der Frau – Teil der geistigen Enge der Provinz

Helmuth Frauendorfers „Inge. Briefe eines Mädchens"[523] spricht Klartext. Die Borniertheit des schwäbischen Dorfmilieus, die staatlicherseits festgelegten Verhaltensnormen für die Frauen, das Unvermögen des Ehemannes, seine Erziehung zu überwinden, treiben Inge zur Scheidung. Aus der Ehe findet sie keinen Ausweg, deshalb wohl das Bild des Eheringes der rund ist „und somit dreht sich alles im Kreis" (13). Nach der Scheidung wird sie nämlich aus dem gewohnten Daseinsumfeld ausgeschlossen. Die Formulierungen Inges in den Briefen an ihre Freundin sind fordernd und aggressiv. Den Pfarrer, der bei ihrer Hochzeit die Unterwerfung der Frau predigt, nennt sie „patriarchalisches Arschloch" (15), den Brief schließt sie ironisch mit einem „katholischen Ehefrauengruß" (16).

Die Protagonistin aus Balthasar Waitz' „Katharina fährt in die Stadt" kann die Enge des Dorfes nicht überwinden, so auch Amalie aus Herta Müllers „Der Mensch ist ein großer Fasan auf der Welt" oder Lola aus dem Roman „Herztier", übrigens eine der beeindruckendsten Frauengestalten H. Müllers. Im Rahmen des abgeschotteten Dorfes spielen auch die Geschichten Richard Wagners „Der Holzfäller und die Aufziehpuppe" („das auge des feuilletons", 1984), Balthasar

---

[522] Constanța, rumänische Hafenstadt am Schwarzen Meer.
[523] NL 1981, NR. 12, S. 36-44 und NL 1982, Nr. 10, S. 12-27.

Waitz' „Unser Brunnen" (NL 1980 Nr. 4) oder die Erzählungen Claus Stephanis. Stephani macht sich auf die Suche nach emanzipationshemmenden Faktoren in der Geschichte der Zipser Deutschen aus dem Norden Rumäniens.[524]

18.2. Kritik an den Vätern

Die Erfahrungen autoritärer Erziehung, die Distanzierung von Müttern und Vätern, die belastet waren durch ihre Mitläuferrolle im Dritten Reich, sind Themen, mit denen sich viele junge deutschsprachige Autoren befaßten, die sich in den 70er Jahren in der Bundesrepublik etablierten[525]. Dazu kam es zu Beginn der siebziger Jahre auch in den Romanen von Grass, Böll und Walser zu einem weiblichen Impuls, der durch die Besetzung der Hauptrollen mit Frauenfiguren einherging.[526] Die literarische Abrechnung mit der Vätergeneration erlebte in dieser Zeit einen Boom: Peter Henisch: „Die kleine Figur meines Vaters" (1975), Elisabeth Plessens Roman „Mitteilung an den Adel" (1976), Paul Kerstens Erzählung „Der alltägliche Tod meines Vaters" (1978), Sigfrid Gauchs „Vaterspuren" (1979), Ruth Rehmanns Erinnerungen „Der Mann auf der Kanzel" (1979), Christoph Geisers „Brachland" (1980), Peter Härtlings „Nachgetragene Liebe" (1980), Christoph Meckels „Suchbild" (1980), Brigitte Schwaigers „Lange Abwesenheit" (1980) illustrieren diese Entwicklung.

Es kommt zu zahlreichen Abrechnungen mit der überproportionierten Gestalt des Vaters. In einem Interview äußerte sich Ingeborg Bachmann hierzu: „Die Vaterfigur ist natürlich die mörderische ... die verschiedene Kostüme trägt, bis sie am Ende alle ablegt und dann als der Mörder zu erkennen ist. Ein Realist würde wahrscheinlich viele Furchtbarkeiten erzählen, die einer bestimmten Person oder Personen zustoßen. Hier wird es zusammengenommen in diese große Person, die das ausübt, was die Gesellschaft ausübt...".[527] In Elisabeth Plessens „Mitteilung an den Adel" erinnert sich die Tochter an den Vater anhand seiner Geweihe und Jagdtrophäen: „was getötet worden ist, soll noch, und sei es in einer noch so charakteristischen Haltung, Leben vortäuschen." Der Vater, der im Alkoholrausch

---

[524] Ihre Lebensmisere, die besonders Frauen traf, wird auf die Einwanderungsbedingungen zurückgeführt, auf den Vertrag, der in den siebziger Jahren des achtzehnten Jahrhunderts zu Beginn der Siedlungsgeschichte der deutschen Holzarbeiter mit der österreichischen Verwaltung geschlossen wurde. Die drei Joch Feld und das Haus, die dem Einwanderer zugeteilt wurden, blieben weiter im Eigentum des Staates, und wenn der Einwanderer nicht mehr arbeiten konnte und keinen Sohn an seiner Stelle bieten konnte, wurde sein Haus abgerissen und das Grundstück einem anderen Einwanderer zugeteilt („Wie das Wiesengras im Wind", 29). Dies wirkte sich unmittelbar auf die hohe Kinderzahl und die Abwertung der Frau aus, weil ihr das Erbrecht versagt wurde.
[525] Arnold, Heinz Ludwig (1995) S.109.
[526] Ebd., S. 118.
[527] Ingeborg Bachmann, Interview mit Toni Kienlechner, 9.4.1971. In: Wir müssen wahre Sätze finden, S. 97, zit. bei Venske, 1988, S. 192.

zu Gewalttätigkeiten neigt, lebt seinen „Machtrausch und das Vergnügen an seiner Brutalität ... auf Kosten seiner Frau und Kinder sowie auch seiner Hunde voll aus."[528] Auch in Marlen Haushofers Roman „Die Wand" wird der Vater mit dem „Geschäft" des Tötens, der Destruktion in Verbindung gebracht.

Die Vaterfigur wird im Umfeld der Banater Autorengruppe im komplexen sozial-historischen Zusammenhang der zweiten Hälfte des zwanzigsten Jahrhunderts dargestellt. Die Banater Autoren übertragen die spezifische Ausformung des Generationsstreites, so wie er durch die 68er geprägt wurde, auf ihre eigene Situation in der patriarchalisch geprägten dörflichen Banater Provinz. Die brutalen Väterbilder sind teils als Reaktion der Kindergeneration auf die Mitwirkung der Väter im Krieg zu sehen. Dies erklärt die Vorliebe dieser Autoren für Bilder und Metaphern aus dem semantischen Raum des Thanatischen, und, in Anlehnung daran, das frequente Bild des Brunnens.[529]

Herta Müller hat in ihren Erzählungen die Abrechnung mit dem Vater überspitzt dargestellt. Bereits in ihrem ersten Erzählungsband „Niederungen" (Bukarest 1982, Westberlin 1984) macht die Erzählinstanz durch das Einblenden von Kriegsszenen häufig auf das vom Vater angerichtete Unheil aufmerksam: Im Krieg hat er getötet und vergewaltigt, später hat er Tiere ins Schlachthaus gefahren. Auch das Zerhacken des Unkrauts im Garten wird aus der Perspektive des Kindes in „Niederungen" als ein Akt des Mordens angesehen. Die Darstellung der vom Vater ausgeübten Brutalität im Krieg und danach an den Tieren hatte innerhalb der rumäniendeutschen Literatur Premierenstatus und auch deshalb ein unglaubliches Provokationspotential.

Bei Herta Müller dient die Vatergestalt auch außerfiktional als Legitimation des Schreibens, da der Tod des Vaters - so die Äußerungen der Autorin in Interviews - sie zum Schreiben bewogen haben[530]. Das Schreiben gegen die in der Kindheit und Jugend dominante Vatergestalt ist als Überwindung der eigenen Unmündigkeit und Machtlosigkeit zu verstehen, wie in Fritz Zorns „Mars", das ein signifikantes Modell der 1970er Jahre bietet. Vom Schreiben als Therapie spricht auch Adolf Muschg in seinen Frankfurter Vorlesungen.[531]

Herta Müller vermeidet es aber, mit dem Tod und der Beerdigung des Vaters den Triumph des töchterlichen Überlebens auszudrücken, wie etwa in Jutta Schuttings Erzählung „Der Vater" (1980), der Tod des Vaters wird vielmehr zum An-

---

[528] Ebd., S. 83, 91, 156.
[529] Das Thanatische und das ihm verwandte Symbol des Brunnens als der mythologische „Weg ins Jenseits", so wie er anschaulich in der Erzählung „Die große schwarze Achse" von Herta Müller dargestellt wird, treten in ähnlicher Bedeutung in Balthasar Waitz' „Der Brunnen" auf.
[530] So Herta Müller in einem Interview aus „Runa" (Lissabon) Nr. 19/1993, 189-195, S. 189.
[531] „Literatur als Therapie?": „Schreibend setzt sich der Bedürftige ins Recht – ins Recht des Gefühls, das ihm zur rechten Zeit nicht geworden ist". Zit. von Venske, 1988, S. 147f.

laß für die Formulierung von Schuldzuweisungen. In Herta Müllers Erzählung „Die Grabrede" (Band „Niederungen") ruft das von der unheilbaren Krankheit ausgezehrte Gesicht des Vaters kein Mitleid bei der Erzählerin hervor, es erinnert sie hingegen an die Gesichter der KZ-Häftlinge, so wie sie sie aus den Geschichtsbüchern kannte.

Die Abwesenheit des Mannes für die Frau und Tochter als Grundstruktur bürgerlich-patriarchalischer Lebensform, jedoch seine Anwesenheit als Handelnder in der Geschichte wird durch die geläufige feministische Begriffsdualität „männliche Präsenz" versus „weibliche Abwesenheit" ausgedrückt. In Gegensatz zum Verständnis der weiblichen Absenz, die eine Absenz von Sinn und Ausdruck weiblicher Ohnmacht in der Geschichte darstelle, repräsentiere die männliche Anwesenheit, wie sie in der Literatur von Frauen beschrieben wird, noch als solche ein Stück patriarchalischer Macht und diene der Autoritätswahrung und -ausübung: durch Distanz und Unnahbarkeit soll Bedeutung konstituiert und Herrschaft gesichert werden.[532] Fanny Lewald, eine bürgerliche Autorin aus dem 19. Jahrhundert, schreibt von der „Unnahbarkeit" und „Untastbarkeit", die das väterliche Rationalitätsprinzip fordere.[533] Auch in Elisabeth Plessens „Mitteilung an den Adel" ist das Hauptcharakteristikum des Vaters seine Unnahbarkeit, die Eigenschaft, sich zu absentieren: „Er wollte nicht gestört sein. Für seine Kinder blieb er der große Unsichtbare, der Fremde...".[534] Es sind gerade solche Themenkreise, die Herta Müller in „Niederungen" darstellt, wenn sie die männliche Unfähigkeit zu lieben und seine Unnahbarkeit anspricht: „Ich durfte Vaters Haar scheiteln, Maschen hindurchbinden, Haarspangen aus Draht eng über seine Kopfhaut ziehen: Ich durfte ihm Kopftücher aufbinden, Schultertücher und Halsketten umhängen.

Nur ins Gesicht greifen durfte ich Vater nicht.

Wenn ich es dennoch tat, wenn es aus Versehen geschehen war, riß Vater sich die Maschen und Spangen, die Tücher und Halsketten herunter und stieß mich mit dem Ellbogen weg und schrie: Jetzt weg von da. Jedesmal fiel ich hin und begann zu weinen..."[535]

Dabei muß die Abstammung des Motivs der väterlichen Abwesenheit und Unerreichbarkeit nicht in den Texten der Frauenliteratur angesiedelt werden. Alexander Mitscherlich sieht die väterliche Abwesenheit als Folge der wirtschaftlich-sozialen Entwicklung, in der Arbeitsspezialisierung und -fragmentierung mit der Trennung von Öffentlichkeit und Privatbereich einhergehen, so daß das Arbeits-

---

[532] Ebd., 135.
[533] Fanny Lewald: Meine Lebensgeschichte, Berlin 1961-62, zit. von Venske, 1988, S. 135.
[534] Zitiert ebd., 136.
[535] Herta Müller: Niederungen, 1984, S. 66.

bild des Vaters an Anschaulichkeit verlöre.[536] Die Texte der Banater Autoren auf die Frauenproblematik zu reduzieren, würde ihre Aussage gewaltig einschränken. Sie weisen auf gesellschaftliche Entwicklungen hin, die der Vatergestalt eine negative Prägung verliehen haben, und auf die Unmündigkeit der Gefühlswelt einer Gemeinschaft, die sich emotional nicht auf veränderte Zustände einzustellen vermag.

18.3. Hinweise auf die Verletzung der Frauenrechte

Die Einmischung staatlicher Behörden in das Privatleben der Frau, ihre Herabwürdigung durch die strenge Geburtsüberwachung[537] hat die Schriftstellerinnen veranlaßt, nach ihrer Auswanderung die spezifischen Erfahrung der Frauen in der Diktatur zur Sprache zu bringen.

Herta Müller, die ihre zentralen Gestalten meistens mit Frauen bekleidet, stellt diese oft als Opfer des repressiven Systems dar. Ihre Frauendiskussion setzt sich auch in der Publizistik fort. Im Artikel „Der Einbruch eines staatlichen Auftrags in die Familie" unterzieht die Autorin die Auswirkung des Krieges und der Staatspolitik auf das Leben der Frau einer scharfen Kritik.[538]

Karin Gündisch, eine Autorin, die sich besonders auf dem Gebiet der Kinderliteratur verdient gemacht hat, schneidet in ihrem Roman „Liebe. Tage, die kommen" (1994) das Thema der Schwangerschaftskontrolle und der Geburtsüberwachung an. Das Neue dieses Buches wird durch den Blickwinkel geboten, der die Grenzen des totalitären Staates überschreitet: Die Hauptgestalt Adina erlebt nämlich in Rumänien und dann in der Bundesrepublik als Frau die unterdrückenden Regelungen einer „geschlechtslosen" Minderheit. War sie in der Diktatur der Staatsideologie ausgeliefert, so wird sie in der westlichen Demokratie von Pfarrer- und Ärztekommissionen angehalten, „über Vorfälle, die ihr Privatleben betreffen, öffentlich Rechenschaft abzulegen." (118) Die Gleichgültigkeit der Machtstrukturen den Wünschen des Einzelnen gegenüber entlarvt sie in ihrer Unmenschlichkeit.

---

[536] Venkse, 1988, S. 166, zitiert Mitscherlich: Väter und Väterlichkeit. In: Gesammelte Schriften hg. von Klaus Menne 1983.
[537] Im kommunistischen Rumänien war Frauen zeitweise die Abtreibung erst ab dem fünften Kind gestattet.
[538] Im Sammelband „Eine Kartoffel ist ein warmes Bett" (1992), S. 74-78. Nach dem Krieg hat die „in die Ehe geflohene Mutter" (78) eine Opferrolle angenommen, die sich in der Nachkriegszeit durch „vorgetäuschte Gleichberechtigung" und "überwachte Schwangerschaft" (77) fortgesetzt hat.

18.4. Bevorzugte Formen

Helmuth Frauendorfer wählt in seiner Erzählung „Inge. Briefe eines Mädchens"[539], wie schon aus dem Titel ersichtlich, die Briefform. Auch bei Claus Stephani kommt die Frau durch die Form des Protokolls und Berichts direkt zu Wort. Der Autor versteht sich lediglich als Aufzeichner der Geschichte, die Berichte der Frauen werden aufs Band aufgenommen[540]. Demnach ist die Frau die eigentliche Erzählerin, die Funktion des Autors beschränkt sich auf ordnende und selektierende Aufgaben. In der Vorbemerkung zu „Niemandsmensch. Bericht einer Gedemütigten" wird der sich-mitteilende, erlösende Charakter des Erzählten hervorgehoben: „Die Erzählerin bricht das jahrzehntelange Schweigen und wagt den Versuch, die Last des Erlebten eine Erzählung lang abzulegen." Die Oralität der Rede bleibt erhalten, dem Autor als Zuhörer geht es in erster Linie um die Authentizität des „weiblichen" Lamentos. In Balthasar Waitz' Erzählung „Unser Brunnen" versichert die Erzählinstanz den Leser von der Wirklichkeit des Geschilderten, erst am Ende entpuppt sich der Vatermord als Traum der Protagonistin. (5) Herta Müller setzt die Technik des Kamera-Blicks ein, die Erzählinstanz verzichtet auf Kommentare und läßt ihren willkürlichen Blick im Text walten. Dadurch treten einzelne Details grotesk verzerrt hervor.

Diese Erzählweise zielt auf einen intensiven Rezeptionsvorgang, die Wirkung auf den Leser soll durch die Unmittelbarkeit der Erzählform heftiger, provozierender sein. Der Anspruch auf wahrheitsgemäße Darstellung gehört ebenfalls zu den wesentlichen Merkmalen dieser literarischen Zeugnisse.

18.5. Schlußfolgerungen

Es stellt sich die Frage, ob diese Texte, reduziert auf die Frauenproblematik, in ihrer Aussage nicht unzulässig eingeengt werden. Handelt es sich bei den angeführten Beispielen wirklich um feministische Texte oder nur um Nachahmungen westlicher Moden, die auf das regional Spezifische aufgepfropft werden?
In den Erzählungen Herta Müllers kann man den Konflikt nicht auf das Schema „männliche Unterwerfer" versus „weibliche Unterwürfigkeit" reduzieren. In der Erzählung „Die kleine Utopie vom Tod" (Band „Barfüßiger Februar") beispielsweise gehört der Knecht zu der von Frauen dominierten Welt der „Ausgebeuteten". In dieser Erzählung zeichnet sich insoweit eine Emanzipationsgeschichte ab, als die Enkelin die gesellschaftlichen Mißstände, die sich zum Teil aus dem patriarchalischen Herrschaftsprinzip ableiten lassen, und deren sich auch die Großmutter zu ihren Lebzeiten bewußt war, zur Sprache bringt. Die Kritik an die

---

[539] In: NL 10/1982, S. 12-27.
[540] In: „Wie das Wiesengras im Wind. Frauenschicksale/Protokolle" (Cluj 1986) und „Niemandsmensch. Bericht einer Gedemütigten. Aufgeschrieben von Claus Stephani". (München 1992).

männlich dominierte Welt des Dorfes konstituiert sich aus der Sicht der Enkelin als innerfiktionale Erzählinstanz, indem die Frau als (sprechendes) Subjekt den Mann zum Objekt der Rede verurteilt.

In den Romanen Herta Müllers, die hauptsächlich in Städten spielen und die vornehmlich auf die Lebensräume in einem totalitären System fixiert sind, kann man die repressive Struktur der Überwachungsbehörden auch nicht als „männlich" definieren.[541] Dies zeigt sich bei H. Müller besonders daran, daß Gestalten wie der Arzt Paul und der Musiker Abi aus dem Roman „Der Fuchs war damals schon der Jäger" der Verfolgung durch den Geheimdienst ebenso wie die weibliche Hauptgestalt ausgesetzt sind. Hingegen haben sich die Freundin-Gestalten, die in Herta Müllers Romanen wiederkehren, durch die Mitarbeit mit der Staatssicherheit schuldig gemacht.[542] Nicht das eine oder andere Geschlecht, sondern der Mensch als solcher soll dargestellt werden. Herta Müllers Romane würden sich für eine feministische Interpretation anbieten, ihre Aussage würde man dadurch grob einschränken. Wie auch in der DDR stellt der feministische Geschlechterkampf nur eine Facette der übergeordneten Gesellschafts- und Ideologiekritik dar. „In der DDR war nicht die Frage „Mann oder Frau" die entscheidende, sondern: Was ist das für eine Herrschaft, was ist los mit dem Gemeinwesen?"[543]

Auch in den rumäniendeutschen Erzählungen werden nicht in erster Linie Frauenrechte gefordert, sondern das Recht auf individuelle Freiheit. Die Texte richten sich gegen die Gängelung des Einzelnen durch Institutionen wie Erziehung, Schule oder repressive staatliche Einrichtungen. Daß Frauen nicht immer Opfer-

---

[541] Die Beobachtung, daß unter „ihren" 23 IM (=inoffizielle Mitarbeiter) keine Frau war, führte die DDR-Autorin Gabriele Stötzer-Kachold nach 1990 zu der Verallgemeinerung, die Szene [der Staatssicherheit – Anm. der Verfasserin] sei eine Männerszene gewesen. Zit. von Birgit Dahlke: „Die romantischen Bilder blättern ab". Jüngere ostdeutsche Autorinnen zwischen Postsozialismus und Postfeminismus. In: Eidecker, Martina (Hg.) 1999, S. 17.

[542] Beispielsweise Clara in „Der Fuchs war damals schon der Jäger", Theresa in „Herztier". Übrigens haben Frauen während der kommunistischen Diktatur nicht eindeutig eine Opferrolle eingenommen. „Nicht wenige Dissidenten waren Frauen. Eine spezifische Frauendissidenz hingegen hat es nicht gegeben. Auf der anderen Seite, innerhalb des Machapparates saßen (quotengeregelt zumeist) ebenfalls eine Reihe von Frauen: daß der Charakter der Machtausübung dadurch in irgendeiner Weise beeinflußt worden wäre, darüber ist nichts bekannt." Gerhardt Csejka im Leitartikel der Neuen Literatur (Neue Folgen) 1994 Nr.4, S. 3-4, 3.

[543] Elke Erb, 1993, in einem Gespräch mit Brigitte Dahlke: „Der wilde Forst, der tiefe Wald. Auskünfte in Prosa", zit. von Birgit Dahlke: „Die romantischen Bilder blättern ab". Jüngere ostdeutsche Autorinnen zwischen Postsozialismus und Postfeminismus. In: Eidecker, Martina (Hg.) 1999, S. 23.

rollen bekleiden, zeigen auch die männlichen Protagonisten in Erzählungen, die ein ähnliches Muster einhalten.[544]

Für die Entstehung von Frauentexten hat im Grunde ein Faktor katalytisch gewirkt: die Frauenproblematik wird als modisch eingestuft, sie ist Anzeichen für die Annäherung an die Themen im Westen, die in der Nachfolge der 68er in den Vordergrund traten. Deshalb ist der Impuls zur Entstehung von Frauentexten in der rumäniendeutschen Erzählung einem Aktualitätsschub gleichzusetzen. Der Import der Frauenproblematik erfolgte nicht mimetisch, die Stoffe wurden den Notwendigkeiten der Provinz angepaßt, so daß sie die literarische Landschaft sicherlich bereicherten. Die Provokation, die dieser Thematik innewohnt, wird vor allem von jungen Autoren eingesehen. Sie hat eine doppelte Schlagkraft: einerseits gegen die angebliche Gleichberechtigung in der sozialistischen Gesellschaft und andererseits gegen die festgefahrene geschlechtsspezifische Erziehung im Einvernehmen mit den Wunsch-vorstellungen der Dörfler und des bürgerlichen Spießers.

Die Wahl von Frauen als Mittelpunkt der Erzählungen eignet sich außerdem zur Erprobung der Techniken psychologischer Introspektion, die ab Mitte der sechziger Jahre in der rumäniendeutschen Erzählung modisch geworden waren. Die Aufmerksamkeit auf die Frau signalisiert die Tendenz zur Wiederkehr der Subjektivität, die Ausrichtung der Aufmerksamkeit auf das Individuum, eine Entwicklung, die sich, beginnend mit Christa Wolf, auch in der DDR ereignet hat. Christa Wolfs Roman „Nachdenken über Christa T." (1968) hat die Distanzierung vom Typischen bedeutet und das Recht, Individuum zu sein, hervorgehoben. Schon im Titel wird die Dominanz einer Gestalt angedeutet, die gesellschaftliche Wirklichkeit tritt stärker in den Hintergrund, um die Versuche der Selbstfindung darzustellen.[545]

Schlußfolgernd ist festzustellen, daß die Inszenesetzung der Frau vornehmlich von der Zugehörigkeit der Autoren zu einer Generation und der damit verbundenen Rezeption aktueller Fragestellungen und weniger von ihrer geschlechtsspezifischen Weltdeutung abhängt. Autoren wie Anton Breitenhofer, Hans Liebhardt,

---

[544] In Helmut Britz' Erzählung „Wasserkopf und Darmdämon, Jakob Bühlmann, Felix Krull &Co gewidmet" (Neue Literatur 12/1988, S. 16-46) nennt der in seiner Rebellion resignierte Ignaz seinen Vater „den er nie Vater nannte". (16) In der Erzählung „Stimmbruch" (Neue Literatur 12/1987) von Balthasar Waitz versucht der jugendliche Protagonist, sich von der Dominanz der Eltern loszulösen. Ihre tradierten Werte finden bei ihm keinen Anklang mehr, sein Loslösen vom Dorf artikuliert sich durch die fortschrittliche Mediensprache: „Krieg der Sterne II.", „Kurs auf Alpha Centauri". Nicht mehr Stillstand, sondern einen Bildungsweg wünscht der Junge für sich. Die Erzählung endet in dem Sinne mit einem Satz aus der erfolgreichen amerikanischer Kinotrilogie „Krieg der Sterne" und klingt wie eine Kampfansage: „Ein Jedi geht seinen Weg".(28)

[545] Peter Weisbrod, 1980, S. 37.

betrachten den Emanzipationsprozeß der Frau unter den gesellschaftlichen Umständen des Sozialismus als vollendet. Der traditionelle Autor Erwin Wittstock schafft es nicht, in seiner posthum veröffentlichten Erzählung „Der große Unbekannte" („Neue Literatur 2/1979, S. 11-25) den modernen Stoff vom Anschein des Überholten zu befreien.[546] Gertrud Gregor betont in ihren Romanen „Gemäuer" und „Krücken" (Kriterion 1970) eher die Andersartigkeit intellektueller Frauen, ihre erhöhte Sensibilität und Lebensunfähigkeit.

Demgegenüber lassen jüngere Autoren wie Richard Wagner, Helmuth Frauendorfer, Herta Müller, Balthasar Waitz die Frau an den patriarchalisch geprägten Denkstrukturen leiden.

Darüber hinaus soll nicht außer Acht gelassen werden, daß die Behandlung von Frauenproblemen im Gesamtwerk der jeweiligen Autoren eine marginale Stellung einnimmt. Bei der Autorin Karin Gündisch ist der Roman „Liebe. Tage, die kommen" eine singuläre Erscheinung. Einen ähnlichen Status besitzt auch Paul Schusters interessante Erzählung „Ikikusch oder Die Eroberung der Liebe" (1971), die leider Fragment geblieben ist, und die außergewöhnliche, provokative Figur der Hure Doda aus Paul Schusters „Vorwort" (NL 1968, Nr. 3-4).[547]

Das Interesse für Frauengestalten setzt sich in den letzten Büchern rumäniendeutscher Erzähler weiter fort. Abgesehen von den Autorinnen Herta Müller, Karin Gündisch und Carmen Puchinau[548] stellt Richard Wagner in seinen Romanen Frauengestalten, beispielsweise die Polizistin Dana Petran in „Giancarlos Koffer" (1993), oder die Prostituierte Lisa in „Lisas geheimes Buch" (1996) in den Mittelpunkt. Auch Johann Lippet schildert im ersten Band seiner Familienchronik „Die Tür zur hinteren Küche" (2000) mit Vorliebe das Schicksal der weiblichen Gestalt Susanne. Vermutlich finden die Autoren ihre schriftstellerischen Projekte, in denen sie Zeitgeschehen über das Schicksal weiblicher Protagonisten vermitteln, besonders reizvoll.

---

[546] Die Auseinandersetzung mit dem anbrechenden Medienzeitalter gestaltet sich in „Der große Unbekannte" im Protest gegen den Mißbrauch der weiblichen Schönheit durch die Medien. Der etwas modrige Kommentar des männlichen Protagonisten, den die Schönheit einer Frau von einem Werbeplakat betört, schadet der angeschnittenen Thematik: Durch ihre Medialisierung leidet „das Sinnbild des hohen Mädchentums, das für seine künftige Bestimmung in der Familie, für Muttertum, ja für die guten Ziele des Menschendaseins wirbt." (18) Der Erzähler rettet stellenweise die Aussage der Erzählung, indem er allgemeine Mißstände anspricht: „Das Plakat wird zum Ausdruck unserer Zeit durch das Ausdruckslose, durch das Unerhebliche, durch das Leere und Gewöhnliche – wird zum Ausdruck eines Schönheitsideals, in dem die Züge des Charaktervollen fehlen" (23).

[547] S. Kapitel „Ankündiger der Moderne".

[548] Beispielsweise in den Texten „Die Katze", „Die Pfarrfrau" (Band „Amsel – schwarzer Vogel", 1995), „Die Pendeluhr" (Band „Der Ameisenhaufen und andere Geschichten", 1998).

19. Chronik des Endes

19.1. Der kritisch-resignierte Erzählton in den letzten Jahren vor der Wende

Nachdem der rumänische Staat die Mitte der sechziger Jahre eingeleitete Liberalisierung zurückgenommen hat, und die ersten Vergeltungsmaßnahmen gegen die Autoren aus dem Umfeld der „Aktionsgruppe Banat" 1975 unternommen wurden, macht sich in den in Rumänien erschienenen Erzähltexten Hoffnungslosigkeit breit. Die Zeit um die Mitte der siebziger Jahre stellt ein Ernüchterungsmoment innerhalb der rumäniendeutschen Literatur dar, das letzte utopische Vorstellungen bei der Banater Autorengruppe, aber auch letzte Hoffnungen bei siebenbürgischen Autoren wie Franz Hodjak und bei Schriftstellern früherer Generation wie Franz Storch zunichte gemacht hat.

Schon die Titel von Franz Hodjaks Kurzgeschichten, die vor 1989 veröffentlicht wurden, „An einem Ecktisch" (1984) und „Friedliche Runde" (1987) deuten auf gescheiterte Kommunikationssituationen hin. Dabei erfolgen die Diskussionsrunden entweder von ungleichen Positionen aus, da der „Ecktisch" als Gegenteil des runden Tisches, der „Tafelrunde", die fehlende Gleichberechtigung symbolisiert, oder aber die Gesprächsteilnehmer schweigen in resignierter Passivität, die euphemistisch und verharmlosend mit „friedlich" umschrieben wird. Hodjaks Gestalten sind Außenseiter, Trinker, Dorf- und Stadtnarren, Selbstmörder („Jakschi zieht um", 1984; „Der zwingende Zufall", 1987), Unbedeutende, denen die Geschichte übel mitgespielt hat („Unfertige story", 1984), die Bespitzelung und Repression erfahren haben („Nachtschicht", „Die Jacke", 1984), Jugendliche, die in einer einengenden Umwelt ihr Dasein fristen („Das Boot" „Der freie Sonntag", „Ein halbes Semester Sommer", „Nach Feierabend", 1984). Das Verhältnis des Einzelnen zur Gesellschaft und der Gesellschaft zur Freiheit exemplifiziert bei Hodjak der Lehrer Stanislaus in seinem Feldzug gegen den Opportunismus („Geschichten um Stanislaus").[549] In den „Geschichten um Stanislaus" entscheidet sich der Erzähler nicht für metaphorische Bilder oder Gleichnisse, sondern für konsistente aphoristische Aussagen.[550] Die Wirklichkeitsdarstellung belegt auch den Paradigmenwechsel auf der formalen Ebene: es entsteht eine Art We-

---

[549] Die monologisch angeordneten Gedanken Stanislaus' stellen, trotz ihrer Aphoristik, keine Verständlichkeitshürden auf: „Moralisch handeln heißt, daß man durch das, was man tut, seinen Nächsten nicht in seiner Freiheit einschränkt." (Geschichten um Stanislaus, An einem Ecktisch, 144) oder „Literatur, die nur bestätigt, ist wie ein Teilnehmer an einem Symposion, der... wenig begreift und viel Beifall spendet." (Geschichten um Stanislaus, 159)

[550] Wie zum Beispiel „Im Reich der wachen Ohren lebt der wache Verstand vom Arbeitslosengeld" (163), was wohl bedeuten soll, daß im überwachten Staat der Verstand nicht zum Zuge kommen kann.

glaß-Realismus, eine Zeichnung mit sparsamen Federstrichen. Die Realität wird zum Schema, zu einem konstanten parabelhaften Hintergrund.

In „Friedliche Runde" wird die Wirklichkeit zunehmend als repressiv empfunden, über die Gewißheit der abgeschnittenen Möglichkeiten hilft keine Illusion hinweg[551], auch die persönlichen Freiheitsrezepte nicht („Der Pendler"). Die Sprachbilder gewinnen aber an sarkastischer Schlagkraft[552], sie überraschen durch ihren ungeschminkten Ausdruck[553] und ihren bitteren Witz.[554] In „Liebesroman" (1987) erreicht die Demontage der Fertigteile der Machtsprache durch den krassen Widerspruch zwischen dem Wortlaut und der Stimmung der Protagonisten ihren Höhepunkt. Dies geschieht vor allem durch das Zeichnen grauer Wirklichkeitsszenen, desillusionierter Charaktere, die Etablierung des Trinkgestus als behavioristische Mustersituation. Der resigniert-abgestumpfte Trinkergestus, der Ekel als Daseinskonstante wird auch in den Erzählungen der Banater Autorengruppe zum Thema, zum Beispiel in Johann Lippets Erzählung „Die Falten im Gesicht"[555], bei Gerhard Ortinau („Hör mal her" im Band „Verteidigung des Kugelblitzes", 1976), Richard Wagner („Das Pendel" in „Der Anfang einer Geschichte, 1980) und ferner bei Franz Storch („Zwischenstation" im Band „Sonst geschah nichts", 1978) und in den Texten von Uwe Hienz aus der Debütanthologie „das land ist ein wesen" (1989)[556].

Eine besondere Vorliebe für kontemplative Außenseiter-Gestalten, für Träumer und Penner entwickelt Wolfgang Koch in seinen 1983 unter dem Titel „Die Brücke" erschienenen Kurzgeschichten. In neblig-unscharfen Beschreibungen wird das Unheimliche des Abgeschirmtseins, der Abkapselung um so deutlicher („Die Brücke", „Drinnen im Brunnen"), gerade weil die bestechenden Stimmungsbilder ein „über-realistisches" Wirklichkeitsbild vermitteln. In „Schlaflose Nacht" treibt eine „inhumane", verschmutzte Umwelt, die sich durch ein nicht endendes Geräusch fühlbar macht, das Individuum in den Wahnsinn.

---

[551] „Am Eck", „Brief": „Ich kam mir vor wie einer, der zwar weiß, daß es ein Rom gibt, der aber ebenso weiß, daß es keinen Weg hin gibt." (98)

[552] „Die Luft ist frisch, rein, durchsichtig wie ein gründlich gereinigter Becher aus Glas. Gäbs hier Fanatiker, man würd sie aus Kilometerweite erkennen." („Brief", 99)

[553] „Liebe Eltern, wenn Ihr verzweifelt seid, sucht jemanden auf, der noch verzweifelter ist." („Brief", 101)

[554] „Ich mußte noch und noch Berge von Formularen ausfüllen. In der Rubrik ‚Gesundheitszustand' trug ich stets ‚Dialektiker' ein." („Brief", 103)

[555] Als Fragment in NL 1985, H. 5, S. 18-32 erschienen, in Buchform 1991 (Heidelberg).

[556] Die Bilder in Hienz' Prosa bestechen durch ihre Plastizität: „suffumwehter Sonnenaufgang", „zähflüssiges Schweigen" oder „Mit Alkoholdämpfen vermischt, plumpsen die Theorien heraus." Aus: „Hand in Hand" (Anthologie „das land ist ein wesen", S. 72f.). „Unsere Zukunft ist mit einem dikken Korken verstopft" heißt es in „Das allabendliche Morgengrauen" in der gleichen Anthologie.

Besonders unter den Umständen der achtziger Jahre, als die rumänische Wirklichkeit in ihren surrealen Zügen mit den modernsten Schreibtechniken wetteiferte, fordern die Autoren ihr Recht auf Realität. In einem Prosastück von Wolfgang Koch, „Das Recht auf Realität", besteht der Erzähler nicht auf die Entwicklung neuer künstlerischer Mittel, welche im Bezug zu einer grotesken Realität mithalten können, sondern auf eine „normale" Wirklichkeit: zwei Bier, ein gutes Fernsehprogramm und eine Liebesbeziehung.[557]
Balthasar Waitz gestaltet Typen, die durch Zuweisung von Individualmerkmalen auf reale Gruppen referieren, und einem aus soziologischem Gesichtspunkt wissenschaftlich anmutenden Querschnitt durch die Überwachungsgesellschaft gleichkommen. Machen die „Melder" durch ihr Verhalten die Überwachung durch Anzeige möglich, sind die „Sitzenbleiber" die politisch Unmotivierten, weder Streber und Opportunisten noch Widerständler. Diese Typen entpersönlichen sich zu einem grotesk verzerrten Reiz-Reaktion-Mechanismus: „Ein Melder hebt die Beine, ruft an, erstattet Meldung, regt sich ab. Ruck-zuck!" („Die Melder", 19). Waitz bemüht sich, den Alltags- und Jugendjargon in seine Geschichten einzubinden. Es ist erstaunlich, wie einfallsreich die Erzählungen der achtziger Jahre auf die kulturpolitische Eiszeit reagieren. Die streckenweise künstlich und genau konstruierte Irrealität mit ihrer verfremdenden Funktion verweist bei Balthasar Waitz auf Umwegen auf tatsächliche Verhältnisse. Seine Sprache demontiert die Floskeln der schönfärberischen sozialistischen Makulatur indem er sie direkt anführt[558] oder indem er eine zur Situation völlig unpassende Sprache benutzt.
Bereits Mitte der siebziger Jahre unternimmt Klaus Kessler eine Demontage der sprachlichen Fertigteile. Die Erzählung „Der Schlüssel" (Band „Nachricht über Stefan") entlarvt durch die Aufforderung des Lehrers an die Schüler, einen Aufsatz zu schreiben, den Leerlauf sozialistischer Erziehungsmuster, die Inhaltslosigkeit hochgeschossener emphatischer Ausdrücke einer Sprache, die endgültig der sozialistischen Sprachkrankheit, der Adjektivitis, verfallen ist, und sich im Sprechakt selbst demontiert: „Kinder, hatte er gesagt, und sich den Zwölfuhrschweiß aus dem Nacken gewischt, seht doch hinaus: die Vögelein singen aus voller Kehle im vollerblühten Lippenblütlerhain. Die Sonne scheint. Ringsum das rege Getriebe, das zu kontrapunktischem Summen vereinfachte Continuo unserer guten Stadt, das Rumpeln der fernen, sich entfernenden oder nähernden Züge, das Schrillen der Kräne, das CO und H_2SO_4 der lodernden Schlote, ver-

---

[557] Wolfgang Koch: „Das Recht auf Realität", NL 9/1989, S. 28.
[558] Beispielsweise in „Sitzenbleiber" (aus dem Erzählband "Widerlinge", 1984): „Heut scheint schon wieder die Sonne. Ach, könnte es besser sein? Und im Frühling kommen die Schwalben zurück, nicht wahr? Und alle Bäumchen werden grün!" (29)

mischt mit dem herbsüßen Dufte der fetten Wiesen und wohlbestellten Felder. Was also ist naheliegender, liebe Kinder, als über Glück und Schönheit zu schreiben, über das Glück zu leben, hier und heute, über den unübertrefflichen Glanz unserer Stadt, dieser einzigartigen Metropole, dieser unerhörten Synthese von Weltstadt und blühender Natur: eingewachsen, umsponnen, ertrunken im gelbvioletten Gespinst des Efeus! Gewaltige Chausseen, auf denen Elektromobile und Hirsche gleichermaßen und friedlich ihre Bahnen ziehen, leuchtendes Beispiel symbiontischen Zusammenwirkens von Kultur und unberührter Wildnis. Schreibt, schreibt, beschreibt das Tosen der Stadien, in denen sich die besten Söhne der Stadt in edlem Wettstreit rühren, ihre weisen Richter und Priester, ihre Theater und gastlichen Stätten! Schreibt, nein, singt, meine Kinder! Zum Tacktstock verwandle sich euer Stift, laßt das Orchester erklingen, den Einsatz geb ich: attaca!..." (118-119)

Auch Joachim Wittstock blendet immer wieder Ausschnitte aus dem Alltag der Einschränkungen ein, deutet auf den Mißbrauch der Sprache und der Musik im Rahmen der propagandistischen Kulturveranstaltungen hin: „Auf der Gitarre erklingt die Staatsraison und auch auf der Mundharmonika, so daß diese Musik zumindest vom akustischen Standpunkt nicht distoniert." („Spielfahrt nach Marpod", Band „Parole Atlantis", 1980, S. 79) Seine Aufmerksamkeit gilt dem Ausdruck, die Erzählungen kennzeichnen sich durch die Präzision der Ausschweifung, hinter der komplizierten Formulierung verbirgt sich die genau dosierte Kritik. Seine Sprache, die sich der Floskel verweigert, ist als Aufforderung zu verstehen, gegen ihren Mißbrauch und die Bereitschaft der Sprecher, sich die Sklavensprache anzueignen, „gegen die Nebelwand hochgetürmter Wortgebilde anzugehen." („Morgenzug", aus dem gleichnamigen Band, 1988, S. 82) Der Erzähler ist um die Zeichnung der siebenbürgischen Provinz bemüht, einer mythisierten Landschaft mit dem Abdruck des umweltverschmutzenden und lebensfeindlichen Industriezeitalters. Die Erzählinstanz zeigt sich ungern unvermittelt im Text durch ein „Ich", sondern bevorzugt die Distanz beim Erzählen.

In Wolfgang Kochs Text „Wir, die Wabenmenschen" (NL 3/1989) wird das Bild der Wabe zur Metapher der Uniformität und der Gleichschaltung, der Kommunikationslosigkeit und der Abgeschirmtheit von der Außenwelt. Die Kurzgeschichte „Anfahrt" (NL 3/1989) stellt den Prozeß der kollektiven Rückentwicklung aufgrund der Entpersönlichung und der widerstandslosen Einordnung in vorgegebene Schranken dar.

Trotz der Parteianweisungen, sich an die realistische Darstellung des Arbeitermilieus zu halten, ist weiterhin der Einbruch des Irrealen und Phantastischen und selbstverliebtes Sprachspiel in den Erzählungen zu beobachten. Der persönliche Einsatz des Einzelnen für den Aufbau des Vaterlandes, so wie ihn der Staatschef

fordert, findet sich bei Wolfgang Koch fast wortwörtlich wieder, nur ins Ironische gekippt: „Morgen ist ein neuer Arbeitstag und er [der Protagonist] muß voll einsatzfähig sein". („Das Recht auf Realität", NL 9/1989, S. 28)
Ricarda Terschak, eine Kinderbuchautorin, veröffentlicht im Heft 10/1989 die Parabel „Die Tote". In bekannter siebenbürgischer Szenerie, nur im Wortlaut entfremdet („ein fremdes Land", 17), wird die Hoffnungslosigkeit und die Widerstandslosigkeit im Land mit dem Bild eines Mädchens im Dämmerzustand zwischen Tod und Leben dargestellt.
Georg Scherg setzt die bereits 1968 begonnene Reihe der Chiffre-Romane mit der doch weniger kompliziert verschlüsselten Universitäts-Satire „Der Sandkasten" (1981) und dem Schelmenroman „Die Schuldbürger" (1987) fort, in dem er einerseits die siebenbürgische Borniertheit, andererseits den Überwachungszustand im Land thematisiert.
Bedrückende Stimmungsbilder liefern die Erzählungen der Bände „Der Anfang einer Geschichte" und „das auge des feuilletons" von Richard Wagner, „Niederungen" und „Drückender Tango" von Herta Müller.
Franz Storch zieht sich in seinen Erzählungsbänden der achtziger Jahre, „Die singende Uhr" (1983) und „Silben im Wind" (1987) vornehmlich in Privaträume zurück, mit den Mitteln psychologischer Analyse beleuchtet er Beziehungen und besonders Beziehungskrisen.[559] Storch spezialisiert sich auf das subjektiv reflektierte Schauen, auf die Darstellung von Gefühlstremolos und Impressionen. Er nimmt einzelne Farbreflexe wahr und hält sich lange bei Details auf („An der Quelle", „Weintrauben und Zitronen", 1983). Dabei sind seine Protagonisten aus ihrem gesellschaftlichen Umfeld völlig losgelöst, außer in den Kurzgeschichten mit Nachkriegsthematik sind in seinen auf ein Detail fixierten Szenen programmatisch keine temporalen und lokativen Angaben zu finden. Parabelhafte Bilder existentieller Aussichtslosigkeit wie in „Die zugemauerte Tür", „Die drei Dorfschönen" (1983) sind, wenn man von den Darstellungen von Beziehungskrisen absieht, eher die Seltenheit.

19.2. Die Auflösung des rumäniendeutschen Literaturbetriebs
In den letzten Jahren des achten Jahrzehntes werden die Reihen der in Rumänien schreibenden Autoren immer dünner. Nach 1989 verlassen auch Georg Scherg (1990) und Franz Hodjak (1992) das Land. Mit der Ausreise Hodjaks, der die deutschsprachige Produktion beim Dacia Verlag in Klausenburg betreut hatte, wurden keine deutschsprachigen Bücher mehr bei diesem Verlag herausgegeben.

---

[559] In Storchs Kurzgeschichten „Räderschatten", „Doppelbödige Geschichte", „Der Schweigekrieg", „Unterwegs" (1983); „Die Andere", „Später Besuch", „Ein Mann bat um Feuer", „Billiges Sommerkleid", „Zwei Würfel Zucker", „Verwischte Schminke" (1987).

Durch die Auswanderung zahlreicher Zeitschriftenredakteure, Literaturkritiker, Verlagslektoren entstehen im rumäniendeutschen Literaturbetrieb unersetzbare Lücken.

Es erschienen zwar bis 1992 im Dacia Verlag (Klausenburg) und bis 1995 im Kriterion Verlag (Bukarest) mehrere Bücher rumäniendeutscher Autoren, und es leben noch einige bekannte Schriftsteller und Literaturwissenschaftler im Land, doch „von einer literarischen Mikrokultur, zu der nicht zuletzt ein Leserpublikum gehört, von einer arbeitsteiligen Literaturgesellschaft mit tragfähigen konstitutiven Elementen und zumindest partieller Besetzung aller ‚Sektoren', läßt sich kaum noch sprechen."[560]

Zu den Erzählern, die in Rumänien geblieben sind, gehören vor allem Joachim Wittstock, der nach der Wende 1989 aktiv veröffentlicht hat[561] und die Kronstädterin Carmen Puchianu (geb. 1956)[562], die in den letzten Jahren zwei Erzählbände herausgegeben hat und 1995 mit dem „Adolf Meschendörfer-Preis" des Rumänischen Schriftstellerverbandes ausgezeichnet wurde. Balthasar Waitz lebte zum Zeitpunkt der Herausgabe seines zweiten Erzählungsbandes „Alptraum" (1996) als freischaffender Schriftsteller und Übersetzer in Temeswar. Eginald Schlattner meldete sich mit den Romanen „Der geköpfte Hahn" (1998) und „Rote Handschuhe" (2000) aus der Provinz in die „Mitte" zurück.

Der Literaturkritiker Gerhardt Csejka versuchte das literarische Leben in der zurückgelassenen Heimat durch eine „gezielte" Aktion zum Leben zu erwecken. Nach dem Exodus aus der Literaturlandschaft beabsichtigte er ein Jahr nach dem Tod der Dichterin Anemone Latzina (1993) zu ihrem Gedenken den ehemals in Bukarest tagenden „Literaturkreis der Neuen Literatur" wiederzubeleben und ließ sämtliche „junge Hoffnungen", von denen er Kunde bekommen hatte, durch die „Stiftung zur Förderung der deutschen Literatur in Rumänien" nach Kronstadt einladen. „Daß dieser Plan scheiterte, lag weit mehr an einigen wenig günstigen äußeren Umständen als am Desinteresse oder mangelnder Literaturbegeisterung bei der schreibenden Jugend." Seine Skepsis bezüglich einer literari-

---

[560] Peter Motzan: Was aber stiften die Literaturhistoriker? Ausschweifende Überlegungen zu einer Literaturgeschichte und einem Tagungsband. In: Südostdeutsche Vierteljahresblätter 1995, S. 125-139, 125.

[561] Die Erzählungsbände: „Der europäische Knopf" (Frankfurt/Main 1991), „Spiegelsaal" (Bukarest 1994), „Die dalmatinische Friedenskönigin" (Innsbruck 1997), „Kurator, Söldner, Gouverneur und andere Prosa" (Bukarest 1998); der Roman „Bestätigt und besiegelt" ist noch nicht erschienen.

[562] Neben Joachim Wittstock tritt sie von den rumäniendeutschen Schriftstellern „sicherlich noch am aktivsten in Erscheinung", so im Nachwort ihres Erzählungsbandes „Der Ameisenhaufen und andere Geschichten" (Kronstadt 1998), S. 137.

schen Weiterführung ist auch darauf zurückzuführen, daß der wirtschaftlich-soziale Umbruch im Osten Europas auch die Literatur völlig destabilisierte.[563]
Die Auflösung des rumäniendeutschen Literaturbetriebs löste nicht nur bei den Schriftstellern Identitätskrisen aus, sondern auch bei den Literaturkritikern, die jahrzehntelang die literarische Entwicklung der Region gesteuert hatten. „Natürlich bin ich als rumäniendeutscher Kritiker funktionslos geworden, natürlich kann ich auch nicht ohne weiteres umsteigen ins deutsche Feuilleton. ‚Fördernd-anregend' allerdings möchte ich schon gerne bleiben."[564] Bekannte Kritikernamen aus den rumäniendeutschen Zeitschriften trifft man nun in der Bundesrepublik wieder. Gerhardt Csejka hat sich die erneute Herausgabe der „Neuen Literatur", nun mit dem Untertitel „Zeitschrift für Querverbindungen", zur Aufgabe gemacht. Die Zeitschrift stand nämlich unter den neuen finanziellen Bedingungen in Rumänien nach 1989, angesichts der fehlenden fördernden Staatsgelder, vor dem Aus. Peter Motzan und Stefan Sienerth führen ihre Forschungsarbeit als Mitarbeiter des Instituts für deutsche Kultur und Geschichte Südosteuropas (München) weiter fort.

Die Erforschung und Verwaltung des kulturellen Erbes der deutschsprachigen Regionen aus dem Gebiet des jetzigen Rumänien werden in der Bundesrepublik fortgesetzt. Die Münchener Zeitschrift „Südostdeutsche Vierteljahresblätter" hat sich um die Veröffentlichung von Texten der meist im Westen lebenden siebenbürgisch-sächsischen oder banatdeutschen Autoren verdient gemacht. Sie erschien erstmals 1952 durch die Bemühungen Hans Diplichs, Adalbert Karl Gauß' und Johannes Weidenheims unter der Mitwirkung Karl Kurt Kleins und Heinrich Zillichs im Bestreben, ein möglichst umfassendes Bild der südostdeutschen Kultur zu vermitteln. Man suchte nach der Möglichkeit, in den Redaktionsausschuß Vertreter aller südostdeutschen Volksgruppen aufzunehmen. Darin erscheinen Beiträge zur jüngsten Vergangenheit und zu den gegenwärtigen politischen Verhältnissen in Südosteuropa, zu den Kulturbeziehungen zu Südosteuropa, zur Sagenforschung, Siedlungsgeschichte, Dokumente zur neuesten Geschichte sowie Buchbesprechungen, Hinweise auf Neuerscheinungen und eine lückenlose Chronik zu allen wichtigen Ereignissen des südostdeutschen Kulturlebens.[565] Eine weitere wichtige Kulturzeitschrift, „Beiträge zur deutschen Kultur. Forschungen und Studien. Schriften und Berichte", später mit dem Titel „Banatica. Beiträge zur deutschen Kultur", deren Entstehung vom Kulturverband

---

[563] „Fördernd-anregend möchte ich gerne bleiben". Gerhardt Csejka im Gespräch mit Stefan Sienerth. In: Südostdeutsche Vierteljahresblätter 1998, H. 1, S. 9-19, 16.

[564] Ebd., S. 16.

[565] Anton Schwob: „Südostdeutsche Vierteljahresblätter" 1952-1971. In: Südostdeutsche Vierteljahresblätter 4/1971, S. 209-215.

der Banater Schwaben angeregt wurde, erschien in der Bundesrepublik ab 1984 vierteljährlich unter der Redaktionsleitung von Dr. Hans Weresch und Dr. Horst Fassel. Ab 1989 wird jährlich ein Doppelheft herausgegeben. Nach dem Tod von Hans Weresch leitet Horst Fassel mit einem Redaktionskollegium die Zeitschrift. Die Austausch- und Kooperationsmöglichkeiten zwischen West und Ost erfuhren nach 1990 schlagartig eine Ausweitung, die heute fast zum Normalfall geworden ist. Die Anzahl der Fachleute bleibt allerdings begrenzt.[566]

20. Die Ankunft der Autoren in der Bundesrepublik

20.1. Die literarische Entwicklung rumäniendeutscher Autoren nach ihrer Ankunft in der BRD

Der Weggang der rumäniendeutschen Autoren bedeutete nicht gleichzeitig das Ende der rumäniendeutschen literarischen Ressourcen. Nach ihrer Auswanderung entstehen in der Bundesrepublik Erzählungen, die sich nicht etwa auf die Reflexion der bundesdeutschen Wirklichkeit und die Inangriffnahme bundesdeutscher Thematik einstellen, sondern den Blickpunkt auf Rumänien beibehalten.

Die Autoren versuchen, ihren Platz im Spannungsverhältnis zwischen dem alten und dem neuen Lebensraum, der rumäniendeutschen und bundesdeutschen Literatur festzulegen. Franz Hodjak bezeichnet sich plakativ als heimatlos[567] und das Gefühl des Heimatverlustes als einen „enormen Mythos". Richard Wagner[568] und Herta Müller sprechen in einem eher pathetischen Duktus von der Unbehaustheit in jedem der beiden Gesellschaftssysteme. Das Gefühl des „Noch-nicht-Dazugehörens" drückt Herta Müller durch die besondere Wahrnehmung des „fremden Blickes" aus, besonders in ihrer Erzählung „Reisende auf einem Bein" (1989), die meist in der Bundesrepublik spielt.

Die Ankunft vieler Schriftsteller Ende der achtziger Jahre bis Anfang der neunziger Jahre in der Bundesrepublik löste eine Diskussion über ihren Status aus. Unter den neuen Umständen tauchen auch Schwierigkeiten in der Bezeichnung

---

[566] Peter Motzan: Was aber stiften die Literaturhistoriker? Ausschweifende Überlegungen zu einer Literaturgeschichte und einem Tagungsband. In: Südostdeutsche Vierteljahresblätter 1995, S. 125-139, 137.
[567] „Ich habe nie eine Heimat besessen und nie eine Heimat vermißt". Franz Hodjak: „Weder Flucht noch Ankunft". In: Südostdeutsche Vierteljahresblätter 1997, S. 120-124, 120.
[568] Richard Wagner beansprucht für sich den Sonderstatus, nirgendwo zu Hause zu sein, da er in der Bundesrepublik als Rumäne, in Rumänien aber als Deutscher gegolten und selbst innerhalb der deutschen Minderheit in Rumänien sich als ein Minderheitler gefühlt habe. In: Entstehung und Auflösung einer literarischen Gruppe. Podiumsdiskussion. In: W. Solms (Hg.) 1990, S. 281ff, 298.

dieser Autoren auf. Sie sind teilweise aus dem Begriff des „Rumäniendeutschen" herausgewachsen, befinden sich in einer Übergangsphase, in der sie eine endgültige Bezeichnung noch verweigern, da sie sich nur selten in Deutschland literarisch eingebürgert haben. Kegelmann erscheint es aus diesem Grund angebracht, „auch zu Beginn der 90er Jahre noch von rumäniendeutschen Autoren zu sprechen."[569]

Die ausgesiedelten Autoren zählen nicht automatisch, nur weil sie in der Bundesrepublik leben, zur bundesdeutschen Literatur, die Zukunft einer „rumäniendeutschen" Literatur in der Bundesrepublik stellt Csejka jedoch in Frage.[570] Die gewählten thematischen Schwerpunkte zeigen aber die Vehemenz ihrer Rückwärtsorientierung, auch bei Autoren, die bereits Ende der sechziger Jahre das Land verlassen haben.

In den Büchern Dieter Schlesaks geht es, in ein paar Stichworte gefaßt, „um Brüche, für die Nenner gesucht werden mußten: Nazizeit, Krieg, Kommunismus, Aussiedlung"[571]. Diese werden in seinem Roman „Vaterlandstage und die Kunst des Verschwindens" verarbeitet. Der „Geisterroman" „Der Verweser"[572] löst sich zwar vom Biographischen, geht aber teilweise ins Siebenbürgen des sechzehnten Jahrhunderts zurück. In seinem in der Form einer Textcollage erschienenen Tagebuchs „Stehendes Ich in laufender Zeit" (1994) steht die Trauerarbeit der Hinterbliebenen und der Abschied von Siebenbürgen im Mittelpunkt.[573] In Paul Schusters Essay „Das ostpannonische Vögelein" heißt es rückblickend: „Es wird nicht mehr lange dauern, eine Generation noch, höchstens zwei, und man wird sagen können: Es war einmal... Es war einmal eine rumäniendeutsche Literatur."[574]

In den meisten Erzählungen der jungen Schriftstellergeneration werden die Auswirkungen der Diktatur auf das Individuum beleuchtet, die Auswanderung und Ankunft infolge der erlebten Verfolgung durch den totalitären Staat literarisch ausgeführt. Ähnliche Schlußfolgerungen formuliert auch Kegelmann in seiner Untersuchung zur rumäniendeutschen Literatur der achtziger Jahre in der Bundesrepublik Deutschland: Das „starke Spannungsverhältnis zwischen Vergangenheit und Gegenwart" in den ersten Jahren im neuen Land bewirkte, daß „die

---

[569] R. Kegelmann, 1995, S. 153.
[570] Gerhardt Csejka: Rückblick auf die rumäniendeutsche Nachkriegsliteratur. In: W. Solms (Hg.) 1990, S. 157.
[571] Dieter Schlesak: „Abschied von Siebenbürgen". In: Stefan Sienerth, 1997, S. 217-238, 218.
[572] Ein Fragment ist in NL (Neue Folge) 1/1996, S. 11-36 erschienen.
[573] Dieter Schlesak: „Abschied von Siebenbürgen". In: Stefan Sienerth, 1997, S. 217-238, 237.
[574] Paul Schuster: Heidelberger Auslese II, S. 639.

prägenden Erfahrungen im alten Land in jeder Hinsicht im Vordergrund stehen."[575]

Herta Müller behält als Chronistin des Endes der Minderheitenexistenz zehn Jahre nach ihrer Auswanderung nach Deutschland ihren Platz immer noch innerhalb der fast ausgestorbenen rumäniendeutschen Literatur. Ihre Romane „Der Fuchs war damals schon der Jäger", „Herztier", „Heut wär ich mir lieber nicht begegnet" rechnen nach wie vor mit der rumänischen Dikatur ab, ihre poetologischen Schriften handeln weiterhin von den Auswirkungen des Terrorregimes auf den psychologischen Schaffenshintergrund des Schriftstellers.[576]

Franz Heinz legt etwas epigonenhaft in der Tradition Herta Müllers das Zusammenspiel von Distanzierung und Anpassung infolge der Auswanderung dar („Lieb Heimatland, ade!", 1998), Johann Lippet schildert in seinen in der Bundesrepublik veröffentlichten Erzählungen ebenfalls Ereignisse aus der rumänischen Diktatur.

Ein Fragment aus dem Roman „Die gläserne Bibliothek" von Werner Söllner, der sich als Lyriker einen Namen gemacht hat, wurde in der „Neuen Literatur" (Neue Folge) 3/1993 unter dem Titel „Lauter Ausreden" publiziert. Mit den Mitteln der Erzählung thematisiert er die durch die Auswanderung zurückgelassene Leere.

Franz Hodjak verläßt die Form der Kurzgeschichte sobald er den Druck der Zensur nicht mehr verspürt, und wagt sich an die komplexen Zusammenhänge des Romans heran, ohne aber die alte Heimat aus dem Blick zu verlieren: es entstehen „Grenzsteine" (1995) und „Der Sängerstreit" (2000). Er plant eine wahrheitsgetreue Abrechnung mit der Vergangenheit in der Diktatur in einem „Erinnerungsbuch" vorzunehmen, das aber seit Jahren auf Eis liegt: „über das Erinnerungsbuch zu sprechen, wäre verfrüht. Soviel kann ich jedoch sagen: Ich werde versuchen, die erfahrene Wirklichkeit in all ihren widersprüchlichen Facetten gerecht und unverzerrt von Wut darzustellen, und das ist nicht gerade leicht. Vor allem wenn man die grotesken Spielräume, in denen wir uns auch bewegten, ja mitunter austobten, miteinbezieht und thematisiert, gerät man leicht in den Verdacht der Verharmlosung einer brutalen Realität. Doch es war ja nicht so, daß wir ständig mit dem Strick um den Hals durch die Gegend gelaufen sind."[577]

Verschiedene Möglichkeiten der Aufarbeitung der Vergangenheit können in den Jahren unmittelbar nach der Auswanderung der Autoren nachgewiesen werden. Das aufgelockerte Verhältnis Text-Wirklichkeit wird durch die Rehabilitierung

---

[575] R. Kegelmann, 1995, S. 151.
[576] So auch ihr zuletzt erschienenes Buch „Der fremde Blick oder Das Leben ist ein Furz in der Laterne". Göttingen 1999.
[577] Hodjak, Franz: „Von der Suche nach einem Ort". In: Stefan Sienerth, 1997, S. 269-286, 285f.

der sprachlichen Abbildfunktion gestrafft. Es entstehen Richard Wagners protokollartige Erzählungen: „Ausreiseantrag" (1988) und „Begrüßungsgeld" (1989), Johann Lippets: „Protokoll eines Abschieds und einer Einreise oder Die Angst vor dem Schwinden der Einzelheiten" (1990).

Vergangenheitsbewältigung, die Herausarbeitung von Unterschieden zwischen den ost- und westeuropäischen Staatsformen, die nicht enden wollende Identitätskrise machen weiterhin die wichtigsten Themen aus. Es entsteht eine „spurensuchende Essayistik"[578]. Die Autoren reflektieren ihren Schreibprozeß und bezeichnen dabei die Vergangenheit als konstitutiven Faktor: so Herta Müller in „Der Teufel sitzt im Spiegel" (1991) und „Der Fremde Blick oder Das Leben ist ein Furz in der Laterne" (1999). Die Diskussion des neuen Status durch die Auswanderung erfolgt bei einer Reihe Banater Autoren im Rahmen der Vorträge der Frankfurter Poetikvorlesungen von Richard Wagner, Klaus Hensel, Franz Hodjak, Werner Söllner, die im Band: „Das Fremde im Eigenen – das Eigene im Fremden. Erfahrungen mit der Muttersprache im doppelten Exil" (1993) veröffentlicht wurden. Csejka spricht von der Sehnsucht des Randes nach der Mitte, die trotz des Bestrebens nach Nachahmung dennoch modifizierte Bilder hergibt.[579] Richard Wagner reflektiert über die Unzuverlässigkeit des Randes mit seinen verschwommenen Konturen, der durch die Unsicherheit in der Handhabung der Sprache, welche die Norm anbetet und die Abweichung meidet, signalisiert wird.[580]

Es entstehen auch Sachbücher: W. Totok: „Die Zwänge der Erinnerung" (1988), Richard Wagner und Helmuth Frauendorfer: „Der Sturz des Tyrannen. Rumänien und das Ende der Diktatur" (1990), Richard Wagner: „Sonderweg Rumänien. Bericht aus einem Entwicklungsland" (1991), „Völker ohne Signale. Zum Epochenumbruch in Osteuropa" (1992), „Mythendämmerung. Einwürfe eines Mitteleuropäers" (1993). Herta Müller wird in der bundesdeutschen Publizistik aktiv. Es entstehen die Kolumnen für die Schweizer Monatsschrift „Du" zwischen September 1990 und Dezember 1991, die danach in den Band „Eine warme Kartoffel ist ein warmes Bett" (1992) aufgenommen wurden. Sie setzen sich mit dem Krieg im ehemaligen Jugoslawien, mit Kapiteln rumäniendeutscher Geschichte, aber auch mit der bundesdeutschen Realität auseinander.

---

[578] Begriff von Peter Motzan aus: „Der lange Weg in die Bewährung". Südostdeutsche Vierteljahresblätter 1993, S. 128-134, 129.
[579] Gerhardt Csejka: „Wenn sich der Rand nach der Mitte verzehrt oder Wie wird ein Minderheitler zum Mehrheitler". In: NL 3/1993, S. 12-14, 13.
[580] Richard Wagner: „Die Bedeutung der Ränder oder vom Inneren zum Äußersten und wieder zurück". In: NL 1/1994.

Die Literatur, „die es nicht mehr gibt macht ... sehr wohl weiter"[581], Gerhard Ortinau publizierte im November/Dezemberheft „Theater der Zeit" das Stück „Käfer", das vom Stoff her nicht rumäniendeutsch, sondern der deutschen Geschichte verpflichtet ist, wie schon die Erzählung über den SS-Hauptsturmführer Dr. Weber, die 1992 in der ersten Nummer der neuen Folge der „Neuen Literatur" stand.[582] Der im Entstehen begriffene Roman Werner Söllners „Das Honigschiff" hat ebenfalls weder mit Siebenbürgen noch mit Rumänien etwas zu tun[583], das gleiche gilt für Richard Wagners letzte Romane.

Es sind jedoch die wenigsten Autoren, die sich stofflich und thematisch von der rumäniendeutschen Spezifik trennen konnten, die Aufarbeitung der eigenen Vergangenheit behält weiter, auch in den neunziger Jahren, die Vorrangstellung. Auch Autoren jüngerer Generation aus dem Umfeld der Banater Autorengruppe nehmen sich selbst zunehmend als Repräsentanten der eigenen Minderheit wahr. Franz Heinz' Prognose[584], daß nur wenige dieser Autorengeneration, wie Hans Diplich, am Banat festhalten werden, trifft für den Bereich der Erzählung kaum zu. Die von der Erzählung geforderte intensive Auseinandersetzung mit der Wirklichkeit, ihre ausgeprägte Stoffverhaftung hält die Autoren von einer Erweiterung ihres Themenkreises ab und läßt sie vor der Reflexion der neuen Wirklichkeit zurückschrecken. Richard Wagner, der sich mutig zum „Berliner Autor" entwickelt hat, zeigt deutliche Zeichen der Verunsicherung der Wirklichkeit gegenüber in seinen Darstellungen, wie später noch ausgeführt werden wird.

Es ist offensichtlich, daß sich innerhalb des deutschen Literaturbetriebes ein Inseldasein ausgebildet hat und daß Verbindungsfäden zwischen den Autoren und ihrem Publikum weiterhin existieren. Beispielhaft ist der in Ost und West ausgebrochene Skandal um Herta Müllers „Niederungen".[585] Ein „Beleg" für die Eigenständigkeit des Inseldaseins ist auch der mit der Auswanderung mitgebrachte Konflikt zwischen den Generationen älterer und jüngerer Autoren. Nach dem li-

---

[581] „Fördernd-anregend möchte ich gerne bleiben". Gerhardt Csejka im Gespräch mit Stefan Sienerth. In: Südostdeutsche Vierteljahresblätter 1998, H. 1, S. 9-19, 17.
[582] Ebd.
[583] So die Aussage Werner Söllners in: „Man hat stillschweigend akzeptiert, daß es uns gibt". In: Stefan Sienerth, 1997, S. 287-304, 292.
[584] Franz Heinz: Eingeständnisse über eine Ankunftsliteratur. In: Schwob, Anton, Tontsch, Brigitte, 1993, S. 77.
[585] In bundesdeutschen Medien, aber auch in deutschsprachigen Zeitungen aus Rumänien wurde gegen Herta Müllers Buch protestiert. Siehe Beitrag von J. Hammer: Ketzerei oder totale Verantwortungslosigkeit? In den rumäniendeutschen Dörfern lebte nie eine ‚grauenvolle Gesellschaft'. In: Der Donauschwabe vom 16.09.1984; H. Schneider: Apotheose des Häßlichen und Abstoßenden. Anmerkungen zu Herta Müllers „Niederungen". In: Banater Post Dezemberheft 1984. Herta Haupt-Cucuiu, 1996 (S. 185-186), führt im Anhang ihrer Dissertation das anonym in der NBZ (Temeswar) erschienene „Gedicht" „Gegen unsere Erniedrigung Anti-Niederungitis" an.

terarischen Durchbruch der Autoren aus dem Umfeld der „Aktionsgruppe Banat" haben sich diese von den literarischen Zeugnissen der Region distanziert. In der von Ernest Wichner herausgegebenen Nummer der Zeitschrift „die horen" (Band 3/1987) war Paul Schuster mit einem Text vertreten, Autoren wie Georg Scherg, Franz Storch, Hans Liebhardt gänzlich ausgeklammert.[586] Dieser Konflikt wurde durch die Marburger Tagung (1989) und besonders von dem „Nachruf auf die rumäniendeutsche Literatur" (Hg. Wilhelm Solms, 1990) neu entfacht. Die Existenz wichtiger Autoren wie Georg Scherg wurde verschwiegen, Richard Wagner rettete bei einem anderen Anlaß außerhalb der eigenen Gruppe bloß Franz Hodjak.[587] Herta Müller ignoriert die zahlreichen historisierenden Erzählungen der Nachkriegszeit und äußert sich in einem Interview über die Notwendigkeit der „Berichtigung" der jüngsten Vergangenheit, die sie in der traditionellen Literatur der Region zu Unrecht vermißt. „Man kennt das Dienen in der rumäniendeutschen Literatur, der Scholle oder dem Handwerk hatte man gedient, der Landschaft. Meist mitinbegriffen, aber nicht selten deutlich ausgesprochen der ‚Sache' von Hitler, Stalin, Ceaușescu. In welchem rumäniendeutschen Buch steht die schmerzhaft erlebte, mit aller persönlichen Unbestechlichkeit geschriebene Erfahrung eines SS-Soldaten - oder der in sowjetische Arbeitslager, oder auf den Bărăgan Deportierten? Ich hätte sie gerne gelesen."[588]

Der Streit zwischen den verschiedenen Generationen rumäniendeutscher Autoren beruht besonders auf mangelnder gegenseitiger Wahrnehmung und der nicht ausreichenden Berücksichtigung des Entstehungskontextes einzelner Bücher.

20.2. Die rumäniendeutschen Schriftsteller und der deutsche Büchermarkt

Unabhängig von der Zugehörigkeit zu einer Gruppierung oder zu einer Autorengeneration erleben die rumäniendeutschen Schriftsteller die Ankunft auf der deutschen literarischen Bühne als eine schwierige Umstellung, die die Anpassung an die neuen Buchmarktverhältnisse erfordert.[589]

---

[586] Allerdings gibt Ernest Wichner im Vorwort die Notwendigkeit zu, Traditionszusammenhänge und Entwicklungslinien aufzuzeigen. S. Ernest Wichner: Als hätte es sie alle nicht gegeben. Zu diesem Band. In: die horen, Band 3/1987, S. 6.

[587] „Jetzt hoffen die Rumänen auf Gorbatschow". Die Schriftsteller Herta Müller und Richard Wagner über die deutsche Minderheit im Ceaușescu-Staat. In: Der Spiegel vom 4.05.1987.

[588] „Diese Bilder trugen mir die Tage zu". Herta Müller im Gespräch mit Stefan Sienerth. In: Südostdeutsche Vierteljahresblätter 1997, S. 205-211, 210.

[589] Dazu Gerhardt Csejka: „Von Literatur und Kunst erwartet man hier im wesentlichen ästhetische Bedürfnisbefriedigung nach dem Dienstleistungsprinzip, und darauf ist die Minderheitenliteratur nicht eingestellt; sie hat von den möglichen Funktionen der Kunst ein völlig anderes Bild: sowohl der klassische ‚Dienst an der Gemeinschaft' (in der traditionellen Auffassung) als auch die grundsätzliche Dienstverweigerung (im Sinne der modernen Autonomie) geben dem künstlerischen Tun und Wollen ein eigenes Gewicht, verleihen ihm verbindlichen Wert und hohes Ansehen." Gerhardt

Die Generation Hans Bergels, die zum Teil lange Gefängnisstrafen in den rumänischen Gefängnissen verbüßte, hatte es Anfang der siebziger Jahre schwer, als sie in der Bundesrepublik ankam, die Verbrechen der Diktatur in literarischer Verpackung an den deutschen Leser zu bringen. In der Zeit der Ceaușescu-Euphorie und „gebannt von der Illusion des Arrangements mit dem Kommunismus" waren Lektoren, Redakteure und Feuilletonchefs abgeneigt, kritisch über die Umstände in Rumänien informiert zu werden. „Abgesehen vom Umstand, daß mir, dem belletristischen Autor, nun auch in Deutschland nicht das literarische, sondern das ideologische Verlagsgespräch begegnete, ist hier festzuhalten, daß in den sechziger, siebziger Jahren bei bedeutenden deutschen Verlagen die Zeit offensichtlich nicht reif und ein miserabler Informationsstand für die Aufnahme objektiver Mitteilung über Verhältnisse im Südosten hinderlich war. ... Unsere Information paßte nicht in ihr Welt- oder Geschäftsbild." Deshalb konnte Bergels Roman „Der Tanz in Ketten", der keine nationalsozialistische, sondern eine sozialistische Vergangenheit zu bewältigen hatte, erst sieben Jahre nach seiner Niederschrift erscheinen, nachdem er von vielen angesehenen Verlagen zurückgewiesen worden war, wegen der angeblich „allzu frei erfundenen" Horrorwelt.[590]

In den achtziger Jahren hingegen fanden die jungen Autoren eine völlig veränderte Medienlandschaft vor. Zeitungen und Verlage erkannten angesichts des neuen politischen Kontextes das Potential der Medialisierung der rumänischen Wirklichkeit. Die politische Brisanz des Herkunftslandes hat die Aufmerksamkeit auf die rumäniendeutschen Autoren gelenkt und wirkte sich nicht unerheblich auch auf den außergewöhnlichen Erfolg Herta Müllers ab 1984 aus. Peter Motzan spricht von einem Boom rumäniendeutscher Autoren auf dem bundesdeutschen Literaturmarkt Ende der achtziger Jahre, „der nebenher auch poetae minores erfaßte". Wie lange sich der Autor auf einem überquellenden Büchermarkt hält, bis die Erfolgswelle abflaut, die er seinem „Exotenbonus" verdankt, sei nach Peter Motzan ungewiß.[591] Auch Kegelmann nennt die achtziger Jahre ein „Jahrzehnt der rumäniendeutschen Literatur" und stellt für den Beginn der neunziger Jahre ein Nachlassen der „Euphorie über die Entdeckung einer Randliteratur" fest.[592] Der Erfolg Herta Müllers machte den literarischen Durchbruch anderer rumäniendeutscher Autoren auch nicht leichter, im Gegenteil: ihre au-

---

Csejka: Wenn sich der Rand nach der Mitte verzehrt oder Wie wird ein Minderheitler zum Mehrheitler. In: NL 3/1993, S. 12-14, 13.

[590] Hans Bergel: Erfahrungen eines Autors mit Verlagen. In: Anton Schwob (Hg.), 1992, S. 70f.
[591] Peter Motzan: Was aber stiften die Literaturhistoriker? Ausschweifende Überlegungen zu einer Literaturgeschichte und einem Tagungsband. In: Südostdeutsche Vierteljahresblätter 1995, S. 125-139, 134.
[592] Kegelmann, 1995, S. 154.

ßerordentliche Rezeption hat den deutschen Büchermarkt mit der rumäniendeutschen Thematik gesättigt und Stellen besetzt, die sonst von anderen interessanten Autoren belegt worden wären.

In seinem Artikel „Der lange Weg in die Bewährung. Zu neuen Büchern von Herta Müller, Werner Söllner und Richard Wagner" sieht sich Peter Motzan veranlaßt, einen Abschnitt im Schaffen der jüngeren rumäniendeutschen Schriftstellergeneration abzuschließen und einen neuen anzukündigen: „Der Exotenbonus, er ist verblaßt, der Überrumpelungseffekt hat ausgedient. Die verblüffende Erfolgsgeschichte jüngerer (ex-)rumäniendeutscher Autoren ist in eine neue Phase getreten, die der Bewährung als deutsche Schriftsteller unter ungezählt vielen anderen und in einem von wechselnden Konjunkturen, Grabenkämpfen und Zweckbündnissen dominierten Literaturbetrieb."[593] Die Abkehr der deutschen Medien von Rumänien, seitdem die „Schreckensnachrichten aus dem Land" verhallt sind, der tobende Krieg in anderen Regionen, die sich, so Peter Motzan, nun zur Vermarktung besser eignen, stellt die Autoren auf sich selbst und damit auf die Probe.

In seinem Beitrag „Eingeständnisse über eine Ankunftsliteratur. Die Aussiedler-Autoren und ihre westliche Ernüchterung" erläutert Franz Heinz die Problematik der Ankunft in der neuen literarischen Landschaft besonders facettenreich. Die Autoren mußten auch mit einer abgewandelten, verminderten Rolle des Schriftstellers zurechtkommen: „denn sie werden nicht am gesellschaftlichen Wert ihrer Arbeit gemessen, sondern am Marktwert, die gesellschaftliche Funktion des Schriftstellers ist im Westen unterbelichtet. Im Osten ist sie fast ein Privileg... drüben ist das Schreiben eine Waffe, hier nur ein ungewisser Broterwerb."[594]

Außerdem wußten die Autoren nicht, wie sie sich stofflich an die neuen Verhältnisse anpassen sollten. In einem kulturellen Umfeld, das sein Selbstverständnis von der Spannung zwischen dem Regionalen und dem Europäischen ableitet, kann es ein Fehler sein, die eigene Identität abzustreifen. Im Falle Herta Müllers besteht beispielsweise die Gefahr, daß sie, indem sie das exotische Thema Rumänien verläßt, das literarische Schicksal Innerhofers teilt: Der Erfolg der ersten Erzählungen von Innerhofer gründete auf der sensationellen Darstellung des Lebens eines Leibeigenen. Die Abkehr von dieser Thematik durch die Beschreibung des Arbeiter- und Studentenalltags, verbunden mit dem Verlust des Exotischen, bedeuteten sein literarisches Scheitern.

Es ist nicht schwer festzustellen, daß die Überlebenschancen rumäniendeutscher Autoren auf dem deutschen Büchermarkt auch davon abhängen, inwieweit sie

---

[593] In: Südostdeutsche Vierteljahresblätter 1993, S. 128-134, 128.
[594] Franz Heinz: Eingeständnisse über eine Ankunftsliteratur. In: Schwob, Anton und Tontsch, Brigitte, 1993, S. 77.

sich von der Gefahr der Monomanie fernhalten und Kreativität in der Behandlung des Eigenen an den Tag legen. Man hat sich mittlerweile an diese aus Rumänien kommenden Autoren „gewöhnt", deshalb wird in Rezensionen und Aufsätzen nicht mehr so viel Gewicht auf die Herkunft und Biographie der Autoren gelegt.[595] Wenn sie nicht aktuelle gesellschaftliche und existentielle Fragen zu beantworten vermögen, wird es Konsequenzen haben, da ihr neuer „Kundenkreis" sie zur Zeit ihres Debüts in der Bundesrepublik gerade wegen der Aktualität ihrer Thematik geschätzt hat. Söllner führt die problematische Situation der rumäniendeutschen Autoren auf Minderheitenspezifisches zurück: „Das literarische Engagement galt der engeren südöstlichen Gemeinschaft, die literarische Bestätigung erhoffte man sich jedoch im deutschen Sprachraum."[596]

Die Autoren sehen offensichtlich weiterhin die Vorteile des Außenseiter-Blickes, der Eigenartigkeit ihrer Sprache, für die sie früher Auszeichnungen geerntet haben.[597] Sie nutzen ihre Außenseiter-Stellung dazu, um auch sprachliche Selbstverständlichkeiten der vorgefundenen Welt auszuhöhlen. Die Kritik der westlichen Floskel-Sprache, der Medien, wird zum Markenzeichen rumäniendeutscher Autoren: „Sieht man nämlich dieser Sprache aufmerksam auf den Mund, wird man unschwer eine fortschreitende Militarisierung des Wortschatzes feststellen. Dauernd werden Kampagnen geführt, dies oder das wird verteidigt, man wird mobilisiert, eine Stellung wird aufgegeben oder gehalten, etwas wird in Angriff genommen, man ist gegen dies und jenes gewappnet, die Fronten werden geklärt, man nimmt den Kampf auf, es gibt Bombengeschäfte, es gibt Alarmstufen, der Gegner wird mit seinen eigenen Waffen geschlagen, es gibt Volltreffer, es werden Strategien und Taktiken entwickelt, man ist entwaffnet, man hat den Vogel abgeschossen, es gibt Spätzündungen und Fehlzündungen, und selbst in der Liebe macht man Eroberungen."[598]

---

[595] Werner Söllner: „Man hat stillschweigend akzeptiert, daß es uns gibt". In: Stefan Sienerth, 1997, S. 287-304, 288. Außerdem Kegelmann, 1995, S. 154.

[596] Ebd., S. 82.

[597] Beispielsweise die Preise der Henning-Kaufmann-Stiftung zur Pflege der Reinheit der deutschen Sprache, die an acht rumäniendeutsche, in der Bundesrepublik lebende Schriftsteller vergeben wurden: Herta Müller, Gerhardt Csejka, Helmuth Frauendorfer, Klaus Hensel, Johann Lippet, Werner Söllner, William Totok und Richard Wagner. In: „Reinheit der Sprache. Preise an rumäniendeutsche Autoren." In: FAZ vom 5.10.1989.

[598] Franz Hodjak: Weder Flucht noch Ankunft. In: Südostdeutsche Vierteljahresblätter 1997, S. 120-124, 122.

20.3. Richard Wagner als Beispiel für die Einbürgerung in die deutsche Literatur

Von den rumäniendeutschen Erzählern die mittlerweile von der Rolle eines Minderheitenautors Abstand nehmen, ist Richard Wagner der erfolgreichste. Vor allem Richard Wagner ist es, der nach der Ausreise, mit den Worten Csejkas ausgedrückt, mit seinem Werk vom „Rand" ins „Zentrum" umzog, vom „Minderheitenautor" zum „Mehrheitsautor" mutierte.[599] „Ich stelle meine Herkunft nicht aus, ich frage mich nach ihrer Bedeutung für meine heutige Situation, und mehr soll es nicht sein. Das wiederum macht unter Umständen den Abstand zu früheren Kollegen aus. Ich schreibe nicht so, als würde ich noch im Banat leben. ... Die Zeit in Berlin erhält natürlich immer mehr Gewicht. Ich habe nach der Wende von 1989 über die osteuropäischen Probleme geschrieben, weil ich es für nötig hielt, diese Fragen in die deutsche Öffentlichkeit hineinzutragen, weil der Westen unmittelbar davon betroffen war, es aber nicht zu merken schien."[600]

Im Werk Richard Wagners geht die Präsenz des Herkunftslandes immer weiter zurück. Nach den literarischen Protokollen „Ausreiseantrag" und „Begrüßungsgeld", behandelt auch der Roman „Die Muren von Wien" (1990)[601] Auswandererproblematik. Der Ingenieur Benda, der aus dem Banat nach München ausgereist ist, schwankt orientierungslos zwischen der neuen Existenz im Westen und der Vergangenheit in der alten Heimat, die ihn immer wieder einholt. In den Erzählungsband „Der Himmel von New York im Museum von Amsterdam" (1992) werden mehrere Texte aus Wagners ersten Prosabänden übernommen, die bereits in Rumänien erschienen waren[602]. In „Giancarlos Koffer" (1993) wird Disparates nebeneinander montiert: Abwechselnd werden Begebenheiten aus dem Rumänien vor und nach der Wende parallel zu Szenen der westlichen Konsumgesellschaft eingeblendet. Der Blick auf Rumänien schrumpft im Band von Kürzestgeschichten „Der Mann, der Erdrutsche sammelte" (1994) und im Roman „In der Hand der Frauen" (1995) immer weiter, um in „Lisas geheimes Buch" (1996) und „Im Grunde sind wir alle Sieger" (1998) vollständig ausgeblendet zu werden.

---

[599] „Fördernd-anregend möchte ich gerne bleiben". Gerhardt Csejka im Gespräch mit Stefan Sienerth. In: Südostdeutsche Vierteljahresblätter 1988, H. 1, S. 9-19, 17.

[600] Richard Wagner: „Ich stelle meine Herkunft nicht aus". In: Stefan Sienerth, 1997, S. 305-317, 306 und 316.

[601] Zu diesem Roman vgl. auch Kap.: Der intertextuelle Dialog mit siebenbürgisch-sächsischen oder banatdeutschen Texten.

[602] Die Bände „Der Anfang einer Geschichte" (1980) und „das auge des feuilletons" (1984).

Richard Wagner gehört zu den wenigen Autoren, die mit ihrem Werk die Frage Gerhardt Csejkas[603] zu beantworten vermögen, nämlich was mit einem Autor passiert, der vom Minderheitenautor zum Mehrheitsautor mutiert. Der Rückzug aus der Verhaftung in spezifische rumäniendeutsche Stoffe scheint in Wagners Erzählungen mit einem Prozeß des Verlustes der Konsistenz dargestellter Wirklichkeit einherzugehen. Der nur punktierte Hintergrund der Berliner Region signalisiert die andauernde Unsicherheit über das neue Umfeld. Um diesen Prozeß, der dem Schriftsteller bewußt zu sein scheint, zu umgehen, hat er sich subtile Darstellungsstrategien ausgedacht.

Beziehungsgeschichten rücken in den Vordergrund, das Interesse des Erzählenden für die Frauenproblematik. Die Gestalten werden intensiv, aber oft platt psychologisiert.[604] In der westlichen Konsumgesellschaft gibt der Protagonist auf dem Weg von Frau zu Frau, von Kneipe zu Kneipe, von Kino zu Kino, von Zeitung zu Zeitung, von Buch zu Buch seiner Verlorenheit Ausdruck. Die Romane setzen sich aus Sprüngen von Bekanntem zu Bekanntem zusammen. Leider spürt man dabei den weiten Hintergrund, die Stadt und die Region, nur selten atmen. In „Im Grunde sind wir alle Sieger", spinnt der Erzähler aus Mangel aus Halt ein Gewebe durch ganz Europa: Antonia wohnt in Paris, der zentrale Held entschließt sich spontan zu einer Reise nach Amsterdam, seine Mutter lebt in Berlin, die Zigaretten läßt sie sich aber aus Wien bringen, Claudia zieht nach Konstanz, Doris nach Köln.

Den unsicheren Bezug zur Realität versucht er auch durch zahlreiche Anspielungen an Filmszenen zu kompensieren. Sicher schwingt da auch das Empfinden des Lebens als Abklatsch berühmter Filmszenen mit. Man wird aber den Eindruck nicht los, daß im „Sieger"-Roman das durch Filmanalogien bereicherte Szenario und die Demontage von Kult-Szenen der Darstellung doch nicht die nötige Substanz verleihen und deshalb künstlich wirken.

Dennoch verdienen es seine Romane - für eine ausführliche Interpretation fehlt hier der angemessene Platz - sich auf der deutschen Literaturszene zu etablieren: unter anderem reflektieren sie den Prozeß der deutschen Vereinigung aus einer für Deutschland originellen Perspektive.

Wagner entlockt der Großstadt neue Wahrnehmungsmuster, beispielsweise die Augenblickswahrnehmungen in der U-Bahn, die dem hektischen Rhythmus des Lebens in der Metropole gehorchen. Er leitet von der medialen Wirklichkeit neue Sehensweisen ab. In „Der Himmel von New York im Museum von Amsterdam"

---

[603] Gerhardt Csejka: „Wenn sich der Rand nach der Mitte verzehrt oder Wie wird ein Minderheitler zum Mehrheitler". In: NL 3/1993, S. 12-14.
[604] Jede Frau macht ein „Kindheitsbewältigungsprogramm durch", heißt es „In der Hand der Frauen", S. 136; oder: das Lächeln der Frauen war „so gut wie echt" („In der Hand der Frauen", 116).

fragmentiert sich die Geschlossenheit der Wirklichkeit, die auf der „Einheit des Ortes" im Augenblick des Betrachtens gründet. Die Welt entsteht aus dem Blickwinkel der Medien wie ein riesiges Puzzle. In „Die ungleichen Zeitungen" („Der Mann, der Erdrutsche sammelte", S. 17) bekommt die Realität durch die Medien ein doppeltes, trügerisches Gesicht. In „In der Hand der Frauen" (1995) wird der Erzählfluß von Auszügen aus Zeitungen, Werbungsfloskeln unterbrochen. Die Medien spinnen um das Individuum ein virtuelles Wirklichkeitsnetz, das es entmündigt: „Wir reden mit den Worten der Frankfurter Rundschau" („In der Hand der Frauen", S. 37). Texte nehmen einem das Leben vorweg und transformieren es in einer Abfolge von Klischees und veranschaulichen die Entfremdung, Kommunikationslosigkeit und Vereinsamung des Menschen. Die Geschlossenheit der Welt geht verloren, der Einzelne hat sich in einer Welt der Kontingenz, zusammengesetzt aus disparaten Teilen, zurechtzufinden: „Ich stand da und plötzlich waren zwei Männer neben mir, und der eine der beiden sagte zu dem anderen gerade das Wort: Treuhand. In diesem Augenblick zeigte die Ampel wieder grün an, und die beiden Männer überquerten die Straße. Ich blieb noch eine Weile stehen, las ein paar Nachrichten auf der Wandzeitung drüben am Ku'damm-Eck." („Früher lebte ich in Märchen", S. 23).

Richard Wagner ist beispielhaft für eine Entwicklung, wie sie noch keinem rumäniendeutschen Erzähler bisher gelungen ist. Er beweist in seinen in der Bundesrepublik erschienenen Erzählungen Anpassungsfähigkeit an das neue Schaffensumfeld und die Fähigkeit, Neues, Aktuelles und auch für das deutsche Publikum Interessantes zu schreiben.

Der Begriff „rumäniendeutscher Autor" schien bis vor kurzem in Verbindung mit Richard Wagner deplaziert. September 2001 ist aber ein neuer Roman von Richard Wagner, „Miss Bukarest", erschienen, in dem er offensichtlich zur Rumänien-Thematik zurückfindet.

21. Die Wiederkehr des Berichtigungsdiskurses Ende der achtziger Jahre

Während die Autoren früherer Jahrgänge, wie Hans Bergel, Andreas Birkner, Hans Wolfram Hockl gesellschaftliche Panoramabilder der Kriegszeit und der fünfziger Jahre zeichnen, schöpfen Autoren jüngerer Generation thematisch aus dem Erleben der Diktatur, der Ausreise und der Ankunft in der Bundesrepublik. Auffallend ist, daß Angehörige verschiedener Generationen rumäniendeutscher Autoren, die sich nach Kunstauffassung oder Stoffwahl unterschieden haben, in den neunziger Jahren eine relativ einheitliche Haltung einnehmen: Sie sind bestrebt, dem voraussehbaren „Ende der Geschichte" Zeitdokumente entgegenzustellen. Vergleicht man die Interviews, die mit den ausgereisten Autoren in der Bundesrepublik geführt wurden, fällt auf, daß die politische Situation in Rumänien hauptsächliches Gesprächthema ist[605], das sich auch in der Publizistik fortsetzt. Viele Erzähltexte sind infolge des ausgeprägten Erinnerungsgestus autobiographisch koloriert.

Was hat wohl eine ganze Schriftstellergeneration dazu bewogen, die Eindrücke und das Erlebnis der Diktatur in literarischer Form festzulegen? Vermutlich der Reichtum von Themen und Stoffen, die Möglichkeit der Vergangenheitsbewältigung, der Schreibimpuls, der mit der zeitlichen und örtlichen Distanz einsetzt. Die Autoren reagieren auf diese Frage öfters ähnlich: „Ich glaube, diese Erfahrung der nackten Repression kann man gut gebrauchen".[606] „Ich glaube, selbst drei Schriftstellerleben würden nicht ausreichen, um diese Erfahrungen zu verarbeiten, zu vermitteln".[607] Darüber hinaus erscheint die Feststellung berechtigt, daß die meisten Autoren zeitlich an der Stelle stehenbleiben, an der sie das Land verlassen haben. Sie wagen sich nur selten in ihren Darstellungen des alten Landes über diese zeitliche Linie hinaus.

Die Rehabilitierung des Erzählens kann auch als Anpassungsmaßnahme an die neuen Marktverhältnisse eingestuft werden, da sich das deutsche Publikum in den achtziger Jahren für die betont autobiographischen Erzählungen dieser Autoren als sehr aufnahmefähig erwies. Der Erfolg Herta Müllers zeigte, daß die von den Autoren verspürte Notwendigkeit, die Erlebnisse in der rumänischen Diktatur zu schildern, glücklicherweise mit dem übereinstimmte, was der Markt wollte.

---

[605] Krause, Thomas, 1998, S. 177.
[606] Herta Müller: „Es wird alles erstickt." Gespräch mit der rumäniendeutschen Autorin Herta Müller. In: SZ 9/10. Mai 1987.
[607] „Von der Suche nach einem Ort". Stefan Sienerth im Gespräch mit Franz Hodjak. In: Stefan Sienerth 1997, S. 269-286, 275.

Auch wenn die jüngeren Autoren die literarische Chronik einer letzten historischen Etappe in der Existenz der Minderheit schreiben, zahlreiche Anspielungen auf Krieg, Enteignung, Reparationsarbeiten und Deportation in ihre Texte einbauen, nehmen sie die formalästhetischen Errungenschaften, die sich in den letzten Jahrzehnten in der literarischen Provinz eingebürgert haben, zum größten Teil nicht zurück.

21.1. Herta Müller als Beispiel für die Thematisierung der totalitären Repression, der Auswanderung aus Rumänien und der Ankunft in der Bundesrepublik

Es ist zu einer paradoxen Situation gekommen, als vor allem Herta Müller, die oft wegen der Verunglimpfung der deutschen Minderheit angegriffen wurde, mit ihren Chroniken der Repression, des Abschieds und der Ankunft einen hohen Bekanntheitsgrad in der Bundesrepublik erlangt hatte. Den Schwerpunkt der Dorfkritik hat sie mit der Ankunft in der Bundesrepublik aufgegeben, ihren Aussagen zufolge, um einer inneren Chronologie zu gehorchen.[608] Ein weiterer Grund war sicherlich auch die Suche nach einer übersichtlichen Perspektive, aus der Gesamtzusammenhänge sichtbar wurden und das Bestreben, solche durch die intensive Medialisierung Rumäniens nach 1990 nachgefragten Themen zu bedienen. Die Einschränkung des Dorfbildes zugunsten der Ausweitung der Problematik der Freiheit im totalitären System ist die logische Folge des neuen Schreibhorizontes nach der Auswanderung.

Nach der Ausreise aus Rumänien 1987 thematisiert sie in ihrem Roman „Reisende auf einem Bein" die Erfahrungen mit dem fremden Land und entspricht somit ihren früheren Versprechungen, sich mit der Einreise in die Bundesrepublik von der Vergangenheit loszulösen.[609] „Reisende auf einem Bein" (1989), ihre einzige Erzählung, die hauptsächlich in der Bundesrepublik spielt, stellt über die Gestalt Irene, die nach Deutschland ausgewandert ist und ihre neue Umwelt beobachtet, Vergleiche zwischen Gesellschaftssystemen an. Menschliche Unbehaustheit, das schmerzhafte Erleben von „Fremdheit" und „Aussichtslosigkeit", die Tragik des „homo viator" werden zentral thematisiert: „Reisende, dachte Irene. Reisende mit dem erregten Blick auf die schlafenden Städte. Auf Wünsche, die nicht mehr

---

[608] „Daß in den ersten [Büchern] das Banatschwäbische den Hintergrund bildet, hat chronologische Gründe. Die Zeit der Kindheit war vor der Zeit des Staates." In: „Diese Bilder trugen mir die Tage zu". Herta Müller im Gespräch mit Stefan Sienerth. In: Südostdeutsche Vierteljahresblätter 1997, S. 205-211, 209.

[609] „Auch werden unsere Themen nicht beherrscht bleiben von rumänischen Zuständen: Wir werden, so wir kommen, mit all unseren Erfahrungen ein neues Umfeld literarisch reflektieren." Marcel Marin („Die Realität und ihr Eigenleben") zitiert Herta Müller. In: Eßlinger Zeitung vom 29.11.1986.

gültig sind. Hinter den Bewohnern her. Reisende auf einem Bein und auf dem anderen Verlorene." (92)

Doch Herta Müller hält ihre Versprechen bezüglich der späteren Themenwahl nach der Ankunft in der Bundesrepublik nicht ein: In ihren Romanen „Der Fuchs war damals schon der Jäger" (1992), „Herztier" (1994) und „Heut wär ich mir lieber nicht begegnet" (1997) rückt die rumänische Diktatur in den Mittelpunkt.

Die thematischen Schwerpunkte Kritik des Totalitarismus, Ausreise und Ankunft legitimiert die Wahl von Herta Müllers Erzählwerk als maßgebliches Beispiel für die Illustration der in der Bundesrepublik entstandenen Literatur junger rumäniendeutscher Autoren. Die außergewöhnlich starke Rezeption ihrer Werke macht sie ebenso für die Behandlung dieses Themas interessant.

Die politische Brisanz, verbunden mit der weiter bestehenden realen Bedrohung durch den kommunistischen Staat, von der die Medien in der BRD ständig berichteten, sicherten ihr einen dauerhaften Erfolg. Die Aufmerksamkeit der bundesdeutschen Öffentlichkeit für die jungen Autoren setzte besonders mit der Ausreise Rolf Bosserts Dezember 1985 ein, als dieser auf einer Veranstaltung im „Berliner Literaturhaus"[610] und in einem Gespräch mit Gisela Lerch[611] die deutschen Leser über die Verhältnisse in Rumänien informierte: Zensur und Selbstzensur, die Folgen eines Ausreiseantrags (Berufsverbot, Hausdurchsuchungen, Verfolgungen). Er machte auf die Gefahr aufmerksam, in der sich die rumäniendeutschen Schriftsteller befanden. Der Selbstmord Rolf Bosserts am 17. Februar 1986 verdeutlichte die Trostlosigkeit der Lage.

Ein weiterer Faktor, auf den sich der Erfolg der „Niederungen" stützt, ist nach Norbert Otto Eke der „faszinierende Blick auf das Fremde"[612].

Die sprachlichen Qualitäten ihrer Texte, der dritte Faktor ihres literarischen Durchbruchs, bleibt auch im binnendeutschen Raum eine Konstante der Aufmerksamkeit der Kritiker. „Immer findet sie überraschende, frische, poetische Wendungen", „ihre erstaunliche Sprachkraft - ein dichtes, jargonfreies, reines Deutsch kommt uns entgegen, das in ihrer Autorengeneration fast einmalig ist, ihre Sprache malt aus einfachen Worten abgründige Bilder"[613]. Der experimen-

---

[610] Vgl.: Rumänischer Schriftsteller prangert Verfolgung an. In: FR 12.02.1986 und: Nachruf aufs letzte Streichholz. Lesung Rolf Bossert - Druck auf rumäniendeutsche Autoren. In: Der Tagespiegel. 12.02.1986. S.4.

[611] Der Exitus der deutschsprachigen Literatur Rumäniens. Ein Gespräch mit Rolf Bossert geführt am 11. Februar in Berlin. In: FR. 20.02.1986. S.7.

[612] Eke, 1991, S.110, der eine erste Systematisierung der Beiträge zu H. Müller vornahm.

[613] F.C. Delius: Jeden Monat einen neuen Besen. Über Herta Müller: Niederungen. In: Der Spiegel. 30.07.0984. S.119-123.

telle Charakter der Prosa[614] wird hervorgehoben, Verbindungen zu Paul Celan[615] und William Faulkner[616] werden hergestellt. Die Kraft der Prosa liegt „gerade im Umwenden jeder Medaille", in der Beschreibung der Landschaft „im Tonfall schwarzer Poesie"[617].

Die Festlegung Herta Müllers auf den Schauplatz Rumänien ruft nicht unberechtigt die Befürchtung hervor, daß die Autorin vom Druck der Öffentlichkeit in eine einseitige Rolle gedrängt wird. Außerdem wirft man ihr gestalterische Monomanie vor, was durch die sehr ähnliche Struktur ihrer drei letzten Romane berechtigt erscheint. Es ist eine Mustersituation, die sich bei Herta Müller wiederholt: die Auslieferung des Einzelnen in einem totalitären System.

In „Der Fuchs war damals schon der Jäger", „Herztier" und „Heut wär ich mir lieber nicht begegnet" wird eine Frau zur Protagonistin, die mit dem rumänischen Geheimdienst „Securitate" im Konflikt gerät. Die Gestaltenkonstellation ist in den Romanen sehr ähnlich: Adina, die auch literarisch tätig ist, wird vom Geheimdienst terrorisiert, ebenfalls ihre Freunde Paul und Abi („Der Fuchs war damals schon der Jäger"). Sie stehen auf den „schwarzen Listen" des Geheimdienstes, so die Warnung der Freundin Clara, die gleichzeitig Adina ausspioniert. Sie flüchten in ein abgelegenes Dorf, dort überrascht sie die rumänische Revolution, doch Abi wird von einem Geheimdienstler ermordet.

Die Ich-Erzählerin in „Herztier" untersucht mit den drei Freunden Kurt, Edgar und Georg den unglaubwürdigen Selbstmord der Studentin Lola. Daraufhin werden sie vom Geheimdienstler Pjele verhört. Der Reihe nach kommen Kurt und Georg unter ungeklärten Umständen ums Leben. Die Freundin Theresa, die sich auf einen Handel mit dem Geheimdienst einläßt, erliegt einem Krebsleiden. Allein die Ich-Erzählerin und Edgar überleben und schauen auf das Erlebte aus der Bundesrepublik, wohin sie inzwischen ausgereist sind, zurück.

In „Heut wär ich mir lieber nicht begegnet", ihrem letzter Roman, der wie eine Nachschrift der anderen Erzählungen Herta Müllers anmutet, zieht die Ich-Erzählerin, die durch eine Heirat im Ausland das Land zu verlassen versucht, die Aufmerksamkeit des Geheimdienstes auf sich. Ihre Freundin Lilli kommt bei einem Fluchtversuch um, ihr zweiter, geschiedener Ehemann, auch in Mitleidenschaft gezogen, kommt bei einem inszenierten Unfall nur knapp mit dem Leben davon, er findet im Alkohol Trost. Auch im Roman „Reisende auf einem Bein"

---

[614] Rudolf Herbert: Die Einsamkeit der Sätze. Zu dem Prosaband „Niederungen". In: Reflexe Bd.2. Cluj (1984) S.129-137.
[615] Rolf Michaelis: Angst vor Freude. In: Die Zeit. 24.08.1984, S.35.
[616] Lenore Schwarz: Ein Kind sieht seine Umwelt. In: General-Anzeiger. 26.10.1984. S.13.
[617] Sibylle Hoffmann-Rittberg: Die Mühe, die man hat mit diesem Leben. In: Deutsche Volkszeitung (Düsseldorf). 23.11.1984. S.12.

spielt der Selbstmord der gleichaltrigen Freunde der Protagonistin eine wichtige Rolle für die Zeichnung der Zeitstimmung.
Das abgeriegelte Land, an dessen Grenzen die Flüchtigen erschossen wurden, ist ebenfalls eine Konstante dieser Romane.[618] Ebenso die Darstellung der angepaßten, bewußtlosen Masse der Arbeiter, als Folge einer planlos durchgeführten Industrialisierung, die sich die Proletarisierung der Bauern im Schnelldurchlauf als Ziel gesetzt hatte. Herta Müller spezialisiert sich auf groteske Soziogramme, die auf die sozialen Umwälzungen nach 1945 verweisen. Die Bauern, denen man im Sozialismus die Existenzbasis durch die Enteignung des Grundbesitzes entzogen hatte, wurden schon in der Erzählung „Der Mensch ist ein großer Fasan auf der Welt" dargestellt. Anhand des Dorfproletariats, das sich in der Nachkriegszeit um ein Vielfaches vergrößert hat, gestalten die Erzählungen H. Müllers den Verfall des Dorfes. Von der Umwandlung der Dörfler in Proletarier berichten auch Franz Böni und Innerhofer, nur wird sie bei ihnen auch als Befreiung aus der Dorfenge empfunden. Bei Herta Müller enthält die Proletarisierung keine erlösenden, sondern entmenschlichende Züge. „Das Proletariat der Blechschafe und Holzmelonen", wie H. Müller sie nennt, erhält zoomorphe Merkmale: „Immer im Rudel im Sommergarten einer Bodega" („Herztier", 37). Ihr Kennzeichen ist die Bewußtlosigkeit, mit der sie die ihnen von der Macht aufgezwungenen Existenz-Schranken hinnehmen: „Auch die Bodega war gelogen, die Tischtücher und Pflanzen, die Flaschen und die weinroten Kellneruniformen. Hier war niemand ein Gast, sondern ein Zugelaufener des sinnlosen Nachmittags". („Herztier", 37)

21.1.1. „Herztier"

Der Roman „Herztier" weist drei Teile auf: der erste Teil verfolgt die Ich-Erzählerin während ihrer Studienzeit, der zweite während ihrer Arbeit als Übersetzerin bzw. bei ihrer Entlassung und der letzte bei und nach der Ausreise in die Bundesrepublik.
Durch seinen weit geschlagenen zeitlichen Bogen werden Ereignisse der siebziger und achtziger Jahre dargestellt, die prägnante autobiographische Züge er-

---

[618] „Die Reisepässe sind rar. Die Landesgrenze ein Stacheldrahtgelände, von Soldaten und Hunden bewacht. Jeder, der durch diesen Mittag geht, hat gehört von Fluchtversuchen, von Gleichaltrigen, die erschossen, von Hunden zerrissen, totgeprügelt worden sind. Keine Friedhöfe, keine Denkmäler gibt es für sie". In: „Überall, wo man den Tod gesehen hat. Eine Sommerreise in die Maramuresch", S. 117 (Band „Barfüßiger Februar"). Oder: „Die Leute halten so viele Hunde, damit man die Schüsse nicht hört, und Gänse statt Hühner, weil sie die ganze Nacht schnattern. Die Leute haben sich daran gewöhnt, das Bellen und Schnattern hören sie nicht mehr, sie hören die Schüsse." („Der Fuchs war damals schon der Jäger", S. 249)

kennbar machen.[619] Die Trennung der vier Freunde nach Studienabschluß in „Herztier" erinnert an Begebenheiten, die sich Ende 1974/Anfang 1975 abgespielt haben müssen, als viele der Mitglieder der „Aktionsgruppe" mit dem Ende ihres Studiums Temeswar verlassen mußten. Eine neue staatliche Verordnung besagte, daß alle Absolventen eine dreijährige Probezeit an den vom Staat zugeteilten Arbeitsplätzen zu absolvieren haben. Somit müssen sie damit rechnen, für drei Jahre an einem entlegenen Ort Rumäniens verbringen zu müssen.[620] In der Gestalt des Hauptmanns Pjele aus „Herztier" erkennt man einen Herrn Pele, der William Totok 1975 und 1976 verhörte und auch von Johann Lippet Sätze zu der Thematik der Gedichte Totoks erpreßte.[621] Der Konflikt mit dem rumänischen Geheimdienst reflektiert eine Grundstimmung innerhalb der Gruppe Banater Autoren.[622] Nach 1975 wird etliche Jahre das „Securitate-Thema" das Verhältnis der Autoren untereinander bestimmen. Auch Herta Müller wird immer wieder vom Geheimdienst bestellt.[623] Sie verliert, wie auch im Roman, 1980 ihre Arbeit als Übersetzerin in einem Temeswarer Betrieb, erst 1982 darf sie wieder in Temeswar als Lehrerin arbeiten.

Den Rückgriff auf Autobiographisches erklärt H. Müller in ihren poetologischen Essays. Der Antrieb zum Schreiben soll bei ihr von Situationen der Ungeborgenheit ausgelöst werden. Dabei wird nicht nur Wirkliches wahrgenommen, sondern die Realität wird durch die „erfundene Wahrnehmung" grotesk verzerrt. Die „erfundene Wahrnehmung" stellt somit ein Sinnesorgan subjektiver Betrachtung dar. „Vielleicht ist das Erfinden der Wahrnehmung, das Selbstverständliche, das uns immer begleitet - Angst, deren Gründe sich nicht einschränken, nicht genau benennen lassen."[624] Die Angst, die dem Wahrnehmungsprozeß zu Grunde liegen soll, wurde oft als zwanghaft bewertet[625] oder gar parodiert[626]. Das Schreiben als Aufarbeiten von Selbsterlebtem wird von Herta Müller nicht als erlösend

---

[619] Für Herta Müller spielt das Selbsterlebte nach eigenen Angaben eine Schlüsselrolle: „Autobiographisches, selbst Erlebtes. Ja, es ist wichtig". Herta Müller: Wie Wahrnehmung sich erfindet, 1990, S.9.
[620] Krause, 1998, S. 111.
[621] Ebd., S. 84.
[622] Zerwürfnisse mit den staatlichen Behörden, Befragungen durch den Geheimdienst werden in Johann Lippets: „Protokoll eines Abschied und einer Einreise oder die Angst vor dem Schwinden der Einzelheiten" (1990), „Die Falten im Gesicht" (1991), in Richard Wagners „Giancarlos Koffer" (1993) dargestellt.
[623] Herta Müller. In: Begegnungen. Gespräch mit Herta Müller. ZDF/ORF. Ausstrahlung vom 28.02.1997.
[624] Herta Müller: Wie Wahrnehmung sich erfindet, 1990, S.6.
[625] Susanne Meyer: Ein Erdhauch über Gräbern. In: Die Zeit. 11.10.1991. S.10-11.
[626] Renate Miehe: Warme Kartoffel, warmes Bett. Zugeschnürte Wünsche: Gesammelte Kurzpredigten von Herta Müller. In: FAZ. 13.01.1993. S.28.

empfunden, sondern als unausweichliche Peinigung, der sich der Erinnernde nicht entziehen kann.

Der Abstand der Erzählzeit (die Ich-Erzählerin in der Bundesrepublik) von der erzählten Zeit (Rumänien ab Mitte der siebziger Jahre bis spät in die achtziger Jahre hinein) bewirkt in „Herztier" den Erzählgestus der Erinnerung, der den Roman abrundet. Der erste und gleichzeitig letzte Satz des Romans, der Edgar in den Mund gelegt wird, zeigt die Protagonisten als Mitglieder einer Generation von Außenseitern, Unverstandenen: „Wenn wir schweigen, werden wir unangenehm, sagte Edgar, wenn wie reden, werden wir lächerlich." Ihr Aufbegehren gegen die Tabus der überwachten Gesellschaft hat sie zu Opfern[627] gemacht. Der Roman verfolgt ihr Schicksal, das vom Terror des Geheimdienstes geprägt ist. Sobald der Einzelne dem Geheimdienst die Stirne bietet, wird er mit dem Tod bestraft: Lola stirbt erhängt an einem Gürtel, Georg stürzt sich aus einem Fenster bei seiner Ankunft in der Bundesrepublik (eine Reminiszenz an Rolf Bossert?), Kurt wird in seinem Zimmer erhängt aufgefunden (Wie auch Roland Kirsch 1989?). Die beiden Überlebenden, Edgar und die Ich-Erzählerin, fassen aus der Erzählzeit in der Bundesrepublik das Erlebte mit den Versen des rumänischen Dichters Gellu Naum zusammen, die vom Geheimdienst innerfiktional als subversiv eingestuft wurden:

„jeder hatte einen Freund in jedem Stückchen Wolke

so ist das halt mit Freunden wo die Welt voll Schrecken ist

auch meine Mutter sagte das ist ganz normal

Freunde kommen nicht in Frage

denk an seriösere Dinge"

Die Verse, die als Motto eingebaut und zur Dramatisierung des Geschehens auch in die Handlung eingeflochten wurden, zeigen das Zerstörungspotential gesellschaftlicher Zwänge auf der Individualebene. Sie thematisieren die Grenzen, die der Freundschaft in der Allgegenwärtigkeit der Angst gesetzt werden. In der Auswanderung sehen die Protagonisten ihre physische Überlebenschance. Die obsessiven Todesbilder in „Herztier" sind dementsprechend Metaphern existentieller Bedrohung.

Es geht der Erzählerin im Roman vorrangig darum, neben der kohärenten Handlung des Romans, eine Stimmung zu erzeugen, welche auf der Vermischung der Darstellungsebenen beruht, auf Übertreibung und Deformation der Wirklichkeit.

---

[627] Ihre eigene Opferpose beschreibt Lola in ihrem Tagebuch durch christliche Symbole. „Mein Handschuh hat ein Loch an der Daumenspitze, das Loch hat einen Kranz aus spitzen Maschen. Für mich ist es ein Dornenkranz."(28)

Dies gilt vor allem für die Bilder der Blutsäufer im Schlachthaus-Dorf[628], aber auch für Szenen aus einer abgelegenen Kleinstadt. Die kumulierten Bilder im Stakkato der paratiktischen Sätze wechseln plötzlich die Register, verlassen unerwartet die objektive Erzählperspektive des realistisch erzählten Alltags zugunsten einer phantastisch-beklemmenden Ebene. Sie veranschaulichen die Orientierungslosigkeit, die vom Menschen auf die Natur übergreift: „Die Alten pfiffen in die Wälder und machten die Vögel verrückt. Die Vögel irrten sich in den Bäumen und Nestern. Und wenn sie außerhalb des Waldes flogen, verwechselten sie das Wasser der Pfützen mit den Wolken. Sie stürzten sich tot." (99) Das Symbolgeflecht in der Erzählung H. Müllers ist verwirrend und mehrdeutig. Die Dinge verlieren oft ihren Status, Menschen werden zu Tieren, Tiere zu Ungeziefer, Pflanzen zu Unkraut, in einer Bildlichkeit, die von Ekelbildern überquillt.[629]

Die Rezensenten von Herta Müllers Erzählungen hoben oft die surrealen Züge ihrer Sprachbilder hervor und meinten dabei sicherlich die nicht orthodoxe Auffassung im Sinne von „bizarr", „phantastisch", „ungewöhnlich" oder „verrückt". H. Müllers halluzinatorische Bilder hatten aber als Ausdruck des Protestes und als Wille zur Provokation besonders in ihren ersten Texten Gemeinsamkeiten mit dem Surrealismus. Mit dem Übergang H. Müllers von den kürzeren Erzählformen zum Roman verschiebt sich aber die Funktion ihrer assoziativen Traumbilder zur stimmungsunterstützenden Dekoration angesichts der zunehmend realistischeren Darstellungsintention. Sie veranschaulichen beispielsweise, wie der Verfolgte von seinem realen Umfeld angesichts der zahlreichen Einschüchterungsversuche bedroht wird. Die Gebrauchsgegenstände, die vom Geheimdienst zur Einschüchterung des Einzelnen mißbraucht werden, verlieren zunehmend ihre denotative Funktion, während ihre konnotative Bedeutung übergroß in den Vordergrund tritt: „So bleibt das Fahrrad nicht lange ein Fahrrad, das Haarbleichen kann kein Haarbleichen bleiben, das Parfüm kein Parfüm, die Türklinke keine Türklinke, der Kühlschrank kein Kühlschrank. ... Alles rundum schien sich nicht mehr sicher zu sein, ob es das, oder dies oder etwas ganz anderes war. Über kurz oder lang gab es nur noch nichtige Dinge mit wichtigen Schatten. Keine

---

[628] Die Dörfler „wollen nicht, daß im Schlachthaus Leute arbeiten, die täglich in die Stadt fahren können. Die wollen nur Dörfler, die das Dorf selten verlassen. Wenn Neue hinzukommen, werden sie schnell zu Komplizen".(100) Dieses Dorf ist eine für das Weiterbestehen der Diktatur lebensnotwendige Zelle, weil es übersichtlich und damit kontrollierbar ist. Die Menschen verlieren ihre menschlichen Züge, werden vom System abhängig gemacht durch das mehrdeutige „Blut Saufen", das sich wie ein Virus auch auf die Kinder überträgt: „Diese Kinder sind schon Komplizen. Die riechen, wenn sie abends geküßt werden, daß ihre Väter Blut saufen und wollen dorthin." (100) Das Dorf ist eine Groteske, die den Prozeß der Mentalitätsbildung, die Herausbildung von Kompromißbereitschaft in der Diktatur darstellt.

[629] Wolfgang Kopplin: Herta Müllers Herztier. In: Bayern Kurier. 3.06.1995. S.16.

Phantasie, nicht die Lust auf Surreales war es, sondern diese ungenierte Nacktheit oder Verpuppung, diese Indiskretion mit der sich alles verbandelt hatte."[630] Es geht bei Herta Müller also nicht um die spontane Assoziation von Traum und Wirklichkeit im Hinblick auf das Erreichen einer „absoluten Realität", sondern um reale Gründe (Verfolgung), die reale, auch wenn verzerrt-überdimensionierte Wahrnehmungsmuster erzeugen.[631]

Es ist nicht zu übersehen, daß Herta Müller durch die komplexeren Zusammenhänge, wie sie die Romanform ermöglicht, ein gesellschaftliches Panoramabild zeichnen will. Dies zeigen auch die integrativen Bemühungen der Ich-Erzählinstanz: Die zu verschiedenen Zeitpunkten handelnden Protagonisten stehen zeitlich nebeneinander. Der Vater mit seinen Verstrickungen als SS-Soldat im Zweiten Weltkrieg wird durch Erinnerungssequenzen in die Erzählung integriert, wie auch der Repräsentant des Repressionsmechanismus der Nachkriegszeit, der Geheimdienstler Pjele. Ist der Vater „singend in die Welt marschiert" und hat er „Friedhöfe gemacht" (21), so macht Pjele „Friedhöfe sogar an Orten, die er nicht betrat." (248) Das Neue ist eine Wiederholung des Alten, so die Darstellungsintention des Romans. Die vier Freunde, Edgar, Kurt, Georg und die Erzählerin distanzieren sich sowohl von der einschränkenden Daseinsform des Dorfes als auch vom überwachten Alltag der Stadt aus dem Bewußtsein heraus, daß die Geschichte in ihrer Wiederholung die gleichen Prototypen erzeugt und daß die Menschen unbelehrbar bleiben: „Als Spitzel sind alle zu gebrauchen, sagte Kurt, ob sie bei Hitler oder Ceauşescu waren"(„Herztier", 183).

Herta Müller situiert sich mit ihren letzten Romanen in der Tradition jener Verfasser von Gesellschafts- und Zeitromanen wie beispielsweise Hans Bergel („Wenn die Adler kommen"), Eginald Schlattner („Der geköpfte Hahn"), Franz Hodjak („Grenzsteine"), die, wenn auch unterschiedlichen Erzähltraditionen verpflichtet und in unterschiedlich gelungener Ausführung, die Idee einer aufgeklärten progressiven Geschichtsentwicklung ablehnen und diese durch eine zyklische Geschichtsauffassung als Ausdruck des geistigen Stillstands der Menschheit ersetzen.

---

[630] Herta Müller, 1999, S. 9.
[631] Diese besondere Wahrnehmung umschreibt Herta Müller mit dem Begriff des „fremden Blickes", der für die Ungeborgenheit im Vertrauten steht und für ein fortdauernd bewußtes Sehen sorgt: „Die ständig notwendige Vorsicht verlegt den Tag auf ein Millimeterpapier". Herta Müller, 1999, S. 11 und 13.

21.2. Das Ende der Geschichte - Die Figuration des Thanatischen

Das „Ende der Geschichte" ist ein Themenkomplex, den die rumäniendeutschen Autoren besonders ab den achtziger Jahren aufgreifen. Eine Reihe von Texten dokumentiert die zurückgelassene Leere nach der Auswanderung mit Todes- und Endzeitbildern.

Franz Hodjak spielt im Gedicht „siebenbürgisches klagelied"[632] auf Meschendörfers „Siebenbürgische Elegie" an. Er übernimmt den elegischen Ton und das Endzeitgefühl, ersetzt aber die Konkreta des literarischen Vorbilds (Brunnen, Korn, Wein, Märzwind, Heu, Mond, Eichbaum) durch ein ebenfalls als „heimatlich" zu erkennendes Bild. Man erkennt die zurückgelassene Heimat nicht etwa an den materiellen Zeugnissen von Kultur und Geschichte (Grüfte, Tore, Wappen)[633], wie etwa bei Meschendörfer, sondern an den Gesten des Alltags. Der Postbote stellt eine Postkarte zu, die der Totengräber des Dorfes, nun in der Bundesrepublik ausgewandert, den im Land Hinterbliebenen zugeschickt hat.

„der totengräber, er ist verschwunden.
bald schiebt der postbote eine karte zwischen unsere fensterscheiben.
nun gut; doch wer befördert uns jetzt nach unten?
und wer trinkt jetzt den schnaps derer, die hinterblieben?
es ist juli, doch wir waisenkinder frieren stark.
wer quetscht jetzt, wenn sie zu groß sind, unsere füße in den sarg?
der totengräber ist verschwunden.
werden wir ihm folgen, wir, seine notorischen kunden?"

Die Karte wird zur indirekten und lapidaren Umschreibung des Alleinseins, des Zurückgelassen-Werdens. Franz Hodjak gelingt jedoch in seinem „siebenbürgischen klagelied" eine gewagte stilistische Ausführung: Nachdem er durch Stilbruch mehrere Gefühlsregister von elegischer Klage bis zu Galgenhumor zieht, deutet er mit dem ratlosen Fragen im letzten Vers sowohl auf das kulturelle und historische Ende durch die Auswanderung als auch auf das Ende der individuellen Zeit hin. Er kippt durch die Identifizierung der Zurückgebliebenen als „notorische Kunden" des Totengräbers pointiert die Einsamkeits-Elegie in Todesahnung.

Johann Lippet wählt in der Erzählung „Der Totengräber"[634] ein menschenleeres Dorf aus dem Banat als Handlungskulisse. Die Handlung ist bizarr: Der allein in einem kleinen Dorf zurückgebliebene Totengräber Johann Wiener will eine „Ge-

---

[632] Aus dem Band „luftveränderung". Bukarest: Kriterion 1988.
[633] Siehe auch Edith Konradt: Kriterien und Klischees literarischer Rezeption bei den Siebenbürger Sachsen am Beispiel von Adolf Meschendörfers „Siebenbürgischer Elegie". In: Anton Schwob und Brigitte Tontsch (Hg.) 1993, S. 267-292.
[634] Zuerst fragmentarisch erschienen in NL 7 und 8/1982, dann in Heidelberg 1997.

sellschaft zur Rettung des Friedhofs" gründen, die er mit Spendengeldern der Ausgewanderten finanziert. Die Situation für den Hinterbliebenen ist tragikkomisch: Als Letzter im Dorf wird ausgerechnet der Totengräber zum Hoffnungszeichen für das Weiterbestehen banatdeutscher Kultur. Da Johann Wiener die Einsamkeit bedrückt und ihm die Behörden, die es auf sein Geld abgesehen haben, nur Hindernisse in den Weg stellen, entscheidet er sich, einen Vetter, Nikolaus Wiener, zur Hilfe zu rufen. Doch Nikolaus Wiener mußte vor Jahren wegen seiner verbotenen Heirat mit einer „Armen" sein Dorf verlassen. Den Beweis dafür, daß er nicht ausgewandert ist, erbringt die Tatsache, daß er keine Postkarte aus der Bundesrepublik abgeschickt hat: „Die Wiener aus Wolfsberg, die sind bestimmt noch nicht ausgewandert. Haben keinen Brief geschrieben aus Deutschland." (45)

Der Brief aus Deutschland als Zeichen der Ankunft für die Zurückgebliebenen schicken die Kürschners der Familie Windisch in Herta Müllers Erzählung „Der Mensch ist ein großer Fasan auf der Welt" (1986). Auch hier wird mit der Auswanderung ein Endzeitgefühl ausgelöst: „Seit Windisch auswandern will, sieht er überall im Dorf das Ende. Und die stehende Zeit für die, die bleiben wollen" („Der Mensch ist ein großer Fasan auf der Welt", S. 5).

Auch im Romanfragment „Lauter Ausreden"[635] läßt Werner Söllner Tote in einem surrealen Szenario agieren: tote Frauen, Kinder, tote Mägde und Knechte, der tote Großvater, alle helfen mit, das Dorf für eine Besichtigung aufzupolieren. Das Dorf wird nunmehr nur noch von Toten bewohnt. Noch stärker nimmt Richard Wagner das Dorf in seiner Kürzestgeschichte „Nachtrag zur Dorfchronik" („Der Himmel von New York im Museum von Amsterdam", S. 59) buchstäblich zurück, der Text handelt nicht vom Dorf, sondern annulliert es im Erzählvorgang:

„Der Hund schlägt an. Sind Räuber da? Und welches Jahr ists, wenn man fragen darf. Großmutter steht auf, geht zum Schrank. Das Möbel fängt Feuer. Sie öffnet die brennende Tür, greift nach dem Bügel. Der ist aus Asche, zerfällt ihr in der Hand. Sie nimmt das verbrannte Kleid, zieht es an, geht auf die Straße. Hinter ihr ist keine Straße mehr. Sie geht auf die Kirche zu. Sie geht in die Kirche hinein. Sie geht die Wendeltreppe hinauf. Hinter ihr ist keine Treppe mehr. Sie geht zur Orgel hinauf, macht die brennende Tür hinter sich zu. Dann ist sie nicht mehr zu sehn. Nur ein Ton ist zu hören, aus der brennenden Orgel, ein einziger Ton. Und die Verwandten stehn über den Kontinent verstreut, an Tankstellen und Fließbändern, und schauen zu, und manchmal ist ihnen, als hätten sie diesen Ton im Kopf."

---

[635] Auszug aus dem ersten Kapitel des noch nicht vollendeten Romans Söllners „Die gläserne Bibliothek". In: NL 3/1993, S. 15-26.

22. Zusammenfassung

Das Ziel dieser Arbeit war eine deskriptiv-analytische Untersuchung zur rumäniendeutschen Erzählung der Nachkriegszeit, die chronologische Entwicklungen berücksichtigt und sich auf einige thematische Schwerpunkte festlegt. Der zeitliche Bogen, der mit 1945 einsetzt, ist historisch gesehen mit dem Jahr 1989 geschlossen. Dennoch, die Einschränkung auf die Zeit bis 1989 hätte wichtige Erkenntnisse ausgeklammert, die Berücksichtigung der neunziger Jahre ist als eine für die Untersuchung relevante „Kontrollzeit" signifikant. In dieser Zeit kristallisieren sich nämlich Entwicklungen heraus, die man bis 1989 nur erahnen konnte. Die innerhalb dieser Zeit vorgenommenen Periodisierungen orientieren sich an kulturpolitischen Epochen. Eine Abweichung gegenüber den üblichen, in Fachkreisen vorgenommenen Zeiteinteilungen, die auch für andere literarische Gattungen zutreffen, wurde nicht für notwendig befunden.

Das dieser Arbeit zugrunde liegende Textkorpus hat sowohl die in Rumänien, als auch die im deutschsprachigen Raum (Bundesrepublik und Österreich) erschienenen Erzählungen berücksichtigt. Die Analyse nach thematischen Schwerpunkten hat streckenweise die Trennungslinien zwischen den im westlichen Ausland und den in Rumänien veröffentlichten Erzählungen überschritten. Die Beschreibung paralleler Entwicklungen aus Ost und West hat einen übersichtlichen Zugang zum Gegenstand der Untersuchung erschwert. Es mag wohl scheinen, daß die in Rumänien schreibenden Autoren oder diejenigen, die sich erst ab den endsechziger Jahren im Westen niedergelassen haben, mit Vorzug behandelt wurden, so daß die verschiedenen Autoren nicht immer in einem wertgerechten, proportionalen Verhältnis zueinander stehen.

Die überproportional anmutende Behandlung einiger Autoren ist darauf zurückzuführen, daß die bis in die achtziger Jahre hinein in der Bundesrepublik entstandenen Texte auf der Position realistischen Erzählens regionaler Färbung beharren, ohne spektakuläre Entwicklungen durchzumachen. In Rumänien hingegen durchlebte die deutsche Literatur dramatische Umwälzungen. Demnach wollte ich lediglich die Erzählungen in ihren vielfältigen Erscheinungsformen und in ihrer Entwicklung berücksichtigen.

Die rumäniendeutschen Erzählungen sind als Zeugnisse einer Minderheit zu verstehen, die ihr Selbstverständnis aus ihrem Fortbestehen in bestimmten regionalen Grenzen ableitete. Es wurde in dieser Arbeit weder der Bezeichnung der rumäniendeutschen Literatur als Regionalliteratur noch als Minderheitenliteratur der Vorzug gegeben, da beide gültig sind und meiner Ansicht nach nicht in einem Konkurrenzverhältnis zueinander stehen.

22.1. Kurze literarhistorische Übersicht

Die Planung eines Überblicks über die literarische Situation in der Zwischenkriegszeit entsprach dem Anliegen, die rumäniendeutsche Erzählung der nachfolgenden Epoche in eine literarhistorische Entwicklungslinie einzubetten. Die Zwischenkriegszeit ist auch deshalb für die literarische Entwicklung nach 1945 relevant, weil in dieser Zeit die geopolitischen Umwälzungen nach 1918 die Weichen für ein Zusammenwachsen der siebenbürgisch-sächsischen und banatdeutschen Regionalliteraturen zur „rumäniendeutschen" Literatur gestellt haben. Typisch für diese Zeit ist das Schwanken zwischen dem Aufgreifen moderner europäischer literarischer Tendenzen und dem sich als stärker erweisenden Traditionalismus.

Nach dem Zweiten Weltkrieg spaltete sich die deutschsprachige Literatur aus Rumänien in zwei Teile auf: Einige Autoren blieben nach dem Zweiten Weltkrieg in der Bundesrepublik, wo sie ihre literarische Tätigkeit fortsetzten.

Die in Rumänien verbliebenen Autoren mit literarischem Renommee befanden sich in der Folgezeit des Krieges in einer zwiespältigen Situation zwischen freiwilliger Zurückhaltung und staatlicherseits gefordertem Schweigen. Die Stillegung der deutschsprachigen Medien nach dem 23. August 1944 bewirkte implizit den Ausschluß der Autoren aus der kulturellen Öffentlichkeit. Die gegen die deutsche Bevölkerung des Landes vorgenommenen Sanktionen ermahnten sie in einer Zeit allgemeiner Verwirrung zu besonderer Vorsicht. So kam die Gründung des „Neuen Weg" März 1949 eher einer Weichenstellung näher als einem tatsächlichen literarischen Neubeginn. Dilettantismus machte sich in den Seiten der neu gegründeten Medien breit. Es entstanden die ersten deutschen Erzählungen, die sich dem Sozialistischen Realismus verpflichteten. Sie unterwarfen sich vielfachen rigiden Selektionszwängen, die mit der Auferlegung zahlreicher thematischer und formaler Tabus einsetzten. Die Reihe dieser Texte, wenn auch von relativ geringer Anzahl, setzte sich bis in die achtziger Jahre hinein fort.

Mit dem 1953 eingeleitetem „kleinen Tauwetter" kamen einige junge, ernstzunehmende Autoren zu Wort. In dieser Zeit registriert man die vorsichtigen Bemühungen um die Rehabilitierung traditioneller Schreibweisen. Nach dem sowjetischen Einmarsch in Ungarn entschloß sich Rumänien zu einer strikteren Befolgung der sowjetischen Linie, so daß dem zarten Neubeginn ein Dämpfer aufgesetzt wurde. Die Folgen für den deutschen Literaturbetrieb kristallisierten sich in dem inszenierten Prozeß gegen fünf ihrer Hoffnungsträger. Demzufolge machte sich in den Reihen der Deutschschreibenden bis in die sechziger Jahre hinein Panik breit.

Ende der sechziger Jahre wanderten unter anderem Hans Bergel, Andreas Birkner, Paul Schuster, Dieter Schlesak, der Lyriker Oskar Pastior in die Bundesrepublik aus, wo sie weiterhin literarisch produktiv blieben.

Erzählungen, die sich den eigenen gewachsenen Traditionen Siebenbürgens und des Banats verpflichten, sind in der Nachkriegszeit sowohl in Rumänien entstanden, als auch aus der Feder ehemaliger rumänischer Staatsbürger deutscher Nationalität in der Bundesrepublik oder Österreich hervorgegangen. Sie richteten sich auf die Darstellung spezifischer Topoi von regionaler Relevanz aus. Anhand der „traditionellen" rumäniendeutschen Nachkriegserzählung läßt sich die Vorliebe für bestimmte historische Ereignisse illustrieren, die für die deutsche Minderheit sozialpolitische und kulturelle Umwälzungsprozesse bewirkt haben.

Beginnend mit den liberalen sechziger Jahren, als sich die rumäniendeutsche Literatur und Literaturkritik westlichen zeitgenössischen Strömungen öffnete, registriert man einen literarischen Emanzipationsprozeß. Die jungen Literaturkritiker wiesen auf die hoffnungsvollen Debüts Hans Liebhardts, Franz Hodjaks, Joachim Wittstocks, Bettina Schullers, Dieter Roths hin, auf den literarischen Wiedereinstieg Georg Schergs, Wolf von Aichelburgs. Einen Gewinn an Qualität verzeichneten Einzelleistungen Arnold Hausers, Franz Storchs, Paul Schusters und Franz Heinz'.

Was sich anfangs in lobenswerten Einzelbeispielen von Erzähltexten äußerte, profilierte sich im Rahmen der linken „Aktionsgruppe Banat" durch das selbstbewußte Auftreten einer jungen Autorengeneration. Sie profitierten von einem noch günstigen Kontext, so daß sie 1972, in einer sich anbahnenden Eiszeit, in den deutschsprachigen Medien aus Rumänien Platz für ihre Texte angeboten bekamen.

Das Mündigwerden der rumäniendeutschen Literatur konnte auch im Zuge der zunehmenden Eiszeit, beginnend mit den siebziger Jahren nicht zurückgenommen werden, es geht mit formalen und thematischen Auflockerungen einher, so daß die Erzählungen ein noch nie dagewesener inhaltlicher Reichtum auszeichnet.

Mit ihrer Kampfansage an die Tradition der Region und der Demontage der herkömmlichen Dorfgeschichte zeigten die Autoren um die „Aktionsgruppe Banat", wie sehr sich das Selbstverständnis der Literatur geändert hat.

Die komplizierte literarische Aussage auf dem „Umweg" der intertextuellen Anspielung signalisiert bei Autoren, die intertextuelle Bezüge zum konstitutiven Teil ihres Werkes machen, eine Zunahme ästhetischen Raffinements und der Vielschichtigkeit der Darstellung. Durch Intertextualität entsteht ein semantisch reiches, ergiebiges Spannungsverhältnis zwischen den Texten, das sowohl eine Erweiterung und Aktualisierung der Textvorlage als auch die Umkehrung des ursprünglichen Sinns ermöglicht. Der diskrete intertextuelle Bezug half ferner den rumäniendeutschen Erzähltexten, erfolgreich die Zensur zu passieren. Der Bezug zu Werken der deutschen Literatur signalisiert, zugespitzt ausgedrückt, den Willen, aus der Regionalliteratur auszutreten.

Als Textvorlagen für intertextuelle Bezüge wählen einige rumäniendeutsche Erzähler auch Werke der siebenbürgisch-sächsischen und banatdeutschen Literatur: Daß es sich um Repräsentatives handelt, zeigt der bevorzugte Bezug zu Adolf Meschendörfer und Adam Müller-Guttenbrunn. Durch das realisierte Netz von Anspielungen knüpfen die Texte an Diskussionen früherer Epochen an, und aktualisieren damit die früheren Mentalitätsstrukturen und Denkkonzepte. Der verspielte Umgang mit bekannten Texten der Region macht die Veranschaulichung ihrer Wirkungsgeschichte und die Ergründung des geänderten Selbstverständnisses der Minderheit möglich. Die traditionellen Werte der Region werden ferner auf ihre weitere Gültigkeit hin überprüft.

Die zaghafte, doch nicht zu übersehende Bildung eines Netzes literarischer Anspielungen innerhalb der siebenbürgisch-sächsischen und banatdeutschen Literatur läßt die Schußfolgerung zu, daß die beiden Literaturen, sich auf ihre unterschiedliche kulturelle Tradition berufend, trotz ihrer Entwicklung in einem gemeinsamen Staat nicht vollständig zusammengewachsen sind.

In den achtziger Jahren entscheiden sich neben den schon bekannten Autoren auch Debütanten zunehmend für experimentelle Texte. Die Wahl kurzer, undurchsichtiger Erzählformen, die Rücknahme der Fabel hängen mit der von den Autoren erspürten Unmöglichkeit wahrheitsgemäßer Wirklichkeitsreflexion in der Erzählung zusammen. Der Zweifel an der Möglichkeit der Wirklichkeitserfassung durch die Sprache mündet in die Unverbindlichkeit des Wortspiels als abstrakte Form der Sprachkritik, wie auch am Beispiel Jakob Mihăilescus erläutert wurde.

Das Aufgreifen der Frauenproblematik, die Bekleidung von Hauptrollen in der rumäniendeutschen Erzählung mit Frauenfiguren wird unterschiedlich funktionalisiert. In den Texten moderner Autoren hat sie eine doppelte Schlagkraft: einerseits gegen die Behauptung der Gleichberechtigung in der sozialistischen Gesellschaft und andererseits gegen die festgefahrene geschlechtsspezifische Erziehung im Einvernehmen mit den Wunschvorstellungen der Dörfler und des bürgerlichen Spießers. Die Wahl von weiblichen Protagonisten als Mittelpunkt der Erzählungen eignet sich ferner zur Erprobung der Techniken psychologischer Introspektion, die ab Mitte der sechziger Jahre in der rumäniendeutschen Erzählung modisch geworden waren.

Im Verlauf der Dokumentationsarbeit zu dieser Dissertation ist deutlich geworden, daß die Zensur, ausgenommen die besonders dogmatischen fünfziger Jahre, die literarische Landschaft nicht kahlschlagen wollte. Ein Phänomen der „Inneren Emigration", auch für die deutsche Literatur während des Dritten Reiches nicht ganz unumstritten, hat es für die deutschsprachige Literatur aus Rumänien kaum gegeben. Hans Bergels historische Erzählung „Fürst und Lautenschläger" (1957), so wie Wolf von Aichelburgs Parabeln („Das gescheite Kätzchen und seine Freunde", „Des Kaisers Tierpark"), die ab 1945 entstandenen Schubladenromane Erwin Wittstocks, Georg Schergs chiffrierte Romane und einige Erzählungen Joachim Wittstocks könnten, jedoch mit Vorsicht, diesem literarischen Phänomen zugeordnet werden, das in Anlehnung an die deutsche „innere Emigration" zu verstehen sei.

Die Untersuchung des Genres Erzählung hat gezeigt, daß es viele Fälle gibt, in denen die Autoren ihr Konzept gegenüber den Forderungen der Zensur durchgesetzt haben. Dies hat auch die Gegenüberstellung der staatlicherseits formulierten Leitsätze für die Literatur mit der tatsächlichen literarischen Praxis in der Zeitschrift „Neue Literatur" aus dem Kapitel „Der kulturpolitische Hintergrund ab Mitte der siebziger Jahre" verdeutlicht. Daß in Rumänien Wertvolles erscheinen konnte, ist auch auf zahlreiche Faktoren zurückzuführen: auf den persönlichen Einsatz der Redakteure, Lektoren und Verleger, die über jeden Ausdruck verhandelten und von Lücken in den verschiedenen Zensurstellen profitierten. Der Staat führte eine Politik von „Zuckerbrot und Peitsche", die Autoren wurden einerseits gegängelt, andererseits mit literarischen Preisen belohnt. Die Zensurbehörden haben es auch sicherlich geschafft, Texte durch brutale Eingriffe zu verunstalten. Autoren, Redakteure und Verlagslektoren mußten sich auf ermüdende Verhandlungen für jeden Ausdruck einlassen. Dabei ist auch nicht außer Acht zu lassen, daß der rumänische Staat aus Imagegründen manch Wertvolles erscheinen ließ oder einigen Autoren eine Art „Narrenfreiheit" gewährte. Die Zensur hat offensichtlich nach dem „Dampfkesselprinzip" Subversives, Unerlaubtes durchgehen lassen, so daß die meisten in den fünfziger Jahren tabuisierten Themen, wenn auch durch Kompromisse seitens der Autoren, zur Sprache gebracht werden durften.

Infolge der sich intensivierenden Konflikte zwischen den Schriftstellern und dem totalitären Staat wollte die Auswanderungswelle nicht mehr abbrechen: 1980 und 1981 ließen sich Heinrich Lauer und Robert Schiff in der BRD nieder, im Laufe der achtziger Jahre verließen die jungen Repräsentanten der Banater Autorengruppe nach und nach das Land: zuerst Wichner, dann Rolf Bossert, Richard Wagner, Herta Müller usw.

Die Reihen der aus den deutschsprachigen Provinzen Rumäniens stammenden Autoren, die nach dem Zweiten Weltkrieg in der Bundesrepublik oder in Österreich lebten (wie Heinrich Zillich, Klaus Günther, Hans Wolfram Hockl), wur-

den somit im Laufe der Jahre durch die steten Auswanderungswellen immer dichter. So gab es nach 1989 nur wenige Repräsentanten des deutschen Literaturbetriebs in Rumänien: Georg Scherg und Franz Hodjak verließen 1990 bzw. 1992 das Land, es blieben Joachim Wittstock, Carmen Puchianu, Eginald Schlattner, Hans Liebhardt, der eine deutschsprachige Fernsehsendung leitet.
Während sich das literarische Engagement der rumäniendeutschen Autoren in der Bundesrepublik intensivierte (sie fanden Verlage, wurden von renommierten Zeitungen und Zeitschriften rezipiert), flaute das literarische Leben in Rumänien allmählich ab. Dies ist auf mehrere Gründe zurückzuführen: Auf die massive Auswanderungsbewegung und die Lücken, die die Autoren hinter sich ließen. Weiterhin bewirkte der Zusammenbruch des Kommunismus in Rumänien generelle Strukturveränderungen, wodurch beispielsweise die Fördergelder für die Kultur immer weiter geschmälert wurden.
Die jungen Banater Autoren, die Ende der achtziger Jahre in der Bundesrepublik ankamen, fanden eine völlig andere Medienlandschaft vor als ihre Zunftgenossen, die sich zu früheren Zeitpunkten in der Bundesrepublik niedergelassen hatten. Sie kamen in einer Zeit an, als die vermehrten kritischen Stimmen zum Ceaușescu-Regime die Aufmerksamkeit der Leser auf die Thematik „Rumänien und die Diktatur" lenkten.

22.2. Autorenprofile

Angesichts des relativ übersichtlichen rumäniendeutschen Literaturbetriebs können einige Autorengruppen ausgemacht werden.
Eine Gruppe bildete sich aus jenen Bedeutungslosen, die sich besonders in der Zeit der „stalinistischen Barbarei" während der fünfziger Jahre profiliert hatten und in der Nachfolgezeit es zu keiner qualitativen Weiterentwicklung in ihrer Schreibweise bringen konnten.
Andere Autoren wiederum, wie Arnold Hauser, Franz Heinz, Paul Schuster, Franz Storch schafften es, sich von den Vorgaben des Sozialistischen Realismus zu befreien und wandten sich zeitgenössischen Schreibtechniken zu. So entstanden bemerkenswerte Texte: Paul Schusters Prosafragment „Vorwort" (NL 68, Nr. 3-4), Arnold Hausers Kurzroman „Der fragwürdige Bericht Jakob Bühlmanns" (1968) und die Erzählungen „Der Fischteich"(NL 1973, Nr. 5), „Der merkwürdige Fall Hasso Werbes" (NL 1974, Nr.3), Franz Heinz' Kurzroman „Vormittags" (1969), Hans Liebhardts Weißkircher-Geschichten.
Typisch für die rumäniendeutschen Erzähler ist die hervorragende Einzelleistung, das Erreichen eines Niveaus, das nicht durchgehalten werden kann. Besonders viele Verfechter zeitgemäßer Strömungen charakterisiert ein Syndrom der Inkonsistenz: Dazu gehören beispielsweise junge Autoren, die in der Tauwet-

terperiode der sechziger Jahre mit vielversprechenden Texten debütierten, die auch in Anthologien aufgenommen wurden[636], um danach zu verstummen: Erika Hübner-Barth, Christian Maurer, Dieter Roth, Jürgen Speil, Richard Adleff, Igmar Brantsch.

Klaus Kessler veröffentlichte nach seinem vielversprechenden Band „Nachricht über Stefan" (Bukarest 1975) nicht mehr, Werner Kremm ließ nach einigen kurzen Prosatexten, die in der „Neuen Literatur" veröffentlicht worden waren, nichts mehr von sich hören, Gerhardt Ortinau legte nach der dem Band „verteidigung des kugelblitzes" (Klausenburg 1976) bis vor kurzem eine Schweigepause ein, als er sich in der Bundesrepublik wieder zu Wort meldete. Auch Autoren jüngerer Generation, die sich ab Mitte der achtziger Jahre in den deutschsprachigen Zeitschriften aus Rumänien meldeten, verstummten nach der Veröffentlichung von Texten, die die rumäniendeutsche literarische Landschaft bereicherten: Jakob Mihăilescu, Uwe Hienz, Roland Kirsch, Wolfgang Koch. Balthasar Waitz wiederholt in seinem neuen Band „Alptraum" (Bukarest 1996) zum Teil bereits publizierte Texte. Besondere Einzelleistungen dieser Schriftsteller stellen Jakob Mihăilescus „Stillstand" (NL 1984, Nr. 6), „Versagen" (NL 1986, Nr. 3), Balthasar Waitz' „Die Melder", „Sitzenbleiber", „Widerlinge. science-fiction-story"[637], Wolfgang Kochs „Lambert"[638], „Wir, die Wabenmenschen" (NL 1989, Nr. 3), „Das 777 Programm" (NL 1989, Nr. 3), „Anfahrt" (NL 1989, Nr. 3), „Das Recht auf Realität" (NL 1989, Nr. 9) dar, um nur einige Beispiele zu nennen.

Demgegenüber beweisen „traditionelle" Autoren stärkeres Durchhaltevermögen: Ihre über Jahrzehnte entstandenen Erzählungen weisen nur geringe Qualitätsschwankungen auf. Dies zeigen das Werk Hans Bergels, Andreas Birkners, Hans Wolfram Hockls, Klaus Günthers.

Als enttäuschend erwies sich der Fall Hans Liebhardts, der nach den gelungenen Weißkircher-Geschichten keine angemessenen Stoffe mehr fand und sich einer linientreuen Publizistik widmete. Claus Stephanis Protokolle „Wie das Wiesengras im Wind" (1986), „Niemandsmensch" (1992) stellen interessante Zeugnisse der Region dar. Besondere Einzelleistungen, die hervorgehoben werden müssen, sind auch Paul Schusters Erzählung „Heilige Cäcilia", Dieter Schlesaks „Vaterlandstage und die Kunst des Verschwindens" (1986) und Heinrich Lauers Roman „Kleiner Schwab – großer Krieg" (1987). Eine unerwartete Neuerscheinung ist die des siebenbürgischen Pfarrers Eginald Schlattner. Fünfundsechzigjährig

---

[636] Besonders in „Worte und Wege. Junge deutsche Prosa in Rumänien", hg. von Hans Liebhardt (Bukarest 1970), aber auch in „Worte unterm Regenbogen. Deutsche Erzähler in Rumänien", hg. ebenfalls von Hans Liebhardt (Bukarest 1973) und in „Nachrichten aus Rumänien. Rumäniendeutsche Literatur", hg. von Heinrich Stiehler (Hildesheim, New York 1976).

[637] Aus dem Band „Widerlinge" (1984).

[638] Aus dem Band „Die Brücke" (1983).

schrieb er den Kassenschlager „Der geköpfte Hahn" (1998), 2000 erschien sein zweiter Roman, „Rote Handschuhe".

In der Nachkriegszeit wurden Rahmenbedingungen für die Entstehung einer Erzählliteratur geschaffen, die einige wertvolle Vertreter hervorgebracht hat und welche die literarische Region in der deutschsprachigen Landschaft zu vertreten verdienen, die durch ihr Gesamtwerk zu „Markennamen" geworden sind: Franz Hodjak, Herta Müller, Richard Wagner, Georg Scherg, Joachim Wittstock. Oskar Walter Cisek wird an dieser Stelle nur deshalb nicht erwähnt, weil seine besten Erzählungen vor 1945 entstanden sind.

Eine Perspektive der weiteren Entwicklung des zweigleisigen literarischen Schaffens von Autoren, die aus Rumänien stammen und in der Bundesrepublik schreiben und von jenen, die weiterhin in Rumänien leben, kann nur schätzungsweise aufgezeigt werden. Es ist wahrscheinlich, daß rumäniendeutsche Autoren, die sich in der Bundesrepublik einen Namen gemacht haben, nach und nach die Region verlassen und aktuelle Themen aus dem neuen Lebensumfeld schöpfen.

Die Umstellung auf neue Lebensumstände in der veränderten Welt und in den veränderten Marktverhältnissen nach der Auswanderung oder nach 1989 hat viele Autoren zum Schweigen veranlaßt. Möglich ist, daß einige Autoren, die jahrelang geschwiegen haben, wieder zur Feder greifen[639], daß andere ihre sich im Entstehen befindlichen Erzählungen veröffentlichen, so wie beispielsweise Paul Schuster. Weniger wahrscheinlich ist es aber, daß über Einzelfälle hinaus neue Namen in einer „rumäniendeutschen Tradition" erscheinen.

22.3. Allgemeine Entwicklungen der rumäniendeutschen Erzählung

Die Untersuchung der rumäniendeutschen Erzählung der Nachkriegszeit hatte vielfältige Entwicklungslinien zu verfolgen. Deshalb wurde der Anspruch auf Vollständigkeit aufgegeben. Die Behandlung von Texten, die nicht nur unterschiedlichen literarischen Traditionen verpflichtet und in verschiedenen kulturpolitischen Epochen entstanden sind, sondern in unterschiedlichen Gesellschaftssystemen produziert wurden, ohne die Zugehörigkeitsmerkmale zu einem kulturellen Raum zu verlieren, erschwert die ordnende Arbeit.

Die Gelegenheit, grobe Simplifizierungen durch Ausklammerung bestimmter Problemkreise zu umgehen, wurde vom Begriff des Diskurses im Foucaultschen Verständnis geboten. Der Diskurs ist als Rahmen für Redezusammenhänge zu sehen, die zeitlich auseinanderliegen, und doch in Verbindung zueinander stehen.

---

[639] Eginald Schlattner beispielsweise wurde in den fünfziger Jahren noch vor seiner Verhaftung, als er noch den Literaturkreis der Universität Klausenburg leitete, für einen begabten Nachwuchsautor gehalten. Er meldet sich erst 1998 zur Literatur zurück.

Im Unterschied zu Benennungen wie „Traditionalismus" oder „Moderne" sind die drei herausgearbeiteten Diskurse für die spezifische Landschaft der rumäniendeutschen Nachkriegsliteratur angemessen. Ihre Rolle besteht darin, einzelne Problembereiche in größere historische, mentalitätsgeschichtliche, sozialpsychologische, gesellschaftliche Zusammenhänge einzubetten.

Zurückblickend lassen sich bei rumäniendeutschen Erzählern drei grundlegende Haltungen unterscheiden, die sich auf drei Erzählmuster auswirken. Der Berichtigungsdiskurs ist als Fortsetzung der Versicherungsdiskurse der deutschsprachigen Literaturen Siebenbürgens und des Banats aus früheren Epochen zu sehen. Versicherungsdiskurse führten im Kontext der rumäniendeutschen Erzählung jene literarischen Texte, die in der Tradition des Realismus entstanden waren und welche dominante oder gar regressive Institutionen oder Verhaltensweisen des „Volkes" durch die Handlungslogik der Texte bestätigten. Versicherungsdiskurse „versicherten", im spezifischen Kontext der siebenbürgisch-sächsischen oder banatdeutschen Regionalliteraturen, daß Altes und Bewährtes im existentiellen Umfeld der „Nation" oder im Umgang mit den anderen Nachbar-Nationen weiterhin lebenstauglich war.

Nach 1945 führen eine Reihe von Erzählungen unter folgenden Bedingungen einen Berichtigungsdiskurs: In den in Rumänien erschienenen deutschsprachigen Texten siebenbürgisch-sächsischer und banatdeutscher Literatur verdeckt, in jenen aus der Bundesrepublik offenkundig, gibt es das aufklärende Bedürfnis, Historisches, besonders Ereignisse des Zweiten Weltkrieges und der Nachkriegsjahre, ins richtige Licht zu rücken. Die beeindruckende Anzahl der Werke, die sich auf historisches Geschehen festlegen, belegen die innere Notwendigkeit der Autoren, durch ihre Stoffwahl die durch das kommunistische Regime verbreiteten historischen Lügen, den politischen Machtdiskurs und das schematisch-verschönernde Wirklichkeitsbild der Werke des Sozialistischen Realismus oft in episch breit angelegter Form zu widerlegen.

Die Herausbildung einer spezifischen Diskursführung als politische Metasprache hingegen, die sich nach 1945 in zahlreichen literarischen Texten unabhängig von den Erzählungstypen breit macht, ist als künstliches Resultat der Bemühungen um die Gleichschaltung der Literatur mit der sozialistischen Weltanschauung zu sehen. Diese Literatur als Produktionsstätte gesellschaftlicher Wunschbilder ist eigentlich als unrealistisch zu bezeichnen, auch wenn sie den Anspruch auf realitätsgetreue Darstellung der Wirklichkeit erhebt. Die Texte, die einen Überzeugungsdiskurs führen, spezialisieren sich auf die Erzielung eines „Bewußtseinswandels", auf die Umerziehung der deutschen Bevölkerung Rumäniens, die undifferenziert für die Verstrickung mit dem nationalsozialistischen Deutschland verantwortlich gemacht wurde.

Die rumäniendeutsche sozialistische Literatur wurde deshalb nur am Rande betrachtet, da sie als niveaulos, nicht als endogene literarische Entwicklung aufzufassen ist und nicht folgerichtig aus der Ideengeschichte der Regionen hervorgegangen ist, sondern von außen her aufgezwungen wurde. Diese Erzähltexte, in ihrer Qualität unbedeutend, werden mit Vorzug für das Entwicklungsmoment literarischer Emanzipation Richtung Moderne relevant, als sich die Autoren gegen die sozialistischen Präskriptionen wandten und sie zu demontieren begannen.

Die in Rumänien entstandenen Texte konnten Geschichte nicht frei von ideologischen Vorgaben behandeln: Daraus ergaben sich diskursive Mischformen, die auf Kompromißsituationen hindeuten. Um die Veröffentlichung möglich zu machen, modifizierten die Schriftsteller das darzustellende Gesellschaftsbild nach den Vorgaben der sozialistischen Weltsicht. Das marxistisch geprägte Weltbild, das die Geschichte als Entwicklung gegensätzlich strukturierter, bewegter Zusammenhänge betrachtet, verbindet sich beim Minderheitenautor mit dem Bestreben, eigene regionale Stoffe zu verarbeiten.

Ab Mitte der sechziger Jahre setzt sich in den deutschsprachigen Erzählungen aus Rumänien ein neuer Erzähldiskurs durch, der die Beseitigung der verschönernden, auf Selektion basierenden Varianten des Realismus verfolgt. Die angestrebte Darstellungsform basiert auf einem neuen Realismusverständnis, das sowohl dem bürgerlichen Realismus vorwirft, einen Schönheitsschleier über die Welt zu werfen und breite Wirklichkeitsbereiche aus der Darstellung auszuschließen, als auch den weit restriktiveren Sozialistischen Realismus ablehnt. Als Ausdrucksform der Moderne zeigen die Texte, die in den Verunsicherungsdiskurs münden, das Bestreben der rumäniendeutschen Erzählliteratur seit Mitte der sechziger Jahre aus formalen, thematischen und ideologischen Zwängen herauszufinden. Die realisierten Darstellungen erstreben die Verunsicherung gegenüber den integrativen Lehren und Ideologien jeder Art, die dem Individuum den Schein der Geborgenheit, des Dazugehörens um den Preis der Aufgabe geistiger Unabhängigkeit vermitteln und das kritische, alternative Denken blockieren.

Der intensive Bezug zwischen den Diskursen, der sich oft durch Ablehnung, Demontage oder Intertextualität realisiert, zeigt die Zugehörigkeit dieser Texte – auch wenn ihre Erscheinungsorte Staatsgrenzen sprengen – zu einem Ganzen, das zu seiner besseren Verständlichkeit auch als ein solches behandelt werden muß.

22.4. Die literarische Entwicklung der neunziger Jahre: Vorläufiges Fazit
Aus dem jetzigen Blickwinkel scheinen die unterschiedlichen literarischen Tendenzen und schreibtechnischen Vorlieben innerhalb der rumäniendeutschen Erzählliteratur im sozial-historischen, psychologischen und mentalitätstypischen Themenkomplex des Berichtigungsdiskurses zu münden. Von den drei grundlegenden Diskursen der Nachkriegszeit erweist sich der Berichtigungsdiskurs als der überlebensfähigste. Er übertönt nicht nur den von außen her aufgezwungenen Überzeugungsdiskurs der fünfziger Jahre, sondern setzt sich, sobald sich die Literatur in Rumänien nach 1989 vom Zensurdruck befreit, gegen den formalästhetisch fortschrittlicheren Verunsicherungsdiskurs durch. Die Fortsetzung des Berichtigungsdiskurses in Rumänien nach der Wende, mit Vorliebe in Romanform, in der unmittelbaren Nachfolgezeit des literarischen Experimentierens mit kurzen Erzählformen, zeigt, wie Inhalte auf die Zeit gewartet haben, um bearbeitet und in die richtige Form gegossen zu werden.

Von Relevanz ist dabei, daß der Entstehungshintergrund für den neuen Berichtigungsdiskurs der neunziger Jahre ein anderer ist als in den Fünfzigern, als die Schubladenromane Erwin Wittstocks entstanden sind, oder in den Siebzigern, als Hans Bergel und Andreas Birkner, gerade aus dem Gefängnis entlassen, in den Westen kamen und mit aufklärerischem Eifer an der Unterdrückungsgeschichte des Nachkrieges zu schreiben begannen. War jener Berichtigungsdiskurs im Bestreben entstanden, die historischen Lügen des kommunistischen Regimes zu „berichtigen", so erfüllt er in den Neunzigern eine bewahrende Funktion.

Die Entstehung der Familienchroniken und Zeitromane ist im Zusammenhang mit dem herannahenden „Ende der Geschichte" zu verstehen. Der vom amerikanischen Historiker Francis Fukuyama geprägte Begriff des Endes der Geschichte, der unnuanciert die Aufgabe der Idee linearer Entwicklung und der Teleologie bedeutet, bezieht sich auch auf die Idee der Abgeschlossenheit der Entwicklung. Dieser Begriff erhält im Bezug zur Geschichte der deutschen Minderheiten auf dem Gebiet Rumäniens eine außergewöhnliche Konkretisierung. Die Autoren schreiben nun im Bewußtsein der historischen Endzeit, es geht kaum noch um die Legitimierung des Daseinsrechts des „Volkes" und um die Erhaltung seiner Lebensformen, sondern vielmehr um die empfundene Notwendigkeit der Archivierung derselben für die Geschichte. „Was andere machen, war für mich nie der Mittelpunkt. Trotzdem, der Exodus schmerzte. ... Plötzlich hatte ich mehr Interesse am Exodus als an den Siebenbürger Sachsen selbst. Was da über achthundert Jahre an Lebensraum und geistigen Werten geschaffen worden war, wurde aufgegeben."[640] Der Roman „Vaterlandstage und die Kunst des Verschwindens"

---

[640] „Von der Suche nach einem Ort". Stefan Sienerth im Gespräch mit Franz Hodjak. In: Stefan Sienerth 1997, S. 269-286, 280.

(1986) von Dieter Schlesak gehört, so der Autor, in die Reihe der „Siebenbürgischen Elegien", die „sanfteste Form", um „den schmerzlichen, den endgültigen Abschied von Siebenbürgen" auszudrücken. „Doch dazu kommt noch ein anderes wesentliches Moment – der Tod, hier der geschichtliche Tod der Siebenbürger Sachsen, der reinigt und adelt, er hebt die Betroffenen in der Gegenwart in eine Sphäre der Beispielhaftigkeit, heute ist ihr Verschwinden als Volksstamm, dieser Abschied, wie ein winziges Exempel für das Schicksal der Welt. Der Exodus, das Verschwinden ist tragisch. Es ist mir unmöglich, darüber nicht zu schreiben, ich gehöre ja selbst dazu."[641]

Abgesehen vom Bezug zur Sprache als Verbindungsglied zum geschlossenen deutschen Sprachraum drückt sich die Identität der Minderheit durch den Bezug zu ihrem geographischen Ort und zu ihrer Geschichte aus, im Willen zur Aufklärung historischer Prozesse. Deshalb stellen die Texte, die einen Berichtigungsdiskurs führen eine der dominanten Ausdrucksformen einer Minderheitenliteratur dar, in ihm finden die Identitätsprobleme der Minderheit einen adäquaten Ausdruck. Zugespitzt formuliert, bedeutet die Abwendung einiger, zur Zeit noch weniger Autoren vom Berichtigungsdiskurs, deren Austritt aus der Minderheitenliteratur.

Die siebenbürgisch-sächsische und banatdeutsche Geschichte erlebt am Anfang des dritten Jahrtausends unaufhaltbar ihr Ende. Was zu diesem historischen Zeitpunkt beeindruckt, ist der Eifer einiger Autoren, unabhängig von ihrer literarischen Ausrichtung, mit dem sie an dem Ende dieser Geschichte schreiben.

22.4.1. Schreibtechnische Modifikationen

Die Texte der Autoren, die seit den achtziger Jahren in der Bundesrepublik angekommen sind, und der Autoren, die nach 1989 in Rumänien geblieben sind, ist durch einige gemeinsame stilistische und gattungstypische Merkmale gekennzeichnet. Dies soll aber nicht darüber hinwegtäuschen, daß viele nach ihrer Auswanderung einen schreibtechnischen Differenzierungs- und Individualisierungsprozeß durchmachten.

1. Die Form der Kurzgeschichte wird sehr oft von der Romanform abgelöst. Dies zeigt die Entwicklung Herta Müllers[642], Richard Wagners[643], Franz Hodjaks[644],

---

[641] „Abschied von Siebenbürgen". Stefan Sienerth im Gespräch mit Dieter Schlesak. In: Südostdeutsche Vierteljahresblätter 1994, S. 197-209, 203.
[642] Nach den in Rumänien veröffentlichten Erzählbänden „Niederungen" (1982 Bukarest, 1984 im Berliner Rotbuch Verlag) und „Drückender Tango" (Bukarest 1984), erscheinen in der Bundesrepublik außer dem Band „Barfüßiger Februar" (1987) die Erzählung größeren Ausmaßes „Der Mensch ist ein großer Fasan auf der Welt" (1986) und die Romane „Reisende auf einem Bein"

Johann Lippet[645], die in Rumänien Kurzprosabände veröffentlichten und sich in der Bundesrepublik zunehmend für die Romanform entschieden.

Diese Verschiebung in der Wahl der Erzählform kann auf zwei Gründe zurückgeführt werden:

A. Das Fehlen der Zensur

Vor 1989 wurden in Rumänien epische Kurzformen bevorzugt. Franz Hodjak, der als Verlagslektor in ständiger Berührung mit den literarischen Aufsichtsbehörden stand, sah zwischen den bevorzugten Kurzformen und der Zensur einen Zusammenhang: „Um eine Zeit grassierte im rumäniendeutschen Betrieb immer hartnäckiger die Meinung, wir könnten im Grunde keine Romane schreiben, weil wir in der abgenabelten Inselsituation zu wenig Erfahrung mit der deutschen Sprache hätten, das sei das eigentliche Problem. Ich für mein Teil war stets anderer Ansicht. Die Erfahrung mit der Zensur war es, die das unmöglich machte. Das wurde meist als Ausrede gewertet. Nun weiß man, ein Roman muß ein Gesellschaftsbild zeichnen, eine Welthaltung artikulieren, Bezug nehmen zu verschiedenen, zahlreichen Zusammenhängen. Es gab nur zwei Möglichkeiten. Entweder man schrieb keinen Roman. Oder man schrieb einen, einen verlogenen. Aus dieser Verlogenheit haben alle, die Romane geschrieben haben, versucht, sich herauszulügen. Mit Romanen, die mythische oder historische Stoffe verarbeiteten, mit so verstrickten Maschen von Anspielungen auf die Gegenwart, daß sie sowieso niemand begriff. Es war eine Art Leerlauf. Schlimmer die Romane, die von erprobten Rezepten minimal abwichen, indem sie Kritik an klei-

---

(1989), „Der Fuchs war damals schon der Jäger" (1992), „Herztier" (1994), „Heut wär ich mir lieber nicht begegnet" (1997).

[643] In Rumänien werden außer zahlreichen Einzelveröffentlichungen die Kurzgeschichtenbände „Der Anfang einer Geschichte" (1980) und „das auge des feuilletons" (1984) publiziert. Kurz- und Kürzestgeschichten erscheinen in der Bundesrepublik in weiteren zwei Bänden: „Der Himmel von New York im Museum von Amsterdam" (1992) und „Der Mann, der Erdrutsche sammelte" (1994). Für seine weiteren Texte wählt Wagner breitere Erzählformen und den Roman: „Ausreiseantrag" (1988), „Begrüßungsgeld" (1989), „Die Muren von Wien" (1990), „Giancarlos Koffer" (1993), „In der Hand der Frauen" (1995), „Lisas geheimes Buch" (1996), „Im Grunde sind wir alle Sieger" (1998).

[644] Bis 1989 publizierte Hodjak Kurzgeschichten, die in den Bänden „An einem Ecktisch" (1984), „Friedliche Runde" (1987) erschienen sind. Nach 1989 veröffentlichte er weiter Kurzgeschichten in „Zahltag" (1991) und „Sonderangebot" (1992), danach entscheidet sich Hodjak für den Roman. Es erscheinen „Grenzsteine" (1995) und „Der Sängerstreit" (2000). Ein weiterer Roman, „Ein Koffer voll Sand", soll demnächst erscheinen.

[645] Johann Lippet erweitert seine in Rumänien erschienenen Erzählungen „Die Falten im Gesicht" (1985) und „Der Totengräber" (1982) für ihre wiederholte Herausgabe in der Bundesrepublik unter dem gleichen Titel 1991 bzw. 1997. 1990 erscheint die Erzählung „Protokoll eines Abschieds und einer Einreise oder Die Angst vor dem Schwinden der Einzelheiten", 2000 sein erster Roman „Die Tür zur hinteren Küche" (I. Band) ebenfalls im Heidelberger Wunderhorn Verlag.

nen Würstchen übten, glaubten sie, sehr couragiert zu sein. ... Verlogene Bücher gab es ja sowieso genug. Und das Erscheinen jedes Buches, und es wurden immer weniger, mit Halb-, Drittel- oder Viertelwahrheiten wurde stets als Sieg gefeiert."[646] Daß Hodjaks Analyse im großen und ganzen stimmt, zeigen auch die zahlreichen in Rumänien veröffentlichten Romane, die durch die Einhaltung des marxistischen Geschichts- und Weltverständnisses in der Darstellung Kompromißbereitschaft signalisieren.[647]

Die auch in den westlichen Literaturen gern eingesetzte Form der Kurz- oder Kürzestgeschichte wurde für die eigenen Notwendigkeiten übernommen. Der erzählökonomische Kunstgriff der Kurzgeschichte ermöglichte im spezifischen rumäniendeutschen Kontext die doch kompromißfreie Entfaltung von Andeutungen und Anspielungen, so daß sich im Fragment das Ganze zu erkennen gab. Durch die Darstellung einer fragmentierten Wirklichkeit und eines verkappten Erlebensuniversums signalisierte der Schriftsteller seine Ohnmacht angesichts der Möglichkeit der Reflexion der Realität und der subjektiven Erlebensbereiche. Die bloße Andeutung eines Mißstandes ermöglichte in der „überwachten" Gesellschaft die Bereicherung des Rezeptionsvorgangs mit zusätzlichen Bedeutungsvalenzen und erhöhte den Anspruch des Textes.

B. Das verspürte „Ende" der Geschichte
Dem verspürten Ende der Geschichte stellen rumäniendeutsche Erzähler breite Panoramabilder entgegen, die das Schicksal der Minderheit durch komplexe Zusammenhänge erklärt. Diese bilden eine Art „kulturellen Nachlaß" und verstehen sich als Zeitdokumente für die Umstände, die die Existenz und das Ableben der Minderheit bestimmt haben. Die Schilderung von breiten historischen Zusammenhängen verlangt nach der epischen Großform: das come-back des Romans hängt mit der verspürten Notwendigkeit der Geschichtsdarstellung zusammen. So erklärt sich, daß Autoren, die früher experimentellen literarischen Formen beipflichteten, in ihren Romanen in den neunziger Jahren der gewählten Inhalte wegen öfter zu den Mitteln der traditionellen Erzählung greifen.
2. Die regionalen Züge rücken in den Vordergrund. So behandelt Johann Lippet in seinem 2000 erschienenen Roman „Die Tür zur hinteren Küche" weiterhin regionale Stoffe. Er schildert die Flucht einer banatdeutschen Familie Ende des Zweiten Weltkriegs nach Österreich, ihre Rückkehr 1956 zurück ins Banat, dann die Deportation in den Bărăgan. In der nächsten Zukunft wird Johann Lippet die

---

[646] „Von der Suche nach einem Ort". Stefan Sienerth im Gespräch mit Franz Hodjak. In: Stefan Sienerth 1997, S. 269-286, 276, 284.
[647] Siehe Kapitel: „Die Ideologisierung der traditionellen Erzählung oder der versuchte Ausbruch aus dem Überzeugungsdiskurs".

Banater Provinz nicht verlassen: er arbeitet zur Zeit am zweiten Band des Romans „Die Tür zur hinteren Küche".[648] Im Heidelberger Wunderhorn Verlag ist 2001 ein Gedichtband erschienen, „Banater Alphabet", der die Schönheit der Banater Landschaft würdigt.

Richard Wagner weist in seinem Roman „Die Muren von Wien" (1990) auf das historisch bedingte Zugehörigkeitsgefühl der Banater Schwaben zu Wien hin, das die Jahre nach dem Zusammenbruch der Monarchie überlebt hat. Der Roman steht am Scheideweg versuchter Entmystifizierung der Banater Geschichte und nicht erreichter Anpassung an die neuen Lebensverhältnisse nach der Ausreise. Geschichte, Erinnerung an die Kindheit in der Banater Heide, an das Studium in Temeswar verdeutlichen, wie schmerzvoll sich alte Zugehörigkeitsgefühle abstreifen lassen. Durch den distanzierten Zugriff auf Wagners Antimodell, Adam Müller-Guttenbrunn, gewinnt der Roman an Vielschichtigkeit. Auch die Romane Herta Müllers beziehen sich auf Regionales, die Handlung wird nach Temeswar verlegt, in die größte und historisch wichtigste Stadt des Banats.

Die Erzählung des Siebenbürgers Joachim Wittstock „Kurator, Söldner, Gouverneur" aus dem gleichnamigen Band (1998) und das in der „Neuen Literatur" vorabgedruckte Fragment seines Romans „Bestätigt und besiegelt"[649] spielen in der signifikanten Szenerie einer siebenbürgischen Kirchenburg. Hans Bergel und Eginald Schlattner mythisieren in ihren Romanen „Wenn die Adler kommen" (1996) bzw. „Der geköpfte Hahn" (1998) siebenbürgische Historie. Auch der Roman Dieter Schlesaks „Vaterlandstage und die Kunst des Verschwindens" (1986) und „Der Verweser. Ein Geisterroman"[650] geben den Bezug zu Siebenbürgen nicht auf. Franz Hodjaks Roman „Der Sängerstreit" (2000) spielt mit identitätsstiftenden Merkmalen der Region.

3. Die Entwicklung der Erzählung aus der Feder meist jüngerer Autoren (Herta Müller, Richard Wagner, Johann Lippet) kennzeichnet sich durch eine doppelte Abstandnahme: einerseits von den früheren eigenen ästhetischen Positionen und andererseits von der traditionellen Erzählung rumäniendeutscher Couleur.

A. Autoren wie Herta Müller, Richard Wagner, Johann Lippet profilierten sich Ende der siebziger und in den achtziger Jahren vor allem mit kurzen Erzähltexten, die die Eroberung moderner Mittel deutlich machten: Durch Montage, Col-

---

[648] Gespräch der Verfasserin mit Johann Lippet am 9.05.2001.
[649] Das Fragment, betitelt „Skelettwirrnis auf den Michelsberg", wurde in der NL (Neue Folge) 3-4/1995 veröffentlicht.
[650] Ein Fragment davon, „Die Geister des Weltwechslers", wurde in NL (Neue Folge) 1/1996, S. 11-36 abgedruckt.

lage, Fragmentierung des Wirklichkeitsbildes, ironische Verfremdung, Entmythisierung wurde das Erzählte als Fiktion enttarnt und somit dem Hader mit dem herkömmlichen Realismuskonzept Ausdruck verliehen. Die modernen Mittel werden in den Neunzigern nicht vollständig aufgegeben, aber weniger konsequent angewandt. Der Übergang von den kürzeren Erzählformen zum Roman geht mit einer Aufwertung der Fabel einher, die Erzählungen muten nicht mehr wie eine Sammlung formalästhetischer Erneuerungen an. Bei Herta Müller verdrängt die naturalistische Darstellung der Wirklichkeit zum Teil die Irrationalität surrealer Bildlichkeit, wie sie aus ihren ersten Erzählungen bekannt war und für Verfremdung sorgte. Die bei ihr üblichen surrealen Bilder werden durch eine Tendenz zur Rationalisierung aufgeweicht. Die Übersteigerung von Emotionen, beispielsweise die grotesken Verzerrungen des existentiellen Unwohlseins, erhalten eine logische Erklärung. Die Angst, mit der die Gestalt lebt, die befremdende Schilderung menschlicher Umgangsformen, so wie sie in „Der Fuchs war damals schon der Jäger" (1992), „Herztier" (1994) und „Heut wär ich mir lieber nicht begegnet" (1997) angetroffen werden, ist nicht mehr undefiniert und unaussprechbar, sondern erklärt sich beispielsweise aus den Terrormethoden des Geheimdienstes.

B. Auch wenn sie moderater mit dem „modernen" Repertoire umgehen, bestehen die Romane jüngerer Autoren aus den neunziger Jahren im Vergleich zu den traditionellen literarischen Zeugnissen weiterhin auf ein eigenes, modernes Realismuskonzept. Das Mimesis-Prinzip wird weiterhin weitgehend abgelehnt, die Darstellung befolgt fast nie das äußere, „objektive" zeitliche und räumliche Kontinuum, sondern die Logik der Subjektivität. Die Wirklichkeitsdarstellung erscheint somit weiterhin gestört, Details treten übergroß, bisweilen verzerrt hervor, die Kausalitätsbezüge werden durch die Subjektivität der Wahrnehmung durchlöchert. Der Eindruck des Realen wird aber trotz verfremdender Effekte durch Mittel des Phantastischen und streckenweise durch parabolische Einschübe weiterhin nicht verwehrt. Auch Joachim Wittstock zieht in seiner 1998 veröffentlichten Erzählung „Kurator, Söldner, Gouverneur", wie auch im 1985 publizierten Erzählzyklus „Ascheregen", der mimetischen Wirklichkeitsabbildung das die Wirklichkeit übersteigende Gleichnis vor.

4. Dennoch, der Trend zum Realismus herkömmlicher Auffassung ist nicht zu übersehen. Dies kann auch damit zusammenhängen, daß die Texte der „Aktionsgruppe", die nüchterne Bestandsaufnahmen forderten, schon immer einen Hang zum Dokumentarischen aufwiesen. Ein einleuchtendes Beispiel ist Johann Lippets 2000 erschienener Roman „Die Tür zur hinteren Küche" – ein Paradebei-

spiel realistischer Ausführung. Dies zeigen die strikt eingehaltene Chronologie, die kausallogische Handlung aus der Perspektive eines auktorialen, über dem Geschehen stehenden Erzählers. Das Interesse des Erzählers gilt auffällig stark dem ethnographischen Kolorit des Dorfes, auch wenn hinter dem detailfreudigen Erzählen ein Hauch Ironie zu spüren ist. Relevant für die realistische Erzählintention sind die durch das Betrachten zweier Fotos aus Erzählerperspektive veranlaßten statischen Synthesemomente[651]: Detail und Übersicht wechseln einander ausgewogen ab und ergeben ein für die Zeit aussagekräftiges Familienbild, das das Dorf in seiner Entwicklung zeigt. Auch dem titelgebenden Bild der Tür, das motivisch immer wiederkehrt, kommt eine ähnliche Bedeutung zu, nämlich als Konvergenzpunkt des Geschehens die Handlung durch die lokative Konstante zusammenzuhalten. Was Lippet weiterhin von der Realismus-Tradition der Region unterscheidet, ist das nüchtern-distanzierte Erzählen und das Fehlen wertender Kommentare der Erzählinstanz.

So wie es auch bei den in der Bundesrepublik veröffentlichten Erzählungen zum Zeitgeschehen der fünfziger Jahre der Fall war, wird der Anspruch auf wahrheitsgemäße Schilderung auch für die Erzählungen der neunziger Jahre beibehalten. Johann Lippet „belegt" die Wahrheitstreue seines Romans „Die Tür zur hinteren Küche" mit zwei Familienfotos, bei Herta Müller ist eine inhaltliche Übereinstimmung zwischen den Romanen, der Publizistik und den poetologischen Beiträgen zu vermerken. Franz Hodjak plant, eine wahrheitsgetreue Abrechnung mit der Vergangenheit in der Diktatur in einem „Erinnerungsbuch" vorzunehmen, das allerdings seit Jahren auf Eis liegt. Joachim Wittstock fügt seinen Erzählungsbänden eine Einleitung hinzu, in der er den Entstehungskontext der Texte anführt, begleitet mit Anleitungen zu ihrer Interpretation. An solchen Stellen macht sich bei Joachim Wittstock die Tendenz erkennbar, die Texte nicht einem zufälligen Entzifferungsprozeß seitens der Leser zu überlassen, sondern den Leseprozeß in bestimmte Bahnen zu lenken. Joachim Wittstock richtet seine Texte oft gezielt an das spezifische Publikum der Provinz, außerdem bekräftigt er im einleitenden Teil den Wirklichkeitsanspruch der Schilderungen. Am Anfang des Bandes „Ascheregen" (1985) vermerkt er beispielsweise, daß die Erzählungen „anhand dokumentarischer Quellen" (3) entworfen wurden. Eginald Schlattners Roman „Rote Handschuhe" (2000) soll ein Zeitdokument über die Umstände der Verhaftungswelle Ende der fünfziger Jahre liefern. Die Namen der Protagonisten wurden zwar verändert, der Leser kann jedoch über Anspielungen erraten, wer

---

[651] „Die Tür zur hinteren Küche", S. 7-8 und 181-182. Das erste Bild stellt die Großeltern ins Zentrum der patriarchalischen Großfamilie, im zweiten Bild, nun aus den siebziger Jahren, übertönen die Mädchen mit Ponyfrisur und Bubikopf und der Sohn im Elvis-look die Eltern, die nun an den Rand des Bildes rücken.

gemeint ist: Pitz Schindler mit seinem Roman „Sieben Liter Giebelwein" ist kein anderer als Paul Schuster, der die „Fünf-Liter-Zuika"-Trilogie geschrieben hat, Oinz Erlers Erzählung „Primeln" spielt wohl auf Andreas Birkners „Aurikeln" an usw.

Der zunehmende Einsatz realistischer Gestaltungsmethoden bekräftigt den Glauben an die Möglichkeit der Realitätsdarstellung durch das literarische Werk und erweist sich für die Darstellungsabsicht der Autoren als nützlich. Nach der Wende in Rumänien (1989) wird ein Phänomen verzeichnet, das als Hunger nach der wahrheitsgetreuen Schilderung und nach dem unmittelbaren Zeugnis umschrieben werden kann. Die Nachfrage nach dokumentarischer Literatur bewirkt einen Boom memorialistischer Gefängnisliteratur. In den neunziger Jahren werden massenweise Memoiren und Dokumentationen über den rumänischen Gulag veröffentlicht.[652] Das Interesse für diese Themenkreise verzeichnet man gleichermaßen beim „rumäniendeutschen" wie auch beim rumänischen Publikum. Wohl deshalb wurde Hans Bergels Roman „Der Tanz in Ketten" (1978), dessen Veröffentlichung in den siebziger Jahren in Rumänien undenkbar war, nach 1989 gleich zwei Mal ins Rumänische übersetzt.[653] Der Durst nach dem Dokument ist darauf zurückzuführen, daß das bewegende Geschehen der Nachkriegsjahre vor 1989 in Rumänien nicht unverfälscht zur Sprache gebracht werden konnte.

5. Der zu neuer Geltung gekommene Berichtigungsdiskurs ab Ende der achtziger Jahre ist teilweise mit Einbußen an der künstlerischen Ausführung verbunden. Herta Müller, Johann Lippet weichen ihren Ton auf, engen die Konflikte der ersten Bücher auf die Auseinandersetzung des Einzelnen mit dem totalitären Staat ein. Sie ersetzen Satire und Ironie durch Melancholie, durch das Pathos der Anklage gegen die Diktatur, und klammern Generationskonflikte weitgehend aus. Der Vorwurf der Monomanie ist im Falle einiger Autoren nicht ganz unberechtigt. Seit 1997 hat Herta Müller keine Erzählungen mehr veröffentlicht. Mit der Schreibpause deutet sie womöglich auf eine Phase der Reflexion über die weitere Gültigkeit ihrer Erzählkunst. Bedeutende thematische Umstellungen bei einem neuen Roman Herta Müllers würden keine große Überraschung sein.

---

[652] Siehe Kap. „Die literarische Thematisierung der stalinistischen Repression", Fußnoten 246 und 247.
[653] Von George Guţu im Kronstädter Arania Verlag und von Sivia Irimie in der Klausenburger VV Press. S. Peter Motzan: „Mein Leben ist Schreiben, oder es ist nicht". Hans Bergel wird am 26. Juli siebzig Jahre alt. In: Siebenbürgische Zeitung vom 15.07.1995.

22.4.2. Weitere Entwicklungen

Richard Wagner hat sich zunächst von rumäniendeutschen Stoffen distanziert und sich mit seinen letzten Romanen zu einem Berliner Autor entwickelt. Auch Gerhard Ortinau und Werner Söllner schaffen die Distanz zur alten Heimat. Doch auch diese fast verkrampft anmutende Distanzierung – bei Richard Wagner hat man oft den Eindruck, daß ihm die Wirklichkeit unter der Feder zerrinnt – mutet oft eher als eine Flucht denn als eine Genesung von der Einengung der Region an. Nun kehrt Richard Wagner mit seinem jüngsten Roman „Miss Bukarest", der im Herbst 2001 im Berliner Aufbau Verlag erschienen ist, zur Rumänien-Thematik zurück.

Der Autor, der die Übersiedlung in die Bundesrepublik am besten überstanden hat, ist Franz Hodjak. Sein besonderes Verdienst ist, daß er in seinen beiden letzten Romanen „Grenzsteine" und „Der Sängerstreit" weder zeitlich vor 1989 stehengeblieben ist noch seine spezifische regionale Färbung durch völlige Distanzierung von den Minderheitenstoffen aufgegeben hat. Im Gegenteil, seinen satirischen Ton hat er nach 1989 durch den Sprung von der Kurzgeschichte zum Roman in reizvollen Texten weiterentwickeln können. In Hodjaks Kurzgeschichten vor 1989 wimmelt eine Population von resignierten Intellektuellen, Pennern, Verlierern, Verrückten, die allesamt als Außenseiter das Scheitern jedes persönlichen Freiheitsanspruchs exemplifizieren. Die Geschichtsentwicklung als Stillstand ist das Thema, das die Wendezeit in Franz Hodjaks Texten nach 1989 überdauert, die negativen Kategorien der Geschichte werden im Roman „Grenzsteine" durch die Demontage des beispielhaften Initiationswegs aus Wolfram von Eschenbachs „Parzival" illustriert. Mit seinem jüngsten Roman, „Klingsor" (2000), nimmt Hodjak wieder auf mittelalterliche Stoffe Bezug, die sich sowohl für das deutsche als auch für das rumäniendeutsche Publikum als reizvoll erweisen.

22.5. Gegenüberstellung der Teile des zersplitterten Literaturbetriebs

Der wesentliche Unterschied zwischen den in Rumänien und den in der Bundesrepublik Deutschland erschienenen Texten ergibt sich aus dem spezifischen Kontext: das Schreiben in der Diktatur in Rumänien und die Gewährleistung der freien Meinungsäußerung im Westen. Der Gesamtüberblick, der aus der Untersuchung der Eigenheiten der jeweiligen Texte resultiert, zeigt, daß Erzählungen ehemaliger rumänischer Staatsbürger deutscher Nationalität, die sich nach 1945 in der Bundesrepublik niedergelassen haben, zu traditionellen Erzählformen tendieren. Das spezifisch Regionale bleibt weiterhin ein konstituierendes Teil der Fabel. Ein Vereinheitlichungsprozeß zwischen den spezifisch regionalen Elementen siebenbürgisch-sächsischer oder banatdeutscher Couleur, angespornt durch den gemeinsamen Erlebnishorizont nach 1918, findet in geringerem Maße statt als bei den in Rumänien erschienenen deutschsprachigen Erzählungen. Demgegenüber fällt in Rumänien das Streben nach Eroberung „moderner" Erzähltechniken auf. Bei den in Rumänien erschienenen Erzählungen ist der Bezug zur rumänischen Wirklichkeit als Hintergrund der Handlung intensiver und hat einen höheren Aktualitätsgrad.

Diese Eigenschaften der Erzählung, abhängig vom Erscheinungsland, lassen sich psychologisch, kulturpolitisch und minderheitenspezifisch erklären.

Für die in Rumänien schriftstellerisch Tätigen gilt:

1. Das Gefühl, auf der Sprachinsel abgeschottet zu leben, das Leiden an der Provinz, regte, mit den Worten Gerhardt Csejkas ausgedrückt, das Streben nach der kulturellen „Mitte" an. Dieses Phänomen drückte sich durch eine intensive Rezeption zeitgenössischer literarischer Strömungen aus. Diese wurde als eine kompensierende Maßnahme empfunden, auch als eine „Sache", für die sich lohnte, Konflikte mit der staatlicherseits vertretenen Kulturpolitik zu riskieren.

Sicherlich hat auch der Moment August 1968 eine wichtige Rolle gespielt, als rumänische und rumäniendeutsche Autoren, von der antisowjetischen Stellungnahme der Machthaber in Rumänien noch bestärkt, sich als Teil der demokratischen Welt fühlten. Der Wille zur Zugehörigkeit zum abendländischen Kulturkreis wurde dann auch weiterhin, während der folgenden kulturpolitischen Verhärtungsperioden, zum Ausdruck gebracht.

2. Während der Tauwetterperiode, die für die deutsche Minderheit besonders ab Mitte der sechziger Jahre konkrete Verbesserungen bewirkte, entstand eine kulturelle Infrastruktur, die zeitgenössische literarische Positionen verfocht. Zeitungs- und Zeitschriftenredakteure, die Lektoren der deutschen Verlage und die Verlagsleiter, aber auch Kulturfunktionäre verstanden es, die ideologische Auflockerung für die Reformierung der Literaturvorstellungen auszunutzen. Mit persönlichem Einsatz setzten sie auch nach der Abschwächung der Liberalisierungsphase Wertvolles durch. Besonders die Zeitschrift „Neue Literatur" aus Bukarest hat eine verdienstvolle Rolle in der Herausbildung neuer Literaturvorstellungen gespielt. Sie veröffentlichte ab Mitte der sechziger bis Mitte der siebziger Jahre Fragmente bedeutender Neuerscheinungen der Weltliteratur. Mit dem Beginn der neuen Eiszeit, als die Forderungen gegen „kosmopolitische Einflüsse" in der heimischen Literatur laut wurden, versuchte sie weiterhin nach Möglichkeit ein hohes Niveau zu halten. Auch Zeitungen wie die „Neue Banater Zeitung" (Temeswar) oder „Karpatenrundschau" (Kronstadt), die mehrsprachige

Studentenzeitschrift „Echi-nox" (Klausenburg) öffneten ihre Seiten für Debütanten und polarisierten literaturkritische und literaturtheoretische Diskussionen.

3. Die junge Literaturkritikergeneration verteilte ihr Lob abhängig davon, inwieweit die Autoren Neues hervorzubringen vermochten. Die lenkende Funktion der Kritik ist sicher nicht außer Acht zu lassen. Peter Motzan, Gerhardt Csejka, Bernd Kolf, Emmerich Reichrath strebten auch die Erneuerung der Methoden der Literaturwissenschaft an[654] und forderten zum Ausprobieren neuer literarischer Formen auf. Darüber hinaus waren die Literaturkritiker Dozenten an den germanistischen Fakultäten, wo unter ihren Augen neue Schriftsteller- und Kritikergenerationen heranwuchsen.

4. Die inoffiziellen Literaturkreise, die Freundesrunden bildeten sich als „Herde" der Moderne heraus. Besonders in den Zeiten kulturpolitischer Eiszeit, als die offiziellen Medien von Anweisungen und Richtlinien seitens der Parteiführung überschwemmt wurden, flüchteten die Schreibenden in Literaturkreise. Diese wurden auch deshalb toleriert, da sie dem rumänischen Geheimdienst die Gelegenheit boten, sich durch eigene Mitarbeiter über die Tätigkeit der Autoren zu informieren.[655] Mircea Cărtărescu, einer der bedeutendsten Erzähler der rumänischen Gegenwartsliteratur, hebt in seiner Dissertation zur rumänischen Postmoderne die Rolle der „Freundeskreise", der „kleinen Literaturzirkel" für die Überwindung der „überholten Muster des Modernismus" hervor, in denen die Literatur in der kommunistischen Welt erstarrt sei. Intellektuelle und künstlerische Eliten überlebten im Untergrund, von der Kritik der Zeit meistens übersehen, in solchen inoffiziellen Institutionen und strebten die Anpassung an die kulturellen Entwicklungen der freien Welt an.[656]

5. Der totalitäre Staat regte indirekt und ungewollt die Erprobung experimenteller Erzählformen an. Die willkürliche Legitimierung der Diktatur schließt die In-

---

[654] Vgl. Peter Motzan: „Strukturalismus, literarische Hermeneutik in all ihren Spielarten, abenteuerlichste Komparatistik hatten Hochkonjunktur und dienten als Beweis der ‚Weltläufigkeit' einheimischer Geisteswissenschaften." In: Was aber stiften die Literaturhistoriker? Ausschweifende Überlegungen zu einer Literaturgeschichte und einem Tagungsband. In: Südostdeutsche Vierteljahresblätter 1995, S. 125-139, 128.

[655] Peter Motzan: Risikofaktor Schriftsteller. Ein Beispiel von Repression und Rechtswillkür: „Von prägender Wirkung waren die Begegnungen in Privatzirkeln, den kleinen Zentren der Gegenöffentlichkeit". In: Peter Motzan, Stefan Sienerth, 1993, S. 31-82, 56.

[656] Mircea Cărtărescu, 1999, S. 15f. Er führt für die rumänische Literatur mehrere Arten von unabhängigen Diskussionskreisen an: Literaturkreise („Junimea", „Cenaclul de luni"), Freundeskreise („Scoala de la Tîrgovitte", „Grupul oniric"), Gruppierungen um einen „Meister" („Grupul de la Păltinis") und Zeitschriften („Echinox").

strumentalisierung und den Mißbrauch der Sprache mit ein. Die extreme Ideologisierung, die besonders in den achtziger Jahren groteske Formen annahm, erweckte das Mißtrauen den sprachlichen Funktionen gegenüber und den Zweifel gegenüber der Möglichkeit der Wahrheitserfassung durch die Sprache. Diese Erkenntnisse gaben den Schriftstellern einen Ansporn, Verunsicherungsversuche gegenüber der Sprache zu unternehmen. Diese fanden auch in der Parodierung von Sprachklischees und in der Demontage der herkömmlichen Formen der Narration ihren Niederschlag.

6. Durch den zentralisierten, aber dennoch durch Staatsgelder finanzierten Kulturapparat gelang es den Autoren sich ihrem zum größten Teil konservativen deutschsprachigen Publikum zu entziehen. Dies war ein wirksamer Schritt, der eine ähnliche Entwicklung wie im Siebenbürgen der Zwischenkriegszeit verhinderte, wo diejenigen Autoren, die zeitgenössische literarische Strömungen Europas rezipierten, sich dem Willen des Publikums beugen mußten und teilweise durch den Druck des Marktes zur Rückkehr zu regionalen Stoffen und zur Heimatkunst gezwungen wurden. Der rumäniendeutsche Autor war, anders als vor 1944, dem Gesetz des Marktes entzogen und somit auch dem zweifelhaften Geschmack des Publikums. Die Förderung des Literaturbetriebs durch den Staat zwecks besserer Kontrolle führte andererseits zur Vereinsamung der Autoren, die zunehmend monologisierten[657].

7. Für die rumäniendeutsche Literatur muß sich auch das spezifische Beziehungsgefüge des „kleinen Literaturbetriebs" positiv ausgewirkt haben. Die Autoren kannten sich meistens persönlich, ebenso die Verlagslektoren, und wußten, wie weit man in einem Text gehen konnte, damit man doch noch die Zensur passierte. Auf diese Weise halfen die Erfahrungen anderer mit den Kontrollbehörden weiter, man wußte von der „Verhandlungsmanier" und über jeden Ausdruck Bescheid, so daß manchmal nicht zusätzlich Ressourcen dafür verbraucht werden mußten.

Für die Autoren siebenbürgischer und banatdeutscher Herkunft, die in der Bundesrepublik oder Österreich veröffentlichten, gilt:
1. Unter Freiheitsbedingungen trat die Literatur eine logische Entwicklung in „natürlichen Bahnen" an: die Fortsetzung der literarischen Traditionen der Zwi-

---

[657] Die Distanz zwischen Autor und seinem Publikum vergrößerte sich zunehmend. Scherg beklagte oft das Schweigeverhältnis zwischen dem Autor und seiner Leserschaft. Er bemängelte auch das spärliche Interesse für die deutschsprachigen Literaturkreise. Auch Gerhardt Csejka formulierte im Zusammenhang mit den Autoren der „Aktionsgruppe Banat" eine ähnliche Kritik an das „rumäniendeutsche" Publikum, das sich an dem deutschsprachigen literarischen Leben nicht beteiligte.

schenkriegszeit, allerdings mit Stoffen, die der Krieg und die Nachkriegszeit lieferten. Die Autoren versuchten eifrig, die wahre Kriegs- und Nachkriegsgeschichte und ihre Auswirkungen auf die eigene Gemeinschaft zu erzählen. Sie sahen sich als Kampfstellen gegen den Kommunismus. Um die historischen Zusammenhänge in ihrer Komplexität aufzuzeigen, den Generationenwechsel in Familienchroniken, bevorzugten die Autoren Erzählungen größeren Ausmaßes und die Romanform. In ihren Werken verspürt man eine Veränderung des Autorenselbstverständnisses: Die Grenzen zwischen Literatur und Geschichte zerfließen, die Schriftsteller sahen sich auch als Historiker.

2. Die kulturellen Medien aus der Bundesrepublik zur Untersuchung der südosteuropäischen Regionen, vor allem die „Südostdeutschen Vierteljahresblätter" und „Banatica", boten den Autoren Veröffentlichungsmöglichkeiten. Auch die von den Landsmannschaften der Siebenbürger Sachsen und Banater Schwaben im Westen herausgegebenen Zeitungen stellten ihre Spalten für die in der Bundesrepublik oder in Österreich lebenden Autoren aus den jeweiligen Regionen zur Verfügung. Das Verharren der Erzählung in realistischen Traditionen, mit Bezug zur Heimatkunst, wurde auch durch das vornehmlich konservative Umfeld dieser Zeitschriften begünstigt.

Die Entstehung einer anspruchsvollen Literatur ist sicherlich nicht mit der Eroberung „moderner" Mittel gleichzustellen. Die Weiterführung der ethnographisch kolorierten Erzählung mit den Mitteln des bürgerlichen Realismus hat beachtenswerte Texte hervorgebracht. Ein großes Verdienst rumäniendeutscher Autoren besteht aber darin, in den abgelegenen deutschsprachigen Provinzen Rumäniens den Anschluß an zeitgenössische literarische Strömungen gefunden zu haben.

Sowohl die Weiterführung traditioneller narrativer Mittel als auch die Eroberung fortschrittlicher formalästhetischer Ansätze wurden, wenn man von der literarischen Begabung jedes einzelnen Schriftstellers absieht, durch die Lockerung der dogmatischen Präskriptionen ermöglicht. Der von den Machthabern ausgelöste Impuls wirkte sich rasch positiv auf die Ausbildung einer kulturellen Infrastruktur aus, die die Entstehung beachtlicher Texte förderte.

Die literarischen Zeugnisse der deutschsprachigen Regionen Siebenbürgens und des Banats sind in nur einigen erfolgreichen Fällen zum deutschen Publikum durchgedrungen. Ein Blick auf das Kritische Lexikon der deutschen Gegenwartsliteratur (KLG) verrät den doch sehr bescheidenen Stand der Rezeption der rumäniendeutschen Literatur in der Bundesrepublik. Die meisten Vertreter der rumäniendeutschen Literatur, unabhängig davon, ob sie in der Bundesrepublik oder in Rumänien veröffentlicht haben, sind im KLG nicht angeführt. Von den Erzählern werden vor allem Herta Müller, Franz Hodjak, Richard Wagner, Dieter Schlesak angeführt. Mit der Ausnahme Richard Wagners befinden sich die Nachträge meist mehr als fünf Jahre im Verzug. Es ist klar, daß viele rumäniendeutsche Erzähler über und für die Region geschrieben haben. Trotzdem verdienten Autoren wie Georg Scherg, Hans Bergel, Joachim Wittstock, Paul Schuster, Franz Storch, Johann Lippet, um nur einige zu nennen, die Aufnahme in dieses Nachschlagewerk und eine breitere Rezeption.

Bibliographie

23.1. Quellen

23.1.1. Allgemein

Böni, Franz: Ein Wanderer im Alpenregen. Zürich: Suhrkamp 1979.
Brüder Grimm: Kinder und Hausmärchen. Aschaffenburg-Goldbach: Wenzel 1984.
Deutsche Volksbücher. Die schöne Magelone. Historia von D. Johann Fausten. Die Schildbürger. Historie von dem gehörnten Siegfried. Hg. von Karl Otto Conrady Leck/Schleswig: Rowohlt 1968.
Grünn, Karl: Gedichte. Bukarest: Kriterion 1976. Mit einem Nachwort von Franz Heinz.
Hänny, Reto: Flug. Frankfurt/Main: Suhrkamp 1989.
Innerhofer, Franz: Schöne Tage. Roman. 3. Auflage. Baden-Baden: Suhrkamp 1980.
Innerhofer, Franz: Schattseite. Roman. Salzburg: Suhrkamp 1979.
Josef Gabriel der Ältere, Josef Gabriel der Jüngere: Ausgewählte Werke. Hg. von Hans Weresch, Freiburg i. Br. 1985.
Kästner, Erich: Die Schildbürger (Erich Kästner erzählt DIE SCHILDBÜRGER). Hamburg: Cecilie Dressler . Zürich: Atrium 1956.
Keller, Gottfried: Die Leute von Seldwyla. Erzählungen. Band 1 und 2. Berlin: Aufbau 1958.
Von Möller, Karl: Grenzen wandern. Leipzig 1937.
Müller-Guttenbrunn, Adam: Der kleine Schwab. Abenteuer eines Knaben. München: Verlag „Christ Unterwegs" 1953. (Erste Auflage 1910).
Müller-Guttenbrunn, Adam: Meister Jakob und seine Kinder. In: Gesammelte Werke Bd. 2., Freiburg 1977.
Müller-Guttenbrunn, Adam: Der große Schwabenzug. Leipzig 1935.
Müller-Guttenbrunn, Adam: Die Glocken der Heimat. Leipzig 1936.
Schmidt, Endres, Annie: Neue Wege. Roman. Leipzig 1938.
Szimits, Johann: Blume vun dr Heed. Bukarest: Kriterion 1973. Mit einem Nachwort von Franz Heinz.
Wieland, Christoph Martin: Geschichte der Abderiten. In: Wieland, Christoph Martin: Romane. München: Winkler 1964.
Wieland, Christoph Martin: Nachlaß des Diogenes von Sinope. Aus einer alten Handschrift. In: Gesammelte Schriften. Band V. Hildesheim: Weidmann Verlag 1986.
Winkler, Josef: Menschenkind. Roman. Frankfurt/Main: Suhrkamp 1984.
Winkler, Josef: Der Ackermann aus Kärnten. Roman. Frankfurt/Main: Suhrkamp 1984.
Winkler, Josef: Muttersprache. Roman. Frankfurt/Main: Suhrkamp 1984.

23.1.2. Anthologien

Deutsche Erzähler der RVR. Bukarest: Staatsverlag für Kunst und Literatur 1955.
Worte und Wege. Junge deutsche Prosa in Rumänien. Hg. Hans Liebhardt. Bukarest: Kriterion 1970.
Worte unterm Regenbogen. Deutsche Erzähler in Rumänien. Hg. Hans Liebhardt. Bukarest: Albatros 1973.

Nachrichten aus Rumänien. Rumäniendeutsche Literatur. Hg. Von Hans Stiehler. Hildesheim, New York: Olms Presse 1976.
das land ist ein wesen. Prosaversuche. eine debütanthologie. Bukarest: Kriterion 1989.
Ein Pronomen ist verhaftet worden. Die frühen Jahre in Rumänien. Texte der Aktionsgruppe Banat. Hg. von Ernest Wichner. Frankfurt am Main: Shrkamp 1992.
Das Land am Nebentisch Texte und Zeichen aus Siebenbürgen, dem Banat und den Orten versuchter Ankunft. Hg. Ernest Wichner. Leipzig: Reclam 1993.

23.1.3. Texte der einzelnen Autoren (in alphabetischer Reihenfolge)

Richard Adleff
Der Teppich In: NL 1968, Nr. 3-4, S. 51-52.
Herr Flöte und seine Schneider. In: NL 1968, Nr. 3-4, S. 53-54.
Wanderung. In: NL 1968, Nr. 12, S. 21-23.
Querschnitt durch Luftschichten. In: NL 1968, Nr. 12, S. 23.
Der Rahmenmacher. In: NL 1969, Nr. 11, S. 49-50.
Gespräch. In: NL Jubiläumsausgabe 1969, S. 24-25.
Ein siebenbürgischer Wendehals. In: Südostdeutsche Vierteljahresblätter 1994, S. 298-302.

Wolf Freiherr von Aichelburg
Die Ratten von Hameln. Erzählungen. Bukarest: Literaturverlag 1969.
Erziehung. In: NL 1971, Nr. 5, S. 28-30.
Die Geschichte von Barakim und Schemam. In: NL 1971, Nr. 10, S. 3-14.
Die Frist. Eine Legende. In: NL 1971, Nr. 10, S. 15-21.
Die alte Barbara und die Tiere. In: NL 1971, Nr. 10, S. 21-25.
Das Brillanthufeisen. In: NL 1972, Nr. 5, S. 49-52.
Kleine Notizen zu „Kindheitserinnerungen". In: NL 1973, Nr. 11, S. 42-46.
Gestörte Morgenruhe. In: NL 1975, Nr. 10, S. 3-7.
Der Mann, der träumte. In: NL 1975, Nr. 10, S. 7-10.
Umbrisches Licht. Erzählungen. Bukarest: Kriterion Verlag 1975.
In sich versunkene, stille Welt. In: NL 1977, Nr. 6, S. 28-32.
Pricopanul Mare. Aufzeichnungen aus der Dobrutscha. In: NL 1978, Nr. 7.

Hella Bara
Neue kurze Prosa. In: NL 1988, Nr. 3, S. 12-15.

Ursula Bedners
Mäusejahre. In: NL 1982, Nr. 1, S. 14-18.
Morgen ist auch ein Tag. In: NL 1987 Nr. 2, S. 23-26.

Hans Bergel
Fürst und Lautenschläger. Eine Erzählung aus dem Siebenbürgen des 17. Jahrhunderts. Bukarest: Jugendverlag 1957.
Die Straße der Verwegenen. Erzählungen. Bukarest: Jugendverlag 1958.
Die Abenteuer des Japps. Ein heiteres Jugendbuch. Bukarest: Jugendverlag 1958.

Die Rennfüchse. Roman. München: Franz Schneider 1969.
Der Tanz in Ketten. Roman. Innsbruck: Wort und Welt 1972.
Im Feuerkreis. Zehn Erzählungen. Innsbruck: Wort und Welt 1972.
In dulci jubilo. Weihnachtsgeschichte. In: Südostdeutsche Vierteljahresblätter 1973, S. 3-7.
Der Teufelsritter. In: Südostdeutsche Vierteljahresblätter 1973, S. 165-168.
Die Wildgans. Novelle. In: Südostdeutsche Vierteljahresblätter 1975, 24. Jahrgang, S. 238-242.
Der Tod des Hirten oder Die frühen Lehrmeister. Erfahrungen im Umgang mit der Sprache. Essay. Innsbruck: Wort und Welt 1985.
Das Venusherz. Erzählung. München: Schumacher-Gebler KG 1987.
...und Weihnacht ist überall. Ungewöhnliche Weihnachtsgeschichten. München: F.A. Herbig Verlagsbuchhandlung GmbH 1988.
Wenn die Adler kommen. Roman. München: Langen Müller 1996.

Andreas Birkner
Die Straße neben dem Strom. Novelle. Stuttgart: Hohenstaufen-Verlag 1941.
Wind in der Tenne. Roman. Stuttgart: Hohenstaufen-Verlag 1944.
Aurikeln. Bukarest: Staatsverlag für Kunst und Literatur 1957.
Die schönste Frau der Welt. In: Südostdeutsche Vierteljahresblätter 1967, S. 211-218.
Die Vesper aus der Mülltonne. In: Südostdeutsche Vierteljahresblätter 1970, S. 83-85.
Der fromme Spruch In: Südostdeutsche Vierteljahresblätter 1971, S. 167-171.
Das Silberkreuz. In: Südostdeutsche Vierteljahresblätter 1972, S. 32-37.
Die Tatarenpredigt. Roman. Wien: Europaverlag 1973.
Schwarzer Schnee. In: Südostdeutsche Vierteljahresblätter 1973, S. 232-237.
Der lange Segen und andere Geschichten. Basel: Friedrich Reinhardt 1975.
Das Meerauge. Roman. Wien: Europaverlag 1976.
Heinrich, der Wagen bricht. Roman. Wien: Europaverlag 1978.
Der Teufel in der Kirche. Erzählungen. Wien: Europaverlag 1980.
Spiele mit Nausikaa. Roman. Wien: Europaverlag 1981.
Die Kunst des Wahrsagens. Erzählung. In: Südostdeutsche Vierteljahresblätter 37. Jahrgang, München 1988, S. 287-290.

Albert Bohn
Lepko und ich (Erinnerungen). In: NL 1972, NR. 11, S. 11-14.
Die Bussfahrt. In: NL 1972, NR. 11, S. 20-22.
Was mit Herrn Buchwald geschah. In: NL 1974, NR.4, S. 18-21.
Erwartungen; Der Sohn des Bauern will nicht Bauer werden; Ein Zwischenfall; Auf der Suche nach Äneas . In: NL 1981, NR. 4, S. 18-22.

Hans Bohn
Verlorene Heimat. In: Südostdeutsche Vierteljahresblätter 1993, S.236-257.

Werner Bossert
Blätter; Mirko; Etwas Atem. In: NL 1966, Nr. 1-2, S. 70-75.

Nach den Goldfeldern Westaustraliens. Aus den Marginalien einer Weltreise. In NL 1969, Nr. 3, S. 50-71.
Die Geschichte der Entstehung der Unarten. In: NL 1970, Nr. 9, S. 29-35.
Nackte Erde. In: NL 1971, Nr. 1, S. 25-37.
Das Loch. In: NL 1973, Nr. 5, S. 20-30.
Franzdorf sowie Bilder und Nachrichten aus der Umgebung. In: NL 1978, Nr. 1, S. 23-28.

Hanna Böhlen
Die Stunde der Verheißung. In: NL 1988, Nr. 10, S. 40-42.

Anton Breitenhofer
Sieg in der Arbeiterstadt. Roman. Verlag für Literatur und Kunst des Schriftstellerverbandes der RVR 1951.
Aus unseren Tagen. Bukarest: Staatsverlag für Kunst und Literatur 1958.
Im Land der Skipetaren. Bukarest: Staatsverlag für Kunst und Literatur 1959.
Die Lehrjahre des Franz Jakobi. Bukarest: Staatsverlag für Kunst und Literatur 1960.
Das Wunderkind und andere Erzählungen. Bukarest: Literatur-Verlag 1962.
Der Schlotmaurer. In: NL 1964, Nr. 4, S. 53-77.
Am Weltbuckel. Roman. Bukarest: Literaturverlag 1966.
Der Mädchenmaler. Roman. Bukarest: Literaturverlag 1969.
Zu spät für Marilena. Bukarest: Kriterion 1973.
Zeitbilder. Reiseaufzeichnungen und Reportagen aus Europa und Asien. Bukarest: Kriterion 1979.
Brüderchen und Schwesterchen. In: NL 1979, Nr. 8, S. 13-34.
Spiel mit dem Feuer. Roman. Bukarest: Kriterion 1982.
Der Hirschkäfer. In: NL 1987, Nr. 10, S. 6-10.
Schlachensteine. In: NL 1987, Nr. 10, S. 10-16.
Der Famulus. In: NL 1987, Nr. 10, S. 16-21.

Helmut Britz
Wasserkopf und Darmdämon, Jakob Bühlmann, Felix Krull & Co gewidmet. In: NL 1988, Nr. 12, S. 16-46.
Stichwort Menschlichkeit. In: NL 1989, Nr. 12, S. 11-19.

Franz Johannes Bulhardt
Der falsche Einsatz. In: NL 1964 Nr. 5, S. 3-32.

Bernhard Capesius
Bruchstücke aus meinen Lebenserinnerungen. Fragmente. In: NL 1975, Nr. 2, S. 12-26.

Oskar Walter Cisek
Vor den Toren. Roman. Frankfurt/Main: Suhrkamp 1950.
Reisigfeuer. Das Buch Horia. Erste Auflage. Berlin: Rütten & Loening 1964.
Wandlungen. Anfang des Romans Dickicht vor Tag. In: 1965, Nr. 1, S. 5-40.
Der Strom ohne Ende. Roman. Bukarest: Literaturverlag 1968.
Die Tatarin. Erzählung. Bukarest: Kriterion 1998.

Astrid Connerth
Der Wehrturm. In: NL 1969, Nr. 11, S. 3-15.

Helmuth Frauendorfer
Inge. Briefe eines Mädchens (Fragmente). In: NL 1981, NR. 12, S. 36-44 und in NL 1982, Nr. 10, S. 12-27.
Fußstapfen im Schnee. In: NL 1985, Nr. 11, S. 7-20.

Joseph Fuchs
Die Tochter des Scherenschleifers Alois Perkinzl. In: NL 1964, Nr. 2, S. 64-88.

Grete Groß
Martina. In: NL 1962, Nr. 1, S. 45-65.

Gertrud Gregor
Gemäuer. Roman. Bukarest: Literaturverlag 1966.
Man nehme. Fragment eines Frauenromans. In: NL 1978, Nr. 12, S. 37-53.

Karin Gündisch
Meine Straße. In: NL 1980 Nr. 6, S. 20-22.
Passiert euch sowas nie? In: NL 1981, Nr. 6; S. 10-15.
Von nah und fern (Kurzgeschichten). In: NL 1981, Nr. 11, S. 14-22.
Kindergeschichten. In: NL 1982, Nr. 6, S. 25-29.
Geschichten über Astrid. In: NL 1983, Nr. 6, S. 5-10.
Aus einem Buch über Astrid. In: NL 1984, Nr. 6, S. 7-17.
Weit, hinter den Wäldern. Weinheim und Basel: Beltz Verlag 1988.
Liebe. Tage, die kommen. Freiburg i. Br.: Kore 1994.
Haben Sie vielleicht etwas davon gehört? In: Südostdeutsche Viertaljahresblätter 1997, S. 15-18.

Klaus Günther
Hundert Schafe für eine Frau oder Alles im Leben hat seinen Preis. In: Südostdeutsche Vierteljahresblätter 1966, S. 33-35.
Rückkehr in den Weingarten. In: Südostdeutsche Vierteljahresblätter 1971, S. 108-110.
Der Regentänzer. Roman. Darmstadt: J.G. Bläschke 1973.
Geständnisse einer Drehorgel. Geschichten aus dem Banat. Heilbronn: Eugen Salzer 1977.
Spiel der bangen Jahre. Erzählung. Erschienen als Folge 77 in der Reihe „Marburger Bogendrucke" mit Förderung des Bundesverbandes der DJO-Deutsche Jugend in Europa. Landshut: Isar-Post GmbH 1983.

Gert Haner
Die Begegnung. In: NL 1986, Nr. 6, S. 11-14.

Nikolaus Haupt
Jugendstreiche. Banater Geschichten von Anno dazumal. Bukarest: Kriterion 1984.

Arnold Hauser
Kerben. In: NL 1962, Nr. 1, S. 18-44.
Der Bettler, Die Kinderärztin. In: NL 1963, Nr. 1, S. 109-111 und 112-115.
Der Anfang. In: NL 1964, Nr. 1, S. 82-96.
Examen Alltag. In: NL 1964, Nr. 6, S. 61-74.
Die Zwiebel. In: NL 1965, Nr. 6, S. 12-15.
Kalender vom Glatzkopf. In: NL 1965, Nr. 6, S. 15-17.
Merci. In: NL 1966, Nr. 9-10, S. 3-5.
Die Nickelbrille. In: NL 1966, Nr. 9-10, S. 5-8.
Der abschraubbare Fruchtbehälter. In: NL 1967, Nr. 7-8, S. 31-33.
Interview mit sich selbst. In: NL 1969, Nr. 5, 30-33.
Unterwegs. Skizzen und Erzählungen. Bukarest: Kriterion 1971.
Der Fischteich. In: NL 1973, Nr. 5, S. 3-13.
Der fragwürdige Bericht Jakob Bühlmanns. Kurzroman. Berlin: Verlag Volk und Welt 1974.
Der merkwürdige Fall Hasso Werbes. In: NL 1974, Nr.3, S. 3-48.
Bahnfahrt erster Klasse. In: NL 1979, Nr. 3, S. 5-29.
Postkarten. In: NL 1986, Nr. 4, S. 8-18.
Was aber war, ist nicht wegzudenken. Prosa aus dem Nachlaß. In: NL 1989, Nr. 3, S. 14-19.

Franz Heinz
Wer mehr vom Leben hat. In: NL 1962, Nr. 3, S. 70-73.
Das Feuerzeug. In: NL 1964, Nr. 2, S. 92-100.
Ein Dach ist in Gefahr. Einakter. In: NL 1964, Nr. 6.
Im Haus mit den zwei Toren. In: NL 1966, Nr. 1-2.
Sorgen in Konstanza. In: NL 1967, Nr. 7-8, S. 36-39.
Zwei Bukarester kommen. In: NL 1967, Nr. 7-8, S. 39-41.
Jenny und die anderen. Fragment aus dem Kurzroman „Vormittags". In: NL 1969, Nr. 2.
Alle hinken. In: NL 1969, Nr. 6, S. 4-6.
Der traurige Sänger. In: NL Jubiläumsausgabe 1969, S. 16-17.
Zeit für Beton. In: NL 1970, Nr. 6, S. 3-4.
Erinnerung an die Quitten. In: NL 1970, Nr. 6, S. 5-7.
Fragment 1. In: NL 1970, Nr. 6, S. 7-9.
Die lange Nacht. In: NL 1970, Nr. 6, S. 10-14.
Die fremden Nächte. In: NL 1975, Nr. 3, S. 13-16.
Ärger wie die Hund'. Erzählung. Aachen: Rimbaud Verlagsgesellschaft mbH 1991. (zuerst Bukarest 1972)
Hochzeit in Malu. In: Südostdeutsche Vierteljahresblätter 1993, S. 115-119.
Jakob und die neue Freiheit. In: Südostdeutsche Vierteljahresblätter 1993, S. 102-109.
Lieb Heimatland, ade! Erzählungen. Bad Münstereifel: Westkreuz Verlag 1998.

Uwe Hienz
Das allabendliche Morgengrauen. In: NL 1986, Nr. 3, S. 44-45.

Hans Wolfram Hockl
Die Hora, ein rumänischer Tanz. In: Südostdeutsche Vierteljahresblätter 1960, S. 137-138.
Weil wir Brüder sind. In: Südostdeutsche Vierteljahresblätter 1961, S. 136-141.
Der Seher. In: Südostdeutsche Vierteljahresblätter 1964, S. 201-206.
Regina unsere Mutter. Romantrilogie. Kolonisten. Flüchtlinge. Weltbürger. St. Michael: J.G. Bläschke Verlag 1982.
Die Kaiserhexe. Ereignisse auf Burg Allerzeit. Roman. Linz: Landesverlag 1986.
Sarah. Unerhörte Schicksale 1933- 1995. Linz: Denkmayr 1995.

Franz Hodjak
Wie Julio lachen lernte. In: NL 1969, Nr. 2, S. 5-8.
Das Licht. In: NL 1969, Nr. 2, S. 8-11.
Der Schinder. In: NL 1969, Nr. 2, S. 11-13.
Interview mit sich selbst. In: NL 1969, Nr. 2, S. 26-29.
Ein Katzensprung. In: NL 1970, Nr. 9, S. 47-49.
Im Lift. In: NL 1970, Nr. 9, S. 49-51.
Autobiographische Fragmente '72. In: KR vom 18.08.1972.
Die Insel. In: NL 1976, Nr. 2, S. 7-23.
Der fragwürdige Dichter. In: NL 1977, Nr. 1, S. 27.
Kleine Kriminalgeschichte. In: NL 1977, Nr. 1, S. 36-38.
Reisen. In: NL 1977, Nr. 11, S. 44.
Der kater (ein traumprotokoll) . In: NL 1978, Nr. 3, S. 8-15.
An einem Ecktisch Prosa. Bukarest: Kriterion Verlag 1984.
Friedliche Runde. Prosa. . Bukarest: Kriterion Verlag 1987.
Zahltag. Erzählungen. Frankfurt/Main: Suhrkamp 1991.
Sonderangebot. Bukarest: Kriterion Verlag: 1992.
Franz, Geschichtensammler. Ein Monodrama. Frankfurt/Main: Suhrkamp 1992.
Grenzsteine. Roman. Frankfurt/Main: Suhrkamp 1995.
Auszug aus einem Tagebuch In: NL 1995, Nr. 3-4, S. 10-17.
Der Junge in der Nagold. Entstanden während des Hermann-Hesse-Stipendiums in Calw, Mai bis August 1998, Sonderdruck der Kreissparkasse Calw 1998.
Der Sängerstreit. Roman. Frankfurt am Main: Suhrkamp 2000.

Erika Hübner-Barth
Heimkehr im Frühling. In: NL 1967, Nr. 7-8, S. 52-67.
Finderlohn. In: NL 1968, Nr. 12, S. 24-31.

Herta Hügel
Eine Bettlergeschichte. In: Südostdeutsche Vierteljahresblätter 1993, S. 121.

Klaus Kessler
Der Schinder. In: NL 1970, Nr. 1, S. 3-14.

Einakter: Die Mauer, Grenzer oder Die große Vertauschung. In: NL 1970, Nr. 11, S. 3-18.
Collage aus Stefans Abenteuer, Parabeln und Sentenzen. In: NL 1971, Nr. 5, S. 31-34.
Nachricht über Stefan. Geschichten aus dem kuriosen Hie- und Dasein nebst hypochondrischen Annexen. Bukarest: Kriterion 1975.

Wilhelm Koch
Der Trapphahn. Novelle. In: NL 1969, Nr. 3 und 4, S.12-41 bzw. 39-63.
Der Leser. In: NL 1970, Nr. 1, S. 27-37.
Kitschu der Hetman. Fragmente. In: NL 1973, Nr. 7, S. 32-46.

Wolfgang Koch
Cacovaner Geschichten: Sommernacht, Der Grüne aus Cacova, Nachruf, Patru und der Hengst. In: NL 1981, Nr. 2, S. 4-17.
Die Gesetzestafel. In: NL 1982, Nr 9, S. 24-25.
Mac. In: NL 1982, Nr. 9, S. 25-30.
Die Brücke. Cluj-Napoca: Dacia 1983.
Später Schnee. In: NL 1983, Nr. 6, S. 19-21
Ein Spaziergang. In: NL 1983, Nr. 6., S. 21-22.
Leserschaft. In: NL 1983, Nr. 6, S. 15-19.
Die Geschichte heißt Witann. In: NL 1985, Nr. 2, S. 15-20.
Geschichten um Tudor. In: NL 1986, Nr. 12, S. 8-11.
Die Straßenbahn. In: NL 1986, Nr. 12, S. 12-13.
Stilleben. In: NL 1987, Nr. 8, S. 52.
Kerz. (Eine beinah phantastische Geschichte). In: NL 1987, Nr. 12, S. 11-12.
Das Nachwort. In: NL 1988, Nr. 2, S. 22-33.
Der Biko. In: NL 1988, Nr. 8, S. 14-15.
Herr und Frau Ghita. In: NL 1988, Nr. 8.
Wir, die Wabenmenschen. In: NL 1989, Nr. 3, S. 33-37.
Das 777 Programm. In: NL 1989, Nr. 3, S. 34.
Anfahrt. In: NL 1989, Nr. 3, S. 35-36.
Dichterlos. Eine Geschichte aus dem alten Theben. In: NL 1989, Nr. 3, S. 36-37.
Das Leben ging weiter. In: NL 1989, Nr. 9, S. 24-28.
Das Recht auf Realität. In: NL 1989, Nr. 9, S. 28.

Bernd Kolf
Pro-nomen (Aus dem Zyklus „Der unbehauste Mensch"). In: NL 1971, Nr. 1, S. 23.

Walter Kremm
Kerwei. In: NL 1972, Nr. 11, S. 7-8.

Karl Kron
Der Wasserdieb. Eine schwäbische Bauernnovelle. In: NL 1983, Nr. 4, S. 40-47.

Ernst Kulcsar
Mein großer weißer Bruder. In: NL 1969, Nr. 10, S. 34-41.
Gott hab ihn selig! In: NL 1969, Nr. 10, S. 41-50.

Ruhe! Feind hört mit! In: NL 1970, Nr. 9, S. 8-18.
Vom Himmel hoch, da komm ich her. In: NL 1970, Nr. 9, S. 19-26.
An uns ist alles gut, sagt man am Generalloch. In: NL 1971, Nr. 12, S. 3-44 und NL 1972, Nr. 1, S. 10-19.
Das Kulturpfeifen. In: NL 1976, Nr. 2.
Kommen Sie mit, Frau Schwarz. In: NL 1976, Nr. 5.
Im Dienstwagen unterwegs. Notizen zu einer TV-Dokumentation. In: NL 1978, Nr. 12, S. 56-60.
Schöner deutscher Bub. In: NL 1982, NR. 9, S. 7-23 und in: NL 1980, Nr. 10, S. 7-27.

Hansjörg Kühn
Masken und Menschen. Ulm/Donau: Gerhard Hess 1965.
Auch solche Frauen gab es. In: Südostdeutsche Vierteljahresblätter 1970, S. 81-82.
Gestört ist gestört. In: Südostdeutsche Vierteljahresblätter 1971, S. 184-185.

Heinrich Lauer
Bälle und Spiele (Entwurf zu einem Drehbuch). In: NL 1973, Nr. 9, S. 36-41.
Von Mai bis August. In: Immer gibt es Hoffnung. Erzählungen. Berlin/Bonn: Westkreuz-Verlag 1986, bearbeitet und eingeführt von Franz Heinz.
Kleiner Schwab - Großer Krieg. Roman. Innsbruck: Wort und Welt Verlag 1987.
Zwischen den Zügen. In: Südostdeutsche Viertaljahresblätter 1997, S. 313-317.

Hans Liebhardt
Der große Selbstmord im schwarzen Meer; Sohn armer Eltern. In: NL 1963, Nr. 2, S. 98-103, 103-105.
Stern von Hohenstein. In: NL 1964, Nr. 3, S. 103-105.
Der Felsen des Glücks. In: NL 1964, Nr. 3, S. 105-110.
Von damals. In: NL 1965, Nr. 5, S. 43-44.
Über sieben Hatterte. In: NL 1965, Nr. 5, S. 44-46.
E-e-e. In: NL 1965, Nr. 5, S. 46-47.
Träume und Wege. Kurze Prosa. Bukarest: Jugendverlag 1966.
Irgendwo. Man soll sich nicht rühmen. In: NL 1966, Nr. 5-6, S. 95-97.
Zehn Gebote; Beispiel mit Prinzessin Omer; Schande über dich, Dornerich; Das Lächeln. In: NL 1967, Nr. 3-4, S. 14-21.
Das Haus in der Schwimmschulgasse. In: NL 1968, Nr. 1-2, S. 41-56.
Interview mit sich selbst. In: NL 1968, Nr. 7, S. 94-98.
Zeit der Begeisterung: Der grünäugige Sekretär; Der lange Weg. In: NL 1968, Nr. 11, S. 37-45.
Immer wieder Weißkircher. Bukarest: Kriterion Verlag: 1971.
Führe uns nicht in Versuchung. In: NL 1971, Nr. 6, S. 7-8.
Reisegeschichten. In: NL 1975, Nr. 8, S. 10-17.
Zwei Filmgeschichten. In: NL 1975, Nr. 10.
Geschichten zu Wasser und zu Land. In: Neue Literatur NR. 1976, Nr. 12, S. 11-27.
Alle deine Uhren. In: NL 1978, Nr. 4, S. 3-14.
Aus Frage und Antwort. Ganz kurze Geschichten. In: NL 1978, Nr. 2, S. 46-48.
Was wir ins Leben mitnehmen. (Reiseberichte) In: NL 1979, Nr. 3, S. 46-50.

Leicht und schwer. In: NL 1980 Nr. 6, S. 28-32.
Das wundersame Leben des Andreas Weißkircher. Ein Roman in Geschichten. Bukarest: Kriterion Verlag: 1981.
Geschichten aus der Geschichte. Koordination Hans Liebhardt. Bukarest: Politischer Verlag 1983.
Morgen oder in einem Jahr. Bukarest: Kriterion 1985.
Weit ist der Weg nach Schirkanyen. In: NL 1986, Nr. 9, S. 3-18.
Wege der Heimat. Reportagen, Berichte, Interviews hg. von Hans Liebhardt. Bukarest: Kriterion 1987.
Ein Zelt am Meer. Bukarest: Ion Creangă Verlag 1987.
Alte Heimatbilder. In: NL 1987, Nr. 7, S. 8-20.
Die Zukunft der Rosen. Geschichten, Betrachtungen, Berichte. Bukarest: Kriterion 1988.
Sächsisches Sonntagskind. In: NL 1988, Nr. 1, S. 43-51. (43-51)

Herta Ligeti
Mein Jugendgefährte. In: NL 1962, Nr. 1.

Andreas A. Lillin
Die zehnte Muse (Romanfragment): In: NL 1962, Nr. 5, S. 3-68.
Unsere teuren Anverwandten. Bukarest: Kriterion 1983.
Der Maskenhändler Goldkopf. Roman. Bukarest: Kriterion 1987.
Jodokus oder die Sintflut. Roman. Bukarest: Kriterion 1988.

Johann Lippet
Versuch einer Diagnose. In NL 1980, Nr. 2, S. 9.
von haus zu haus. eine chronik. In: NL 1980 Nr. 5, S. 10-23.
An einem Freitag im Sommer. In: NL 1980, Nr. 12, S. 46-54.
Der Totengräber. In: NL 1982, NR. 7, S. 18-31 und Nr. 8, S. 50-67.
Anton Baumgartner, der Mittelpunkt der Welt. In: NL 1984, Nr. 4, S. 7-24.
Die Falten im Gesicht. Ein Szenarium (Auszüge). In: NL 1985, Nr. 5, S. 18-32.
Protokoll eines Abschieds und einer Einreise oder Die Angst vor dem Schwinden der Einzelheiten. Heidelberg: Wunderhorn 1990.
Die Falten im Gesicht. Erzählungen, Heidelberg: Das Wunderhorn 1991.
Der Totengräber. Erzählung. Heidelberg: Das Wunderhorn 1997.
Die Tür zur hinteren Küche. Roman. Heidelberg: Wunderhorn 2000.

Erika Ludwig
Endstation. In: NL 1979, Nr. 4, S. 19.

Christian Maurer
Rösslsprung. In: NL 1969, Nr. 6, S. 12-15.
Chronik hinter Kulissen. In: NL 1970, Nr. 6, S. 15-19.

Adolf Meschendörfer
Die Stadt im Osten. München: Albert Langen- Groy Müller Verlag 1942.
Als man noch die Soldaten fing. In: Südostdeutsche Vierteljahresblätter 1963, S. 193-198.

Leonore. Roman eines nach Siebenbürgen Verschlagenen. In: NL 1963, Nr. 4.

Anna Mies
Rinnenfest. Ein Reisebild. In: NL 1979, Nr. 4, S. 18-19.

Jakob Mihăilescu
Stillstand. In: NL 1984, Nr. 6, S. 29-44.
Versagen. In: NL 1986, Nr. 3, S. 42-44.
Im Zustand fortschreitender Annäherung. Wörter, Spiele und Versuche. In: NL 1988, Nr. 5, S. 14-20.
Es nielst und bohrt. Ein Text. In: NL 1989, Nr. 8, S. 21-27.

Hans Mokka
Bubenjahre. In: NL 1966, Nr. 7-8, S. 42-59.
Ivan der Schreckliche. In: NL 1969, Nr. 11, S. 55-60.
Herr Kugel und Sami. In: NL 1972, Nr. 8, S. 5-9.
Menschen und Manuskripte. Erinnerungen an Alt-Temeswar. In: NL 1973, Nr. 2, S. 7-36.
Temeswarer jüdische Märchen. Aufgeschrieben von Hans Mokka. In: Südostdeutsche Vierteljahresblätter 1993, S.125-128.

Irene Mokka
Es. In: NL 1970, Nr. 6.
Der Ellenbogenlose. In: NL 1970, Nr. 6.
Kurze Prosastücke aus dem Band „Bedenken". In: NL 1974, Nr. 2, S. 3-8, S. 6.

Hans Peter Müller
Blindgänger. In: NL 1965, Nr. 2, S. 85-93.
Praxiteles oder Die vollkommene Schönheit. In: NL 1985, Nr. 1, S. 11-20.

Herta Müller: Erzählungen
Damals im Mai. In: NL 1979, Nr. 5.
Abziehbild. In: NL 1979, Nr. 5.
Der Mann mit der Zündholzschachtel. In: NL 1979, Nr. 5.
Die Mäuse. In: NL 1979, Nr. 5.
Die Straßenkehrer. In: NL 1979, Nr. 5.
Frösche und Perspektive: Das Blockkomitee. In: NL 1980 Nr. 6, S. 5-19.
Niederungen. Berlin: Rotbuch 1984.
Drückender Tango. Bukarest: Kriterion 1984.
Der Mensch ist ein großer Fasan auf der Welt. Berlin: Rotbuch 1986.
Barfüßiger Februar. Berlin: Rotbuch 1987.
Reisende auf einem Bein. Berlin: Rotbuch 1989.
Der Teufel sitzt im Spiegel. Wie Wahrnehmung sich erfindet. Berlin: Rotbuch 1991.
Der Fuchs war damals schon der Jäger. Hamburg: Rowohlt 1992.
Avram. In: NL (Neue Folge) 1/1992, S. 62-71.
Eine warme Kartoffel ist ein warmes Bett. Hamburg: Europäische Verlagsanstalt 1992.
Herztier. Hamburg: Reinbeck 1994.

Hypochondrischer Herbst. In: NL 1968, Nr. 5-6, S. 78-80.

Horst Samson
kleintermin oder gäste kommen nur am wochenende. In: NL 1978, Nr. 5, S. 24-26.
katzenschreifrüh. In: NL 1979, Nr. 7, S. 19-20.
das alte große postpferd. In: NL 1979, Nr. 7, S. 20-22.
K. In: NL 1979, Nr. 7, S. 22.

Erika Scharf
Karussel. In: NL 1965, Nr. 2, S. 99-100.

Georg Scherg
Da keiner Herr und keiner Knecht. Roman. Bukarest: Staatsverlag für Kunst und Literatur 1957.
Die Erzählungen des Peter Merthes. Erster Band. Dritte Auflage. Bukarest: Kriterion 1977. (Erste Auflage Bukarest: Jugendverlag 1958).
Die Erzählungen des Peter Merthes. Zweiter Band. Zweite Auflage. Bukarest: Kriterion 1977. (Erste Auflage 1968)
Das Zünglein an der Waage. Roman. Bukarest: Literaturverlag 1968.
Der Mantel des Darius. Roman. Bukarest: Jugendverlag 1968.
Penelope ist anderer Meinung. Roman. Bukarest: Kriterion Verlag 1971.
Eine Geschichte für sich oder Petrons Auftrag. In: NL 1972, Nr. 5, S. 34-43.
Der rote Teppich In: NL 1972, Nr. 5, S. 43-46.
Die Entstellung. In: NL 1972, Nr. 5, S. 46-48.
Spiegelkammer. Roman. Bukarest: Kriterion Verlag 1973.
Baß und Binsen. Roman. Cluj-Napoca: Dacia-Verlag 1976.
Paraskiv Paraskiv. Roman. Cluj-Napoca: Dacia Verlag 1976
Die Axt im Haus. Zwei Erzählungen. Cluj-Napoca: Dacia Verlag 1979.
Der Sandkasten. Roman. Bukarest: Kriterion Verlag 1981.
Die Erzählungen des Peter Merthes. Dritter Band. Bukarest: Kriterion 1984.
Der Weinberg (Erzählung). In: NL 1985, Nr. 6, S. 8-17.
Das Kartenhaus. Erzählung. In: NL 1985, Nr. 12, S. 5-27.
Die Schuldbürger. Roman. Bukarest: Kriterion Verlag 1987.
Die verhohlene Münze. Erzählungen. Cluj-Napoca: Dacia Verlag 1987.
Unterhalt und Unterkommen. In: NL 1987, Nr. 4, S. 3-30.
Häuptlinge unter sich. Fragment aus dem Roman Goa Mgoo oder die Erfindung der Unsterblichkeit. In: Südostdeutsche Vierteljahresblätter 1996, S. 278-283.

Robert Schiff
Zither-Elegie. In: Immer gibt es Hoffnung. Erzählungen. Berlin/Bonn: Westkreuz-Verlag 1986, bearbeitet und eingeführt von Franz Heinz.
Die Holzschneider. In: Südostdeutsche Viertaljahresblätter 1997, S. 33-35.

Eginald Schlattner
Der geköpfte Hahn. Roman. Wien: Paul Zsolnay 1998.
Rote Handschuhe. Roman. Wien: Paul Zsolnay 2000.

Dieter Schlesak
Der Eingegrabene. In: NL1968, Nr. 3-4, S. 65-67.
Im Bodenlosen. In: NL 1968, Nr. 3-4, S. 67-68.
Das Paar und das Pferd. In: NL 1968, Nr. 3-4, S. 68-69.
Schnecke vor der Zeit. In: NL 1968, Nr. 3-4, S. 69-70.
Kälte. In: NL 1968, Nr. 3-4, S. 70-71.
Kritisches Rollentagebuch Frankfurt Oktober 1968-März 1969. In: NL 1969, Nr. 4.
Der verspätete Engel. In: NL 1969, Nr. 10, S. 51-53.
Die Strohpuppe. In: NL 1969, Nr. 10, S. 53-54.
Vaterlandstage und die Kunst des Verschwindens. Roman. Zürich, Köln: Benziger Verlag 1986.
Die Geister des Weltwechslers. Fragmente aus „Der Verweser. Ein Geisterroman". In: NL (Neue Folge) 1/1996, S. 11-36.

Pauline Schneider
Bilder im Spiegel (Fragment). In: NL 1968, Nr. 10, S. 53-60.
Das Gespräch In: NL 1971, Nr. 6, S. 14-16.
Windstoß im Rücken. In: NL 1982, Nr. 8, S. 12-18.
Die häßliche Tochter. In: NL 1982, Nr. 8, S. 18-21.
Der fremde Sohn. In: NL 1985, Nr. 7, S. 18-24.
Vermutungen. Kurze Prosa. In: NL 1987, Nr. 1, S. 17-22.
Die Prüfung. In: NL 1987, Nr. 8, S. 61-64.
Die Lehrerin. In: NL 1987, Nr. 8, S. 64-68.

Bettina Schuller
Lebensfreude für alle. In: NL 1967, Nr. 7-8, S. 49-50.
Dialog-etwas einseitig. In: NL 1967, Nr. 7-8, S. 50.
Zwei Geschichten, die zusammen gehören: Ein sauberer Kindermord; Das Sprungbrett. In: NL1967, Nr. 7-8, S. 44-49.
Die guten Ideen. In: NL 1968, Nr. 1-2, S. 114-115.
Der verständnisvolle Freund. In: NL 1968, Nr. 1-2, S.20.
Das kluge Mädchen. In: NL 1970, Nr. 1, S. 52-60.
Es war an einem kalten Samstage. In: NL 1970, Nr. 1, S. 61-64.
Der Brief. In: NL 1971, Nr. 9, S. 6-7.
1 zu 31. In: Südostdeutsche Vierteljahresblätter 1971, S. 31.
Es muß an der Freiheit liegen. Betrachtungen, Geschichten, Skizzen. München: Verlag Südostdeutsches Kulturwerk 1989.
Bettina Schuller: Das Cocktailkleid (Erzählung). In: Siebenbürgische Zeitung vom 30 Nov. 1989, S. 5.
Das beliebte Spiel oder Das Einsehen des Bären. In: Südostdeutsche Vierteljahresblätter 1995, S. 219-224.

Schuster Dutz
ESEL-Genossenschaft. In: NL 1963, Nr. 1, S. 105-107.

Paul Schuster
Der Teufel und das Klosterfräulein. Bukarest: Jugendverlag 1957.
Februarglut. In: NL 1963, Nr. 1, S. 11-86.
Yoko und Tadashi. In: NL 1964, Nr. 1, S. 3-47.
Als ich begann sehen zu lernen. In: NL 1964, Nr. 4, S. 22-47.
Liebe, das angenehme Gespenst. Fragmente aus dem II. Band des Romans „Fünf Liter Zuika". In: NL 1965, Nr. 2, S. 16-80.
Die alte Angst des Affen. (Eine Groteske). In: NL 1966, Nr. 9-10, S. 9-13.
Vorwort (Fragment). In: Neue Literatur 1968, Nr. 3-4, S. 9-45.
Zwischen Mantel und Herz. In: NL 1970, Nr. 4, S. 31-87.
Die Überschwemmung. In: NL 1970, Nr. 7, S. 11-28 und 8/1970, S. 80-96.
Ikikusch oder Die Eroberung der Liebe (Romanfragment). In: NL 1971, Nr. 7, S. 12-43.
Heilige Cäcilia. In: Heidelberger Auslese I. Subskriptionsausgabe, zweite Serie. Dezember 2001.
Das ostpannonische Vögelein. In: Heidelberger Auslese II. Subskriptionsausgabe, zweite Serie. Dezember 2001.
Testamentarisch für und gegen meine Verleumder. Typoskript.

Willy Schuster
Fabeln. Stein und Kirschkern, Ziegelstein. In: NL 1962, Nr. 6.
Duett auf der Straße. In: NL 1963, Nr. 3, S. 94-99.
Die Geige. In: NL 1966, Nr. 11-12, S. 15-19.

Ludwig Schwarz
Nur um ein Wort mehr. In: NL 1967, Nr. 5-6, S. 94-97.
Typhus. In: NL 1968, Nr. 1-2, S. 34-38.
Entlausung. In: NL 1968, Nr. 1-2, S. 38-40.
Interview mit sich selbst. In: NL 1968, Nr. 9, S. 22-27.
Notizen aus dem Lager 17b. In: NL 1968, Nr. 10, S. 9-16.
Vorbei? In: NL 1968, Nr. 10, S. 16-25.
Man bringt nicht viel mit aus Cherbourg. Kurze Prosa. Bukarest: Jugendverlag 1969.
Der Zug. In: NL 1969, Nr. 7, S. 77-79.
Der Oberlehrer Leberecht Scheel. In: NL 1969, Nr. 7, S. 80-89.
Eine Dorfstraße. In: NL 1969, Nr. 8.
Die Kübel oder „Warum ich Kurzgeschichten schreibe". In: NL 1970, Nr. 9, S. 3-7.
Eine Uhr blieb stehn. In: NL 1971, Nr. 7, S. 57-58.
Ärztlicher Befund: Unheilbar. Ein Landarzt erzählt. In: NL 1972, Nr. 2.
Von kleinen und großen Hunden. Berichte und Betrachtungen aus dem Hundeleben. In: NL 1972, Nr. 6, S. 7-13.
Verdammt! Eine Bestandsaufnahme im Hause Peter Holz oder ein Drehbuch In: NL 1973, Nr. 3, S. 3-20.
Hier ist ein Weg. Kurze Prosa. Bukarest: Kriterion 1978.
Die Gewehrnummer. In: NL 1981, Nr. 8, S. 21-25.
Ein Fuß hoch über der Erde. In: NL 1981, Nr. 12, S. 82-85.

Helmut Seiler
beim frisör. In: NL 1988, Nr. 1-2, S. 138.
ortbestimmung. In: NL 1988, Nr. 1-2, S. 138-139.

Werner Söllner
Alfons. In: NL 1980 Nr. 1, S. 28-33.
Lauter Ausreden (Auszug aus dem ersten Kapitel des Romans „Die gläserne Bibliothek").
In: NL (Neue Folge) 3/1993, S. 15-26.

Jürgen Speil
Schuhe. In: NL 1965, Nr. 3, S. 22-23.
Fussball. In: NL 1965, Nr. 6, S. 20-21.

Claus Stephani
Die fremde Stadt. In: NL 1967, Nr. 3-4, S. 25-27.
Der Individualist. In: NL 1968, Nr. 1-2, S. 106-107.
Die Katastrophe. In: NL 1968, Nr. 1-2, S. 107-109.
Das Gewehr. In: NL 1968, Nr. 8, S. 32-33.
Achat. In: NL 1969, Nr. 5, S. 41-43.
Die Säuglingsbesserungsanstalt. In: NL 1969, Nr. 5, S. 43-45.
Das Urteil. In: NL 1969, Nr. 5, S. 45-46.
Der Bildungshunger. In: NL 1969, Nr. 5, S. 46-48.
Das Saurierfest. In: NL Jubiläumsausgabe 1969, S. 30.
Die Sackgasse. In: NL 1970, Nr. 3, S. 89-90.
Am Anfang war die Axt. In: NL 1971, Nr. 3, S. 12-14.
„Kann man das erzählen...". In: NL 1975, Nr. 8, S. 5-9.
Jeder hat seine Gedanken. Ein Tag aus dem Leben des W.T. In : NL 1975, Nr. 9, S. 24-28.
„Manchmal im Ostwind". Teile aus einem Kurzroman. In: NL 1976, Nr. 1, S. 8-27.
Volkserzählungen aus dem Nösnerland. In: NL 1979, Nr. 7, S. 43-54.
Wie das Wiesengras im Wind. Frauenschicksale/Protokolle. Cluj-Napoca: Dacia Verlag 1986.
Niemandsmensch. Bericht einer Gedemütigten, aufgeschrieben von Claus Stephani. München: dtv 1992.

Anton Sterbling
Fasching. In: NL 1973, Nr. 7, S. 54-55.

Franz Storch
Gebannte Schatten. Wissenschaftlich-phantastischer Roman. Bukarest: Jugendverlag 1959.
Die Ziehharmonika. Erzählungen. Bukarest: Literaturverlag 1962.
Im Krawallhaus. Ein Lausbub entdeckt die Welt. Bukarest: Jugendverlag1963.
Das Pfauenrad. Bukarest: Jugendverlag 1964.
Die Uhren ticken weiter. In: NL 1965, Nr. 3, S. 14-21.
Das Holzgrammophon. Erzählungen. Bukarest: Literaturverlag 1966.
Drei schwere Tage. Roman. Bukarest: Literaturverlag 1968.

Interview mit sich selbst. In: NL 1968, Nr. 11.
Am Rande des Kerzenscheins. Kurze Prosa. Bukarest: Jugendverlag 1969.
Das Sonnenrad. In: NL 1969, Nr. 8, S. 43-45.
Es waren 167.524 plus einer. In: NL 1969, Nr. 8, S. 45-47.
Die Briefmarke. In: NL Jubiläumsausgabe 1969, S. 3-6.
Die Nähmaschine. In: NL 1970, Nr. 7, S. 41-43.
Das Monument. In: NL 1970, Nr. 7, S. 43-44.
Bügelfalten. In: NL 1971, Nr. 11, S. 60-61.
Zeit zum Füttern. In: NL 1971, Nr. 11, S. 61-62.
Spätherbst. In: NL 1971, Nr. 11, S. 62-63.
Der andere Sohn. In: NL 1971, Nr. 11, S. 59-60.
Spätherbst. In: NL 1971, Nr. 11, S. 62-63.
Sonst geschah nichts. 46 Situationen. Bukarest: Kriterion Verlag 1978.
Die singende Uhr. Kurze Prosa. Bukarest: Kriterion 1983.
Silben im Wind. Kurze Prosa. Berlin: Union Verlag 1987.
Fall Nr. 13. Kriminalroman. Kriterion Verlag 1989.

Anneliese Suchanek
Die Feuermauer. In: NL 1962, Nr. 4, S. 6-11.
Der Teufelsweg. In: NL 1963, Nr. 3, S. 3-19.

Ricarda Terschak
Brennende Schwalbe. Roman. Bukarest: Kriterion 1985.
Die Tote. In: NL 1989, Nr. 10, S. 12-18.

Richard Wagner
Unser Besucher. In: NL 1972, Nr. 11, S. 6-7.
Kapitel 23 (Fragment) . In: NL 1974, Nr.11, S. 11-21.
der sohn des dichters (mit einem Nachtrag nach 45 Jahren). In: NL 1975, Nr. 4, S. 34-37.
der fall schrubba. In: NL 1975, Nr. 4, S. 37-40.
Wohnviertel in R. In: NL 1977, Nr. 10, S. 39-41.
Der junge Berger. Ansätze zu einer Erzählung. In: NL 1979, Nr. 1, S. 6-25.
Der Anfang einer Geschichte. Prosa. Cluj-Napoca: Dacia 1980.
Heimatliches. Kurzgeschichten: Der erste Weltkrieg, Schöne Heimat, Onkel Hans, Der schwäbische Pendler. In: NL 1980 Nr. 3, S. 6-14.
Marlene. Anmerkungen zu einer Geschichte. In: NL 1980, Nr. 12, S. 10-16.
Lesestücke für kleine Leute. In: NL 1981, Nr. 6, S. 5-9.
das auge des feuilletons. Geschichten und Notizen. Cluj: Dacia 1984.
Ausreiseantrag. Darmstadt: Luchterhand 1988.
Begrüßungsgeld. Frankfurt/Main: Luchterhand 1989.
Die Muren von Wien. Roman. Frankfurt am Main: Luchterhand Literaturverlag 1990.
Der Himmel von New York im Museum von Amsterdam. Geschichten. Frankfurt am Main: Frankfurter Verlagsanstalt 1992.
Giancarlos Koffer. Berlin: Rotbuch Verlag 1993.
Der Mann, der Erdrutsche sammelte. Geschichten. Stuttgart: Deutsche Verlags-Anstalt 1994.

In der Hand der Frauen. Roman. Stuttgart: Deutsche Verlags-Anstalt 1995.
Lisas geheimes Buch Roman. Stuttgart: Deutsche Verlags-Anstalt 1996.
Witold und Marta. In: Südostdeutsche Vierteljahresblätter 1996, S. 98-101.
Im Grunde sind wir alle Sieger. Roman. Stuttgart: Klett-Cotta 1998.
Millenium. In: Südostdeutsche Vierteljahresblätter 1999, Nr. 3.

Balthasar Waitz
So wie draußen im Leben: In: NL 1975, Nr. 9.
Onkel Hugo, Tante Emma und das Ding. In: NL 1977, Nr. 8, S. 9-13.
Einen Augenblick lang wie ein Lächeln. In: NL 1977, Nr. 8, S. 13-17.
Mein bester Freund, mein liebster Feind. In: NL 1977, Nr. 8, S. 17-21.
Alltagsfilm. In: NL 1977, Nr. 10, S. 41-43.
Ein Alibi für Papa Kunze. In: NL 1979, Nr. 7, S. 23-27.
Hundshitze, Erdklümpchen. In: NL 1980, Nr. 1, S. 33-39 und Nr. 2, S. 34-51.
Unser Brunnen. In: NL 1980 Nr. 4.
Widerlinge. Temeswar: Facla 1984.
Der längst Erwartete. In: NL 1987, Nr. 12, S. 23.
Es fallen noch immer Tore. In: NL 1987, Nr. 12, S. 24-25.
Katharina fährt in die Stadt. In: NL 1987, Nr. 12, S. 25-26.
Fremdsprachen. In: NL 1987, Nr. 12, S. 27-28.
Stimmbruch In: NL 1987, Nr. 12, S. 28.
Alltagsmärchen. In: NL 1989, Nr. 6, S. 20-21.
Der Schnellzug aus der Hauptstadt. In: NL 1989, Nr. 6, S. 16-18.
Krotellen. In: NL 1989, Nr. 6, S. 18.
Brief an einem Freund vom Mond. In: NL 1989, Nr. 6, S. 19-20.
Muttertag. In: NL 1989, Nr. 6, S. 20.
Alptraum. Erzählungen. Bukarest: Kriterion 1996.

Ernest Wichner
Ich habe meine Kindheit verwachsen wie einen Schuh. In: NL 1972, Nr. 11, S. 10-11.

Erwin Wittstock
Bruder, nimm die Brüder mit. Roman. München : Langen/Müller 1934.
Der Viehmarkt von Wängertsthuel. Berlin: Union 1958.
Die Freundschaft von Kockelburg und andere Erzählungen. Berlin: Union 1965.
Das Jüngste Gericht in Altbirk. In: NL 1967, Nr. 5-6, 7-8 und 9-10, S. 11-68, 73-102, 73-113.
Das letzte Fest (Fragment). In: NL 1970, Nr. 2, und Nr. 6, S. 31-51.
Vor dem „Ehrengericht" oder Die Amtsenthebung. In: NL 1975, Nr. 1, S. 7
Der große Unbekannte. In: NL 1979, Nr. 2, S. 11-25.
Abends Gäste. Erzählungen 1930 – 1939. Auswahl, Nachwort und Anmerkungen von Joachim Wittstock. Bukarest: Kriterion 1982.
Die Schiffbrüchigen. Erzählungen 1940-1962. Bukarest: Kriterion 1986.
Meinhart und Rügen. Fragment aus dem posthum erschienenen Roman „Das letzte Fest". In: NL 1989, Nr. 1, S. 6-11.
Das letzte Fest. Roman. Erzählungen. Bukarest: Kriterion 1991.

Januar 45 oder Die höhere Pflicht. Roman. Bukarest: ADZ-Verlag Bukarest 1998.
Einkehr. Prosa aus Siebenbürgen. Mit einem Vorwort von Stefan Sienerth. München : Südostdeutsches Kulturwerk 1999.

Joachim Wittstock
Schlüsselpunkt. In: NL 1969, Nr. 4, S. 3-24.
Mauerwerk. In: NL 1970, Nr. 8, S. 31-32.
Stegreif. In: NL 1970, Nr. 8, S. 32-34.
Rettungsfahrt. In: NL 1972, Nr. 5, S. 9-29.
Pionier 10. In: NL 1975, Nr. 3, S. 7-8.
Wenn du wie Lazarillo von Tormes... In NL 1975, Nr. 11.
Erzieherische Unterredung. In: NL 1977, Nr. 12, S. 30.
Des Hundes Not. In: NL 1977, Nr. 12, S. 30-31.
Parole Atlantis. Erzählende und betrachtende Prosa. Cluj-Napoca: Dacia Verlag 1980.
Mondphasenuhr. Worte in gebundener und ungebundener Rede. Cluj-Napoca: Dacia Verlag 1983.
Ascheregen. Parallele Lebensbilder und ein Vergleich. Cluj-Napoca: Dacia Verlag: 1985.
Begegnung am Fluß. In: NL 1987, Nr. 8, S. 52-54.
Morgenzug. Vergegenwärtigungen, Überlegungen. Cluj-Napoca: Dacia Verlag: 1988.
Der europäische Knopf. Frankfurt/Main: dipa 1991.
Spiegelsaal. Bukarest: Kriterion Verlag 1994.
Skelettwirrnis auf dem Michelsberg. Fragment aus dem Romanmanuskript „Bestätigt und besiegelt". In: NL (Neue Folge) 3-4/1995.
Psychodrama. In Erinnerung an den Psychiater Jakob Levy Moreno. In: Südostdeutsche Vierteljahresblätter 1996, S. 25-29.
Die dalmatinische Friedenskönigin. Innsbruck: Skarabaeus. Eine Belletristikreihe in der Edition Löwenzahn 1997.
Wiener Lände. In: Südostdeutsche Vierteljahresblätter 1997, S. 117-120.
Kurator, Söldner, Gouverneur und andere Prosa. Bukarest: Kriterion 1998.

Willi Zeidner
Auf einer Bank. In: NL 1963, Nr. 2, S. 106-108.
Corina. In: NL 1963, Nr. 2, S. 108-110.
Watschen. In: NL 1963, Nr. 2, S. 110-112.
Kartoffelfeuer. In: NL 1967, Nr. 1-2, S. 26-31.
Wiesentaler Story. In: NL 1971, Nr. 6, S. 17-42.
Golem und Golema. In: NL 1980, Nr. 9, S. 3-15.

Heinrich Zillich
Unser Benz, die lebendige Kutsche. In: Südostdeutsche Vierteljahresblätter 1961, S. 212-216.
Unsere Frauen im letzten Krieg. Zur ehrfurchtsvollen Erinnerung an ihr Martyrium vor 20 Jahren. In: Südostdeutsche Vierteljahresblätter 1965, S. 143-147.
Ohrfeigen für die Schlacht von Königgrätz. In: Südostdeutsche Vierteljahresblätter 1966, S. 107-109.
Kleine Geschichten. In: Südostdeutsche Vierteljahresblätter 1967, S. 22-25.

Unser Krippenspiel. In: Südostdeutsche Vierteljahresblätter 1967, S. 202-204.
Südostdeutsche Anekdoten. In: Südostdeutsche Vierteljahresblätter 1970, S. 43.
Der Autokochtopf. In: Südostdeutsche Vierteljahresblätter 1971, S. 24-26.
Osterspaziergang. In: Südostdeutsche Vierteljahresblätter 1971, S. 100-101.
Wir hamstern Christbäume. In: Südostdeutsche Vierteljahresblätter 1972, S. 28-30.
Junikäfer. In: Südostdeutsche Vierteljahresblätter 1972, S. 114-115.
Im pfälzischen Wein bin ich daheim. In: Südostdeutsche Vierteljahresblätter 1973, S. 78-80.

23.2. Sekundärliteratur

23.2.1. Allgemein

Aescht, Georg: Kreation und Administration. Zur rumäniendeutschen Kurzprosa der Jahre 1962-1973. In: Zeitschrift für Siebenbürgische Landeskunde IV. Folge 12 (1989), H. 2.
„Adressierung an die Kulturaktivisten". In: Volk und Kultur 1959, Nr. 11.
Aktuelle Probleme der literarischen Kritik. In: Banater Schrifttum 1955, H. 2, S. 86-94.
Altvater, Friedrich: Wesen und Form der deutschen Dorfgeschichte im 19. Jahrhundert. In: Germanistische Studien, H. 88, Berlin 1930. Lübeck 1967.
Andreotti, Mario: Die Struktur der modernen Literatur. Bern und Stuttgart: Paul Haupt 1983.
Arnold, Heinz Ludwig: Die westdeutsche Literatur 1945 bis 1990. Ein kritischer Überblick. München: dtv 1995.
Arnold, Heinz Ludwig; Buck, Theo (Hg.): Positionen des Erzählens. Analysen und Theorien zur Literatur der Bundesrepublik. München: Beck 1976.
„Ästhetische Erziehung der Werktätigen". In: Volk und Kultur 1960, Nr. 11, S. 30-31.
„Die Literatur und ihre Rolle in der Massenkultur". In: Volk und Kultur 1966, Nr. 1, S. 43-45.
Barth, Johannes: „Berichte aus der Hölle". Der deutsche Schriftstellerprozeß 1959 wurde in Freiburg diskutiert. In: Banatica 1/1992, S. 47-48.
Bauer, Matthias: Romantheorie. Stuttgart, Weimar: Metzler 1997.
Becker, Udo: Lexikon der Symbole. Freiburg: Herder 1992.
Baier, Hannelore: 1947 sollte die Umsiedlung von über 96000 Personen aus dem Banat und aus Siebenbürgen stattfinden. In: Banatica 3/1992, S. 5-7.
Behring, Eva: Ein Pronomen ist verhaftet worden. Texte der Aktionsgruppe Banat. Hg. Ernest Wichner. Frankfurt/Main: Suhrkamp 1992, 248 Seiten. In: Südostdeutsche Vierteljahresblätter 1993, S. 179f.
Bergel, Hans: Vom Nullpunkt zur Resignation. Anmerkungen zum letzten Lebensabschnitt der Schriftsteller Erwin Wittstock, Alfred Margul-Sperber, Oskar Walter Cisek. In: Südostdeutsche Vierteljahresblätter 1974, S. 105-112.
Bergel, Hans: Gestalten und Gewalten. Innsbruck: Wort und Welt 1983.
Bergel, Hans: Literaturgeschichte der Deutschen in Siebenbürgen. 2. Auflage. Innsbruck: Wort und Welt Verlag Thaur 1988.
Bergel, Hans: Die wachsende innere Heimatlosigkeit der deutschen Literatur in Rumänien. In: Südostdeutsche Vierteljahresblätter 1988, S. 3-7.

Bergel, Hans: Märchen der Rumäniendeutschen. In: Südostdeutsche Vierteljahresblätter 1992.
Bergel, Hans: Emmerich Reichrath: Nicht nur Verrisse. In: Südostdeutsche Vierteljahresblätter 1992, S. 357-358.
Berwanger, Nikolaus: Die banatdeutsche Literatur heute. In: NL 1980, H. 12, S. 5-8.
Berwanger, Nikolaus: Zur banaterdeutschen Literatur 1944-1984 - Betrachtungen, Feststellungen, Erinnerungen. In: Anton Schwob (Hg.): Beiträge zur deutschen Literatur in Rumänien. München: Südostdeutsches Kulturwerk 1985, S. 55-69.
Birkner, Andreas: Vernehmungsprotokoll der Angeklagten. In: Südostdeutsche Vierteljahresblätter 1994, S.18ff.
Bluhm, Lothar: Das Tagebuch zum Dritten Reich. Bonn: Bouvier 1991.
Bockel, Herbert: Anmerkungen zur Entwicklung des rumäniendeutschen Romans in den Jahren 1918-1944. In: Anton Schwob (Hg.): Beiträge zur deutschen Literatur in Rumänien seit 1918. München 1985.
Bockel, Herbert: Das Banater Deutsche Schrifttum – Kurze Beschreibung einer literarischen Provinz im Aufbruch zur Moderne. In: Horst Kühnel (Hg.): Die Donauschwaben. Deutsche Geschichte und Kultur in Südosteuropa. Sechs Vorträge. München: Haus des Deutschen Ostens 1988.
Cărtărescu, Mircea: Postmodernismul romanesc. Postfata de Paul Cornea. Bucuresti: Humanitas 1999.
Csejka, Gerhardt: Und wie weiter? Zu Hugo Friedrich: „Struktur der modernen Lyrik" in rumänischer Übersetzung. In: NL 1969, H. 7, S. 112-113.
Csejka, Gerhardt: Über den Anfang. Betrachtungen die deutsche Lyrik in Rumänien betreffend. In: NL 1970, H. 5, S. 16-19.
Csejka, Gerhardt: Zu Peter Handke: „Die Innenwelt der Außenwelt der Innenwelt". Suhrkamp 1969. In: NL 1970, H. 7, S. 111-112.
Csejka, Gerhardt: Der Schriftsteller im Labyrinth der Geschichte. In: NL 1970, H. 10, S. 4-9.
Csejka, Gerhardt: Eigenständigkeit als Realität und Chance. Zur Situation der rumäniendeutschen Literatur. In: Neuer Weg vom 20. März 1971.
Csejka, Gerhardt: Als ob es mit ALS OB zu Ende ginge. Neues in der rumäniendeutschen Lyrik 1972. In: NL 1972, H. 12, S. 61-67.
Csejka, Gerhardt: Von der Schwierigkeit, nicht zu reisen. In: NL 1973, H. 4, S. 3-4.
Csejka, Gerhardt: Bedingtheiten der rumäniendeutschen Literatur. In: NL 1973, H. 8, S. 25-31.
Csejka, Gerhardt: Die Ordnung nicht zerstören (Begegnung mit einem Sowjetdichter). In: NL 1973, H. 12, S. 65-69.
Csejka, Gerhardt: Aktionsgruppe Banat. „Wire Wegbereiter". In: NL 1974, H. 4, S. 35-36.
Csejka, Gerhardt: Die blaue und die rosa Periode. In: NL 1974, H. 6, S. 42-44.
Csejka, Gerhardt: Gespräch über Gespräche mit Bernd Kolf. In: NL 3/1975, S. 31-33.
Csejka, Gerhardt: Wie sich der Rand nach der Mitte verzehrt oder Wie wird ein Minderheitler wieder zum Mehrheitler. In: NL (Neue Folge) 3/1993, S. 12-14.
Csejka, Gerhardt: Der Weg zu den Rändern, der Weg der Minderheitenliteratur zu sich selbst. Siebenbürgisch-sächsische Vergangenheit und rumäniendeutsche Gegenwartsliteratur. In: Schwob, Anton; Tontsch, Brigitte (Hg.): Die siebenbürgisch-deutsche Literatur als Beispiel einer Regionalliteratur. Köln: Böhlau 1993, S. 55-68.

Csejka, Gerhardt: Editorial zur Position der Frau im Osten Europas. In: NL (Neue Folge) 4/1994, S. 3-4.
Csejka, Gerhardt / Demetz, Hans-Jürgen: Muttersprachen-Import. Ein Gespräch. In: NL (Neue Folge) 3-4/1995, S. 132-137.
Csejka, Gerhardt: Irrgarten Moderne. Interview mit Mircea Cărtărescu. In: NL (Neue Folge) 1/1998, S. 19-23.
Csejka, Gerhardt: Interview mit H.R. Patapievici: Orthodox sein. In: NL (Neue Folge) 1998.
Csekelius, M.: Im Brennpunkt stehn: Lesebuch mit Beiträgen der jungen und jüngsten Mitglieder des Temeswarer Literaturkreises „Adam Müller-Guttenbrunn". Landesfestival „Cîntarea Romaniei", II. Ausgabe. In: NL 11/1979, S. 116-117.
Das Buch des Jahres 1971. Eine NW-Umfrage zur literarischen Produktion in deutscher Sprache. In: NW vom 15 Januar 1972.
Dahlke, Birgit: „Die romantischen Bilder blättern ab". Jüngere Autorinnen zwischen Postsozialismus und Postfeminismus. In: Eidecker, Martina (Hg) Positionen. Essen: Die blaue Eule 1999, S. 13-29.
Damian, S.: Aruncând mănuşa. Bucuresti: Du Style 1999.
Damian, S.: Pivnite, mansarde şi nu putine trepte (Note despre roman). In: România literară 2001, Nr. 2 und 4.
Der kleine Pauly. Lexikon der Antike. Auf der Grundlage von Pauly's Realencyclopädie der klassischen Altertumswissenschaft. Bearbeitet und herausgegeben von Konrad Ziegler und Walter Sontheimer. Stuttgart: Alfred Druckenmüller 1963.
„Die Weltbedeutung der Sowjetunion" In: Banater Schrifttum 1954, H.1, S.111-113.
Diplich, Hans: Essay. Beiträge zur Kulturgeschichte der Donauschwaben. Homburg/Saar: Ermer 1975.
Donnenberg, Josef: Bevorzugte Gattungen I: Kurzgeschichte, Reportage, Protokoll. In: Gegenwartsliteratur. Zugänge zu ihrem Verständnis. Hg. von Walter Weiss. 2. Auflage. Stuttgart: W. Kohlhammer 1973.
Durzak, Manfred (Hg.): Die deutsche Literatur der Gegenwart. 3. erweiterte Auflage. Stuttgart: Philipp Reclam jun. 1976.
Eisenburger, Eduard; Kroner, Michael (Hg.): Sächsisch-Schwäbische Chronik. Beiträge zur Geschichte der Heimat. Bukarest: Kriterion 1976.
Elias, Norbert: Über den Prozeß der Zivilisation. Frankfurt am Main: Suhrkamp 1976.
Eke, Norbert Otto: Niemand ist des anderen Sprache. Zur deutschsprachigen Literatur Rumäniens. In: Südostdeutsche Vierteljahresblätter. München 1990, S. 103-118.
Eke, Norbert Otto: Die deutschsprachige Literatur Osteuropas und ihre Rezeption in der Bundesrepublik – Probleme und Chancen einer „kleinen Literatur". In: NL 1990, Nr. 3-4. S. 22-42. S. 22-42.
Eke, Norbert Otto: Herta Müllers Werke im Spiegel der Kritik (1982-1990). In: Eke, Norbert Otto (Hg.): Die erfundene Wahrnehmung: Annäherung an Herta Müller. Paderborn: Insel 1991.
„Erfolge und Mängel unserer Arbeit". In: Banater Schrifttum 1954, H.1, S. 113-117.
Ewert, Helmut: Katharina Elisabeth Flassak: Fegefeuer Balkan. Weg eines donauschwäbischen Kindes. In: Südostdeutsche Vierteljahresblätter 1996, S. 74-75.
Fassel, Horst: Joseph Gabriel der Jüngere. In: Joseph Gabriel der Ältere, Joseph Gabriel der Jüngere. Ausgewählte Werke. Hg. von Hans Weresch. Freiburg i.Br. 1985.

Fassel, Horst: Die deutsche Literatur auf dem Gebiet des heutigen Rumänien. In: Rosenthal, Erwin Theodor (Hg.): Deutschsprachige Literatur des Auslandes. Bern: Peter Lang 1989, S. 137- 169.
Fink-Eitel, Hinrich: Foucault zur Einführung. Hamburg: Junius 1992.
Fohrmann, Jürgen, Müller, Harro (Hg.): Diskurstheorien und Literaturwissenschaft. 1.Auflage. Frankfurt/Main: Suhrkamp 1988.
Freund, Winfried: Peter Schlemihl. Geld und Geist. Ein bürgerlicher Bewußtseinsspielgel. Entstehung–Struktur-Rezeption-Didaktik. Paderborn, München, Wien, Zürich: Ferdinand Schöningh 1980.
Fromm, Walter: Lyrik im Auftrag des Ichs. Überlegungen zu den Heften 7-10/1978 der Zeitschrift „Neue Literatur". In: NW vom 16.12.1978.
Gabanyi, Anneli Ute: Partei und Literatur in Rumänien seit 1945. München: Oldenbourg 1975.
Gerhard, Melitta: Der deutsche Entwicklungsroman bis zu Goethes „Wilhelm Meister". Zweite, unveränderte Auflage Bern und München: Francke 1968.
Grunewald, Eckhard, Sienerth, Stefan (Hg.): Deutsche Literatur im östlichen und südöstlichen Europa. München: Südostdeutsches Kulturwerk 1997.
Hage, Volker: Die Wiederkehr des Erzählers. Neue deutsche Literatur der siebziger Jahre. Frankfurt/Main – Berlin – Wien: Ullstein 1982.
Handwörterbuch des deutschen Aberglaubens. Hg. von Hanns Bächtold-Stäubli unter Mitwirkung von Eduard Hoffmann-Krayer. Band 1. Berlin: -de Gruyter 1987.
Handbuch der deutschsprachigen Gegenwartsliteratur seit 1945. München: dtv 1990.
Haslinger, Adolf: Verfahrensweisen und Techniken im Erzählen. In: Gegenwartsliteratur. Zugänge zu ihrem Verständnis. Hg. von Walter Weiss. 2. Auflage. Stuttgart: W. Kohlhammer 1973.
Hauser, Hedi: Traditionslinien und Traditionsbrüche. Aspekte der Banater deutschen Literatur im 20. Jahrhundert. Aus: Die Geschichte des rumäniendeutschen Verlagswesens. Schwerpunkt Banater Autoren. (Typoskript)
Hauser, Hedi: Die Nischen der Nischengesellschaft. Über die Tätigkeit im Verlagswesen. In: Siebenbürgische Semesterblätter. München 1996, Heft 1, S. 28-34.
Heinz, Franz: Nachwort zu Johann Szimits: Blume vun dr Heed. Bukarest: Kriterion 1973.
Heinz, Franz: Eigenständnisse über eine Ankunftsliteratur. Die Aussiedler-Autoren und ihre westliche Ernüchterung. In: Die siebenbürgisch-deutsche Literatur als Beispiel einer Regionalliteratur. Anton Schwob, Brigitte Tontsch (Hg.). Köln: Böhlau Verlag 1993, S. 71-88.
Heise, Hans-Jürgen: Freier Vers, zerhackte Prosa, Schablonen-Poesie. Kritik an der neuen Weinerlichkeit und der neuen Schlampigkeit. In: Die Zeit vom 21.11.1980. Feuilleton, S. 47.
Hensel, Klaus: Härtere Gangart. Schriftsteller in Rumänien. Staat und Partei in Konflikt mit Autoren. In: Rhein- Neckar- Zeitung (Heidelberg) vom 7.01.1986.
Heuberger, Andreas: Ceauşescu und die literarischen Folgen. Anmerkungen zu einem Nachruf. In: Banatica 2/1991, S. 32-39.
Hochscheidt, N.: Was ist eigentlich Realismus? Bemerkungen über den Meinungsaustausch in den rumänischen Zeitschriften. In: Neuer Weg vom 23.05.1965.

Hodjak, Franz: Gruppenbild mit Wagner. Zu „Wortmeldungen". Eine Anthologie junger Lyrik aus dem Banat. In: NL 1973, H. 3, S. 87-90.

Hodjak, Franz: Weder Flucht noch Ankunft. In: Südostdeutsche Vierteljahresblätter 1997, S. 120-124.

Horizonte. In: Volk und Kultur Nr. 12/1967, S. 4-7.

Huber, Manfred: Grundzüge der Geschichte Rumäniens. Darmstadt: Wissenschaftliche Buchgesellschaft 1973.

Hügel, Kaspar: Sieben Jahrzehnte Minderheitenpolitik in Rumänien (1919-1989). In: Banatica 3/1992, S. 9-10.

Irmscher, Hans Dietrich: Gottfried Keller. In: Polheim, Karl Konrad (Hg.): Handbuch der deutschen Erzählung. Düssedorf: August Bagel 1981, S. 271-287.

Jablowska, Joana: Literatur ohne Hoffnung. Die Krise der Utopie in der deutschen Gegenwartsliteratur. Wiesbaden: Bertelsmann International 1993.

Jahr XX und die einheimische rumäniendeutsche Literatur. Interview mit Heinz Stănescu über seinen Band „Berichte". In: Volk und Kultur 1967, H. 12, S. 44-45.

Kahrmann, Cordula; Reiß, Günter; Schluchter, Manfred: Erzählanalyse. Königstein: Athenäum 1986.

Kaiser, Georg: Gottfried Keller. Das gedichtete Leben. 1. Auflage. Frankfurt/Main: Insel 1981.

Kegelmann, René: „An den Grenzen des Nichts, dieser Sprache". Zur Situation der rumäniendeutschen Literatur der 80er Jahre in der BRD. Bielefeld: Aisthesis 1995.

Kegelmann, René: Herta Haupt-Cucuiu: Eine Poesie der Sinne. In: Südostdeutsche Vierteljahresblätter 1997, S. 283-284.

Kegelmann, René: Cristina Tudorică: Rumäniendeutsche Literatur (1970-1990). In: Südostdeutsche Vierteljahresblätter 1999, H. 1, S. 93-94.

Kegelmann, René: Thomas Krause: „Die Fremde rast durchs Gehirn, das Nichts...". In: Südostdeutsche Vierteljahresblätter 2/2000, S. 187-188.

Kessler, Dieter: Die banatdeutsche Lyrik nach 1944. Eine Näherung. In: Banatica 2/1989, S. 5-16.

Kesting, Marianne: Pirandello und der „Nouveau Roman". In: Pirandello und die europäische Erzählliteratur des 20. Jahrhunderts. Hg. von Michael Rössner und Frank-Rutger Hausmann. Bonn: Romanistischer Verlag 1990.

Klein, Karl Kurt: Der „Klingsor" und „Der Brenner". In: Südostdeutsche Vierteljahresblätter 1968, S. 41-42.

Knopp, Wolfgang: Multikulturelle Wegzeichen in Ostmitteleuropa. Pfaffenweiler: Centaurus-Verlagsgesellschaft 1995.

Kosellek, Reinhart; Stempel, Wolf-Dieter (Hg.): Geschichte – Ereignis und Erzählung. 2. Auflage. München: Wilhelm Fink 1990.

Kraus, Hannes: Zur Prosa von Herta Müller und Richard Wagner. In: Neue Generation – neues Erzählen. Deutsche Prosa-Literatur der achtziger Jahre. Hg. von Walter Delabar, Werner Jung, Ingrid Pergande. Opladen: Westdeutscher Verlag 1993.

Krause, Thomas: Die Fremde rast durchs Gehirn, das Nichts. Deutschlandbilder in den Texten der Banater Autorengruppe (1969-1991). Frankfurt/Main: Peter Lang 1998.

Laufhütte, Hartmut: Die Deutsche Kunstballade. Grundlegung einer Gattungsgeschichte. Heidelberg: Carl Winter Universitätsverlag 1979.

Lämmert, Eberhard: Bauformen des Erzählens. Erste Auflage 1955. Stuttgart: Metzler 1980.
„Leninismus und einige Probleme der Erziehung" In: Volk und Kultur 1958, Nr. 4, S. 5.
Leopoldseder, Hannes: Groteske Welt. Bonn: Bouvier 1973.
Liebhardt, Hans: Leicht und schwer. In NL 6/1980, S. 28-32.
Liebhardt, Hans: Ein Ausweg. In: NL 8/1982, S. 43-45.
Lillin, Andreas A.: Über einige Fragen der dichterischen Arbeit. In: Banater Schrifttum 1955, H. 1, S. 140-150.
Lindken, Hans-Ulrich (Hg): Novellentheorie. Freiburg im Breisgau: Herder KG 1976.
L.T.: Rumäniendeutsche Literaturgeschichte. Plan für eine Gemeinschaftsarbeit. In: Südostdeutsche Vierteljahresblätter 1975, S. 297-298.
Markel, Michael: René Kegelmann: An den Grenzen des Nichts, dieser Sprache. In: Südostdeutsche Vierteljahresblätter 1996, S. 243-244.
Marin, Marcel: Die Realität und ihr Eigenleben. Rumäniendeutsche Schriftsteller in ihrem Land. In: Eßlinger Zeitung vom 29.11.1986, S. 33.
Martini, Fritz: Wieland: Geschichte der Abderiten. In: Christoph Martin Wieland. Hg. von Hansjörg Schelle. Darmstadt: Wissenschaftliche Buchgesellschaft 1981.
Mecklenburg, Norbert: Erzählte Provinz. Regionalismus und Moderne im Roman. Königsstein/Ts.: Athenäum 1982.
Mecklenburg, Norbert: Deutsche Literaturlandschaften. Zur Erforschung regionaler Dimensionen in der Literaturgeschichte. In: NL 10/1989, S. 63-74.
Morddrohungen gegen Rumäniendeutsche. In Westberlin lebende SchriftstellerInnen sollen politische Aktivitäten gegen Ceauçescus Regime einstellen. In: taz vom 10.11.1988, S. 1.
Motzan, Peter: Von Ludwig Schwarz bis Franz Hojak. Zur Prosaanthologie „Worte und Wege". In: NW vom 3.04.1970.
Motzan, Peter: Überlegungen zu einer Geschichte der rumäniendeutschen Lyrik nach 1945. In: NL 1973, H. 3, S. 73-85.
Motzan, Peter: Die rumäniendeutsche Literatur nach 1944. In: NL 2 und 3/1976.
Motzan, Peter: vorläufige Protokolle. Anthologie junger rumäniendeutscher Lyrik 1976. In: NL 1977, H. 2, S. 97-100.
Motzan, Peter: Die rumäniendeutsche Lyrik nach 1944. Cluj-Napoca: Dacia 1980.
Motzan, Peter: Handbuch zur deutschsprachigen Gegenwartsliteratur. Deutsche Gegenwartsliteratur. Ausgangspositionen und aktuelle Entwicklungen. (Hg. von Manfred Durzak, Stuttgart 1981). In: NL 1982, H. 5, S. 74-77.
Motzan, Peter: Rumäniendeutsche Literatur in soziologisch-komparatistischer Sicht. Heinrich Stiehler, Paul Celan, O.W. Cisek und die deutschsprachige Gegenwartsliteratur Rumäniens. Ansätze zu einer vergleichenden Literatursoziologie. Frankfurt/Main: Peter Lang 1979. In: NL 1983, H. 2, S. 68-74.
Motzan, Peter: Schwierigkeiten im Umgang mit der Vokabel Heimat. In: NL 8/1987, S. 37-39.
Motzan, Peter. Zu Norbert Mecklenburg. Erzählte Provinz und Die grünen Inseln. In: NL 10/1989, S. 75-81.
M. Peter: Was heißt literarischer Regionalismus und auf welche Weise studiert man ihn? Zu N. Mecklenburg: Erzählte Provinz. In: NL 10/1989 S. 75-81.

Motzan, Peter: Der lange Weg in die Bewährung. Zu neuen Büchern von Herta Müller, Werner Söllner und Richard Wagner. In: Südostdeutsche Vierteljahresblätter 1993, S. 128-134.

Motzan, Peter, Sienerth, Stefan (Hg.): Worte als Gefahr und Gefährdung. Schriftsteller vor Gericht. Kronstadt 1959. München: Verlag Südostdeutsches Kulturwerk 1993.

Motzan, Peter: Was aber stiften die Literaturhistoriker? Ausschweifende Überlegungen zu einer Literaturgeschichte und einem Tagungsband. In: Südostdeutsche Vierteljahresblätter 1995, S. 125-139.

Motzan, Peter, Sienerth, Stefan (Hg.): Die deutschen Regionalliteraturen in Rumänien (1918-1944). Positionsbestimmungen, Forschungswege, Fallstudien. Internationale Tagung – III. Kongreß rumänischer Germanisten Neptun/Schwarzmeerküste 16.-19. Mai 1994. München: Verlag Südostdeutsches Kulturwerk 1997.

Motzan, Peter: Von der Aneignung zur Abwendung, Der intertextuelle Dialog der rumäniendeutschen Lyrik mit Bertolt Brecht. In: Szász, Ferenc; Kurdi, Imre (Hg.): Im Dienste der Auslandsgermanistik. Festschrift für Prof. Dr. Dr. h.c. Antal Mádl zum 70. Geburtstag. Budapest: Budapester Beiträge zur Germanistik 34, 1999.

Müller, Hans: Modern, doch nicht Mode. Eine kleine Betrachtung zur kurzen Prosa. In: NL 6/1965, S. 117-120.

Müller, Walter: Vieldeutig und suggestiv. Bemerkungen zu der Debütanthologie „das land ist ein wesen". In: NW vom 16.09.1989, S.6.

Myß, Walter: Schrifttum der Siebenbürger Sachsen, gestern, heute und morgen. Betrachtungen eines Verlegers. In: Südostdeutsche Vierteljahresblätter 1988, S. 281-287.

Nadeau, Maurice: Geschichte des Surrealismus. Hamburg: Rowohlt 1965.

Neis, Edgar: Struktur und Thematik der traditionellen und modernen Erzählkunst. 3. Auflage. Paderborn: Ferdinand Schöningh 1965.

NL: Fünfundzwanzig Jahre „Neue Literatur" . In: NL 1974, H.12, S. 6.

NL: „25 Jahre Neue Literatur". In: NL 1974, H. 12, S. 6-7.

NL: Heranbildung des neuen fortgeschrittenen Menschen. Die politisch-erzieherische Tätigkeit – eine starke materielle Kraft zur Umgestaltung der Gesellschaft. In: NL 10/1989, S. 3-5.

O.N.: Autorenprozeß von 1959 soll in Rumänien öffentlich diskutiert werden. In: Südostdeutsche Vierteljahresblätter 1992, S. 76-77.

Ostermann, Friedrich (Hg.): Parzival. Nach der Übertragung von Friedrich Knorr und Reinhard Fink. Paderborn, München, Wien, Zürich: Ferdinand Schöningh 1982.

Otmers, Clemens: Schreiben und Leben. Herta Müller: Der Teufel sitzt im Spiegel. Wie Wahrnehmung sich erfindet. In: Poetik der Autoren. Beiträge zur deutschsprachigen Gegenwartsliteratur. Hg. von. Paul Michael Lützeler. Frankfurt/Main: Fischer Taschenbuch Verlag 1994.

Perez, Hertha/Fassel, Horst: Anthologie deutschsprachiger Kurzprosa im 20. Jahrhundert. In: NL 1974, H. 3, S. 118.

Petrescu, Cristina, Petrescu, Dragos: Tezele restalinizarii culturale romanesti - iulie 1971 (Die Thesen der kulturellen Restalinisierung in Rumänien – Juli 1971). In: Cotidianul. Supliment de istorie (Bukarest) vom 25.10.1996, S. 1-3.

Raddatz, Fritz J.: Zur Entwicklung der Literatur in der DDR. In: Manfred Durzak (Hg.): Die deutsche Literatur der Gegenwart. 3. Auflage. Stuttgart: Philipp Reclam jun. 1976, S. 362-390.

Reicher Inhalt – vielfältige Formen. Der Temeswarer Literaturkreis „Adam Müller- Guttenbrunn" in der Saison 1982/1983. Zum vierten Mal Literaturpreise verliehen. In: Volk und Kultur 8/1983, S. 25-26.

Reichrath, Emmerich: Ein paar Worte über die Wege der Prosa. Zu Hans Liebhardts Anthologie „Worte und Wege". In: NL 3/1970, S. 112-114.

Reichrath, Emmerich: Porträt einer literarischen Landschaft. Zu einer Anthologie rumäniendeutschen Prosa „Die Lebensschaukel". Cluj: Dacia 1972. In: NL 1973, H. 8, S. 105-107.

Reichrath, Emmerich: Die Rezension zwischen Journalistik und Literaturkritik. Überlegungen zur Buchbesprechung in den deutschen Tages- und Wochenzeitungen Rumäniens. In: NL 1973, H. 9, S. 93-103.

Reichrath, Emmerich: Ohne zu antworten. Offener Brief an Bernd Kolf, Redakteur der „Karpatenrundschau" . In: NL 1974, H. 1, S. 107-108.

Reichrath, Emmerich: „Im Dickicht der Sprache". Ankündigung einer neuen Rubrik auf unserer Kulturbeilage. In: Neuer Weg vom 4.09.1982.

Reinalter, Helmut: Aufklärung und Geisteswissenschaften. In: Negativität des Weltlaufs. Zum Verhältnis von Ethik und Geschichtsphilosophie. Hg. Klaus-Jürgen Grün, Matthias Jung, Matthias Lutz-Bachmann und Grunzelin Schmid Noerr. Hildesheim, Zürich, New York: Georg Olms 1999.

Reinheit der Sprache. Preise an rumäniendeutsche Autoren. In: FAZ vom 5.10.1989.

Reiter, Wilhelm: Der rumäniendeutsche Roman zwischen 1920-1945 und seine zeitgenössische Thematik. In: Anton Schwob: Beiträge zur deutschen Literatur in Rumänien. München: Südostdeutsches Kulturwerk 1985, S. 141-150.

Renner, Rolf Günter: Die postmoderne Konstellation. Theorie, Text und Kunst im Ausgang der Moderne. Freiburg (im Breisgau): Rombach 1988.

Resolution der Generalversammlung der Schriftsteller. In: NL 11/1968, S. 7-10.

Riha, Karl: Kurzgeschichten am Beispiel von Helmut Heißenbüttel und Ror Wolf. In: Von der Novelle zur Kurzgeschichte. Beiträge zur Geschichte der deutschen Erzählliteratur. Hg. Dominique Iehl und Horst Hombourg. Frankfurt am Main, Bern, New York, Paris: Peter Lang 1990.

Ritter, Alexander: Zwischen literarischem Vorbehalt und kulturpolitischer Empfindlichkeit. Die deutschsprachige Literatur außerhalb des deutschen Sprachraums. In: NL 1980 H. 1, S. 82-94.

Ritter, Alexander (Hg.): Deutschsprachige Literatur im Ausland. Göttingen: Vandenhock 1985. In: NL 3/1987.

Ritter, Alexander: Versäumnisse und Möglichkeiten. Zur literaturwissenschaftlichen und literargeschichtlichen Rezeption deutschsprachiger Literatur des Auslands. In: NL 5/1987, S. 60-65.

Ritter, Alexander: Entwurf eines Bewertungsrasters. Kulturpolitische Konjunktionen, philologische Konjunkturen, Pflichten der Literaturwissenschaftler und die deutschsprachige Literatur im Ausland. In. NL 9/1989, S. 63-78.

Ritter, Alexander: Aspekte der Literaturgeschichtsschreibung mit regionalem Bezug. Deutschsprachige Minderheitenliteratur als Teil deutscher und anderssprachiger Literaturhistorie. In: Grunewald, Eckhard, Sienerth, Stefan (Hg.): Deutsche Literatur im östlichen und südöstlichen Europa. München: Südostdeutsches Kulturwerk 1997.

Ruprecht, Robert: Die Syntax als Metrik der Prosa. Die Rolle der Syntax zur Textinterpretation. Bern: Lang 1993.

S.L.: Siebenbürgische Nachkriegsromane. In: Südostdeutsche Vierteljahresblätter 1990.

Scherg, Georg: Über die Tätigkeit des deutschen Literaturkreises von Sibiu und über dieses Heft. In: NL 1972, H. 5, S. 7-8.

Schmidt, Mathias: Bukarester Jagdszenen. Vom Umgang mit Schriftstellern in Rumänien. In: SZ vom 16.01.1985.

Schnell, Ralf: Literarische innere Emigration 1933-1945. Stuttgart: J.B.Metzlerische Verlagsbuchhandlung 1976.

Schuller Anger, Horst: Kontakt und Wirkung. Literarische Tendenzen in der siebenbürgischen Kulturzeitschrift „Klingsor". Bukarest: Kriterion 1994.

Schult, Klaus D.: Reise in eine Terra incognita. Zu: Ein halbes Semester Sommer. Moderne rumäniendeutsche Prosa. Hg. von Peter Motzan. (Berlin: Volk und Welt 1981). In: NL 3/1982, S. 90-94.

Schuster, Paul: Angriff auf einen Verteidiger. Zu einer Polemik ohne Rückendeckung. In: NL 1970, Nr. 8, S. 108-111.

Schuster, Paul: Nichtprovinzielles aus der Provinz. Zu den Beilagen der „Neuen Banater Zeitung" für Schüler und Studenten, Folge I, II, und III in: NL 1970, Nr. 9, S. 108-110, 1970, H. 10, S. 100-105, 1970, Nr. 11, S. 99-101.

Schwarz, Günter: Heimat '80: Die unbewohnbare Republik? In: Der Begriff „Heimat" in der deutschen Gegenwartsliteratur. Hg. von Helfried W. Seliger. München: iudicium 1987.

Schwob, Anton: „Südostdeutsche Vierteljahresblätter" 1952-1971. In: Südostdeutsche Vierteljahresblätter 1971, S. 209-215.

Schwob, Anton (Hg.): Beiträge zur deutschen Literatur in Rumänien seit 1918. München: Südostdeutsches Kulturwerk 1985.

Schwob, Anton (Hg.): Deutsche Literatur Ostmittel- und Südosteuropas. München: Südostdeutsches Kulturwerk 1992.

Schwob, Anton, Tontsch, Brigitte (Hg.): Die siebenbürgisch-deutsche Literatur als Beispiel einer Regionalliteratur. Köln: Böhlau 1993.

Siegle, Rainer: Texte zur Theorie der Kurzgeschichte. In: Rainer Siegle, Jürgen Wolff (Hg.): Siebzehn Kurzgeschichten. 1. Auflage. Stuttgart: Ernst Klett 1982, S. 97-116.

Sienerth, Stefan: Auf der Suche nach Alternativen – Modernistische Ansätze in der rumäniendeutschen Literatur der Zwischenkriegszeit. In: NL 1981, Nr. 7, S. 82-95 und Nr. 8, S. 82-89.

Sienerth, Stefan: Der Heimatbegriff in der älteren siebenbürgisch deutschen Literatur. In: NL 8/1987, S. 32-36.

Sienerth, Stefan: Über die Arbeit der Rezensenten. In: NL 1988, Nr. 7, S. 32-35.

Sienerth, Stefan: Geschichte der siebenbürgisch-deutschen Literatur im achtzehnten Jahrhundert. Klausenburg: Dacia Verlag 1990.

Sienerth, Stefan; Wittstock, Joachim: Die rumäniendeutsche Literatur in den Jahren 1918-1944. Bukarest: Kriterion 1992.

Sienerth, Stefan: Literaturverständnis und Methode in der Erforschung der deutschen Literatur in Südosteuropa. In: Methodologisches und literarhistorisches Studium zur deutschen Literatur Ostmittel- und Südosteuropas. Hg. von Anton Schwob. München: Südostdeutsches Kulturwerk 1994.

Sienerth, Stefan: Zweisprachigkeit als Randphänomen. Siebenbürgisch-deutsche Autoren im Umgang mit dem Rumänischen. In: NL (Neue Folge) 3-4/1995, S. 171-186.
Sienerth, Stefan, Wittstock, Joachim: Die deutsche Literatur Siebenbürgens. München: Südostdeutsches Kulturwerk 1997.
Sienerth, Stefan: „Daß ich in diesem Raum hineingeboren wurde". München: Südostdeutsches Kulturwerk 1997.
Sienerth, Stefan: Künstlerisches Selbstverständnis und Zugehörigkeitsdilemma deutscher Schriftsteller in Rumänien während der Zwischenkriegszeit. In: Peter Motzan, Stefan Sienerth (Hg.): Die deutschen Regionalliteraturen in Rumänien (1918-1944). Positionsbestimmungen, Forschungswege, Fallstudien. München: Südostdeutsches Kulturwerk 1997.
Sienerth, Stefan: Zweisprachigkeit als Randphänomen. Siebenbürgisch-deutsche Autoren im Umgang mit dem Rumänischen. In: Antal Mádl und Peter Motzan (Hg.): Schriftsteller zwischen (zwei) Sprachen und Kulturen. Internationales Symposium Veszprém und Budapest 6-8. November 1995. München: Südostdeutsches Kulturwerk 1999.
Solms, Wilhelm (Hg.): Nachruf auf die rumäniendeutsche Literatur. Marburg: Hitzeroth 1990.
Sowinski, Bernhard: Deutsche Stilistik. Beobachtungen zur Sprachverwendung und Sprachgestaltung im Deutschen. Frankfurt/Main: Fischer Taschenbuch Verlag 1973.
Stanzel, Franz K.: Theorie des Erzählens. 3. Auflage. Göttingen: Vandenhoeck&Ruprecht 1985.
Steinecke, Hartmut (Hg.): Theorie und Technik des Romans im 20. Jahrhundert. 2. Auflage. Tübingen: Max Niemeyer 1979.
Stephani, Claus: Gab es eine Avantgarde in Siebenbürgen? In: NL 4/1971, S. 116-117.
Sterbling, Anton: aktionsgruppe - oder ähnlich so. In: 7/1975, S. 39-45.
Strukturalismus und Kerweih. NL-Rundtischgespräch über aktuelle Probleme der deutschen Literaturkritik in Rumänien. In: NL 8/1970, S. 46-63.
Tănase, Stelian: Anatomia mistificării 1944-1989. Bucureşti: Humanitas 1997.
Tismar, Jens: Gestörte Idyllen. Eine Studie zur Problematik der idyllischen Wunschvorstellungen am Beispiel von Jean Paul, Adalbert Stifter, Robert Walser und Thomas Bernhard. München: Hanser 1973.
Titzmann, Michael: Strukturale Textanalyse. 3. Auflage. München: Wilhelm Fink 1993.
Titzmann, Michael: Gesellschaftsroman, Zeitroman. In: Walther Killy (Hg.): Literaturlexikon. Berlin: directmedia 1998. Digitale Bibliothek Band 9.
Transsylvanica 2. Studien zur deutschen Literatur aus Siebenbürgen. Herausgegeben von Michael Markel, Dacia 1983. In: NL 1983, H. 6, S. 86-87.
Tudorică, Cristina: Rumäniendeutsche Literatur (1970-1990). Die letzte Epoche einer Minderheitenliteratur. Tübingen und Basel: Francke Verlag 1997.
Toth, Jürgen: „„...und schrieben sich hinweg aus dem Land". Deutsche Dichter in Rumänien. In: Umbruch. 5-6/1986, S. 73-78.
Ungureanu, Gert: Die Kunst ist eine Zigeunerin namens Piranda. Intertextualität und Gruppenkommunikation in der Diktatur. Die Oraliterarität in den Texten des siebenbürgischen Autors Georg Scherg. Sibiu: Saeculum University Press 1999.
Venske, Regula: Mannsbilder-Männerbilder. Hildesheim. Zürich, New York: Georg Olms 1988.

Vom Engagement des Subjekts. In: Forum studenţesc Nr. 2/1982 (Temeswar, 21 Juni 1982).

Vormweg, Heinrich: Ein schwieriger Rückweg. Zur Geschichte der Prosa in der DDR. In: Franke, Konrad: Kindlers Literaturgeschichte der Gegenwart. Die Literatur der Deutschen Demokratischen Republik II. Mit zwei einführenden Essays von Heinrich Vormweg. Aktualisierte Ausgabe. Frankfurt/Main: Fischer Taschenbuch Verlag 1980 (erste Auflage 1974).

Wagner, Richard: Sonderweg Rumänien. Bericht aus einem Entwicklungsland. Berlin: Rotbuch 1991.

Wagner, Richard: Lyrik und andere Verrenkungen. In: NL 1980 H. 7, S. 82-88.

Wagner, Richard: Die Bedeutung der Ränder oder vom Inneren zum Äußersten und wieder zurück. In: NL (Neue Folge) 1/1994, S. 33-50.

Wagner, Richard: Minderheit und Territorium. In: Südostdeutsche Vierteljahresblätter 1995, S. 191-194.

Waldberg, Patrick: Der Surrealismus. Köln: Du Mont-Schauberg 1965.

Weber, Dietrich: Erzählliteratur. Schriftwerk. Kunstwerk. Erzählwerk. Göttingen: Vandenhoeck und Ruprecht 1998.

Wehdeking, Volker, Blamberger, Günter: Erzählliteratur der frühen Nachkriegszeit (1945-1952). München: Beck 1990.

Weisbrod, Peter: Literarischer Wandel in der DDR. Untersuchungen zur Entwicklung der Erzählliteratur in den siebziger Jahren. Heidelberg: Julius Groos 1980.

Weresch, Hans (Hg.): Joseph Gabriel der Ältere, Joseph Gabriel der Jüngere. Ausgewählte Werke. Freiburg i.Br. 1985.

Widerspiegelung des Kommunisten in unserer Literatur. In: Volk und Kultur 1960, Nr. 3, S. 9-12.

Wieners, Peter: Das Gottes- und Menschenbild Wolframs im „Parzival". Bonn: Rudolf Habelt Verlag 1973.

Wild, Reiner: Literatur im Prozeß der Zivilisation. Entwurf zu einer theoretischen Grundlage der Literaturwissenschaft. Stuttgart: Metzler 1982.

„Wir haben uns alle total heiss gemacht". Spiegel-Report über Bestseller und Bestseller-Macher. In: NL 1973, H. 12, S. 73-83.

„Wir wollen in die Endphase gelangen". In: Volk und Kultur 1960, Nr. 4, S. 42.

Wittstock, Joachim: Transsylvanica I. Studien zur deutschen Literatur aus Siebenbürgen. Hg. von Michael Markel, Dacia Verlag 1971. In: NL 1971, H. 11, S. 100-102.

Wittstock, Joachim: Studien zur deutschen Literatur. In: NL 1972, H. 11, S. 100-102.

Wittstock, Joachim: Der Kulturbegriff in der siebenbürgisch-sächsischen Essaystik nach 1918. In: Anton Schwob (Hg.): Beiträge zur deutschen Literatur in Rumänien. München: Südostdeutsches Kulturwerk 1985, S. 151-159.

Wittstock, Joachim: Rumäniendeutsche Literaturgeschichte. Ihre Beurteilung von wechselnden Standorten, zu verschiedenen Zeitpunkten. In: Eckhard Grunewald, Stefan Sienerth (Hg.): Deutsche Literatur im östlichen und südöstlichen Europa. München: Südostdeutsches Kulturwerk 1997, S. 103-113.

Wunderlich, Werner (Hg): Wunderseltsame Geschichten. Interpretationen zu den Schildbürgern und dem Lalebuch. Göppingen: Kümmerle Verlag 1983.

Zach, Krista: Rumänien im Brennpunkt. Sprache und Politik, Identität und Ideologie im Wandel. München: Südostdeutsche Vierteljahresblätter 1998.

Zima, Peter V.: Moderne/Postmoderne. Gesellschaft, Philosophie, Literatur. Tübingen und Basel: A. Francke 1997.
Zwei Fragen-viele Antworten. Eine Umfrage zum Buchangebot in deutscher Sprache. In: NW vom 26.12.1981.

23.2.2. Sekundärliteratur zu den einzelnen Autoren

Richard Adleff
Csejka, Gerhardt: Zu R. Adleff.. Herr Flöte und seine Schneider. Kriterion 1971. In: NL 1971, Nr. 9, S. 110-112.

Wolf von Aichelburg
Motzan, Peter: Exemplarische Geschichten. Wolf Aichelburg „Die Ratten von Hameln", Literaturverlag Bukarest 1969. In: NW vom 16.12.1969.
Axmann, Elisabeth: Ein Spiel mit Masken. Wolf Aichelburg „Die Ratten von Hamlen". In: NW vom 16.12.1969.
Kolf, Bernd: Moralität am Beispiel. Zu Wolf Aichelburg „Die Ratten von Hameln". In: NL 1970 Nr. 2, S. 105-107.
Andreae, Beatrix: Wolf Aichelburg. Herbergen im Wind. In: Südostdeutsche Vierteljahresblätter 1970, S. 62-63.
Birkner, Andreas: Wolf Aichelburg. Lyrik-Dramen-Prosa. In: Südostdeutsche Vierteljahresblätter 1972, S. 206-207.
Engel, Walter: Ein enzyklopädischer Geist. Zu Wolf Aichelburgs 60. Geburtstag. In: Die Woche vom 7. Januar 1972.
Richter, Gisela: Unbeirrt und unbeirrbar. Gedanken zu Wolf Aichelburgs Sammelband „Lyrik, Dramen und Prosa". In: NW vom 24. Juni 1972.
Reichrath, Emmerich: Konstantes Plädoyer für das Menschsein. Zu Wolf Aichelburg: „Lyrik, Dramen, Prosa", Kriterion Verlag 1971. In: NL 1972, Nr. 6, S. 105-107.
Reichrath, Emmerich: Der goldene Mittelweg. Zu Wolf Aichelburgs Eyssay-Band „Fingerzeige", Dacia 1974. In: NL 1975, Nr. 2, S. 100-101.
Reichrath, Emmerich: zu W. Aichelburgs Essay-Band „Fingerzeige". In: NL 1975, Nr. 2, S. 100.
Fromm, Walter: Zu W. Aichelburgs „Umbrisches Licht". In: NL 1976, Nr. 11, S. 104-106.
Bergel, Hans: Wolf von Aichelburg. Der leise Strom. Gedichte, Erzählungen, Essays. In: Südostdeutsche Vierteljahresblätter 1993, S. 351-352.
Bergel, Hans: Tuskische Gärten. Gedichte und Der Brand des Tempels. Dramen. In: Südostdeutsche Vierteljahresblätter 1993, S. 352-353.
Bergel, Hans: Klangmeister der Stille. Zum Tode des Dichters, Komponisten und Malers Wolf von Aichelburg. In: Rhein-Neckar-Zeitung vom 8.09.1994.
Doinaş, Stefan Aug.: Amintirea lui Wolf Aichelburg. In: Romania literară vom 7-13.09.1994.

Interviews
„Form ist das Humane an sich". Emmerich Reichrath im Gespräch mit Wolf Aichelburg. In: NW vom 15.02.1972.

"Das Gefeiertwerden ist mir, wie Sie ja wissen, ...ein Greuel". Wolf von Aichelburg wurde 80. In: Siebenbürgische Zeitung vom 20.01.1992.

Lotte Berg

N.L.: Lotte Berg. Ein heisser Sommer. In: NL 1966, Nr. 1-2, S. 149-150.

Salzer, Jürgen: Ein heisser Sommer. Erzählungen von Lotte Berg. In: NL 1966, Nr. 7-8, S. 137-138.

H.H.: Lotte Berg. Im Märchenwald. In: NL 1968, Nr. 1-2, S. 150.

H.E.: Lotte Berg. Sandmanngeschichten. In: NL 1971, Nr. 12, S. 122-123.

Hans Bergel

Zillich, Heinrich: Hans Bergel. Rumänien. Porträt einer Nation. In: Südostdeutsche Vierteljahresblätter 1969, S. 198-199.

Zillich, Heinrich: Hans Bergel. Die Rennfüchse. In: Südostdeutsche Vierteljahresblätter 1970, S. 64.

Zillich, Heinrich: Hans Bergel. Würfelspiele des Lebens. In: Südostdeutsche Vierteljahresblätter 1972, S. 284-285.

Lavalle, Kurt: Hans Bergel. Im Feuerkreis. In: Südostdeutsche Vierteljahresblätter 1973, S. 66-67.

Niederkopf, Harald: Hans Bergel: Der Tanz in Ketten. Roman. In: Südostdeutsche Vierteljahresblätter 1977, S. 315-317.

Myß, Walter: Hans Bergels „Tanz in Ketten" und Heinrich Zillichs „Zwischen Grenzen und Zeiten". In: Südostdeutsche Vierteljahresblätter 1977, S. 264-265.

Stupp, Johann Adam: Hans Bergel – Schriftsteller und Publizist. Zur Verleihung der Adam Müller-Guttenbrunn-Plakette. In: Südostdeutsche Vierteljahresblätter 1995, S. 95-98.

Schuller, Walter: Beschwörung eines Kulturraums. Hans Bergels Essayband „Erkundungen und Erkennungen". In: Rhein-Neckar-Zeitung vom 29/30.04.1995, S. 45.

Motzan, Peter: „Mein Leben ist Schreiben, oder es ist nicht". Hans Bergel wird am 26. Juli siebzig Jahre alt. In: Siebenbürgische Zeitung vom 15. Juli 1995, S. 5.

Aescht, Georg: Hans Bergel ist 70 geworden. In: KK 944 vom 5 August 1995, S. 18-19.

Mihaiu, Virgil: Mărturii dintr'un secol câinos. In: Steaua. Revistă de literatură, cultură si spiritualitate românescvă 9/1995, S. 31.

Reif, Adelbert: Hans Bergel schreibt Siebenbürgens Chronik. In: Die Welt vom 2.10.1996.

Aescht, Georg: Hans Bergel: Vom Ende der Unschuld. „Wenn die Adler kommen". Roman. Verlag Langen Müller. München: 1996. In: KK 1000 vom 15.03.1997. S. 37-39.

Motzan, Peter: Zornige Elegie. Wenn die Adler kommen. Hans Bergels dramatische Chronik siebenbürgischer Schicksale. In: Rhein-Neckar-Zeitung (Heidelberg) vom 4/5/6 Januar 1997, S. 45.

Liebeserklärungen. Hans Bergel liest aus seinem Roman. In: SZ vom 1.03.1997.

Interviews

Vaida-Voevod, Mircea: Dansul în lanturi. Dialog cu scriitorul german, originar din România, Hans Bergel. In: Tribuna (Sibiu), 31.05. 1990.

Interview mit Hans Bergel. In: SZ vom 25.04.1994, S. 5.

Grenzgänger zwischen den Kulturen. Ein Gespräch mit dem Schriftsteller Hans Bergel. In: Foaie pentru minte, inimă şi literatură (Braşov) vom 18-19.02.1995.

Nikolaus Berwanger
E.R.: 'm Berwanger sei Niklos: „Schwowisches". Kriterion 1971. In: NL 1971, Nr. 10, S. S. 121.
Zollner, Anton: Wer war Niki Berwanger? Vor sechs Jahren starb der umstrittene Banater Schwabe. In: Der Donauschwabe vom 14.05.1995.

Andreas Birkner
Zillich, Heinrich: Andreas Birkner 60 Jahre. In: Südostdeutsche Vierteljahresblätter 1971, S. 194-195.
Zillich, Heinrich: Andreas Birkner. Die Tatarenpredigt. In: Südostdeutsche Vierteljahresblätter 1973, S. 277-278.
Bergel, Hans: Einer großen humanistischen Tradition verpflichtet. Die Roman-, Erzählungen- und Anekdotenwelt eines unbequemen Autors. Andreas Birkner zum achtzigsten Geburtstag. In: Siebenbürgische Zeitung vom 15.August 1991.
Zach, Cornelius R.: Warten in einer gestörten Welt. Anmerkungen zur Prosa Andreas Birkners. In: Karpatenrundschau vom 22.10.1992 und vom 29.10.1992.

Interviews
Sienerth, Stefan: Ein Gespräch mit Andreas Birkner: Vale Saxonia Septemcastrensis. In: Südostdeutsche Vierteljahresblätter 1992, S. 107-114.

Hans Bohn
Kordovsky-Schwob, Kerstin: Hans Bohn. Als die Schwalben heimwärts zogen. Jahre der Erinnerung. In: Südostdeutsche Vierteljahresblätter 4/1999, S. 392-393.

Rolf Bossert
Nachruf auf das letzte Streichholz. Lesung Rolf Bossert – Druck auf rumäniendeutsche Autoren (AP). In: Tagesspiegel vom 12.02.1986.
Wsk: Zum Tode des Schriftstellers Rolf Bossert. In: FAZ vom 19.02.1986.
Wagner, Richard: Unbegrenztes Vertrauen in der Macht der Poesie – Zum Tode Rolf Bosserts. Dichter, nicht im Tritt der Obrigkeit. In: Die Welt vom 20.02.1986.
Dechert, Elke: „Jetzt wohnt mir im Mund ein singender Brei". Das Schicksal des rumäniendeutschen Dichters Rolf Bossert. In: Frankfurter Rundschau vom 25.11.1986.
Müller, Herta: Das kleingewürfelte Glück. Erinnerung an Rolf Bossert. In: FAZ vom 17.02. 1996.

Anton Breitenhofer
Zu Anton Breitenhofer: Am Weltbuckel. In: NL 1967, Nr. 3-4, S. 151.
Müller, Hans: Wenig begangene Wege. Zu Anton Breitenhofers Roman „Am Weltbukkel". In: NL 1967, Nr. 7-8, S. 129-131.
Latzina, Anemone: Zwei Jahre aus dem Leben eines Eisenpeppi. Zu Breitenhofers neuestem Roman „Der Mädchenmaler". In: NL 1970, Nr. 4, S. 107-110.
Csejka, Gerhardt: Zu spät für Marilena. In: NL 1973, Nr.1, S. 39-40.

Nachruf auf Anton Breitenhofer (1912-1989). In: NL 1989, Nr. 12, S. 82.

Franz Johannes Bulhardt
Langfelder, Paul: zu F.J. Bulhardts Erzählungsband „Ein Scherbenbeweis". In: NL 1962, Nr. 2, S. 143-146.

Oskar Walter Cisek
E.C.: O.W. Cisek: Reisigfeuer. Das Buch Horia. In: NL 1963, Nr. 3, S. 151-152.
Schlesak, Dieter: Versuch über Oskar Walter Ciseks Roman: „Vor den Toren". In: NL 1965, Nr. 6, S. 121-125.
Zillich, Heinrich: O.W. Cisek. Nachruf. In: Südostdeutsche Vierteljahresblätter 1966, S. 165-168.
Bauer, Werner M.: Oskar Walter Cisek. Die Tatarin. Erzählungen. In: NL 1967, Nr. 3-4, S. 128-130.
H. M.: Oskar Walter Cisek. Der Strom ohne Ende. In: NL 1968, Nr. 5-6, S. 151.
Gregor, Gertrud: Die phonetische Struktur in Oskar Walter Ciseks Erzählung „Die Entlastung" (1923). In: NL 1973, Nr. 2, S. 49-60.
Reichrath, Emmerich: Worte wie süßes Brot. Zu O.W. Cisek „Gedichte" und „Im Verweilen vor Goethes Gesichtsmaske". In: NL 1973, Nr. 2, S. 100-103.
Gregor-Chirita, Gertrud: „...in jeder Silbe das Gewicht eines Berges..." Zur Beschreibung menschlicher Stimmen in den Romanen „Strom ohne Ende" und „Vor den Toren" von O. W. Cisek. In: NL 1977, Nr. 5, S. 85-92
Loerke, Oskar: Zur Wirkungsgeschichte von „Der Strom ohne Ende". In: NL 1977, Nr. 5, S. 93-103.
Podlipny-Hehn, Annemarie: „Vermenschung" – ein unbekannter Cisek-Roman. In: Banatica 1/1991, S. 18-21.
Stiehler, Heinrich: O.W. Ciseks Roman „Der Strom ohne Ende". Zur Vorgeschichte der autoritären Ideologie in Rumänien. In: NL (Neue Folge) 1/1994, S. 118-126.
Motzan, Peter: Ein Meister des Vermittlungsgewerbers: Oskar Walter Cisek (1897-1966). Anmerkungen zu einer Dissertation über den zweisprachigen Literatursessayisten und Kunstkritiker. In: Südostdeutsche Vierteljahresblätter 1996, S. 292-296.

Alfred Csallner
Lauer, Heinrich: Alfred Csallner. Der Baruch und andere Erzählungen aus Siebenbürgen. In: Südostdeutsche Vierteljahresblätter 1982, S. 326.

Gerhardt Csejka
Interview
„Fördernd-anregend möchte ich gerne bleiben". Gerhardt Csejka im Gespräch mit Stefan Sienerth. In: Südostdeutsche Vierteljahresblätter 1998. Nr. 1, S. 9-19.

Hans Diplich
Heinz, Franz: Die Toleranz als historische Lehre und poetisches Anrecht. Franz Liebhardt und Hans Diplich. In: Banatica 2/1989, Kommentar und S. 17-31.

Helmuth Frauendorfer
Premiul „Punctul 12 al Proclamatiei de la Timisoara" pentru H. Frauendorfer. In: www.romanialibera.com (România Liberă online, Bukarest) vom 17.03.2000.

Gertrud Gregor
I.S.: Gertrud Gregor: Gemäuer. In: NL 1967, Nr. 3-4, S. 150.
Reichrath, Emmerich: Die Gefahren des inneren Monologs. Beschreibung eines gewissen Unbehagens bei der Lektüre des Romans von Gertrud Gregor „Gemäuer". In: NL 1967, Nr. 5-6, S. 137-138.
Sprache auf Krücken. Zu Gertrud Gregors Roman „Krücken". Kriterion 1979. In: NL 1970, Nr. 6, S. 102-103.

Karin Gündisch
Schuller, Bettina: Karin Gündisch: Geschichten aus einem anderen Land. In: Südostdeutsche Vierteljahresblätter 1995, S. 175-176.

Interview
Karin Gündisch im Gespräch mit Stefan Sienerth. In: Südostdeutsche Vierteljahresblätter 1997, S. 9-15.

Klaus Günther
Stupp, J.A.: Klaus Günther. Der Regentänzer. In: Südostdeutsche Vierteljahresblätter 1974, S. 147-148.

Egon Hajek
Diplich, Hans: Egon Hajek. Diebstahl im Paradies und andere heitere Novellen. Kurzrezension. In: Südostdeutsche Vierteljahresblätter 1964.

Nikolaus Haupt
Sutor: zu N. Haupt: Jugendstreiche. In: NL 1985, Nr. 3, S. S. 84.

Hedi Hauser
Interview
Bücher 1968. Gespräch mit Hedi Hauser, Leiterin der deutschen Abteilung des Jugendverlags Bukarest. In: NL 1967, Nr. 11-12, S. 132-134.

Arnold Hauser
Müller, Hans: Zu Arnold Hauser „Kerben" und Franz Heinz „Vom Wasser, das flußaufwärts fließt". In: NL 1962, Nr. 4, S. 131-134.
Langfelder, Paul: Gute „kleine Form". In: NL 1964, Nr. 5, S. 138-140.
Müller, Hans: Was uns not tut. Arnold Hauser „Leute, die ich kenne". In: NL 1965, Nr. 3, S. 132-134.
Reichrath, Emmerich: Betrachtungen über das Alltägliche. Arnold Hauser: Neuschnee im März. In: NL 1968, Nr. 5-6, S. 137-138.
Csejka, Gerhardt: Vor allem ein nützliches Buch. Arnold Hausers Kurzroman „Der fragwürdige Bericht Jakob Bühlmanns". In: NL 1969, Nr. 4, S. 102-104.

Kolf, Bernd: Arnold Hauser. „Der fragwürdige Bericht Jakob Bühlmanns". In: Echinox vom 4.08.1969.

Bohn, Karl: Zu Arnold Hausers Kurzroman „Der fragwürdige Bericht Jakob Bühlmanns". In: NL 1971, Nr. 2., S. 121.

Weber, Horst: „Jedes Wachsein verurteilt zum Denken". Zu Arnold Hausers Erzählband „Unterwegs", Kriterion 1971. In: Neue Literatur 1972, Nr. 7, S. 108-110.

Tilleweid, Lutz: Arnold Hauser: Der fragwürdige Bericht Jakob Bühlmanns. In: Südostdeutsche Vierteljahresblätter 1972, S. 289.

Hauser, Arnold: Arbeitsnotate. In: KR vom 11.08.1972.

Müller, Hans: Examen für wen? Zu Arnold Hausers „Examen Alltag". In: NL 6/1975, S. 103-106.

Fassel, Horst: Arnold Hauser „Der Fischteich". Literarisches Kolloquium. Berlin 1980. In: NL 1981, Nr. 4, S. 107-108.

Nachruf auf Arnold Hauser. In: NL 1989, Nr. 2 und 3, S. 23-24 (Nr.2), 22(Nr.3).

Interviews

Intensität des Erlebens. Walter Engel: Werkstattgespräch mit Arnold Hauser. In: Hermannstädter Zeitung vom 15.10.1971.

Schuller, Horst: Kurz nachgefragt bei Arnold Hauser. In: KR vom 25.06.1982.

Franz Heinz

Müller, Hans: Auf alten und neuen Wegen. Franz Heinz „Das blaue Fenster und andere Skizzen". In: NL 1965, Nr. 5, S. 136-138.

Liebhardt, Hans: Rechtfertigung der Kurzgeschichte. Zu dem Band „Das blaue Fenster" von Franz Heinz. In: NW vom 17.09.1965.

Müller, Hans: Die Zahl der Bewährung. Zu Franz Heinz: „Acht unter einem Dach". In: NL 1967, Nr. 11-12, S. 128-130.

Schuster, Hannes: Grenzen der Anekdote: Franz Heinz: „Sorgen zwischen neun und elf". In: NL 1968, Nr. 11, S. 103-104.

Schuster, Paul: Markierungen einer Standardbiographie. Zu Franz Heinz Kurzroman „Vormittags". In: NL 1970, Nr. 6, S. 100-102.

Schwäbischer Jazz. Franz Heinz: Erinnerung an die Quitten. Kriterion 1971. In: NL 1972, Nr.4, S. 103-105.

Schneider, Eduard: Franz Heinz „Ärger wie die Hund'". In: NL 1972, Nr. 11, S. 96-99.

Hans Wolfram Hockl

Gruber, F. E.: H. W. Hockl: Regina Lefort. Ein Roman. In: Südostdeutsche Vierteljahresblätter 1960, S. 121.

Diplich, Hans: H. W. Hockl: Tudor und Maria. Eine Erzählung. In: Südostdeutsche Vierteljahresblätter 1962, S. S. 59-60.

Diplich, Hans: H. W. Hockl: Lichter aus dem Dunkel. Nachkriegsgeschichten. In: Südostdeutsche Vierteljahresblätter 1963, S. S. 181.

Diplich, Hans: H. W. Hockl: Freunde in Amerika, Schwabenstreiche. Von der Barackenkirche zur Autobahnkirche Haid. In: Südostdeutsche Vierteljahresblätter 1965, S. S. 60-61.

Diplich, Hans: Hans Wolfram Hockl: Die Schwachen. Roman. In: Südostdeutsche Vierteljahresblätter 1967, S. 195.

Franz Hodjak

Wagner, Richard: Der wandelbare und der wetterwendische Mensch. Franz Hodjak „das maß der köpfe", Kriterion Verlag, Bukarest 1978. In: KR vom 8.09.1978.
Fromm, Walter: Die Betroffenheit und ihre Formen. Überlegungen zu Franz Hodjaks Prosaband „das maß der köpfe". In: KR vom 3.11.1978.
Britz, Helmut: querschnittgelehmt. Zu Franz Hodjak „das maß der köpfe", mit Bezugnahme auf Gerhard Ortinau „verteidigung des kugelblitzes" und Joachim Wittstock „Blickvermerke". In: NL 1979, Nr. 4, S. 97-100.
Schuller, Annemarie: Stanislaus als Lehrer. Neue Bücher von Franz Hodjak. In: KR vom 2.08.1985.
Müller, Walter: Werkspezifische Kontinuität. Zu Franz Hodjaks drittem Prosaband. In: Neuer Weg vom 28.11.1987.
Schuller, Annemarie: Lachrunde der Verzweifelten. Zum Prosaband „Friedliche Runde" von Franz Hodjak. In: Die Woche vom 19.02.1988.
F. Hodjak: Eintragungen. Zur Rolle der Rezensenten. In: NL 1988, Nr. 8, S. 22-26.
Bergel, Hans: Franz Hodjak: Siebenbürgische Sprechübung. In: Südostdeutsche Vierteljahresblätter 1990, S. 269-270.
Motzan, Peter: Ein südöstlicher Sproß Postkakaniens: Der rumäniendeutsche Schriftsteller Franz Hodjak. In: Südostdeutsche Vierteljahresblätter 1990, S. 299-301.
Meidinger-Geise, Inge: Franz Hodjak: Franz Geschichtensammler. In: Südostdeutsche Vierteljahresblätter 1992, S. 272.
Motzan, Peter: Franz Hodjak: Zahltag. In: Südostdeutsche Vierteljahresblätter 1992, S. 86-87.
Motzan, Peter: Franz Hodjak: Grenzsteine. In: Südostdeutsche Vierteljahresblätter 1995, S. 354-356.
Apel, Friedmar: Parzival auf dem Balkan. Wie man kein Visum bekommt: Franz Hodjaks „Grenzsteine". In: FAZ vom 8.06.1995.
Lesung aus dem im Entstehen begriffenen Roman „Ein Koffer voll Sand" bei den Siebenbürgisch-Sächsischen Kulturtagen 2000.
Schuster, Gudrun: Vom „Übermut, in Abgründe zu stürzen..." Franz Hodjaks neuer Roman „Der Sängerstreit". In: Siebenbürgische Zeitung vom 31.05.2000.
Bartmann, Christoph: Ritterschlag für Tanzbären. Franz Hodjak entführt Klingsor auf die Wartburg. In: FAZ vom 19.06.2000.
Wunderlich, Werner: Ekel als Lebensgeschenk. Franz Hodjaks Roman „Der Sängerstreit". In: NZZ vom 4.07.2000.

Interviews

E. Axmann im Gespräch mit Franz Hodjak. „Dies-Auf-der-Grenze-Gehen". In: Neue Literatur 1972, Nr. 8, S. 39-42.
Schuller-Anger, Horst: Lampenfieber nach Prüfungen. Gespräch mit Franz Hodjak. In: KR vom 8.09.1978.
Zwei Narren wohnen, ach, in meiner Brust. Ein Gespräch mit dem Schriftsteller Franz Hodjak. In: NW vom 18.02.1989.

Kolty, Marius: „Ein Text hat immer mehrere Schichten". NBZ-Interview mit dem Klausenburger Schriftsteller Franz Hodjak. In: NBZ vom 19.02.1989.
Dotzauer, Gregor: Weltende. Franz Hodjaks Geschichten. In: Die Zeit vom 11.10.1991.
Halter, Martin: Sprachasylanten und Ideenschmuggler. „Zu Hause, aber daheim nicht" – Das 5. Freiburger Literaturgespräch. In: SZ vom 21.11.1991.
„Von der Suche nach einem Ort". Franz Hodjak im Gespräch mit Stefan Sienerth. In: Südostdeutsche Vierteljahresblätter 1996, S. 9-18.

Erika Hübner-Barth
Motzan, Peter: „Denn die Worte kannte man...". Zu Erika Hübner-Barths „Heimkehr im Frühling". In: NL 1970, NR. 10, S. 106-107.

Richard Jakobi
C.S.: Richard Jakobi: Das Mädchen und die Bärin. In: NL 1968, Nr. 8, S. 120-121.

Otto Fritz Jickeli
H.L.: Otto Fritz Jickeli: Der kleine Baron. In: NL 1968, Nr. 5-6, S. 153.
H.L.: O.F. Jickeli: Siebenbürgisch-sächsische Familienchronik. In: NL 1969, Nr. 3, S. 119.

Klaus Kessler
Reichrath, Emmerich: Vor allem Bildungsdichtung. Zu Klaus Kesslers Prosaband „Nachricht über Stefan", Kriterion 1975. In: NL 1976, Nr. 4, S. 95-97.

Wilhelm Koch
Heinz, Franz: Dennoch ein alltäglicher Vorfall. Wilhelm Koch: Der Trapphahn. In: NW vom 7.04.1971.
H.E.: Wilhelm Koch: Der Trapphahn. In: NL 1971, Nr. 5, S. 122.
Vom Büchertisch: Wilhelm Koch: Die Ordonanz. Novelle. Kriterion 1972. In: Die Woche vom 27.10.1972.

Wolfgang Koch
Csejka, Gerhardt: Erzählen als Gestus. Wolfgang Kochs Eintritt in die rumäniendeutsche Prosa. In: NW vom 24.12.1983.
Totok, William: Wolfgang Koch „Die Brücke". In: NBZ von 25.10.1983.
Motzan, Peter: Von Cacova ins Kafkaland. Zu Wolfgang Kochs Kurzprosaband „Die Brücke". Cluj: Dacia 1983. In: NL 1985, Nr. 2, S. 75-78.
Rill, Ute: Wolfgang Koch: Station Siebenbürgen und andere Geschichten. Bukarest: Kriterion 1991. In: Südostdeutsche Vierteljahresblätter 1995, S. 84-86.

Ernst Kulcsar
Kolf, Bernd: Großmutter, Courths-Mahler und Old Shatterhand. Kurze Bemerkungen zur kurzen Prosa von Ernst Kulcsar: Küss die Hand, Frau Schwarz. Kriterion Verlag Bukarest 1972. In: KR vom 11.08.1972.
Elischer, Hannes: Niemand küsst Frau Schwarz die Hand. Bemerkungen zu einem Prosadebütband. In: NW vom 16.09.1972.

Reichrath, Emmerich: Fragen zu einem Debütband. Ein Nachtrag zu Ernst Kulcsars Buch „Küss die Hand, Frau Schwarz", Kriterion Verlag Bukarest. In: Die Woche vom 20.10.1972.
Morres, Sabine: Die Möglichkeiten des Fernrohrs. Zu: Ernst Kulcsar „Ansichtskarten an Frau Schwarz", Kriterion Verlag, Bukarest 1976. In: KR vom 1.04.1977.
Schuller, Annemarie: Sie ist zu alt geworden. Ernst Kulcsars „Ansichtskarten an Frau Schwarz". In: NW vom 23.04.1977.

Hansjörg Kühn
Zillich, Heinrich: Hansjörg Kühn. Masken und Menschen. In: Südostdeutsche Vierteljahresblätter 1965, S. S. 186-187.
Zillich, Heinrich: Hansjörg Kühn. Weil sie leben wollten. In: Südostdeutsche Vierteljahresblätter 1974, S. 67.

Heinrich Lauer
Müller, Hans: Das Lachen einer Landschaft. Zu Heinrich Lauers „Das große Tilltappenfangen", Jugendverlag 1967. In: NL 1968, Nr. 3-4, S. 134-136.
Csejka, Gerhardt: Heinrich Lauer: Bälle und Spiele. In: NL 1973, Nr. 10, S. 42-43.

Franz Liebhardt
Engel, Walter: zu Franz Liebhardts „Miniaturen". In: NL 1973, Nr. 9, S. 104-107.
Engel, Walter: Seelen-Landschaften zwischen Licht und Schatten. Anmerkungen zu Franz Liebhardts „Miniaturen", Kriterion Verlag, Bukarest. In: NL 1973, Nr. 9, S. 104-107.
Fassel, Horst: Robert Reiter-Franz Liebhardt – ein Dichter in Temeswar. In: Banatica 1/1990, Kommentar und S. 16-18.

Hans Liebhardt
R.D.: Hans Liebhardt: Träume und Wege. In: NL 1966, Nr. 11-12, S. 142.
Heinz, Franz: Andresi und die Schaukel. Hans Liebhardt: Träume und Wege. In: NL 1967, Nr. 1-2, S. 131-132.
R.D.: Hans Liebhardt: Das Kalb vom Blauen Berg. In: NL 1967, Nr. 7-8, S. 148.
Müller, Hans: Grimmiger Humor. Hans Liebhardt: Das Kalb vom blauen Berg. In: NL 1967, Nr. 9-10, S. 140-142.
Marschang, Eva: Andresis Dichtung und Wahrheit. Bemerkungen zu Hans Liebhardts „Die drei Tode meines Grossvaters". In: KR vom 23.01.1970.
Motzan, Peter: Fazit der Erinnerung: lachende Tränen. Hans Liebhardt: Die drei Tode meines Großvaters. In: NL 1970, Nr. 2, S. 107-109.
Motzan, Peter: Weißkircher und kein Ende. Zu Hans Liebhardts „Immer wieder Weißkircher". Kriterion 1971. In: NL 1971, Nr. 11, S. 105-108.
Anger, Horst: Auf Telegraphendrähten balancieren. Zu dem Bändchen kurzer Prosa „Immer wieder Weisskircher" von Hans Liebhardt, Kriterion Verlag, Bukarest 1971. In: KR vom 10.12.1971.
Schneider, Eduard: Von den großen Autobahnen. Zu Hans Liebhardt: Alles, was nötig war. Ausgewählte Prosa. Nachwort und Auswahl von Peter Motzan, Dacia Verlag 1972. In: NL 1972, Nr. 11, S. 93-99.
Kolf, Bernd: Hans Liebhardt. In: NL 1972, Nr. 11, S. 93-95.

Söllner, Werner: Kein Recht auf die grosse Stube im Haus. In: KR vom 12.01.1973.
Anger, Horst: Ein Teil bleibe zurück. Hans Liebhardt: Alle deine Uhren. Reise – und andere Geschichten. Kriterion Verlag, Bukarest 1978. In: KR vom 11.08.1978.
Bossert, Rolf: Immer wieder Oberdorf. Kurze Bemerkungen zu den neuen Geschichten von Hans Liebhardt. In: NW vom 23.09.1978.
Schuller, Horst: Skizzen und Zitate. In: KR vom 12.12.1980.
Csejka, Gerhardt: Die nötige Bescheidenheit. Randbemerkungen zu Hans Liebhardts Auswahlband. In: KR vom 12.12.1980.
Aescht, Georg: Noch immer Weisskircher. Bemerkungen zu Hans Liebhardts neuem Prosaband. In: NW vom 3.10.1981.
e.r.: Kraut und Rüben. Hans Liebhardts neues Buch „Wie ein einziger Tag". In: NW vom 12.03.1983.
Nussbächer, B.: Hans Liebhardt: Wie ein einziger Tag. Anekdoten, Betrachtungen, Geschichten. Kriterion 1982. In: NL 1983, Nr. 5, S. 84.
Csejka, Gerhardt: Als Maske das eigne Gesicht oder die komplizierte Einfachheit des Hans Liebhardt. In: NL 1984, Nr. 3, S. 24-34.
Reichrath, Emmerich: Viele Verse und keine Poesie. Der blanke Dilettantismus. Anmerkungen zu Hans Liebhardts Gedichtband „Goldener Traum". In: Die Woche vom 25.Juli 1985.

Interviews
Anger, Horst: Immer wieder Weisskircher. Gespräch mit Hans Liebhardt. In: KR vom 20.02.1970.
Nachbarschaftszeichen über den Graben. Selbstinterview von Hans Liebhardt. In: NBZ vom 3.02.1984.
Csejka, Gerhardt: „Der Gedanke der Heimat bin ich". Hans Liebhardt im Gespräch mit Gerhardt Csejka. In: NL 1984, Nr. 3, S. 24-34.

Andreas A. Lillin
Müller, Hans: Zu Andreas Lillins Roman „Die zehnte Muse". In: NL 1963, Nr. 2, S. 132-134.
Liebhardt, Hans: Andreas A. Lillin: Meine teuren Anverwandten. In: NL 1983, Nr. 6, S. 86.
Ionas, Angelika: Am Rande einer Familiengeschichte. Zu Andreas A. Lillins Roman „Unsere teuren Anverwandten". In: NBZ vom 17.Juli 1983.
Wagner, Richard: Die Aristokraten aus dem Banat. Notizen zu Andreas A. Lillin: Unsere teuren Anverwandten. Kriterion 1983. In: NL 1983, Nr. 12, S. 68-70.
Lillin, Andreas A. gestorben. In: NW vom 24.03.1985.
Schneider, Eduard: Ein Polyglott der Banater Literatur. Zum Tode des Prosaisten und Essaysten Andreas A. Lillin. In: NBZ vom 5.05.1985.
Fassel, Horst: Der Umgang mit Außenseitern: Andreas A. Lillin und Hans Wolfram Hockl und ihre Bedeutung für die Banater Deutschen. In: Banatica 2/1989.

Interview
Schneider, Eduard: Das Banat im epischen Zusammenhang. NBZ-Gespräch mit dem Temeswarer Romancier und Essaysten Andreas A. Lillin. In: NBZ von 23.05.1982.

Johann Lippet
Britz, Helmut: „...entsetzliche Freude". Zu William Totok: „Freundliche Fremdheit", Fakla Verlag Temeswar; Johann Lippet: „so wars im mai so ist es", Kriterion Bukarest 1984; Helmuth Frauendorfer: „am rand einer hochzeit". Kriterion 1984. In: NL 1985, Nr. 3, S. 74-76.
Klier, Walter: Solide Vierfüßler, wacklige Beine. Über Johann Lippets Prosa. In: Die Zeit vom 1.11.1991.
Motzan, Peter: Finale im Mülleimer. Von der Heimat in die Freiheit: Johann Lippet. In: Die Welt vom 28.12.1991.
Bender, Hans: Die Angst vor dem Schwinden der Einzelheiten. Zwei neue Erzählungen von Johann Lippet („Die Falten im Gesicht"). In: SZ vom 25/26 Januar 1992, S. 204.
Motzan, Peter: Johann Lippet: Die Falten im Gesicht. Erzählungen. Heidelberg: Das Wunderhorn 1992. In: Südostdeutsche Vierteljahresblätter 1992 Nr. 4, S. 353-354.
Johann Lippet – ein rumäniendeutscher Autor. In: Südostdeutsche Vierteljahresblätter 1994, Nr. 3, S. 147-151.
Kegelmann, René: Abschied, Laut und Wahrnehmung. Gedichte. In: Südostdeutsche Vierteljahresblätter 1995, S. 179.
Marschang, Eva: Johann Lippet – ein rumäniendeutscher Autor. In: Südostdeutsche Vierteljahresblätter 1997, S. 147-151.
Steiger, Bruno: Blumen aus Deutschland. Johann Lippets Erzählung „Der Totengräber". In: Neue Zürcher Zeitung. Internationale Ausgabe vom 31.07.1998.

Adolf Meschendörfer
H.L.: Adolf Meschendörfer. Als man noch die Soldaten fing. In: NL 6/1965, S. 145.
H.L.: Adolf Meschendörfer: Leonore. In: NL 1968, Nr. 3-4, S. 150.
Csejka, Gerhardt: Irrlicht Heimat. Zum 100. Geburtstag von Adolf Meschendörfer. In: NL 1977, Nr. 5, S. 24-32.
Scherer, Anton: Adolf Meschendörfer: Leonore. Roman eines nach Siebenbürgen Verschlagenen. In: Südostdeutsche Vierteljahresblätter 1977, S. 158.
Scherg, Georg: Adolf Meschendörfer. In: NL 1986, Nr. 2, S. 21-34.
Markel, Michael: Adolf Meschendörfers „Siebenbürgische Elegie". Bausteine zu einer Rezeptionsgeschichte. In: Deutsche Regionalliteraturen in Rumänien 1918-1944. Hg. Peter Motzan und Stefan Sienerth. München: Südostdeutsches Kulturwerk 1997, S. 177-201.

Hans Mokka
M.B.: Hans Mokka: Die Hahnenfeder. In: NL 1968, Nr. 1-2, S. 149-150.
Weber, Horst: Wäsche im Wind. Zu Hans Mokka: Das Traumboot. In: NL 1971, Nr. 8, S. 114-115.

Irene Mokka
Kolf, Bernd: Bedenken. Fragmente. In: NL 1974, Nr.8, S. 96-98.

Peter Motzan
Schotsch, Heidrun: Protokollierte Protokolle. Ein prima vista zu „vorläufige protokolle. Anthologie junger rumäniendeutscher Lyrik" Hg. von Peter Motzan. Dacia 1976. In: NL 1977, Nr. 2, S. 97-100.
Reichrath, Emmerich: Die fällige Synthese. Peter Motzan: Die rumäniendeutsche Lyrik nach 1944. Problemaufriß und historischer Überblick. In: Neue Literatur 7/1981, S. 101-104.
Zu Peter Motzan: Anthologie rumäniendeutscher Prosa. In: NL 1982, Nr. 3, S. 90-94.
Zu Peter Motzan: Lesezeichen. Aufsätze und Buchkritiken. Cluj: Dacia 1986. In: NL 1987, Nr. 5.

Adam Müller-Guttenbrunn
Adam Müller-Guttenbrunn – Heimatdichter des Banats. In: NL 1967, Nr. 3-4, S. 34.
H.S.: Adam Müller-Guttenbrunn. Der kleine Schwab. In: NL 1968, Nr. 3-4, S. 150-151.

Hans Peter Müller
Reichrath, Emmerich: Wohltuende Bescheidenheit. Ein Prosaband von Hans Peter Müller bei Kriterion („Michel"). In: NW vom 14.12.1985.
Britz, Helmut: Bescheiden. Zu Hans-Peter Müller. Erzählungen („Michel"). In: NL 1986, Nr. 3, S. 78-80.

Herta Müller
Wagner, Richard: Laudatio auf Herta Müller bei der Entgegennahme des Adam Müller-Guttenbrunn-Preises. In: NBZ vom 7.06.1981, S. 2-3.
Söllner, Anton: Von der Sauberkeit und vom Dünkel. In: NBZ vom 21.06.1981, S. 2-3.
Löw, Adrian: Schmetterling spielt Vespe. Zu Herta Müllers „Niederungen". In: Volk und Kultur (Bukarest) 3/1982, S. 5.
Reichrath, Emmerich: „...als wäre das ein Leben". Zu dem Prosaband „Niederungen". In: NW (Bukarest) vom 29.05.1982, S. 5.
Motzan, Peter: „Und wo man etwas berührt, wird man verwundet". Zu Herta Müller: Niederungen. In: NL 3/1983, S. 67-72.
Die Frösche auf dem Tisch. Das Temeswarer „Thalia-Studio" des Studentenkulturhauses zeigt eine Montage mit Texten von Herta Müller. In: KR vom 22.04.1983, S. 4-5.
Britz, Helmut: Reise ins Herz der Wunde. In: NL 8/1983, S. 76-79.
Schneider, Bianca: Vor den Sommerferien im Poesie - Club. In: Volk und Kultur 6/1984, S. 21.
Weber, Horst: Eine Pflicht auf Dauer. Transilvania-Sonderheft mit rumäniendeutscher Literatur. In: Die Woche vom 5.04.1985.
Frauendorfer, Helmuth: Das Dorf ist eine schwarze Krähe. Die Dimension eines kleinen Dorfes. In: W vom 5.04.1985, S. 5.
Schuller, Annemarie: Ihre Mittel sind arm und reich zugleich. In: KR vom 14.06.1985, S. 4-5.
Henke, Gerbhard: Poetischer Ausbruch aus dem engen Banat. Herta Müllers Prosadebüt „Niederungen". In: SZ vom 12.04.1984.

Wittstock, Uwe: Hundert Beete voll Mohn im Gedächtnis. „Niederungen" – ein erstaunlicher Prosaband der deutsch schreibenden Rumänin Herta Müller. In: FAZ vom 17.04.1984.

Frank, Angela: Eine Kindheit in deutschen Landen. „Schöner Sonntag, besten Appetit". In: taz vom 24.05.1984, S. 10.

Delius, Friedrich Christian: Jeden Monat einen neuen Besen. In: Der Spiegel vom 30.07.1984.

Michaelis, Rolf: Angst vor Freude. Herta Müllers fünfzehn Prosastücke „Niederungen". In: Die Zeit vom 24.08.1984, S. L 35.

Neidhart, Christoph: Sittengemälde aus fernen Landen. In: Basler Zeitung vom 7.09.1984.

Hammer, J.: Ketzerei oder totale Verantwortungslosigkeit? In den rumäniendeutschen Dörfern lebte nie eine „grauenvolle Gesellschaft"! In: Der Donauschwabe vom 16.09.1984, S. 1-2.

Schwarz, Lenore: Ein Kind sieht seine Umwelt. Zu Herta Müllers Prosaband „Niederungen". In: General- Anzeiger (Bonn) vom 26.10.1984, S. 13.

Hoffmann-Rittberg, Sibylle: Die Mühe, die man hat mit diesem Leben. „Niederungen". Prosa von Herta Müller. In: Deutsche Volkszeitung/ die tat vom 23.11.1984, S. 12.

Nachts kommt der Traum durch den Hinterhof ins Bett. Herta Müller bekommt für ihren Erstling „Niederungen" den „aspekte"- Literaturpreis. In: Rheinischer Merkur vom 7.12.1984.

Schneider, H.: Apotheose des Häßlichen und Abstoßenden. Anmerkungen zu Herta Müllers „Niederungen". In: Banater Post (München) Dezemberheft 1984, S. 19-21.

Schimkus, Andreas: Müller, Herta: Niederungen. Erzählungen einer deutschsprachigen Schriftstellerin aus dem Banat (Rumänien). In: Evangelischer Buchberater. Göttingen 1/1985, S. 108.

Lesch, Helmut: Lapidare Prosa. Frisch gekürt mit dem „aspekte"- Literaturpreis des ZDF: Herta Müllers Prosaband „Niederungen". In: Abendzeitung vom 16.01.1985.

Beunruhigende Gedichte. Rolf Haufs erhält den Bremer Literaturpreis. In: Goslarsche Zeitung vom 20.01.1985.

Wochele, Rainer: Nachrichten aus einem fremden Schwaben. Armut und Niedergang, beschrieben von einer deutschsprachigen Autorin aus Rumänien. In: Stuttgarter Zeitung vom 24.01.1985, S. 16.

Lebensengel und Todesengel. Verleihung der Bremer Literaturpreise an Rolf Haufs und Herta Müller. In: Bremer Nachrichten vom 29.01.1985, S. 8.

Kanitz, Hans: Eine fast schon pathologische Freude am Gemeinen. In den Niederungen des Lebens. In: Badische Neueste Nachrichten (Karlsruhe) vom 2.03.1985.

Terras, Rita: Herta Müller: Niederungen. In: World Literature Today. 59/1985, S. 586.

Janz, Marlies: Laudatio auf Herta Müller. In: Die Schwarze Botin. Juni/ Juli/ August 1985, S. 32-33.

Was es so zum Lesen gibt: Ende Februar beginnt der Bücher - Frühling. Herta Müller: Der Mensch ist ein großer Fasan auf der Welt. In: Husumer Nachrichten (Flensburg) vom 22.02.1986.

Huber, Rupert: Der Mensch ist ein großer Fasan auf der Welt – eine Erzählung von Herta Müller. Der lange Abschied von der Mühle im Banat. In: Augsburger Allgemeine vom 26/27.04.1986.

Neidhart, Christoph: Verlust der Menschlichkeit. Eine neue Erzählung der Rumänin Herta Müller. In: Die Weltwoche (Zürich) vom 1.05.1986, S. 64.

Bolduan, Viola: Sprache einer Enklave. Ausreise aus rumäniendeutschem Dorf. Herta Müller: Der Mensch ist ein großer Fasan auf der Welt. In: Wiesbadener Kurier vom 11.05.1986.

E.H.: Grabrede für ein Dorf. Herta Müllers Erzählung: Der Mensch ist ein großer Fasan auf der Welt. In: NZZ vom 11.12.1986, S. 53.

Groß, Martin: Keine Emigration. Herta Müllers neue Erzählung. In: taz vom 14.05.1986, S. 13.

Cramer, Sibylle: Die Nachtwache des Müllers Windisch. Herta Müller: Der Mensch ist ein großer Fasan auf der Welt. In: FR vom 31.05.1986, S. ZB 4.

Weinzierl, Ulrich: Vom Stillstand der Zeit. Eine Erzählung der rumäniendeutschen Dichterin Herta Müller. In: FAZ vom 31.05.1986.

Hüfner, Agnes: Ohne Zeiger ist die Zeit. Herta Müllers Erzählung vom Warten und Ausreisen. In: SZ vom 14/15.06.1986.

Ritter, R.: Alltagsbeobachtungen aus dem Banat. Herta Müllers neues Buch: Der Mensch ist ein großer Fasan auf der Welt. In: Die Neue Ärztliche. Frankfurt/Main vom 16.06.1986.

Auffenmann, Verena: Das lange Warten auf einen Pass. „Der Mensch ist ein großer Fasan auf der Welt" heißt das neue Buch von Herta Müller. In: Basler Zeitung vom 18.07.1986.

Ayren, Armin: Lakonischer Satz, komplexe Welt. Eine Erzählung von Herta Müller. In: Stuttgarter Zeitung vom 19.07.1986.

Behrend, Katrin: Die Zeit ist tot. Herta Müller: Der Mensch ist ein großer Fasan auf der Welt. In: Abendzeitung vom 22.07.1986.

Reitze, Paul F.: Wo der Paß zum Strohhalm wird. Eine Apokalypse aus Siebenbürgen: Prosa der rumäniendeutschen Autorin Herta Müller. In: Die Welt vom 2.08.1986.

Heinrich-Jost, Ingrid: Jeder Satz ein Schlag. Großes poetisches Erzähltalent: Herta Müller aus dem Banat. In: Der Tagesspiegel vom 7.09.1986, S. 57.

Der Mensch ist ein großer Fasan auf der Welt. Das neue Buch von Herta Müller. In: Banater Post vom 20.09.1986, S. 11.

Th. T.: Herta Müller: Der Mensch ist ein großer Fasan auf der Welt. In: Der Bund (Bern) vom 20.09.1986.

Brugger, Alfred: Lauter Hauptsätze. In: Niedersächsische Allgemeine (Kassel) vom 18.10.1986.

Broos, Susanne: Ein großer Fasan...In: Andere Zeitung. Frankfurt/Main November 1986, S. 109.

Stromberg, Kyra: Verlust einer Welt. Deutsche in Rumänien – Herta Müllers Auswanderungs-Ballade. In: Saarbrücker Zeitung vom 6.11.1986, S. 27-29.

Kessler, Dieter: Herta Müller: Der Mensch ist ein großer Fasan auf der Welt. In: Beiträge zur deutschen Kultur, 2/1987, S. 73-74.

dpa: Herta Müller verläßt Rumänien. In: SZ vom 5.03.1987, S. 41.

Michaelis, Rolf: Angekommen wie nicht da. In: Die Zeit vom 20.03.1987, S. 51-52.

rf: Ricarda-Huch-Preis für Herta Müller. In: Die Zeit vom 27.03.1987, S. 25.

Ricarda-Huch-Preis für Herta Müller. In: Die Zeit vom 27.03.1987.

Wichner, Ernest: Als hätte es sie alle nicht gegeben. In: die horen (Hannover) vom 3/1987, S. 5-6.

Fassel, Horst: Eine „Transsylvanische Reise" ins Banat. Das Banat-Bild bei Rolf Michaelis in der „Zeit". In: Banater Post (München) vom 5.04.1987, S. 10-11.

Zu: Herta Müller: Barfüßiger Februar. In: Fachdienst Germanistik (München) vom 5/1987, S. 14.

Jergius, Holger: Visionär in der Badewanne. Rumänien als deutsche Literaturprovinz – Dieter Schlesak und Herta Müller. In: Nürnberger Zeitung vom 13.06.1987, S. 2.

mdr.: Geschrieben, um zu ertragen. Herta Müller las in Saarbrücken. In: Saarbrücker Zeitung vom 15.06.1987, S. 6.

Reden zur Preis-Verleihung am 17.06.1987 an Herta Müller. In: Ricarda-Huch-Preis 1987. Magistrat der Stadt Darmstadt-Kulturdezernat. Justus von Liebig Verlag Darmstadt.

Cramer, Sibylle: Provinz als mentaler Zustand. Herta Müllers neue Prosa „Barfüßiger Februar". In: FR vom 7.10.1987, S. 10.

Hüfner, Agnes: Das Thema heißt Abschied. „Barfüßiger Februar", die dritte Prosasammlung Herta Müllers. In: SZ vom 7.10.1987.

Marin, Marcel: Auf den Wangen die Spur der Finger. Herta Müller: Barfüßiger Februar. In: Eßlinger Zeitung vom 10/11.10.1987, S. 30.

Sayah, Amber: Keine Wehmut, sondern Haß. Die rumäniendeutsche Autorin Herta Müller in Ludwigsburg. In: Stuttgarter Zeitung vom 17.10.1987.

Ritter, Robert: Endgültige Heimat-Abschiede. Herta Müllers literarische Texte verarbeiten rumänische Verhältnisse. In: Die Neue Ärztliche. Frankfurt/Main vom 20.10.1987.

Huther, Christian: Was ist das für ein Land? Herta Müllers Prosaband „Barfüßiger Februar". In: General-Anzeiger (Bonn) vom 28/29.11.1987.

Auffermann, Verena: Abschied und Ankunft in der Kälte. Von Temeswar nach Berlin – Herta Müllers „Barfüßiger Februar". In: Saarbrücker Zeitung vom 5/6.12.1987, S. 9.

Groß, Martin: Ein ferner Sender. Herta Müller: Barfüßiger Februar. In: Die Tageszeitung vom 11.12.1987, S. 16.

Homann, Ursula: Herta Müller: Der Mensch ist ein großer Fasan auf der Welt. Eine Erzählung. In: Deutsche Bücher (Amsterdam) vom 17/1987, S. 32.

Bartens, Daniela: Herta Müller: Der Mensch ist ein großer Fasan auf der Welt. In: Gangan. Jahrbuch 1987, S. 94-96.

Meidinger-Geise, Inge: Herta Müller: Barfüßiger Februar. Prosa. Berlin: Rotbuch 1987. In: Südostdeutsche Vierteljahresblätter 1988, S. 87-88.

Schwere, Leonore: Zwischen Bleiben und Gehen. Prosalegenden von Herta Müller. In: Weltspiegel vom 31.01.1988, S. XIII.

Weinzierl, Ulrich: Schwarze Achse im Innern der Erde. Herta Müllers Prosaband „Barfüßiger Februar". In: FAZ vom 6.02.1988.

Münkler, Marina: Utopie vom Tod. Bilder einer Heimkehr in die Fremde. Herta Müllers eindringlicher Prosaband „Barfüßiger Februar". In: Die Zeit vom 11.03.1988, S. L79.

VB: Vom Magnet des Todes. In: Wiesbadener Kurier vom 26.03.1988.

Michalowski, Udo: Viele Räume sind unter der Haut. Bilder aus dem Banat: Herta Müllers Erzählungen. In: Rheinischer Merkur vom 22.04.1988.

Werner, Petra: Als wenn die Welt aus Wörtern wär. Podiumsdiskussion bei der Bonner Buchwoche. Herta Müller und Lew Kopelew im Rheinischen Landesmuseum. In: General- Anzeiger (Bonn) vom 14/15.05.1988, S. 14.

Michaelis, Rolf: Begründung für die Auszeichnung Herta Müllers mit dem „aspekte" – Literaturpreis 1984. In: ZDF Schriftenreihe. Heft 37. Materialien zum Programm 10 Jahre „aspekte" – Literaturpreis 1978-1988. Mainz Nov. 1988, S. 44-45.

Schulze, Karin: Über Herta Müller. In: Spuren in Kunst und Gesellschaft (Hamburg) vom 25/1988, S. 48-49.

Pryce-Jones, David: A Romanian Miller's Tale. In: The Independent (London) vom 28.01.1989.

Bienek, Horst: Über Herta Müller und Richard Wagner. In: Bayrische Akademie der schönen Künste. Jahrbuch 3/1989, S. 166-170.

G. Sch.: Herta Müller: Barfüßiger Februar. In: Eckartbote/Wien. Mai 1989, S. XXI.

Schirrmacher, Frank: In einem anderen Land. Eine Erzählung der rumäniendeutschen Herta Müller. In: FAZ vom 23.08.1989.

Auffermann, Verena: Gefahr, ins Leere zu stürzen. Westdeutschland, gesehen mit den Umsiedlungen Herta Müllers. In: SZ vom 10.10.1989.

Rüb, Matthias: Das fremde Heimatland. Herta Müllers Erzählung. In: FAZ vom 10.10.1989.

Führer, Ruth: In der Fremde. In: FR vom 10.10.1989.

Franzen, Günter: Test the West. Herta Müllers Prosa: „Reisende auf einem Bein". In: FAZ vom 10.11.1989.

Pennemann, Elmar: Sprachkraft und poetische Qualität – Deutschrumänische Schriftstellerin Herta Müller. Herta Müller erhielt den Marieluise-Fleißer-Preis. In: Donau- Kurier (Ingolstadt) vom 24.11.1989.

dpa: Herta Müller: Gastdozentin in Paderborn. In: FAZvom 1.12.1989.

Preis für Herta Müller. In: Bayernkurier vom 9.12.1989, S. 15.

Gabrisch, Anne: Kaltes Land und kalte Herzen. Alle Beziehungen sind unsicher: Herta Müllers Roman „Reisende auf einem Bein". In: Stuttgarter Zeitung vom 9.03.1990.

Gabriele Dietze über Herta Müller. Gekürzte Fassung der Vorstellung Herta Müllers durch Gabriele Dietze. In: Börsenblatt für den Deutschen Buchhandel. Frankfurter Ausgabe. 98/7.12.1990, S. 3895-3897.

Gross, Stefan: Dem Schmid ist Glut ins Aug gespritzt. Von realen und erfundenen Teufeln. Zur Erzählung „Die große schwarze Achse". In: Die erfundene Wahrnehmung: Annäherung an Herta Müller. Hg. von Norbert Otto Eke. Paderhorn: Igel 1991.

Herbert, Rudolf: Die Einsamkeit der Sätze. Zu dem Prosaband „Niederungen". In: Reflexe, Bd. 2. Cluj-Napoca: Dacia 1991, S. 129-137.

Herta Müller. Reisende auf einem Bein. In: Fachdienst Germanistik. München 8/9 1990/1991, S. 17-18.

Auffermann, Verena: Der Zeigefinger im Kopf. Herta Müllers Poetik-Vorlesungen. In: SZ vom 13/14.07.1991, S. IV.

Schirrmacher, Frank: In jedem Haus nur einen Augenblick bleiben. Herta Müllers Essays über die Entstehung der Literatur aus Angst. In: FAZ vom 3.08.1991.

Pieper, Heidrun: Literatur, „kein Inhaltsgedöns" in der Rotunde. Undine Gruenter und Herta Müller zum Dreier-Gespräch mit Stefan Bollmann in der Tonhalle. In: Rheinische Post vom 18.09.1991.

Huther, Christian: Schreiben als Gegenteil von Leben. Herta Müllers Reflexionen zur Literatur und Politik. In: Der Tagesspiegel vom 22.09.1991, S. IX.

Schnetz, Wolf Peter: Denkprosa von Herta Müller. In: Der Literat, Nr. 10 (Oktober) 1991, S. 26-27.

Mayer, Susanne: Ein Erdhauch über Gräbern. Herta Müllers Poetik-Vorlesungen „Der Teufel sitzt im Spiegel". In: Die Zeit vom 11.10.1991, S. 10-11.

Huther, Christian: Der Teufel sitzt im Spiegel. Herta Müllers Reflexionen zu Literatur und Politik. In: General-Anzeiger vom 26/27.10.1991, S. IIa.

Staudacher, Cornelia: Angst macht Menschen wieder zu Kindern. Ein Porträt der rumäniendeutschen Schriftstellerin Herta Müller. In: Saarbrücker Zeitung vom 19.11.1991, S. 12.

Von Matt, Beatrice: Die innere und äußere Wahrnehmung. Ein Lektürehinweis zum Text von Herta Müller. In: Literatur und Kunst vom 6.12.1991, S. 41.

Eke, Norbert Otto: o.T. In: Halbasien 2/1991, S. 67-72.

Rang 3. auf Bestenliste August 1991 (Südwestfunk). Die Zeit vom 22.05.1992.

Angermann, Constanze: Fremde Sprache, vertrauter Rhythmus. Herta Müller und Nicole Bary berichten über die Arbeit des Übersetzens. In: FR vom 4.02.1992, S. 20.

Tote Villa. In: Rheinischer Merkur vom 3.07.1992, S. 19.

Hieber, Jochen: Der Fuchs war damals schon der Jäger. Herta Müllers Roman als Vorabdruck in der FAZ. In: FAZ vom 7.07.1992, S. 27.

Lodron, Herbert: Die Pappeln sind Messer. Düster-Surrealistisches von Herta Müller. In: Die Presse vom 14.08.1992.

Mischke, Roland: „Ein schöner Abend. Wir können uns aufhängen". Herta Müllers packendes Buch über das Ceauşescu-Erbe in Rumänien. In: Saarbrücker Zeitung vom 14/15/16.08.1992, S. 10.

Assheuer, Thomas: „Auf der Stirn des Diktators sitzt eine Blattlaus und stellt sich tot." Der rumänische Sozialismus als Höhlengleichnis: Herta Müllers Abrechnung „Der Fuchs war damals schon der Jäger". In: FR vom 15.08.1992, S. ZB 4.

Schweitzer-Meyer, Barbara: Das Fragmentieren der Wirklichkeit. Herta Müller: Der Fuchs war damals schon der Jäger. In: NZZ vom 21.08.1992, S. 29.

Raddatz, Fritz, J.: Pinzetten-Prosa. Film-Szenen statt Erzähl-Garten: woran Herta Müllers Roman scheiterte. In: Die Zeit vom 28.08.1992, S. 57.

Mischke, Roland: Der Fuchs ist der Jäger geblieben. Herta Müller hat einen wunderbaren Roman geschrieben. In: General-Anzeiger vom 29/30.08.1992, S. XIV.

Appelt, Hedwig: Viele rührige Wesen. Herta Müllers Roman: reichlich bemühte Bilder. In: Stuttgarter Zeitung vom 11.09.1992, S. 24.

Draesner, Ulrike: Sprachsorgfalt. In: Die Zeit vom 25.09.1992, S. 24.

Staudacher, Cornelia: Die Verrohung des Menschen unter einem totalitären Regime. Herta Müllers poetische Paraphrase über das Leben in der Diktatur. Der Fuchs war damals schon der Jäger. In: Der Tagesspiegel vom 29.09.1992, S. V.

Von Matt, Peter: Diktatur und Dichtung. Herta Müllers Gedanken über Fuchs und Jäger. In: FAZ vom 29.09.1992, S. L9.

Winkels, Hubert: Roman über Leben und Alltag in der Diktatur. Herta Müller: Der Fuchs war damals schon der Jäger. In: FAZ vom 29.09.1992.

Auffermann, Verena: Wo bei anderen das Herz ist, ist bei denen ein Friedhof. Herta Müllers Roman über die Angst, die Staatssicherheit und das Ende des Diktators Ceauşescu. In: SZ vom 30.09.1992, S. L2.

Laudenbach, Peter: Unter die Haut gewachsen. Kein Aufatmen nach Ceauşescu: Herta Müllers Roman „Der Fuchs war damals schon der Jäger". In: Die Tageszeitung vom 30.09.1992, S. XI.

Krauss, Hannes: Jäger-Schnipsel. Herta Müllers Roman „Der Fuchs war damals schon der Jäger". In: Freitag vom 2.10.1992, S. 27.

Panic, Ira: Kampflustige Dissidentin. Die deutsch-rumänische Schriftstellerin Herta Müller beschreibt in ihrem neuen Roman „Der Fuchs war damals schon der Jäger" Folter, Verrat und Todesange im Ceauşescu - Staat. In: Stern vom 15.10.1992, S. 320-322.

Jäger, Manfred: Nervenkrieg in finsterer Zeit. In: Deutsches Allgemeines Sonntagsblatt vom 30.10.1992, S. 28.

Böttinger, Helmut: Achtung. Pinzette! Zu einer Lesung Herta Müllers. In: FR vom 9.11.1992, S. 12.

Motzan, Peter: Fuchsjagd durch die Straßen der Nacht. Herta Müllers Roman über Rumänien. In: Die Welt vom 28.11.1992, S. 5.

Schulte, Bettina: Die Macht der Dinge. Die Schriftstellerin Herta Müller las in Freiburg. In: Badische Zeitung vom 3.12.1992, S. 32.

Gohlis, Tobias: Das Schwarze im Auge des Diktators. Innenansichten eines totalitären Regimes – die Rumäniendeutsche Herta Müller beschreibt in ihrem neuen Roman das Leben im Ceauşescu-Staat. In: Rheinischer Merkur vom 4.12.1992, S. 34.

Schulz, Christiane: Die allgegenwärtige Stirnlocke des Diktators Ceauşescu. Der Rumäniendeutschen Herta Müller erster Roman „Der Fuchs war damals schon der Jäger" / Nachrichten aus einem finsteren Land. In: Rheinische Post vom 19.12.1992.

Miehe, Renate: Warme Kartoffel, warmes Bett. Zugeschnürte Wünsche: Gesammelte Kurzpredigten von Herta Müller. In: FAZ vom 13.01.1993, S. 28.

Broos, Susanne: Eine warme Kartoffel ist ein warmes Bett. In: Börsenblatt für den Deutschen Buchhandel. Frankfurt/Main und Leipzig. 26.01.1993, S. 16-19.

Pöpsel, Hermann: Nahaufnahmen einer Diktatur. Herta Müllers Roman über das rumänische Elend. In: Westfälische Rundschau vom 8.02.1993.

Jansen, Hans: Die Stirnlocke des Diktators. Buch der Woche. In: Westdeutsche Allgemeine Zeitung vom 20.02.1993.

Heute zur Lesung mit Herta Müller. In: FR vom 16.03.1993.

Cosack, Bettina: Noch erschrickt das Herz. Herta Müller über deutsche Weltoffenheit. In: Berliner Zeitung vom 19.04.1993, S. 23.

Creutziger, Werner: Leidendes Land und politischer Weltschmerz. Herta Müllers „Der Fuchs war damals schon der Jäger". In: Neue Deutsche Literatur, Nr. 484, April 1993, S. 139-142.

Jakobs, Jürgen: Pein der Diktatur. Herta Müllers Roman „Der Fuchs war damals schon der Jäger". In: Kölner Stadt-Anzeiger vom 4.06.1993, S. 28.

Kleine Meldungen. Die Schriftstellerin Herta Müller. In: FAZ vom 25.10.1993, S. 37.

Düsberg, Nicole: Mit dem „deutschen Frosch" fing alles an. Diktatur und Schreiben: die rumäniendeutsche Autorin Herta Müller in der Kölner Rahner-Akademie. In: Kölner-Stadt-Anzeiger vom 25.04.1994, S. 8.

Mischke, Roland: Soziale Realität in surrealen Szenen. Herta Müllers neues Werk-ein Buch gegen das Vergessen. In: Mitteldeutsche Zeitung vom 14.09.1994.

Von Matt, Beatrice: Im Körper das mitgebrachte Land. Herta Müllers Roman „Herztier". In: NZZ vom 29.09.1994, S. B2.

Mahlow, Wolfgang: Eine Geschichte um Freundschaft und Vertrauen, Gewalt und Verrat: Herta Müllers Roman „Herztier". In: Nordkurier vom 1.10.1994.

Lehnhardt, Dieter: Die Sprache der Quitten. In: Die Presse vom 1.10.1994, S. IV.

Zintz, Karin: Anwachsen gegen den Tod. Tragik des Widerstands: Herta Müllers neuer Roman „Herztier". In: Eßlinger Zeitung vom 1.10.1994.

Preisendörfer, Bruno: Wenn der Tod pfeift. Eine Prosa, die den Geschmack der Angst hervorruft: Herta Müllers „Herztier" auf dem Sprung von Rumänien nach Deutschland. In: Der Tagesspiegel vom 2/3.10.1994, S. W 5.

Apel, Friedmar: Kirschkern Wahrheit. Inmitten beschädigter Paradiese: Herta Müllers „Herztier". In: FAZ vom 4.10.1994, S. L 16.

Der Tod der Toten. Herta Müllers „Herztier". In: FR vom 5.10.1994, S.B 5.

Michaelis, Rolf: In der Angst zu Haus. Ein Überlebensbuch: Herta Müllers Roman „Herztier". In: Die Zeit vom 7.10.1994, S. IV.

Moritz, Reiner: Spiegeleier auf dem Bügeleisen. Herta Müllers Roman „Herztier". In: Rheinischer Merkur vom 7.10.1994, S. IV.

Karl, Thomas: Erinnerungsbewältigung. Herta Müllers Roman „Herztier". In: Freitag vom 7.10.1994, S. IV.

Ostmann, Sabine: Angst wie Zuhause. Herta Müller las in Saarbrücken aus ihrem neuen Roman. In: Saarbrücker Zeitung vom 19.10.1994, S. 12.

Kolbe, Uwe: Kosmos der Angst. Uwe Kolbe über Herta Müllers neuen Roman – die Geschichte junger Rumäniendeutscher, die an der Diktatur zerbrechen. In: Die Woche vom 14.10.1994.

Das Herztier in die Knie zwingen. Der Kontrolle entgeht man nicht – Herta Müllers jüngster Roman. In: Stuttgarter Zeitung vom 21.10.1994, S. 22.

Laudenbach, Peter: Prosa, die schockiert. Herta Müller wird mit dem Kleist-Preis geehrt. In: Berliner Zeitung vom 21.10.1994, S. 26.

Jus: Mit dem Herztier. Kleist-Preis für Herta Müller. In: Stuttgarter Zeitung vom 21.10.1994, S. 23.

Lorenz, Christian: Nieren und Zungen im Kühlschrank. Über ängstliche Seelen in der Diktatur. Die rumäniendeutsche Autorin Herta Müller legt ihren Roman „Herztier" vor. In: Deutsches Allgemeines Sonntagsblatt vom 21.10.1994, S. 24.

Falcke, Eberhard: Mit unveränderter poetischer Intensität durchquert Herta Müller im Roman „Herztier" das ihr geläufige Unglücksgelände. In: SZ vom 5/6.11.1994, S. IV.

Von lächerlichem Reden und unangenehmen Schweigen. Herta Müller las im Museum aus ihrem Buch „Herztier". In: Ruhr Nachrichten vom 4.11.1994.

Schulte, Bettina: Menschen, die in der Angst zu Hause sind. In: Badische Zeitung vom 12.11.1994, S. 6.

(fc): Prosa im Park. Herta Müllers „Herztier". In: Kölner Stadt-Anzeiger vom 12.12.1994, S. 18.

Pöpsel, Hans Hermann: Friedhof der Diktatur. Herta Müllers Rumänien-Roman „Herztier". In: Westfälische Rundschau vom 14.12.1994.

Alltag der Diktatur. Herta Müllers Rumänien-Roman „Herztier". In: Kölner Stadt-Anzeiger vom 16.12.1994, S. 9.

Kroner, Michael: Herta Müller: Eine warme Kartoffel ist ein warmes Bett. In: Südostdeutsche Vierteljahresblätter 1994, S. 349-350.

Engler, Jürgen: Erfahrung, leibhaft. Herta Müllers „Herztier". Rowohlt Verlag. Reinbeck. In: Neue Deutsche Literatur, Nr. 499, 1/1995, S. 174-176.

Serrer, Michael: Leiden wird Kunst. Poesie als Widerstand: Herta Müllers Roman „Herztier". In: General- Anzeiger vom 21/22.01.1995, S. 11.

„Wenn ich keine Heimat habe, brauche ich auch keine zu verlieren oder zu finden." Herta Müllers „Herztier" – eine Lesung. In: GrauZone. Zeitschrift 1 – Neuere Literatur. 2. Februar 1995, S. 13ff.

Schlaffer, Hannelore: Liegt Deutschland in Rumänien? Herta Müllers gesammelte Berichte über das beschädigte Leben in den Diktaturen: „Hunger und Seide". In: FR vom 21.03.1995, S. B 5.

Schuh, Franz: Die Tradition der Machtfeindschaft. Herta Müllers Essays „Hunger und Seide" haben ihre Sache auf die Angst gebaut. In: Die Zeit vom 7.04.1995, S. L 8.

Gauß, Karl-Merkus: Ein volles Leben im leeren. Herta Müllers Reden und Einsprüche aus den letzten Jahren. In: FAZ vom 11.04.1995, S. L 10.

Fitzel, Thomas: Die Sprache, ein Garten aus Ängsten. Alltäglich erfahrbare Abstumpfung und Entmündigung. Herta Müllers biographischer Roman „Herztier". In: taz vom 25.054.1995, S. 16.

Overath, Angelika: Unter dem Ticken der Norm. Herta Müllers Essays. In: NZZ vom 11.05.1995, S. 33.

dmi: Freunde kommen nicht in Frage. Gedächtnis des akkumulierten Leidens. In: Handelsblatt vom 12/13.05.1995, S. G 5.

Wallendorf, Claudia: Mit geschärftem Blick: Herta Müller las im Bonner Uni-Club. In: General-Anzeiger vom 12.05.1995, S. 12.

Kopplin, Wolfgang: Herta Müllers „Herztier". Neuer Roman. In: Bayern Kurier vom 3.06.1995, S. 16.

Mischke, Roland: Hunger und Seide. Herta Müllers Essays. In: General-Anzeiger vom 3/4.06.1995, S. 11.

Cramer, Sibylle: Richtige Worte, falsche Taufen. Traktate einer Moralistin: Herta Müllers publizistische Gelegenheitsarbeiten als Essays präsentiert. In: SZ vom 10/11.06.1995, S. IV.

„Alles, was wir wissen, ist Gegenwart". Bonn bietet Literatur pur – Im Mittelpunkt: Poetik-Vorlesungen mit Herta Müller. In: General- Anzeiger vom 14.06.1995, S. 14.

Kranz, Ruth: Nichts für die Badeanstalt. Zur Poetik-Vorlesung von Herta Müller. In: General-Anzeiger vom 3.07.1995, S. 14.

Von Törne, Dorothea: Zwischen den Sprachböden. Herta Müllers poetische Stellungnahmen zu Fragen der Zeit. In: Der Tagesspiegel vom 4/5.07.1995, S. W 5.

Jenny-Ebeling, Charitas: Herta Müller: ein Gesicht und ein Thema. Ortsgespräche. In: NZZ vom 18.07.1995, S. 35.

Achermann, Erika: Schule des Widerstands. Herta Müllers Essays. In: Die Presse vom 3.08.1995.

Tsakiridou, Evdoxia: Auf den Tischen dampft der Fraß. Zu „Herztier" von Herta Müller. In: Westdeutsche Allgemeine Zeitung vom 29.09.1995.

Lumme, Christoph: Die Wanderin zwischen den Welten. Herta Müller an der Ruhr-Uni. In: Ruhr Nachrichten vom 5.12.1995.

Lauer, Ilse: Freundschaften in Zeiten der Diktatur. Zu Herta Müllers Roman „Herztier". In: Südostdeutsche Vierteljahresblätter 1995, S. 143-147.

Haupt-Cucuiu, Herta: Eine Poesie der Sinne. Herta Müllers „Diskurs des Alleinseins" und seine Wurzeln. Paderborn: Igel Verlag 1996.

Kegelmann, René: Hunger und Seide. In: Südostdeutsche Vierteljahresblätter 1996, S. 146-147.

Krumbolz, Martin: Vom Umgang mit der Angst. Herta Müllers Bonner Poetik-Vorlesungen. In: SZ vom 30.01.1997.

Haupt-Cucuiu, Herta: Herta Müller: In der Falle. Göttingen: Wallstein 1996 (Bonner Poetik-Vorlesung Bd. 2.) In: Südostdeutsche Vierteljahresblätter 1997, S. 378.

Motzan, Peter: Der fremde Blick oder das Leben ist ein Furz in der Laterne. In: Südostdeutsche Vierteljahresblätter 2/2000, S. 188-189.

Herta Müller
Interviews

„Und ist der Ort wo wir leben". Interview mit Herta Müller von Annemarie Schuller. In: Die Woche (Hermannstadt) vom 9.4.1982.

„Mir erscheint jede Umgebung lebensfeindlich". Ein Gespräch mit der rumäniendeutschen Schriftstellerin Herta Müller. In: SZ. 16.11.1984, S. 13.

Kultur auf gepackten Koffern. Ein Gespräch mit Herta Müller und Richard Wagner über die deutsche Minderheit im Ceauşescu-Staat. In: Der Spiegel vom 4.5.1987, S. 154-163.

Es wird alles erstickt. Ein Gespräch mit der rumäniendeutschen Schriftstellerin Herta Müller. In: SZ. Feuilleton-Beilage vom 9/10.5.1987.

Alles, was ich tat, hieß jetzt: warten. Die ausgewanderte rumäniendeutsche Schriftstellerin Herta Müller im Gespräch mit Klaus Hensel. In: FR vom 8.8.1987.

Bewohner mit Handgepäck. Aus dem Banat nach Berlin ausgewandert – Die Schriftstellerin Herta Müller im Gespräch mit Walter Vogl. In: Die Presse vom 7/8.1.1989.

Sprachmühlen aufbrechen. Gespräch mit der Autorin Herta Müller. Das Gespräch führte Claudia Theurer. In: Die Abendzeitung vom 28.3.1990.

Tierliebe und Gottesfurcht. Herta Müller über die ZDF-Aussiedlerserie „Unter einem Dach". In: Der Spiegel vom 17.9.1990, S. 261-265.

Fremder als Deutsche in Rumänien. Ein Gespräch mit der Schriftstellerin Herta Müller über Konsum-und Mangelgesellschaften, über ihr Heimatland und Osteuropa. Das Gespräch führte Rüdiger Soldt. In: Badische Zeitung vom 20/21.4.1991.

Warum sind Sie enttäuscht, Herta Müller? Ein Gespräch mit der rumäniendeutschen Autorin Herta Müller über ihr Land nach dem Umsturz. Das Gespräch führte Irene Etzersdorfer. In: Die Presse vom 24.10.1992.

So eisig, kalt und widerlich. Die Schriftstellerin Herta Müller über eine Aktion deutscher Schriftsteller gegen Fremdenhaß. Gespräch mit Martin Doerry und Volker Hage. In: Der Spiegel vom 9.11.1992, S. 264-268.

Staudacher, Cornelia: Schwäbin, Rumänin, Deutsche. Im Gespräch. Wer nachdenkt, ist nirgends zu Hause: die Schriftstellerin Herta Müller. In: Tagesspiegel vom 13.12.1992.

Interview mit Herta Müller. Geführt von Maria Teresa Dias Furtado. In: Runa Nr. 19, 1993, S. 189-195.
Der Wind spricht nicht, sondern die Menschen sprechen. Die Erzählerin Herta Müller über menschliches Verhalten, die Macht und die Sprache. Gespräch mit Alexander Dobler. In: FR vom 12.7.1995, S. 7.
Loest in Haft – der PEN schwieg. Die Schriftstellerin Herta Müller lehnt die Vereinigung der deutschen PEN-Zentren ab. Gespräch mit Cornelia Geißler. In: Berliner Zeitung vom 8.3.1995, S. 37.
Herta Müller im Gespräch mit Stefan Sienerth. In: Südostdeutsche Vierteljahresblätter 1997, S. 205-211.

Bernhard Ohsam
Zillich, Heinrich: Bernhard Ohsam. Eine Handvoll Machorka. In: Südostdeutsche Vierteljahresblätter 1959, S. S. 56-57.
Diplich, Hans: Bernhard Ohsam. Europatransit. Abenteuerliche Fahrt über heiße Grenzen von der Wolga zum Rhein. In: Südostdeutsche Vierteljahresblätter 1965, S. S. 59.
Diplich, Hans. Bernhard Ohsam. Eine seltsame Reise und andere Erzählungen. In: Südostdeutsche Vierteljahresblätter 1965, S. S. 60.
Ohsam, Bernhard: Brückenschlag für einen Stein. In: Südostdeutsche Vierteljahresblätter 1971, S. 207.
Zillich, Heinrich: Bernhard Ohsam. Miriam und das lila Köfferchen. In: Südostdeutsche Vierteljahresblätter 1974, S. 216-217.
Lauer, Heinrich: Bernhardt Ohsam: Hunger & Sichel. Die Geschichte einer Flucht. Köln 1995. In: Südostdeutsche Vierteljahresblätter 1996, S. 75-76.

Interviews
„Ich habe mich nie heimatlos gefühlt". Bernhard Ohsam im Gespräch mit Stefan Sienerth. In: Südostdeutsche Vierteljahresblätter 2000, Nr. 1.

Oskar Pastior
Tilleweid, Lutz: Vom Sichersten ins Tausendste. In: Südostdeutsche Vierteljahresblätter 1969, S. 202-203.
Aescht, Georg: Oskar Pastior. Eine kleine Kunstmaschine und Das Unding an sich. In: Südostdeutsche Vierteljahresblätter 1995, S. 270-271.

Carmen Puchianu
Amsel – schwarzer Vogel. Erzählungen. In: Südostdeutsche Vierteljahresblätter 1996, S. 347-348.

Emmerich Reichrath
Söllner, Werner: Kritik der Kritik. Überlegungen zu Reflexe von Emmerich Reichrath. In: NL 1977, Nr. 8, S. 93-101.

Georg Scherg
Csejka, Gerhard: Prosa mit starkem Atem. In: NL 1968, Nr. 12, S. 103-107.

Reichrath, Emmerich: Fragen und Ansichten eines Moralisten. Zu Georg Scherg „Der Mantel des Darius". In: NL 1969, Nr. 2, S. 110-112.

Motzan, Peter: „Peters Auge war die Linse". Zu: Georg Schergs „Die Erzählungen des Peter Merthes", I. und II. Band, Jugendverlag Bukarest. In: KR vom 24.10.1969.

Kolf, Bernd: Krause Geschichte. Zu Georg Schergs Roman „Penelope ist anderer Meinung". Kriterion 1971. In: NL 1972, Nr. 4, S. 100-103.

Zank, Simon: Georg Scherg: Penelope ist anderer Meinung. In: Südostdeutsche Vierteljahresblätter 1972, S. 141-142.

Csiky, Franz: „Siebenbürgen miteingeschlossen". Zu Georg Scherg: Bass und Binsen, Dacia Cluj 1973. In: W vom 26.10.1973.

Söllner, Werner: Endlich ein Roman. Überlegungen zu Georg Scherg „Bass und Binsen", Roman, Dacia Verlag, Cluj 1973. In: KR vom 30.11.1973.

Csejka, Gerhardt: Wer schreibt gern über Georg Scherg? Bass und Binsen. Ein Buch mit Prätentionen. In: NL 1974, Nr.8, S. 94-96.

Fromm, Walter: Zu Georg Schergs Roman „Spiegelkammer". In: NL 1975, Nr. 7, S. 95-98.

Anger, Horst: „Wegkreuz von Wahrscheinlichkeiten". Zu Georg Schergs Roman: „Bass und Binsen", Dacia 1973. In: KR vom 9.11.1975.

Fromm, Walter: Zu Georg Scherg „Paraskiv". In: NL 1976, Nr. 4, S. 97-100.

Weber, Horst: „Hermes mit den Säbelbeinen". Ein neuer Scherg: der Roman: „Paraskiv Paraskiv"/Amüsante Analogien. In: W vom 14.05.1976.

Fromm, Walter: Zur Prosa Georg Schergs. In: NL 1976, Nr. 9 und 10, S. 87-99, bzw. 94-103.

Anger, Horst: „Und dennoch - die Freude". Mit Georg Scherg über Jahre und Bücher. In: KR vom 21.01.1977.

Schuller, Horst: „Lust am Erzählungsspiel". Zu Georg Scherg: „Der Sandkasten". Roman. Kriterion, Bukarest 1981. In: KR vom 18.09.1981.

Nalewski, Horst: „Sandkasten-Spiele mit der Jugend". Zu Georg Schergs Roman „Der Sandkasten". In: NW vom 29.11.1981.

Bergel, Hans: Der Sandkasten. In: Südostdeutsche Vierteljahresblätter 1982, S. 325-326.

Wittstock, Joachim: „Wenn das Zünglein ausschlägt". Georg Schergs frühe Romane eigenbiographisch gesehen. In: KR vom 29.01.1982.

Schumann, Marianne: „Humorvoll-deftig Erzähltes aus rumänischem Dorf". Georg Scherg : „Paraskiv der Roßtäuscher", Verlag Volk und Welt, Berlin 1983. In: Neues Deutschland vom 10/11.03.1984.

Albu-St◆nescu, Ion: „Lügner und Dichter". Georg Scherg: „Paraskiv der Roßtäuscher", Roman, Volk und Welt, Berlin. In: Sonntag Nr. 44 1984.

Rill, Ute: „Erzählen ist,...wenn". Zu Georg Schergs neuem Roman „Die Schuldbürger". In: NW vom 31.10.1987, S. 6.

Georg Scherg: „Das Glockenspiel von Agaua". Der Schriftsteller und Lyriker erfüllte dieser Tage sein 75. Lebensjahr. In: Siebenbürgische Zeitung vom 20. 01.1992, S. 4.

Ungureanu, Gert: Von Humor und Traurigkeit getragen. Zu Georg Schergs neuem Roman „Goa Mgoo und der fragwürdige Triumph eines Unbehausten", erschienen im Tebbert Verlag, Münster. In: Siebenbürgische Zeitung vom 15.12.1997, S. 8.

Interviews
Reichrath, Emmerich: „Bemühen um strengste Wahrhaftigkeit". Gespräch mit dem Schriftsteller Georg Scherg. In: NW vom 12. 05.1972.
Georg Scherg: „Literatur nicht per Anhalter. Sage mir, was du liest...". Betrachtungen zur Berufung des Schriftstellers und des Lesers. In: W vom 19.05.1972.
„Den Widerhall schaffen". Friedrich Schuster im Gespräch mit Georg Scherg. In: W vom 31.10.1980, S. 5.
Schuster, Friedrich: „Erfreulich ist, daß man gelesen wird". Gespräch mit dem Schriftsteller Georg Scherg. In: NW vom 6.10.1984.
Hella Bara. Gespräch mit Georg Scherg. In: NL 1987, Nr. 10, S. 43-49.
Sienerth, Stefan: Bücher können Jahrhunderte Warten. Ein Gespräch mit Georg Scherg. In: Südostdeutsche Vierteljahresblätter 1992, S. 25-33.

Robert Schiff
Lauer, Heinrich: Robert Schiff. Feldpost. Chronik eines ungebauten Hauses. In: Südostdeutsche Vierteljahresblätter 1995, S. 77-78.

Eginald Schlattner
Aescht, Georg: Schöne Verstörung. Eginald Schlattners Heimatroman mit fremdem Blick: „Der geköpfte Hahn". In: KK 1055 vom 5.10.1998, S. 19-21.
Leipprand, Eva: Weltende in Fogarasch. Der autobiographische Roman des Eginald Schlattner aus Siebenbürgen. In: SZ vom 17/18.10.1998.
Schwarz, Egon: Ironische Brechung der Tante. Eine kleine Stadt in Siebenbürgen: Eginald Schlattners erster Roman. In: FAZ vom 28.11.1998, S. 34.
Weber, Annemarie: Liebevolle Erinnerungsarbeit. Der Debütroman des 65jährigen Eginald Schlattner. In: Hermannstädter Zeitung vom 4.12.1998.
Schuller, Walter: Ein Roman und das Schielen nach politischen Klischees. „Der geköpfte Hahn" von Eginald Schlattner. In: Neue Kronstädter Zeitung vom 17.12.1998.
Schuller, Konrad: Wir schämten uns nicht. Der unbekannte Dritte in Eginald Schlattners politischem Roman „Der geköpfte Hahn". In: FAZ vom 7.04.1999, S. 10.
Myß, Walter: Eginald Schlattner und sein geköpfter Hahn. Wie lange lassen sich Lebenslügen durchhalten? In: Südostdeutsche Vierteljahresblätter 4/1999, S. 349-354.
Binder, Rodica: Cazul Schlattner. Literatura ca izbăvire? In: România literară Nr. 25 vom 27.06.2001.
Dănilă, Dan: Cu mâinile curate. In: România literară Nr. 25 vom 27.06.2001.
Hurezeanu, Emil: Eginald Schlattner – celebru în Europa, necunoscut în România. In: „22" vom 1.10.2001, S. 11.
Marcu, Luminit: Cocoşul decapitat. In: România literară Nr. 11 vom 20.03.2002.

Interviews
„Ich muß nichts erfinden". Ralf Sudrigia im Gespräch mit Eginald Schlattner. In: KR vom 30.01.1999, S. 1-2.
Literatura ca salvare a sufletului. Eginald Schlattner în dialog cu Gabriela Adameşteanu. In: „22" vom 1.10.2001, S. 12-13.

Dieter Schlesak

Schuller, Dora Bettina: Sprache als Vaterland. Zu Dieter Schlesak „Vaterlandstage und die Kunst des Verschwindens", Benziger Verlag 1986. In: NL 1990, Nr. 5-6, S. 130-132.

Brantsch, Igmar: Zu Dieter Schlesaks Roman „Vaterlandstage und die Kunst des Verschwindens". In: KK 674/675 vom 30. Dezember 1987, S. 26-27.

Stadler, Siegfried: Halber Mensch in voller Drehung. Dieter Schlesak bringt Unordnung in seim Tagebuch. In: FAZ vom 3.02.1995, S. 34.

Konradt, Edith: Von der Unentbehrlichkeit des Chronisten. Dieter Schlesaks neues Buch zur Zeitgeschichte und Ihren Brüchen. In: Siebenbürgische Zeitung vom 31.03.1995.

Aescht, Georg: Auf der west-östlichen Couch. Dieter Schlesak: „Stehendes Ich in laufender Zeit". Leipzig: Reclam 1994, 610 Seiten. In: KK 936 vom 15.05.1995, S. 14-16.

Kegelmann, René: Dieter Schlesak: So nah, so fremd. Heimatlegenden. In: Südostdeutsche Vierteljahresblätter 1996, S. 346-347.

Interviews

Sienerth, Stefan: Ein Gespräch mit Dieter Schlesak. Abschied von Siebenbürgen. In: Südostdeutsche Vierteljahresblätter 1994, S. 197-209.

Matunke, Heinz: Interview mit Dieter Schlesak: Schreibend zwischen den Welten. Begegnung der dritten Art in einem Zeitenbruch. In: Leipziger Volkszeitung von Oktober 1994.

Annie Schmidt-Endres

Diplich, Hans: Annie Schmidt-Endres. Kämpfer ohne Waffe. Dramatisches Schauspiel. In: Südostdeutsche Vierteljahresblätter 1964, S. 124-125.

Diplich, Hans: Annie Schmidt-Endres. Zum 70. Geburtstag am 29.12.1973. In: Südostdeutsche Vierteljahresblätter 1973, S. 217-219.

Pauline Schneider

Mesch, Harald: Eine Geschichte von Pionieren, wo die Grossen auch eine Rolle spielen. In: NL 1964, Nr. 1, S. 129-131.

Breihofer, Horst: Pauline Schneider: Der eigene Schatten. In: NL 1966, Nr. 5-6, S. 140-141.

Bettina Schuller

H.L. Bettina Schuller. Die tägliche Straße. In: NL 1970, Nr. 6, S. 118.

Schuster, Paul: Von der Maus zum Menschen. Zu Bettina Schullers Kurzgeschichten „Die tägliche Straße". In: NL 1970, Nr. 7, S. 108-111.

Kolf, Bernd: Fazit des Immergleichen. Betrachtungen über das Erzählen anhand der Lektüre des Prosabandes von Bettina Schuller „Die tägliche Straße", Kriterion 1970. In: NL 1970, NR. 11, S. 102-104.

Motzan, Peter: Die Widersprüche der Bettina Schuller. Zu „Die tägliche Straße". In: NL 1970, Nr. 11, S. 104-107.

Zillich, Heinrich: Die tägliche Straße und Das Jahr. In: Südostdeutsche Vierteljahresblätter 1971, S. 70.

Schuster Dutz
H.L. Zu Schuster Dutz: Das Kulturpfeifen. In: NL 1970, Nr. 1, S. 120.

Paul Schuster
A.H.: Paul Schuster. Fünf Liter Zuika. In: NL 1962, Nr. 1, S. 147.
W. J.: Paul Schuster. Februarglut. In: NL 1964, Nr. 3, S. 153-154.
Theiß, Viktor: Zu Paul Schusters Novelle „Februarglut". In: NL 1964, Nr. 5, S. 136-138.
Theiß, Viktor: Alte Sachen, neue Brillen. Zu einem Bändchen kurzer Prosa von Paul Schuster. In: NL 1965, Nr. 3, S. 130-132., S. 134-136.
H.L.: Paul Schuster. Yoko und Tadashi. In: NL 1965, Nr. 4, S. 151.
H.L.: Paul Schuster. In: NL 1965, Nr. 5, S. 151.
Breihofer, Horst: Rund um eine Zirkusgeschichte. Zu Paul Schusters Jugendbuch „Yoko und Tadashi". In: NL 1965, Nr. 5.
Reichrath, Emmerich: Wie man Mythen zerstört. Gedanken zu Paul Schusters Roman „Fünf Liter Zuika". In: NL 1967, Nr. 9-10, S. 137-140.
Tilleweid, Lutz: Paul Schuster. Fünf Liter Zuika. In: Südostdeutsche Vierteljahresblätter 1968, S. 202-203.
Tilleweid, Lutz: Paul Schuster. Fünf Liter Zuika. In: Südostdeutsche Vierteljahresblätter 1969, S. 68.
Myß, Walter: Paul Schuster. Yoko und Tadashi. In: Südostdeutsche Vierteljahresblätter 1970, S. 133-134.

Willy Schuster
N.H.: Willy Schuster: Die Wolfsgrube und andere Erzählungen. In: NL 1965, Nr. 5, S. 151-152.
H.H.: Willy Schuster: Der Bummler. In: NL 1968, Nr. 8, S. 120.

Ludwig Schwarz
Anger, Horst: Zwischen Grenzsituation und Plauderton. Kurzprosa von Ludwig Schwarz im Jugendverlag Bukarest. In: NW vom 23.10.1969.
Schneider, Eduard: Krieg, Nachkrieg und Gegenwart. Zu: Ludwig Schwarz' Kurzprosaband: „Man bringt nicht viel mit aus Cherbourg", Jugendverlag Bukarest. In: KR vom 21.11.1969.
Reichrath, Emmerich: Am besten, wenn er nach dem Menschen fragt. Zum Band Kurzprosa von Ludwig Schwarz „Man bringt nicht viel mit aus Cherbourg", Jugendverlag Bukarest. In: NL 1969, Nr. 12, S. 95-96.
Wagner, Richard: Der Krieg der kleinen Leute. Zu: Ludwig Schwarz: „Hier ist ein Weg". Kurze Prosa. Kriterion Verlag Bukarest 1978. In: KR vom 28.07.1978.
Seitz, Anton: „Weil das Leben doch Aktion sein muss". Zu: Ludwig Schwarz, „Hier ist ein Weg", Kriterion Bukarest 1978.
Schneider, Eduard: Abschied von Ludwig Schwarz. Zum Tode des namhaften Banater Erzählers, Dramatiker, Publizisten. In NBZ vom 5.07.1981.

Anton Schwob
Interview
Stefan Sienerth im Gespräch mit Anton Schwob. In: Südostdeutsche Vierteljahresblätter 1997, S. 299-305.

Werner Söllner
Werner Söllner Rang 6 auf der Bestenliste Mai 1992 (Südwestfunk). In: Die Zeit vom 22.05.1992.

Interview
Wagner, Richard: „Was Schreiben aber leisten kann..." Gespräch mit dem Schriftsteller Werner Söllner. In: Die Zeit vom 22.05.1992.

Claus Stephani
Liebhardt, Hans: Stephanis Zipser Chronik. „Oben im Wassertal". In: NL 1970, Nr. 4, S. 110-111.
Schneider, Eduard: Zwischen Persiflage und Innerlichkeit. Claus Stephanis Kurzprosa-Band „Das Saurierfest", Kriterion 1970. In: NL 1970, Nr. 11, S. 107-108.
Wagner, Richard: Zu Bernd Kolfs Rezension des „Sauerierfestes" von Claus Stephani. In: NL 1971, Nr. 2, S. 119-120.
Schneider, Eduard: Poesie im Prosaband. Zu Claus Stephanis „Manchmal im Ostwind". In: NL 1978, Nr. 8.
Hella Bara: Zu Claus Stephanis „Frauenschicksalen". In: NL 1987, Nr. 2, S. 80-82.
Bergel, Hans: Claus Stephani: Frauen im Wassertal. In: Südostdeutsche Vierteljahresblätter 90, S. 273-274.
Bergel, Hans: Claus Stephani: Sagen der Rumäniendeutschen. In: Südostdeutsche Vierteljahresblätter 1995, S. 80.

Franz Storch
Müller, Hans: Zu Franz Storchs „Im Krawallhaus" und „Die Ziehharmonika". In: NL 1963, Nr. 3, S. 123-126.
Müller, Hans: Wiederbegegnung. Zu Franz Storch: „Das Pfauenrad". In: NL 1965, Nr. 2, S. 137-139.
Roth, Dieter: Franz Storch: „Das Holzgrammophon". In: NL 1966, Nr. 3-4, S. 137-138.
H. St.: Franz Storch. „Drei schwere Tage". In: NL 1968, Nr. 5-6, S. 152.
Stephani, Claus: Was habe ich falsch gemacht? Franz Storchs Roman „Drei schwere Tage": In: NL 1968, Nr. 7, S. 104-105.
Csejka, Gerhardt: Der Punkt, an dem das Weltbild hängt. Zu Franz Storch „Am Rande des Kerzenscheins", Jugendverlag 1969. In: NL 1970, Nr. 3, S. 114-116.
Heinz, Franz: Ein „anderer" Krimi, Franz Storch „Fall Nr. 13". In: NL 1970, Nr. 4, S. 106-107.
Löw, A.: Franz Storch: Zwischenstation. Kriterion 1981. In: NL 1982, Nr. 6, S. 86.
Liebhardt, Hans: Ein Ausweg. Zu Franz Storch. In: NL 1982, Nr. 8, S. 43-45.

Richard Wagner

Schneider, Eduard: „Wort, das die Segel nicht streicht". Bemerkungen zu dem neuen Lyrik- und dem ersten Prosaband des Banater Autors Richard Wagner. In: NBZ vom 11.12.1980.

Schuller, Annemarie: Schonungslose Selbstbefragung. Zu Richard Wagners Prosa am Beispiel einer Geschichte („Der Anfang einer Geschichte"). In: W vom 6.02.1981.

Britz, Helmut: Das Ende ist nicht abzusehen. In: NL 1981, Nr. 3, S. 90-95.

H. Leonhardt zu Richard Wagner: das auge des feuilletons. In: NL 1985, Nr. 3, S. 84.

Britz, Helmut: „....eine Art Traum vom Abstürzen". Zu Richard Wagners „das auge des feuilletons". In: NL 1985, Nr. 5, S. 81-84.

Waitz, Balthasar: Von der Überwachung des Wortes. Zu dem Band „das auge des feuilletons" von Richard Wagner. In: NBZ vom 25.08.1985.

Bruckner, Wilhelm: Richard Wagner: Ausreiseantrag. Eine Erzählung. Darmstadt: Luchterhand 1988. In: Südostdeutsche Vierteljahresblätter 1988, S. 338-339.

Schmitt, Hans-Jürgen: Die Gosse in den Köpfen. Richard Wagners eindriglicher Prosabericht. („Ausreiseantrag"). In: FR vom 20.04.1988, ZB S. 4.

Reichrath, Emmerich: Vom Fluss der Dinge. Richard Wagners zweiter Prosaband: „Das Auge des Feuilletons". In: NW vom 16.02.1989.

Hinck, Walter: Ein Zaun durch den Kopf. Richard Wagners Roman über eine endlose Flucht („Die Muren von Wien". Roman. Luchterhand Literaturverlag Frankfurt/Main 1990). In: FAZ vom 16.10.1990.

Konradt, Edith: Krisengeschichten. Richard Wagners neuer Roman „Die Muren von Wien". Anmerkungen zur Ambivalenz gattungstypologischer und marktstrategischer Kriterien. In: Südostdeutsche Vierteljahresblätter 1991 Nr.1, S. 9-13.

Gruenwald, Hans Herbert: Gegenwind von vorn und hinten. Richard Wagner zeigt den steinigen Weg der rumänischen Kultur. In: FAZ vom 28.01.1992, S. 24.

Lüdke, Martin: Richard Wagners Fragmente einer langen Reise. Der Wanderer („Der Himmel von New York im Museum von Amsterdam". Geschichten: Frankfurter Verlagsanstalt Frankfurt /Main 1992). In: Die Zeit vom 6.11.1992.

Augustin, Bettina: Selbstkopie. Ein neuer Prosaband von Richard Wagner. In: Neue Zürcher Zeitung vom 2.12.1992, S. 31.

Schwandt, Christian: Sprechblasen platzen. Richard Wagner versucht sich als Fersehkritiker. In: 25.01.1993, S. 28.

Stehle, Hansjakob: Ohne Signale ins Chaos. Richard Wagner über den Umbruch in Osteuropa. („Völker ohne Signale". Zum Epochenbruch in Osteuropa, Rotbuch Verlag, Berlin 1992). In: Die Zeit vom 5.03.1993.

Modick, Klaus: Alles kommt zuammen. Die Geographie ist abgeschafft. Aufbruch ins Offene: neue Prosa und Lyrik von Richard Wagner. („Heiße Maroni". Gedichte. Stuttgart: Deutsche Verlagsanstalt 1993). In: SZ vom 6.10.1993.

Herbert, Rudolf: Richard Wagner. Giancarlos Koffer. In: NL (Neue Folge) 1/1994, S. 129-130.

Bruss, Siegbert: Richard Wagner. Mythendämmerung. Einwürfe eines Mitteleuropäers. Berlin: Rotbuch 1993. In: Südostdeutsche Vierteljahresblätter 1994, S. 257-259.

Lauer, Ilse: Richard Wagner: Giancarlos Koffer. Berlin: Rotbuch 1993. In: Südostdeutsche Vierteljahresblätter 1994, S. 168-169.

Hüfner, Agnes: Der Mann, der und die Frau, die. Sechsundsechzig Kalendergeschichten von Richard Wagner In: SZ vom 7.12.1994.
Werner, Klaus: Richard Wagner, Der Mann, der Erdrutsche sammelte. Stuttgart: Deutsche Verlags-Anstalt 1994.
Rill, Ute: Richard Wagner: Der Mann, der Erdrutsche sammelte. In: Südostdeutsche Vierteljahresblätter 1995, S. 271-272.
Eiser, Kurt: Richard Wagner: Popoare în derivă. In: Südostdeutsche Vierteljahresblätter 1995, S. 272-273.
Schenker, Harald: Fremde überall. In: KK 953 vom 15.11.1995, S. 18-20.
Bielefeld, Claus-Ulrich: Streuner im Kiez. Richard Wagners Idylle aus den letzten Westberliner Jahren. In: SZ vom 13.12.1995.
Csejka, Gerhardt: In der Hand der Frauen. In: NL (Neue Folge) 1/1996, S. 118-122.
Csiky, Franz: Richard Wagner: In der Hand der Frauen. In: Südostdeutsche Vierteljahresblätter 1996, S. 244-245.
Dotzauer, Gregor: Den Hunderter braucht sie. Das Leben einer Hure, aufgezeichnet von Richard Wagner. In: SZ vom 6.11.1996.
Eichmann, Dominik: Den richtigen Ton getroffen. Zu Richard Wagners neuem Roman „Lisas geheimes Buch". In: ADZ (Bukarest) vom 8.11.1996.
Bockel, Herbert: Richard Wagner: Lisas geheimes Buch. Roman. Stuttgart: Deutsche Verlags-Anstalt 1996. In: Südostdeutsche Vierteljahresblätter 1997, S. 279-280.
Kegelmann, Renè: Richard Wagner: Im Grunde sind wir alle Sieger. Roman. In: Südostdeutsche Vierteljahresblätter 4/1999, S. 393-394.
Kraft, Thomas: Von Bukarest aus. Richard Wagner: Miss Bukarest. In: Die Welt vom 10.04.2002.

Interviews
Fromm, Walter: Interview mit Richard Wagner. In: NL 1979, Nr. 3, S. 52-54.
Schneider, Klaus F.: „Lyrik müsste jetzt wieder ein bisschen anders werden". Gespräch mit Richard Wagner anlässlich einer Lesung im Literaturkreis der Klauserburger Philologiefakultät. In: Echinox vom 11-12/1980.
„Wir sind fürs Lebendige". Gespräch mit Richard Wagner über die Tätigkeit des Literaturkreises „Adam-Müller-Guttenbrunn" und seine eigene schriftstellerische Arbeit. In: NW vom 24.07.1982.
Wagner, Richard: Politik ist immer eine Dimension in meinem Schreiben. In: Börsenblatt vom 2.11.1993.
Romalo, Manola: „Sunt, în primul rând, un scriitor german care provine din Banat". Interviu cu Richard Wagner. In: Timisoara Nr. 93, Junie 1999.

Balthasar Waitz
Frauendorfer, Helmuth: Die Stille aus dem verstaubten Schrank. Zu: Balthasar Waitz, „Ein Alibi für Papa Kunze", Dacia Verlag, Cluj-Napoca, 1981.
Schuller, Annemarie: Von der Socke bis zur Bahre. Zu einem Debütband „Ein Alibi für Papa Kunze", Kurzprosa von Balthasar Waitz. In: W vom 5.03.1982.
Bossert, Rolf: Notizen nach der Lektüre von Balthasar Waitz` Debütband. In: NW vom 6.03.1982.
Totok, William: Balthasar Waitz. Ein Alibi für Papa Kunze. In: NBZ vom 9.03.1982.

Motzan, Peter: Geschichte-Arrangements – die Schnoddrigkeiten eines verkappten Sentimentalikers. Zu Balthasar Waitz. „Ein Alibi von Papa Kunze". Kurzprosa. In: NL 1983, Nr. 4, S. 64-66.
Herbert, Rudolf: Irritation des Gewöhnlichen. Zu dem Prosaband „Widerlinge" von Balthasar Waitz. In: NW vom 20.04.1985.
Britz, Helmut: Die Kunst Sprache. Zu Balthasar Waitz. „Widerlinge". In: NL 1985, Nr. 9, S. 79-83.
Morres, Sabine: Balthasar Waitz: „Alptraum". In: Südostdeutsche Vierteljahresblätter 1997, S. 383-384.

Erwin Wittstock

A.H.: Erwin Wittstock. Der Sohn des Kutschers und andere Erzählungen. In: NL 1964, Nr. 3, S. 154.
Müller, Hans: Der Sohn des Kutschers und andere Erzählungen. In: NL 1964, Nr. 5, S. 133-136.
Liebhardt, Hans: Im Literaturkreis. Erwin Wittstocks Nachlass. In: NL 1967, Nr. 3-4, S. 138-139.
Schuster, Paul: Zu Erwin Wittstocks Nachlaß-Manuskript „Das jüngste Gericht in Altbirk". In: NL 1967, Nr. 5-6, S. 5-10.
H.L.: Erwin Wittstock: Der Viehmarkt von Wängertsthuel. In: NL 1968, Nr. 3-4, S. 149-150.
H.L.: Erwin Wittstock: Der falsche Malvasier. Erzählungen. In: NL 1970, Nr. 6, S. 118-119.
Reichrath, Emmerich: Ein klassischer Erzähler. In: NL 1970, Nr. 10, S. 107-109.
Aichelburg, Wolf von: Beispiel dichterischer Weltbewältigung. Erwin Wittstocks Nachlassroman „Das jüngste Gericht in Altbirk". In: Hermannstädter Zeitung vom 24.11.1971.
Rückschau auf achthundert Jahre. Zu Erwin Wittstock: Das Jüngste Gericht in Altbirk, Kriterion Verlag. Bukarest 1971. In: NL 1972, Nr. 2. S. 103-105.
Birkner, Andreas: Das jüngste Gericht in Altbirk. In: Südostdeutsche Vierteljahresblätter 1972, S. 140-141.
Wittstock, Joachim: Erwin Wittstock. Sein erzählerisches Werk. In: NL 1974, Nr. 9, S. 80-101.
Bergel, Hans: Joachim Wittstock: Erwin Wittstock/Das erzählerische Werk. In Südostdeutsche Vierteljahresblätter 1975, S. 227-228.
Sienerth, Stefan: „Die schlechteste Schule dürfte es nicht gewesen sein". Bemerkungen zur Erwin-Wittstock-Rezeption nach 1944/Mehrbändige Werkausgabe geplant. In: W vom 2.03.1979.
Markel, Michael: Aufforderung zur Spurensicherung. Zu Erwin Wittstocks Erzählungsband „Zineborn". In: NW vom 16.08.1980.
Markel, Michael: Zeichen und Auslegung. Zu Erwin Wittstocks späten Erzählungen/ An Stelle einer Rezension. In: Neuer Weg vom 21.02.1987.
Müller, Walter: Schicksale, Zustände, Begebenheiten. Zu Erwin Wittstock: „Die Schiffbrüchigen". Erzählungen 1941-1962. In: NL 1987, Nr. 7, S. 73-75.
Bergel, Hans: Der nüchterne Blick für das Reale: Erwin Wittstock. 30 Jahre seit seinem Tod. In: Südostdeutsche Vierteljahresblätter 1992, S. 309-313.

Der nüchterne Blick für das Reale: Erwin Wittstock. Dreißig Jahre nach seinem Tod. In: Südostdeutsche Vierteljahresblätter 1992, S. 309-314.

Konradt, Edith: Kriterien und Klischees literarischer Rezeption bei den Siebenbürger Sachsen am Beispiel von Adolf Meschendörfers „Siebenbürgische Elegie". In: Die siebenbürgisch-deutsche Literatur als Beispiel einer Regionalliteratur. Anton Schwob, Brigitte Tontsch (Hg.). Köln: Böhlau, 1993, S. 267-292.

Morres, Sabine: „...kein würdigerer Romanstoff". Zu Erwin Wittstocks Roman „Januar 45 oder Die höhere Pflicht". In: Allgemeine Deutsche Zeitung für Rumänien vom 19.03.1999.

Bergel, Hans: Erwin Wittstock: Januar 45 oder die höhere Pflicht". Roman. In: Südostdeutsche Vierteljahresblätter 3/1999, S. 305-306.

Nalewski, Horst: Erwin Wittstock: Einkehr. Prosa aus Siebenbürgen. In: Südostdeutsche Vierteljahresblätter 4/1999, S. 389-390.

Aescht, Georg: Aus der Not eine Pflicht machen. Und von der Tugend erzählen: Erwin Wittstock, „Januar 45 oder die höhere Pflicht". Roman. In: KK 1088/1089 vom 20.September 1999, S. 20-22.

Joachim Wittstock

Reichrath, Emmerich: Die Dominante ist die Überlieferung. Zu Joachim Wittstocks Buch „Blickvermerke". In: NW vom 5.02.1977.

Seiler, Helmut: Historie als Gleichnis. Kommentar zu Joachim Wittstocks "Blickvermerke". In: NW vom 25.02.1977.

Motzan, Peter: „So soll man leben..." Zu Joachim Wittstocks Buch „Blickvermerke", Dacia Verlag 1976. In: NW vom 5.03.1977.

Reichrath, Emmerich: Historien mit aktuellem Bezug. Zu Joachim Wittstocks Band „Blickvermerke" . In: NL 1977, Nr. 5, S. 107-110.

Reichrath, Emmerich: Denn Hirselden ist vielerorts. Zu Joachim Wittstocks neuem Buch „Karusselpolka". In: NW vom 20.01.1979.

Csejka, Gerhardt: Wenn der Reifenschwinger kommt. Joachim Wittstocks „Karussellpolka", Versuch einer Interpretation. Die Woche vom 27.04.1979.

Schneider, Klaus F.: „Zweifel ersetzt durch gutgemeinte Lehren". Notizen zu Joachim Wittstocks neum Prosaband: Parole Atlantis. In: Echinox vom 8/9.10.1980.

Morres, Sabine: Zuversichtliches. Zu: Joachim Wittstocks „Parole Atlantis" (Erzählende und betrachtende Prosa), Dacia Verlag 1980. In: KR vom 19.12.1980.

Nalewski, Horst: Reden wir vom Gelungenen. Anläßlich kleiner Prosa von Joachim Wittstock (Parole Atlantis). In: Neuer Weg vom 17.01.1981.

Krefeld, Thomas: Joachim Wittstock „Parole Atlantis". Neuerscheinung. In: NBZ vom 8.03.1981.

Bergel, Hans: Joachim Wittstock. Parole Atlantis. In: Südostdeutsche Vierteljahresblätter 1982, S. 324-325.

Csejka, Gerhardt: Halt suchen in später Zeit. Bemerkungen zu Joachim Wittstocks neustem Buch. In: NW vom 1.10.1983.

Wagner, Richard: Grenze, die keine Nahtstelle ist. Überlegungen nach der Lektüre von Joachim Wittstock „mondphasenuhr". In: NL 1984, Nr. 3, S. 80-82.

Motzan, Peter: Mit Marx- und Lutherzungen. Lobrede auf Joachim Wittstock, den „Silberdistel"-Preisträger 1983. In: KR vom 13/30.03.1984.

Berwanger, Nikolaus: Joachim Wittstock ist Preisträger '84 des AMG- Literaturkreises. In: NBZ-Literaturblatt vom 16.06.1984.

Schuller, Annemarie: Wie ist das damals gewesen? „Ascheregen" von Joachim Wittstock – 40 Jahre nach dem Krieg, ein Buch über die Betroffenen. In: KR vom 21/23.05.1986.

Britz, Helmut: Zu Joachim Wittstock: Ascheregen. In: NL 1986, Nr. 6, S. 78-84.

Reichrath, Emmerich: Siebenbürgen als Lebensraum. Zu Joachim Wittstocks neuem Buch: „Morgenzug". In: NW vom 10.06.1989.

Schuller, Annemarie: Chronik des Schwerverständlichen. Zu: „Morgenzug", einem Buch von Joachim Wittstock. In: KR vom 31/4.08.1989.

Ungar, Beatrice. Sprache als Lebensraum. Zu Joachim Wittstocks „Morgenzug". In: NL: 1989, Nr. 9, S. 79-81.

Bergel, Hans: Joachim Wittstock: Der europäische Knopf. In: Südostdeutsche Vierteljahresblätter 1992, S. 84-85.

Schaller, Wolfgang: Stille Bilanz von einem, der dablieb. Über Aufbruch und Unterwegssein/Joachim Wittstocks „Spiegelsaal". In: Allgemeine Deutsche Zeitung vom 14.07.1995.

Bergel, Hans: Joachim Wittstock: Spiegelsaal. Skizzen, Erzählungen. In: Südostdeutsche Vierteljahresblätter 1995, S. 180.

Bergel, Hans: Joachim Wittstock: Die dalmatinische Friedenskönigin. In: Südostdeutsche Vierteljahresblätter 1997, S. 380-381.

Krause, Thomas: Joachim Wittstock: Kurator, Söldner, Gouverneur. In: NL (Neue Folge), Doppelheft Winter 1998/1999, S. 159-161.

Schuller, Horst: Mit stillem Mut. Joachim Wittstock zum 60. Geburtstag. In: KR vom 28.08.1999.

Interviews

Joachim Wittstock: Interview mit sich selbst. In: NL 1970, Nr. 8, S. 27-30.

Engel, Walter: Information durch Lyrik. Werkstattgespräch mit Joachim Wittstock. In: Die Woche vom 16.06.1972.

„Es ist aber an sich zu überlegen..."Die Moral der Literatur. Ein Gespräch mit Joachim Wittstock. In: Die Woche vom 6.01.1978.

Seiler, Helmut: Täuschung als heilsamer Schaden. Gespräch mit Joachim Wittstock. In: NL 1978, Nr. 7, S. 19-23.

Anger, Horst: Ein Mittel gegen die Verödung. Gespräch mit Joachim Wittstock. In: KR vom 31/1.08.1980.

Schuller, Annemarie: Hoffnung auf die Provinz Siebenbürgen. Gespräch mit dem Schriftsteller Joachim Wittstock über seinen jüngst erschienenen Prosaband. In: Die Woche vom 6.03.1981.

Wittstock, Joachim: Fazit. Auf Grund verbürgter Aussage. In: KR vom 13/30.03.1984.

Weber, Annemarie: Klarheit, dieses verpflichtende Motiv. Ein Gespräch mit dem Schriftsteller Joachim Wittstock. In: KR vom 6.10.1994.

Csejka, Gerhardt: Die schwierige Rolle des Erben. Fragen an Joachim Wittstock. In: NL (Neue Folge) 3-4/1995, S. 110-112.

Joachim Wittstock im Gespräch mit Stefan Sienerth. In: Südostdeutsche Vierteljahresblätter 1997, S. 107-114.

Heinrich Zillich
Weißkircher, Kurt: Heinrich Zillich: Die Große Glocke. Kindheits- und Jugendgeschichten. In: Südostdeutsche Vierteljahresblätter 1963, S. S. 180.

Abkürzungen

ADZ: Allgemeine Deutsche Zeitung für Rumänien
FAZ: Frankfurter Allgemeine Zeitung
FR: Frankfurter Rundschau
HZ: Hermannstädter Zeitung
KK: Kulturpolitische Korrespondenz (Bonn)
KR: Karpatenrundschau (Kronstadt)
NBZ: Neue Banater Zeitung (Temeswar)
NL: Neue Literatur (Bukarest)
NW: Neuer Weg (Bukarest)
NZZ: Neue Zürcher Zeitung
SZ: Süddeutsche Zeitung
W: Die Woche

Personenregister

Adleff, Richard 112, 254
Aescht, Georg 69, 71, 72, 112, 118, 125
Aichelburg, Wolf Freiherr von ...43, 44, 47, 68, 91, 250, 252
Alscher, Otto...47
Andreotti, Mario 157, 203
Arghezi, Tudor..26
Arnold, Heinz Ludwig 74, 197, 210
Bachmann, Ingeborg.........................210
Bacovia, George 26
Baier, Hannelore.................................99
Bara, Hella...189
Barbu, Ion..28
Bauer, Matthias....................................30
Behring, Eva......................................131
Benders, Ursula...................................32
Benjamin, Walter..............................132
Bergel, Hans . 39, 40, 41, 43, 44, 47, 50, 59, 62, 63, 64, 67, 68, 69, 71, 72, 73, 74, 77, 90, 96, 100, 101, 103, 110, 231, 237, 245, 250, 252, 254, 258, 262, 265, 271
Bergengruen, Werner.........................91
Bernhard, Thomas 154
Berwanger, Nikolaus 127, 145, 147, 154
Bienek, Horst....................................197
Birkner, Andreas. 41, 43, 44, 47, 64, 94, 100, 101, 102, 103, 104, 110, 237, 250, 254, 258, 265
Blaga, Lucian................................26, 28
Blamberger, Günter 45
Bobrowski, Johannes 163
Boccaccio, Giovanni.........................176
Bockel, Herbert.................................154
Bohn, Albert 125, 126, 131, 134
Bohn, Hans 64
Böll, Heinrich 20, 96, 210
Böni, Franz 154, 241
Bossert, Rolf 75, 125, 126, 130, 131, 132, 147, 148, 174, 239, 243, 252
Brantsch, Igmar 254
Braun, Volker....................................132
Brecht, Bertolt ... 25, 132, 163, 167, 198
Breitenhofer, Anton .. 32, 35, 36, 37, 38, 73, 89, 94, 207, 216
Breitenstein, Ernst 28, 94

Britz, Helmut....... 78, 79, 121, 139, 148, 156, 198, 199, 207, 216
Buck, Theo 74
Bulhardt, Franz Johannes 39
Capesius, Bernhard............... 24, 27, 47
Cartarescu, Mircea 61, 130, 268
Ceausescu, Nicolae. 42, 59, 85, 94, 100, 108, 109, 110, 111, 141, 142, 143, 144, 145, 150, 151, 230, 231, 245, 253
Celan, Paul .. 81, 83, 132, 146, 163, 240
Cervantes, Miguel de......................116
Chruschtschow, Nikita Sergejewitsch 42
Cisek, Oskar Walter . 20, 27, 28, 39, 40, 44, 47, 83, 84, 94, 146, 255
Claudius, Matthias...........................114
Constantinescu, Miron 38, 111
Crystal, David 8
Csaki, Richard 188
Csallner, Alfred 64, 67
Csejka, Gerhardt. 15, 16, 17, 19, 20, 25, 26, 39, 45, 46, 48, 49, 58, 76, 109, 112, 116, 127, 129, 130, 131, 132, 139, 151, 187, 215, 223, 224, 226, 228, 229, 230, 233, 234, 235, 267, 268, 269
Dahlke, Birgit...................................215
Damian, S..99
Delius, Friedrich Christian 239
Dinescu, Mircea 45
Diplich, Hans... 152, 153, 154, 224, 229
Döblin, Alfred 116
Dostojewski, Fiodor Michailowitsch 116
Dreichlinger, Vera...................... 47, 64
Dürrenmatt, Friedrich.......................63
Dutschke, Rudi................................129
Eidecker, Martina............................215
Eisenburger, Eduard 14, 93, 153
Eke, Norbert Otto 239
Endre, Kubàn.................... 32, 162, 164
Engelmann, Nikolaus 47
Erb, Elke...215
Fassel, Horst. 14, 16, 21, 22, 23, 25, 26, 29, 60, 185, 225
Faulkner, William............................240
Fischer, Ernst......................... 129, 152
Fohrmann, Jürgen..................... 10, 11
Foucault, Michel 10, 11

Frank, Angela............181, 182, 183, 184
Frank, Manfred 10
Frauendorfer, Helmuth....126, 139, 146, 147, 148, 156, 209, 214, 217, 228, 233
Freihoffer, Heinrich 47, 64
Freund, Winfried.............................. 180
Frisch, Max 123
Frischmuth, Barbara........................ 155
Fromm, Walter 125, 129, 130, 131, 134, 144
Gabanyi, Anneli Ute .26, 27, 29, 32, 33, 39, 40, 41, 42, 90, 106, 107, 109, 110, 111, 113, 118, 127, 128, 141, 142, 146
Gabriel der Ältere, Josef 153, 157
Gabriel der Jüngere, Josef....... 153, 157
Gauch, Sigfrid 210
Gauß, Adalbert Karl........................ 224
Geiser, Christoph 210
Geltz, Philip 94
Gheorghiu-Dej, Gheorghe... 38, 42, 118
Goethe, Johann Wolfgang....... 116, 176
Goma, Paul 89, 90, 110, 142
Gramsci, Antonio 129
Grass, Günter 20, 91, 123, 210
Gregor, Gertrud........................ 207, 217
Greiffner, Otto 47, 64
Groza, Petru 27
Grunewald, Eckhard 19, 23, 49, 140
Grünn, Karl 153
Gündisch, Karin .59, 122, 123, 213, 217
Günther, Klaus....47, 61, 64, 65, 66, 72, 194, 195, 252
Gutu, George.................................... 265
Hage, Volker 197
Handke, Peter.................132, 137, 197
Hänny, Reto 154
Härtling, Peter.......................... 155, 210
Haupt, Nikolaus 72
Haupt-Cucuiu, Herta 31, 229
Hauser, Arnold....34, 35, 111, 112, 113, 115, 121, 122, 124, 132, 250, 253
Hauser, Hedi 109, 150, 151
Haushofer, Marlen 211
Hausl, Hugo 40
Heidegger, Christine 155
Heinrich, Jutta................................. 155
Heinrich, Valentin.................. 34, 36, 40

Heinz, Franz 34, 47, 62, 64, 70, 153, 166, 199, 205, 206, 227, 229, 232, 250, 253
Heißenbüttel, Helmut....................... 132
Henisch, Peter..................................210
Henning, Johannes............................32
Hensel, Klaus............. 72, 144, 228, 233
Herbert, Rudolf................................240
Hienz, Uwe..... 139, 148, 198, 199, 204, 207, 219, 254
Hockl, Hans Wolfram..... 47, 59, 64, 66, 237, 252, 254
Hodjak, Franz 17, 21, 98, 108, 121, 122, 123, 124, 125, 126, 130, 132, 144, 147, 148, 149, 168, 181, 184, 185, 186, 189, 196, 197, 198, 201, 206, 218, 222, 225, 227, 228, 230, 233, 237, 245, 246, 250, 253, 255, 258, 259, 260, 261, 262, 264, 266, 271
Hoffmann-Rittberg, Sibylle.............240
Honegger, Arthur..................... 154, 159
Hübner, Jakob......................40, 83, 84
Hübner-Barth, Erika 123, 254
Ierunca, Virgil 99
Innerhofer, Franz 154, 165, 232, 241
Ioanid, Ion 99
Irimie, Silvia...................................265
Ivasiuc, Alexandru..................... 89, 118
Jelinek, Elfriede....................... 155, 197
Jickeli, Otto Fritz.........................24, 40
Jungnickel, Max 180
Kaiser, Georg................. 15, 65, 91, 164
Kegelmann, Renè 17, 129, 163, 226, 227, 231, 233
Keller, Franz...............................47, 64
Keller, Gottfried 86, 168, 175, 176
Kersten, Paul 210
Kessler, Dieter.................................103
Kessler, Klaus.. 122, 123, 200, 220, 254
Kirsch, Roland 123, 126, 139, 148, 198, 199, 243, 254
Kittner, Alfred 39, 143
Klein, Karl Kurt........................25, 224
Koch, Josefine 32
Koch, Wolfgang 98, 121, 122, 123, 124, 139, 199, 207, 219, 220, 221, 222, 254
Kolf, Bernd.....................68, 132, 268
Kondrat, Kristiane 47, 64

337

Konrad, Herbert 83
Konrad, Herbert 40
Konradt, Edith 188, 190, 246
Kopplin, Wolfgang 244
Krasser, Harald 22, 27, 39
Krause, Thomas 126, 127, 129, 139, 145, 147, 148, 156, 237, 242
Kremm, Werner 125, 134
Kroner, Michael 14, 153, 159
Krüss, James 180
Kühn, Hansjörg 47, 64
Kulcsar, Ernst 64, 68, 98
Kunert, Günter 119, 132
Kunze, Reiner 151, 152
Kurdi, Imre 167
Langfelder, Paul 33, 38
Latzina, Anemone 130, 132, 189, 223
Lauer, Heinrich ... 47, 62, 64, 65, 67, 73, 88, 193, 194, 196, 199, 252, 254
Laufhütte, Hartmut 73
Le Fort, Gertrud von 91
Lewald, Fanny 212
Liebhardt, Hans .. 19, 29, 39, 46, 47, 49, 63, 68, 72, 74, 75, 76, 112, 113, 124, 189, 207, 216, 230, 250, 253, 254
Ligeti, Herta 32, 34
Lillin, Andreas A. 29, 72, 83, 84, 85, 86
Lippet, Johann 122, 125, 126, 130, 131, 132, 134, 146, 147, 148, 156, 206, 217, 219, 227, 228, 233, 242, 246, 260, 261, 262, 263, 264, 265, 271
Lukács, Georg 30, 42, 46, 84, 197
Lupescu, Valentin 116
Lyotard, Jean Francois 61
Mann, Heinrich 25
Marcuse, Herbert 129
Margeanu, Nicolae 33
Margul-Sperber, Alfred 27, 39, 51
Marin, Marcel 238
Markel, Michael .. 56, 57, 108, 188, 189, 191
Maurer, Christian 254
Meckel, Christoph 180, 210
Mecklenburg, Norbert 18
Meschendörfer, Adolf 22, 24, 25, 28, 40, 46, 47, 72, 88, 136, 143, 187, 188, 189, 190, 191, 192, 193, 196, 223, 246, 251
Meyer, Susanne 157, 242

Michael I., König von Rumänien 27
Michaelis, Rolf 240
Mickel, Karl 132
Micu, Dumitru 113
Miehe, Renate 242
Mihailescu, Jakob... 139, 147, 148, 198, 199, 200, 201, 202, 203, 204, 205, 206, 207, 251, 254
Mitgutsch, Waltraud Anna 155
Mitscherlich, Alexander 212
Mokka, Hans 66, 89
Möller, Karl von 25, 140, 153, 154, 161, 164, 165
Moraru, Nicolae 33
Morgner, Irmtraud 119
Motzan, Peter 16, 21, 22, 23, 24, 25, 26, 30, 31, 36, 38, 39, 40, 41, 43, 44, 45, 46, 47, 69, 74, 75, 89, 90, 94, 107, 108, 110, 125, 128, 130, 132, 150, 156, 162, 165, 167, 187, 188, 190, 198, 223, 224, 225, 228, 231, 232, 265, 268
Müller, Hans Peter 28, 64, 154
Müller, Heiner 119
Müller, Herta 21, 72, 98, 105, 114, 126, 128, 139, 146, 147, 148, 155, 156, 158, 159, 160, 161, 162, 163, 164, 165, 166, 181, 206, 209, 211, 212, 213, 214, 215, 217, 222, 225, 227, 228, 230, 231, 232, 233, 237, 238, 239, 240, 241, 242, 244, 245, 247, 252, 255, 259, 262, 264, 265, 271
Müller-Guttenbrunn, Adam .. 22, 47, 88, 137, 140, 152, 153, 154, 160, 161, 162, 163, 164, 187, 193, 194, 195, 196, 251, 262
Munteanu, George 40
Myß, Walter 188
Neagu, Fanus 142
Neis, Edgar 88
Neustädter, Erwin 24, 27
Nietzsche, Friedrich 121, 203
Noica, Constantin 43
Novikov, Mihai 33
Nowak, Helga M. 155
Ohsam, Bernhard 47, 99
Ortinau, Gerhard 125, 126, 130, 131, 132, 134, 136, 138, 144, 146, 155, 162, 219, 229, 254, 266

Ostermann, Friedrich 183, 184
Pasternak, Boris 42, 43
Pastior, Oskar.. 105, 110, 127, 199, 205, 250
Petrisor, Marcel................................... 99
Pfaff, Michael 32
Pillat, Ion...................................... 28, 43
Plessen, Elisabeth.................... 210, 212
Plumpe, Gerhard 11
Popescu, Alexandru 89
Proust, Marcel.................................. 116
Puchianu, Carmen 223, 253
Puwak, Josef 32, 37
Rehmann, Ruth 210
Rehner, Hermann 99
Reichrath, Emmerich49, 75, 84, 95, 268
Ritter, Alexander................49, 146, 184
Rosenkranz, Moses 27
Roth, Dieter............. 112, 199, 250, 254
Roth, Herrman 27
Ruprecht-Korn, Ewald 39
Rusch, Heinz...................................... 32
Samson, Horst. 126, 139, 146, 147, 148, 189
Scharang, Michael........................... 197
Scheer, Hilde...................................... 32
Scherg, Georg21, 38, 40, 41, 43, 44, 46, 47, 63, 86, 87, 92, 97, 111, 112, 116, 117, 122, 124, 148, 149, 168, 169, 170, 171, 172, 173, 174, 175, 176, 177, 178, 186, 188, 198, 222, 230, 250, 252, 253, 255, 269, 271
Schiff, Robert............47, 64, 65, 72, 252
Schlattner, Eginald....41, 47, 62, 64, 67, 68, 70, 71, 72, 73, 74, 77, 88, 106, 191, 193, 196, 223, 245, 253, 254, 255, 262, 264
Schlesak, Dieter ..64, 68, 110, 121, 127, 156, 189, 226, 250, 254, 259, 262, 271
Schmidt-Endres, Annie 25, 140, 154, 162, 163, 164, 165
Schneider, Pauline....................... 32, 37
Schneider, Reinhold........................... 91
Schnetz, Wolf Peter 111
Schubbe, Elimar................................. 41
Schuller Anger, Horst 21, 22, 188
Schuller, Annemarie 128
Schuller, Bettina.......112, 121, 156, 250

Schuller, Frieder 189
Schuller, Hans 189
Schuller-Schullerus, Anna................ 47
Schulz, Günther............................... 112
Schuster, Friedrich Wilhelm............. 47
Schuster, Heinrich 47
Schuster, Paul20, 27, 34, 41, 46, 82, 83, 84, 93, 94, 107, 109, 110, 111, 112, 113, 114, 115, 116, 117, 118, 122, 124, 125, 126, 127, 132, 155, 217, 226, 230, 250, 253, 254, 255, 265, 271
Schutting, Jutta 155, 211
Schwarz, Lenore.............................. 240
Schwarz, Ludwig.... 34, 35, 41, 64, 123, 125, 199
Schwob, Anton ... 19, 28, 46, 48, 49, 59, 103, 166, 188, 190, 205, 224, 229, 231, 232, 246
Seghers, Anna.................................... 25
Selmaru, Traian 33
Siegmund, Harald.............................. 44
Sienerth, Stefan... 15, 17, 19, 21, 22, 23, 24, 25, 38, 39, 40, 41, 43, 44, 45, 47, 49, 50, 60, 76, 89, 90, 105, 108, 110, 126, 127, 129, 134, 140, 149, 151, 152, 184, 188, 190, 198, 224, 226, 227, 229, 230, 233, 234, 237, 238, 258, 259, 261, 268
Sigmund, Harald................................ 43
Simonis, Heinrich............ 29, 33, 34, 39
Söllner, Werner....... 108, 126, 132, 139, 146, 163, 227, 228, 229, 232, 233, 247, 266
Solms, Wilhelm 26, 112, 151, 152, 225, 226
Solschenizyn, Alexander 132
Sorescu, Marin................................ 142
Speil, Jürgen 123, 254
Stanescu, Heinz 33, 34, 39
Steinhardt, N...................................... 99
Stempel, Wolf-Dieter...................... 150
Stephani, Claus 121, 123, 210, 214, 254
Sterbling, Anton 125, 126, 128, 129, 131, 132, 133, 134, 136, 141, 156
Stiehler, Heinrich....... 83, 135, 146, 254
Storch, Franz 34, 35, 97, 109, 111, 112, 113, 114, 115, 123, 124, 132, 148,

339

159, 197, 208, 209, 218, 219, 222, 230, 250, 253, 271
Stötzer-Kachold, Gabriele 215
Stupp, J.A. 61, 69
Sukop, Franz Louis 32
Szász, Ferenc 167
Székely, Gisela 32
Szekler, Johann 32
Szemler, Ferenc 94
Szimits, Johann 153
Tanase, Stelian 42
Terschak, Ricarda 222
Teutsch, Traugott 47
Tilleweid, Lutz 84, 116
Tismar, Jens 66
Titzmann, Michael 48
Tontsch, Brigitte 19, 46, 48, 49, 188, 190, 205, 229, 232, 246
Tornea, Florin 33
Totok, William 125, 126, 130, 146, 147, 148, 228, 233, 242
Tudorica, Cristina 107
Ungureanu, Gert 170
Venske, Regula 208, 210, 211, 212
Vitner, Ion 33
Voiculescu, Vasile 28
Volkmer, Günther 44
Vormweg, Heinrich 119, 124
Wagner, Richard ... 15, 85, 86, 121, 122, 123, 124, 125, 126, 128, 129, 130, 131, 132, 134, 136, 137, 139, 140, 145, 147, 148, 152, 156, 163, 195, 200, 206, 209, 217, 219, 222, 225, 228, 229, 230, 232, 233, 234, 235, 236, 242, 247, 252, 255, 259, 260, 262, 266, 271
Waitz, Balthasar 121, 123, 126, 139, 147, 148, 152, 155, 156, 199, 200,

206, 209, 211, 214, 216, 217, 220, 223, 254
Walser, Martin 180, 210
Walter von der Vogelweide 194
Wehdeking, Volker 45
Weidenheim, Johannes 224
Weimer, Viktor 32
Weisbrod, Peter 46, 119, 216
Weiss, Walter 155
Weresch, Hans 225
Werner, Josef 32
Wichner, Ernest 17, 125, 126, 131, 132, 252
Wieland, Christoph Martin 168, 169, 170, 171, 172, 173, 186
Winkler, Josef 154
Wittgenstein, Ludwig 121
Wittstock, Erwin 12, 24, 27, 28, 38, 39, 40, 46, 47, 49, 50, 51, 52, 54, 55, 56, 57, 58, 63, 67, 73, 80, 81, 88, 90, 91, 92, 93, 94, 120, 163, 217, 252, 258
Wittstock, Joachim ... 19, 44, 46, 47, 50, 51, 52, 55, 57, 60, 63, 67, 73, 76, 77, 78, 79, 80, 81, 88, 92, 93, 95, 96, 106, 121, 122, 124, 140, 144, 148, 165, 168, 178, 179, 180, 181, 186, 189, 196, 221, 223, 250, 252, 253, 255, 262, 263, 264, 271
Wittstock, Wolfgang 93
Wolf, Christa 119, 216
Wolf, Ror 121
Wolfram von Eschenbach 116, 184, 266
Wondratschek, Wolf 197
Wunderlich, Werner 173
Zach, Cornelius 73
Zach, Krista 73
Zillich, Heinrich ... 24, 46, 47, 191, 224, 252
Zoderer, Joseph 154

www.ingramcontent.com/pod-product-compliance
Lightning Source LLC
Chambersburg PA
CBHW031544300426
44111CB00006BA/170